Österreichisches Jahrbuch für Politik 2015

Herausgegeben von Andreas Khol,
Günther Ofner, Stefan Karner und Dietmar Halper

Böhlau Verlag Wien · Köln · Weimar

Redaktion: Dr. Bernhard Moser
Redaktionssekretariat: Judith Feldmann, Ursula Melamed-Heiner
Anschrift: Tivoligasse 73, 1120 Wien
Tel.: 01 / 81420-45, Fax: 01 / 81420-945
E-Mail: bernhard.moser@politische-akademie.at

Eine Publikation der Politischen Akademie

Umschlagentwurf: Rebecca Ruminak
Satz: Böhlau Verlag, Wien
Typographie: Corporate S und Bembo
Druck und Bindung: Generaldruckerei Szeged

Böhlau Verlag Ges.m.b.H. und Co. KG, Wien · Köln · Weimar
ISBN 978-3-205-20254-7
ISSN: 0170-0847

Inhalt

ASYL / FLÜCHTLINGE / SICHERHEIT

VORWORT DER HERAUSGEBER

Vorwort der Herausgeber

Das politische Jahr 2015 war bestimmt von einem Hauptthema: Der Flüchtlingskrise. Von einer Krise zu sprechen im Sinn eines „schwierigen Abschnitts einer gefährlichen Situation", ist in diesem Fall nicht übertrieben. Abertausende Menschen, die mit nichts außer ihren spärlichen Habseligkeiten über die Grenze kamen, haben den Staatsapparat und die Bürgergesellschaft gleichermaßen gefordert und überfordert. Das Ergebnis war eine unkontrollierte und unkontrollierbare Öffnung der Grenzen, Hilfsbereitschaft, aber auch steigender Fremdenhass und Obdachlosigkeit. Dem entsprechend ist dem Abschnitt Asyl/Flüchtlinge/Sicherheit auch der größte Teil des Jahrbuches für Politik 2015 gewidmet. Experten und Politiker aller politischen Lager beleuchten das Thema von den verschiedensten Seiten. Die Rolle Europas, Fragen der Verantwortungs-Ethik, Herausforderungen bei der Integration, der Blick aus Deutschland, aber auch die potentielle terroristische Bedrohung sind hier Thema.

Die Bundesregierung ist nach der Bestellung 2013 im zweiten Jahr ihrer Amtszeit. Probleme werden nach dem Muster einer recht und schlecht funktionierenden, jahrzehntelangen Zweierbeziehung angegangen und gut gelöst, aber auch oft vor sich her und von sich weg geschoben. Mehrere Kapitel des Jahrbuchs widmen sich solchen Themen: Die Steuerreform wird in mehreren Beiträgen analysiert. Ein eigener Abschnitt ist dem Prozess von „Evolution Volkspartei" und dem neuen Grundsatzprogramm der ÖVP gewidmet. Pensionen, Bildungsreform und die Causa Hypo Alpe Adria sowie der dazugehörende Untersuchungsausschuss werden in Beiträgen kommentiert.

Selbstverständlich bleibt auch diesmal Raum für Geschichte, etwa über die Projekte „Haus der Geschichte" in Wien und in Niederösterreich. Ein nicht ganz ernst gemeinter Jahresrückblick von Alexander Purger macht das Jahrbuch wieder einmal komplett.

In den Bundesländern gab es 2015 ein Super-Wahljahr mit großen Verwerfungen, die noch lange nachwirken. Neben dem sich überall wieder-holenden Muster von starken Wahlergebnissen der FPÖ gab es durchwegs beachtliche Ergebnisse: Im Burgenland finden sich nach der Abschaffung des Proporz-Systems Rot-Blau in der Landesregierung, die ÖVP musste auf die Oppositionsbank rücken. In der Steiermark kommt die ÖVP unverhoffter Weise zu einem Landeshauptmann in einer schwarz-roten Landesregierung, in Oberösterreich lautet die Konsequenz aus dem Wahlergebnis Schwarz-Blau und in Wien bleibt Rot-Grün, Michael Häupl tut sich aber beim Re-gieren schwerer denn je.

Das Jahrbuch ist auf all diese Ereignisse eingegangen, bleibt aber nicht nur an der Oberfläche, sondern geht bei den einzelnen Themen an die Wur-zel, geht an den Kern der Sache.

Wir danken in diesem Zusammenhang unseren Autorinnen und Au-toren, die in gewohnt professioneller Art und Weise ihre Beiträge verfassten und so zu einem wichtigen Stück „politischer Literatur" Österreichs beitra-gen. Wir bedanken uns aber auch beim Böhlau-Verlag für die professionelle Zusammenarbeit bei der Gestaltung des Jahrbuches und bei unseren Mitar-beiterinnen und Mitarbeitern, ohne die die Redaktion und Drucksetzung nicht hätte erfolgen können.

Der letzte und wichtigste Dank gilt unseren weiblichen und männ-lichen Abonnenten und Lesern. Ihre Treue und ihr Interesse ermöglicht es uns, das Jahrbuch seit dem Jahr 1977 – also seit beinahe 40 Jahren – in un-unterbrochener Reihenfolge zu publizieren.

Wir wünschen Ihnen viel Freude, interessante Einblicke und ange-nehme Stunden mit dem Jahrbuch für Politik 2015.

Andreas Khol   Günther Ofner   Stefan Karner   Dietmar Halper

WAHLEN UND REGIERUNGSBILDUNGEN

2015

JURKA P.S.A. GmbH
Political Strategic Advisors

UNSERE KOMPETENZ – **IHR VORSPRUNG**

Als europapolitische Spezialisten agieren wir zielgerichtet
und branchenübergreifend auf internationaler Ebene.

Mit unseren Büros in Berlin, Paris und Wien, sowie ständiger Präsenz in Brüssel
sind wir Ihre Übersetzer zwischen Wirtschaft und Politik.

Aufgrund unserer jahrelangen Expertise entwickeln wir für Sie
eine optimale Strategie und bringen Ihre Geschäftsinteressen auf
die politische Ebene.

UNSER NETZWERK – **IHR ERFOLG**

D-10178 **BERLIN**
Rosenstraße 2
Tel.: +49/30/24 31 02 565
Fax: +49/30/24 31 02 22

F-75007 **PARIS**
115, rue Saint Dominique
Tel.: +33/6/33 49 86 97

A-1060 **WIEN**
Mariahilfer Straße 103/Top 65
Tel.: +43/1/596 70 20
Fax: +43/1/596 70 66

Email: contact@karljurka.com
www.karljurka.com

PETER A. ULRAM / FRANZ SOMMER

Analyse der Landtagswahlen 2015: Burgenland, Steiermark, Oberösterreich, Wien

Gebremste und ungebremste Abstürze, bunte Regierungskonstellationen nach Regionalwahlen

Während sich die FPÖ in der ersten Hälfte des Landtagswahlzyklus 2013-2014 – von der Landtagswahl Salzburg abgesehen – noch auf der Verliererseite bewegte, konnte sie bei den vier Landtagswahlen im Superwahljahr 2015 sowohl in der Steiermark (+16,1 Prozent) als auch in Oberösterreich (+15,1 Prozent) spektakuläre Zugewinne verzeichnen. Auch aus den Landtagswahlen Burgenland (+6,1 Prozent) und den Gemeinderatswahlen Wien (+5,0 Prozent) gingen die Freiheitlichen erheblich gestärkt hervor. Die fortschreitende Schwächung der Regierungsparteien auf Landesebene hängt unverkennbar auch mit den für SPÖ und ÖVP negativen bundespolitischen Wählertrends zusammen.

Die starke Überlagerung der Wahlauseinandersetzungen 2015 durch die Flüchtlings- und Asylfrage drängte andere Themen in den Hintergrund. Aber die Vermutung, wonach das vergleichsweise gute Abschneiden der Wiener SPÖ primär auf deren Haltung in der Flüchtlingsfrage zurückzuführen war, wird von den erhobenen Wahlmotiven nicht bestätigt. SPÖ-Zuwanderer waren in hohem Ausmaß „taktische Wähler" (frühere Nicht-, Grüne- und ÖVP-Wähler), die mit einer Stimme für die SPÖ verhinderten wollten, dass die Strache-FPÖ in der Bundeshauptstadt zur stimmenstärksten Partei aufsteigt. Dadurch ist auch die traditionell niedrige Wahlbeteiligung bei Wiener Gemeinderatswahlen 2015 signifikant angestiegen.

Landtagswahl Burgenland, 31. Mai 2015:
Abschaffung des Proporzes bringt erste rot-blaue Landesregierung

Gemessen an der traditionell unterdurchschnittlichen Wählermobilität im Burgenland sorgte die Landtagswahl (LTW) am 31. Mai 2015 für ein mittleres wahlpolitisches Erdbeben. Während die Verluste der ÖVP-Burgenland am unteren Rand der Erwartungen lagen (-5,5 Prozent im Vergleich zur LTW 2010), sind die Verluste der SPÖ-Burgenland wesentlich stärker ausgefallen als in Umfragen vor der Wahl vorausgesagt. Mit einem Minus von 6,3 Prozentpunkten fiel die Partei von Landeshauptmann Hans Niessl auf einen Wähleranteil von 41,9 Prozent zurück. Die ÖVP verlor zwei ihrer 13 Mandate, die SPÖ sogar drei von insgesamt 18, die sie 2010 erringen konnte.

Die stärksten Gewinne verzeichneten die Freiheitlichen mit +6,1 Prozent, auch die Grünen erzielten moderate Gewinne (+2,3 Prozent). Leicht zulegen konnte auch die Bürgerliste LBL, die aus einer FPÖ-Abspaltung hervorgegangen ist. Die NEOS, die erstmals bei einer Landtagswahl im Burgenland kandidierten, verfehlten mit einem Wähleranteil von 2,3 Prozent den Einzug in den Landtag klar.

Wochen nach der Wahl musste die SPÖ noch ein Mandat abgeben: Der frühere Landtagspräsident Gerhard Steier schied aus dem SPÖ-Klub aus und agiert im Landtag in Eisenstadt seither als „wilder" Abgeordneter. Die neue Sitzverteilung im Landtag: SPÖ 14, ÖVP 11, FPÖ 6, Grüne 2, LBL 2, ein ehemaliger SPÖ-Abgeordneter ist jetzt fraktionslos.

Tabelle: Wähleranteile der Parteien bei der Landtagswahl Burgenland 2015

Wahlbeteiligung: 76,0 Prozent	In Prozent der gültig abgegebenen Stimmen LTW 2015	Anteilsveränderung im Vergleich zur LTW 2010 +- %
SPÖ	41,9	– 6,3
ÖVP	29,1	– 5,5
FPÖ	15,0	+6,1
Grüne	6,4	+2,3
LBL	4,8	+0,8
NEOS	2,3	n.k.
CPÖ	0,4	n.k.

Mit der Abschaffung des Proporzes, der u. a. eine Zuteilung der sieben Regierungssitze nach der Mandatsstärke der im Landtag vertretenen Parteien vorsah (Höchstzahlenverfahren D'Hondt), waren auch im Burgenland – ähnlich wie zuvor in Tirol bzw. in Salzburg – die Weichen in Richtung neue Koalitionsform gestellt. Nach dem Ende der Proporz-Ära reicht für die Bildung einer Landesregierung eine einfache Mandatsmehrheit im Landtag.

LH Niessl war für die Zeit nach der Wahl offensichtlich gut vorbereitet. Er stellte seinem bisherigen Koalitions„partner" ÖVP den sprichwörtlichen Sessel vor die Tür, einigte sich innerhalb weniger Stunden auf ein SPÖ/FPÖ-Koalitionsübereinkommen, das sich im Wesentlichen auf SPÖ-Positionspapiere stützte. Die viel zitierte blaue Handschrift sucht man darin bis heute vergeblich. Dafür fehlte schlichtweg die Zeit. Denn der rot-blaue Pakt mit Fokus auf Posten- und Pöstchenverteilung musste rasch unter Dach und Fach gebracht werden. Zu groß war die Gefahr, dass die SPÖ-internen Gegner der rot-blauen Zusammenarbeit den zwischen SPÖ und FPÖ ausverhandelten Deal noch zu Fall bringen. Doch bevor führende SPÖ-Bundespolitiker, wie Klubobmann Andreas Schieder, ihre Geschütze gegen die erste rot-blaue Koalition im Burgenland in Stellung bringen konnten, war der Tabubruch längst vollzogen. Bereits am Freitag nach der Wahl präsentierte Hans Niessl seine Regierungsmannschaft. Kanzler Faymann und Wiens Bürgermeister Häupl brachten ihren Unmut zwar noch wortreich und unmissverständlich zum Ausdruck, ausrichten konnten sie jedoch nichts mehr.

Ein auf Macht und Einfluss gepolter Landespolitiker wie Hans Niessl lässt sich durch ein paar unfreundliche Worte aus der Bundeshauptstadt nicht wirklich beeindrucken. Ganz im Gegenteil: Von wenigen Ausnahmen abgesehen war der SPÖ-Funktionärskader im Burgenland von Niessls Coup durchaus angetan. Immerhin konnten die massiven Stimmen- und Mandatsverluste am Wahltag am Verhandlungstisch mit dem neuen Koalitionspartner mehr als wettgemacht werden.

Die SPÖ-Burgenland führt die nächsten Jahre de facto eine Alleinregierung an. Fünf statt vier Regierungsmitglieder, alle relevanten Schalthebel in einer Hand vereint – selbst der als allmächtig in Erinnerung gebliebene Landesfürst Theodor Kery, der bei Wahlen satte absolute SPÖ-Mehrheiten einfuhr, musste sich in den 70er- und 80er-Jahren mit weit weniger begnügen.

Und nur wenige glauben daran, dass die erstmals in einer Burgenländischen Landesregierung vertretenen Freiheitlichen ihren ohnehin kaum vorhandenen Spielraum tatsächlich in nennenswertem Ausmaß nützen werden.

Landtagswahl Steiermark 31. Mai 2015: SPÖ/ÖVP-Reformpartnerschaft und „blaues Hoffnungsgebiet"

Seit der Nationalratswahl im September 2013, als die FPÖ in der Steiermark den ersten Platz errungen hatte, galt dieses Bundesland für die bevorstehende Landtagswahlserie als das große „blaue Hoffnungsgebiet". Zwar äußerten drei Viertel der Landesbürger Zufriedenheit mit der Arbeit der Landesregierung, doch existierte ein schwelender Unmut über einzelne Aspekte der Reformpolitik der rot-schwarzen Koalition im Land. Dazu kam eine ausgeprägte Unzufriedenheit mit der Arbeit der Bundesregierung. Für zunehmende Unruhe im Vorfeld der Wahl sorgten die sichtbaren Folgen der ersten großen Flüchtlingswelle. Mit der Zahl der aufgestellten Zelte stiegen auch die Umfragezahlen für die FPÖ.

SPÖ und ÖVP stellten eine Fortsetzung der Reformpartnerschaft nach den Landtagswahlen in Aussicht. Der SPÖ-Spitzenkandidat und amtierende Landeshauptmann Franz Voves kündigte für den Fall eines Abrutschens seiner Partei unter die 30-Prozent-Marke seinen Rücktritt an. Kritik an der Reformpartnerschaft kam von den Grünen und der KPÖ sowie von den Freiheitlichen, die sich allerdings auf das wahlpolitisch „lukrativere" Thema Flüchtlinge konzentrierten.

Tabelle: (Un-) Zufriedenheit mit der Landes- und Bundesregierung im Vorfeld der LTW in der Steiermark und in Oberösterreich 2015

In Prozent sind mit der Arbeit der ... *)	Landesregierung		Bundesregierung	
	Stmk	OÖ	Stmk	OÖ
zufrieden	74	72	37	32
unzufrieden	24	25	59	57

*) Differenz auf 100 Prozent:. Keine Angabe und Rundungsfehler

Quelle: M & R Institut, Track Polling zur LTW Steiermark und Oberösterreich (2015)

Bereits die in den Wochen vor der Landtagswahl in der Steiermark veröffentlichten Umfragen prognostizierten für die Freiheitlichen im Vergleich zur Landtagswahl 2010 eine Verdoppelung der FPÖ-Stimmen. Im Wahlergebnis konnte die FPÖ die Prognosen noch um mehrere Prozentpunkte übertreffen. Mit einem Wähleranteil von 26,8 Prozent und einem Gewinn von 16,1 Prozentpunkten kam die FPÖ sehr nahe an die beiden Regierungsparteien SPÖ (29,3 Prozent) und ÖVP (28,5 Prozent) heran. Insgesamt haben SPÖ und ÖVP gegenüber 2010 fast 18 Prozentpunkte verloren – und zwar fast ausschließlich an die FPÖ. Wenig Veränderung dagegen bei den anderen Parteien: Die Grünen erzielten nur leichte Stimmenzuwächse. Die KPÖ schaffte den Wiedereinzug in den Landtag nur relativ knapp, den beiden Gruppierungen NEOS und Team Stronach gelang der Sprung über die Grundmandatshürde im Wahlkreis Graz und Umgebung dagegen nicht.

Das mit Abstand stärkste Wahlmotiv zugunsten der FPÖ war ihre Haltung in Ausländer- und Asylfragen, gefolgt von Kritik an Reformen der SPÖ/ÖVP-Koalition auf Landesebene. Für die FPÖ charakteristische Wechsel- und Protestmotive spielten bei der Landtagswahl Steiermark 2015 eine geringere Rolle als bei früheren Regionalwahlen.

Tabelle: Wähleranteile der Parteien bei der Landtagswahl Steiermark 2015

Wahlbeteiligung: 67,9 Prozent	In Prozent der gültig abgegebenen Stimmen LTW 2015	Gewinne/Verluste im Vergleich zur LTW 2010 +- %
SPÖ	29,3	– 9,0
ÖVP	28,5	– 8,7
FPÖ	26,8	+16,1
Grüne	6,7	+ 1,1
KPÖ	4,2	– 0,2
NEOS	2,6	n.k.
Team Stronach	1,7	n.k.
Sonstige	0,2	n.k

Tabelle: Wahlmotive pro FPÖ (LTW Steiermark 2015)

Offene Frage, keine Antwortvorgaben, Mehrfachnennungen möglich	In Prozent der deklarierten FPÖ Wähler
Ausländerpolitik der FPÖ	58
Falsche Reformen der SPÖ/ÖVP	28
Gute Arbeit der FPÖ für das Land	22
Für einen Wechsel im Land	18
Protest	16
FPÖ bringt frischen Wind, neue Ideen	14
Tradition, Stammwähler	10
Alle anderen Nennungen	20
Keine Angabe	6

Quelle: M&R Institut, Track Polling zur LTW Steiermark 2015

Die Reformpolitik der SPÖ/ÖVP-Koalitionsregierung in der Steiermark war für die dramatischen Stimmenverluste von SPÖ und ÖVP nicht hauptverantwortlich. Dafür sprechen nicht nur die oben angeführten starken Einbußen von SPÖ und ÖVP im Burgenland (dort ganz ohne „Reformturbulenzen") in der Größenordnung von gemeinsam etwa zwölf Prozentpunkten. Dazu kommt, dass die Reformpartnerschaft das stärkste inhaltliche Motiv für die Wahlentscheidung von SPÖ- und ÖVP-Wählern war. Noch häufiger genannt haben die befragten SPÖ- und ÖVP-Wähler nur noch Stammwähler- und Traditionsmotive.

Anders als im Burgenland und in Oberösterreich resultierte aus dem Wahlergebnis keine Änderung der Regierungskonstellation im Land: SPÖ und ÖVP entschieden sich für eine Fortsetzung der Koalition – allerdings unter geänderten Vorzeichen: Der frühere Landeshauptmann Franz Voves machte sein Rücktrittsversprechen (anders als die grüne Wiener Vizebürgermeisterin ein halbes Jahr später) wahr. Völlig überraschend kam es daher nicht zur allgemein erwarteten „Halbzeitlösung". Obwohl die SPÖ bei der Landtagswahl am 31. Mai um einige Zehntelprozentpunkte vor der ÖVP lag, überließ sie die Position des Landeshauptmanns Hermann Schützenhöfer, der in der zwischen 2010 und 2015 dauernden „SPÖ/

ÖVP-Reformpartnerschaft" die Funktion des Landeshauptmannstellvertreters ausübte.

Über die Hintergründe dieser ungewöhnlichen Entscheidung, die nicht zuletzt auch bei der Bundes-SPÖ auf Unverständnis stieß, wurde viel spekuliert. Eine häufig kolportierte These lautete: Noch-Landeshauptmann Franz Voves wollte, das Schicksal der ÖVP-Burgenland vor Augen, eine schwarz-blaue Koalition für die Steiermark unbedingt abwenden. Er habe für Michael Schickhofer, seinen jungen Nachfolger in der SPÖ-Steiermark, die undankbare Juniorpartnerrolle in einer schwarz-roten Koalition als kleineres Übel in Kauf genommen.

Der Grundtenor dabei: In wichtigen Ressorts der Landesregierung Einfluss und Gestaltungsmöglichkeiten zu haben, sei – bei Abwägung aller Vor- und Nachteile – noch immer wesentlich attraktiver, als im Landtag auf den harten Oppositionsbänken zu sitzen. Immerhin habe die rot-schwarze Reformpartnerschaft für die Entwicklung der Steiermark viel Positives gebracht. Daher sollte sie jetzt mit Hermann Schützenhöfer an der Landesspitze fortgesetzt werden.

Landtagswahl Oberösterreich, 27. September 2015:
Das Flüchtlingsthema überlagert alle anderen Themen

Ähnlich wie in der Steiermark waren die Wahlberechtigten in Oberösterreich im Vorfeld der Landtagswahlen mit der Arbeit der Bundesregierung mehrheitlich unzufrieden, mit der Arbeit der Landesregierung dagegen mehrheitlich zufrieden. Obwohl die beiden Koalitionsparteien ÖVP und Grüne seit der Landtagswahl 2009 über eine solide Mehrheit im Landtag verfügten (ÖVP und Grüne: 33 Mandate, SPÖ und FPÖ: 23 Mandate), war in den Wochen vor der Landtagswahl nicht sicher, dass es im neu gewählten Landtag noch eine gemeinsame Mehrheit für ÖVP und Grüne geben wird.

Seit dem Spätsommer signalisierten die Umfragen nahezu übereinstimmend erdrutschartige Stimmengewinne für die Freiheitlichen zulasten von ÖVP und SPÖ. Im Detail zeichnete sich ein Abrutschen der ÖVP unter die 40-Prozentmarke und ein Abrutschen der SPÖ unter die 20-Prozentmarke ab. Die FPÖ war in einem spektakulären Aufwärtstrend Richtung 30 Prozent unterwegs. Kaum jemand zweifelte noch daran, dass die

Freiheitlichen die Sozialdemokraten bei der Landtagswahl in Oberösterreich um mindestens fünf bis zehn Prozentpunkte überholen werden.

Mit der Entscheidung der deutschen Bundesregierung, ihre Grenzen für Flüchtlinge aus Syrien und Afghanistan zu öffnen, und dem faktischen Nachziehen der österreichischen Bundesregierung veränderten sich die Konkurrenzbedingungen freilich fundamental. Im Sommer und Herbst durchquerten Hunderttausende Flüchtlinge weitgehend unkontrolliert Österreich, einige Zehntausend blieben. Die Folge waren – trotz aller Bemühungen von Freiwilligenorganisationen und Behörden – gravierende Probleme beim Transport und der Unterbringung dieses Menschenstromes. Die Flüchtlingsfrage überlagerte alle anderen politischen Themen: Mitte August drehten sich 61 Prozent der persönlichen Gespräche im Land ob der Enns (auch) um Flüchtlinge und Asyl, Anfang September waren es 75 und in den beiden Wochen vor der Wahl rund 80 Prozent.

Die FPÖ griff die wachsende Unsicherheit in weiten Bevölkerungskreisen auf, verstärkte Ängste und Ressentiments und präsentierte sich nicht nur als Möglichkeit, den anderen Parteien einen Denkzettel bei den Wahlen zu erteilen, sondern auch als politische Kraft, die vom Mainstream abweichende Themen einbringt.

Im August war das Ausländerthema noch das einzige, wirklich starke FPÖ-Wahlmotiv. In den Wochen vor der Landtagswahl gewann aber dann ein zweites Motivbündel kontinuierlich an Bedeutung: „Die FPÖ bringt frischen Wind in die Landespolitik/eröffnet die Chance auf einen Politikwechsel/Ich will der FPÖ eine Chance geben, sie soll zeigen was sie kann." Ein neues Phänomen: Selten zuvor standen bei den Wahlmotiven der deklarierten FPÖ-Wähler positive Aspekte so stark im Vordergrund. Im Normalfall werden FPÖ-Motive viel stärker von Kontra-Motiven (Protest/Denkzettel, Unzufriedenheit mit der Arbeit der Bundes- und Landesregierung) dominiert.

Wählermotivierend war die Position in der Flüchtlingsfrage auch für das grüne Elektorat: Ihre Bedeutung stieg im Laufe des Wahlkampfes an, vor allem auf Kosten der Umweltpolitik.

Tabelle: Wahlmotive pro FPÖ im Zeitverlauf (LTW Oberösterreich 2015)

In Prozent der deklarierten FPÖ-Wähler, ausgewählte Motive, keine Antwortvorgaben	T1	T2	T4	T6
Ausländer-/Asylpolitik der FPÖ	45	60	45	55
Wechsel im Land/frischer Wind/FPÖ Chance geben	23	19	30	50
Protest/Denkzettel	16	13	16	17
Stammwähler/Tradition	16	16	11	16
Gute Arbeit/zufrieden	8	12	11	13
Unzufriedenheit mit Bundesregierung	11	4	6	7
Unzufriedenheit mit Landesregierung	6	3	3	5
FPÖ-Spitzenkandidat Haimbuchner	0	0	4	7

T1 = Anfang August, T2 = Mitte August; T4 = Anfang September, T6 = 21./22. September

Quelle: M & R Institut, Track Polling LTW OÖ 2015

Tabelle: Wahlmotive pro Grüne im Zeitverlauf (LTW Oberösterreich 2015)

In Prozent der deklarierten Grün-Wähler, ausgewählte Motive, keine Antwortvorgaben	T1	T2	T4	T6
Umweltpolitik der Grünen	37	20	25	29
Ausländer-/Asylpolitik der Grünen	18	9	15	27
Gute Arbeit/zufrieden	14	11	10	23
Stammwähler/Tradition	20	15	10	21
Sozial- und Bildungspolitik	10	8	11	16
Programm	6	8	8	15
Fortsetzung schwarz-grün, Gegengewicht zur ÖVP	10	6	8	8

T1 = Anfang August, T2 = Mitte August; T4 = Anfang September, T6 = 21./22. September

Quelle: M & R Institut, Track Polling LTW OÖ 2015

Anders die Situation bei ÖVP und SPÖ: Für beide Parteien stellte ihre Position in der Flüchtlingsfrage kaum ein Wahlmotiv dar. Zugleich wurden aber andere inhaltliche Positionen und Vorschläge (wie die Wirtschaftspolitik der ÖVP) in den Hintergrund gedrängt bzw. konnten sich im Wahlkampf nicht entfalten. In der Schlussphase des Wahlkampfes gelang es der Volkspartei dann allerdings, einen drohenden Machtwechsel im Land und die Person des Spitzenkandidaten, Landeshauptmann Pühringer, verstärkt ins Spiel zu bringen. Die SPÖ verfügte von Anfang an nur über zwei Atouts: den Appell an Stammwählerloyalitäten und ihr traditionelles Image als Interessenvertretung für die „kleinen Leute" – allerdings nur mit geringem Erfolg: Offensichtlich sahen die „kleinen Leute" ihre Anliegen bei den Freiheitlichen besser aufgehoben.

Tabelle: Wahlmotive pro ÖVP im Zeitverlauf (LTW Oberösterreich 2015)

In Prozent der deklarierten ÖVP-Wähler, ausgewählte Motive, keine Antwortvorgaben	T1	T2	T4	T6
ÖVP-Spitzenkandidat LH Pühringer	18	16	26	32
Stammwähler/Tradition	38	49	37	27
Gute Arbeit/zufrieden	26	24	25	24
Programm und Werte	4	5	8	7
Wirtschaftspartei	6	5	6	3
Humane Asylpolitik	1	2	2	0
Fortsetzung schwarz-grün, FPÖ-verhindern	2	2	3	0

T1 = Anfang August, T2 = Mitte August; T4 = Anfang September, T6 = 21./22. September

Quelle: M & R Institut, Track Polling LTW OÖ 2015

Der Wahltag brachte für beide Traditionsparteien ein Debakel. Die ÖVP konnte zwar ihren ersten Platz halten, verlor aber rund ein Viertel ihres Wähleranteiles gegenüber der Landtagswahl 2009. Gemessen am Ausgangsniveau stürzte die SPÖ noch wesentlich stärker ab als die ÖVP: Sie verlor etwa ein Drittel ihrer Wähler, nachdem sie bereits vor sechs Jahren dramatische Stimmenverluste hinnehmen musste. Die SPÖ liegt jetzt zwölf Prozentpunkte hinter der FPÖ. Die NEOS verfehlten (wie schon in der Steiermark) den Einzug in den Landtag.

Tabelle: Wahlmotive pro SPÖ im Zeitverlauf (LTW Oberösterreich 2015)

In Prozent der deklarierten SPÖ-Wähler, ausgewählte Motive, keine Antwortvorgaben	T1	T2	T4	T6
Stammwähler/Tradition	49	53	52	56
Partei für Arbeiter/kleine Leute/soziale Partei	45	32	24	34
Gute Arbeit/zufrieden	11	10	10	13
SPÖ-Spitzenkandidat Entholzer	4	8	5	10
Chance geben/frischer Wind	6	5	3	10
Gegen FPÖ und ÖVP	4	0	11	3
Asylpolitik	0	0	0	0

T1 = Anfang August, T2 = Mitte August; T4 = Anfang September, T6 = 21./22. September

Quelle: M & R Institut, Track Polling LTW OÖ 2015

Die Grünen konnten ihr Wahlergebnis zwar leicht verbessern, doch aufgrund der massiven ÖVP-Verluste ging die schwarz-grüne Mandatsmehrheit im Landtag verloren. Die ÖVP musste sich einen neuen Koalitionspartner suchen. Sie hat sich für die FPÖ und gegen die SPÖ (was theoretisch auch möglich gewesen wäre) entschieden. Die Zusammensetzung der oberösterreichischen Landesregierung nach der Landtagswahl 2015: ÖVP 4, FPÖ 3, SPÖ 1, Grüne 1. Die Entscheidung der oberösterreichischen Volkspartei – aus Gründen des innerparteilichen „Interessens- und Machtausgleichs" –, keine Frau mehr in die Landesregierung zu entsenden, hat weit heftigere Protestreaktionen ausgelöst als die Bildung der schwarz-blauen Koalitionsregierung.

Tabelle: Wähleranteile der Parteien bei der Landtagswahl Oberösterreich 2015

Wahlbeteiligung: 81,6 Prozent	In Prozent der gültig abgegebenen Stimmen LTW 2015	Gewinne/Verluste im Vergleich zur LTW 2009 +- %
ÖVP	36,4	–10,4
SPÖ	18,4	– 6,6
FPÖ	30,4	+15,1
Grüne	10,3	+ 1,1
NEOS	3,5	+ 3,5
KPÖ	0,8	+ 0,2
CPÖ	0,4	– 0,1

Wie sehr sich die politische Konkurrenzsituation in Oberösterreich verändert hat, zeigt auch ein Blick auf das Wahlverhalten soziodemografischer Gruppen. Eine eindeutig dominante Position hält die ÖVP nur mehr unter Selbstständigen und Pensionisten. Bei Beamten und Angestellten kommt die ÖVP auf ein Drittel der Stimmen.

Die SPÖ liegt selbst bei ihren ehemaligen Kernschichtenwählern nur mehr auf Platz drei. Ein völlig neues Parteiensystem zeichnet sich in der jüngeren Wählerschaft ab: Bei Männern unter 35 Jahren rangiert die FPÖ weit vor allen anderen Parteien, bei jungen Frauen knapp vor der ÖVP. Die Grünen haben bei jungen Frauen die SPÖ überholt, bei jungen Männern eingeholt. Lediglich in den Altersgruppen ab 45 Jahren hält die Volkspartei noch einen merkbaren Vorsprung vor der FPÖ, insbesondere bei Männern.

Tabelle: Wahlverhalten nach soziodemografischen Gruppen (LTW Oberösterreich 2015)

Angaben in Prozent, jeweilige Subgruppe = 100 Prozent, Differenz auf 100 Prozent: Andere Parteien, Rundungsfehler	ÖVP	FPÖ	SPÖ	Grüne	NEOS
Selbstständige (und Mithelfende)	57	24	7	9	3
Beamte	34	25	19	16	5
Angestellte	32	30	15	17	5
Facharbeiter	27	46	19	5	2
(an- und ungelernte) Arbeiter	29	39	24	5	2
Pensionisten / Rentner	43	25	22	7	3
Frauen unter 25 Jahre	30	32	16	17	5
Frauen 25-34 Jahre	30	32	16	17	5
Frauen 35-44 Jahre	35	28	17	15	4
Frauen 45-59 Jahre	40	26	20	10	3
Frauen über 60 Jahre	45	24	24	4	2
Männer unter 25 Jahre	24	44	13	14	5
Männer 25-34 Jahre	27	41	13	13	4
Männer 35-44 Jahre	33	35	16	12	4
Männer 45-59 Jahre	38	31	19	8	3
Männer 60 Jahre und älter	42	29	21	4	2

Quelle: Institut für Wahl-, Sozial- und Methodenforschung, 2015

(K)ein Kampf um Wien?

Starke Verluste von SPÖ und ÖVP sowie deutliche Zugewinne der FPÖ in Wien zeichneten sich bereits im Frühjahr ab. Die rot-grüne Verkehrspolitik, insbesondere die Auseinandersetzung um die Fußgängerzonen Mariahilfer Straße, die Erzeugung von Massen-Pkw-Staus hatten beträchtlichen Unmut erzeugt. Teile der sozialdemokratischen Wähler- und Funktionärsschaft sahen ihre Partei am Gängelband der Grünen, die notabene ihre Vorstellungen und Klientelpolitik vielfach ohne Rücksicht auf den größeren Koalitionspartner durchgezogen hatten. Dazu kamen das Unbehagen am ausgeprägten Filz SPÖ/Stadtverwaltung/Boulevardmedien und die oft spürbare Arroganz der Macht von Bezirkspotentaten und städtischen Behörden sowie der Komplex Privilegienwirtschaft/„Anfütterung" des Boulevards mit öffentlichen Geldern usw.

Die ÖVP – in der Bundeshauptstadt Wien schon seit Längerem keine Volks-, sondern nur mehr eine Kleinpartei – vermochte dem wenig entgegenzusetzen. Sie litt nicht nur an politischer Profillosigkeit, sondern auch an einem ineffizienten, in Selbstbeschäftigungsritualen gefangenen Parteiapparat mit geringer Außenwirkung. Sie war damit das primäre Angriffsziel der NEOS, die bei den Nationalratswahlen 2013 gerade in den bürgerlichen Bezirken beträchtliche Einstandsgewinne erzielen konnten.

Im Sommer verabschiedete sich nach einer Serie von innerparteilichen Reibereien die langjährige Bezirksvorsteherin der Inneren Stadt von ihrer Partei in Richtung FPÖ mit dem für viele Noch-ÖVP-Sympathisanten plausiblen Argument, die einzige realistische Chance zur Ablöse zu Rot-Grün sei die FPÖ. Der blaue Durchmarsch in Oberösterreich und die Auswirkungen der Flüchtlingskrise verstärkten das negative Stimmungsbild – nicht zuletzt durch die ständigen Beteuerungen von der Staatsspitze abwärts, dass Grenzkontrollen nicht machbar seien. Was nicht nur Ängste weiter anwachsen ließ, sondern auch den Eindruck einer fundamentalen Hilflosigkeit der staatlichen Organe erzeugte – vom monatelangen Gezerre um die Verteilung der Flüchtlinge ganz abgesehen.

Die Wiener Wähler erwiesen sich sowohl im Hinblick auf die Bewertung der rot-grünen Wiener Stadtregierung als auch auf die Flüchtlingsfrage gespalten und teilweise (partei)politisch polarisiert: FPÖ- und Grün-Wähler bildeten dabei vergleichsweise homogene Einstellungsgruppen an den Extrempunkten des Meinungsspektrums. Die einen (FPÖ) fast ausschließlich stadtregierungskritisch und flüchtlingsavers, die anderen (Grüne) fast geschlossen koalitions- und flüchtlingsfreundlich.

ÖVP- und NEOS-Wähler beurteilten die rot-grüne Stadtregierung überwiegend negativ. In der Flüchtlingsfrage zeigten sie sich gespalten. Die SPÖ-Wähler waren zum Befragungszeitpunkt im Herbst 2015 mehrheitlich mit der Stadtregierung zufrieden und eher aufnahmefreundlich – allerdings mit einer zahlenmäßig relevanten skeptischen Minderheit speziell in der Flüchtlingsfrage.

Tabelle: Spaltung und Polarisierung der Wiener Wähler (GRW*/LTW Wien 2015)

Senkrechte Prozentuierung: Rest auf 100 Prozent: Keine Angaben	Wahl- berechtigte insgesamt	Wähler von				
		FPÖ	ÖVP	NEOS	SPÖ	GRÜN
a) Zufriedenheit mit der Arbeit der Koalition aus SPÖ und Grünen in der Wiener Stadtregierung:						
+ zufrieden	45	10	18	26	73	92
+ unzufrieden	54	90	81	72	26	7
b) Maßnahmen in Bezug auf Flüchtlinge:						
+ Österreich soll die Grenzen für Flüchtlinge offenhalten	47	8	45	52	65	84
+ Österreich soll versuchen, die Flüchtlingsströme durch verstärkte Sicherung seiner Grenzen einzudämmen	49	90	48	42	31	12
c) Aufnahmekapazität für Flüchtlinge:						
+ Wir können noch mehr Flüchtlinge aufnehmen, als wir bisher schon aufgenommen haben.	45	2	53	64	55	80
+ Unsere Möglichkeiten, weitere Flüchtlinge aufzunehmen, sind bald erschöpft.	50	89	38	32	45	20

Quelle: GfK-Austria, Telefonisches Track Polling zur GRW/LTW Wien 2015; * GRW – Gemeinderatswahlen

Die FPÖ versuchte, in ihrer Wahlkampagne beide Negativstimmungen mit zwei Stoßrichtungen zu bündeln: Erstens mit scharfer Polemik an der Flüchtlingspolitik der rot-grünen Stadtregierung und der rot-schwarzen Bundesregierung, zweitens mit einer Selbststilisierung als einzige glaubwürdige Alternative zur rot-grünen Koalition in der Bundeshauptstadt.

Während die Medien ein rot-blaues „Duell" ausriefen und mehrere Meinungsforschungsinstitute übereinstimmend ein Kopf-an-Kopf-Rennen zwischen SPÖ und FPÖ prognostizierten, begann die Wiener SPÖ die gerade in Wien stark ausgeprägten Abwehrreflexe gegen die Freiheitlichen für ihre Mobilisierungsstrategie zu nützen: Einerseits zeigte sie in der

Flüchtlingsfrage Haltung und Linie (samt Übernahme der „Willkommenskultur ohne Wenn und Aber"), andererseits führte sie einen veritablen Abwehr- und Angstwahlkampf mit einem Unterton von „Gut" gegen „Böse" und präsentierte sich als einziges starkes Bollwerk gegen die Freiheitlichen (wobei sie die nach der Wahl anstehende Koalitionsentscheidung zwischen Grünen und ÖVP offenließ).

Sie war nicht mehr nur Getriebene, sondern auch Treibende und rückte die Gewichte in Bezug auf die Grünen wieder zurecht: Der grüne Schwanz wedelte nicht mehr mit dem roten Hund, sondern der rote Hund mit dem grünen Schwanz. Die Fokussierung der Auseinandersetzung war mit einem für sie angenehmen Nebeneffekt verbunden: Unangenehme und in den eigenen Reihen bestehende Differenzen wurden in der Hintergrund gedrängt. Außerdem ließ die Zuspitzung auf den rot-blauen „Kampf um Wien" wenig Platz für die anderen Parteien.

Das Wahlergebnis brachte Verluste für SPÖ und ÖVP in der Größenordnung von jeweils rund fünf Prozentpunkten (das sind etwa ein Zehntel der SPÖ-Wähler und ein Drittel der ÖVP-Wähler von 2010). Das zum Teil nur herbeigeschriebene Kopf-an-Kopf-Rennen zwischen SPÖ und FPÖ fand nicht statt. Die SPÖ musste vor allem in den Flächenbezirken beträchtliche Verluste an die FPÖ hinnehmen, wo sie bei den Bezirksvertretungswahlen den Simmeringer Bezirksvorsteher an die FPÖ abgeben musste und in zwei weiteren Bezirken nur äußerst knapp die erste Position halten konnte. Aber insgesamt gesehen hat die SPÖ weniger verloren als aufgrund von Umfragen unmittelbar vor der Wahl zu erwarten war. Gleichzeitig blieb die FPÖ mit einem Plus von fünf Prozentpunkten deutlich unter den zu hohen Erwartungen.

Die Grünen gerieten in den letzten Wochen vor dem Wahltermin in den Sog der SPÖ, die „taktische Wähler" gegen die Strache-FPÖ an sich ziehen konnte. Die Verluste der Grünen sind mit minus 0,8 Prozent doch etwas schwächer ausgefallen, als aufgrund der letzten Umfragen vor der Wahl zu erwarten war. Entgegen ihrer Ankündigung, bei einem Verlust zurückzutreten, blieb die grüne Spitzenkandidatin Vassilakou im Amt. Es kam zu einer Neuauflage der rot-grünen Koalition. Die NEOS zogen mit 6,2 Prozent erstmals in den Wiener Gemeinderat ein.

Tabelle: Wähleranteile der Parteien bei der Gemeinderatswahl Wien 2015

Wahlbeteiligung: 74,8 Prozent	In Prozent der gültig abgegebenenStimmen GRW 2015	Gewinne/Verluste im Vergleich zur GRW 2010 +- %
SPÖ	39,6	– 4,8
FPÖ	30,8	+ 5,0
ÖVP	9,2	– 4,8
Grüne	11,8	– 0,8
NEOS	6,2	n.k.
Sonstige	2,4	n.k.

Die Resonanz der Wahlkampagnen lässt sich auch an den Wahlmotiven ablesen. Das stärkste Pro-Motiv der SPÖ-Wähler war die gute Arbeit der Partei für Wien (45 Prozent). Die Abwehr von Strache/der FPÖ war für ein Viertel der SPÖ-Wähler entscheidend. Bei den Zuwanderern von ÖVP und Grünen stellte dies aber die jeweils stärkste Motivation dar. Es folgen Stammwählermotive, das traditionelle SPÖ-Image als Partei der Arbeiter und kleinen Leute und die Person von Spitzenkandidat und Bürgermeister Häupl.

Weniger bedeutsam waren die Sichtweise der SPÖ als „kleinstes Übel" bzw. der „richtigen" Position der SPÖ in der Flüchtlingsfrage. Für die FPÖ sprach aus der Sicht ihrer Wähler die FPÖ-Position in der Flüchtlings- und Ausländerfrage (40 Prozent), vor allem bei Zuwanderern von ÖVP und SPÖ, knapp gefolgt vom Wahlmotiv, die FPÖ solle zeigen, was sie kann. Die Ablehnung der rot-grünen Stadtregierung spielte speziell bei FPÖ-Zuwanderern von der ÖVP eine größere Rolle.

Tabelle: Wahlmotive pro SPÖ (GRW/LTW Wien 2015)

In Prozent der deklarierten SPÖ-Wähler/SPÖ-Zuwanderer GRW 2015-2010, ausgewählte Motive, Feldvercodung	Dekl. SPÖ-Wähler	Dekl. SPÖ-Zuwanderer	
	gesamt	von Grün	von ÖVP
SPÖ leistet gute Arbeit für Wien	45	33	47
Gegen Strache/FPÖ, damit FPÖ nicht stärkste Partei wird	25	40	52
Wähle immer die SPÖ, bin Stammwähler	22	1	–
SPÖ setzt sich für Arbeiter/kleine Leute ein	18	4	–
Person des SPÖ-Spitzenkandidaten – Michael Häupl	19	16	12
SPÖ ist das kleinste Übel	14	11	13
Richtige SPÖ-Position in der Flüchtlingsfrage	14	15	–
Andere Angaben	9	10	3

Quelle: GfK-Austria, Track Polling zur GRW/LTW Wien 2015

Tabelle: Wahlmotive pro FPÖ (GRW/LTW Wien 2015)

In Prozent der deklarierten FPÖ-Wähler/FPÖ-Zuwanderer GRW 2015-2010, ausgewählte Motive, Feldvercodung	Dekl. FPÖ-Wähler	Dekl. FPÖ-Zuwanderer	
	gesamt	von SPÖ	von ÖVP
Richtige Position der FPÖ in Asyl-, Ausländerfragen	40	37	46
FPÖ soll zeigen, was sie kann	39	36	30
Gegen Rot-Grün in Wien	38	23	37
FPÖ bringt neue Ideen/ frischen Wind	32	23	28
Für Wechsel in Wien, Strache soll Bürgermeister werden	21	23	28
Protest/Unzufriedenheit/Denkzettel	20	30	27
Wähle immer die FPÖ, bin Stammwähler	18	6	8
Spitzenkandidat der FPÖ – H. C. Strache	16	4	13
FPÖ ist das kleinste Übel	13	10	13
Andere Angaben	13	17	8

Quelle: GfK-Austria, Track Polling zur GRW/LTW Wien 2015

Die Grünen konnten ihre Wähler(innen) vor allem mit ihren inhaltlichen Positionen und guter Arbeit für Wien überzeugen. Jeweils ein Viertel verwies auf ein positives Partei-Image und die „richtige" Position der Grünen in der Flüchtlingsfrage, jeweils ein Fünftel wollte eine Fortsetzung der rot-grünen Stadtregierung bzw. die FPÖ verhindern. Grüne-Zuwanderer begründeten ihre Wahlentscheidung sehr ähnlich wie die Grün-Wähler insgesamt.

Tabelle: Wahlmotive pro NEOS (GRW Wien 2015)

In Prozent der deklarierten NEOS-Wähler, ausgewählte Motive, Feldvercodung	NEOS-Wähler
NEOS bringen frischen Wind und neue Ideen	54
Unzufriedenheit mit Rot-Grün in Wien	44
Programm und Werte der NEOS gefallen mir	35
Unzufriedenheit mit der rot-schwarzen Bundesregierung	33
NEOS sind das kleinste Übel	17
ÖVP-Wien nicht mehr wählbar	12
Spitzenkandidatin der NEOS – Meinl-Reisinger	7
Richtige Position in Ausländer- und Asylfragen	7

Quelle: GfK-Austria, Track Polling zur GRW/LTW Wien 2015

Tabelle: Vergleichbare Wahlmotive GRW/LTW Wien 2015

In Prozent der jeweiligen Wählergruppen, ausgewählte Motive, Feldvercodung	SPÖ	FPÖ	GRÜN	ÖVP	NEOS
Richtige Position in Flüchtlingsfrage	14	40	25	0	6
Gegen Strache/FPÖ, gegen FPÖ als stärkste Partei	25	0	21	16	0
Ablehnung von/Kritik an Rot-Grün	0	38	0	20	44
Für politischen Wechsel (FPÖ), gegen FPÖ, für Fortsetzung von Rot-Grün (Grüne)	0	21	22	0	0
Neue Ideen, frischer Wind	0	32	0	0	52
Protest, Unzufriedenheit, Denkzettel	0	20	0	0	31
Gute Arbeit für Wien	45	0	42	15	0
Einsatz für soziale Gruppen, spezielle Themen	19	0	54	30	0
Stammwähler, Tradition	22	18	14	21	0
Person Spitzenkandidat(in)	19	16	4	4	8
Kleinstes Übel	14	13	14	25	17

Quelle: GfK-Austria, Track Polling zur GRW/LTW Wien 2015

Dass der SPÖ-Vorsprung gegenüber der FPÖ bei der Wiener Gemeinderatswahl am 11. Oktober 2015 mit 8,8 Prozent um mehrere Prozentpunkte höher ausgefallen ist als vorausgesagt, wirft die Frage auf, welche Motive für den „last minute swing", den es in den letzten beiden Wochen vor der Wahl offensichtlich gegeben hat, ausschlaggebend waren. Aufschlussreich sind dabei vor allem die Antworten der deklarierten SPÖ-Zuwanderer: Knapp 45 Prozent von ihnen begründeten ihren Parteiwechsel mit einer taktisch motivierten Stimmabgabe. Der Wortlaut der nachträglich gecodeten Antworten war fast immer gleich: „Verhindern, dass Strache Erster wird", „Verhindern, dass Strache Bürgermeister wird", „Weil wir gegen die Freiheitlichen sind", „Um einen Sieg der Blauen zu verhindern", „Weil der Strache vor der Tür steht". Unter diesen taktisch motivierten Wählern waren ehemalige Nichtwähler am häufigsten zu finden, aber auch viele Grün-Wähler, in deutlich geringerem Ausmaß auch ÖVP-Wähler. Charakteristisch für taktische Wähler ist, dass sie ihr Wahlverhalten in einer Ausnahmesituation vorübergehend ändern und dann wieder zu ihrem „normalen" Wahlverhalten zurückkehren. Typisch dafür war die Aussage eines Grün-Wählers, der seine Stimme bei der Gemeinderatswahl 2015 der SPÖ gegeben hat: „Normalerweise wähle ich grün, aber diesmal muss ich rot wählen. Nur so kann ich verhindern, dass die Strache-FPÖ stärkste Partei wird.“

THOMAS HOFER

Unterwerfung

2015 brachte das letzte Superwahljahr vor dem bundespolitischen Showdown rund um die nächste Nationalratswahl. Spannend waren dabei weniger die wahlkampftechnischen Leistungen der Parteien als die blaue Dominanz der politischen Agenda und die damit einhergehende Selbstaufgabe von Rot und Schwarz. Ausdruck der neuen politischen Landkarte sind auch die Koalitionsbildungen nach geschlagener Wahl: Den rot-blauen Tabubruch im Burgenland beantwortete die ÖVP mit einem schwarz-blauen Revival in Oberösterreich. Flankiert wurde das politische Resozialisierungsprogramm für die Freiheitlichen von ermüdeten Neuauflagen der großen Koalition in der Steiermark und Rot-Grün in Wien.

Es wird an Historikern liegen, zu beurteilen, ob 2015 als Ausnahmejahr in die innenpolitische Geschichte oder bloß als Auftakt zu einer volatileren, von multiplen Krisen gekennzeichneten Periode eingeht.

Vieles spricht derzeit für die zweite Variante: Zahlreiche internationale Entwicklungen schwappten in diesem Jahr über die Politlandschaft hinweg und degradierten die heimischen Hauptdarsteller zu staunenden Statisten. Da war einmal die fortgesetzte Finanzkrise eines vergleichsweise wenig bedeutsamen Mitgliedsstaates namens Griechenland, die ganz Europa an den Rand des wirtschaftspolitischen Abgrunds brachte. Ein renitenter Finanzminister reichte, um dem Staatenbund über Monate hinweg seine Unzulänglichkeiten plastisch vor Augen zu führen.

Im Rückspiegel machte sich die griechische Tragödie in ihren unzähligen Akten allerdings bald wie eine Quantité négligeable aus. Die Welle an Hilfesuchenden aus verschiedensten Problemgebieten der Erde brachte einige südost- und mitteleuropäische Staaten – Österreich inklusive – an den Rand ihrer (sicherheitspolitischen) Handlungsfähigkeit. Kaum zuvor in der Nachkriegsgeschichte wirkten nationale Regierungen so überfordert wie in den Monaten, als Hunderttausende Asylwerber ungesteuert nur mehr auf dem Papier bestehende Grenzen überwanden. Und nie stellte sich, zumindest aus mitteleuropäischer Sicht, die Sinnfrage für die Europäische Union so deutlich wie angesichts ihrer Paralyse in einer für den Kontinent entscheidenden Zukunftsfrage.

Wem das an Dramatik noch nicht genügte, musste erleben, wie der islamistische Terror 2015 (erneut) Europa erreichte. Verschiedene Anschläge in Paris destabilisierten ein verunsichertes Europa noch zusätzlich und ergaben eine in der massenmedialen und rechtspopulistischen Zuspitzung einiger Parteien explosive politische Melange.

Diese Entwicklungen bestimmten auch das wahlpolitische Klima 2015. Einerseits bereiteten sie ein gutes Stück weit den thematischen Nährboden für die Wahlerfolge der FPÖ auf. Die Freiheitlichen sind in Migrationsfragen seit der Machtübernahme Jörg Haiders 1986 die am deutlichsten und schärfsten positionierte Partei des Landes. Der aktuelle Parteichef, Heinz-Christian Strache, wiederholt bloß permanent die grundsätzlich zuwanderungskritische Botschaft, die der Altvordere der FPÖ entwickelt hatte. Das reicht angesichts politischer Konkurrenten, die sich aus Furcht vor einer klaren Positionierung oft in Nicht-Kommunikation flüchten, meist auch schon. In den 30 Jahren seit Beginn der Ära Haider markierte 2015 so einerseits das Jahr mit der stärksten pro-freiheitlichen Themenkonjunktur. Andererseits konnten Strache und Co. aber eben auch die Hilflosigkeit der Regierenden kapitalisieren und landeten binnen weniger Monate in drei entscheidenden Bundesländern entweder knapp unter (Steiermark) oder sogar über (Wien, Oberösterreich) der ominösen 30-Prozent-Marke. Rechnet man die regional noch immer stark wirkenden Persönlichkeitsfaktoren für die Amtsinhaber von SPÖ und ÖVP mit ein, ergibt sich auf bundespolitischer Ebene noch ein weit positiveres Bild für das Dritte Lager. Nach dem knappen Scheitern des BZÖ bei der Nationalratswahl 2013 und der De-facto-Selbstauflösung des Team Stronach seither darf die Strache-Partei bei der kommenden Nationalratswahl auch auf die Monopolstellung im Protestlager hoffen. Jene spalterischen Faktoren, die ein besseres Abschneiden der FPÖ seit der Nationalratswahl 2008 verhindert hatten, könnten – so nicht noch eine populistische Alternative auf dem Parteienmarkt auftaucht – wegfallen.

Doch zurück zum Wahljahr 2015: Die blaue Siegesserie allein mit den viel zitierten Ängsten in der Bevölkerung vor ungezügelter Zuwanderung zu erklären und damit, aus Sicht von SPÖ, ÖVP, Grünen und NEOS, den eigenen Rückfall allein auf das geschickte *Agenda Surfing* der FPÖ in der Asylfrage zurückzuführen, greift zu kurz. Die Flüchtlingskrise wirkte aus Sicht der politischen Konkurrenz zwar wie eine Art Brandbeschleuniger für die Freiheitlichen. Die Niederlagen, das gilt gerade für die Regierungsparteien im Bund, waren aber zum größten Teil hausgemacht und lange grundgelegt, bevor die Ströme von Asylsuchenden derart weltbewegend anschwollen.

Die Helfer der FPÖ

Das zeigen zahlreiche Umfragen, die gerade für SPÖ und ÖVP in allen relevanten Bundesländern schon lange vor der migrationspolitischen Hochkonjunktur ab dem Frühjahr 2015 deutliche Verluste auswiesen. Die oberösterreichische Volkpartei etwa arbeitete mit an Verzweiflung grenzender Hingabe schon monatelang daran, den „Spread" zwischen der bundes- und landespolitischen Performance der eigenen Partei in den Umfragen auszudehnen. Vorbild war dabei Niederösterreich, wo es Erwin Pröll mit einem rein persönlichkeitsorientierten Wahlkampf 2013 gelungen war, die Kluft zwischen den Umfrageergebnissen seiner Landespartei und der Bundes-ÖVP auf 30 (!) Prozent zu erweitern. Die Oberösterreicher schafften diesen Wert nicht annähernd. Sie lagen schon lange vor dem Aufstieg der Asylfrage, noch mit ÖVP-Chef Michael Spindelegger, unter der 40-Prozent-Marke (etwa beim Meinungsforschungsinstitut IMAS). Mit dem neuen, aus Oberösterreich stammenden Bundesparteichef Reinhold Mitterlehner verbesserte man sich zwar vorübergehend wieder, konnte sich aber eben auch nicht entscheidend vom Trend der Bundes-VP abkoppeln. So übertrumpfte man zwar klar die auch in Oberösterreich dahindümpelnde Bundespartei, blieb aber eben auch deutlich unter dem eigenen Wahlergebnis von 2009 (46,8 %).

Ein nicht zu unterschätzender Anteil der landespolitischen Wahlverluste war also auch der Performance der Bundesregierung zuzurechnen. Durch ihren ausgeprägten Hang zur gegenseitigen Lähmung und dem dadurch naturgemäß entstehenden Eindruck der Untätigkeit (bis Hilflosigkeit) zog sie ihre jeweiligen Landesparteien auch ein gutes Stück mit in den Abgrund. Dabei blieben nicht nur kommunikative Chancen ungenutzt – etwa durch eine einheitliche, positive Kommunikation der Steuerreform ab März 2015 oder sogar ein Vorziehen mancher Effekte zumindest vor die Wahltage im Herbst –, die Regierung verspielte auch das letzte, ihr noch verbliebene Asset. Seit 2008 hatte man zumindest eine, wenn auch schwach unterfütterte Botschaft: Man habe, so wurden Kanzler Werner Faymann für die SPÖ und wechselnde Vizekanzler für die ÖVP nicht müde zu betonen, das Land hervorragend durch die Finanz- und Wirtschaftskrise seit dem Jahr 2008 geführt. 2015 bekam diese Argumentationslinie nicht nur dadurch Risse, weil sich die ökonomischen Grunddaten des Landes deutlich eintrübten.

In der aktuellen Krise versagte man inhaltlich wie kommunikativ. Erst leugnete die Regierungsspitze lang die Dimension des Themas Asyl und schob die Alleinverantwortung der damit logischerweise überforderten Innenministerin zu. Dann ging man, wie in anderen Politikbereichen schon länger üblich, auch in der Flüchtlingsfrage dazu über, gegeneinander statt miteinander zu arbeiten. Gipfel der Schlagzeile gewordenen Unfähigkeit zum Krisenmanagement war der kindische Streit, wie ein Stückchen

Grenzzaun zu Slowenien nun zu benennen sei: Zwischen „baulicher Maßnahme" und „Türl mit Seitenteilen" wurde alles an lächerlich anmutenden Euphemismen aufgeboten, was das politische Vokabular herzugeben vermag.

Auf der entscheidenden Ebene der grundsätzlichen Einordnung der für viele Bürgerinnen und Bürger bedrohlich anmutenden Ereignisse an den Grenzen allerdings blieb die Regierungskommunikation ohrenbetäubend still. Anstatt Ängste, jedenfalls aber die vorhandene Unsicherheit breiter und beileibe nicht nur den Freiheitlichen anhängenden Bevölkerungsschichten, etwa in Form einer Rede zur Lage der Nation zu adressieren und möglicherweise sogar zu lenken, überließ man das Gesetz des Handelns der Konkurrenz. Während die Deckung zum politischen Mantra der Regierung avancierte, war es wieder Heinz-Christian Strache, der in einem wenige Minuten dauernden YouTube-Video aktiv wurde. Von Qualitätsmedien wurde der präsidentiell anmutende Stil seiner „Erklärung zum Asylnotstand" zwar ironisch kommentiert, doch Strache versuchte wenigstens, die Stimmung im Land aktiv anzusprechen und für seine Zwecke zu nutzen. Zudem hatte sich der Oppositionspolitiker schon länger seine eigenen Kommunikationskanäle aufgebaut und erreicht auf diese Art zumindest einige der für ihn zentralen Zielgruppen ohne den Umweg über mediale Filter.

Für die Bundesregierung blieb das Schlechteste aus beiden Welten: Selbst vermittelte man das Bild der Überforderung und ruinierte sich so die Restbestände des Images als erprobte Krisenfeuerwehr. Darüber hinaus überließ man dem zunehmend als unumstrittener Oppositionschef positionierten Hauptkonkurrenten die innenpolitische Bühne.

Strategische Fehlleistungen waren 2015 freilich nicht allein die Domäne der Bundesregierung. Auch wenn sie ihr Scherflein zu den Misserfolgen ihrer jeweiligen regionalen Filialen beitrug, arbeitete man auch auf Landesebene erfolgreich an der Unterwerfung unter die freiheitliche Positionierungsstrategie. Hier die beiden gängigsten Varianten der 2015 zu beobachtenden (unfreiwilligen) Schützenhilfe für die FPÖ:

1. Das „strachiozentrische" Weltbild

Spätestens 2015 wurde das heliozentrische Weltbild in der heimischen Innenpolitik vom strachiozentrischen abgelöst. Nicht genug damit, dass die

Freiheitlichen aus den oben beschriebenen Gründen ohnehin schon Zuwächse am Wählermarkt erwarten durften, verstärkten manche Konkurrenten auf Landesebene diesen Trend auch noch. Eigene Positionen, Ideen oder gar Überzeugungen wurden in den jeweiligen Wahlkämpfen zugunsten von mehr oder weniger Nähe zur freiheitlichen Position hintangestellt. So rückte FP-Chef Strache ins Zentrum, um das sich in den vier Landtagswahlkämpfen dann alles drehte. Den Kardinalfehler, in der heißen Wahlkampfphase zu versuchen, Teile der blauen Agenda zu übernehmen und so Abflüsse ins freiheitliche Lager zu reduzieren, begingen die Landeschefs im Burgenland, der Steiermark und Oberösterreich. Die Schmiedl Franz Voves und Hans Niessl steigerten im Frühjahr mit der Debatte zur Integrationsunwilligkeit die Wahlchancen für den Schmied FPÖ, Josef Pühringer tat das wenige Tage vor seinem Wahltag mit der Diskussion über Asyl auf Zeit. Geschickter ging es Wiens Bürgermeister Michael Häupl an: Dessen Regierungsbilanz Rot-Grün I fiel nach fünf Jahren zwar gerade aus SP-Sicht mehr als mager aus, doch der Polit-Haudegen bewies einmal mehr Gespür für die aktuelle politische Gemengelage. Im Gegensatz zu seinen Kollegen in den anderen drei Bundesländern gab er nicht den „Strache light", sondern legte seine Rolle als Anti-Strache an. So holte er zwar keine (vor allem in den Flächenbezirken) zur FPÖ Abgewanderten zurück – und auch er steigerte noch die Aufmerksamkeit für die blaue Konkurrenz. Aber: Häupl schuf die für ihn ideale Duellsituation und wurde für viele potenzielle Nichtwähler und sogar Grün-, ÖVP-, sowie NEOS-Sympathisanten als einziges Bollwerk gegen die „Horrorvision" eines Bürgermeister Strache wählbar. Das vergleichsweise dezente Minus der Wiener SPÖ geht so allein auf das wahltaktische Geschick Häupls zurück und nicht auf die starke Positionierung der Wiener Genossen. Häupl führte wie Strache einen Angstwahlkampf, und tatsächlich obsiegte in der Bundeshauptstadt die Angst vor Strache über die Angst vor den Flüchtlingen.

2. Die Defensiv-Falle

Häupl lieferte so das einzige Beispiel einer offensiven Strategie einer (Landes-)Regierungspartei 2015. Alle anderen erstarrten – so auch die Oppositionskräfte abseits der FPÖ – wie das Kaninchen vor der Schlange und gingen den Freiheitlichen in die Defensiv-Falle. Dabei vergaß man kollektiv sogar auf einen ehernen Grundsatz der politischen Kommunikation: Wahlmotive entstehen auch durch (Negativ-)Kommunikation von Unterschieden. Erstaunlicherweise wurde die FPÖ 2015, eben abgesehen von Wien, vom politischen Gegner eher ungeschoren gelassen. Das verwundert, weil ihre Zuwächse doch in einem gewissen Ausmaß vorherzusehen waren und so Abgrenzungs- und Negativkommunikation auch vonseiten der SPÖ und ÖVP zu erwarten gewesen wäre. Am Beispiel Steiermark wird deutlich, wie verheerend die Auswirkungen wären: Die dortige, so genannte Reformpartnerschaft aus SPÖ und ÖVP trat nicht nur als harmonisch-lethargischer Doppelpack zur Landtagswahl an und vergaß fast komplett darauf, dass man für vergangene Leistungen und bewiesenen Mut nicht gewählt wird, sondern allein für Ideen oder Ansagen die Zukunft betreffend. Die regierenden steirischen Großparteien unterließen es auch, ihre geografische Nähe zum ehemaligen, und unter freiheitlicher Führung abgesandelten blauen Kernland Kärnten zu nutzen. Die dortige Finanzmisere blieb in der steirischen Wahlauseinandersetzung de facto unerwähnt. Statt eines konfrontativen Slogans wie „Die Steiermark darf nicht Kärnten werden" fokussierten sowohl Sozialdemokraten als auch Volkspartei auf das Abfeiern fragwürdiger Erfolgsbilanzen.

Die Folgen der wahlkampftechnischen Fehlleistungen der Regierungsparteien und der thematische Höhenflug der Freiheitlichen prägten dann auch wenig überraschend die konkreten Wahlergebnisse: In der Steiermark verspielten SPÖ und ÖVP ihren haushohen Vorsprung und gingen nur mehr hauchdünn vor der FPÖ über die Ziellinie. Im Burgenland büßte die regierende SPÖ weit mehr an Prozentpunkten und Mandaten ein als erwartet. In Oberösterreich fiel die stolze Landeshauptmann-Partei ÖVP deutlich unter die Schmerzgrenze von 40 Prozent. Und während die Freiheitlichen die psychologisch wichtige 30-Prozent-Marke knackten, wurde die Sozialdemokratie im zentralen österreichischen Industrieland zertrümmert und blieb unter 20 Prozent. Erst beim abschließenden Wahlgang in Wien fiel die FPÖ dann der inzwischen massiv gestiegenen Erwartungshaltung zum Opfer. Von einem schon hohen Ausgangsniveau schaffte man zwar auch den Sprung über die 30 Prozent, doch auf Augenhöhe mit der SPÖ kam man nicht.

Generell bereiteten die Zuwächse für die Freiheitlichen allerdings strategisch wichtige Erfolge in den Koalitionsverhandlungen des Jahres

2015 auf. Vor diesem entscheidenden innenpolitischen Jahr war die mit Abstand größte Oppositionskraft im Bund in keiner einzigen Landesregierung vertreten gewesen, die Grünen dagegen gleich in sechs. Einige politische Beobachter hielten es am Beginn des Wahljahres 2015 sogar für möglich, dass sich die FPÖ „zu Tode siegen" könnte, weil sie trotz – oder gerade wegen – ihrer Zuwächse von den Regierungen ferngehalten werden könnte.

Die Koalitionsbildungen 2015: Eine Tragikomödie in vier Akten

Diese Einschätzung erwies sich rasch als unhaltbar. Die Wucht, mit der die Freiheitlichen SPÖ und ÖVP an den Wahltagen getroffen hatten, wirkte auch in der Koalitionsbildungsphase nach. Am Ende des Jahres saß die FPÖ in zwei Landesregierungen, und das sogar mit unterschiedlichen Partnern. Ein Etappenziel hat man 2015 damit jedenfalls erreicht: Auf dem Weg zu einem glaubwürdigen Kanzlerwahlkampf bei der nächsten Nationalratswahl mussten Strache und Co. endlich wieder Regierungsfähigkeit beweisen. Zumindest in Oberösterreich und dem Burgenland hat man dazu nun die Chance.

1. Akt: Niessls Sakrileg, oder: Die freiheitliche Jubelstunde

Dramatische Wahlkämpfe hatte das Burgenland noch selten zu bieten. Und echte Erdrutsche blieben am Wahltag auch diesmal aus. Die Regierungsbildung aber hatte es in sich. Landeshauptmann Hans Niessl (SPÖ) wagte tatsächlich den roten Tabubruch und koalierte mit den Freiheitlichen. Seit der Etablierung der sogenannten Vranitzky-Doktrin, wonach die Sozialdemokratie nicht mit einer im Sinne Jörg Haiders agierenden FPÖ koalieren dürfe, war zwar 2004 schon einmal in Kärnten vom damaligen SP-Landeschef Peter Ambrozy gebrochen worden. An Sprengkraft büßte Niessls Manöver dadurch aber nicht ein.

Dabei kam seine Volte gar nicht unerwartet: Schon als der Landtag Ende 2014 den Proporz abschaffte, war klar, dass sich Niessl – je nach Wahlergebnis – zusätzliche Optionen zur bisherigen Koalition mit der ÖVP schaffen wollte, und sei es nur als Druckmittel gegen den Langzeit-Partner. Dass der Beschluss mit den Stimmen der ÖVP, die den Schachzug Niessls auch noch als „Meilenstein" lobte, gefasst wurde, sorgte bis in die Bundespartei für Aufregung. Der Landespartei wurde dabei vorgeworfen, die strategische Absicht Niessls nicht durchschaut zu haben. Der hatte nämlich wenige Wochen zuvor seine Parteibasis darüber befinden lassen, mit wem er denn nach geschlagener Wahl Koalitionsgespräche führen solle. Wenig überraschendes Ergebnis: Knapp 89 Prozent der Mitglieder waren für Gespräche „mit allen im Landtag vertretenen Parteien".

Selbst wenn der Schachzug der Landes-SP vorhersehbar war, neben der burgenländischen ÖVP wurde auch die eigene Bundespartei von der Bildung der rot-blauen Koalition auf dem falschen Fuß erwischt. Die Schockstarre der Parteizentrale und wesentlicher SP-Kommunikatoren hielt einige Zeit an. Das war auch kein Wunder, führte Niessl doch im Handumdrehen eine der wenigen zentralen Positionierungen der Ära Werner Faymann ad absurdum. Es war schwer denkbar, dass die SPÖ die Freiheitlichen noch glaubwürdig als Gottseibeiuns beschwören konnte und selbst auf Landesebene mit der FPÖ koalierte.

Zudem schockierte wohl auch der radikale Rollenwechsel Niessls. Inhaltlich war der zwar schon den ganzen Wahlkampf lang auf freiheitlicher Linie gewesen. Doch in den Jahren davor hatte sich gerade der burgenländische Landesparteichef zumeist als loyal erwiesen und dem Bundesparteichef immer wieder, auch gegenüber internen Kritikern, den Rücken gestärkt. Nun trat Niessl nicht nur aus dem Schlagschatten seines Obmanns, er positionierte sich gar als innerparteilicher Gegenpol, als jener, der als einziger aktiver und führender SP-Vertreter nicht nur für eine schärfere Gangart in der Asylfrage, sondern auch eine Öffnung gegenüber den Freiheitlichen eintrat. Damit beging Niessl ein Sakrileg, das für Faymann auch langfristig Sprengkraft besitzt.

Auch kurzfristig waren die Auswirkungen nicht zu unterschätzen: Die Freiheitlichen freuten sich naturgemäß über das jähe Ende eines roten Dogmas und hauchten ihrem Spin von der angeblichen „Ausgrenzungspolitik" gegen die FPÖ auf Bundesebene neues Leben ein; die Grünen sahen dagegen ihre Chance gekommen, um als echtes Bollwerk gegen Rechts der SPÖ Stimmen abzugraben. Schlimmer als das waren die innerparteilichen Diskussionen: In einigen Landesorganisationen, nicht zuletzt im gerade wahlkämpfenden Oberösterreich, brachen offen Richtungsdiskussionen aus. Während rote Bürgermeister die blaue Karte spielen wollten, drohte die Parteijugend für diesen Fall mit einer Abspaltung. Im Gegensatz zum Wiener Bürgermeister Michael Häupl, der seine Partei(basis) erstaunlich ruhig hielt und damit Botschaftsdisziplin in einer schwierigen Phase bewies, mäanderte der oberösterreichische SP-Chef Reinhold Entholzer durch den parteiinternen Positionierungswald.

Die Medien überschlugen sich in der Berichterstattung über den rot-blauen Tabubruch und sahen Faymanns Position gefährdet. Nicht zuletzt hatte Niessl einen aufrechten, gerade erst im November 2014 verabschiedeten Parteitagsbeschluss ignoriert, wonach sich die SPÖ „klar gegen eine Koalition mit der FPÖ auf allen politischen Ebenen" ausgesprochen hatte.

Papier war auch in diesem Fall geduldig. Die Bundes-SP stellte für ihre Ebene zwar nachdrücklich klar, dass eine Koalition mit der FPÖ weiterhin nicht infrage kam. Fast verzweifelt verwies man darauf, dass man nach dem Parteistatut der burgenländischen Landespartei die Koalitionsbildung ja auch gar nicht verbieten könne. Unfreiwillig lieferte man dadurch aber ein perfektes Beispiel für die eigene Machtlosigkeit im Umgang mit dem heiklen Thema und den dramatischen Autoritätsverlust nicht nur des eigenen Vorsitzenden, wenn es um das Kitten innerparteilicher Bruchlinien geht.

Ein Blick in die Historie zeigt nämlich, dass frühere Parteivorsitzende die entsprechende Gravitas noch besaßen, um auch ohne das Druckmittel eines Parteistatuts ihrer Auffassung zum Durchbruch zu verhelfen. In der Steiermark etwa war es am Ende der Ära von ÖVP-Landeshauptmann Josef Krainer Jr. zu einer Situation gekommen, in der sich Peter Schachner-Blazizek (SPÖ) und Michael Schmid (FPÖ) auf eine Zusammenarbeit geeinigt hatten. Tatsächlich aber wurde der Pakt nie umgesetzt. Der damalige SP-Kanzler Franz Vranitzky hatte seinen Parteifreund in Gesprächen eindringlich darum gebeten, seine FPÖ-Strategie nicht zu unterlaufen und von der eigenen Kür zum Landeshauptmann Abstand zu nehmen. Das, was Schachner-Blazizek damals tat, wirkt in der heutigen Aufstellung der Politiklandschaft wie ein Anachronismus. Nicht nur in der SPÖ ist es heute schwer vorstellbar, dass Parteichefs erfolgreich derartigen Druck auf Landesparteien ausüben können.

Dass es in den einzelnen Ländern eine eigene Dynamik bei Koalitionsbildungen gibt, zeigte das Jahr 2015 sehr gut. Im Burgenland hatte auch die ÖVP mit einer Rechts-Koalition, mit der FPÖ und der Liste Burgenland, spekuliert. Dabei unterschätzte man aber, dass Niessl schneller war und es vor allem im strategischen Interesse der FPÖ lag, anstatt auf die bekannte Konstellation Schwarz-Blau eben auf die bundesweit lohnendere rote Karte zu setzen. Dass das blaue Sicherheitsressort dabei mit wenigen Kompetenzen ausgestattet wurde und von Anfang an die SPÖ in der Koalition dominierte, störte dabei wenig.

Die FPÖ wusste, dass es vor allem um die bundesweiten Implikationen der Konstellation Rot-Blau ging. Die Freiheitlichen erreichten mit der Koalition im Burgenland mehrere strategische Zwischenziele. Dabei drehte es sich auch, aber beileibe nicht nur um die eigene Salonfähigkeit. Es erging auch eine Botschaft an die ÖVP: Der sind manche FP-Funktionäre noch immer gram, weil sie sich in der Ära Wolfgang Schüssel über den Tisch gezogen fühlten und die Volkspartei für die eigene Parteispaltung 2005 verantwortlich machen. Nicht wenige in der FPÖ arbeiten also auch aus emotionalen Gründen daran, sich mittel- bis langfristig die SPÖ als Partner aufzubauen.

Kurzfristig war das nicht zu erreichen, aber man schaffte es zumindest, die Diskussion über eine Öffnung an die sozialdemokratische Basis zu tragen und so die aktuelle rote Parteispitze in Bedrängnis zu bringen. So nebenbei hatte die SPÖ im Bund nach der Koalitionsbildung im Burgenland auch das moralische Recht verwirkt, sich künftig über blaue Regierungsbeteiligungen zu alterieren. Ein Punkt, der dann schon im Herbst 2015 in Oberösterreich zum Tragen kam.

2. Akt: Koalition skurril oder: Das Ende des Reformtraums

Bevor das passierte, spielte sich in der Steiermark das wohl skurrilste Kapitel der Koalitionsbildungen 2015 ab. Nach dem für die beiden bisher dominierenden Parteien SPÖ und ÖVP niederschmetternden, aber teilweise (gerade im Wahlkampf) selbst verursachten Wahlergebnis lagen in den Parteizentralen die Nerven blank. Das verleitete steirische Parteivertreter auf Bundesebene dazu, ihre Chance in Graz zu wittern. Auf SPÖ-Seite wurde, auch in Abstimmung mit einzelnen Gewerkschaftsvertretern, an einer möglichen rot-blauen Variante wie im Burgenland gebastelt. Dem noch amtierenden Landeshauptmann Franz Voves gefiel das naturgemäß nicht. Auf ÖVP-Seite war es nicht viel anders: Auch hier wurde, ohne dass Parteichef Hermann Schützenhöfer das Manöver geleitet hätte, an einer schwarz-blauen Variante zur Rückeroberung des Landeshauptmann-Sessels gearbeitet.

Das Ergebnis des kabarettreifen Ränkespiels: Die Koalition aus SPÖ und ÖVP blieb, doch der Posten des Landeshauptmanns wanderte zur in der Wahl nur zweitplatzierten Volkspartei.

Wie genau es zur Selbstaufgabe des Franz Voves kam, darüber werden wohl immer unterschiedliche Erklärungen bestehen. Die einen meinen, er hätte seinen parteiinternen Nachfolgern das Amt des Landeschefs nicht zugetraut, die anderen verweisen auf den Druck der möglichen schwarz-blauen Zusammenarbeit, wieder andere auf einen aus Sicht Voves' „fairen" Akt gegenüber dem langjährigen Partner Schützenhöfer. Klar ist, dass es in der Steiermark 2015 zu einer machtstrategischen Ausnahmesituation in der gesamten Zweiten Republik kam: Möglicherweise erstmalig in der Geschichte kam ein Koalitionsverhandler – Hermann Schützenhöfer – mit mehr Zugeständnissen im Gepäck nach Hause als er mit Forderungen ausgezogen war.

Schützenhöfer hatte tatsächlich den Landeshauptmann-Sessel eingefordert, aber in einer Art Teilzeitlösung mit Voves. Dass dieser ihm dann den Chefposten gleich ganz überlassen hatte, überraschte selbst den politischen Haudegen Schützenhöfer.

Die Verhandler auf beiden Seiten hatten sich jedenfalls von den diversen Spekulationen in Wien und Graz beeindrucken und teilweise sogar einschüchtern lassen. Die FPÖ, die kaum etwas an Eigenleistung zum Wahlerfolg beigesteuert hatte, sondern eben von der koalitionären Schwäche und der Themenlage profitierte, wurde – gefühlt – zur eigentlichen Nummer 1 im Land.

Diese Entwicklung wiegt gerade in der Steiermark schwer. Denn in diesem Bundesland wurde seit 2010 ein anderer Weg als auf Bundesebene eingeschlagen. Hier gab es eine selbstbewusste, mit rund 75 Prozent Wähleranteil ausgestattete Koalition, die sich Reformen zutraute und die nicht nur mit Blickrichtung auf den nächsten Wahltag agierte. Koalitionsstreitigkeiten schenkte man sich nach der äußerst konfrontativen Phase 2005-2010 gänzlich. Aufgrund der prekären budgetären Lage war man zwar gezwungen, auch Einschnitte zu machen und damit Bevölkerungsgruppen weh zu tun. Verluste waren in einem gewissen Ausmaß bei der Wahl 2015 also programmiert. Allerdings: Man kommunizierte anfangs nicht ungeschickt und baute auch bundesweit erfolgreich das Image einer „Reformpartnerschaft" und einer „Großen Koalition neuen Stils" auf.

Mit dem Wahlkampf und der Regierungsbildung 2015 ist all das verloren gegangen. ÖVP und SPÖ haben sich zwar noch einmal in die Regierung gerettet. Doch mittlerweile regiert auch in Graz die Angst vor der freiheitlichen Opposition. Auch wenn ein nicht unerheblicher Teil der Wahlverluste auf den schon beschriebenen, müden und ungeschickt angelegten Wahlkampf zurückzuführen ist: Implizit scheinen sich die Grazer Regierenden der Interpretation ihrer Wiener Parteikollegen in der Bundesregierung angeschlossen zu haben – gemeinsame Reformen werden nicht belohnt, also lässt man lieber die Finger davon.

So ist in der Zeit nach der steirischen Koalitionsbildung sehr rasch die mühsam aufgebaute Reformerzählung der vorangegangenen Regierungsperiode verloren gegangen. Eine gemeinsame Klammer, ein verbindendes Element gibt es nun auch in der Steiermark nicht mehr.

Dazu kommen parteiintern unübersichtliche Situationen. Die Führungsfrage in der ÖVP wurde zwar im Wahlkampf nach langem Hin und Her geklärt, und mit dem von vielen schon abgeschriebenen Schützenhöfer stellt man endlich wieder den Landeshauptmann. Die schon im Vorwahlkampf erfolgten internen Querschüsse aus verschiedenen Ecken der Partei gegen den lange als Alternative gehandelten Grazer Bürgermeister Siegfried Nagl haben die Partei aber verunsichert. Mit Landesrat Christopher Drexler steht jedenfalls zumindest noch ein möglicher Schützenhöfer-Nachfolger bereit.

In der SPÖ ist die Lage nur nach außen hin geklärt. Intern gibt es heftige Zweifel an der Inthronisierung von Landeshauptmann-Stellvertreter Michael Schickhofer durch seinen Mentor Voves. Schickhofer hatte schon bei seiner Bestellung nicht nur den AK-Präsidenten und den ÖGB-Chef gegen sich, sondern mit Jörg Leichtfried auch einen Landesrat in seinem Team, den manche in der Partei lieber auf der Nummer-1-Position gesehen hätten.

3. Akt: Die schwarze Revanche oder: Gruppenbild ohne Dame

Eine Ära ging auch in Oberösterreich zu Ende, und zwar jene des ehemaligen Vorzeigeprojekts Schwarz-Grün. Die Fortsetzung der Zusammenarbeit war sich nach dem Wahlergebnis schon rein rechnerisch nicht mehr ausgegangen, auch wenn die Grünen immerhin den Landesratsposten halten konnten. Angesichts des westlich von Oberösterreich weiterhin dominierenden schwarz-grünen Koalitionsmodells war dieser Verlust aus Sicht der Bundes-Grünen zwar wohl zu verschmerzen, das Wahljahr bekam durch das Koalitionsende in Oberösterreich und die Verluste in Wien aber einen schalen Beigeschmack.

Auf ÖVP-Seite dominierte – wie wenige Monate zuvor in der Steiermark – die Verunsicherung. Die Landeshauptmann-Partei hatte in der abgelaufenen Periode zwar vieles richtig gemacht und auch aus bundespolitischer Sicht hinterfragenswerte Entscheidungen – wie die Errichtung einer medizinischen Fakultät in Linz – durchgedrückt. Dennoch wurden Josef Pühringer und Co. bei der Wahl abgestraft. Als den meisten Parteioberen schon klar war, dass man die ab sofort mit drei (Proporz-)Regierungssitzen ausgestatteten Freiheitlichen nicht länger ignorieren werde können, setzte Pühringer intern noch auf Alternativen, etwa mit der schwer geschlagenen SPÖ unter Reinhold Entholzer.

Erst der zunehmende Druck vor allem des Wirtschaftsflügels, gerade nach der erfolgten rot-blauen Zusammenarbeit im Burgenland, zwang den Langzeit-Landeschef nach und nach auf schwarz-blauen Kurs. Dabei hatten viele Pühringer zu viel rascherem Handeln gedrängt: Am Ende des Verhandlungsprozesses hatten jedenfalls die Freiheitlichen wegen des zögerlichen Kurses der ÖVP den Preis für die Koalition in die Höhe getrieben.

Schwarz-Blau in Oberösterreich kann so aus bundespolitischer Sicht zwar als Revanche für die rot-blaue Koalitionsbildung im Burgenland gesehen werden. Eine programmatische Ansage wie die Bundeskoalition im Jahr 2000 war sie zu Beginn wohl nicht. Dazu fehlte den VP-Spitzenrepräsentanten der Glaube an die ideologische Dimension des Projekts. Erst mit der erneuten Verschärfung der Asyldebatte zum Jahreswechsel 2015/6 wurde das schwarz-blaue Projekt auch zum bundespolitischen Faktor. Noch bei der Verkündung der Zusammenarbeit von Pühringer und dem oberösterreichischen FPÖ-Chef Manfred Haimbuchner war aber Sigmund Freud steinerner Gast gewesen. Gleich zu Beginn dankte da Pühringer seinem neuen Partner „Entholzer" sehr herzlich.

Das schwindende Aufreger-Potenzial von Schwarz-Blau konnte auch an einem Umstand festgemacht werden: Bundesweit machte weniger die neuerliche freiheitliche Regierungsbeteiligung Schlagzeilen als das Gruppenbild der Landesregierung ohne Dame. ÖVP-Landesrätin Doris Hummer, ehedem Bildungslandesrätin, musste nach dem Verlust eines Regierungssitzes der parteiinternen Logik weichen. Im Wirtschaftsbund war Michael Strugl erste Wahl, und der Bauernbund wollte auf „seinen" Sitz in der Regierung auch nicht zugunsten der Wirtschaftsbündlerin verzichten. Und weil weder FPÖ, SPÖ noch Grüne eine Frau in die Regierung entsandten, blieb von der oberösterreichischen Regierungsbildung vor allem eines: der Eindruck, es handle sich dabei um ein Überbleibsel aus der (frauen-)politischen Steinzeit.

Was für die steirische Landesregierung der Verlust ihrer Reformagenda, ist für die oberösterreichischen Kollegen die Kluft zwischen dem Anspruch, ein modernes und fortschrittliches Industrieland zu sein, und dem Image, das man mit dieser Art der Regierungsbildung geschaffen hatte.

4. Akt: Auftakt zum Abtakt oder: Das ermüdete Projekt Rot-Grün

Eines muss man dem Wiener SPÖ-Chef Michael Häupl lassen – steirische oder oberösterreichische Verunsicherung war ihm im entscheidenden Wahljahr 2015 nie anzumerken. Nach fünf eher ideenlosen Jahren hatte sich der Wiener Langzeit-Bürgermeister im Wahlkampf wieder in Hochform gespielt und, wie beschrieben, mit seiner geschickten Positionierung als Anti-Strache reüssiert. Noch am Wahlabend überraschte Häupl dann mit Blickrichtung Zukunft mit klaren Worten. Im Stil eines echten Staatsmannes ließ er sich nicht für ein (gemessen an den Umständen) mehr als respektables Ergebnis feiern. Er mahnte gerade von sich und seiner Partei Veränderungen ein. Das Wahlergebnis, so Häupl, könne ihn nicht freuen, er wisse um die Verfehlungen gerade auch seiner Partei und gedenke nun, daraus klare Konsequenzen zu ziehen.

In den fünf Jahren davor hatten die Grünen, die dann im rot-blauen Duell um Wien doch wieder untergingen, medial dominiert. Wen auch immer man nach den Highlights der Wiener Stadtpolitik 2010-2015 befragte, es kam nur eine Antwort: die Mariahilfer Straße. Deren Umgestaltung, allenfalls noch die Ausdehnung der Parkpickerlzonen in der Stadt und die Einführung des 365-Euro-Öffi-Tickets waren die Leuchttürme von Rot-Grün I gewesen. Das war mehr, als von manch anderer Landesregierung blieb, aber es waren auch ausschließlich grüne Themen, die dominierten. Und ein visionäres gesellschaftspolitisches Projekt suchte man vergeblich.

Auf diese Art wurden jene enttäuscht, die sich nach Bildung der rot-grünen Koalition 2010 genau das erwartet hatten. Für nicht wenige bestand jene politische Konstellation in Wien die Probe, die sie sich auch für die Bundesebene erträumten. So lange war über die rot-grüne Wunschkonstellation geschrieben worden, dass es 2010 fast als Sensation galt, dass sie sich doch noch realisierte. Was folgte, war allerdings Ernüchterung. Der grüne Juniorpartner brauchte, wenig überraschend, Einarbeitungszeit, der erfahrene rote Platzhirsch tat anfangs so, als bilde er weiter eine Alleinregierung.

Nicht zuletzt deshalb war man dann in der SPÖ wohl auch überrascht, als die Grünen zunehmend frecher wurden und sich zumindest mit (Verkehrs-)Projekten für die eigene Klientel profilierten. Als es für die Beruhigung der roten Basis schon zu spät war, flüchtete man sich SP-seitig in den Konflikt und rief das „Ende des Honeymoons" zwischen Häupl und Grünen-Chefin Maria Vassilakou aus. Geholfen hatte das wenig: Durch das Abwerben eines grünen Mandatars verhinderte man zwar polittaktisch geschickt eine frühzeitige Änderung des große Parteien bevorzugenden Wahlrechts, doch gerade in den Flächenbezirken setzte unaufhaltsam der Exodus ehedem sozialdemokratischer Kernwählerschichten in Richtung FPÖ ein.

Häupls angekündigte Richtungsänderung am Wahlabend konnte so als zwar überfällige, aber notwendig erkannte Reaktion gedeutet werden. Allein, Taten folgten den Worten des Bürgermeisters nicht. Im Gegenteil: In der rot-grünen Neuauflage blieb alles beim Alten. Gut, ein roter Stadtrat musste der Arithmetik weichen und kehrte auf den Posten des Klubobmanns im Landtag zurück. Man gruppierte ein paar Zuständigkeiten neu. Und der weiterhin einzigen, grünen Stadträtin Vassilakou, die sich durch eine unnötige Rücktrittsdrohung für den Fall eines Minus vor dem Wahlergebnis im Wahlkampf selbst beschädigt hatte, überließ die SPÖ gönnerhaft den an sich bedeutungslosen Vizebürgermeistertitel. Abgesehen davon blieb alles unverändert. Man einigte sich immerhin auf einen Kompromiss beim lange umstrittenen Wahlrecht und zog den auch rasch durch. Ansonsten aber dominierten gleich zu Beginn der Zusammenarbeit die Konfliktthemen und Differenzen, etwa wenn es um divergierende Ansichten zum Knackpunkt Lobau-Tunnel ging.

So kam die ehedem als Wunschkonstellation gefeierte Koalition nur als müde und ermattete Neuauflage aus den Startlöchern. Die wirklich großen Projekte fehlen erneut im Regierungsprogramm. Eines, welches das Zeug dazu hätte, Wien als Modellregion für die Gesamtschule zu positionieren, wurde durch die bundesweite Bildungsreform wenige Tage nach der Präsentation des Wiener Koalitionspakts auch gleich wieder verwässert. Bevor man sich in Wien allerdings über die Limitierungen seitens der Bundesebene beschwert, sollte man den Namen eines der Hauptverhandler des bundespolitischen Pakts bedenken: Michael Häupl. Ganz traute dieser offenbar seiner rot-grünen Koalition nicht über den Weg.

Bei Licht besehen war es auch weniger eine inhaltliche oder gar ideologische Entscheidung, dass die SPÖ in Wien wieder auf die Grünen setzte. Den Rathaus-Sozialdemokraten blieb schlicht keine andere Option: Politisch wäre einzig eine Zusammenarbeit mit der schwer gebeutelten ÖVP als Alternative infrage gekommen. Auf den knappen Mandatsüberhang bei dieser Konstellation wollte sich die SPÖ denn aber doch nicht verlassen. Die Mehrheit wäre, etwa bei gesellschaftspolitischen Debatten, an einer über Vorzugsstimmen in den Landtag gekommenen, erzkatholischen Mandatarin der ÖVP gehangen. Dieser wollte und konnte sich die Rathaus-SPÖ nicht ausliefern.

Einfach wird der Paarlauf aber auch mit den Grünen nicht. Wer das 137-seitige, bunt zusammengewürfelte und ausladend formulierte Koalitionsabkommen genau studiert, findet einige Sollbruchstellen. Sollte die alte und neue Verkehrsstadträtin etwa tatsächlich eine Entscheidung in Richtung (nächtliches) Tempo 30 am Gürtel andenken, darf man sich in der SPÖ auf die nächste Entfremdungsphase von der eigenen Basis einstellen.

Auch wenn es 2015 aufgrund des wahltaktischen Geschicks von Bürgermeister Häupl besser für die Wiener SPÖ lief als gedacht: Auch in Wien ist die mittlerweile über mehr als ein Drittel der Abgeordneten verfügende FPÖ der steinerne Gast am Koalitionstisch. Mit Blick auf die divergierenden Meinungen an der SPÖ-Basis, gerade was die Migrationsfrage betrifft, ist eine Richtungsdebatte auf Dauer wohl kaum zu vermeiden.

Die Freiheitlichen erreichten 2015 beileibe nicht alle selbst gesteckten Ziele. Heinz-Christian Strache wurde nicht Wiener Bürgermeister, Michael Häupl rettete sogar einen Respektabstand ins Ziel; in der Steiermark verfehlte man die Nummer-1-Position, die man dort bei der Nationalratswahl noch innehatte. Und doch war es, auch was die Koalitionsbildungen angeht, das Jahr der FPÖ. Man sitzt wieder in Landesregierungen und brach sogar den Koalitionsbann der SPÖ.

Das aber ist nicht der größte Erfolg von Strache und Co.: Frei nach Michel Houellebecq markiert 2015 die Unterwerfung anderer Parteien unter die freiheitliche Agenda. In der Innenpolitik ist aktuell kaum eine Entscheidung oder auch nur Diskussion denkbar, die sich nicht an der FPÖ-Position orientiert. Die FPÖ mag noch nicht in der Bundesregierung sitzen. Macht allerdings übte sie aufgrund der Angsthaltung ihrer Konkurrenten schon 2015 aus.

Werden Rezepte gegen den Aufstieg des Dritten Lagers diskutiert, sind gerade die ehemaligen Großparteien inhaltlich meist ratlos. An die Wirkkraft der eigenen Programmatik wird nicht geglaubt. Die Lösung scheint für viele in einer Regierungsbeteiligung der Freiheitlichen auch im Bund zu liegen. Dann, so die vage Hoffnung, würde die Wählerschaft bald sehen, dass die FPÖ noch weit weniger zustande bringt als die viel gescholtene, aktuelle Bundesregierung. Dass dieses Kalkül der politischen Selbstaufgabe gleichkommt, fällt den Vertretern der ehemals staatstragenden Parteien dabei gar nicht mehr auf.

WOLFGANG HATTMANNSDORFER

Die oberösterreichische Landtags-wahl 2015

Eine Wahl im politischen Ausnahme-zustand

Dass es für die OÖVP unmöglich werden würde, an das Ausnahmeergebnis von 2009 (46,8 %, 5 Regierungssitze und damit die absolute Mehrheit in der Landesregierung, 28 von 56 Sitzen im Landtag und damit eine Sperrmajorität) heran zu kommen, war sowohl den politischen Kommentatoren als auch der Parteiführung schon lange vor dem Urnengang im September 2015 klar. Mit dem Ergebnis, das der 27. September 2015 brachte, hatte ein Jahr zuvor trotzdem niemand in der ÖVP gerechnet – und vermutlich auch niemand in den anderen Parteien. Der Wahlkampf wurde in der Schlussphase vom Flüchtlingsthema in einem Ausmaß dominiert, an das selbst die Privatisierung der voestalpine kurz vor der Landtagswahl 2003 nicht heran reichte.

14 Tage vor der Wahl führte Deutschland Grenzkontrollen ein. Die daraus resultierenden Bilder von tausenden Flüchtlingen auf öffentlichen Plätzen in Oberösterreich dominierten die Medien. Eine genaue Analyse zeigt: Das Flüchtlingsthema war nicht der alleinige Grund für das deutliche Minus der OÖVP und den Zugewinn der FPÖ – wohl aber der bestimmende Grund dafür, dass die OÖVP deutlich unter 40 % gefallen ist.

Ergebnis
Ergebnis im Detail

Die geänderten politischen Rahmenbedingungen und die zum Wahlzeitpunkt hochaktuelle Flüchtlingskrise wirbelten die Parteienlandschaft am 27. September 2015 vollkommen durcheinander. Die OÖVP konnte zwar im Vergleich zu den letzten Umfragen in den Tagen vor der Wahl noch zulegen, musste aber dennoch große Verluste einstecken. Die SPÖ verlor nach ihrem bisher historisch schlechtesten Wahlergebnis von 2009 noch weiter, während die Grünen leicht zulegen konnten. Die FPÖ profitierte von der Themenlage und konnte sich dadurch fast verdoppeln. Die NEOS schafften den Einzug in den Landtag nicht. Das Endergebnis im Detail: OÖVP 36,4 Prozent (-10,4 Prozent, 316.290 Stimmen), FPÖ 30,3 Prozent (+15,1 Prozent, 263.985 Stimmen), SPÖ 18,4 Prozent (-6,6 Prozent, 159.753 Stimmen), Grüne 10,3 Prozent (+1,1 Prozent, 89.703 Stimmen), NEOS 3,5 Prozent (erstmals kandidiert, 30.201 Stimmen).

Die OÖVP verlor ihre 2009 gewonnene absolute Mehrheit in der Landesregierung (4 Landesregierungssitze, -1) und die Sperrmajorität im Landtag (21 Mandate, -7). Die FPÖ gewann zwei Regierungssitze (3, +2) und verdoppelte ihre Mandate im Landtag (18, +9). Die SPÖ verlor im Landtag an Einfluss (11, -3) und wurde in der Landesregierung halbiert (1, -1). Die Grünen mussten trotz eines zusätzlichen Mandats im Landtag (6, +1) auf Grund des D'Hondt-Verfahrens bis zuletzt um ihren Sitz in der Landesregierung zittern (1, +/- 0).

Mobilisierungskraft der Kampagnen (Bundes- vs. Landesergebnisse)

Vergleicht man die bundesweiten Umfragen mit dem Ergebnis der Landtagswahl 2015, so zeigt sich ein deutliches Bild über die Mobilisierungskraft der Landesparteien in Oberösterreich. Während die FPÖ zum Wahlzeitpunkt bundesweit in allen Umfragen klar auf Platz 1 lag, blieb sie bei der Landtagswahl deutlich unter dem Wert der Bundespartei. Auch die Ergebnisse von SPÖ und Grüne lagen deutlich unter den bundesweiten Umfragen. Einzig die OÖVP konnte im Vergleich zu ihrer Bundespartei zulegen: Das Ergebnis lag um 15,4 Prozentpunkte über dem Bundes-Umfragewert von 21 Prozent.

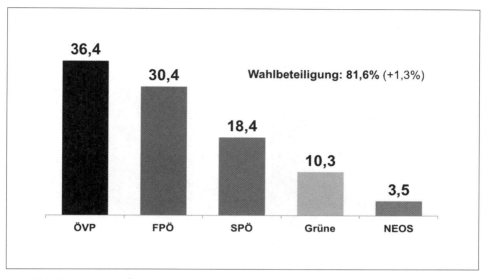

Das amtliche Endergebnis der OÖ. Landtagswahl am 27. September 2015

Stellt man Bundes-Umfragewerte und Landtagswahlergebnis von 2009 und 2015 gegenüber, so zeigt sich, dass es gelungen ist, den Teil jener, die in ihrem Wahlverhalten zwischen Bundes- und Landes-ÖVP unterscheiden, weiter auszubauen. 2009 lag die Bundespartei in den Umfragen bei rund 35 %. Am Wahltag konnte die OÖVP 11,8 % auf diesen Wert zulegen und erreichte ein Ergebnis von 46,8 %. Bei der Wahl 2015 wiesen Umfragen für die Bundes-ÖVP nur noch 21 % aus. Der OÖVP gelang es am Wahltag, diesen Wert um 15,4 Prozent auf das amtliche Endergebnis von 36,4 % auszubauen. Diese Zahlen belegen die Abhängigkeit von Landeswahlergebnissen von der bundespolitischen Grundstimmung und, dass es fast unmöglich erscheint, sich einem österreichweiten Trend zu entziehen.

Optimismus und Pessimismus als Erklärung für den Wahlausgang

Das Thema Flüchtlinge und Asyl, das im Rahmen des Wahljahres 2015 immer wieder Erwähnung findet und auf das auch in diesem Beitrag noch eingegangen wird, stellt sich bei genauer Betrachtung als eine Projektionsfläche für ein Grundgefühl dar. Will man das Wahlergebnis statistisch erklären, liefert die Aufteilung der Wählerinnen und Wähler in Optimisten und Pessimisten

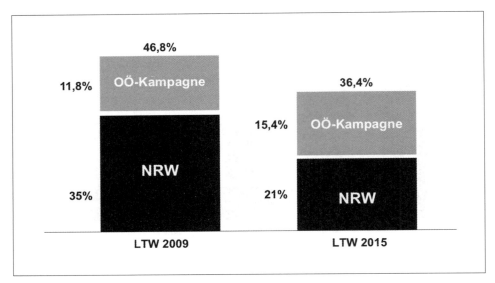

Der OÖVP gelang es, das Delta zum Umfragewert der Bundes-ÖVP im Vergleich zu 2009 auszubauen

die wahrscheinlich beste Erklärung. Bei der Wahltagsbefragung gaben auf die Frage nach ihrem Gefühl zur Aufrechterhaltung der Lebensqualität in Oberösterreich 59 Prozent an, mit Zuversicht in die Zukunft zu blicken, während 38 Prozent ihre Sorge kundtaten. Das Wahlverhalten dieser beiden Gruppierungen unterscheidet sich diametral. Während die OÖVP bei den Optimisten mit 48 Prozent fast eine absolute Mehrheit hält, erreicht sie beim pessimistischeren Teil der Bevölkerung nur 20 Prozent. Noch deutlicher fällt das Ergebnis bei der FPÖ aus. Sie erreichte unter den Pessimisten 59 Prozent der Stimmen, während sie nur zwölf Prozent der optimistisch eingestellten Bürger überzeugen konnte. (SORA Wahltagsbefragung OÖ 2015)

ÖVP und SPÖ verlieren an FPÖ

Bei der Wählerstromanalyse vom Institut für Wahl-, Sozial- und Methodenforschung zeigt sich ein deutliches Bild. Die größten saldierten Wählerströme fanden vor allem zwischen OÖVP, SPÖ und FPÖ statt. Von der OÖVP wanderten 61.600 Wähler zur FPÖ, während mit 8.800 Wählern nur ein Bruchteil davon zu den Grünen wanderte und 10.700 Wähler an

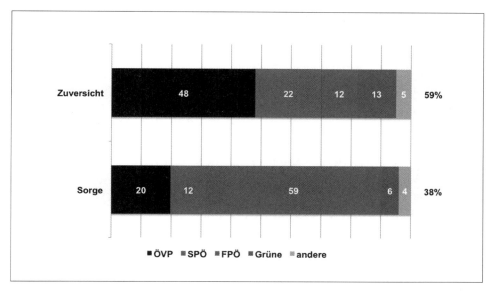

Die Wähler spalten sich an der Frage, ob sie mit Optimismus oder mit Pessimismus in die Zukunft blicken. Quelle: SORA Wahltagsbefragung OÖ 2015

die NEOS abgegeben wurden. Die SPÖ verlor ebenfalls hauptsächlich an die FPÖ, 31.900 Wähler wählten FPÖ statt SPÖ. (Wahltagsbefragung OÖ 2015, Institut für Wahl-, Sozial- und Methodenforschung)

Wahlmotive
Für OOVP-Wähler war nach der Wahlanalyse von SORA mit 99 Prozent der Spitzenkandidat Landeshauptmann Dr. Josef Pühringer das zentrale Motiv für die Wahlentscheidung. Bei den politischen Mitbewerbern der ÖVP spielte der Spitzenkandidat eine deutlich geringere Rolle. Für die SPÖ ist die Situation insofern dramatisch, als eine Reduzierung auf ihre Kernwähler zu beobachten ist. Bei der FPÖ war die Positionierung in der Flüchtlingsthematik das entscheidende Wahlmotiv. Auch die Wähler der anderen Parteien gaben an, dass die Flüchtlingskrise ihre Wahlentscheidung maßgeblich beeinflusste. Somit zeigt sich, dass eine Positionierung in der Flüchtlingsfrage bei der Landtagswahl eine große Rolle spielte. (SORA Wahltagsbefragung OÖ 2015)

Demografie der Wählerschaften

Bei der Analyse nach Subgruppen von SORA zeichnet sich ab, dass die OÖVP verstärkt von Frauen gewählt wurde, während die FPÖ vermehrt Männer überzeugen konnte. Es wird auch deutlich, dass die OÖVP bei älteren Wählern besser abschnitt, während die FPÖ vor allem bei jüngeren Wählern punkten konnte. Frauen über 45 Jahren sind die bedeutendste Wählergruppe für die OÖVP, während die FPÖ die größte Zustimmung unter den jungen Männern bekam. Die SPÖ ist sowohl bei Männern als auch bei Frauen über 45 nur mehr drittstärkste Kraft.

Analysiert man das Wahlverhalten nach dem Bildungsgrad der Wähler, so zeigt sich, dass die OÖVP bei allen gesellschaftlichen Schichten konstant zwischen 32 und 41 Prozent der Wähler ansprechen konnte. Bei FPÖ hingegen sinkt der Wähleranteil mit steigenden Bildungsgrad dramatisch. Während 38 Prozent der Personen mit Pflichtschulabschluss FPÖ wählten, betrug dieser Anteil bei Akademikern nur neun Prozent. (SORA Wahltagsbefragung OÖ 2015)

Die Bedeutung des Flüchtlingsthemas

Aus dem bereits dargestellten lässt sich erkennen, dass die Diskussion rund um Flüchtlinge und Asyl das bestimmende Thema in den letzten Tagen und Wochen vor der Landtagswahl war. Auch die SORA Wahltagsbefragung zeichnet ein eindeutiges Bild über die Stimmung in der Bevölkerung: Zum Wahlzeitpunkt beurteilten nur 26 Prozent die Situation als positiv, 53 Prozent beäugten die Entwicklungen mit Sorge und 17 Prozent taten offen ihren Ärger kund. Sowohl bei der Gruppe der positiv Gestimmten als auch bei den Besorgten konnte die OÖVP eine deutliche Mehrheit erreichen. Einzig die Verärgerten wählten mit überwältigender Mehrheit die FPÖ. (SORA Wahltagsbefragung OÖ 2015)

Analyse der Regionalergebnisse

Bei einer regionalen Analyse des Wahlverhaltens zeigen sich deutliche Muster. Die SPÖ hat in ihren Hochburgen besonders stark eingebüßt, während die ÖVP vor allem im Grenzbereich zu Deutschland und im Innviertel an die FPÖ Wähler verloren hat.

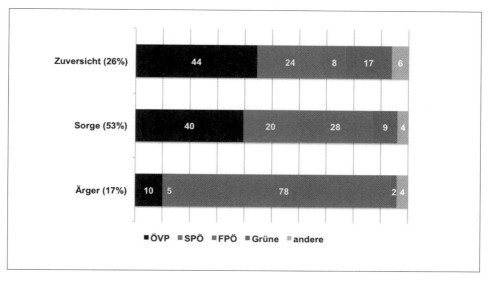

Je ablehnender die Haltung gegenüber Flüchtlingen, umso größer ist der Zuspruch zur FPÖ. Aber auch unter den Besorgten konnte die OÖVP eine relative Mehrheit für sich gewinnen. Quelle: SORA

Erklärung durch die Präsenz von Flüchtlinge

In den Tagen vor der Landtagswahl 2015 spitzte sich die Flüchtlingskrise dramatisch zu. Die Wiedereinführung von Grenzkontrollen an der deutsch-österreichischen Grenze am 13. September 2015 führte dazu, dass die Weiterreise von Flüchtlingen vorübergehend unterbrochen wurde. Oberösterreich drohte dadurch, zum Flaschenhals der Flüchtlingswanderung zu werden. Bilder von Menschenschlangen auf den Straßen und Ortsplätzen oberösterreichischer Kleingemeinden und tausenden Flüchtlingen, die zum Teil unter freiem Himmel übernachteten, gingen 14 Tage lang durch alle Medien. In einigen Gemeinden, insbesondere im Innviertel, aber auch im nördlichen Mühlviertel an der Grenze zu Deutschland, wurden die Flüchtlinge kurzfristig in Notquartieren und Zelten untergebracht. Insbesondere in diesen Regionen musste die ÖVP beim Ergebnis schwere Einbußen hinnehmen, während sich die FPÖ über hohe Zugewinne freuen konnte. (Wahlbericht LTW 2015, Land OÖ/Abt. Statistik). Durch die massive und bilderreiche Berichterstattung über die Flüchtlingswelle wurden alle anderen Themen in den Hintergrund gedrängt.

Erklärung durch regionale Brennpunkte
Neben der Flüchtlingskrise haben sich auch regionale Themen auf die Wahlentscheidung ausgewirkt. So wurde im Innviertel die bereits 2010 initiierte Spitalsreform besonders kontrovers diskutiert. Die Unzufriedenheit der Bevölkerung dürfte sich entsprechend negativ auf das Landtagswahlergebnis der OÖVP im Innviertel ausgewirkt haben. Im Eferdinger Becken und in einzelnen Gemeinden im Mühlviertel hat sich die Unzufriedenheit mit der Hochwassersituation und den Folgen davon auch im Wahlergebnis niedergeschlagen.

Ausgangslage

Schon im September 2014, genau ein Jahr vor der Landtagswahl in Oberösterreich und lange vor dem Aufflammen des Flüchtlingsthemas, stellte sich die politische Ausgangslage für die Wahl im September 2015 für die OÖVP herausfordernd dar. Neue Mitbewerber am Wählermarkt sowie im Vergleich zu 2009 deutlich schwächere Imagewerte der OÖVP im Zuge eines österreichweit feststellbaren Vertrauensverlusts in die Politik im Allgemeinen prägten das politische Bild. Landeshauptmann Dr. Josef Pühringer hatte bereits im Februar 2014 seine Kandidatur bekannt gegeben und galt – auch unter den politischen Mitbewerbern – als unangefochtener Spitzenkandidat und Landeshauptmann.

„Sonntagsfrage" – ein Jahr vor der Wahl

Im September 2014, ein Jahr vor dem Urnengang, lag die OÖVP in den Umfragen bei rund 42 Prozent, einem Wert deutlich unter dem Wahlergebnis von 2009. Dieser Stimmenrückgang ist auf eine allgemeine Unzufriedenheit mit der Politik auf Bundes- und EU-Ebene sowie auf landespolitische Kritikpunkte zurückzuführen. Der über Jahre hinweg annähernd konstante Wert von rund 42 Prozent sollte allerdings erst im Mai 2015, mit dem Aufstellen der ersten Zelte für die Flüchtlinge, auf unter 40 Prozent einbrechen. Die SPÖ lag ein Jahr vor der Wahl bei 22 Prozent, also knapp unter ihrem historisch schlechtesten Ergebnis von 2009. Die FPÖ verzeichnete mit 19 Prozent leichte Zugewinne. Die Grünen waren mit zehn Prozent stabil und den NEOS schien mit fünf bis sechs Prozent ein Einzug in den Landtag sicher zu sein. (M&R Institut für Marktforschung und Regionalumfragen, 4.-12. Sept. 2014, CAT, n=1000). Die entscheidende Dynamik am Wählermarkt entwickelte sich allerdings erst Mitte September 2015.

Josef Pühringer als Zugpferd

Der Zuspruch zur Person Josef Pühringer war ungebrochen hoch: 78 Prozent befürworteten sein erneutes Antreten als Spitzenkandidat, 59 Prozent gaben an, ihn direkt zum Landeshauptmann wählen zu wollen. Dieses Wahlmotiv „Josef Pühringer" reichte weit über die OÖVP hinaus in die Wählerschaften der politischen Mitbewerber hinein. (M&R Institut für Marktforschung und Regionalumfragen, 4.-12. Sept. 2014, CAT, n=1000)

Zufrieden mit dem Land, Unzufrieden mit Bund und EU

Die Zufriedenheit mit der Arbeit der Landesregierung war ein Jahr vor der Wahl mit 72 Prozent hoch und blieb bis zuletzt auf diesem Niveau. Demgegenüber stand eine große Unzufriedenheit mit der Arbeit der Bundesregierung und der Bundespolitik insgesamt: Zwei Drittel beurteilten sie als negativ. Dass diese allgemeine Unzufriedenheit mit der Politik letzten Endes auch auf die Beurteilung der Politik in Oberösterreich durchschlug, zeigt etwa die Frage nach der Kompetenz zur Lösung zukünftiger Herausforderungen. Galt die OÖVP bei der Wahl 2009 für eine Mehrheit der Wähler als eine moderne, zu Reformen bereite und bürgernahe Partei mit einer hohen Kompetenzvermutung hinsichtlich der Lösung zukünftiger Herausforderungen (allgemeine „Zukunftskompetenz"), zeigte sich ein Jahr vor der Wahl im Kernimage der Partei ein verändertes Bild. 37 Prozent der Befragten attestierten zwar der OÖVP die größte Zukunftskompetenz, womit sie deutlich vor allen Mitbewerbern lag, die nur einstellige Werte auswiesen. Fast genauso groß war aber mit 36 % die Gruppe jener Befragten, die diese Frage mit „keiner" oder „alle" beantwortete, oder gar keine „Antwort" geben konnte. Obwohl also die Zufriedenheit ungebrochen hoch war, trauten die Menschen der Politik im Allgemeinen die Lösung anstehender Probleme im Großen und Ganzen nicht mehr zu. Das hat in Oberösterreich vor allem die OÖVP als bestimmende Kraft getroffen. (M&R Institut für Marktforschung und Regionalumfragen, 4.-12. Sept. 2014, CAT, n=1000)

Wunsch nach mehr Reformen und Veränderung

Die in der Legislaturperiode von der Landesregierung beschlossenen und zu großen Teilen auch umgesetzten großen Reformen – die Spitalsreform 2010 und die Verwaltungsreform 2011 – führten bei den betroffenen Bevölkerungsteilen zu Kritik. Trotzdem sah sich die Politik in Österreich und speziell in Oberösterreich mit einem wachsenden Bedürfnis nach Reformen und Veränderung konfrontiert. Entsprechend groß war bei diesen Wählergruppen auch der Zuspruch zu NEOS, die frischen Wind und einen neuen Politik-Stil versprachen. Dieser trotz großer umgesetzter Reformen beständige Wunsch nach Veränderung ist ein weiteres Indiz dafür, dass die Oberösterreich-Wahl stark von einer negativen Grundstimmung gegenüber der Politik im Allgemeinen überlagert wurde.

Veränderte Parteienlandschaft

Auch die politische Landschaft in Oberösterreich war 2014 eine andere als noch 2009. Die zunehmend fragmentierte Parteienlandschaft auf Bundesebene wurde auch in Oberösterreich spürbar. Es war davon auszugehen, dass sowohl die NEOS als auch das Team Stronach mit dem Oberösterreicher und oft als „Bauernrebell" bezeichneten Leo Steinbichler an der Spitze bei der Landtagswahl antreten würden. Das Team Stronach war in Umfragen als einzelne Partei zwar nicht mehr messbar und scheiterte letzten Endes auch an der Einbringung der notwendigen Unterstützungserklärungen, aber den NEOS schien der Einzug in den Landtag zu diesem Zeitpunkt sicher zu sein. Die Wählerstrom-Analysen der vorangegangenen Nationalratswahl und der Landtagswahl in Salzburg ließen die Vermutung zu, dass die NEOS-Wähler zum überwiegenden Teil von der OÖVP kommen würden.

Strategische Ausrichtung

Die ursprüngliche Strategie der OÖVP zielte darauf ab, die Haltequote im Vergleich zur Landtagswahl 2009 und das Delta zur ÖVP auf Bundesebene durch die Gewinnung von Ticketsplittern zu maximieren. Die Abwanderung von Stimmen zur FPÖ sollte verhindert und potenzielle NEOS Wähler sollten zurückgewonnen werden. Mit der Stilisierung der Landtagswahl zu einer Landeshauptmann-Wahl sollten darüber hinaus Wähler anderer Parteien angesprochen werden.

Erfahrener Kandidat mit hoher Beliebtheit – aber ohne Gegner

Mit Josef Pühringer stand ein bekannter und überaus beliebter Politiker an der Spitze der OÖVP. Anders als 2009, wo die SPÖ bereits im Jänner des Wahljahres ein Duell um den Landeshauptmann-Sessel ausrief, vermieden die politischen Mitbewerber die direkte Konfrontation. Sie alle stellten Josef Pühringer als Landeshauptmann und die OÖVP als stärkste Kraft außer Streit. Die Grünen setzten auf eine Fortführung der schwarz-grünen Zusammenarbeit. SPÖ und FPÖ riefen ein Duell um den zweiten Platz aus.

Die OÖVP blieb damit in einer nur scheinbar vorteilhaften Situation: Mit einem starken Spitzenkandidaten ohne wahrnehmbaren direkten Gegner. „Der Pühringer wird's sowieso" war somit eines der gefährlichsten Argumente für die Mobilisierungsstrategie der OÖVP.

Positive und konstruktive Differenzierung

Die diametrale Beurteilung der Arbeit von Bundes- und Landesregierung machte eine Differenzierung zur Bundespolitik notwendig. Mit einem Oberösterreicher an der Spitze der ÖVP – was im Übrigen von einer Mehrheit der Oberösterreicherinnen und Oberösterreicher als Vorteil für die Umsetzung oberösterreichischer Interessen gesehen wurde – konnte die OÖVP nur einen Weg der konstruktiven Differenzierung wählen.

Stolz auf Oberösterreich

Die sanfteste und konstruktivste Form der Differenzierung zur Politik auf EU- und Bundesebene ist der Stolz auf das eigene Land. Diesen Stolz sollte die Kampagne „Da schau her. Oberösterreich." bedienen, in dem sie außergewöhnliche Leistungen und überraschende Darstellungen von Oberösterreichinnen und Oberösterreichern vor den Vorhang holte. Durch eine für die OÖVP ungewöhnliche Bildsprache – etwa ein sich küssendes Paar oder eine Mutter mit auffälligen Tattoos bei der Computer-Arbeit – sollte die Kampagne vor allem Zielgruppen außerhalb der typischen ÖVP-Stammwähler ansprechen.

https://www.ooevp.at/artikel/60/wir-sind-stolz-und-staunen-ueber-oberoesterreich/tag/0

Modernität und Partizipation

Im April 2015 machte die OÖVP den Politik-Stil in Oberösterreich zum Thema einer Kampagne. Die Slogans waren für politische Kampagnen eher ungewöhnlich: „Zusammenarbeiten statt haxlbeißen", „Anpacken statt zuschauen", „Hinschauen statt schönreden", „Vordenken statt vorschreiben", „Bewegung statt Stillstand", „Wirtschaften statt krankjammern" und „Bürgernähe statt Politblabla", jeweils in Verbindung mit der Überzeile „In Oberösterreich:" sollten eine Differenzierung zum Stil der Politik auf EU- und Bundesebene schaffen. Bürgernähe und vor allem die Möglichkeit zur direkten Partizipation war die Idee hinter dem Townhall-Format „Pühringer live", das im April und Mai in allen Regionen Oberösterreichs stattfand. Das übergeordnete Ziel beider Maßnahmen: die OÖVP, die als Partei 2015 ihren 70. Geburtstag feierte, bewusst frisch und modern darzustellen.

Darüber hinaus verordnete sich die OÖVP ein Vorzugsstimmen-Regulativ, das dem Vorzugsstimmen-Ersten in einem Wahlkreis den Einzug in den Landtag sichern sollte.

Veränderung und Reformbereitschaft

Bilanzen traten in den Hintergrund, der Fokus wurde nach vorne gerichtet. „Oberösterreich soll in die Champions-League der europäischen Wirtschaftsregionen" war das Motto, unter dem Landeshauptmann Dr. Josef Pühringer eine Wachstumsstrategie für Oberösterreich in Auftrag gab. Die Bereiche dieser Wachstumsstrategie sollten den Wirtschaftsstandort, den Arbeitsmarkt, die Bildung und die Forschung umfassen und damit ein klares Signal an jene senden, die Oberösterreich Stillstand und Rückwärtsgewandtheit attestierten.

Bereits beim Landesparteitag im Oktober 2014, bei dem Josef Pühringer mit 99,4 Prozent als Landesparteiobmann und Spitzenkandidat bestätigt wurde, gab er den Kurs Oberösterreichs als Wirtschafsstandort in Richtung europäische Spitze vor und kündigte gleichzeitig eine Deregulierungsoffensive an, um Gesetze und Verordnungen zu reduzieren und die Eigenverantwortung zu stärken.

Gleichzeitig ging von diesem Parteitag durch die deutliche Verjüngung des Vorstandsteams rund um Josef Pühringer auch ein personelles Signal der Erneuerung aus.

Im Juni 2015 setzte die OÖVP mit einer groß angelegten Kampagne unter dem Titel „Pole Position Oberösterreich" vor allem auf die Themen Bildung, Forschung, Arbeit und Standort. Jene Themen eben, die aus Sicht der Oberösterreicherinnen und Oberösterreicher die vordringlichsten waren – bis die ersten Flüchtlinge kamen.

Zäsur – Die Flüchtlingswelle kommt ins Rollen

Die strategische Herausforderung einer Landtagswahl liegt immer zu einem großen Teil in der entsprechenden Einbettung in eine bundes- und europapolitische Großwetterlage. Der Gewittersturm, der im Jahr 2015 über Österreich und Europa zog, war weder in seiner Ausprägung noch in seiner Heftigkeit vorhersehbar.

Die Entwicklung des Themas und die Auswirkungen

Ein halbes Jahr vor der Landtagswahl in Oberösterreich änderten sich die Voraussetzungen komplett. Nachdem im Mai überraschend Zelte als Unterkunft von Flüchtlingen in den größeren Städten aufgebaut wurden, rückte das Flüchtlingsthema in den Mittelpunkt der medialen Berichterstattung. Die Wahlen in der Steiermark und im Burgenland lieferten einen ersten Vorgeschmack darauf, wie groß der Einfluss dieses Themas auf die

Wahlergebnisse – insbesondere jene der FPÖ – sein sollte. Im September verschärfte sich die Flüchtlingssituation in Oberösterreich durch die Wiedereinführung von Grenzkontrollen an der Grenze zu Bayern nochmals deutlich. Der überraschende Schritt Deutschlands und der damit verbundene Flüchtlingsrückstau, vor allem in Oberösterreich und Salzburg, führte zu einer weiteren Verunsicherung der ohnehin schon beunruhigten Bevölkerung. Wie sehr die Entwicklung dieses Themas das Meinungsbild beeinflusste, zeigen die Umfragen im Zeitverlauf: Verbunden mit dem Aufstellen der ersten Zelte als Notunterkünfte für Flüchtlinge sackte die OÖVP auf 39 Prozent ab. Nach Einführung der Grenzkontrollen verlor sie innerhalb von nur zwei Wochen immer mehr an Boden und stand kurz vor der Wahl in Umfragen nur noch bei 34 Prozent, während die FPÖ laufend Zugewinne verzeichnen konnte und bei 32 Prozent hielt.

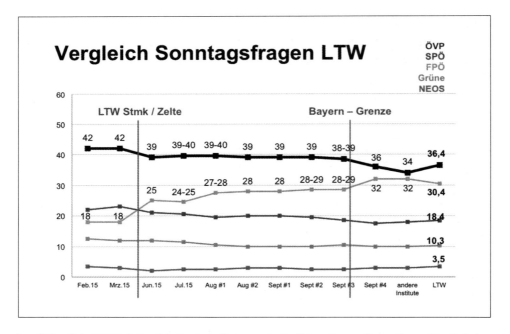

Im zeitlichen Verlauf sind die beiden Einbrüche in den Umfragewerten deutlich zu erkennen. Sie korrelieren mit den Ereignissen und der damit verbundenen medialen Aufmerksamkeit rund um die Flüchtlingskrise; Angaben in Prozent.

Strategische Neuausrichtung
Neues Themensetting

Schaffung und Sicherung von Arbeitsplätzen, Bildung und Gesundheit waren über Jahre jene Themen, die von den Oberösterreicherinnen und Oberösterreichern bei Umfragen als die wichtigsten Aufgabenbereiche der Politik genannt wurden. Mit dem Aufflammen der Flüchtlingsdiskussion verschob sich die Relevanz der Themen deutlich. Damit änderte sich auch das Themen-Setting für die Intensiv-Phase der Wahlkampagne.

Während nach wie vor die Sorge um den eigenen Arbeitsplatz ein bestimmendes Thema war, wurden alle anderen Themen von der Flüchtlingsdiskussion abgelöst (M&R Institut für Marktforschung und Regionalumfragen, 15.-17. Sept. 2015, CAT, n = 500). Der FPÖ spielte diese geänderte Themenlage naturgemäß in die Hände. Alle anderen Parteien mussten – bis zuletzt – um eine klare Positionierung in dieser Frage ringen. Die OÖVP entschied sich insbesondere in den letzten 14 Tagen vor der Wahl für eine schärfere Position beim Thema Asyl. Dadurch ist es der OÖVP gelungen, auch bei jenem relativ größten Teil der Bevölkerung, der die Flüchtlings- und Asyldiskussion mit Sorge verfolgte, am Wahltag die relative Mehrheit (40 %) zu erreichen. (vgl. SORA Wahltagsbefragung OÖ 2015).

Geänderte „Körpersprache" der Kampagne

Durch das geänderte Themensetting veränderte die OÖVP nicht nur ihre Botschaften, sondern auch die Grundstimmung ihrer Kommunikation. Modernität, Frische, Veränderung, diese Dinge traten zunehmend in den Hintergrund. Landeshauptmann Dr. Josef Pühringer präsentierte sich als Landes-Chef mit großer Erfahrung in der Bewältigung schwerer Krisen. Die OÖVP griff die zunehmende Unsicherheit der Menschen in ihrer Kampagne auf und präsentierte den erfahrenen Landeshauptmann unter dem Slogan „Sichere Wahl" als Gegenthese zu diesen „unsicheren Zeiten".

Der Intensivwahlkampf

Die genannten Entwicklungen bedeuteten für alle Parteien, insbesondere aber für die OÖVP, eine völlig neue strategische Ausgangslage. Dementsprechend wurde auch die Kampagne von Grund auf neu ausgerichtet.

Mobilisierung als Kernelement

In der letzten Phase der Wahl setzt die OÖVP intern auf die größtmögliche Mobilisierung. Im Laufe des Wahlkampfes kristallisierte sich immer deutlicher ein Duell zwischen der OÖVP und der erstarkenden FPÖ heraus. Während die OÖVP den Stil der Freiheitlichen verstärkt thematisierte und so versuchte, Übertrittsbarrieren zur FPÖ aufzubauen, setzte die FPÖ in bewährter Manier verstärkt auf die Popularität von Heinz-Christian Strache. Der FPÖ-Chef war sowohl als Hauptredner bei den Wahlkundgebungen als auch auf den Plakaten der FPÖ zu sehen. Durch die immer knapperen Umfragedaten und eine – auf Grund der Koalition im Burgenland enttabuisierte – mögliche rot-blaue Abwahl des Landeshauptmanns konnte die OÖVP in den letzten Tagen ein Rennen um Platz 1 inszenieren, das allerdings von den Medien und anderen politischen Meinungsbildnern bis zuletzt bezweifelt wurde. Erst der Wahltag zeigte, dass das von der OÖVP beschworene Duell um Platz 1 und um den Landeshauptmann tatsächlich stattgefunden hat. Von dieser Tatsache konnte möglichweise der Wiener Bürgermeister Michael Häupl profitieren und seine Wähler gegen die FPÖ mobilisieren.

Zuspitzung auf eine Landeshauptmann-Wahl

Die Grünen setzten insbesondere in den letzten Wochen auf die Fortsetzung der schwarz-grünen Zusammenarbeit als Motiv für ihre Wähler. Die FPÖ war von der Welle des Flüchtlingsthemas getragen und stellte nicht ihren Landesspitzenkandidaten, sondern ihren Bundesobmann als „Gesicht" der Wahlbewegung in die erste Reihe. Die OÖVP setzte in dieser Situation alles auf die Karte Josef Pühringer. War in den letzten Wochen vor der Wahl noch von einer „sicheren Wahl in unsicheren Zeiten" die Rede, spitzte sich die Botschaft in den letzten Tagen vor der Wahl auf „Jetzt kein Risiko. Pühringer wählen" zu.

Zwei-Themen-Strategie

Neben dem Themenkomplex Flüchtlinge und Asyl war für die Menschen auch die Frage nach der Sicherheit ihres Arbeitsplatzes die bestimmende Sorge in der letzten Phase des Wahlkampfes. Entsprechend deutlich positionierte sich die OÖVP bis zuletzt als Partei für Arbeit und Wirtschaft. Der

OÖVP gelang es wenig überraschend nicht, mit diesen Themen den öffentlichen Diskurs zu beeinflussen. Die Frage über den Umgang mit Flüchtlingen wurde zum bestimmenden Thema in den letzten Tagen. Während die OÖVP letzten Endes mit der Forderung nach „Asyl auf Zeit" ein inhaltliches Angebot für die besorgte Bevölkerung schuf, konnte die FPÖ ihre Kernkompetenz als Law & Order-Partei in diesem Themenfeld ausspielen. Die Grünen positionierten sich in dieser Frage als einzige Partei klar auf der anderen Seite des politischen Spektrums. Sowohl die SPÖ als auch die NEOS gingen mit ihren Forderungen und Programmen im Getöse dieser Auseinandersetzung beinahe unter.

Die FPÖ profitierte allerdings nicht nur vom Flüchtlingsthema, sondern auch von der immer stärkeren Verdrossenheit gegenüber der Politik in Österreich und Europa im Allgemeinen. Während die OÖVP mit Botschaften wie „Es geht nicht um Wien oder Brüssel" versuchte, die Wahl zu einer Abstimmung über die Arbeit der Landesregierung und den Landeshauptmann zu machen, war das Ziel der FPÖ eine Abstimmung über die EU-Politik und die Arbeit der Bundesregierung.

Regierungsverhandlungen und Arbeitsübereinkommen

Das bereits eingangs erläuterte Ergebnis ließ auch rein rechnerisch eine Fortführung der seit zwölf Jahren bestehenden schwarz-grünen Zusammenarbeit nicht mehr zu. Die OÖVP trat sowohl mit der SPÖ als auch mit

der FPÖ in Verhandlungen. Die FPÖ von der Zusammenarbeit auszuschlie
ßen, war auf Grund der realpolitischen Gegebenheiten – Oberösterreich
hat nach wie vor das Proporzsystem, die FPÖ hatte auf Grund des Wahlergebnisses dadurch Anspruch auf drei Regierungssitze (+2), was einem Drittel der gesamten neuen Landesregierung entspricht, während die SPÖ nur
noch ein Regierungsmitglied stellte (-1) –, nicht möglich. Letzten Endes
einigten sich OÖVP und FPÖ auf ein Arbeitsübereinkommen, in dem ein
gemeinsames Vorgehen bei klar definierten Punkten vereinbart wurde und
über das hinaus das Prinzip der freien Mehrheitsbildung gilt. Auch die SPÖ
hat sich zu einer konstruktiven Regierungszusammenarbeit bereit erklärt.

MANFRED MATZKA

Warum es mit den Grünen so schwer ist

Grüne Parteien wurden in den beiden letzten Jahrzehnten – insbesondere von Sozialdemokraten – als nächstliegende Bündnis- und Koalitionspartner gesehen. Warum das zunehmend nicht mehr so ist, untersucht dieser Beitrag. Seine zentrale These ist, dass die Grünen keine kompakte soziale Basis haben und das ihr Hauptproblem ist. Da sie diese nicht haben, gibt es auch keine klare ökonomische und soziale Interessenslage, die die großen Linien ihres Handelns bestimmen würde. Sie gehören in den großen Auseinandersetzungen um unser aller Zukunft weder nach rechts noch nach links, und man kann sich auf sie nicht wirklich verlassen. Die Auswirkungen dieses Dilemmas auf den politischen Alltag grüner Parteien werden anhand konkreter Erfahrungen in Österreich diskutiert. Dabei stehen insbesondere der Außenauftritt, die interne Demokratie, die Programmatik und das Verhalten gegenüber anderen Parteien im Blickpunkt.

Noch vor einigen Jahren waren viele Sozialdemokraten und Linke davon überzeugt, dass eine Zusammenarbeit von Rot und Grün für die Gesellschaft, für die Entwicklung der Demokratie und für die Verbesserung des Lebens der Ärmeren in unserer Wirtschaft Sinn macht. Mittlerweile ist das nicht mehr so. Die Gründe sind ebenso vielfältig wie unveränderbar.

Die Grünen haben keine kompakte soziale Basis. Das ist ihr Hauptproblem. Da sie diese nicht haben, gibt es auch keine klare ökonomische und soziale Interessenslage, die die großen Linien ihres Handelns bestimmen würde. Nicht real Gemeinsames verbindet Holzschuhfundis und Solar-Swimmingpoolheizer, höhere Töchter und frustrierte Trotzkisten, Einpersonenunternehmer und Professorinnen. Daher ist grüne Politik zwangsläufig sprunghaft, inkonsistent, unkalkulierbar, kürzestfristig orientiert und ohne jede Verantwortung für das, was man gestern noch realisierte. Sie gehören in den großen Auseinandersetzungen um unser aller Zukunft weder nach rechts noch nach links, und man kann sich auf sie nicht wirklich verlassen.

Sie knebeln mühsam zwei Gruppen aneinander, deren Interessenslagen und Lebenssituationen einander aber diametral gegenüberstehen: Ein Teil sind wirkliche oder gewesene Linke, die (noch immer) die Interessenslagen sozial Schwacher, die Relevanz der Mehrheitsmeinung (auch wenn sie von Prolos und nicht von Bobos getragen ist), die Wichtigkeit des Gleichheitsprinzips sehen – die anderen haben primär die Verteidigung von Nischenprivilegien, von Kleingruppenrechten, staatliche Förderungen für Nettigkeiten und die Lösung von Luxusproblemen im Sinn. Die einen brauchen den Sozialstaat als Garanten, die anderen sind radikal neoliberal gegen jegliche staatliche „Bevormundung". Linksliberal sind sie beide nicht. Die einen erkennen, dass Unterschichtangehörige Angst haben, die anderen verurteilen sie darob wegen Herzlosigkeit. Die einen wollen Arbeitsplätze, für die anderen dürfen sie aber keinen Lärm machen und nicht an ihr Wohngebiet grenzen. Die einen wollen mit den Leuten darüber reden, dass Zuwanderer nicht so schlecht sind, die anderen mit den Zuwanderern darüber, wie schlecht die Leute sind.

Gerade weil sie keine realen Interessen, kein – bleiben wir beim klaren Wort – Klasseninteresse repräsentieren, sind die Grünen völlig und ausschließlich auf Überbauthemen zurückgeworfen. Diese sind zwar auch nicht unwichtig, das Wesentliche für den Gang der Geschichte ist und bleibt aber doch die reale Welt: Einkommen, Wohnen, Arbeit, soziale Sicherheit und deren Verteilung – und da haben sie nichts zu bieten, keine konsistenten Linien, sind in sich so widersprüchlich wie ihre Mitglieder und Wähler und haben auch keine Chance, zu klaren Positionen zu gelangen. Daher sind sie so still zur Lohngerechtigkeit, daher weinen sie den Grashalmen unter den Gemeindebauten nach, daher ist voraussetzungsloses Grundeinkommen wichtiger als anständige Entlohnung der Arbeit. Die Flucht in Ringstraßen-aktionismus, Polit-Spaß-Themen, Begegnungszonen, Political-Correctness-Polizei und in Fragen, die das Leben derer, die eine Verbesserung bräuchten, in keiner Weise auch nur irgendwie berühren, ist die Folge. Hier und nur hier geraten ihre beiden Flügel intern nicht aneinander.

Mit solchen Themen macht man sich's auch leicht – man muss nicht denken und argumentieren, man kann so wohlig beim Fühlen und Glauben bleiben. Somit ist Moral und nicht politische Ökonomie Handlungs-anleitung grüner Politik. Für sie geht es immer um Gut und Böse, nie um Haben oder Nichthaben, Sein oder Nichtsein. Wenn eine gesellschaftliche Gruppe etwas will, weil sie es braucht, wird nicht die Berechtigung des Wunsches geprüft, nicht ihr Recht darauf, sondern die Frage, ob das denn nicht doch möglicherweise jemand anderem ein bissl weh tut – und wenn ja, ist man dagegen. Das mag gut in Ordnung sein für eine Sekte, eine Reli-gionsgemeinschaft, einen Salon oder einen Debattierklub – aber weitaus zu wenig, für eine nachhaltige, starke, effektive politische und soziale Kraft.

Eine historische Partei definiert sich aufgrund einer einigermaßen homogenen Mitgliederstruktur durch eine langfristige Linie, die den Inte-ressen ihrer Basis entspricht. Bei den Grünen ist die einzige derartige Linie die Ökologie, aber dazu hört man von ihnen schon lange nicht mehr Re-levantes als von anderen Parteien. Die Grünen sind daher inhaltlich keine Partei (mehr), sondern eine Wahl-Zweckgemeinschaft. Und danach setzen sie die Themen: völlig willkürlich und eklektizistisch, nach vermeintlichen „quick wins" in der Tagespresse, abhängig vom Hobby einzelner Entschei-dungsträger, vorgegeben von Spin-Doktoren …

Eine Partei definiert sich durch eine einigermaßen homogene per-sonelle Mitgliederstruktur. Die haben die Grünen nicht. Nicht nur ihre Mehrheiten bei diversen Kongressen sind zufällig, auch die Zusammenset-zung ihrer „Basis" ist es – ja, in Wirklichkeit gibt es keine Basis. Sie ist bei den Grünen virtuell, es sind Autoren, Kommentatoren, die veröffentlichte Meinung, die Medien und ein Teil der dort Tätigen. Ohne Zeitung und Rundfunk gäbe es die Grünen gar nicht, real im wirklichen Leben würde man sie nicht bemerken. Damit ist die Gruppe aber völlig darauf angewiesen, die Medien ständig mit Neuem, mit noch Schrillerem, mit Emotionen, simplen Bildern oder mit Kopfjagden zu füttern, denn das trifft das Verwertungsinteresse derer, die dort objektiv für sie tätig sind.

Das Schrille, das notwendiger Bestandteil grüner Außenauftritte ist, hat aber zwei fatale Folgen: die eine ist, dass dies viele Menschen verschreckt und verängstigt. Es mag unbegründeter Schrecken und grundlose Angst sein, aber unbenutzbare Innenstadtstraßen, Drogenhandelsliberalisierung und militantes Bekämpfen dessen, was die Rechtsordnung sichert, machen nun mal Unbehagen. Und provozieren als ebenso falsche wie naheliegende Reaktion die Flucht der Ängstlichen nach rechts. So treibt man Rechtspopulisten wirksam die Stimmen zu. Die biedere Reaktion viferer Grün-Führer, jetzt aber bitte schon auch mehr populistisch sein zu wollen, kann hier nichts Grundsätzliches ändern.

Die zweite Folge ist, dass für die Selbstprofilierer der Partei die Berichterstattung alles ist, etwaige Konsequenzen und Kollateralschäden aber nichts. Insbesondere dort, wo es möglich ist, eine Person mit öffentlicher Funktion aufs Korn zu nehmen und medial hinzurichten, ist man sofort dabei, ja initiiert dies sogar, wo immer es möglich scheint. Dabei werden persönliche Diffamierung, Rufmord, Lüge und Verhetzung nicht gescheut, und wenn sich ein Opfer dann doch erfolgreich bei Gericht gewehrt hat, wird zynisch reagiert: O. K., war es halt nicht wahr, aber er/sie ist wenigstens von der Funktion weg … Mit dieser Menschenjagd streifen die Grünen gefährlich nahe an Grundrechtsverletzungen an, die nicht nur der Staat, sondern auch mächtige soziale Institutionen nicht begehen dürfen.

Bei all dem sind die Grünen auch noch recht alt geworden und zeigen ein besonders traditionelles Parteiverhalten: Rechtfertigen jedes Unsinns, den man machte, in gewundenen Schachtelsätzen; ein geradezu inzestuöses Postenkarussell immer derselben kleinen Clique – erst im Nationalrat, dann nahtlos im Gemeinderat, als Landesregierungsmitglied, Ombudsperson oder sonst was Einträgliches; es zeigt sich an demselben Sesselklebertum wie bei den verknöchertsten Institutionen unserer Politlandschaft – alles, bloß nicht zurücktreten; es zeigt sich an einer frappanten Beratungs- und Lernresistenz der Parteioligarchie, an ganz staubig daherkommenden simplen Posten-Proporzforderungen bis hinein in Kulturjurien; und an einer wachsenden Hochnäsigkeit – E-Mails an Vizebürgermeisterinnen werden einfach nicht beantwortet.

Man kann diese Grünen also als Linker mittelfristig abschreiben – leider, denn immer noch meinen viele im Land, dass die Gesellschaft jedes fortschrittliche Element, jede Veränderungskraft, jede Politisierung und damit auch jede wirkliche Partei gut brauchen könnte. Partei, wohlgemerkt, nicht Partie und nicht Party.

EVOLUTION VOLKSPARTEI

Unser *Energie*schatz!

TIWAG-Tiroler Wasserkraft AG

Service-Hotline: 0800 818 819 . www.tiroler-wasserkraft.at

tiroler
wasser
kraft

DIETMAR HALPER

Das Wiener Programm 2015
Eine kurze Führung durch das neue Grundsatzprogramm der ÖVP

Auf ihrem 37. Bundesparteitag am 12. Mai 2015 hat sich die Österreichische Volkspartei ein neues Grundsatzprogramm gegeben. Zwei Jahrzehnte nach dem „Wiener Programm 1995" definiert das neue Grundsatzprogramm 2015 das ideologische Fundament der Volkspartei. Es ist eine Weiterentwicklung und Anpassung an die neuen Gegebenheiten, das zeigen einige Besonderheiten. Es ist aber auch ein Festhalten an dem, was die ÖVP ausmacht: Ihr Menschenbild, ihre Wurzeln und Grundwerte wie Freiheit, Nachhaltigkeit und Verantwortung. Ein gelungener Wurf.

Vorbemerkung

Nach 20 Jahren hat sich die ÖVP wieder ein neues Grundsatzprogramm gegeben, es wurde am 12. Mai 2015 im Rahmen des Bundesparteitages in der Wiener Hofburg beschlossen. Einer Tradition folgend, die Grundsatzprogramme nach dem Ort ihrer Beschlussfassung zu benennen, wird es als „Wiener Programm 2015" geführt.

Grundsatzprogramme sind für politische Parteien wichtig, weil sie ein Koordinatensystem und eine ideologische Verortung für politisches Handeln bieten. Dadurch werden Parteien berechenbar und diese Berechenbarkeit schafft Vertrauen und Glaubwürdigkeit. Freilich klaffen Anspruch eines Grundsatzprogrammes und Wirklichkeit der tagespolitischen Arbeit immer wieder auseinander. Das darf uns aber nicht daran hindern, für unseren Anspruch und unsere Prinzipien eine hohe Messlatte anzulegen und diesem Ideal immer wieder zu folgen.

Erstmals wurde ein Grundsatzprogramm über Einbindung der Parteibasis weiterentwickelt. „Evolution Volkspartei" hieß der Prozess, der dem neuen Grundsatzprogramm voranging und der im ersten Schritt allen politisch Interessierten und im zweiten Schritt allen Mitgliedern der ÖVP ermöglicht hat, an politischen Ideen und Grundsätzen mitzuarbeiten. Am Ende von „Evolution Volkspartei" standen 20 Fragen, die wir an unsere Parteimitglieder gestellt haben. Jedes Mitglied hatte die Möglichkeit, dazu seine Meinung abzugeben. Die Ergebnisse aus diesem Prozess spiegeln sich im Grundsatzprogramm wider.

Im Sinne einer Evolution war es das Ziel, durch „Evolution Volkspartei" die ÖVP weiterzuentwickeln, aber nicht alles Alte über Bord zu werfen. Am Ende war es eine große Herausforderung, das Grundsatzprogramm mit allen wesentlichen Teilen der Partei (Bundesländer, Teilorganisationen etc.) abzustimmen. Das Ergebnis ist aber das Produkt eines offenen und von viel Engagement, gegenseitigem Verständnis für das jeweilige Argument, aber auch von harten Linien getragenen Prozesses.

Aufbau

Der Aufbau ist stark angelehnt an das Wiener Programm aus dem Jahr 1995. Beibehalten wurde sowohl die Gliederung in drei Abschnitte als auch die Aufteilung der einzelnen Bereiche.

Statt einer Präambel gibt es jetzt einen ersten Abschnitt mit dem Titel: „Auf einen Blick: unsere Grundsätze". Ziel war es, diesen ersten Abschnitt quasi zu einer Kurzfassung des Programms zu machen und in einer verdichteten Form unsere Grundsätze niederzuschreiben. Jeder, der sich auch nur kurz darüber informieren möchte, was die ÖVP weltanschaulich ausmacht, sollte nach dem Durchlesen unserer fünf Grundsätze eine Vorstellung davon haben, in welche Richtung die österreichische Volkspartei als politische Partei geht.

Der zweite Abschnitt lautet „Wer wir sind: Unser Menschenbild und Selbstverständnis". Dieser Abschnitt definiert den ideologischen Kern der ÖVP, mit Ausführungen zum Menschenbild, Grundwerten sowie zentralen Postulaten der Volkspartei ihres politischen Selbstverständnisses.

Der dritte Abschnitt lautet „Was wir wollen: unsere Ziele und Anliegen". Dieser Abschnitt geht schon in Richtung eines Aktions-Programmes. Hier formuliert die Volkspartei ihre grundsätzliche Orientierung in den einzelnen Lebens- und Politikbereichen als Basis für ihr operatives politisches Handeln. Damit werden auch zukünftige Anliegen und Forderungen der ÖVP festgeschrieben.

Inhalt

Das Grundsatzprogramm 2015 fokussiert – im Vergleich zum deskriptiven Programm 1995 – auf die wichtigsten Grundsätze, Werte und Anliegen der Volkspartei. Daher ist es schlanker als das alte Grundsatzprogramm. Wesen und Kern der Österreichischen Volkspartei nach dem Grundsatzprogramm 2015 kann man in einer leicht einprägsamen Formel als Merkhilfe zusammenfassen.

Die Formel lautet: ÖVP = 1/3/5/7

Unser ideologisches Fundament, auf dem alles andere aufbaut, bildet ein christlich-humanistisches Menschenbild.

Unsere *drei* Wurzeln zeigen unsere weltanschauliche Herkunft: Wir sind christlich-sozial, konservativ und liberal.

Fünf politische Grundsätze prägen unser Bild:

- Der Staat ist für die Bürgerinnen und Bürger da. Und nicht umgekehrt.
- Wir schreiben den Menschen nicht vor, wie sie zu leben haben. Wir bieten Orientierung.
- Wir sehen für jeden Menschen eine Aufgabe in unserer Gesellschaft. Und erwarten Respekt für unsere Gesellschaft und ihre Werte.
- Wir sind die Partei der Ökosozialen Marktwirtschaft.
- Wir denken und handeln als Österreichische Volkspartei europäisch. Weil ein besseres Europa besser für Österreich ist.

Und die ÖVP lebt *sieben* Grundwerte: Freiheit, Verantwortung, Nachhaltigkeit, Leistung, Solidarität, Subsidiarität und Gerechtigkeit.

Ein Menschenbild

Politik ist die Antwort auf die Frage: „Wie wollen wir leben?" Durch politische Entscheidungen gestalten wir unsere Lebensbereiche, vom intimen und privaten Bereich bis zum Verhalten im Straßenverkehr. Dabei entscheidet die Politik – also in einer Demokratie über Wahlen „wir alle" – nicht nur über das Wie, sondern auch, wo sich Politik und Staat einmischen sollen und wo nicht. Die Antwort auf die Frage: „Wie wollen wir leben?" ist aber wesentlich davon abhängig, wie wir „den Nächsten", also die Menschen sehen. Erst wenn wir als Partei ein Bild vom Menschen definiert haben, sind wir berechenbar und haben für unsere politischen Entscheidungen ein Koordinatensystem, das uns bei unseren tagespolitischen Fragen hilft. Welches Menschenbild hat nun die ÖVP? Das Zitat aus dem Grundsatzprogramm 2015 ist hier selbsterklärend:

Grundlage unserer Politik ist das christlich-humanistische Menschenbild. Jeder Mensch besitzt von Natur aus ein unaufhebbares Recht auf Leben und freie Entfaltung. Der Anspruch auf menschliche Freiheit, individuelle Selbstbestimmung und gesellschaftliche Mitwirkung ist für uns unveräußerlich und damit unverhandelbar. Die Achtung des Menschen und der Menschenwürde findet ihren Widerhall nicht nur in den international anerkannten Menschenrechten, sie ist auch Fundament der österreichischen und europäischen Leitkultur und Ausgangspunkt unseres politischen Denkens und Handelns.

Die Würde des Menschen ist in allen Phasen des Lebens unverletzlich und kommt jedem Menschen unabhängig von Alter, Rasse, Geschlecht, Besonderheiten oder Fähigkeiten, von Umständen oder Situationen zu, da sie eine Konsequenz des Menschseins ist. Daher gibt es keinen Zustand, der einem Menschen seine Würde verleiht oder ihn dieser beraubt. Der Mensch ist in Gemeinschaften eingebunden, die für ihn Verantwortung tragen und für die er Verantwortung trägt. Die erste und wichtigste Gemeinschaft für Menschen ist die Familie. Wichtige Verantwortungsgemeinschaften für Menschen sind aber auch religiöse, kulturelle, soziale, politische und wirtschaftliche Gemeinschaften. Verantwortliches Handeln, kreative Gestaltungskraft und kritische Reflexion sind bestimmende Merkmale menschlichen Denkens und Handelns.

Aus unserem Menschenbild leiten wir die Kernwerte unseres politischen Denkens und Handelns ab: Freiheit, Verantwortung, Nachhaltigkeit, Leistung, Solidarität, Subsidiarität und Gerechtigkeit. Wir bieten Orientierung für ein gelingendes Leben und eine erfolgreiche Gesellschaft.

Das „christliche Menschenbild" aus dem Grundsatzprogramm 1995 wurde weiterentwickelt zu einem christlich-*humanistischen* Menschenbild. Wir wollen damit zum Ausdruck bringen, dass wir offen sind für alle Menschen, die sich auf Basis christlicher oder anderer Wertequellen zu unserem Menschenbild und zu unseren Werten bekennen.

Drei Wurzeln

Wir verstehen uns als moderne christdemokratisch geprägte Volkspartei. Wir haben christlich-soziale, konservative und liberale Wurzeln. Aus ihrer ideengeschichtlichen Relevanz und Vielfalt leiten wir den Anspruch ab, erfolgreiche Politik für eine pluralistische Gesellschaft entwickeln und gestalten zu können.

Auf die christliche Soziallehre als Quelle braucht hier nicht weiter eingegangen zu werden. Sie findet sich deutlich im Programm wieder, beim Menschenbild oder etwa bei den Grundwerten Solidarität und Subsidiarität.

Konservativ sein, heißt für die ÖVP, nicht strukturkonservativ, sondern wertkonservativ im Sinn einer „Partei des geprüften Fortschritts" zu sein. Konservativismus in diesem Sinn ist nicht ein „Hängen" an dem, was gestern war, sondern ein Leben aus dem, was immer gilt und was wir bewahren wollen. „Ein Bewahren des Feuers, nicht ein Hüten der Asche", wenn man so will.

Den Begriff „liberal" versteht die ÖVP im Sinn von Freiheit, Rechtsstaatlichkeit und verfassungsrechtlich gewährleisteten Grundrechten wie Eigentumsfreiheit oder Religionsfreiheit. Wahlfreiheit und Selbstbestimmung sind Ausfluss dieser Haltung, aber nicht Beliebigkeit und Gleichgültigkeit.

Damit definiert sich die ÖVP als Partei der politischen und gesellschaftlichen Mitte, als soziale Integrationspartei, die unterschiedliche Interessen und Anliegen in der Gesellschaft bündelt.

Fünf Grundsätze

Mit einer Zusammenfassung der fünf wichtigsten Grundsätze und Anliegen der Volkspartei gleich zu Beginn soll das neue Programm den Anforderungen des politischen Alltags entsprechen. Es ist nicht für die Schublade geschrieben. Auch hier ein selbsterklärendes und nicht weiter zu interpretierendes Zitat aus dem Grundsatzprogramm 2015:

Der Staat ist für die Bürgerinnen und Bürger da. Und nicht umgekehrt.
Wir treten für Freiheit und Eigenverantwortung der Einzelnen und für die Stärkung ihrer Rechte ein. Wir wollen, dass die Bürgerinnen und Bürger als Teil einer verantwortungsvollen Bürgergesellschaft mehr über ihr Leben in ihrem Umfeld, in ihrem Bundesland, in Österreich und in Europa entscheiden können. Staatliches Handeln muss den Bürgerinnen und Bürgern dienen und größtmögliche Wahlfreiheit gewährleisten.

Wir schreiben den Menschen nicht vor, wie sie zu leben haben. Wir bieten Orientierung.
Wie Menschen ihr Leben gestalten und welche Lebensentwürfe sie verfolgen, liegt in ihrer freien Entscheidung. Als christdemokratische Partei wollen wir Orientierungen für ein gelingendes Leben und eine erfolgreiche Gesellschaft bieten. Familien mit Kindern sind — in ihren vielfältigen Formen — für die Zukunft der Gesellschaft unverzichtbar und daher unser Leitbild. Wir arbeiten für eine familienfreundliche

Gesellschaft. Das Wohl der Kinder hat Vorrang vor allen anderen Interessen. Wir treten auch für die verantwortungsbewusste, aktive Teilnahme der Bürgerinnen und Bürger am öffentlichen Leben ein.

Wir sehen für jeden Menschen eine Aufgabe in unserer Gesellschaft. Und erwarten Respekt für unsere Gesellschaft und ihre Werte.
Jede und jeder kann einen Beitrag für eine lebenswerte Gesellschaft leisten: in den Familien, im Beruf, in Vereinen und in anderem ehrenamtlichen Engagement. Wir wollen die Verantwortung für die Gemeinschaft stärken, weil sie Voraussetzung für starke Demokratie, gegenseitigen Respekt und lebendige Solidarität im Land ist. Wer die in der Verfassung verankerten Werte der Gesellschaft und damit unsere Leitkultur grundsätzlich ablehnt, soll auch nicht von ihren Leistungen profitieren.

Wir sind die Partei der Ökosozialen Marktwirtschaft. Weil es ohne unternehmerisches Denken und Leistung weder nachhaltigen Wohlstand noch soziale Sicherheit gibt.
Wirtschaftliche Leistungskraft, die von Arbeitnehmern und Unternehmern partnerschaftlich erarbeitet wird, ist das Fundament unseres Gesellschaftsmodells. Wir wollen sie fördern — und nicht bestrafen. Das Wirtschafts- und Sozialmodell der Ökosozialen Marktwirtschaft verbindet größtmögliche wirtschaftliche Freiheit und Leistung mit sozialer und ökologischer Nachhaltigkeit. Unternehmerisches Denken und Handeln bringt uns in allen Bereichen der Gesellschaft weiter. Arbeit und Sparen müssen sich lohnen. Wir wollen sozialen Aufstieg, Chancengerechtigkeit und den Erwerb von Eigentum fördern. Eigentum ist der Schlüssel für Unabhängigkeit und Wirtschaftskraft. Unser Ziel ist ein starker und breiter Mittelstand in der Gesellschaft.

Wir denken und handeln als Österreichische Volkspartei europäisch. Weil ein besseres Europa besser für Österreich ist.
Wir waren die treibende Kraft für den Österreichischen Staatsvertrag 1955 und für Österreichs Beitritt zur Europäischen Union 1995. Die Liebe zur Heimat Österreich und die Begeisterung für ein geeintes Europa sind keine Gegensätze. Wir wollen Europa verantwortungsbewusst weiterentwickeln und vertiefen, weil das auch besser für Österreich ist. Europa muss sich verstärkt mit den großen Aufgaben beschäftigen, für die Regionen und Staaten im globalen Wettbewerb zu klein sind. Ziel ist ein geeintes, demokratisches und sicheres Europa, das stark in der Welt ist.

Sieben Grundwerte

Aus ihrem Menschenbild leitet die ÖVP die sieben Grundwerte ihres politischen Denkens und Handelns ab: Freiheit, Verantwortung, Nachhaltigkeit, Leistung, Solidarität, Subsidiarität und Gerechtigkeit.

Die Begriffe Partnerschaft, Toleranz, Mitwirkung und Sicherheit finden sich zwar im Grundsatzprogramm 2015, aber nicht mehr unter den Kernwerten. Diese Begriffe und die daraus resultieren Handlungsgebote sind im gesamten Grundsatzprogramm verankert. Solidarität als Grundwert wurde wieder aufgenommen, ganz bewusst vor dem Hintergrund, dass „Solidarität" einer der vier Kernbegriffe aus der christlichen Soziallehre ist, einer der Wertequellen der Österreichischen Volkspartei.

Zu den einzelnen Grundwerten Auszüge aus dem neuen Grundsatzprogramm:

Freiheit

Jeder Mensch ist eine freie und deshalb auch für sein Handeln verantwortliche Person. Freiheit bedeutet Selbstbestimmung, die sich auf das Gewissen und die Vernunft jedes Einzelnen stützt. Freiheit entfaltet sich in Gemeinschaft: Die Freiheit des einen endet dort, wo die Freiheit des anderen beginnt. Die wichtigste Aufgabe des liberalen Rechtsstaates ist es, die Freiheit des Menschen zu schützen. Wir treten gegen jede Form staatlicher Bevormundung und für den konsequenten Schutz privaten Eigentums als Ausdruck persönlicher Freiheit ein. Freiheits- und Eigentumsrechte sowie die Privatsphäre müssen auch angesichts technologischer Entwicklungen gesichert und weiterentwickelt werden.

Verantwortung

Es gibt keine Freiheit ohne Verantwortung. Durch seine Freiheit ist der Mensch für sich und für die Gemeinschaft verantwortlich. Die Herausforderungen der Zukunft sind nur dann lösbar, wenn wir Verantwortung im Privatleben, im Beruf, in Gesellschaft und Politik ernst nehmen. Wir treten für eine aktive Bürgergesellschaft ein, die Verantwortung nicht abgibt, sondern wahrnimmt. Soziales Verantwortungsbewusstsein sowie Gestaltungs- und Veränderungsbereitschaft gehen Hand in Hand. Wir vertrauen zuallererst auf die Fähigkeiten der Menschen, ihre Angelegenheiten selbst zu regeln.

Nachhaltigkeit

Unser Verständnis von Verantwortung für die Schöpfung reicht über die Gegenwart hinaus. Wir bekennen uns mit dem Wert der Nachhaltigkeit zur Verantwortung für die Umwelt sowie die Zukunftschancen der künftigen Generationen. Nachhaltigkeit steht für Denken und Handeln, das Bedürfnisse der Gegenwart deckt, ohne dadurch künftige Entwicklungschancen zu schmälern. Wir setzen uns in Gesellschaft, Wirtschaft und Politik für zukunftsverträgliche Entwicklungen ein. Die Politik soll den Anforderungen und Bedürfnissen der nächsten Generation entsprechen. Der nachhaltige Umgang mit der Natur und eine erfolgreiche wirtschaftliche Entwicklung sind keine Gegensätze, sie bedingen einander. Eine Politik des geprüften Fortschritts ist gerade mit Blick auf den Nachhaltigkeitsgedanken wichtig: Neues muss in der Gesellschaft die Chance bekommen, sich auch unter dem Nachhaltigkeitsaspekt zu bewähren. Im Sinn der Wahrung der Schöpfung ist uns auch der Schutz der Tiere ein Anliegen.

Leistung

Leistung ist selbstverständlicher Teil persönlicher Entfaltung und Kreativität. Leistung wird in vielfältigen Zusammenhängen erbracht: in den Familien, in Bildung und Beruf, im Wirtschafts- und Arbeitsleben, in Vereinen, im Ehrenamt. Die Leistungs- und Entwicklungsbereitschaft des einzelnen Menschen ermöglicht und erhöht die Gestaltungs- und Zukunftsfähigkeit der Gemeinschaft. Deshalb fördern wir Fleiß und Leistungswillen und die Bereitschaft zum unternehmerischen Risiko. Unternehmerisches Denken und Handeln im Sinn des „ehrbaren Kaufmanns" soll in allen gesellschaftlichen Bereichen Leitbild sein: Nachhaltig denken und handeln, den anderen respektvoll zu behandeln und Verantwortung für das eigene Tun zu übernehmen sind allgemeingültige Prinzipien. Leistung muss sich lohnen und darf nicht bestraft werden. Wer Leistung nicht oder nicht mehr erbringen kann, hat Anspruch auf Hilfe der Solidargemeinschaft.

Solidarität

Der Wert der Solidarität fußt auf dem Wissen um unsere gegenseitige Abhängigkeit als Menschen und findet im christlichen Grundsatz der Nächstenliebe seinen besonderen Ausdruck. Wir sehen für jeden Menschen, unabhängig von seiner Leistungsfähigkeit, eine Aufgabe und einen Platz in der Gesellschaft. Wer die Hilfe der Gemeinschaft braucht, soll sie auch bekommen. Solidarität ist keine ausschließlich staatliche Aufgabe. Eigenvorsorge und staatlich verbürgte Solidarität müssen im Gleichgewicht sein. Solidarität ist keine Einbahnstraße. Uns ist nicht nur die Solidarität mit jenen wichtig, die soziale Leistungen in Anspruch nehmen müssen, sondern auch mit jenen, die soziale Leistungen finanzieren und erbringen. Der Einzelne darf von der Gemeinschaft nur das fordern, was er aus eigener Kraft nicht leisten kann. Wir lehnen eine Trittbrettfahrer-Mentalität in allen Bereichen ab. Wer sich gegen die in der Verfassung verankerten Werte der Gesellschaft grundsätzlich stellt, soll auch nicht von ihren daraus abgeleiteten solidarischen Leistungen profitieren.

Subsidiarität
Subsidiarität bedeutet Vorrang für Eigenverantwortung und die kleinere Einheit. Die Einzelnen und kleine Gemeinschaften sollen befähigt werden, ihre Aufgaben möglichst eigenverantwortlich zu lösen. Größere Einheiten sollen jene Aufgaben und Kompetenzen übernehmen, die nur von ihnen zu bewältigen sind. Subsidiarität fördert lebensnahe Lösungen und entlastet übergeordnete Gemeinschaften und den Staat. Dem Subsidiaritätsprinzip soll daher die Aufgabenteilung zwischen lokaler, regionaler, nationaler, europäischer und internationaler Ebene folgen. Daher treten wir für selbstständige Länder und leistungsfähige Gemeinden ein. Subsidiarität ist ein Schlüsselwert im gemeinsamen Europa. Sie ist auch Garant gegen zentralistische Tendenzen in der Europäischen Union.

Gerechtigkeit
Basis der Gerechtigkeit ist die Gleichheit der Menschen in ihrer Würde und Freiheit. Alle Menschen sind vor dem Gesetz gleich und müssen den gleichen Zugang zum Recht besitzen. Ungleich sind die Menschen in ihren Anlagen, Fähigkeiten, Begabungen und Interessen. Das ist Ausdruck der Einmaligkeit und Individualität des Menschen. Die große Herausforderung liegt für uns darin, Chancengerechtigkeit für alle Menschen zu fördern. Wir versprechen nicht gleiche Ergebnisse, sondern arbeiten für gerechte Chancen. Wir treten für die Gleichberechtigung von Frauen und Männern auf allen Ebenen ein.

Was ist am Wiener Programm 2015 bemerkenswert?

Auffällig am neuen Grundsatzprogramm ist die klare Struktur (Menschenbild – Wurzeln – Grundwerte). Dieser weltanschauliche „rote Faden" war in den vergangenen Grundsatzprogrammen nicht klar sichtbar und soll verdeutlichen, wofür die ÖVP steht und wie sie ideologisch ausgerichtet ist.

Das Prinzip „Integration durch Leistung" hat Einzug ins Grundsatzprogramm gefunden: Es kommt nicht darauf an, woher jemand kommt, sondern, was er bereit ist, für Österreich und für unsere Gesellschaft zu leisten. Wir wollen die Chancen der Vielfalt bestmöglich für Österreich nützen. Wir laden ein, gemeinsam Verantwortung für unser Land, seine Menschen und unsere Zukunft zu übernehmen. Wer aber die in der Verfassung verankerten Werte der Gesellschaft und damit unsere Leitkultur grundsätzlich ablehnt, soll auch nicht von ihren Leistungen profitieren.

Langer Diskussionspunkt war das Familienbild der ÖVP, ohne das natürlich kein Grundsatzprogramm auskommt. Hier wurde eine neue Definition gefunden: „Unser Leitbild sind Familien mit Kindern (Vater, Mutter, Kind) als Grundlage und Kern der Gesellschaft, wo Generationen füreinander Sorge tragen. Wir schreiben den Menschen aber nicht vor, wie sie zu leben haben. Daher respektieren und anerkennen wir auch andere Formen des Zusammenlebens, in denen Verantwortung getragen wird […] wie gleichgeschlechtliche Partnerschaften und andere."

Auch das „Böckenförde-Diktum" hat erstmals Eingang in das Grundsatzprogramm der ÖVP gefunden. Der moderne, säkulare Staat lebt von Werthaltungen und ideellen Ressourcen, die er selbst nicht hervorbringen kann: Kirchen und Religionsgemeinschaften können in diesem Sinn wichtige Beiträge leisten.

Mit diesem Grundsatzprogramm hat sich die ÖVP erstmals auch einen Rahmen für bürgerliche Sozialpolitik gegeben, der als Richtschnur für politische Entscheidungen in diesem Bereich dienen soll:

Wir bekennen uns zu einer solidarischen Gesellschaft und zu einem klaren Rahmen für Sozialpolitik. Richtschnur für unser sozialpolitisches Handeln sind die Grundsätze:

- *Leistung muss sich lohnen.*
- *Wir lassen niemanden zurück, der Hilfe braucht.*
- *Hilfe soll nach Möglichkeit stets „Hilfe zur Selbsthilfe" sein.*
- *Erarbeiten kommt vor Verteilen.*

Grundsätzlich muss auch im Sozialwesen Vorsorge Vorrang vor Fürsorge haben. Wohlstand ist stets Ergebnis von Arbeit – und nicht von Umverteilung. Bürgerliche Sozialpolitik erfordert stets auch Solidarität mit jenen, die Hilfe möglich machen.

Für die digitale Welt formuliert die ÖVP klare gesellschaftspolitische Orientierungen. Grundlegende Werte unserer Gesellschaftsordnung, wie Freiheit, Sicherheit und Eigentum, müssen auch in der digitalen Welt gelten. Die Volkspartei will die demokratischen und Partizipationspotenziale digitaler Medien für die Weiterentwicklung unserer Demokratie nützen.

Im Bereich der Europapolitik hat dieses Grundsatzprogramm mit dem langfristigen Ziel des Aufbaus einer europäischen Armee aufhorchen lassen.

Schließlich bringt das neue Grundsatzprogramm Schlüsselwörter wie Leitkultur, Digitalisierung, Partizipation/Teilhabe und Sicherheit als Grundlage für gelebte Freiheit.

Nicht in das Grundsatzprogramm „geschafft", haben es einige heiße Eisen. Was nicht heißt, dass die Diskussion über diese Themen beendet ist oder dass die ÖVP in Zukunft keines dieser Themen ansprechen wird.

Verwiesen sei zum Beispiel auf das Thema Mehrheitswahlrecht, das denkbar knapp in der Abstimmung unterlegen ist. Nur wegen einer Stimme hat sich die Junge ÖVP mit ihrer Forderung eines Mehrheitswahlrechts für Österreich nicht im Grundsatzprogramm durchgesetzt. Die Pflegeversicherung als zukünftige Finanzierungsform im Bereich der Pflege wurde bereits bei den Fragen an die Parteimitglieder negativ abgestimmt. Daher war das im Rahmen der Diskussion des Grundsatzprogrammes kein Punkt mehr.

Grundsatzprogramme sind immer Kinder ihrer Zeit. Im Jahr 1945 waren die „15 programmatischen Punkte der ÖVP" beschränkt auf die Wiederherstellung der demokratischen Strukturen und des gesellschaftlichen Zusammenlebens in Österreich. Das Innsbrucker Programm 1958 war beeinflusst von Wiederaufbau und „Wirtschaftswunder". Das Salzburger Programm 1972 war die Antwort der ÖVP auf die '68er-Bewegung und die neue Rolle der ÖVP als Oppositionspartei. Das Wiener Programm 1995 war beeinflusst vom Zerfall des Eisernen Vorhangs und vom Beitritt Österreichs zur Europäischen Union.

Auch das Programm 2015 ist ein Kind seiner Zeit. Globalisierung, Digitalisierung, eine immer inhomogener werdende Gesellschaft, der Beginn großer Migrationsströme und das Bedürfnis der Bevölkerung nach großer Partizipation und Teilhabe sind wohl die prägendsten Rahmenbedingungen des Grundsatzprogramms 2015.

CONRAD SEIDL

Werte und Worte

Das Grundsatzprogramm 2015 der ÖVP „von aussen"

Das Grundsatzprogramm 2015 der ÖVP schließt inhaltlich an viele frühere programmatische Dokumente der Volkspartei an. Aber anstatt die bekannten Positionen für die heutige Zeit zu konkretisieren, verliert es sich in vielen Bereichen in Beliebigkeit und Marketing-orientierten Formulierungen. Bei der Vermögensbildung in Arbeitnehmerhand, einem seit 1946 durch die ÖVP-Konzepte geisternden Ziel, ist die Position von 2015 so unkonkret, dass man vermuten könnte, das Ziel sei überhaupt aufgegeben worden. Und bei der Steuerreform hat die ÖVP in einigen Punkten das Gegenteil von dem umgesetzt, was sie programmatisch vorhatte.

2006 neigten sich die sieben Jahre der Schüssel-Regierung dem Ende zu, ohne dass man damals wissen konnte, dass das die eigentlich fetten Jahren waren; oder dass man ahnen hätte können, mit welchen weltwirtschaftlichen Verwerfungen die folgenden sieben Jahre zu besonders mageren Jahren werden würden. Und doch drängte sich vor der Wahl 2006 die Frage auf, die der Autor Politikern aus allen Parteien quasi privat gestellt hat: „Ich sehe persönlich keinen Grund, ausgerechnet Ihre Partei zu wählen, warum sollte ich das tun?" Die Antworten waren mehr oder weniger zu erwarten, jedenfalls bei Politikern der gerade wieder erstarkenden FPÖ und der ebenfalls Rückenwind verspürenden SPÖ. Überraschend – oder vielleicht eher erschreckend – war das, was Exponenten der ÖVP von sich gaben: Einige beriefen sich auf die besten Persönlichkeiten und Kanzler Wolfgang Schüssel. Zwei sagten ehrlich (und mit der Bitte, nicht zitiert zu werden), dass die ÖVP wohl das geringste Übel darstelle. Ehrlichkeit und Vertraulichkeit sind zu respektieren – ein bisserl wenig an politischen Inhalten war es aber dennoch.

Die Fixierung der ÖVP auf die Wirkung ihrer Persönlichkeiten ist ein Kapitel für sich, wir werden es uns noch kurz ansehen. Die wahrgenommene inhaltliche Leere aber war wohl das, was zum bald nach der Wahl 2006 durch Josef Pröll eingeleiteten Evolutionsprozess geführt hat, der drei Parteiobmänner später dann zum neuen Programm geführt hat.

Aber hatte die ÖVP denn nicht schon ein Programm? Ja, eigentlich mehrere – teilweise als mehr oder weniger fortgeschriebene offizielle Parteiprogramme (2006 galt das Wiener Programm von 1995), teilweise als Positionspapiere der Teilorganisationen, teilweise als Wahlprogramme, die allerdings in der Ära Schüssel wenig Relevanz hatten. Schüssel stieß zwar 2001 den Alpbach-Prozess an – eine Tagung mit anschließenden Diskussionsrunden, die sogar zwei Positionspapiere („Zukunftswelten. Lebenswelten." und „Wertewelten. Lebenswelten.") hervorgebracht haben – aber dieser Prozess machte auf die außenstehenden Beobachter mehr den Eindruck einer Marketing-Initiative für die Regierung. Und er wurde innerhalb der ÖVP wohl auch nicht viel anders verstanden.

Was Schüssel nicht vorzuwerfen ist. Denn wenn es ans Umsetzen gegangen ist, hatte der Wortlaut der ÖVP-Programme auch unter anderen Obmännern nur bedingt Relevanz. Denn das ungeschriebene Programm der ÖVP dürften ohnehin alle ihre Funktionäre verinnerlicht haben: Familien schützen, Privilegien erhalten, Eigentum verteidigen.

Oh je! War das zu ehrlich? Nein, so offen würde das natürlich niemand sagen. Man nimmt es bloß als Handlungsleitlinie. Und dann wieder ohne die notwendige Konsequenz.

Beispiel Familie: Schon in der Formulierung des Salzburger Programms von 1972 schwang eine gewisse Unsicherheit gleich in den ersten beiden Sätzen des Familienkapitels mit. „Die Familie hat *auch in Zukunft* unersetzliche Aufgaben zu erfüllen. Sie soll *weiterhin* erste und prägende Erziehungsgemeinschaft für das Kind sein." Das deutet darauf hin, dass schon vor 44 Jahren die Bedeutung der Vater-Mutter-Kind-Familie hinterfragt worden ist. Und ein paar Absätze vorher – im Salzburger Programm gab es vor dem Familienkapitel je eines für „Jugend" und „Frau und Mann" – stand da ja auch ausdrücklich: „Die ÖVP anerkennt das Recht der jungen Menschen, neue Formen des Zusammenlebens zu erproben."

2015 liest man das alles viel ausführlicher, da wird nach dem Bekenntnis „Wir sind Österreichs Familienpartei" dem Wohl der Kinder absoluter Vorrang eingeräumt und dann anerkannt, dass ja eh alles zur Familie gehört: „… andere Formen des Zusammenlebens, in denen Verantwortung und Sorge füreinander getragen wird und die einen Beitrag zu einer stabilen und verantwortungsbewussten Gesellschaft leisten – wie Patchwork-Familien, Alleinerziehende, *gleichgeschlechtliche Partnerschaften und andere.*"

Zu verstehen, was mit dem „und andere" gemeint sein mag, bedarf einer gewissen Fantasie; man darf gespannt sein, welche gesellschaftliche Entwicklung die Volkspartei da antizipiert.

Aber dass das Selbstverständnis als „Familienpartei" mehr Familienförderung bedeuten müsste, sollte allgemein verstanden werden. Wird es aber in der konkreten Politik nicht – und die zuständige Ministerin bekommt nicht einmal mit, dass es eine Verhöhnung der Eltern war, die Familienbeihilfenerhöhung von gerade einmal zwei Euro und zehn Cent pro Monat per 1. Jänner 2016 in Jubelmeldungen zu feiern, während gleichzeitig das Essen in manchen Kindergärten um 50 Cent pro Tag verteuert wurde. Die Familienpartei war bis auf die Knochen blamiert, blieb in ihrer Selbstgefälligkeit aber ungerührt.

Beispiel Privilegien: Die traut sich natürlich keiner in ein Programm zu schreiben – weil Vorrechte einzelner Gruppen unpopulär sind. Es sei denn, man gehöre selber zu einer bevorzugten Gruppe, dann wird das Vorrecht natürlich als wohlerworbenes Recht verteidigt. Dafür mag es in einzelnen Fällen gute Begründungen geben. Und im Allgemeinen gibt es das, was man in der ökonomischen Theorie die Sperrklinkenwirkung nennt: Das Erreichte will man absichern, unter das aktuelle Niveau will niemand zurückstecken. Nicht als Einzelner, aber auch nicht als Familie. Es ist eine ur-bürgerliche Haltung, dass man für die eigenen Kinder den Start ins Leben erleichtern will. Die plakative Forderung nach Chancengleichheit steht natürlich auch im Grundsatzprogramm 2015 – und man muss schon sehr genau lesen, um zu sehen, dass der Gleichheitsgedanke vom Gerechtigkeitsgedanken überlagert ist. Wörtlich heißt es: „Chancen*gerechtigkeit* ist zentrales Ziel in Bildung und Beruf."

Im Bildungskapitel wird dann ausgeführt: „Daher bekennen wir uns auch zum Gymnasium und allen anderen Schularten in einem differenzierten Schulwesen und setzen uns für die Erweiterung der Schulautonomie ein." Das ist eine klare Botschaft an die Bildungsbürger: Für eure Töchter und Söhne soll es weiterhin jene Schulform geben, die von Anfang an auf (akademische) Karriere ausgerichtet ist und die (was niemand gerne betont, von Eltern aber sehr wohl registriert wird) stets bessere Pisa-Ergebnisse liefert. „Chancen*gerechtigkeit*" nach ÖVP-Verständnis bedeutet, dass jene, die sich eine bürgerliche Existenz aufgebaut haben, einen Vorteil vererben können. Das Privileg eines guten Starts ins Leben für die Kinder aus bürgerlichem Elternhaus soll daher intakt bleiben, auch wenn einige ÖVP-Landespolitiker und seltsamerweise auch die Industriellenvereinigung mit der flächendeckenden Einführung der Gesamtschule liebäugeln.

Überspitzt ließe sich sagen: Die Erhaltung des Gymnasiums ist die der ÖVP adäquate Form der Familienförderung, sie ist für die bürgerliche Kernschicht auch wesentlich effizienter als ein paar zusätzliche Euro an Familienbeihilfen. Das kann man für gut oder schlecht halten – auffällig ist aber, dass dies jenen Wählern, für die dieses Modell gedacht ist, nicht kommuniziert wird. Wer Privilegien heimlich verteidigt, anstatt sie mit offenem Visier zu propagieren, kann daraus kaum politischen Nutzen ziehen. Dass der politische Gegner das Privileg und damit die ÖVP dennoch jederzeit angreifen kann, wird dabei hingenommen. Dabei steht im Grundsatzprogramm ja ein Satz, der nicht im Gegensatz zum beschriebenen Sperrklinkeneffekt steht, sondern geradezu als Aufforderung verstanden werden kann, die Sperrklinke nach oben zu überspringen: „Auf die *Ermöglichung von sozialem Aufstieg*, insbesondere durch Bildung, muss mehr Wert gelegt werden."

Der dritte zentrale Punkt der ÖVP-Ideologie ist die Verteidigung des Eigentums. Das wird beinahe täglich in öffentlichen Statements, in Presseaussendungen und natürlich auch im gedruckten Grundsatzprogramm vertreten. Wobei auch hier die Begrifflichkeit interessant ist: Das Wort „Vermögen" kommt im ganzen Programm nicht vor, im Vermögen sehen Sozialdemokraten und andere Linke ja nur ein Besteuerungsobjekt, diesen Brocken wollte man ihnen offenbar nicht hinwerfen. Das stärkste Bekenntnis zum Vermögen findet sich interessanterweise im Abschnitt, wo es um Freiheit geht: „Wir treten gegen jede Form staatlicher Bevormundung und für den konsequenten Schutz privaten Eigentums als *Ausdruck persönlicher Freiheit* ein."

Nun gehört Vermögensaufbau zum Kern des bürgerlichen Selbstverständnisses – und er gehörte auch von Anfang an zu den Kernpunkten der ÖVP-Programmatik. Im Punkt 58 des Wiener Programms des ÖAAB von 1946 wird das erstmals im Sinn der christlichen Soziallehre angesprochen: „Die immer vollkommenere Entwicklung des Rechts auf den Arbeitsertrag verlangt einen hohen Grad von Gemeinsinn, denn es handelt sich um das *Miteigentum* jedes einzelnen, der im Betrieb steht." Und weiter im Punkt 61: „Wir wollen, dass der arbeitende Mensch an den Gütern der Erde seinen Leistungen entsprechend sichere, *fest umschriebene Rechte erwirbt, Eigentumsrechte*."

Aus der christlich-sozialen Perspektive ergibt sich, dass es hier um unmittelbares Eigentum gehen soll, dass also Vermögen in den Händen einzelner Arbeitnehmer gebildet werden muss. So hat das dann auch in das erste ausformulierte Programm der ÖVP Eingang gefunden, das unter dem Titel „Alles für Österreich" 1952 beschlossen wurde. Unter Punkt 27 heißt es dort: „Der wirtschaftlichen Freiheit des Arbeitnehmers dient besonders der Gedanke, die arbeitenden Menschen *teilhaben zu lassen an den Produktionsmitteln* ihres Wirkungskreises." Und im Grundsatzprogramm „Was wir wollen" von 1958 gibt es sogar ein eigenes Kapitel: „Unser Leitbild: Ein Volk von Eigentümern".

Diese Vorstellungen vom individuellen Eigentum und dem daraus entstehenden verantwortlichen Wirtschafts- und Gesellschaftsverständnis der Arbeitnehmer standen stets im Gegensatz zu jenen der sozialistischen, später sozialdemokratischen Partei und insbesondere ihres Gewerkschaftsflügels. Die roten Gewerkschafter konnten sich Miteigentum an den Produktionsmitteln sehr wohl vorstellen – aber nur unter der Bedingung, dass Gewerkschaftsfunktionäre dieses Eigentum kollektiv verwalten. Solches Kollektivvermögen wurde dann nach neuerlichem Eintritt der ÖVP in die große Koalition 1987 auch tatsächlich geschaffen, wenn auch nicht in roter Hand, sondern in Form der Pensionskassen. Ende des dritten Quartals 2015 hielten diese Kassen 19,2 Milliarden Euro (zu 94 Prozent über Investmentfonds), zudem wurde seit 2003 mit der Abfertigung neu Arbeitnehmervermögen kollektiv in betrieblichen Vorsorgekassen angespart – die angepeilte Auszahlung von einem Jahresgehalt nach 40 Jahren ist mit dieser Konstruktion und den viel zu niedrigen Arbeitgeberbeiträgen aber nicht zu erreichen.

Und um individuelle Vermögensbildung handelt es sich schon gar nicht.

Im 1995 unter Verantwortung des ÖAAB-Funktionärs Werner Fasslabend erstellten Programm war dann in aller Deutlichkeit zu lesen: „Das Eigentum an Produktionsmitteln ist Voraussetzung für unternehmerische Initiativen … Der Erwerb von Eigentum soll möglichst vielen Menschen ermöglicht werden. Ein wichtiges Element zur Breitenstreuung von Eigentum ist *materielle Mitarbeiterbeteiligung* am Unternehmen."

Dazu passt schlecht, dass es ÖVP-Finanzminister waren, die den Vermögensaufbau über Wertpapiere diskriminiert haben. Bis 2011 galt ja bei Wertpapiergeschäften eine Spekulationsfrist: Echte Anleger, die ihre Papiere zur langfristigen Veranlagung mindestens ein Jahr lang gehalten haben, konnten allfällige Kursgewinne steuerfrei genießen. Spekulanten, die auf kurzfristige Gewinne abgezielt haben, mussten dagegen den innert einem Jahr erzielten Wertzuwachs voll versteuern – da diese Spekulanten typischerweise in der höchsten Steuerklasse waren, wurden 50 Prozent fällig. Die Einführung der Wertpapier-KESt machte alle gleich: Ab da musste der kleine Anleger für alle Gewinne aus neu erworbenen Papieren 25 Prozent abführen; der Spekulant konnte sich aber über eine Halbierung des Steuersatzes freuen. Dass die ÖVP de facto Spekulantentum fördert, haben ihre

Vertreter gern mit dem Hinweis zu entschuldigen versucht, dass so viele Spekulanten ihre Wertpapier-Gewinne verheimlicht und hinterzogen hätten.

Um die Sache noch schlimmer zu machen – und sich noch weiter vom Ziel des Vermögensaufbaus durch Kleinanleger zu entfernen –, hat der (nach wie vor von der ÖVP gestellte) Finanzminister bei der Steuerreform 2016 die Wertpapier-KESt auch noch von 25 auf 27,5 Prozent angehoben. Dies allen Warnungen der um den Börsenplatz Wien besorgten Wiener Börse zum Trotz.

Beim Start der Perspektivendiskussion 2007 sah das noch ganz anders aus. Da wurde noch die Mitarbeiterbeteiligung bei der Voestalpine gelobt – in der zum Auftakt der Perspektivendiskussion vom ÖVP-Parlamentsklub aufgelegten Bilanz „Sieben gute Jahre für Österreich" hieß es etwa: „Seit der oberösterreichischen Landtagswahl hat sich der Aktienkurs der Voestalpine von 7,84 Euro (auf Basis Aktiensplit am 1.8.06 im Verhältnis 1:4) auf über 35 Euro fast verfünffacht. Ein Mitarbeiter, der beim ersten Börsengang 1995 100 Aktien gekauft hat, hat seitdem einen Gewinn von weit über 10.000 Euro erwirtschaftet." Nun muss man zwar einräumen, dass der Kurs dieser Aktie im Herbst 2007 einen Höchststand hatte und seither kräftig nachgegeben hat – da er auch im Mai 2015 weit über dem Ausgabekurs (und auch über dem des Jahres 2003, in dem der Privatisierungsstreit den Landtagswahlkampf überschattete und der ÖVP Einbußen brachte) lag, hätte die ÖVP durchaus an der Empfehlung von Mitarbeiterbeteiligung und Aktienerwerb festhalten können.

Es ist nicht klar erkennbar, ob das aus Erschrecken über den früheren eigenen Mut unterlassen wurde oder ob dahinter eine Abkehr vom Grundsatz des Vermögensaufbaus in Arbeitnehmerhand steckt. Die aktuell gültige Programmformulierung fällt jedenfalls recht weich aus, das Wort Aktien wird peinlich vermieden: „Arbeit und Sparen müssen sich lohnen. Wir wollen sozialen Aufstieg, Chancengerechtigkeit und den Erwerb von Eigentum fördern. Eigentum ist der Schlüssel für Unabhängigkeit und Wirtschaftskraft. Unser Ziel ist ein starker und breiter Mittelstand in der Gesellschaft … Eigentum macht die Bürgerinnen und Bürger unabhängig und erhöht ihre Handlungsspielräume … *Der Eigentumsaufbau von Arbeitnehmern, Unternehmern und Landwirten ist uns ein wichtiges Anliegen.*"

Von einer Beteiligung der Mitarbeiter am Unternehmen oder überhaupt einer Förderung des Kapitalmarkts ist nichts mehr zu lesen – das Programm konzentriert sich auf das „Wohneigentum". Nur in diesem Zusammenhang wird eine Förderung erwähnt: „Die *Eigentumsbildung darf nicht durch zusätzliche Eigentumssteuern erschwert werden*, sondern muss durch Steuer- und Abgabensenkungen unterstützt werden."

Statt die Österreicher zu einem Volk von Kapitaleignern zu machen, sieht die ÖVP nur noch ein Volk von Kleinhäuslern. Noch weniger verständlich: Dass das Vererben oder Verschenken von Wohnungseigentum innerhalb der Familie mit der Steuerreform 2016 teurer geworden ist, wurde mit der SPÖ just zu dem Zeitpunkt ausgehandelt, zu dem der Programmentwurf geschrieben wurde. So viel zur programmatischen Ablehnung von „zusätzlichen Eigentumssteuern".

Übrigens: Außer im Zusammenhang mit dem Erwerb von Wohneigentum wird der Wohnbau gar nicht mehr erwähnt – ein markanter Unterschied zu früheren ÖVP-Programmen. 1995 gab es ein eigenes Kapitel „Wohnen", in dem neben der Eigentumsbildung nicht nur auf Mieterschutz, sondern auch auf die Finanzierung des Neubaus eingegangen wurde. Im 1985 nur vom Parteivorstand (und nicht von einem Parteitag) beschlossenen Konzept „Österreich hat Zukunft" wurden sogar klare Ziele für Neubau, Stadt- und Dorferneuerung festgelegt. Man könnte vermuten, dass den Programmautoren 2015 das dringende (und durch Zuwanderung dringender werdende) Bedürfnis der Menschen nach leistbarem Wohnraum in der Nähe ihres Arbeitsortes nicht mehr wirklich bewusst war.

Auffallend ist überhaupt, wie wenig Arbeitnehmerinteressen in das aktuelle Programm Eingang gefunden haben. Das zeigte sich nicht nur bei den Diskussionen auf dem Programmparteitag – während über agrarische Interessen verhandelt wurde, war der Saal voll, wenn es um die Arbeitswelt ging, war er eher leer. „Humane Arbeitswelt und sinnerfüllte Freizeit" waren 1972 im Salzburger Programm noch ein ganzes Kapitel wert. Liest man das 2015 beschlossene Programm durch, so stößt man gezählte fünf Male auf den Begriff „Arbeitnehmer" – viel hat der ÖAAB da offenbar nicht einbringen können.

Es gab Zeiten, da galt der Arbeitnehmerflügel der ÖVP als die Gedankenschmiede für die gesamte Partei – was der Arbeiter- und Angestelltenbund ÖAAB in den Siebziger- und Achtzigerjahren an Denkanstößen gegeben hat, reichte weit über die aktuelle Politik hinaus. Der damalige Generalsekretär Walter Heinzinger war ein Vordenker der ökosozialen Marktwirtschaft. Er lud auch zu einem „Zeitkongress" ein, auf dem das Verhältnis von Arbeits- und Freizeit, Lebenserwartung und Lebensgestaltung diskutiert und „Zeitsouveränität" gefordert wurde – während SPÖ und Gewerkschaft monoton die Forderung nach der 35-Stunden-Woche trommelten. Diese ist längst kein Thema mehr – während die bald 40 Jahre alten ÖAAB-Vorstellungen zu einer umfassenden Betrachtung, wie die Politik mit der Zeit der Menschen umgehen sollte, heute breit aufgegriffen werden; allerdings kaum mehr von der ÖVP.

Sieht man sich die Geschichte des Perspektiven- und Evolutionsprozesses an, dann muss man allerdings anerkennen, dass die schwarzen Arbeitnehmer alle Hände voll zu tun hatten, die arbeits- und sozialrechtlichen Anschläge, die da in die ersten Papiere geschrieben worden waren, abzuwehren. So sah die von Josef Pröll moderierte Perspektivengruppe im Herbst 2007 einen grundsätzlichen Angriff auf die Tarifgestaltungshoheit der Sozialpartner vor: Im Papier „Welten. Werte. Wege" war vorgesehen, kollektivvertragliche Vereinbarungen auf die betriebliche Ebene zu verlegen – dort sind die Arbeitnehmer noch schwächer organisiert als in den Gewerkschaften. Die (vom damaligen Parteichef umgehend zur Parteilinie erklärten) ÖVP-Perspektiven, Arbeitnehmerrechte zurückzustutzen und Kollektivvertragsverhandlungen zugunsten von Gnadenakten der Unternehmer abzuschaffen, sind immerhin doch nicht Programm geworden. Aber es war schon 2007 auffallend, dass der Arbeitnehmerflügel zwölf Tage gebraucht hat, um das zurückzuweisen.

Was dann 2015 ins Programm kam, klingt eher nach dem Prospekt einer Werbeagentur als nach einer politischen Orientierungshilfe: „Ein modernes Arbeitsrecht, mehr Flexibilität und neue Formen der Mitarbeiterbeteiligung fördern den gemeinsamen Erfolg von Arbeitgebern und Arbeitnehmern. *Wir vertrauen insbesondere der betrieblichen Sozialpartnerschaft*, die besten Lösungen für den gemeinsamen wirtschaftlichen Erfolg zu entwickeln. Die überbetriebliche Sozialpartnerschaft und auch die Sozialpartner der Generationen sorgen für verlässliche Rahmenbedingungen für wirtschaftliche Entwicklung und soziale Sicherheit in Österreich."

Noch im Wiener Programm von 1995 waren konkrete Schutzbestimmungen enthalten: „Flexible Arbeitszeitformen, bei deren Festlegung die Arbeitnehmer nichts mitzureden haben, lehnen wir ab." Inzwischen weiß die ÖVP zur Arbeitszeit gar nichts mehr zu sagen – und zur Humanisierung der Arbeitswelt gibt es einen Grundsatzbeschluss, der keinerlei konkrete Ansatzpunkte bietet: „Wir bekennen uns dazu, dass das Maß des Wirtschaftens stets der Mensch sein muss. Die Wirtschaft soll dem Menschen dienen, nicht umgekehrt." Das ist so hübsch weichgewaschen, dass es auch von der Sozialdemokratie stammen könnte. Oder vom Papst. Oder von Attac. Alle drei haben diese Leerformel jedenfalls auch auf ihrer Website.

Nun könnte man sagen, dass die Arbeitnehmerinteressen ja auch auf andere Weise gefördert werden – immerhin wurden zwei Monate vor dem Programmparteitag die Eckpunkte der Steuerreform beschlossen, die eine Entlastung der Arbeitnehmer bewirkt. Die Formulierung im neuen ÖVP-Programm lautet: „Eine ökosoziale Steuerpolitik entlastet Arbeit und fördert einen nachhaltigen Umgang mit natürlichen Ressourcen."

Diesem Grundsatz, den die ÖVP zunächst im Oktober 1977 (im von Josef Taus vorgelegten Konzept zum Arbeitsmarkt) und dann am 5. Juni 1985 erstmals als Parteivorstandsbeschluss („Österreich hat Zukunft") festgeschrieben hat, wird sie in ihrer konkreten Steuerpolitik nicht gerecht. Die Steuerreform 2016 ist im Wesentlichen eine Tarifreform, sie lässt jegliche ökologische Komponente vermissen – und das, obwohl fallende Ölpreise geradezu dazu eingeladen hätten, den Preisverfall zur Anschubfinanzierung der Steuerreform zu nutzen. Nach 38 Jahren ökosozialer Bekenntnisse (die allerdings erst seit dem Nationalratswahlkampf 1990 ökosozial genannt werden) ist man mit einem fundamentalen Umbau des Steuersystems noch nicht weitergekommen.

Auch einen familienfreundlichen Ansatz zur Steuerpolitik sucht man vergeblich: 2007 hatte es im Perspektivenpapier „Welten. Werte. Wege" noch geheißen: „Familien brauchen Geld. Die Politik hat dafür Sorge zu tragen, dass die Familien nicht diskriminiert werden und nicht in die Armutsfalle tappen. *Wir schlagen deshalb ein Familiensplitting vor*, bei dem die steuerliche Belastung von Familien mit der Zahl der Kinder abnimmt."

Man weiß, dass das nicht mit der SPÖ zu machen ist, die das Ehegatten-Splitting stets bekämpft und in der Zeit ihrer Alleinregierung in den

1970er-Jahren auch abgeschafft hat. Aber Familienfreundlichkeit als Grundsatz der Steuerpolitik festzuschreiben, hätte nicht geschadet. Stattdessen heißt es: „Wir wollen Mütter und Väter mit Kindern bestmöglich unterstützen. Deshalb treten wir *für die Entlastung der Familien* ein." Das kann alles oder nichts heißen – und dass es nach diesem Satz mit Kinderbetreuung statt mit Steuerpolitik weitergeht, weist eher darauf hin, dass es nichts heißen soll.

Natürlich kann man generell einwenden, dass die Koalition mit der Sozialdemokratie allerlei Einschränkungen mit sich bringt. Bundeskanzler Werner Faymann und ÖVP-Chef Reinhold Mitterlehner machen ja auch nicht den Eindruck, als ob sie dicke Freunde wären. Müssen sie auch nicht sein. Sie machen auch nicht den Eindruck, dass sie mit der Meinung des anderen übereinstimmen. Müssen sie auch nicht, genauer: Das sollten sie auch nicht. Denn Faymann und Mitterlehner stehen für Parteien, die ein grundsätzlich verschiedenes Menschenbild, grundsätzlich verschiedenes Politikverständnis, eine grundsätzlich andere Vorstellung von einer besseren Welt haben, die zu gestalten sie angetreten sind.

Diese programmatischen Bezüge (auch die SPÖ ringt ja seit Jahren um die Neuformulierung ihres Programms) sind gut und hilfreich für die Wähler; die wollen schließlich wissen, wofür die Parteien stehen, die sie wählen. Es ist aber auch frustrierend für dieselben Wähler, die nach einer Wahl erleben, dass diese beiden so unterschiedlichen Parteien immer wieder zusammenfinden, um miteinander das Land zu verwalten. Für einen SPÖ-Wähler ist viel zu wenig linke Handschrift in der Regierung zu spüren – und für einen ÖVP-Wähler viel zu wenig konservative. Den Parteichefs und ihren Getreuen bleibt nicht viel anderes übrig, als den unruhigen eigenen Wählern und Funktionären zu versichern, dass man ohnehin das Maximum herauszuholen versuche. Und das muss dann im öffentlichen Streit mit dem Koalitionspartner bewiesen werden – das Beharren auf Vermögenssteuern seitens der Sozialdemokratie und die (faktischer Überprüfung nicht standhaltende) Behauptung der ÖVP, dass sie diese niemals einführen werde, sind das plakativste Beispiel dafür. Dabei geht viel an Kraft verloren, die die beiden jeweils nur noch 25 Prozent starken Parteien eigentlich im eigenen Lager – jenseits der Funktionäre und Stammwähler – bräuchten, um sich als die dominierende Kraft jeweils links und rechts der Mitte durchzusetzen und die dort lauernden Oppositionsparteien klein zu halten.

Es wäre naheliegend, dass man den lähmenden Zustand der Koalition zu beenden versuchen würde. Aus der steirischen ÖVP kamen ja seit vielen Jahren Vorstöße für ein Mehrheitswahlrecht. In der Perspektivengruppe wurde das dann als (wünschenswerte) Möglichkeit der Weiterentwicklung der Demokratie festgeschrieben, im Evolutionsprozess den Mitgliedern zur Abstimmung vorgelegt – sechs von zehn Befragten waren dafür. Aber auf dem Parteitag reichte es nicht für die notwendige Mehrheit der Delegierten. Im gedruckten Programm heißt es dann: „Deshalb wollen wir *das bewährte System* der repräsentativen Demokratie um moderne Mitbestimmungs- und Partizipationsformen ergänzen sowie politische Bildung und ehrenamtliches Engagement fördern." Das angeblich „bewährte" System, das diese unglücklichen Regierungsbildungen bewirkt, bleibt. Ergänzt wird es durch „*moderne Mitbestimmungs- und Partizipationsformen*". Das klingt aber nur modern, die Idee stammt immerhin aus der 1971 verfassten Diskussionsgrundlage zum Salzburger Programm, das der Partizipation dann ein eigenes Kapitel gewidmet hat.

Schluss der Debatte? Aber wo! Es wäre nicht die ÖVP, wenn sie die Sache nicht noch komplizierter machen würde: „Das Wahlrecht soll den Bürgerinnen und Bürgern mehr Möglichkeiten geben, Kandidatinnen und Kandidaten *direkt zu unterstützen*." Das nimmt Rücksicht auf die 87 Prozent der Parteimitglieder, die in der Befragung vor dem Parteitag verlangt haben, dass unbedingt der Kandidat mit den meisten Vorzugsstimmen das jeweilige Mandat erhalten soll. Erklären lässt sich diese Haltung nur mit einem Missverständnis: Aus der christlichen Soziallehre hat die ÖVP in den Programmentwurf „Das Österreich von morgen" 1971 und in das Salzburger Programm von 1972 „den Personalismus als Garantie der Freiheit" in ihre Grundsätze aufgenommen. Mit Persönlichkeitswahlrecht hat das eigentlich gar nichts zu tun – und doch hat sich die ÖVP so stark in den Begriff „Person" verliebt, dass sie unverdrossen auf Persönlichkeiten und Vorzugsstimmen setzt.

Dabei sind sich die (ansonsten differierenden) Wahlanalysen der Nationalratswahl von 2013 in einem Punkt einig: Die ÖVP wird eben nicht wegen ihrer Personen gewählt, sondern aus grundsätzlichen Überlegungen. Wenn sich die ÖVP denn an ihre Grundsatzprogramme hielte. Als Trost bleibt: Für viele ist sie immer noch die Partei des geringsten Übels.

CHRISTIAN ROIS

Der Weg zum neuen ÖVP-Grundsatzprogramm und -Organisationsstatut

„Evolution Volkspartei" aus der Perspektive der Organisationsentwicklung

Die ÖVP muss sich ändern, wenn sie überleben will. Am Beginn der Initiative „Evolution Volkspartei", die sich als nachhaltiger Change-Prozess herausstellte, stand die Notwendigkeit der Veränderung. Professionelles Projektmanagement musste an den Tag gelegt werden, um einen strukturierten und konzertierten Ablauf der Vorhaben zu ermöglichen. Welche Prozessschritte wurden gesetzt? Wie wurden Stakeholder eingebunden? Was hat sich als Erfolgsfaktor herausgestellt, wo gibt es noch prozessuales Verbesserungspotenzial? Fragen wie diese werden im folgenden Beitrag beantwortet, der die dahinterstehenden Konzepte und Prozessstrukturen beleuchtet.

Die ÖVP muss sich ändern, wenn sie überleben will. Das war die tiefe Überzeugung zu Beginn des Jahres 2014: Vom News-Cover im August 2012 – „In tiefer Trauer geben wir bekannt, dass die Mutter der Bürgerlichkeit, die Schutzpatronin der Bauern, die Behüterin des Mittelstandes und der christlichen Werte, unsere ÖVP (1945–2013) im 69. Lebensjahr nach langer, schwerer Korruption von ihrem Leid erlöst wird" – über den Verlust einiger ehemaliger ÖVP-Mitstreiter an die neu gegründeten NEOS bis hin zum schwachen Wahlergebnis bei der Nationalratswahl 2013, führten viele Entwicklungen hin zur Wahrnehmung einer großen Notwendigkeit der Veränderung.

Damit hatte die „Evolution Volkspartei" zumindest ein in der Praxis des Change Managements in profitorientierten Organisationen oftmals verbreitetes Problem nicht: Es gab keinerlei Debatte darüber, ob eine Veränderung notwendig ist oder nicht. Es gab keine Alternative zum Wandel.

Fraglich war allerdings, ob ein Wandel gelingen würde, denn wie bei vielen Organisationen standen der aktuellen Weiterentwicklung die vielen gescheiterten oder nur teilweise gelungenen Vor-Prozesse sowie dadurch geweckte Erwartungen entgegen. Würde es gelingen, ein neues Programm und ein neues Organisationsstatut zu erarbeiten und statutarisch zu verankern? Oder würden viele Mitglieder, Sympathisanten, Experten und Parteigremien ohne verbindliche Ergebnisse beschäftigt werden?

Das Auftauen der Organisation

Im klassischen Drei-Phasen-Modell nach Kurt Lewin sollten die Veränderungen dadurch ermöglicht werden, dass in einer ersten Phase die Organisation „aufgetaut" („unfreezing"), dann verändert („moving") und schließlich wieder stabilisiert („refreezing") wird. Aufgrund der rasant zunehmenden Veränderungsgeschwindigkeit und der hohen Volatilität im unternehmerischen und organisationalen Umfeld sind viele Organisationen heute in einem dauernden „liquiden" Zustand. Daher kommt ein „freezing" selten vor. Das ist ein nicht zu unterschätzender Unterschied zu einer etablierten Parteiorganisation. Strukturelle Veränderungen benötigen einen langen Atem und hohe Sensibilität für die identitätsstiftende Wirkung von internen Organisationsstrukturen.

Erschwerend ist bei Organisationsentwicklungsprozessen in politischen und politiknahen Non-Profit-Organisationen der Umstand, dass es in der Regel wenig Verständnis für Organisationsentwicklung gibt. Im Entwicklungs-Dreieck von Struktur, Kultur und Strategie wird der Strategie in aller Regel die größte Bedeutung beigemessen. Daher werden in Parteigremien Sitzungszeit und finanzielle (Beratungs-)Ressourcen sehr stark darauf fokussiert, die ideale Strategie für die Parteikommunikation zu finden. Das Thema Organisationsentwicklung findet dann meist in Pausen oder nach Schluss der Sitzung statt, während das Thema Personalentwicklung meist auf das Thema Personalentscheidungen reduziert wird und oft den Weg auf die Tagesordnung nur in akuten Krisensituationen findet.

Unterstützt wird dieses Ungleichgewicht zwischen Strategie auf der einen und Struktur und Kultur auf der anderen Seite durch eine Fehlinterpretation von Organisationslehren: In der klassischen Managementberatung heißt es „structure follows strategy". Die Organisationseinheiten und die Abläufe sollen sich also nach der Strategie richten und nicht umgekehrt. Das ist an sich schwer genug, wie Praktiker für Veränderungsmanagement nur bestätigen können. In der Umsetzungsrealität kommt noch der süffisante Hinweis von Peter Drucker hinzu: „Structure follows strategy. But culture eats strategy for breakfast." Organisationen brauchen zuerst die richtige Haltung und die richtigen Einstellungen, um dann gemeinsam formulierte Ziele, Strategien und Strukturen entwickeln zu können. Oftmals scheitert der politische Erfolg nicht am fehlenden Weg (Strategie), sondern am fehlenden Zusammenhalt (Kultur), am fehlenden Ziel (Programmatik) und an den fehlenden oder kontraproduktiven Wirkungen von Strukturen.

Ein weiteres Hindernis auf dem Weg zum neuen Grundsatzprogramm und zum neuen Organisationsstatut waren der Erfolg und die Qualität der Vorgängerprodukte. Das 1995 beschlossene Grundsatzprogramm und das bis dahin gültige Organisationsstatut hatten ihre Qualitäten, waren aber in die Jahre gekommen.

Sollte es zu einem großen, weiten, mutigen Entwurf für eine neue Programmatik kommen? Oder ging es darum, ein wenig zu modernisieren, dort und da ein Schräubchen anzuziehen und das Bestehende im Wesentlichen fortzutragen?

Nachdem die ersten Planungen zur „Evolution Volkspartei" vorlagen, kamen vorsichtig optimistische Signale von verschiedenen Seiten. Am Beginn standen für viele aber auch Zweifel, ob ein kraft-, zeit- und geldbindender Weiterentwicklungsprozess tatsächlich der richtige Schritt sein würde. Noch vor den offiziellen Verlautbarungen zum Projekt wurde informell mit einigen Meinungsbildnern Kontakt aufgenommen, u. a. auch mit Seniorenbund-Obmann Univ.-Prof. Dr. Andreas Khol. Hatten die Mitglieder des Projektteams zuvor noch gefürchtet, dass er einer Überarbeitung des Parteiprogramms skeptisch gegenüberstehen würde, stärkte er die Initiative dadurch, dass er sinngemäß feststellte: Nach jedem Programm-Diskussionsprozess waren wir stärker als vorher. Egal wie die Ergebnisse aussehen würden – eine Volkspartei, die im Diskurs und im Austausch steht, bindet Menschen, begeistert sie und wächst an den Prozessen über sich hinaus.

Kritik als Orientierungshilfe

Herausfordernd für die Weiterentwicklung einer politischen Organisation ist in besonderem Maße, dass Non-Profit-Organisationen zur Personalisierung von strukturellen Themen und generell zu einer kritischen Haltung gegenüber der Organisation an sich neigen (siehe: Personalisierungsthese von Gössler und Schweinschwaller). Gerade daher muss die Kritik an der Organisation auch als Orientierungshilfe hin zu den lebendigen Werten und zum Kern der Organisation genutzt werden.

Als Instrumente dafür stehen in der Organisationsentwicklung verschiedenste Ansätze zur Verfügung. Für den Prozess „Evolution Volkspartei" verzichteten wir bewusst auf ein allzu innovatives Set an Methoden und Ansätzen. Während man bei Change-erfahrenen Experten-Organisationen vielleicht auf Methoden des agilen Managements (Design Thinking, Open Space, Business Model Canvas, Effectuation …) gesetzt hätte, ging es bei diesem Projekt darum, einen robusten und gleichzeitig authentischen Weg zu finden, der Schritte für weiteres organisationales Lernen und mehr Lebendigkeit ermöglicht. Der Name „Evolution" war Programm.

Phasen der „Evolution Volkspartei" im Überblick
1. Zuhör-Phase („Zuhör-Tour")

Unmittelbar nach einer Pressekonferenz mit dem damaligen Präsidenten der Julius Raab Stiftung, Dr. Harald Mahrer, dem damaligen Generalsekretär, Mag. Gernot Blümel, MBA, und dem Direktor der Politischen Akademie, Dr. Dietmar Halper, fand eine Zuhör-Tour durch die Bundesländer mit ÖVP-Generalsekretär Gernot Blümel statt. Pro Bundesland wurden jeweils rund 15 Personen zusammengerufen, um wichtige Fragestellungen und Rückmeldungen zum aktuellen Status der ÖVP im jeweiligen Bundesland einzuholen. Dies erfolgte, um erste inhaltliche, aber auch organisationale und personelle Weichenstellungen für den Prozess zu definieren.

2. Vorbereitungs- und Rekrutierungsphase

Über die Plattform „evolution.oevp.at" konnte man sich für die Online-Diskussion anmelden. Dabei wurde bewusst darauf verzichtet, nur Parteimitglieder anzusprechen. Alle, die an der Weiterentwicklung der ÖVP Beiträge leisten wollten, waren willkommen. Durch den frühen Start dieser Phase (lange bevor die Diskussionsseite überhaupt online ging) konnte interessierten Personen schon rasch ein Angebot gemacht werden. Für außergewöhnlich engagierte Personen war auch vorgesehen, sich als „Evolutions-Botschafter" bewerben zu können. Sie sollten als „Change Agents" innerhalb der ÖVP wirken und mit Veranstaltungen und Initiativen dazu beitragen, dass das Projekt in die Breite getragen wird. Ein Großteil der Evolutions-Botschafter wurde vom Projektteam gezielt angesprochen und über den Prozess sowie die Möglichkeiten, sich daran zu beteiligen, informiert. Diese finalen Vorbereitungsarbeiten sollten über den Sommer 2014 abgeschlossen werden.

3. Einmelde- und Diskussionsphase

Mit dem Kick-off am 4. September 2014 startete die Online-Diskussion auf der sogenannten Ideenwand. Die einzelnen Kapitel der Online-Diskussion wurden an die Grobstruktur des vorangegangenen Parteiprogrammes angelehnt. Auf der Ideenwand wurden nun Beiträge eingebracht und kommentiert. In dieser Phase hatte die Seite über 330.000 Aufrufe. 4.000 Menschen haben sich laufend aktiv eingebracht und intensiv über einzelne Aspekte des Programms diskutiert.

Parallel zur Online-Komponente waren die Evolutions-Botschafter gebeten, Veranstaltungen zu organisieren, bei denen über die Zukunft der Volkspartei und ihre Programmatik diskutiert werden konnte.

4. Bewertungsphase

Ab Ende November 2014 wurde die Online-Ideenwand „eingefroren" und die einzelnen Fragestellungen wurden intensiv in einem Redaktionskreis ausgewertet. Darauf basierend wurden 39 konkrete Fragen generiert, die der Öffentlichkeit der Parteimitglieder zur Bewertung vorgelegt wurden, um damit die Meinungslage zu den einzelnen Themen abzubilden. Innerhalb von drei Wochen im Jänner 2015 wurden danach 12.835 Online- und Offline-Bewertungen durch die Mitglieder der ÖVP vorgenommen.

5. Beschlüsse am Mai-Parteitag

Basierend auf den Befragungs-Ergebnissen wurden in zwei Runden Anträge durch die Antragskommission formuliert. Dabei wurde bewusst darauf verzichtet, einen Leitantrag auszuarbeiten, der in den wesentlichsten Punkten vollständig ausformuliert und konsensual abgestimmt ist. Stattdessen wurde der Diskurs bei spezifischen Fragen gefördert und die Teilorganisationen und Länder sowie Einzel-Delegierte ermutigt, beim Parteitag aktiv Anträge zu stellen.

Der Parteitag 2015 in der Wiener Hofburg – auch kurz „Reform-Parteitag" genannt – war von einem offenen, diskussionsfreudigen und einem durch starkes Zusammengehörigkeitsgefühl geprägten Gesamtverlauf gekennzeichnet. Auch technisch wurden neue Wege gegangen: mithilfe elektronischer Abstimmungsgeräte konnte die Fülle an Anträgen und Abänderungsanträgen rasch und für alle transparent abgearbeitet werden.

Projekt-Organisation und -Kommunikation

Eine Reihe interner Projekt-Gremien standen für die „Evolution Volkspartei" zur Verfügung: Projektleiter-, Kernteam- und Projektauftraggeber-Sitzungen und der wöchentliche Projekt-Jour-Fixe mit allen eingebundenen Mitarbeitern der Bundespartei. Weiters gab es Formate für und von Evolutions-Botschaftern, die Sitzungen der Antragskommission unter Leitung von ÖAAB-Generalsekretär, Abg. z. NR August Wöginger, unmittelbar vor dem Bundesparteitag, die Redaktionssitzungen der Betreuer der Ideenwand und als Höhepunkt und vorläufigen Abschluss den Bundesparteitag im Mai 2015.

Gegenüber dem Bundesparteivorstand bildete der damalige General-sekretär, Mag. Gernot Blümel, MBA, die Schnittstelle und war im Innen-verhältnis der Projekt-Auftraggeber für das Projekt-Kernteam, das aus Pro-jektleiter, Mag. Gernot Maier, dem Träger für die Politische Akademie, Dr. Dietmar Halper, dem Träger für die Julius Raab Stiftung, Dr. Harald Mah-rer, Mag. Iris Müller-Guttenbrunn und Mag. Markus Keschmann als Abtei-lungsleiter in der Bundespartei, Mag. Sophie Weber als Projekt-Assistentin und Mag. (FH) Christian Rois als Projekt-Coach bestand.

Projekt-Krisen

Neben den bei Großprojekten potenziellen/einkalkulierbaren Zeitverzöge-rungen, Ressourcen-Knappheiten und schleichend oder überraschend auf-tretenden Qualitätsmängeln stand „Evolution Volkspartei" mehrfach auf des Messers Schneide. Zunächst war es lange Zeit unklar, ob es gelingen würde, genügend Leute für die Weiterentwicklung der Österreichischen Volkspar-tei zu begeistern. Dem Projekt wurde vor dem Hintergrund der eingangs angeführten Rahmenbedingungen wenig Chance gegeben. Diese „Hoff-nungskrise" begleitete das Projekt von den ersten Momenten bis zum offi-ziellen Auftakt.

Weiters wurde durch den überraschenden Rücktritt von Bundespar-teiobmann Dr. Michael Spindelegger am 26. August 2014 – etwa eine Wo-che vor dem offiziellen Kick-off und zwei Tage vor dem internen Kick-off vor den Evolutions-Botschaftern – das Gesamtprojekt massiv infrage ge-stellt. Würde es diese Initiative am 27. August weiterhin geben? Die latente „Führungskrise" der ÖVP war offen ausgebrochen und bedrohte nun nach fast einem halben Jahr Vorbereitungsarbeit die Zukunft des Projekts „Evo-lution Volkspartei". Für einige Stunden war alles in Schwebe. Doch spätes-tens nach den ersten Auftritten des neu designierten Bundesparteiobmanns Dr. Reinhold Mitterlehner, in denen er das Projekt sofort als wesentlichen Impuls für die unmittelbare Weiterentwicklung der Volkspartei betitelte, war klar, dass die „Evolution Volkspartei" mit voller Kraft weitergehen konnte.

Die Dramatik der Tage zusammengefasst: Am 26. August trat in der Früh der Bundesparteiobmann zurück, am selben Abend gab es einen neu designierten Bundesparteiobmann, der die „Evolution" weiterführen wollte. Am 28. August konnte plangemäß der Kick-off der Evolutions-Botschafter erfolgen. Am 1. September wurde bekannt, dass einer der Träger der „Evolution Volkspartei" – Dr. Harald Mahrer – Staatssekretär werden sollte, und am 4. September konnten die Evolutions-Botschafter und die bereits eingeladene Partei-Öffentlichkeit gemeinsam den Kick-off von „Evolution Volkspartei" feiern.

Die dritte krisenhafte Situation erfasste die Evolution in der „Bewertungsphase" (Phase 4). Nach dem „Einfrieren" der Ideenwand erfolgte unter immensem redaktionellen Aufwand die Auswertung und Gewichtung aller Beiträge. Da die Diskussion bislang allen parteiinternen und -externen Interessierten offengestanden war, sollten nun die Parteimitglieder einzelne Positionen des Diskussionsstands bestätigen beziehungsweise bei einzelnen Weggabelungen der Diskussion eine Entscheidung herbeiführen. Die überraschend breite mediale Rezeption des Fragebogens („Suggestiv-Fragen") bildete diese Überlegungen nicht ab und führte zu einer „Glaubwürdigkeitskrise" des Projekts. Diese konnte überwunden werden, indem in der Abschlussphase und insbesondere beim Bundesparteitag größtmögliche Transparenz und Nachvollziehbarkeit herrschte. Jeder durch die Antragskommission gemeinsam eingebrachte Antrag wurde aus der Diskussionslage auf der Ideenwand und aus den Befragungsergebnissen vor Ort öffentlich nachvollziehbar abgeleitet.

Die sieben Erfolgsgeheimnisse der „Evolution Volkspartei"

1. Veränderungsnotwendigkeit
Die Veränderungsnotwendigkeit war jederzeit zu 100 Prozent akzeptiert. Zu keinem Zeitpunkt musste erklärt werden, weshalb ein Veränderungsprozess gerade jetzt notwendig sei.

2. Klarer Projekt-Auftrag

Die „Evolution Volkspartei" verfügte über einen klar formulierten Projekt-Auftrag. Am Beginn formulierte das Projektteam eine A4-Seite mit den wesentlichsten Eckpunkten (Ziele, Nicht-Ziele, Meilensteine, Projekt-Organisationsstruktur) und wich bis zum Schluss nicht davon ab. Unter der Motorhaube des Prozesses befand sich also ein professionelles Projektmanagement, ermöglicht durch eine konsequente Haltung seitens der Projekt-Auftraggeber.

3. Die Evolutionsmetapher – ein Glücksfall

Die Metapher der „Evolution" bildete perfekt das Wesen des Projekts ab. Es handelte sich um eine Evolution und nicht um eine Revolution oder eine Restauration. Am Beginn des Projekts fand eine der ersten Projektsitzungen im Palais Todesco (ehemalige Bundesparteizentrale der ÖVP) statt. Dabei besichtigte das Projekt-Kernteam auch die Beletage des Palais. Hier wurde über viele Jahrzehnte ÖVP-Politik gestaltet. Nach diesem Besuch stand für die Teilnehmer fest: Die Österreichische Volkspartei hatte schon wesentlich gestaltungskräftigere und erfolgreichere Zeiten erlebt. Gleichzeitig: Es geht nicht um das Restaurieren verblichener Zeiten. Es geht darum, etwas neu zu entwickeln, das Vorhandene weiterzuentwickeln. Der Begriff der Evolution ist an sich auch deshalb ein Glücksfall, denn wer behauptet, er wäre am Ende der Evolution angekommen, ist schwerstens vom Aussterben bedroht.

4. Hohe Einsatzbereitschaft und Mut zum sachlichen Konflikt

Alle eingebundenen Mitarbeiter in der Bundespartei, in der Politischen Akademie und in allen weiteren Partnerorganisationen haben Unglaubliches geleistet – sei es bei der Auswertung unzähliger Statements von der Ideenwand, bei der technischen Betreuung und organisatorischen Abwicklung der verschiedensten Initiativen oder in der gemeinsamen Projekt-Planung. Im Ringen um die besten Lösungen wurden dabei aber auch bewusst Konflikte in Kauf genommen und leidenschaftliche Diskussionen im Sinne der Sache zugelassen.

5. Evolutions-Botschafter

Es gelang, wesentliche Veränderungskräfte in der Österreichischen Volkspartei einzusammeln und gemeinsam zu aktivieren. Mit viel Improvisationsfähigkeit und Engagement wurden durch die Evolutions-Botschafter viele weitere Menschen begeistert und für die Mitarbeit am Projekt gewonnen.

6. Haltung

Die Haltung in Bezug auf den Prozess war immer transparent und klar. Obwohl natürlich moderne Inszenierungs-Elemente eingesetzt wurden und gezielt Aufmerksamkeit auf einzelne Aspekte – auch thematischer Natur – gelenkt wurde, arbeitete man doch immer transparent und nachvollziehbar. Besiegelt wurde dieses transparente Vorgehen auch durch die echten Diskussionen am Bundesparteitag, bei denen es offene Abstimmungen gab und dadurch eine hohe emotionale Verbindlichkeit zum Ergebnis erzielt werden konnte.

7. Klarer Rückhalt durch die Führung

Sowohl durch den ehemaligen Bundesparteiobmann Dr. Michael Spindelegger als auch den Bundesparteiobmann Dr. Reinhold Mitterlehner gab es zu jedem Zeitpunkt einen klaren Rückhalt für das Projekt „Evolution Volkspartei" durch die Parteispitze.

Verbesserungspotenziale und Lernergebnisse für die Zukunft

1. Einbindung der Landesparteien

Die Landesparteien wurden unterschiedlich stark eingebunden. Aufgrund der verschiedenen regionalen Stimmungslagen und Notwendigkeiten durch anstehende bzw. laufende Wahlgänge wurden die Projekt-Pakete mit den Ländern individuell geschnürt. Daher blieb bei den Mitgliedern mancher Landesorganisationen der Eindruck, „Evolution Volkspartei" wäre ein „Wiener Thema", während es in anderen Landesorganisationen offensiv als gemeinsame Chance genutzt wurde. Auch die vorab und teilweise parallel laufenden eigenen Programm-Prozesse einzelner Landes- und Teilorganisationen wurden unterschiedlich intensiv und effektiv in das Evolutions-Projekt eingebettet.

2. Grenzen der Transparenz

Bei einigen Teilen war „Evolution Volkspartei" nicht ganz so transparent, wie es auch hätte laufen können. Die Redaktionssitzungen etwa, die zu den Fragestellungen für die Befragung geführt haben, wären durchaus auch öffentlich denkbar gewesen.

3. Durchgehende Kommunikation

Die durchgehende Kommunikation der Initiative ist nur teilweise gelungen. Auf hervorragende Art und Weise war die öffentliche Kommunikation zu den Schlüsselpunkten (Kick-offs, Bewertungsphase, Bundesparteitag) gelungen. Dazwischen war es allerdings kaum möglich, das Projekt kontinuierlich in der medialen Öffentlichkeit darzustellen.

4. Phase der Offline-Veranstaltungen

Die Phase der Offline-Veranstaltungen durch die Evolutions-Botschafter war relativ kurz bemessen. Das Ausrollen der Diskussion in der physischen Welt war nicht so schnell möglich, wie es in der virtuellen Welt möglich gewesen war.

5. Suggestive Fragestellungen

Einige Fragestellungen der Bewertungsbögen wurden in der Öffentlichkeit als suggestiv erlebt. Hier hätte rückblickend vielleicht ein schlankerer Fragebogen mit teilweise zugespitzteren Fragen gewählt werden sollen. Allerdings ermöglichte gerade auch dieser Diskurs im weiteren Verlauf von „Evolution Volkspartei" einen noch transparenteren und diskursfreudigeren Weg Richtung offene Diskussion am Bundesparteitag.

6. Einbindung der Evolutions-Botschafter

Die Evolutions-Botschafter hätten durchaus auch während und direkt nach der Bewertungsphase intensiver in die Redaktionsarbeiten eingebunden werden können. Sie waren zwar teilweise in die Antragskommission eingebunden, primär aber aufgrund ihrer Partei-Funktionen und nicht aufgrund ihrer „Evolutions-Botschafter-Rolle".

7. Prozessphasen–Planung

Bei der Prozessphasen–Planung wäre eine Staffelung nach Wertediskussion, Inhaltsdiskussion und darauf basierender Strukturdiskussion als alternatives Vorgehen möglich gewesen. Rückblickend war es gut, alles auf einmal zu diskutieren, da ein robustes Vorgehen gefragt war. Bei einem neuerlichen Weiterentwicklungsprozess könnte man allerdings diese andere Vorgehensweise wählen.

Resümee

Mit „Evolution Volkspartei" ist es gelungen, einen Reformprozess tatsächlich ins Ziel zu bringen. Das Partei-Programm wurde auf partizipative Weise erneuert und das Organisationsstatut mit neuen Möglichkeiten versehen. Dadurch wird dieses Projekt zum Maßstab im Rahmen der ÖVP-Parteientwicklung und zum Maßstab für Entwicklungsprozesse in der österreichischen Parteienlandschaft.

Wer sich das Organisationsstatut im Detail ansieht, wird erkennen, dass so mancher Samen gesät und ein Prozess in Gang gesetzt wurde, der nun nachhaltig weiter genutzt werden kann. Plattformen und Initiativen ins Leben zu rufen, sind nur zwei der zahlreichen Spielvarianten, die dieses neue Statut ermöglicht.

Das Statut an sich unterliegt übrigens auch einer evolutionären, autopoietischen Logik: Es ist nur bis zum nächsten Bundesparteitag gültig und unterliegt damit dem Prinzip der „Sunset Legislation". Der kontinuierliche Diskurs über die bestmögliche Organisationsform und eine optimale evolutionäre Entwicklung der Volkspartei sind damit gesichert.

Quellen

Boos, F./Mitterer, G. (2014), *Einführung in das systemische Management.* Heidelberg: Carl-Auer.

Brandes, U./Gemmer, P./Koschek, H./Schültken, L. (2014), *Management Y. Agile, Scrum, Design Thinking & Co: So gelingt der Wandel zur attraktiven und zukunftsfähigen Organisation.* Frankfurt am Main: Campus.

Glasl, F./Kalcher, T./Piber, H. (Hg.) (2008), *Professionelle Prozessberatung. Das Trigon-Modell der sieben OE-Basisprozesse.* Bern-Stuttgart-Wien: Haupt Berne, Freies Geistesleben.

Gössler, M./Schweinschwaller, T. (2008), *Spezifika von Nonprofit-Organisationen und deren Beratung.* In: OrganisationsEntwicklung, Zeitschrift für Unternehmensentwicklung und Change Management. 02/2008, S. 48–56.

Leeb, W. A./Trenkle, B./Weckenmann, M. F. (Hg.) (2011), *Der Realitätenkellner. Hypnosystemische Konzepte in Beratung, Coaching und Supervision.* Heidelberg: Carl-Auer.

Lewin, K. (1947), *Frontiers in group dynamics.* In: Human Relations. 01 / 1947, S. 5–41.

Mahrer, H./Halper, D. (Hg.) (2014), *Die Volkspartei Revolution.* Wien: Verlag Noir.

Maturana, H./Varela, F.J. (1990), *Der Baum der Erkenntnis. Die biologischen Wurzeln menschlichen Erkennens.* München: Goldmann.

Schmid, B. (Hg.) (2014), *Systemische Organisationsentwicklung. Organisationskultur und Change gemeinsam gestalten.* Stuttgart: Schäffer-Poeschel.

Projektphasen I

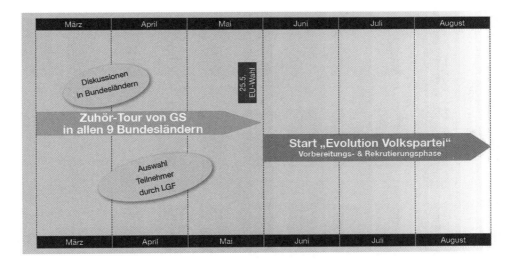

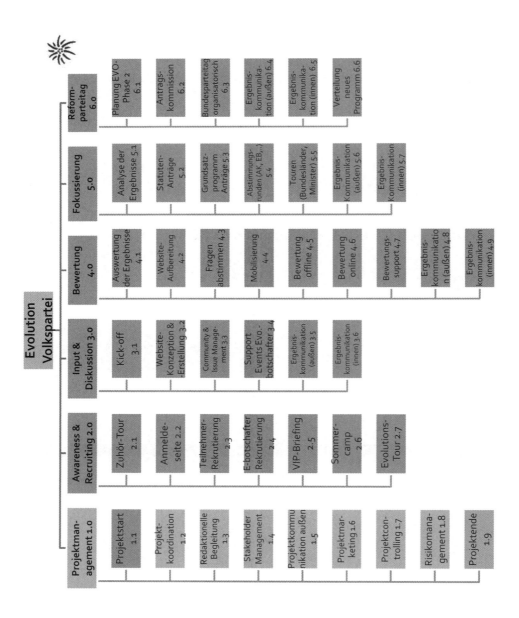

GERNOT MAIER

„Evolution Volkspartei" – die Bewegung zur Weiterentwicklung der ÖVP

Ein gelungener parteipolitischer Drahtseilakt

Im Mai 2015 fixierte der 37. außerordentliche Bundesparteitag der ÖVP in der Wiener Hofburg die größte Parteireform in der Geschichte der Volkspartei: Nach 41 Anträgen, 44 Abstimmungen, 137 Wortmeldungen und 540 Minuten Redezeit wurden das neue Grundsatzprogramm mit überwältigenden 98,97 Prozent und das modernisierte Organisationsstatut mit 88,64 Prozent beschlossen. Die Volkspartei präsentiert sich damit programmatisch und statutarisch auf der Höhe der Zeit.

Hinter den historischen Parteitagsbeschlüssen steht ein komplexer wie innovativer politischer Management-Prozess zur „Evolution" der Volkspartei. „Evolution Volkspartei" ist ein Projekt, das wegen und in einer fordernden Phase der Parteientwicklung initiiert und umgesetzt wurde. Der Prozess selbst war ein fordernder und risikobehafteter Weg, die Zukunft einer staatstragenden politischen Partei weiterzuentwickeln. Er wurde wahrscheinlich auch deshalb zur Erfolgsgeschichte. Eine Partei, die an sich den Anspruch stellt, Reformpartei zu sein, muss höhere Ansprüche an politische Reformen in eigener Sache stellen als andere Parteien. Den Anspruch, Reformpartei zu sein, hat die ÖVP mit Blick auf Programm und Statut eindrucksvoll selbst erfüllt.

Die wichtigsten Erkenntnisse aus „Evolution Volkspartei" für die künftige Politik:

1. Integrationsparteien müssen neue Wege in der politischen Partizipation gehen. Engagement muss jenseits bestehender Strukturen möglich sein.

2. Der Einsatz von Social Media braucht politische Strategie. Wer den Bürger ernst gemeint in den Politikentwicklungsprozess integrieren möchte, muss den Einsatz von Social Media nicht bloß im Rahmen einer reinen Kommunikations-, sondern einer umfassenden Politikstrategie planen.

3. Reformen sind eine Haltungsfrage. „Evolution Volkspartei" ist als Reformprozess nicht abgeschlossen, sondern erklärtermaßen ein „project in progress". Definierte Reformen müssen Schritt für Schritt umgesetzt und gelebt werden.

Im Mai 2015 fixierte der 37. außerordentliche Bundesparteitag der ÖVP in der Wiener Hofburg die größte Parteireform in der Geschichte der Volkspartei: Nach 41 Anträgen, 44 Abstimmungen, 137 Wortmeldungen und 540 Minuten Redezeit wurden das neue Grundsatzprogramm mit überwältigenden 98,97 Prozent und das modernisierte Organisationsstatut mit 88,64 Prozent beschlossen. Die Volkspartei präsentiert sich damit programmatisch und statutarisch auf der Höhe der Zeit. Vor allem: Sie hat den Anspruch, Reformpartei zu sein, mit Blick auf Programm und Statut eindrucksvoll selbst erfüllt. Der zweite Schritt von „Evolution Volkspartei" wird nicht minder einfach sein: die Parteireform auch zu leben.

Evolution statt Revolution

Hinter den historischen Parteitagsbeschlüssen steht ein komplexer wie innovativer politischer Management-Prozess zur „Evolution" der Volkspartei. Der inhaltliche Impuls dafür kam von einer Gruppe von „Evoluzzern". Im Sammelband „Die Volkspartei R-Evolution", herausgegeben von Harald Mahrer, dem damaligen Präsidenten der Julius Raab-Stiftung, und Dietmar Halper, Direktor der Politischen Akademie, analysierten Akteure und kritische Sympathisanten der Volkspartei, darunter Sebastian Kurz, Peter McDonald, Gernot Blümel, Christopher Drexler, Bettina Lorentschitsch, Christoph Neumayer oder Stephan Pernkopf, Status und Perspektiven der ÖVP. Im Mittelpunkt der am 25. Februar 2014 präsentierten Impuls-Beiträge standen die Fragen, wofür die ÖVP steht, wofür sie stehen soll und wie sie strukturell fit für die Zukunft gemacht werden kann.

„Es muss sich was tun"

Dass die ÖVP in all diesen Fragen Handlungsbedarf hatte, stand nach der Nationalratswahl 2013 für viele Mitglieder und Beobachter außer Zweifel. Die Stimmung an der Parteibasis war denkbar schlecht. Die Partei habe es „gerade noch einmal geschafft", nun „muss sich was tun", war vielerorts zu hören. Einzelne Landesparteien intensivierten ihre Bemühungen, ihr eigenständiges Profil weiterzuentwickeln und sich von der Bundespartei abzugrenzen.

Der damalige ÖVP-Generalsekretär Gernot Blümel und die Projekt-leitung wählten einen eigenen Zugang, um die Dramatik der Notwendig-keiten zu zeigen: Eine bundesweite Mitglieder- und Bürgermeisterbefra-gung machte deutlich, wo vorrangiger Handlungsbedarf bestand: Die ÖVP solle sich strukturell und inhaltlich öffnen sowie mehr eigenständige Posi-tionen entwickeln, statt sich auf den Verkauf der Regierungsarbeit zu kon-zentrieren. Um neue Wählerschichten zu erreichen, sei es auch notwendig, Menschen außerhalb der ÖVP temporäre und projektbezogene Möglich-keiten zum Mitmachen zu geben, so die Forderung der Mitglieder (siehe Grafiken).

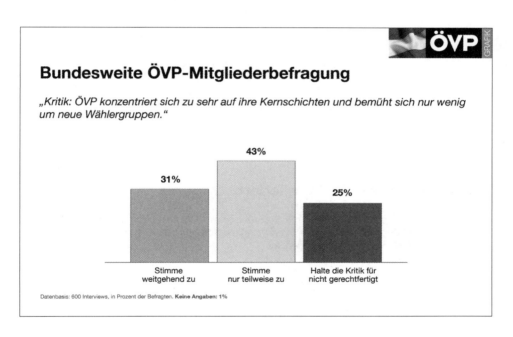

Bundesweite ÖVP-Mitgliederbefragung

„Auf welche der beiden folgenden Aufgaben sollte sich die ÖVP in Zukunft stärker konzentrieren – auf den Verkauf der Regierungsarbeit oder auf die Entwicklung eigenständiger ÖVP-Positionen?"

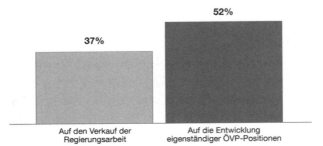

Datenbasis: 600 Interviews, in Prozent der Befragten. **Keine Angaben: 11%**

Bundesweite ÖVP-Mitgliederbefragung

„Was halten Sie von der Idee, dass die ÖVP für interessierte und engagierte Bürger, die nicht Parteimitglied sein wollen, eine Plattform für zeitlich begrenzte bzw. projektbezogene Zusammenarbeit zur Verfügung stellen soll?"

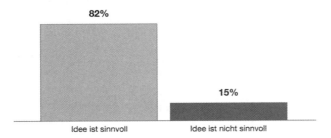

Datenbasis: 600 Interviews, in Prozent der Befragten. **Keine Angaben: 3%**

ÖVP weiterentwickeln

Angesichts dieser Stimmungslage war klar: „Nichtstun" ist keine Alternative. Die Volkspartei muss das Heft in die Hand nehmen und ihre Zukunft sichern. Dafür wurde im März 2014 der Reformprozess „Evolution Volkspartei" gestartet. Mit diesem Prozess verband die Parteiführung konkrete Ziele: Es sollte nicht um eine neue ÖVP, sondern um deren Weiterentwicklung gehen. Die Partei sollte fit für die nächsten Jahrzehnte gemacht werden. Konkrete Aufgabenstellungen waren ein modernisiertes Grundsatzprogramm und Organisationsstatut für die ÖVP. Neben einer offenen Diskussion über kontroverse Themen sollte auch politischer Raum für Menschen geschaffen werden, die nicht in klassischen Strukturen arbeiten wollten.

Der gesamte Weiterentwicklungsprozess war – im Gegensatz zu früheren Programmprozessen – bewusst offen konzipiert. Nach dem Prinzip „Bottom-up statt Top-down" sollten dabei alle mitmachen können, denen die Zukunft der ÖVP ein Anliegen ist. Die Einladung zur Debatte erging daher an Mitglieder wie auch an Nicht-Mitglieder.

Breiter Diskurs – zeitgemäße Partizipation

Das Projekt wurde in mehreren Phasen aufgebaut, die breit und offen starten und sich im Verlauf auf inhaltliche und strukturelle Kernfragen konzentrieren sollten. So sollten zwei zentrale Ansprüche erfüllt werden: Erstens, einen breiten Diskurs über die Zukunft der Volkspartei zu führen und dabei zu konkreten inhaltlichen Ergebnissen zu kommen, und zweitens, neue, zeitgemäße Formen der Partizipation bei der inhaltlichen Debatte wie auch bei der Festlegung auf bestimmte Inhalte und Grundsätze zu ermöglichen.

Der nachfolgende Überblick zeichnet die wichtigsten Phasen und Meilensteine von „Evolution Volkspartei" nach.

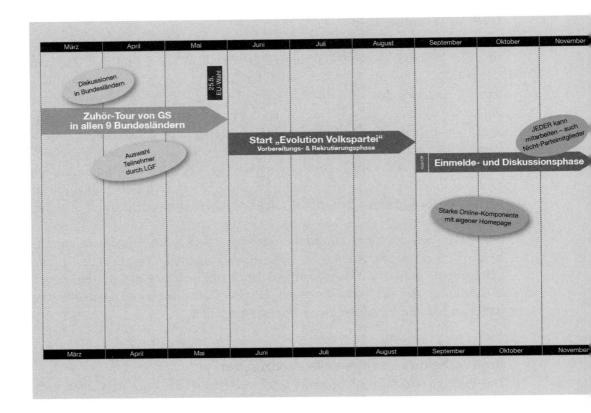

Feedback und Anforderungen

Bereits die Vorbereitung von „Evolution Volkspartei" war durch intensive Partizipation gekennzeichnet. In einer *Zuhör-Tour* durch ganz Österreich holte das politische Management der Bundespartei in Fokusgruppen gezielt Positionen, Feedback und Anforderungen an den Reformprozess aus allen Landesparteien und Teilorganisationen ein, um bestmögliche organisatorische und personelle Weichenstellungen für den Prozess definieren zu können.

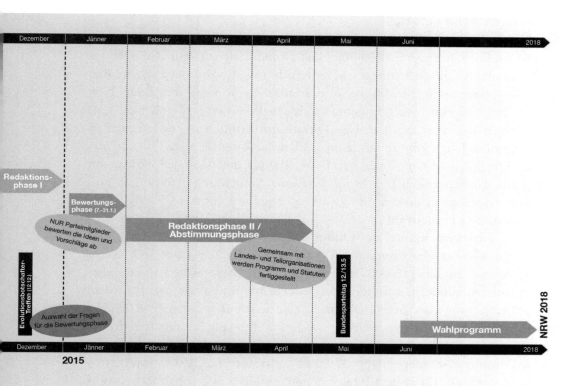

Grundlage für strukturierte Debatte

Noch vor dem offiziellen Beginn des Online-Diskussionsprozesses wurden Mitglieder und Nicht-Mitglieder in der *Vorbereitungs- und Rekrutierungsphase* eingeladen, sich an der Reformdiskussion zu beteiligen und entsprechende Beiträge vorzubereiten. Als Promotoren des Evolutions-Prozesses fungierten auch rund 70 „Evolutions-Botschafter". Dabei handelte es sich um Personen aus der ÖVP bzw. deren Umfeld, die in Veranstaltungen und Initiativen den Evolutions-Prozess in unterschiedliche Milieus tragen sollten. Mit diesen vorbereitenden Maßnahmen wurden wichtige Grundlagen für eine strukturierte, ergebnisorientierte Debatte geschaffen.

9.500 inhaltliche Inputs

Kern von „Evolution Volkspartei" bildete die Anfang September 2014 gestartete Online-Diskussion (*Einmelde- und Diskussionsphase*) zur Zukunft der ÖVP auf der Online-Plattform »Ideenwand« (ideenwand.oevp.at). In den Bereichen Programm, Strukturen und Menschen konnten bis Ende November 2014 eigene Ideen eingebracht, Ideen kommentiert und (mit *Like* und *Dislike*) bewertet werden. Das Diskussionsforum war erklärtermaßen offen für alle: Jeder konnte mitlesen und mitarbeiten – auch Nicht-Mitglieder. Die Inhalte waren über Facebook, Twitter und Google+ teilbar. Im Sinn einer qualitätsvollen Diskussion war eine Anmeldung erforderlich, um zu kommentieren, zu posten und zu liken (Angabe Echtname, E-Mail, Geburtsdatum und Postleitzahl).

Die einzelnen Kapitel der Online-Diskussion orientierten sich an der Struktur des bisherigen Programmes. Parallel dazu fanden über 150 Events österreichweit mit über 5.000 Teilnehmern statt. Diese waren nicht zentral organisiert, sondern konnten von Jedermann und über die Plattform veranstaltet sowie über Social-Media-Kanäle gestreut werden. Die Ergebnisse dieser Veranstaltungen fanden wiederum Eingang in die Ideenwand und konnten damit auch online weiterdiskutiert werden. Am Ende der Diskussionsphase standen knapp 370.000 Seitenaufrufe, 21.000 Interaktionen (Nachrichten, Likes und Bewertungen) sowie 9.500 inhaltliche Inputs (Ideen und Kommentare). Ein überwältigender Erfolg was die Anzahl der Interaktionen und Ideen angeht, aber auch was die Diskussionskultur betrifft.

Top-Themen und Entscheidungen

Aus den vielfältigen Inputs wurden in der *Bewertungsphase* schließlich die Knack- und Entscheidungspunkte der inhaltlichen Diskussion herausgefiltert. Top-Themen waren Frauen, Teilorganisationen, direkte Demokratie/ Vorzugsstimmen, Verwaltungs-/Steuerreform, Bildung, neue Formen der Mitarbeit und erneuerbare Energie. Im Ergebnis waren es 39 Entscheidungsthemen, zu welchen die meisten Diskussionen online wie offline stattgefunden hatten. Sie wurden in Fragen entsprechend ausformuliert. Im Jänner 2015 konnten diese Fragen zur Zukunft der Volkspartei von den

ÖVP-Mitgliedern bewertet und mit »Ja« oder »Nein« beantwortet werden. Die Teilnahme an der Befragung war sowohl online über die Plattform als auch mittels klassischem Fragebogen (ausfüllen und zurückschicken) möglich. Der Stand der Ja/Nein-Stimmen war dabei jederzeit live auf der Plattform ersichtlich. Insgesamt wurden innerhalb weniger Wochen 12.835 Online- und Offline-Bewertungen durch die Mitglieder der ÖVP vorgenommen.

Beispiele für Fragen und Bewertungsergebnisse

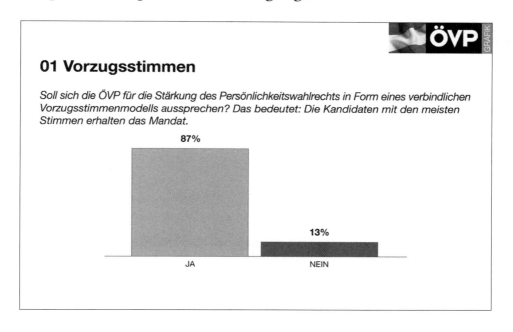

03 Mehr Frauen in der ÖVP

Soll es künftig konkrete Regelungen für die Einbindung von Frauen bei Listenerstellungen der ÖVP geben? (z.B. Reißverschlusssystem, ...)

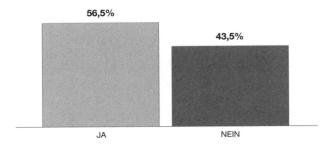

04 Pflege

Soll sich die ÖVP dafür aussprechen, dass die höheren Kosten für die Pflege durch eine eigene zusätzliche Pflegeversicherung aller Erwerbstätigen abgedeckt werden?

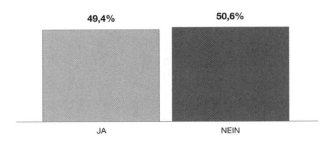

05 Gesundheit

Soll sich die ÖVP für eine Stärkung der Eigenverantwortung im Gesundheitsbereich, z.B. durch Einführung von Selbstbehalten bei gleichzeitiger Reduktion der Sozialversicherungs-beiträge einsetzen?

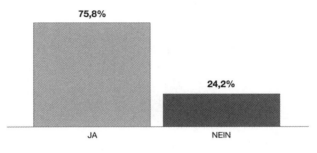

19 Pensionen

Die Lebenserwartung steigt in Österreich kontinuierlich an. Diese Tatsache spiegelt sich jedoch nicht in unserem Pensionssystem wider und führt zu Problemen bei der Finanzierung. Soll daher ein Sicherungsmechanismus eingeführt werden, um die langfristige Finanzier-barkeit der Pensionen zu gewährleisten?

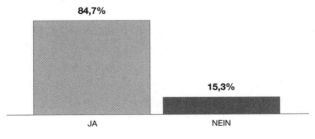

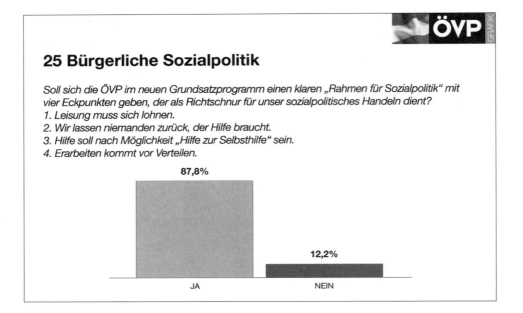

25 Bürgerliche Sozialpolitik

Soll sich die ÖVP im neuen Grundsatzprogramm einen klaren „Rahmen für Sozialpolitik" mit vier Eckpunkten geben, der als Richtschnur für unser sozialpolitisches Handeln dient?
1. Leisung muss sich lohnen.
2. Wir lassen niemanden zurück, der Hilfe braucht.
3. Hilfe soll nach Möglichkeit „Hilfe zur Selbsthilfe" sein.
4. Erarbeiten kommt vor Verteilen.

Lebendiger Reformparteitag

Auf Grundlage der Diskussionen und der Befragungsergebnisse wurden am ÖVP-Reformparteitag am 12. und 13. Mai 2015 das neue Programm und die neuen Statuten der ÖVP beschlossen. Dafür wurden in mehreren Runden Anträge durch die Antragskommission formuliert. Dabei wurde bewusst darauf verzichtet, einen Leitantrag auszuarbeiten, der in den wesentlichsten Punkten vollständig ausformuliert und konsensual abgestimmt war. In einigen inhaltlichen Punkten war man sich zudem trotz intensiver Diskussion in der Antragskommission nicht einig. Anstatt einen faulen Kompromiss anzustreben, verständigte man sich darauf, „sich nicht zu einigen" und diese Themen den Delegierten beim Parteitag zur Abstimmung vorzulegen. Ein echter Kulturwechsel in der ÖVP, der viel Überzeugungsarbeit gebraucht hat, der aber am Ende von allen mitgetragen wurde und sich bewährt hat. Der Diskurs bei einzelnen Fragen wurde gezielt gefördert. Teilorganisationen und Länder sowie Einzel-Delegierte waren eingeladen, beim Parteitag aktiv Anträge zu stellen.

Diese konsequente Diskursorientierung schlug sich in einem lebendigen, vom Wettbewerb der Argumente und Positionen gekennzeichneten

Parteitag nieder, der auch atmosphärisch beeindruckend war. Im Sinne moderner Partizipation wurden elektronische Abstimmungsgeräte eingesetzt.

Klare Positionen, moderne Strukturen

Konkrete Ergebnisse von „Evolution Volkspartei" waren damit ein breit verankertes neues Grundsatzprogramm und ein modernes Statut, mit dem sich die Partei u. a. auch für thematische Initiativen jenseits von Parteistrukturen öffnet.

Der Markenkern der Volkspartei wurde klar geschärft und zukunftsorientiert weiterentwickelt:

- Die Volkspartei stellt die Kernwerte Freiheit, Verantwortung, Nachhaltigkeit, Leistung, Solidarität, Subsidiarität und Gerechtigkeit in den Mittelpunkt ihrer politischen Agenda und setzt ordnungspolitisch auf die ökosoziale *Marktwirtschaft*.
- Die Volkspartei bekennt sich im Gegensatz zum politischen Mitbewerb zu mehr Eigenverantwortung. Dies gilt etwa für den Gesundheitsbereich und für eine bürgerliche Sozialpolitik, die aktiviert und unterstützt, statt bevormundet.
- Die ÖVP steht für eine moderne Partizipationskultur, die mehr Handlungsspielräume für Bürgerinnen und Bürger eröffnen und den Umfang staatlichen Handelns reduzieren will. Dass eine solche „Mitmach-Kultur" für ÖVP-Mitglieder, aber auch für Nicht-Mitglieder offen und attraktiv ist, zeigte „Evolution Volkspartei" selbst.
- Die Volkspartei ist und bleibt weiterhin Österreichs Europapartei, die Europa demokratischer und sicherer gestalten will. Die EU-Armee wird ebenso als Zukunftsfrage adressiert, wie die Notwendigkeit einer gemeinsamen Asylpolitik betont wird.
- Die ÖVP bekennt sich zu Chancengerechtigkeit auch in Bildungsfragen und daher zu einer differenzierten Schule mit echtem Leistungsprinzip im Unterricht.
- Die ÖVP macht deutlich, dass der Weg zu erfolgreicher Integration über persönliche Leistung führt. Willkommen ist, wer unsere gemeinsamen Werte teilt und bereit ist, seine Leistung für Österreich zu erbringen.
- Die ÖVP setzt sich für eine aktive Digitalisierungspolitik und deshalb für eine digitale Agenda für Österreich ein. Digitalisierung ist der In-

novationsmotor unserer Zeit. Wir wollen die digitale Welt für Österreich aktiv gestalten.

- Die ÖVP steht für Fairness zwischen Land & Stadt – und daher für
  ein umfassendes Städtepaket sowie faire Entwicklungschancen für den
  ländlichen Raum.
- Die ÖVP will selbst jünger, weiblicher und bunter werden und setzt
  dafür ein Reißverschlusssystem auf Bundes- und Landesebene sowie
  ein wirksames Vorzugsstimmensystem um.
- Die ÖVP ist offen für thematisches Engagement von Bürgerinnen und
  Bürgern über die Parteistrukturen hinaus.

Der große Erfolg von „Evolution Volkspartei" ist auch international auf
großes Interesse gestoßen. So hat etwa die deutsche Konrad-Adenauer-
Stiftung unseren Reformprozess den anderen europäischen Volksparteien als
„Best Practice-Beispiel" für Parteireformprozesse präsentiert.

Evolutionäre Herausforderungen

Es liegt in der Natur politischer Reformprojekte, mit Herausforderungen
und krisenhaften Entwicklungen konfrontiert zu sein. Das galt auch für
„Evolution Volkspartei". So war es zunächst fraglich, ob sich ausreichend
Menschen am Reformprozess beteiligen und ihre Ideen einbringen würden. Diese Sorgen waren unberechtigt: So brachten allein 4.000 Teilnehmerinnen und Teilnehmer konkrete Reformideen ein. Zum Vergleich: Beim
CSU-Programmprozess zur Entwicklung des „Bayernplans" 2013 wurden
„nur" 240 Beteiligte registriert.

Eine weitere Herausforderung bestand im überraschenden Rücktritt
von Bundesparteiobmann Michael Spindelegger wenige Tage vor dem Start
des Reformprozesses. Die Sorge um die Zukunft der „Evolution Volkspartei" bestand nur wenige Stunden: Der neue Bundesparteiobmann Reinhold Mitterlehner stellte sich noch am gleichen Tag voll und ganz hinter
den Reformprozess. Er bestellte wenige Tage später einen der „Evolutions"-
Motoren, Harald Mahrer, zum Staatssekretär. Ein parteipolitischer Bottom-
up-Prozess wurde vollends zur Chefsache.

Erkenntnisse und Thesen

„Evolution Volkspartei" ist ein Projekt, das wegen und in einer fordernden Phase der Parteientwicklung initiiert und umgesetzt wurde. Der Prozess selbst war ein fordernder und risikobehafteter Weg, die Zukunft einer staatstragenden politischen Partei weiterzuentwickeln. Er wurde wahrscheinlich auch deshalb zur Erfolgsgeschichte. Eine Partei, die an sich den Anspruch stellt, Reformpartei zu sein, muss höhere Ansprüche an politische Reformen in eigener Sache stellen als andere Parteien. Die ÖVP geht damit bewusst einen anderen Weg als die SPÖ, die auf traditionelle, ideologische Programmentwicklung „von oben" setzt. Die ÖVP geht damit auch einen anderen Weg als etwa die Grünen, die sich – trotz aller partizipatorischen Rhetorik – aus Angst vor der Basis keinerlei programmatischer Diskussion stellen.

Was sind wichtige Erkenntnisse aus „Evolution Volkspartei" für die künftige Politik? Dazu abschließend drei Thesen:

1. Integrationsparteien müssen neue Wege in der politischen Partizipation gehen. Die Volkspartei ist eine traditionelle Integrationspartei, die dank ihrer bündischen Struktur unterschiedliche gesellschaftliche Gruppen umfasst und dadurch gemeinsame Lösungen erleichtert. Mit ca. 700.000 Mitgliedern ist die ÖVP nach wie vor eine starke Mitglieder-Partei. Doch das Parteibuch wird nicht mehr automatisch von den Eltern an die Kinder weitergegeben. Die Mobilität der Wähler ist so groß wie nie zuvor. Politisches Engagement findet nicht mehr nur in politischen Parteien statt, sondern oftmals nur für eine bestimmte Zeit, für eine bestimmte Person, oder für ein bestimmtes Thema. Jede politische Organisation, die Zukunft haben will, muss lernen, sich auf diese Entwicklungen einzustellen. Die bündische Organisation ist und bleibt ein Asset der Volkspartei, sie muss jedoch um zeitgemäße Formen der politischen Partizipation erweitert werden. Mit „Evolution Volkspartei" hat sich die ÖVP einerseits allen geöffnet, denen die Zukunft der ÖVP ein Anliegen ist – sowohl Mitgliedern wie Nicht-Mitgliedern –, aber auch statutarisch ermöglicht, dass thematische Initiativen und Engagement jenseits bestehender Strukturen möglich sind. Dies ist ein wichtiger Schritt, damit die Volkspartei auch in Zukunft soziale Integrationspartei der politischen Mitte sein kann.

2. Der Einsatz von Social Media braucht politische Strategie. Parallel zur

medial vermittelten Öffentlichkeit wird die Öffentlichkeit von Social Media für politische Kommunikation und Partizipation immer wichtiger. Um dieses Potenzial in Zukunft verstärkt nützen zu können, ist eine strategische Herangehensweise unverzichtbar. „Evolution Volkspartei" hat gezeigt, dass der Schlüssel zum Erfolg überwiegend in der ausgewählten Themenstellung, dem aktiven Begleiten der Social-Media-Plattform, der Authentizität sowie der Transparenz und Implementierungsanstrengung liegt. Die professionelle Verbindung der unterschiedlichen Kommunikationskanäle führt zu einer gegenseitigen Befruchtung der Aktivitäten, sodass sich interaktive Social-Media-Politik klug in bestehende Prozesse integrieren lässt. Transparenz, Kollaboration und Information bündeln sich bei einer ernst gemeinten und authentischen Öffnung mit aktiver Partizipation und integrieren so den Bürger in den Politikentwicklungsprozess. Das fordert und fördert politisches Empowerment sowie Bürgernähe. Der Einsatz von Social Media ist daher nicht bloß im Rahmen einer reinen Kommunikations-, sondern einer umfassenden Politikstrategie zu planen und zu realisieren.

3.   Reformen sind eine Haltungsfrage. „Evolution Volkspartei" ist als Reformprozess nicht abgeschlossen, sondern erklärtermaßen ein „project in progress". Jetzt geht es darum, definierte Reformen Schritt für Schritt Wirklichkeit werden zu lassen. Mit der Plattform Stadtparteien für den urbanen Raum und dem neuen ÖVP-Städtesprecher, einem Voting-Tool zur besseren Einbindung und Mitbestimmung der Mitglieder oder der Möglichkeit einer Direkt-Mitgliedschaft in der ÖVP-Bundespartei hat die Volkspartei substanzielle Reformschritte gesetzt. Weitere werden folgen. Politische Reformprozesse müssen zweifellos politisch professionell gemanagt werden. Dies ist aber nur dann möglich, wenn Reformbereitschaft in der DNA einer Partei verankert ist. Reformen sind eine politische Haltungsfrage. Dass die Volkspartei eine Reformpartei ist, dafür war „Evolution Volkspartei" der politische Elchtest. Reformer und Reformen sind nicht umgefallen. Die Ergebnisse von Evolution Volkspartei sind nicht – wie von Beobachtern prophezeit – im Sand verlaufen. Sie prägen das neue Grundsatzprogramm und das neue Statut.

Mit „Evolution Volkspartei" hat sich eine Partei auf einen Weg gemacht, der eindeutig in Richtung Zukunft führt.

SUSANNE WALPITSCHEKER

Eine Evolutionsbotschafterin berichtet

Im Programmprozess „Evolution Volkspartei" war eine direkte und unkomplizierte Einbindung der Bürgerinnen und Bürger – auch wenn sie nicht Mitglieder der ÖVP oder einer ihrer Teilorganisationen sind – ein erklärtes Ziel. Für die erfolgreiche Umsetzung dieser umfassenden Partizipation wurde bereits zu Beginn des Jahres 2014 von den zuständigen Gremien die Entscheidung getroffen, dass sogenannte Evolutionsbotschafterinnen und -botschafter den Programmprozess in allen Phasen durch die Wahrnehmung spezifischer Aufgaben begleiten sollen: die Ideensammlung und deren Diskussion, die Erstellung der daraus abgeleiteten Fragen für eine Mitgliederabstimmung, die Teilnahme an eben dieser Abstimmung, das Einbringen und Vorstellen daraus hervorgegangener Anträge beim Bundesparteitag im Frühjahr 2015 sowie die Verbreitung und Operationalisierung des dort beschlossenen neuen ÖVP-Parteiprogramms. Die Autorin ist Evolutionsbotschafterin und legt mit diesem Beitrag einen exemplarischen Bericht zur bisherigen Arbeit einer Evolutionsbotschafterin vor.

Der Auftrag an die Evolutionsbotschafter

Die Österreichische Volkspartei hatte vor dem Jahreswechsel 2013/2014 entschieden: Nach 20 Jahren sollte ein neues Parteiprogramm erarbeitet werden sollte, welches in einem öffentlichen, transparenten und von Mitbestimmung geprägten Programmprozess bereits im Frühjahr 2015 beschlossen sein sollte. Diese für die ÖVP neue Form der Partizipation firmierte unter dem Titel „Evolution Volkspartei". Die einzelnen Projektphasen sollten von sogenannten Evolutionsbotschafterinnen und -botschaftern unterstützt und begleitet werden.

Der Österreichische Seniorenbund erstellte daraufhin, wie andere Teil- und Regionalorganisationen auch, den parteiinternen Projektleitern einen Vorschlag von geeigneten Persönlichkeiten zur Wahrnehmung der Rolle als Evolutionsbotschafter. Von der ÖVP wurden aus diesem Vorschlag die beiden jüngsten (!) Personen, der Landesgeschäftsführer des Niederösterreichischen Seniorenbundes, Walter Hansy, sowie die Verfasserin dieser Zeilen bestimmt. Aus allen Teilen der Partei wurden im Laufe weniger Wochen insgesamt 70 Persönlichkeiten ausgewählt, die fortan den Evolutionsprozess als Botschafterinnen und Botschafter begleiten sollten.[1]

Im Sommer 2014, nach absolvierter „Zuhör-Tour" des ÖVP-Generalsekretärs in allen Bundesländern und nach umfassend erledigten, parteiinternen Vorarbeiten, versammelte die Volkspartei erstmals alle Botschafterinnen und Botschafter an der Politischen Akademie der ÖVP, um den Startpunkt für die gemeinsame Arbeit zu setzen. Dabei wurde schnell klar, dass es seitens der Bundespartei einerseits zahlreiche Arbeitsbehelfe, unterstützende Materialien und Informationen geben würde. Andererseits sollte es aber keine einschränkenden Vorgaben geben. Vielmehr war jede Person aufgerufen, mithilfe der eigenen Ressourcen, auf Basis der eigenen Ideen und Überzeugungen vor allem eines zu tun: Möglichst viele Menschen zur Partizipation an diesem Programmevolutionsprozess zu motivieren und den Beteiligten zu jedem Zeitpunkt Rückmeldung und Bericht über den Fortschritt der aktuellen Arbeiten sowie Information zu den geplanten Projektphasen zu geben.

---

[1] Die Namen und Kurzstatements aller 70 Evolutionsbotschafterinnen und -botschafter sind auf http://evolution.oevp.at/evolution.psp öffentlich zugänglich.

Die Ausübung der Rolle des Evolutionsbotschafters ist demnach in hohem Maße von der jeweiligen Persönlichkeit geprägt. Daher können die folgenden Ausführungen ausschließlich die Arbeit dieser einen Evolutionsbotschafterin konkret beschreiben. Jede der 70 beauftragten Personen hat diese Aufgaben entsprechend der Idee dieses Projektes tatsächlich individuell und somit höchst unterschiedlich aufgenommen. Eine Leitidee verbindet aber alle Evolutionsbotschafterinnen und -botschafter: Die gemeinsame, zielgerichtete Arbeit am Projekt „Evolution Volkspartei", welches schließlich von der ÖVP im vereinbarten kurzen Zeitrahmen erfolgreich zu einem bemerkenswerten Zwischenergebnis (dem neuen Parteiprogramm) gebracht werden konnte.

Die Stolpersteine zu direkter Beteiligung und Mitbestimmung

Von Beginn an war der Evolutionsprozess als überwiegend online durchgeführte Beteiligungsplattform angelegt. Dies stellte insbesondere den Österreichischen Seniorenbund und seine beiden Evolutionsbotschafter vor besondere Herausforderungen. Wie könnte es gelingen, auch jene Seniorinnen und Senioren, die nicht online sein können (oder wollen), aktiv und umfassend in den Prozess der Ideensammlung einzubringen? Neben der altersbedingten Zurückhaltung gegenüber solchen Online-Prozessen gilt zudem die bestehende Überlastung mit diversen anderen Online-Angeboten als Herausforderung. Warum überhaupt sollten sich Menschen ausgerechnet auf dieser Plattform mit vollem Namen anmelden, sich (schon wieder) ein Passwort merken und sich in der Folge nicht nur einmal, sondern gar regelmäßig auf dieser Seite anmelden (um sich an der angebotenen Diskussion und Bewertung der Ideen anderer Menschen zu beteiligen)?

Neben dieser, in den letzten Jahren abnehmenden, technischen Hürde galt es, bei erfahrenen Österreicherinnen und Österreichern zu berücksichtigen, dass diese zu Beginn eher kein umfassendes Vertrauen in Partizipationsprozesse haben könnten. Dieses Misstrauen resultiert aus den Erfahrungen vorangegangener (Partei-)Entstehungsprozesse, im Zuge derer sie selten im Vorfeld um ihre persönliche Meinung oder die persönlichen Formulierungen für ein solches Vorhaben gebeten wurden. Warum sollte es dieses Mal anders sein? Würde man ihnen nur eine Menge Arbeit bereiten und am

Ende doch nur in das Programm aufnehmen, was schon von Anfang an beschlossene Sache war?

Hinzu kam eine Tatsache, die auf alle Generationen zutrifft: Es ist schwieriger, als man denkt, seine persönlichen Gedanken in einer adäquaten Form zu Papier zu bringen und zugleich auch bereit ist, diese, mit seinem Namen versehen, auf einer Internetplattform veröffentlicht zu lesen. Würden sich also Bürgerinnen und Bürger beim Evolutionsprozess überhaupt motivieren lassen, ihre Gedanken frei zu formulieren und mit dem eigenen Namen zu veröffentlichen?

Wer als Evolutionsbotschafter eine möglichst umfassende Beteiligung seiner Zielgruppe erreichen wollte, musste diese Fragen nicht nur stellen, sondern auch umfassend und realistisch beantworten. Nun ist es im Seniorenbund gute Tradition, dass eine einzelne Person mit solchen Fragen und deren Beantwortung nicht alleine sitzengelassen wird. In ausführlichen Beratungen, unter Beiziehung von erprobten Expertinnen, Experten und vor allem Praxiserfahrenen wurden konkrete Pläne erarbeitet und umgesetzt. Dazu später im Detail. Ähnliches gilt freilich für das Umfeld aller Evolutionsbotschafter: Selten blieb man mit der Beantwortung dieser Fragen alleine.

Erste Orientierung, ohne Ergebnisse vorwegzunehmen

Auch inhaltlich musste ein Evolutionsbotschafter bereits vor Programmstart unterschiedliche Überlegungen anstellen: Was sollte ein neues Programm darstellen? Was bedeutete ein solches Programm für einen selbst und für die Menschen, die man ansprechen wollte. Was und wie viel sollte aus der Tradition, aus der Geschichte, aus den Erfahrungen bleiben? Wie konkret und exakt sollte ein solches Programm werden oder anders gefragt: Wie offen sollten Formulierungen darin für heute ungeahnte Entwicklungen der Zukunft sein? Welche Themen sollten auf gar keinen Fall fehlen, welche lieber mit umfassendem Mut zur Lücke ausgelassen werden? Was bedeuten Begriffe aus dem noch bestehenden Parteiprogramm heute für einen ganz persönlich? Diese Liste ließe sich lange fortsetzen. Diese exemplarischen Formulierungen zeigen allerdings deutlich: Diese Punkte kann jeder Mensch nur mit sich selbst ausmachen. Wer dazu aber keine persönliche Meinung fasst, kann seine Arbeit nicht erfolgversprechend strukturieren.

Zugleich stellten sich diese Fragen auch in den Gremien der Partei auf allen Ebenen und in allen Bereichen. Die Antworten fielen dabei gewiss höchst unterschiedlich aus, wurden jedoch bewusst und in sinnvollerweise zu keiner Phase des Projektes aus diesen Gremien hinaus in die Öffentlichkeit getragen. Wer schon zu Beginn eines solchen Mitbestimmungsprozesses zu konkrete Vorgaben macht, verhindert schließlich Innovation, Kreativität und das weiter oben schon hinterfragte Zutrauen der Beteiligten in echte Mitbestimmungsmöglichkeiten.

So blieben auch die Äußerungen der Parteispitze während der gesamten Ideensammlungs- und Abstimmungsphase zu Recht einladend und offen: „Jetzt wird diskutiert, dann wird abgestimmt und dann bei einem echten Mitbestimmungs-Parteitag entschieden. Die Ergebnisse werden schließlich für die ÖVP verbindlich sein." So oder ähnlich war es monatelang zu hören und/oder zu lesen. Diese Haltung der Parteiführung belebte den Evolutionsprozess, unterstützte die Arbeit der Evolutionsbotschafterinnen und -botschafter und förderte insbesondere die Partizipation der Bürgerinnen und Bürger.

Umfassende Beteiligung der eigenen Zielgruppe möglich machen

Wer sollte also zur Mitarbeit, zur Teilnahme an Ideenfindung und Diskussion eingeladen werden? „Alle!" könnte man aus dem Bauch heraus nach dem bisher Gelesenen antworten. Wer aber alle einlädt, wird niemals viele erreichen. Eine Presseaussendung hier, ein Interview dort, der Hinweis auf einer Homepage oder in einem digitalen Newsletter … – all das ist selbstverständlich und angebracht, erreicht aber selten in kurzer Zeit eine große Menge an Menschen, sodass diese zu tatsächlich Beteiligten werden. Die Bürgerinnen und Bürger wollen und müssen persönlich und direkt angesprochen, eingeladen und ermutigt werden.

Sollte man daher in allen Teilen Österreichs Veranstaltungen ansetzen, Einladungen versenden und vor Ort das Projekt vorstellen und diskutieren? Natürlich ist dies ein wichtiger Teil der Herangehensweise. Die Erfahrung des Seniorenbundes ist jedoch eine andere: Die Menschen haben ohnehin schon volle Terminkalender, sie freuen sich gar nicht über noch eine Veranstaltung, die sie höflichkeitshalber wahrnehmen sollten. Schon gar nicht bei einem so abstrakten Thema. Schließlich konnte sich unter „Evolution Volks-partei" zu Beginn ja noch niemand etwas vorstellen.

Im Seniorenbund wurde daher ein anderer Weg beschritten: Walter Hansy nutzte seine schon seit einem Jahr in Niederösterreich geplanten und alljährlich bestens besuchten Informationskonferenzen, indem er deren Ab-lauf um den Evolutionspunkt erweiterte. Der Bundesobmann des Senioren-bundes ersuchte die anderen acht Landesorganisationen, es den Niederös-terreichern gleichzutun und Evolutionsbotschafter zu den entsprechenden Terminen einzuladen. So kamen die Bürgerinnen und Bürger nicht zu den Botschaftern, sondern wurden diese umgekehrt von ihnen eingeladen.

Doch wie legt man das vor Ort an? Marschiert man freundlich in eine dieser Veranstaltungen, berichtet davon, dass es derzeit die „Evolution Volkspartei" gibt, und geht nach wortreicher Aufforderung zur Mitarbeit wieder nach Hause? Wie viele Menschen würden sich dann zu Hause nach abgehaltener Veranstaltung vor ihre Computer setzen, sich bei der angebo-tenen Plattform persönlich anmelden und die eigenen Ideen ausformuliert dort eingeben? Diese Anzahl, so war schnell sicher, würde sich wohl in sehr überschaubaren Grenzen halten. Das musste – zumindest wenn man Senio-rinnen und Senioren als Zielgruppe hat – anders gestaltet werden.

Planung und Vorbereitung am konkreten Beispiel

Auch diese Fragen hatte jede Evolutionsbotschafterin, jeder -botschafter für sich individuell zu beantworten. Wie schon ausgeführt, fanden diese 70 Per-sönlichkeiten mit Sicherheit mindestens ebenso viele verschiedene Antwor-ten darauf. So können die folgenden Details lediglich auf das konkrete Bei-spiel bezogen sein:

Die letzten Sommerwochen 2014 wurden für umfassende Planungs-arbeiten genutzt. Welcher Termin war in welchem Bundesland zeitlich wie auch hinsichtlich der öffentlichen Erreichbarkeit möglich? Im Senioren-bund steht seit jeher die Fortbewegung mit öffentlichen Verkehrsmitteln im Mittelpunkt. Diesem Umstand sollte in der Planung durch die Evolutions-botschafterin Rechnung getragen werden.

Zugleich wurden in kostensparender Weise Hunderte Ideen-Zettel produziert, um der Gefahr vorzubeugen, dass die wertvollen Ideen der Teilnehmerinnen und Teilnehmer nach den Veranstaltungen verloren gehen, weil diese sie nicht selbstständig eingeben würden. Das Angebot bei den Veranstaltungen vor Ort war daher umfassend: „Nehmen Sie einen Ideen-Zettel, tragen Sie Ihren Namen und Ihre Idee ein, wir geben das für Sie auf der Evolutions-Plattform ein!"

Nicht alle dieser Ideen-Zettel waren zu Veranstaltungsbeginn unbeschrieben. Auf einigen wurden Satzanfänge angeboten. „Von der ÖVP erwarte ich ...", „Mir ist besonders wichtig, dass ..." waren zwei von insgesamt zehn angebotenen Satzanfängen. So sollte der bekannten Anfangsblockade entgegen gewirkt werden. Solche ersten Worte bringen oft die Gedanken rascher in Gang und motivieren dazu, den Satz im eigenen Sinne zu vollenden.

Zudem wurden aber auch ganze Sätze aus dem seit 20 Jahren gültigen ÖVP-Programm auf den Ideen-Zetteln angeboten. Frei nach der Definition „Konservativ sein, heißt Gutes bewahren" war nicht einzusehen, warum alle Sätze – insbesondere Grundsätze – aus dem bisherigen Programm verworfen werden sollten. Die Teilnehmenden sollten damit eingeladen werden, einen der bisherigen (Grund-)Sätze zu „adoptieren", sie also mit ihrem eigenen Namen versehen in das neue Programm einzubringen.

Als die ÖVP am 4. September 2014 mit einer großen Veranstaltung, im Beisein internationaler Gäste sowie vieler Evolutionsbotschafterinnen und -botschafter, die „Evolution Volkspartei" offiziell startete und die Onlineplattform evolution.oevp.at im Internet erstmals der breiten Öffentlichkeit zur Verfügung stand, waren diese Vorarbeiten insgesamt abgeschlossen. Die ersten positiven Reaktionen auf die Evolutions-Plattform stimmten zuversichtlich: Rasch hatten sich Hunderte Menschen angemeldet, erste Ideen, Kommentare, „Likes" und „Dislikes" eingetragen. Der Start war gelungen.

Jede Idee mit in die Diskussion nehmen

Die Vernetzung der Botschafterinnen und Botschafter untereinander war von Beginn an nicht bloß erwünscht, sondern funktionierte auf mehreren Ebenen hervorragend. In kleineren und größeren Runden bot sich regelmäßig Gelegenheit zum Erfahrungsaustausch, zur gegenseitigen Motivation und Inspiration. Veranstaltungen zur Bürgerbeteiligung wurden in vielen Fällen von mehreren Evolutionsbotschaftern gemeinsam organisiert, die Termine und Einladungen der jeweils anderen auf Wunsch gerne an den eigenen Adressatenkreis weitergeleitet und bei Möglichkeit auch persönlich wahrgenommen. Sämtliche Termine wurden zudem auf der Internetseite übersichtlich angekündigt und mit der Möglichkeit zur direkten Anmeldung versehen. So konnten sich zu jedem Termin auch Personen anmelden, die nicht auf einer Einladungsliste standen – ein entscheidender Faktor für das Erschließen neuer, vor allem parteiexterner Teilnehmerkreise. Die auf der Plattform schon zahlreich vorhandenen Ideen wurden bei diesen Veranstaltungen hitzig diskutiert, im Internet begonnene Diskussionen nicht selten beim persönlichen Zusammentreffen vor Ort weitergeführt, eigene Meinungen revidiert und neue Ideen gemeinsam entwickelt.

In den Wochen bis Ende Oktober absolvierten die Evolutionsbotschafter ihre Veranstaltungen vor Ort, wurden online aktiv, um eigene Ideen einzugeben sowie um sich an den Online-Diskussionen oder Ideen-Bewertungen zu beteiligen. Zudem lud die Volkspartei auf allen Ebenen umfassend zur persönlichen Beteiligung ein.

Die Bilanz der beiden hier beschriebenen Evolutionsbotschafter bis zu diesem Evolutions-Zeitpunkt: 14 Veranstaltungen in ganz Österreich mit insgesamt knapp 600 eingegebenen Ideen. Die Ideen-Zettel fanden großen Anklang. Am beliebtesten dabei waren im Übrigen die leeren Ideen-Zettel, dicht gefolgt von jenen mit angebotenen Satzanfängen.

Bonmot am Rande: Gar nicht wenige Seniorinnen und Senioren meldeten sich nach der Veranstaltung sehr wohl auf der Evolutions-Plattform an. Allerdings nicht immer, um selbst Ideen einzugeben, sondern häufiger, um zu kontrollieren: Wurde meine Idee schon eingegeben? Wie reagiert die Evolutions-Gemeinschaft darauf – gibt es „Likes" oder „Dislikes", gibt es unterstützende oder gegenteilige Kommentare? Die Tatsache, dass nach jedem Termin alle abgegebenen Ideen vollständig und vollzählig binnen maximal zwei Tagen online zu finden waren, sprach sich schnell herum. Man hatte die Arbeit nicht umsonst gemacht, jede Idee wurde ernst genommen und war daher Teil der Diskussion. So motiviert, nutzten viele in der Folge die Möglichkeit zur Vergabe ihrer Beurteilungen anderer Ideen oder nahmen selbst an den Diskussionen im Forum teil.

Insgesamt hatten sich bis Ende Oktober 2014 rund 4.000 Menschen mit 3.000 Ideen und 20.000 Kommentaren, „Likes" und „Dislikes" aktiv und persönlich in die „Evolution Volkspartei" eingebracht.[2]

Der Schlüsselpunkt: Wie werden aus Ideen Programme?

Nun kennt der geneigte Leser diese Phase der Ideensammlung aus zahlreichen Projekten und Aktionen. Die quantitativ und qualitativ ausreichende Beteiligung an dieser Projektphase ist immer die erste große Hürde, die mit „Evolution Volkspartei" erfolgreich gemeistert wurde. Zugleich kennt man allerdings unzählige Beispiele, bei denen genau an diesem Punkt die Begeisterung endet. Die Ideen werden von zumeist Unbekannten „zusammengefasst", im Ergebnispapier erkennt später so manche beteiligte Person keine der selbst eingebrachten Ideen auch nur ansatzweise wieder.

Bei „Evolution Volkspartei" ist es gelungen, diesen Schlüsselpunkt erfolgreich zu meistern. Die von Beginn an erfolgte Strukturierung in Themenbereiche machte eine erste Gliederung für alle Nutzerinnen und Nutzer der Onlineplattform nachvollziehbar. Ein Redaktionsteam, das weder Arbeitsaufwand noch neue Ideen scheute, erstellte die erste Zusammenfassung der zahlreichen Anregungen und die entsprechende Gewichtung anhand der dazu verfassten Kommentare und Bewertungen.

Basierend auf diesen ersten umfassenden Ergebnissen wurden die Evolutionsbotschafterinnen und -botschafter erneut aktiv eingebunden: In mehreren Sitzungen galt es, abgeleitet aus dieser ersten Zusammenfassung, Fragen zu formulieren, die später den ÖVP-Mitgliedern zur Abstimmung vorgelegt werden sollten. Die so erarbeiteten insgesamt 39 Fragen wurden folglich ab Jänner 2015 allen Mitgliedern der ÖVP zur Abstimmung zugänglich gemacht. Dabei war die Abstimmung bewusst sowohl online als auch in Papierform möglich.

Unterstützung erfuhren die Evolutionsbotschafter hier von den unterschiedlichen Strukturen der ÖVP. Im hier exemplarisch dargestellten Fall

---

2   Darstellung und Berichte dazu in den entsprechenden Menüpunkten auf http://evolution.
oevp.at/evolution.psp

durch den Österreichischen Seniorenbund, der auf allen Ebenen darum bat, sich an dieser Abstimmung zu beteiligen und die entsprechenden Abstimmungsformulare direkt an das Bundesbüro des Seniorenbundes zu übermitteln (um die Resonanz laufend messen zu können und gegebenenfalls die Bitte zu wiederholen). Bis zum letzten Abstimmungstag waren im Seniorenbund etwas mehr als 6.500 vollständig ausgefüllte Mitbestimmungsbögen eingelangt. Von den 39 Fragen wurden 38 überwiegend – zum Teil mit großen Mehrheiten – befürwortet. Lediglich eine Frage wurde von den Mitgliedern mehrheitlich abgelehnt:

Grafik 1 zu Frage 4

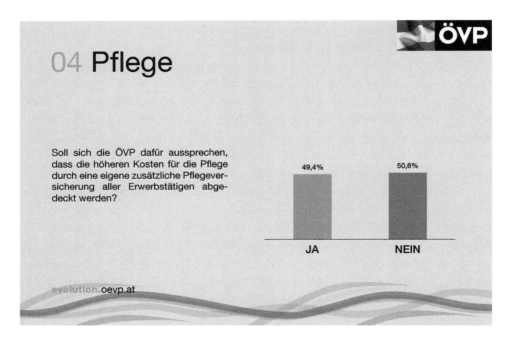

Mit 92,5 Prozent erhielt im Übrigen die Frage zur Stärkung der dualen Ausbildung die größte Zustimmung von den ÖVP-Mitgliedern:

Grafik 2 zu Frage 17

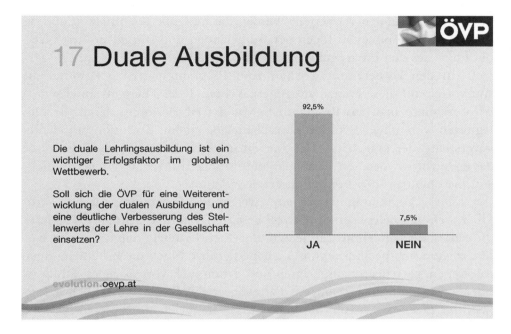

Mit dieser Abstimmung hatten die Mitglieder für das neue Parteiprogramm klare Rahmen gesetzt.

Die Partizipation in die letzte Projektphase mitnehmen

Von Anfang Februar bis Ende April 2015 galt es nun, für den Programmparteitag am 12. und 13. Mai 2015 einen Programmentwurf zu formulieren und vorgeschlagene Änderungs- und Ergänzungsanträge abzustimmen. Auch in dieser Phase war es erklärtes Ziel, die bisher schon beteiligten Personen mitzunehmen, die von ihnen eingebrachten Teile und Ideen weiter sichtbar und erkenntlich zu halten. Auch in diesem Arbeitsabschnitt wurden die Evolutionsbotschafterinnen und -botschafter zu mehreren Runden zusammengeholt. Textentwürfe wurden vorgestellt, in verschiedenen Formaten bearbeitet und diskutiert, abgeändert, neu formuliert oder gänzlich verworfen. Die große Frage war nach diesen Botschafter-Runden: Wird ein

Parteigremium (z. B. eine Antragsprüfungskommission) durch Anwendung althergebrachter Abstimmungsusancen die in den Evolutions-Runden erarbeiteten Änderungen verwerfen? Werden die mühsam gesammelten und bis hierhin mitgenommenen Ideen der Bürgerinnen und Bürger in dieser letzten Phase aus den Programmen gelöscht?

In den Vorbereitungswochen zum Programmparteitag konnten die Antworten auf diese Fragen antizipiert werden: Jedes Themenkapitel wurde – so erkannte man am Programm – vor der Abstimmung durch die Delegierten von einer Evolutionsbotschafterin, einem Evolutionsbotschafter vorgestellt oder eingeleitet. Das war ein gutes Zeichen. Denn: Wer würde das ernsthaft so vorsehen, hätte man die Botschafter-Arbeit durch Gremienautomatismen aus den Programmtexten verbannt?

Diese Vorahnung wurde am zweitägigen Programmparteitag – zur Überraschung vieler – eindrucksvoll bestätigt. Stimmberechtigte Delegierte, die schon seit Jahrzehnten an jedem einzelnen Parteitag teilgenommen hatten, zeigten sich beeindruckt, ja, manche berührt: Noch nie habe man einen so offenen, partizipativ ausgelegten und damit auch von so vielen Diskussionen und Emotionen geprägten Parteitag erlebt. Es war tatsächlich gelungen, die Idee von „Evolution Volkspartei" in die letzte Projektphase und mit dem Beschluss des ersten runderneuerten Parteiprogramms nach 20 Jahren in die Arbeit der kommenden Jahre mitzunehmen.[3]

Die Statistik des Programmparteitages lässt den Umfang des Engagements in Zahlen nachzeichnen: Es wurden 41 Anträge gestellt, 44 Abstimmungen durchgeführt, dazu gab es insgesamt 137 Wortmeldungen mit 540 Minuten Redezeit.

Die letzte Projektphase? Die Arbeit beginnt erst!

Kann aufgrund der bisherigen Ausführungen – man verzeihe an dieser Stelle im Übrigen im gesamten Beitrag einzeln auftretende, emotionale Einschläge aufgrund persönlicher Einbindung – das Projekt „Evolu-

---

3   Das am 12. Mai 2015 beschlossene Parteiprogramm der Österreichischen Volkspartei kann hier nachgelesen werden: https://www.oevp.at/download/Programm_und_Statuten.psp

tion Volkspartei" als abgeschlossen bezeichnet werden? Nach dem Motto: „Danke für die Mitarbeit! Die Botschafter dürfen sich zurückziehen!"? Wohl kaum!

Der Auftrag an die Evolutionsbotschafterinnen und -botschafter war und ist klar: „Evolution Volkspartei" hatte Erarbeitung und Beschluss des neuen Parteiprogramms lediglich als Zwischenziel. Im nächsten Schritt gilt es, dieses Programm in seinen Grundlagen ebenso wie Details einem größeren Interessentenkreis zugänglich zu machen, in die (eigene) politische Arbeit zu integrieren und ganz im Sinne der Evolution weiterzuentwickeln.

BILDUNG

KOMPETENZ
POWERED
BY
PORR.

BARBARA ZULIANI

Worauf kommt es in der Schule an?

Fragmentarische Gedanken zur gegenwärtigen Schulentwicklung

> Man muss viel gelernt haben,
> um über das, was man nicht weiß,
> fragen zu können.
>
> *Jean-Jacques Rousseau*

Im gegenwärtigen bildungsrelevanten Diskurs werden Begriffe verwendet, die innovativ klingen, aber oft nicht halten, was sie versprechen. Hartmut von Hentig (1986) hat den Satz geprägt, der die grundsätzliche Aufgabe von Schule bzw. der Lehrerinnen und Lehrer folgendermaßen beschreibt: „Die Menschen stärken und die Sachen klären!" Dieses grundsätzliche Credo von Pädagogik soll in diesem Artikel mit den häufig konnotierten Begriffen, die in bildungspolitischen Diskussionen verwendet werden, auf deren etymologischen Herkunft beleuchtet werden. Was steckt hinter einzelnen Wörtern und welche Semantik haben Begriffe im Kontext von Bildung?

Im gegenwärtigen bildungsrelevanten Diskurs treten Begriffe wie Kompetenzorientierung, Bildungsstandards, Individualisierung, Medienkompetenz etc. auf, die häufig unkritisch und kaum argumentiert in einem Atemzug mit Bildung und Pädagogik genannt werden. Diese begriffliche Unschärfe im Zusammenhang mit Schule und Bildung führt in Bildungsdiskussionen nicht selten zu Verwirrungen und in weiterer Folge zu Entscheidungen, die mit der dahinter stehenden Intention wenig zu tun haben.

Bekanntlich entstammt Schule dem lateinischen Wort „schola" und bedeutet so viel wie „Muße". Die zentrale Frage liegt nahe: Was soll in „Muße" getan werden? Hartmut von Hentig (1986) hat dafür in seiner Vortragssammlung den Satz geprägt, der meines Erachtens die grundsätzliche Aufgabe von Schule bzw. der Lehrerinnen und Lehrer so beschreibt: „Die Menschen stärken und die Sache klären!"[1]

Dieser Satz trifft die Grundidee des Lehrens und Lernens klar und eindeutig. Zeitgeist und damit bildungspolitisches Neudenken verändern gegenwärtig so manches.

Ich beobachte u. a., dass in vielen bildungspolitischen Diskussionen durch den zu beobachtenden sorglosen Umgang mit pädagogisch konnotierten Begriffen Verwirrung entsteht. Zum anderen wird durch den Wechsel von der „input-" zur „outputgesteuerten" Schule der sich abzeichnenden Ökonomisierung und Ökometrisierung von Bildung das Wort geredet.

Das für mein Verständnis von Pädagogik lange Zeit geltende Credo des pädagogischen Tuns, nämlich „die Sachen zu klären und den Menschen zu stärken!"[1] steht in Gefahr, auf der Strecke zu bleiben.

Wenn ich davon ausgehe, dass in der Schule junge Menschen gestärkt werden sollen, wenn die Sachen geklärt und deren Bedeutung für ihr Leben eingefordert wird, dann verstehe ich unter Bildung das Erkennen und Verstehen von zu lernenden Inhalten, deren Zusammenhänge und – das ist wesenhaft verbunden – das verantwortungsbewusste Umgehen damit. Dem so sich bildenden jungen Menschen eröffnet sich jene Tür, durch die er „das eigene Glück mit dem Wohl der Allgemeinheit verbinden lernt" (vgl. Krautz, 2012).

---

1   Hentig hat das kleine Wörtchen „und" erst in späteren Jahren dazugefügt, um auf den Dualismus aufmerksam zu machen, der zwischen Lernendem und der Auseinandersetzung des Lernenden mit dem Lehrinhalt besteht (vgl. Wegner-Spöhring, 2011).

Liessmann (2015)[2] übernimmt bei einem kürzlich in Feldkirch gehaltenen Vortrag einen Satz von Georg Halifax, der Bildung flapsig so definiert: „Bildung ist das, was mich als Mensch prägt – auch dann, wenn ich das, was ich gelernt habe (im engeren Sinne), wieder vergessen habe." Aus diesem Blickwinkel betrachtet, stellt sich die Frage nach dem Nutzen bzw. der Nützlichkeit von Bildung. Wenn der Erwerb von Bildung das Aneignen von Wissen und Können ist, mit denen Schülerinnen und Schüler verantwortungsbewusst und eigenverantwortlich umgehen sollen, dann passt das mit bloßer Nützlichkeit, die auf „Gewinnmaximierung" ausgerichtet ist, wohl kaum zusammen. Liessmann (2015) sagt sogar, dass Bildung dann ihren Nutzen erfüllt, wenn nicht gleich nach ihrem Nutzen gefragt wird. Daher ist Bildung nicht gleich zu setzen mit dem Begriff der „Ausbildung".

Krautz (2009[2]) stellt die spannende Frage, ob wir überhaupt noch „wahre" Bildung der jungen Menschen wollen oder ob nicht schon längst Bildung als „Ware" zur Disposition steht.

> „Der junge Mensch muss hineinwachsen in Gesellschaft und Kultur, muss fähig sein, am Arbeitsleben und an Selbstbestimmung als Bürger aktiv teilzunehmen. Und er soll dabei nicht nur als Rädchen funktionieren, sondern selbstbewusst und kritisch an einem menschlichen Zusammenleben mitwirken" (Krautz, 2009, S. 11, 12).

Für mich, in der modernen Schule Tätige stellt sich die Frage nach meiner Aufgabe als Pädagogin immer wieder aufs Neue. Vieles kann ich den diesbezüglichen Formulierungen von Grubner und Schopf (2006) abgewinnen, wenn sie die Profession einer Lehrperson so definieren: Lehrpersonen helfen, etwas Undeutliches deutlich zu machen – sie klären im umfassenden Sinn auf. Sie geben wertvolle Hilfestellung, indem sie „die Komplexität des zu lernenden Inhalts so ‚aufbereiten', dass die Schüler/innen in eigenen Aktivitäten auch ‚zugreifen' können, also lernen können" (Grubner, 2009).

---

2   Liessmann, K. P. (2015), *Vortrag AK: Geisterstunde – Die Praxis der Unbildung,* online abrufbar unter: https://www.youtube.com/watch?v=vV74Qn5hEzI [31.12.2015].

Daher wird das Lernen als aktiver Prozess verstanden und nicht als passives Empfangen von Lerninhalten. Den Lehrpersonen obliegt – ähnlich einer Hebamme, die einer werdenden Mutter hilft, ihr Kind zur Welt zu bringen – im Lehrprozess die Aufgabe der Hilfestellung, damit neben dem Er-kennen auch ein An-erkennen von Inhalten möglich wird, sodass die Lernenden etwas als „richtig und wahr" annehmen können.

In letzter Zeit bin ich als Lehrerin immer öfter Modewörtern wie „aktives", „ganzheitliches", „gemeinschaftliches" oder „offenes" Lernen begegnet, die zwar gut klingen und innovativ erscheinen mögen. Ich frage mich aber, was diese Begriffe im Zusammenhang mit dem Lernen in der Schule zu tun haben. Wenn es ein „aktives" Lernen gibt, dann müsste es wohl auch ein „passives" Lernen geben! Gibt es das aber wirklich? Kann eine Schülerin oder ein Schüler „be-lernt" werden? Kann eine Schülerin oder ein Schüler lernen ohne die „Aktivität des eigenen Ichs"? – Offensichtlich geht das nicht, auch wenn sich Schülerinnen und Schüler, vielleicht manchmal auch die eine oder andere Lehrperson dies wünschen würden. Ebenso leicht zu entlarven sind die Attribute „ganzheitlich", „gemeinschaftlich" und „offen", denn auch sie halten nicht, was sie versprechen (vgl. Grubner, 2009, S. 2f.).

Daher erscheint es mir umso wichtiger, in bildungsrelevanten Diskussionen diese und ähnliche Begriffe sorgsam zu hinterfragen und in weiterer Folge passende zu wählen und zu verwenden. Denn werden verschleierte Begriffe sorglos postuliert, kann dies bei allen Bildungsbeteiligten zu gehörigen Missverständnissen führen. Insbesondere Eltern, die ja das Beste für ihr Kind wollen und ihm alle Möglichkeiten einer guten Schulbildung zukommen lassen wollen, laufen nicht selten Gefahr, sich von so manchen „Schönworten" blenden und täuschen zu lassen. Dies erscheint mir hier wichtig anzusprechen, da in den letzten Jahren eine Art Perspektivenwechsel stattgefunden hat, der vor so manchem Schultor oder im Schulhof zu beobachten ist. Wurde früher ein Kind vor der Schule mit den Worten: „Lern schön brav!" verabschiedet, so beobachte ich immer häufiger Eltern, die ihre Kinder mit den Worten: „Hab viel Spaß in der Schule!" verabschieden. Was nicht heißt, dass es in der Schule nicht auch Spaß geben soll und dass herzhaft gelacht werden darf! Aber dass in der Schule „Spaß" im Zentrum des Geschehens stehen soll, ist wohl kaum zu begründen.

Wie schon angesprochen, das menschliche Lernen zielt auf ein Verstehen ab – es ist ein auf Inhalte bezogener Prozess, der nur vom lernenden Subjekt zu erledigen ist. Lehrerinnen und Lehrer können den Lernprozess lediglich anstoßen, ihn aber nicht für die Lernenden durchführen (vgl. Grubner, 2014). Dieses „Anstoßen", das auch durch die „vorbereitete Umgebung" (Anderlik, 1996) besorgt werden kann, ist meist sehr zeitaufwändig und wird in der Regel mit viel Liebe, Freude und Einfühlungsvermögen von Lehrerinnen und Lehrern eingeleitet.

Im gegenwärtigen Schulalltag kommen auch Begriffe wie „Bildungsstandards", „Bildungsziele", „Individualisierung" und „Kompetenzen" zentral zum Tragen. Dabei fällt auf, dass offensichtlich dem archaischen Bedürfnis des Menschen, sich im Modus des Messens und Zählens zu äußern, besondere Bedeutung beigemessen wird. Für mich stellt sich dabei die Frage, ob nicht durch die standardisierten Testformen der Bildungsanspruch grundsätzlich infrage gestellt wird. Denn Bildung ist meines Erachtens nicht einfach in und durch Testbatterien messbar. Was man messen kann, sind Leistungen, die es auch zu „be-urteilen" gilt (vgl. Grubner, 2014).

Bildungsstandards[3], im Paragraphen 17 des geltenden Schulunterrichtsgesetzes festgelegt, sollen der Ergebnisorientierung, dem nachhaltigen Kompetenzaufbau und der gezielten individuellen Förderung dienen. Diese sollen ein Instrument für Qualitätssicherung in unserer Bildungslandschaft sein. Bildungsstandards sind in Österreich, laut BiFi:[4]

> „… konkret formulierte Lernergebnisse, die sich aus dem Lehrplan ableiten lassen. Sie legen jene Kompetenzen fest, die Schüler/innen […] nachhaltig erworben haben sollen. Dabei handelt es sich um Fähigkeiten, Fertigkeiten und Haltungen, die für die weitere schulische und berufliche Bildung von zentraler Bedeutung sind" (BiFi).[5]

---

3 BIFI: *Rechtliche Grundlagen*, online abrufbar unter: https://www.bifie.at/node/48 [2.1.2015].

4 Bundesinstitut für Bildungsforschung, *Innovation & Entwicklung des österreichischen Schulwesens*, online abrufbar unter: https://www.bifie.at [2.1.2015].

5 BIFI (o. J.): *Bildungsstandards*, online abrufbar unter: https://www.bifie.at/bildungsstandards [2.1.2015].

In Österreich sind Bildungsstandards als Regelstandards zu verstehen, sie dienen dem Erwerb grundlegender fachlicher Kompetenzen und dem nachhaltigen lebenslangen Lernen (vgl. BiFi, Kompetenzen und Modelle). Sowohl die Bildungsstandards als auch der Kompetenzbegriff gehen auf Weinert (2001) zurück; er definiert sie als …

> „… die bei Individuen verfügbaren oder durch sie erlernbaren kognitiven Fähigkeiten und Fertigkeiten, um bestimmte Probleme zu lösen, sowie die damit verbundenen motivationalen und volitionalen und sozialen Bereitschaften und Fähigkeiten, um die Problemlösung in variablen Situationen erfolgreich und verantwortungsvoll nutzen zu können" (Weinert, 2001).

Das Wort „Kompetenz" stammt vom lateinischen „competere" und bedeutet soviel wie „zusammentreffen", aber auch „zu etwas fähig sein".

Der von der Psychologie entlehnte Kompetenzbegriff bezieht sich in seiner aktuellen Fassung – so Krautz (2009) – vornehmlich auf kognitive Fähigkeiten zur anwendungsbezogenen Problemlösung. Kritisch betrachtet, wird deutlich, dass damit ein Großteil dessen, worum es in der Schule gehen soll, unter den Tisch fällt. Es ist zwar richtig, dass sich Kompetenzen messen lassen, dies meines Erachtens aber um den Preis der Vernachlässigung wichtiger Dimensionen von Bildung. Denn Kompetenzen als funktionale Fähigkeiten sind prinzipiell inhaltsneutral, d. h. es ist zum Beispiel unerheblich, ob jemand die Lesekompetenz an einem anspruchsvollen Text oder an einem Text in einer Lokalpresse erwirbt. Dass hier unterschiedlich Wertvolles zur Debatte steht, dürfte evident sein.

Krautz (2012) skizziert dazu das Bild des „homo oeconomicus", ein nicht reales Menschenmodell, bei dem das Können und Wissen im zentralen Fokus des Geschehens steht, um aus volkswirtschaftlicher Sicht Bildung „nützlich" zu machen:

> „Die skizzierten bildungsökonomischen Grundprämissen prägen seit langem den veröffentlichten Diskurs über Bildung. Die oft beliebig wirkenden Schlagwörter haben jedoch einen inneren Zusammenhang […] Folgerichtig müsse Bildung an Standards ausgerichtet

werden, die dann allerdings nicht Bildungs-, sondern Leistungsstandards sind […] Qualität bemisst sich dann jedoch nicht primär an der Beschaffenheit des Produkts (Schüler, Student), sondern an der Effizienz seiner Produktion: Kostensenkung bei gleichbleibendem Output hält so auch im Bildungswesen spürbar Einzug" (Krautz, 2012, S. 15).

Wenn demzufolge davon ausgegangen werden kann, dass schulische Qualität über „Kosten" und „Effizienz" und die Schülerin bzw. der Schüler als „Beschaffenheit des Produkts" definiert werden, dann braucht die Outputorientierte Schule definierte und klare Ziele (= zu erlangenden Kompetenzen) als Messwerkzeug, und Bildung steht demnach in Gefahr, zur „Ware" zu verkommen (vgl. Krautz, 2012).

Es stellt sich auch die nachfolgende Frage, ob der Begriff „Kompetenz" im pädagogischen Selbstverständnis redlich definiert werden kann. Nach Krautz (2012) ist dies nicht möglich, denn …

„… der Kompetenzerwerb gilt als Anpassungsleistung an die gegebenen Verhältnisse. Kompetenz ist gewissermaßen die Bildungsform des homo oeconomicus, jenes steuerbaren und sich selbst im unhinterfragten Rahmen der gegebenen Umstände steuernden homo unicus. […] Bildung zielte jedoch noch nie auf Anpassung – im Gegenteil" (Krautz, 2012, S. 16).

Krautz (2012) sieht den Kompetenzbegriff als eine Art „Containerbegriff", der von den eigentlichen pädagogischen Aufgaben der Institution Schule ablenkt und im weiteren Sinn Bildung verhindert. Grubner (2014) verdeutlicht in seinen Überlegungen dies ebenfalls klar, dass hier zwei Zugänge im bildungspolitischen Diskurs zu betrachten sind: Auf der einen Seite stehen messbare Faktoren (wie verschiedene Kompetenzen) und auf der anderen Seite steht der eigentlich pädagogische Lehr- und Lernprozess mit seinen Lehr- und Lernzielen.

So eröffnet sich für mich im derzeitigen Schul- und Bildungsbereich eine Vielzahl von Fragen. Liessmann (2015) fügt meines Erachtens berechtigterweise noch hinzu, ob die pädagogisch relevante Forderung nach Individualisierung mit einer normierten Standardmessung zu vereinbaren ist (vgl. Liessmann, 2015).

Für mich macht es dennoch Sinn, Ziele in der Schule zu definieren, z. B. Unterrichtsziele, Lehr- oder Lernziele. Zu hinterfragen gilt es aus meiner subjektiven Sicht als Lehrerin allerdings, was bei standardisierten Testungen gemessen werden kann: „Bildung" offensichtlich nicht und ich frage mich auch, ob die „Output-orientierte" Schule zu einem besseren Bildungssystem führen kann. Für Krautz (2012) besteht gegenwärtig die Gefahr, dass im Unterricht immer weniger die Inhalte motivieren, sondern dass die Techniken der Selbstmotivation und Selbststeuerung an ihre Stelle treten (vgl. Krautz, 2012).

Um die besondere Bedeutung der Lehrperson im pädagogischen Tun zu unterstreichen, sei noch kurz auf John Hattie (2014) verwiesen. Er hat mit seinem Team bei einer groß angelegten Studie Erfolgsindikatoren herausgefiltert, die für ein erfolgreiches Lernen wichtig sind. Dazu zählen:

- eine gute Lehrerinnen- bzw. Lehrer- und Schülerinnen- bzw. Schülerbeziehung,
- direkte und klare Instruktionen,
- Feedback und
- das Selbstvertrauen der Schülerinnen und Schüler zu stärken.

Was diese Erfolgsindikatoren deutlich machen, betrifft im ausgezeichneten Sinn die interpersonale Dimension des Lehr- und Lernprozesses. Dies ist für die Unterrichtswissenschaft schon lange bekannt und wird als „Didaktisches Dreieck" bezeichnet (vgl. Cohn, 1997).

Bildungsstiftungen, die mit finanziellen Mitteln dotiert sind, erlauben Schulen innovative Projekte, z. B. im Bereich der Medienbildung, einzubringen und durchzuführen. Was aber wieder heißt, dass es in unserer Bildungslandschaft Schulleiterinnen und Schulleiter bzw. Lehrerinnen und Lehrer geben muss, die bereit sind, neue pädagogische und didaktische Konzepte und Unterrichtsszenarien zu entwickeln. Die reine Konsumation von Medien ist damit nicht gemeint! Bei der Implementierung neuer Medien im Schulalltag soll es aus meiner Sicht um die Fähigkeit gehen, dass Schülerinnen und Schüler lernen, Medien sinnvoll zu nutzen, Medieninhalte reflexiv zu betrachten, sie kritisch zu bewerten, aktiv und kreativ zu gestalten und in Kontexten zu kommunizieren (vgl. Schorb, 2009).

Mir geht es in diesem kurzen Artikel darum, deutlich zu machen, dass man mit Begriffen im bildungspolitischen Zusammenhang sorgsam umgehen sollte. So auch mit dem Wort „Reform". Zusammengesetzt wird das Wort aus der lateinischen Vorsilbe „re", was so viel bedeutet wie „zurück" und „formatio", das Gestaltung und Wiederherstellung meint. Gemäß dieser etymologischen Herkunft meint daher das Wort „Reform" die Wiederherstellung eines ursprünglichen Zustands, wie Schirlbauer (2015) dies im Klappentext seines Buches „Ultimatives Wörterbuch der Pädagogik" eindrucksvoll anmerkt (vgl. Schirlbauer, 2015). Wollen unsere Schulreformer wirklich eine Wiederherstellung eines ursprünglichen Zustands von Schule und Schulbildung? – Dies ist eher nicht zu vermuten! Aber vielleicht sollte bei bildungspolitischen Themen immer hinterfragt werden: Was steckt hinter einzelnen Wörtern, die im Diskurs verwendet werden bzw. welche Semantik haben Begriffe im Kontext von Bildung? Hinter verschleierten Begriffen stecken oftmals hohe Ideale, die Bildungsverantwortliche in die Tat umsetzen wollen. Dass wir unser Schulsystem immer besser machen wollen, ist zweifellos ein ehrenwertes Anliegen. Darum haben sich im Laufe der Zeit viele große Persönlichkeiten mit wechselnden Erfolgen bemüht. Bemerkenswert erscheint mir das Zitat, das John F. Kennedy zugesprochen wird:

„Es gibt nur eins, was auf Dauer teurer ist als Bildung keine Bildung."

Dem ist kaum etwas hinzuzufügen.

Literatur

Anderlik, L. (1996), *Ein Weg für alle*, Dortmund: Modernes Lernen Verlag, S. 25 ff.
BIFI (o. J.), *Bildungsstandards*, online abrufbar unter: https://www.bifie.at/bildungsstandards [2.1.2015].
BIFI, *Rechtliche Grundlagen*, online abrufbar unter: https://www.bifie.at/node/48 [2.1.2015].
Bundesinstitut für Bildungsforschung, *Innovation & Entwicklung des österreichischen Schulwesens*, online abrufbar unter: https://www.bifie.at [2.1.2015].
Cohn, R./Terfurth, C. (19973), *Lebendiges Lehren und lernen. TZI macht Schule*, Stuttgart: Klett-Cotta.
Grubner, J./Schopf, H. (2006), *Wie Unterrichten lernen?* – Skript zur UW-Vorlesung an der Pädagogischen Hochschule, Wien.
Grubner, J. (2009), *Bildung auf Hochglanz? – oder: Von problematischen Versprechungen*, unveröffentlicht.

Grubner, J. (2014), *Bildung ist mehr als messbares Wissen! Warum die aktuelle schulische „Qualitätsentwicklung" auf keinen pädagogischen Füßen steht*, Schulanfangszeitung 2014/15. Wien.

Hattie, J. (2014), *Lernen sichtbar machen*, Baltmannweiler: Schneiderverlag.

Hentig, H. (1986), *Die Menschen stärken und die Sache klären: Ein Plädoyer für die Wiederherstellung der Aufklärung*, Stuttgart: Reclam Verlag.

Hentig, H. (19933), *Die Schule neu denken*, München: Beltz Verlag, S. 177.

Krautz, J. (20092), *Ware Bildung. Schule und Universität unter dem Diktat der Ökonomie*, München: Dietrichs Verlag.

Krautz, J. (2012), Ökonomismus in der Bildung: Menschenbilder, Reformstrategien, Akteure, online abrufbar unter: http://iv-familie.at/lofi/sites/default/files/krautz_oekonomismus_bildung-2013.pdf [31.12.2015].

Liessmann, K. P. (20144), *Geisterstunde - die Praxis der Unbildung. Eine Streitschrift*, Hamburg: Zsolnay Verlag.

Liessmann, K. P. (2015), *Jeder nach seinen Fähigkeiten, jedem nach seinen Bedürfnissen. Über den Widerspruch von Bildung und Wettbewerb*, in: Khol, A. et al. (Hg.), Österreichisches Jahrbuch für Politik 2014, Wien 2015, Böhlau Verlag, S. 265-276.

Liessmann, K. P. (2015), *Vortrag AK: Geisterstunde - Die Praxis der Unbildung*, online abrufbar unter: https://www.youtube.com/watch?v=vV74Qn5hEzI [31.12.2015].

Schirlbauer, A. (20152), *Ultimatives Wörterbuch der Pädagogik: Diabolische Betrachtungen*, Wien: Sonderzahl.

Schorb, B. (2009), *Gebildet und kompetent. Medienbildung statt Medienkompetenz?*, online abrufbar unter: https://www.lmz-bw.de/fileadmin/user_upload/Medienbildung_MCO/fileadmin/bibliothek/schorb_gebildet/schorb_gebildet.pdf [1.1.2016].

Wegner-Spöhring, G. (2011), *Die Menschen stärken und die Sache klären - Bildung in der Grundschule heute*, in: Klaas, M. et al (Hg.), *Kinderkultur(en)*, Wiesbaden, Springer Verlag, S 131 ff.

Weinert, F. (20012), *Vergleichende Leistungsmessung in Schulen - eine umstrittene Selbstverständlichkeit*, in: ders. (Hg.), *Leistungsmessungen in Schulen*, Weinhelm-Basel, Beltz Verlag, S. 27 ff.

Wulf, C. (2001), *Anthropologie der Bildung*, Weinheim-Basel, Beltz Verlag.

MARIELLA KNAPP/TANJA WERKL/STEFAN T. HOPMANN

Bildungsreform 2015

Kein großer Wurf, aber ein Schritt in die richtige Richtung

Der Beitrag „Kein großer Wurf, aber ein Schritt in die richtige Richtung" nimmt die eigentlich längst überfällig gewesene Bildungsreform in Österreich in den Blick und versucht anhand der beiden Parameter Exzellenz (Leistung) und Equity (Chancengleichheit) aufzuzeigen, warum jene Punkte, auf die man sich in der Bildungsreformkommission letztendlich einigen konnte, zwar weniger als erhofft, aber dennoch mehr als erwartet sind.

Lange Zeit wurde sie angekündigt und von vielen bereits erwartet, am 17. November 2015 war es dann endlich so weit: die Bildungsreform 2015 wurde präsentiert, mit deren Hilfe eine „nachhaltige Antwort auf die Herausforderungen im Bildungs- und Schulwesen von heute und morgen" (BMBF, 2015) gegeben werden sollte. Während die österreichische Bildungsministerin und der Staatssekretär von einer „neuen Zeit des Bildungssystems" und einem „großen Wurf" sprechen, gilt es, solch euphorische Aussagen etwas kritischer zu hinterfragen.

Die im Reformpapier enthaltenen Forderungen sind zwar vielzählig, haben jedoch nur wenig bis teilweise gar nichts miteinander zu tun, sodass man sich letzten Endes lediglich auf einzelne Punkte, nicht aber auf ein einheitliches Konzept geeinigt hat. Von einem zweiten verpflichtenden Kindergartenjahr für alle mit Opt-out-Möglichkeit oder der Schuleingangsphase NEU über Schulcluster oder Bildungsdirektionen bis hin zu WLAN-Schulen oder einer Bildungsstiftung lassen sich vor allem zwei Kernthemen ausmachen, die jetzt in einer breiteren Öffentlichkeit diskutiert werden. Zum einen ist es das unter dem Titel „Schulautonomie" geschnürte Paket, welches „mehr pädagogische, organisatorische, personelle und finanzielle Freiräume" (BMBF, 2015, S. 8) gewährleisten will. Zum anderen sollen unter den Stichworten Gerechtigkeit und Chancengleichheit Modellregionen einschließlich einer gemeinsamen Schule der 6–14-Jährigen geschaffen werden.

Die Diskussion um – nicht zuletzt die österreichische Version – von Bildungsreformen gründet seit Jahren im Wesentlichen auf zwei Parametern: Mithilfe von Schule soll einerseits mehr soziale Chancengleichheit (Equity) und andererseits mehr Exzellenz (Leistung) erreicht werden. Österreich steht mit der Fokussierung auf eben diese beiden Punkte nicht alleine da, vielmehr ziehen sich diese durch viele Diskussionen rund um Reformbestrebungen in europäischen und anderen Ländern dieser Erde. Exzellenz wird dabei in erster Linie als Leistung verstanden, welche sich jedoch sehr unterschiedlich äußern kann. Die Leistung des Bildungswesens soll beispielsweise mithilfe von PISA-Scores, dem erfolgreichen Übergang in den Beruf oder aber der Erreichung einer möglichst hohen Akademikerquote messbar gemacht werden. Damit ist jedoch auch immer die Vorstellung verbunden, dass es Punkte gibt, an denen man empirisch bewerten kann, was mehr oder weniger geleistet werden kann und soll, aber zum aktuellen Zeitpunkt noch nicht geleistet wird. In diesem Sinne wird Exzellenz, also Leistung, tendenziell nicht anhand spezifischer Inhalte definiert, sondern als ein „Besser-als-Maßstab". Da jede Person eine etwas andere Vorstellung davon haben kann, was denn eben dieser „richtige" Maßstab sei, müsste im Vorfeld definiert und spezifiziert werden, was denn genau gemeint ist.

Mit Equity ist in Österreich die idealtypische Vorstellung verbunden, gesellschaftliche Meriten analog zur gesellschaftlichen Unterschiedlichkeit zu verteilen. In diesem Sinne ist Schule dann gerecht, wenn Abschlüsse proportional zur Schichtung der Gesellschaft vergeben werden. Eine solche Verteilung ist jedoch empirisch unmöglich zu erreichen, wenn nicht von vornherein ein Teil der Bevölkerung daran gehindert werden soll, bestimmte schulische Abschlüsse zu erlangen.

Das Dilemma der beiden Parameter von Exzellenz und Equity besteht darin, dass sie sich beide nicht gleichzeitig und mit den gleichen Mitteln erreichen lassen, sondern eine Steigerung des einen zulasten des anderen gehen kann. Eine bestimmte Form von Exzellenz (z. B. verstärkter Einsatz für leistungsstarke SchülerInnen) führt regelmäßig zu einem Sinken von Equity und entgegengesetzt führt eine bestimmte Form von Equity (z. B. in Form der Verweigerung eines höheren Abschlusses für manche) ebenso zu Einbußen in bestimmten Formen der Exzellenz. Dementsprechend ist das Ziel, beiden Parametern gleichzeitig gerecht werden zu wollen, immer eine Abwägung dessen, wie viel des einen zulasten des anderen gehen darf.

Eindeutige Antworten lassen sich da auch von der Forschung her nicht immer geben. Nicht weil es zu wenig davon gäbe. Eher im Gegenteil: Die Bildungsforschung hat in den letzten zehn, fünfzehn Jahren eine regelrechte Explosion erlebt, wodurch sich Unmengen an spezifischen Befunden und Daten angehäuft haben. Was früher auf Grundlage grober Vergleiche (System A gegen System B) beurteilt wurde, stellt sich heute sehr viel differenzierter dar (Teile von System A, aber nur wenn C gegeben ist, gegeben B unter der Bedingung D). Dadurch ist es aber auch nahezu unmöglich geworden, bislang angenommene lineare Kausalitäten ohne Modifikationen weiterhin aufrechtzuerhalten. Die naive Annahme, „Maßnahme A führe zu Wirkung B", ist ohne nähere Kenntnis des jeweiligen Kontexts nicht mehr haltbar, vielmehr können ein- und dieselben Maßnahmen unter bestimmten Bedingungen sogar genau das Gegenteil dessen bewirken, wofür sie ursprünglich intendiert waren. Genau dies gilt es auch bei bildungspolitischen Reformen, wie dem vorgestellten Bildungsreformpaket, zu berücksichtigen.

Schulautonomie

Die Diskussion über die Schulautonomie ist ein gutes Beispiel für den letzten Punkt: Ein Großteil der Forschung zur Schulautonomie bestand bis vor wenigen Jahren in quantitativer „Black Box"-Forschung. Dabei wurde zum Beispiel die formale Regelungsdichte von Schulsystemen mit verschiedenen Outputs, wie zum Beispiel mit PISA-Testwerten, Bildungsabschlüssen oder Akademikerquoten, in Verbindung gesetzt und miteinander korreliert. Die daraus abgeleiteten Behauptungen sollten Aufschluss darüber geben, ob Schulautonomie sich auf diese Outputs auswirkt, ohne überhaupt angeben zu können, was eine mehr oder weniger verfügbare Entscheidungsfreiheit im Speziellen dazu beigetragen hat. Zudem basieren Angaben über den Grad an Schulautonomie in der Regel auf reinen Selbstbeschreibungen der jeweiligen Beteiligten, ohne genau zu wissen, was von dieser Autonomie in der Praxis tatsächlich umgesetzt wurde.

Heutzutage wissen wir dagegen, dass formale Autonomie nicht notwendig zu faktischer Entscheidungsfreiheit führt. Es gibt allenfalls noch Teilaussagen, die sich verallgemeinern lassen und für Schulen nicht anders ausfallen als für sonstige formale Organisationen (vgl. z. B. Honig/Rainey, 2012; Caldwell, 2014). Das ist zum Ersten, dass in komplexen, sozialen Organisationen klare Abgrenzungen besser funktionieren als Mischformen. Autonomie im schulischen Sektor funktioniert in der Regel nur, wenn die Beteiligten relativ präzise wissen, wofür sie zuständig sind und wofür nicht. Je weniger diese Grenzen definiert sind, desto weniger lässt sich nachher empirisch feststellen, ob es tatsächlich einen Einfluss auf die Entscheidungsprozesse hatte. Der zweite durchgängige Forschungsbefund ist, dass Autonomie keine Schulleiterautonomie per se ist. Im Rahmen der Forschung von Spillane (2006) wird dies mit dem Begriff „Distributed Leadership" beschrieben. Entsprechend reicht es nicht, einzelne Personen zu ermächtigen (oder zu schwächen), vielmehr müssen immer ganze Systemeinheiten ermächtigt (oder geschwächt) werden. Die Autonomie einzelner Personen führt nur zu einer breiteren Varianz an Ereignissen und Ergebnissen, nicht aber zu systematischen Effekten von Autonomie.

Ein dritter Konsens scheint hinsichtlich der Kernbestandteile von Schulautonomie zu bestehen. Diese umfassen die Verfügungsgewalt über Curriculare-, Budget-, und Personalstrukturen, wobei der letztgenannte Punkt auch der wichtigste ist. Auch in diesem Sinne reicht es nicht, nur bestimmte Teile des Lehrplans und des Budgets ändern zu dürfen oder nur einzelne Posten umbesetzen zu können, sondern ein Standort muss vielmehr in der Lage sein, substanzielle Änderungen an der Struktur des Alltagsbetriebes – angepasst an die Erfordernisse vor Ort – vornehmen zu dürfen.

Schulautonomie ist dabei kein Selbstläufer, also egal wie genau der rechtliche Regelungsrahmen vorliegt, die Varianz innerhalb der jeweiligen Schulsysteme, aber auch die Varianz innerhalb der jeweiligen Jurisdiktionen ist immer größer als die Unterschiede zwischen den Jurisdiktionen in diesem Bereich. Die Forschungslage deutet deutlich darauf hin, dass auch in einem dicht geregelten System viele Entscheidungen getroffen werden können, wenn sich Personen die Rechte einfach nehmen und nicht nachdrücklich auf Widerstand stoßen. Auch in einem stark autonomen System kann unter Umständen gar kein Handlungsspielraum bestehen, wenn Autonomie legitimatorisch nicht möglich ist oder die vermeintlichen Entscheidungsräume durch andere Vorgaben soweit eingeschränkt sind, dass letztendlich keine Wahlfreiheit bleibt.

Und das ist nun genau das Dilemma: Die Grundgleichung, auf die das Positionspapier aufbaut, war von vornherein empirisch falsch. Allgemeine Erweiterungen von Spielräumen, ohne klare Abgrenzungen gegenüber anderen Einflussfaktoren, schaffen zunächst einmal noch keine Autonomie. Inwiefern dadurch jedoch tatsächlich ein erweiterter und unabhängiger Handlungsrahmen für Schulen, DirektorInnen und LehrerInnen geschaffen wird, bleibt doppelt fragwürdig: Zum einen ist vieles von den hier angekündigten „neuen" Spielräumen bereits jetzt selbstbewussten Schulleitungen de facto möglich. Zum andern ist durch die weiterhin bestehende Gemengelage (Autonomie wird in allen Bereichen nur in kleinen Teilen gewährt, während der Rest von außen bestimmt bleibt) die Nutzung dieser Spielräume eben von jenen äußeren Kräften und Regelungen abhängig, die weiterhin im Spiel bleiben. Warum sollte z. B. ein Schulleiter die Möglichkeit der Umwandlung eines Bruchteils der Stellen gegen den Willen des Kollegiums und trotz erheblicher bürokratischer Hindernisse versuchen, wenn sich im Ergebnis wenig an der Personalsituation ändert, aber möglicherweise viel Porzellan zerschlagen wird? Gerade hier besteht durchwegs das Problem der jetzigen österreichischen Bildungsreform. Sie berücksichtigt kein einziges der eben beschriebenen Kriterien. Weder findet eine klare Abgrenzung der Zuständigkeiten, noch eine substanzielle Personal-, Budget- und vor allem organisatorische Autonomie statt. Entsprechend ist davon auszugehen, dass die damit verbundenen Erwartungen nicht eintreffen werden.

Positiv ist jedoch anzumerken, dass zumindest eine Einigung auf gemeinsame Punkte gelungen ist. Dies erscheint vor allem vor dem Hintergrund als gewichtig, wenn berücksichtigt wird, dass das österreichische Schulsystem seit Maria Theresia (1774) zentral gesteuert wird und davon ausgeht, dass Vorgaben und Verordnungen gleichermaßen überall und für jeden Schulstandort gelten. Die symbolische Anerkennung der Autonomie wird damit gleichzeitig zu einem legislativen Anerkennen der Tatsache, dass dies nicht mehr in allen Belangen der Fall ist. Jedoch findet gleichzeitig auch kein vollständiger Zuspruch der Autonomie an den Schulstandorten statt, was zu seltsamen – mitunter kuriosen – Nebenfolgen führt. So wurde zum Beispiel festgelegt, in welchem Ausmaß Abweichungen vom Lehrplan – je nach Schultyp und Schulstufe – zulässig sind. So stehen Volksschulen fünf Prozent, Schulen der Sekundarstufe I (AHS, NMS) 1/3 und Schulen der Sekundarstufe II (AHS-Oberstufe und BMHS) ca. 20 Prozent an autonomer Gestaltungsmöglichkeit zu. Die vorgegebenen Prozentangaben basieren dabei weder auf konkreten Forschungsergebnissen, noch besonderen Modellen oder Verfahren zur Berechnung, sondern scheinen vielmehr aus reinem Belieben heraus entstanden zu sein – „Zahlenmystik" wäre ein durchaus passender Begriff in diesem Zusammenhang. Gerade im Bereich der Volksschule trifft dies im Besonderen zu. Mit Sicherheit lässt sich sagen, dass das Erlernen der Kulturtechniken, wie Lesen, Schreiben und Rechnen, zum unveränderten Kerngeschäft dieser Schulform gehört, die konkrete methodische Herangehensweise sowie alle weiteren Inhalte erweisen sich jedoch als sehr variabel. Eine Abweichung von curricularen Vorgaben im

Umfang von fünf Prozent würde hier sogar noch eine Verkürzung der real praktizierten Spielräume bedeuten.

Wie gesagt, vieles von den beworbenen Spielräumen wird bereits aktuell im Schulsystem realisiert, wenn es auch bisher nicht explizit legitimiert war. Obendrein stellt die Bildungsreform nur eine partielle Legalisierung dieser Spielräume dar. Faktoren, die letztendlich bestimmen, wofür die Autonomie verwendet werden soll, werden entweder gar nicht oder nur in Fußnoten erwähnt. Themen und Handlungsbedingungen, wie Inklusion, Heterogenität oder Migration, tauchen nur als elementarpädagogisches Problem auf. Auch das Dienstrecht wurde konsequent ausgeklammert. Die Budgetautonomie betrifft nur einen kleinen Teil der Sachmittel. Budgetumwandlungen und Mittel für Innovationen (Technologie, Fortbildung usw.) bleiben weiterhin zentral gesteuert. Ein zuvor diskutiertes „student-weighted budgeting" (vgl. dazu u. a. National Education Association, 2005), also die Zuteilung von Ressourcen auf Basis bestimmter sozialer Merkmale der Schülerschaft, anstatt der Größe des Lehrkörpers und der Schülerschaft, ist im Reformpapier nicht zu finden. Autonomie ohne gezielte Stärkung der Ressourcen für stärker belastete Populationen kann aber zu noch mehr Ungleichheit führen (vgl. z. B. Schlicht-Schmälzle/Teltemann/Windzio, 2011).

In der Summe wird hier also eine formale Anerkennung begrenzter Handlungsspielräume ohne substanzielle Erweiterung derselben betrieben. Unter Berufung auf diesen bescheidenen Zugewinn soll aber gleichwohl die Verantwortlichkeit der Schulen für allfällige Ergebnisse festgeschrieben und überprüft werden. Damit tritt für die beteiligten Schulen eine Situation ein, die als „Double Whammy" (Hood et al., 2009) bezeichnet werden kann. Dies meint, dass sie auf der einen Seite mit einer existierenden und im Wesentlichen unveränderten Infrastruktur agieren müssen, gleichzeitig aber auch den neuen Leistungs- und Equity-Kriterien gerecht werden sollen, welche durch eine neue Bundesqualitätssicherungsstelle überprüft werden. Je präziser dort die Erwartungen an Equity und Exzellenz ausformuliert werden, umso mehr ist mit Kollateralschäden zu rechnen, ähnlich wie diese im Anschluss an das „No Child Left Behind"-Gesetz aus der amerikanischen Forschung beschrieben werden (z. B. Nichols/Berliner, 2007; Koretz, 2008ab). Angenommen eine Schule entspricht dann nicht den dort formulierten Erwartungen, so gibt es zwei mögliche Handlungsoptionen:

Schulen versuchen, durch neue Maßnahmen ihre Ergebnisse zu verbessern. Da sie aber auf zentrale Faktoren, wie Inklusion oder Heterogenität, keinen Einfluss haben, über keine ausreichenden Mittel selbst disponieren können und schon zufällig eintretende Veränderungen im sozialen und administrativen Umfeld der Schule die Ergebnisse in jede denkbare Richtung verschieben können, laufen sie Gefahr, dass bei ausbleibendem Erfolg eben die von ihnen selbst getroffenen Maßnahmen dafür verantwortlich gemacht werden. Alternativ könnten sie überlegen, nichts zu tun, damit eben nicht ihre eigenen Entscheidungen dafür verantwortlich gemacht werden. Dann können sie im Falle des Scheiterns auf eben jene von ihnen nicht zu beeinflussenden Außenfaktoren als Ursachen verweisen. Deswegen kann paradoxerweise dieser Rechtsrahmen für einen Großteil der betroffenen Schulstandorte dazu führen, dass sie noch weniger als bisher in die eigene Hand nehmen. Im Ergebnis werden starke Schulen stärker, schwache Schulen schwächer werden: SchulleiterInnen, die ohnehin unabhängig von den vorgegebenen Gesetzesrahmen autonom agieren und so handeln, wie sie es für richtig erachten, ist die partielle Verrechtlichung der bisher praktizierten Spielräume natürlich willkommen – eine Ermutigung, noch mehr zu riskieren. SchulleiterInnen, die bislang die Spielräume nicht ausgereizt haben, werden das aus ähnlichen Erwägungen wie jetzt schon auch zukünftig nicht tun.

Modellregionen und mögliche nicht intendierte Implikationen

Die nächste Frage lautet, ob und inwiefern Schulen überhaupt einen Einfluss auf Equity und Exzellenz und deren Mischungsverhältnis haben? Und diese drängt sich förmlich auf, wenn man über die geplanten Modellregionen nachdenkt, in denen jedes Bundesland bis zu 15 Prozent seiner Schulen, SchülerInnen und Lehrkräfte für den Versuch der gemeinsamen Schule in einer Modellregion zusammenfassen könnte. Dort soll ja beispielhaft vorgelebt werden, was erreichbar sein könnte.

Dabei sind zunächst einmal zwei Dinge zu unterscheiden: die Einführung einer gemeinsamen Schule auf der einen und allfällige pädagogische Maßnahmen, die im Zuge dessen umgesetzt werden, auf der anderen Seite. Letztere könnten genauso gut im Rahmen einer umfassenden Autonomie jedem Schulstandort ermöglicht werden, bedürfen der Modellregionen also nicht. Es kann also bei dieser Frage nur um jene Wirkungen gehen, die man von der Umstellung auf eine gemeinsame Schule erwartet, die ohne diese aber nicht zu erzielen wären.

Auch dazu bedarf es aus Sicht der Forschung keiner Modellregionen. Wenn wir wieder die beiden Kriterien Equity und Exzellenz zu Hilfe nehmen, gibt es beim gegenwärtigen Stand der Forschung keinen Grund zur Annahme, in einem oder beiden Bereichen würden subszantielle Änderungen durch die Umstellung auf gemeinsame Beschulung zu erreichen sein. Das Argument beruht in Österreich in den letzten Jahren meist auf PISA-Befunden. Richtig daran ist, dass unter den PISA-Siegern viele Gesamtschulländer sind. Das gilt aber ebenso, wenn nicht sogar noch mehr für die Verlierer. Im europäischen Kontext gehören sowohl Finnland (Gesamtschule) als auch die Schweiz (mit Ausnahme Tessin keine) zu den Siegern. Die übrigen gegliederten Schulsysteme liegen im gehobenen Mittelfeld. Am unteren Ende sammeln sich fast ausschließlich Gesamtschulsysteme. Wenn man innerhalb eines Landes vergleicht, was partiell für die Schweiz und Deutschland möglich war, dann schneiden die streng gegliederten Teilsysteme besser ab (vgl. z. B. Moser/Rhyn, 1999; Esser/Relikowski, 2015). Wenn man jenseits von PISA Umstellungsfolgen analysiert, dann ergeben sich in beide Richtungen keine substanziellen Änderungen für Equity und Exzellenz. Weder in Finnland (von gegliedert auf gemeinsam), noch in Ungarn (von gemeinsam auf gegliedert) haben sich ausgeprägte Verschiebungen in den späteren Bildungsergebnissen und Berufswegen zeigen lassen (vgl. z. B. Kerr/Pekkarinen/Uusilato, 2012; Gurzo, 2015).

Zusätzlich ist noch etwas zu berücksichtigen, was von Untersuchungen wie PISA im Wesentlichen nicht erfasst wird. In allen Gesamtschulländern haben sich in den letzten Dekaden alternative Formen der Segregation entwickelt, die bei formal gleichem Schulgang ähnliche Verteilungsmuster erzeugen, wie gegliederte Schulsysteme. Da ist zunächst einmal die Gliederung durch Trägerschaft. Sobald es dazu Gelegenheit gibt, suchen jene, die es sich leisten können, Alternativen zum öffentlichen Schulgang, von dem sie sich bessere Ergebnisse für den eigenen Nachwuchs versprechen. Dementsprechend wächst der Privatschulsektor weltweit: Es gibt in Helsinki nicht weniger Privatschulen als in Wien, in Schweden haben sich verschiedene Trägerschaften verselbstständigt, in den USA befinden sich weite Teile der mittleren und oberen Schichten nicht mehr in der Regelschule (vgl. OECD, 2012). Besonders deutlich fallen solche Entwicklungen in Großstädten aus (vgl. Tammaru/van Ham/Marcińczak/Musterd, 2015). Es ist daher kein Zufall, dass manche Gesamtschulproponenten das Verbot alternativer (freier, kirchlicher, privater usw.) Träger fordern, um diese Ausweichstrategie zu verhindern. Das dürfte in Österreich schon aus verfassungsrechtlichen Gründen nicht durchsetzbar sein.

Aber selbst wenn das der Fall wäre, dann ließen sich immer noch andere Segregationsmechanismen, wie zum Beispiel durch besondere Programme finden: Schulen werden dann musisch, dramatisch, bilingual, hochbegabt, anti-legasthenisch, ökologisch, religiös, friedens-pädagogisch oder international profiliert, je nachdem, was der vorhandene Rechtsrahmen zulässt. Alternativ oder ergänzend verlegt man sich auf pädagogische Alternativprogramme von Dalton und Montessori bis Waldorf und Freinet. Empirisch führen alle diese Maßnahmen dazu, dass sich an solchen Schulen ein bestimmtes soziales Klientel absondert.

Wo das noch nicht reicht, helfen auch noch die altbewährten Mechanismen der sozialräumlichen Segregation: Man ziehe in Stadtteile, wo man seinesgleichen findet (vgl. z. B. De Fraja/Martinez-Mora, 2014). Auch dieses Phänomen konnte in zahlreichen empirischen Untersuchungen zum Thema „Schulwahl" beobachtet werden (vgl. u. a. Schmid, 2004; Andersson/Malmberg/Östh, 2012; Thiersch, 2014; Thelin/Niedomysl, 2015). Helsinki stellt auch hier ein Paradebeispiel dar, da auch in dieser europäischen Stadt der Schulstandort und die Sozialgeografie der Schule eine immer größere Bedeutung für die Schulwahl und die damit verbundene schulische Segregation gewinnt (Seppánen, 2003; Bernelius/Kauppinen, 2011; Kosunen, 2014). Und dies trotz gemeinsam geführter Sekundarstufe.

Schließlich gibt es noch die Möglichkeit, Segregation innerhalb des einzelnen Schulstandortes durch Binnendifferenzierung oder Tracking zu arrangieren, d. h. die Aufteilung auf unterschiedliche Kurse, etwa nach Leistungsstand, Begabung, Förderbedarf usw., vorzunehmen. Beispielsweise ließe sich das von der österreichischen Industriellenvereinigung favorisierte Modell einer Gesamtschule mit unterschiedlichen Geschwindigkeiten anders gar nicht organisieren. Weltweit sind solche Differenzierungsformen auf dem Vormarsch (Chmielewski, 2014). Das Interessante an ihnen ist, dass sie gegebenenfalls verschieben, wen die Ungleichheit trifft: in Tracking-Systemen ist es für wider Erwarten Erfolgreiche schwieriger, ihre Position zu sichern, als wenn sie wider Erwarten in eine höhere Schule des gegliederten Schulsystems gekommen sind (vgl. z. B. Chmielewski/Dumont/Trautwein, 2013). Insgesamt sind dabei weniger die formalen Merkmale des jeweiligen Tracking-Systems bedeutsam, als vielmehr wie dadurch bestimmte Klientelgruppen bedient werden können (vgl. Felouzis/Charmillot, 2013).

Was passiert nun voraussichtlich, wenn eine Modellregion eingeführt wird? Sie wird nur jene treffen, die sich keiner der oben genannten Strategien bedienen können. Unter österreichischen Bedingungen gibt es nur wenige Orte, wo im Rahmen einer auf fünfzehn Prozent beschränkten Modellregion Alternativen für jene, die welche wollen, außer Reichweite liegen. Wer in Floridsdorf oder der Donaustadt nicht in die dort vorgeschlagene Gesamtschule will, muss entweder privat, kirchlich oder über die Donau wechseln: bei unseren guten öffentlichen Verkehrsmitteln alles kein Problem. Sollten größere Modellregionen solche Ausweichstrategien erschweren, dann wird der Segregationsdruck auf die verbleibenden Alternativen steigen: Wer mehr Mittel hat, Schulstandort oder Wohnort zu wechseln, wird davon Gebrauch machen. Man müsste also in ganzen Gebieten gesetzlichen Schulzwang – also die Verpflichtung zum Besuch einer bestimmten Schule – einführen, wenn man solche Entwicklungen verhindern will. Das dürfte verfassungsrechtlich und politisch kaum durchsetzbar sein und hätte im Übrigen gleichwohl keine nachhaltig positiven Effekte auf Equity und Exzellenz.

In der Summe: Es gibt weder einen Nachweis, dass Gesamtschulsysteme per se bessere Equity oder Exzellenz erzeugen, noch sind sie in der Regel tatsächlich so einheitlich, wie die Rede von der „gemeinsamen Schule" vortäuscht, sondern beinhalten andere, weniger sichtbare, aber deswegen nicht weniger wirksame Segregationsmechanismen. Es gibt keine pädagogischen Neuerungen, deren Einführung von einer solchen Systemumstellung zwingend abhinge. Eher ist zu erwarten, dass der enorme politische, soziale und finanzielle Aufwand, den diese Umstellung kosten würde, dazu führte, weniger in den Bereichen zu tun, wo man tatsächlich Effekte erzielen könnte, nämlich bei einer substanziellen, auf die Probleme der Heterogenität und Inklusion abgestimmten Schulautonomie.

Resultat

Bei der Planung und Umsetzung der österreichischen Bildungsreform 2015 hätte man sich sicher mehr Mut und eine klarere Positionierung gewünscht und nicht bloß punktuelle Veränderungen in einem bestehenden System. Dies trifft vor allem auf den Bereich der Schulautonomie der einzelnen Schulen zu. Statt nur ein wenig Mitbestimmung bei der Personalauswahl oder der Verfügung über Sachmittel zu ermöglichen, hätte es weitaus mehr Möglichkeiten zur Veränderung der Personalstrukturen oder echter Budgetautonomie geben können. Dies hätte die aktuelle Situation der Schulen weitreichender unterstützt. Nur wenn die lokale Handlungsfähigkeit gestärkt wird und die Beteiligten vor Ort tatsächlich die Möglichkeit haben, ihre Schule so zu gestalten, wie es die jeweilige Situation verlangt, sind wirkliche Veränderungen möglich. In der jetzigen Form ist jedoch nur eine formale Autonomie vorgesehen. Positiv anzumerken gilt es jedoch, dass das Thema rund um „Autonomie" in den öffentlichen Diskurs um die Schule Eingang gefunden hat und trotz zahlreicher politischer Verhandlungen nicht gänzlich aus dem Reformpapier verschwunden ist. Zukünftig ist es wünschenswert, den Diskurs um Schulautonomie auszubauen und nach Mitteln und Wegen zu suchen, um den Situationen und Bedingungen der Schulen vor Ort kontextsensibler und -spezifischer gerecht werden zu können.

Dennoch zielt diese Schulreform am Zeitgeist vorbei und kommt zu spät, bewegt sie sich doch weiterhin im Streit um kontraproduktive Themen und Modelle, wie um ein gemeinsam oder getrennt geführtes Schulsystem. Anstatt auf Standardmaßnahmen zu setzen, die „allen" zugutekommen sollen (wie die Einführung eines weiteren, verpflichtenden Kindergartenjahres oder die Einführung eines Gesamtschulsystems), sollten sich die Bemühungen gezielt auf diejenigen Gruppen beziehen, welche wirklich Unterstützung benötigen und im Schulsystem sonst zu kurz kommen. Themen wie „student-weighted budgeting" wurden in der Reform jedoch bisher ausgeklammert. Eine gut durchdachte Verteilung der Ressourcen könnte in dieser Hinsicht jedoch für positive Effekte sorgen.

Mit dem Aufbau von starken und zentralen Kontrollmechanismen, wie dies in Form der Etablierung einer Bundesqualitätssicherungsstelle geplant ist, ist der Glaube verbunden, dass Gesellschaften über die Kontrolle durch den Staat reguliert und verändert werden können (Etatismus). Dieser Annahme liegt jedoch ein Fehlschluss zugrunde, handelt es sich bei Schulen doch um Systeme mit eigenständigen Logiken. Um Kollateralschäden zu begrenzen oder gar zu verhindern, gilt es, den Stellenwert dieser übergeordneten Kontrollen als Mittel zur Rechenschaftslegung von Schule und Unterricht auf deren realistischen Aussagewert zu verringern.

Somit lautet das Fazit: Weniger als erhofft, mehr als erwartet … verbunden mit dem frommen Wunsch, dass sich die Kollateralschäden in Grenzen halten mögen!

Literatur

Andersson, E./Malmberg, B./Östh, J. (2012), *Travel-to-school distances in Sweden 2000-2006: changing school geography with equality implications*, Journal of Transport Geography, 23, S. 35-43.

Bernelius, V./Kauppinen, T. M. (2011), *School Outcomes and Neighbourhoods Effects: A New Approach Using Data from Finland*, in: Ham, M. van/Manley, D. /Bailey, N. /Simpson, L./Maclennan, D. (Eds.), *Neighbourhood Effects Research: New Perspectives* (pp. 225-247). New York: Springer.

Bundesministerium für Bildung und Frauen/ BMBF (2015). *Bildungsreformkommission: Vortrag an den Ministerrat*. https://www.bmbf.gv.at/ministerium/vp/2015/20151117.pdf?55kaz6 [18.12.2015].

Caldwell, B. J. (2014), *Impact of School Autonomy on Student Achievement in 21st Century Education. A Review of the Evidence.* http://educationaltransformations.com.au/wp-content/uploads/School-Autonomy-and-Student-Achievement-Evidence.pdf [20.12.2015].

Chmielewski, A. K. (2014), *An International Comparison of Achievement Inequality in Within- and Between-School Tracking System*, American Journal of Education, 120 (3), S. 293-324.

Chmielewski, A. K./Dumont, H./Trautwein, U. (2013), *Tracking effects depend on tracking type: An international comparison of mathematics self-concept*. American Educational Research Journal, 50, S.925-957.

De Fraja, G./Martínez-Mora, F. (2014),. *The desegregating effect of school tracking*, Journal of Urban Economics, 80, S. 164-177.

Esser, H./Relikowski, I. (2015), *Is Ability Tracking (Really) Responsible for Educational Inequalities in Achievement? A Comparison between the Country States Bavaria and Hessen in Germany,* Forschungsinstitut zur Zukunft der Arbeit, IZA Discussion Paper, No. 9082. http://ftp.iza.org/dp9082.pdf [10.12.2015].

Felouzis, G./Charmillot, S. (2013), *School tracking and educational inequality: a comparison of 12 education systems in Switzerland*, Comparative Education, 49 (2), 181-205.

Gurzo, K. (2015), *The long term effects of early selection – a quasi natural policy experiment from Hungary*. http://repec.economicsofeducation.com/2014valencia/09-21.pdf [10.12.2015].

Honig, M. I./Rainey, L. R. (2012), *Autonomy and School Improvement. What Do We Know and Where Do We Go From Here?* Educational Policy, 26 (3), S. 465-495.

Hood, C./James, O./Jones, G./Scott, C./Travers, T. (1999), *Regulation inside government: waste-watchers, quality police, and sleaze-busters.* Oxford: Oxford University Press.

Kerr, S. P./Pekkarinen, T./Uusitalo, R. (2012), *School tracking and development of cognitive skills – additional results,* HECER Discussion Paper No. 350. https://helda.helsinki.fi/bitstream/handle/10138/35783/schooltr.pdf?sequence=1 [18.12.2015].

Koretz, D. (2008a), *Measuring Up: What Educational Testing Really Tells Us.* Cambridge, MA: Harvard University Press.

Koretz, D. (2008b), *Test-based educational accountability: Research evidence and implications*, Zeitschrift für Pädagogik, 54 (6), S. 777-790.

Kosunen, S. (2014), *Reputation and parental logics of action in local school choice space in Finland.* Journal of Education Policy, 29 (4), S. 443-466.

Moser, U./Rhyn, H. (1999), *Schulmodelle im Vergleich. Eine Evaluation der Leistungen in zwei Schulmodellen der Sekundarstufe I.* Aarau: Sauerländer.

National Education Association (2005), *Weighted Student Formula (WSF). What Is It and How Does It Impact Educational Programs in Large Urban Districts?* http://www.nea.org/assets/docs/HE/formula.pdf [18.12.2015].

Nichols, S.L./Berliner, D.C. (2007), *Collateral Damage: How High-Stakes Testing Corrupts America's Schools* (1st ed.), Cambridge, MA: Harvard Education Press.

OECD (2012), *Public and Private Schools: How Management and Funding Relate to their Socio-economic Profil,* OECD Publishing. http://dx.doi.org/10.1787/9789264175006-en [18.12.2015].

Schlicht-Schmälzle, R./Teltemann, J./Windizio, M. (2011), *Deregulation of education: What does it mean for efficiency and equality,* TranState working papers, No. 157. http://hdl.handle.net/10419/52224 [18.12.2015].

Seppánen, P. (2003), *Patterns of 'public-school markets' in the Finnish comprehensive school from a comparative perspective.* Journal of Education Policy, 18 (5), S. 513–531.

Spillane, James P. (2006), *Distributed leadership* (1st ed.), San Francisco: Jossey-Bass.

Schmid, K. (2004), *Regionale Bildungsströme in Österreich.* Entwicklungen seit dem Schuljahr 1985/86 und Prognosen für die Grundstufe sowie die Sekundarstufe I und II bis zum Jahr 2020, ibw-Reihe Bildung & Wirtschaft, Nr. 31.

Tammaru, T./van Ham, M./Marcińczak, S./Musterd, S. (Hg.) (2015), *Socio-Economic Segregation in European Capital Cities. East Meets West,* Oxford: Routledge.

Thelin, M./Niedomysl, T. (2015), *The (ir)relevance of geography for school choice: Evidence from a Swedish choice experiment,* Geoforum, 67, S. 110–120.

Thiersch, S. (2014), *Bildungshabitus und Schulwahl. Fallrekonstruktionen zur Aneignung und Weitergabe des familialen 'Erbes',* Wiesbaden: Springer VS.

WOLFGANG FELLER

Bildungsreform 2015 und die Neue Mittelschule

Der Artikel gibt einen Überblick über die Entwicklung der Neuen Mittelschule (NMS): von einem begrenzten Schulversuch, der aus politischen Opportunitätsgründen zu einem neuen pädagogischen Modell für die Mittelstufe in ganz Österreich ausgeweitet wurde. Dies, ohne die gesetzlich vorgesehene Evaluierung abzuwarten, dafür aber mit weitreichenden finanziellen Konsequenzen. Die Neue Mittelschule wird als großes bildungspolitisches Experiment gesehen, in dem versucht wird, die zunehmend drängender werdenden Probleme in den Hauptschulen durch den Einsatz unterrichtsbezogener Innovationen (Stichwort „Neue Lehr- und Lernkultur") und durch zusätzlichen Stundenaufwand zu lösen. Die Evaluierung der ersten Jahrgänge hat ergeben, dass die NMS zwar keinen Beitrag zu mehr Chancen- und Bildungsgerechtigkeit leistet und auch kaum Verbesserungen im fachlichen Bereich erkennen lässt. Aber es gibt positive Ergebnisse im Bereich der Lernkultur und teils starke Effekte im Bereich des Schulklimas und der Schulkultur. Anstelle einer pauschalen Verurteilung, wie sie in der öffentlichen Diskussion stattgefunden hat, wäre es wichtig, mit einer breiten Diskussion der bisherigen Ergebnisse zu einer Weiterentwicklung des neuen pädagogischen Modells beizutragen. Dazu werden im vorliegenden Artikel zwei Vorschläge gemacht:

- *Das pädagogisch-didaktische Konzept sollte um Maßnahmen ergänzt werden, die das Lernen der leistungsschwächsten Schüler besonders unterstützen. Die Schwächeren brauchen stärker strukturierte Unterrichtstechniken; der nun forcierte individualisierte Unterricht bietet ihnen nicht genügend Lernchancen. Lehrer- und schülerzentrierte Unterrichtsphasen sollten besser ausbalanciert sein.*

- *Mit der flächendeckenden Einführung des Teamteachings wurden zusätzliche Ressourcen nach dem Gießkannenprinzip auf alle Schüler und Schulen verteilt. Besser wäre es, die Mittel zum einen für besonders lernschwache Schüler einzusetzen. Wie diesen am besten geholfen wird, sollen die Schulen selbst entscheiden dürfen. Zum anderen sollen die zusätzlichen Gelder vor allem an Schulen gehen, die einen höheren Anteil an Risikoschülern haben als der*

Durchschnitt. Die Vergabe sollte sich an der sozialen Zusammensetzung der Schüler orientieren, wie es bereits in vielen Ländern üblich ist.

Im Jahr 2015 fand in Österreich keine Bildungsreform statt. Zugegeben, es wurde viel über ein von den Regierungsparteien angekündigtes, angeblich großes Reformkonzept berichtet und diskutiert. Was am 17. November jedoch als „Eckpunkte der Bildungsreform" präsentiert wurde, wirft bisher (Jänner 2016) mehr Fragen auf, als beantwortet wurden. Damit sind nicht nur die schon bald aufgebrochenen Differenzen über den Umfang der Gesamtschulversuche gemeint. Auch nicht die vielen vagen Formulierungen und unrealistischen Umsetzungserwartungen. Damit ist die Frage der Finanzierung angesprochen. Der Vortrag an den Ministerrat enthielt nämlich keine Finanzplanung. Damit stehen alle vorgeschlagenen Maßnahmen (von der besseren Ausstattung der Schulen bis zum zweiten verpflichtenden Kindergartenjahr) unter Finanzierungsvorbehalt. Dies bei einer Budgetlage, die für das Bildungsressort eine „strukturelle Lücke" von über 550 Millionen Euro[1] aufweist. Es ist also schon aus budgetären Gründen noch völlig unklar, welche der Vorhaben tatsächlich umgesetzt werden können. Auch haben die politischen Verhandlungen mit den Interessenvertretern noch nicht einmal begonnen (die AHS-Lehrergewerkschaft hat sich schon einmal skeptisch gegenüber den geplanten neuen Befugnissen der Schuldirektoren positioniert). Und wer daran glaubt, dass die Länder tatsächlich einer zentralen Abrechnung der Landeslehrer-Gehälter über das Bundesrechenzentrum zustimmen, hat sich nie mit der Geschichte der sogenannten Transparenzdatenbank auseinandergesetzt.

2015 wäre ein ganz anderes Thema zu diskutieren gewesen, jene Reform, die bis 2018/19 Jahr für Jahr tatsächlich umgesetzt wird. Das bildungspolitische Großexperiment zur Hauptschulreform, genannt „Neue Mittelschule (NMS)".

---

1   „Hürden am Weg zur ‚geilen Reform'", Die Presse vom 1. Jänner 2016

Die mediale Vernichtung der NMS nach dem Evaluierungsbericht

Am 4. März 2015 wurde die lange erwartete Evaluierung der Neuen Mittelschule (NMS) in Form eines umfangreichen Forschungsberichtes der Öffentlichkeit präsentiert. Die öffentliche Debatte nach der Präsentation des Berichts war kurz und heftig. In den Medien dominierten Schlagzeilen wie „Neue Mittelschule durchgefallen" (Kurier), „Nicht besser als Hauptschule: *NMS enttäuscht*" (Die Presse) oder „Schlechtes Zeugnis für Neue Mittelschule" (orf.at) und genüsslich wurde ein fataler Satz aus dem Resümee der Ergebnisse aus dem Zusammenhang gerissen und zitiert: „Insgesamt gibt es keine belastbaren Hinweise, dass das Niveau der NMS im Durchschnitt über jenem vergleichbarer Hauptschulen liegt. Vielmehr bestehen Zweifel, ob dieses an allen Standorten tatsächlich erreicht wird."[2]

Der Tenor der Berichterstattung bestand im Wesentlichen darin, dass nun eine langjährige, als SPÖ-Prestigeprojekt geführte Reform endgültig gescheitert sei. Das sehr klare mediale Urteil überraschte, da das wissenschaftliche Konsortium unter der Leitung des Salzburger Erziehungswissenschaftlers Ferdinand Eder einen durchaus kritischen, aber differenzierten Evaluierungsbericht vorgelegt hatte[3], dessen Ergebnisse zwar durchwachsen waren, aber nicht jene pauschalen Verurteilungen rechtfertigten, die nach Veröffentlichung des Berichts die Medien dominierten.

Um zu verstehen, warum die öffentliche Berichterstattung und Diskussion so polarisiert vonstattenging, muss man sich die Entstehungsgeschichte der Neuen Mittelschule in Erinnerung rufen.

Die Neue Mittelschule als Schulversuch

Politischer Ausgangspunkt für die NMS war das Regierungsprogramm 2007 bis 2010, in dem u. a. festgelegt wurde, dass für die Schulen der Sekundarstufe I – also Hauptschule und Unterstufe der allgemeinbildenden höheren Schule (AHS) – neue Modelle der Leistungsdifferenzierung erarbeitet und

---

2   Eder et al., *Evaluation der neuen Mittelschule. Zusammenfassung*, Salzburg und Linz 2015, S. 22.

3   Eder et al., *Evaluation der Neuen Mittelschule. Forschungsbericht*, Salzburg und Linz 2015.

umgesetzt werden, um unterschiedliche Begabungen besser individuell fördern zu können.

Zur Unterstützung der Konzeptentwicklung wurde eine Experten-
kommission eingesetzt. Diese empfahl, Modellversuche eines anfangs als
„Gemeinsame Schule" und später als „Neue Mittelschule" bezeichneten
neuen Schultyps in eigenen Regionen flächendeckend zu erproben. Nach
politischer Einigung wurden diese Modellversuche Anfang 2008 als Schulversuche im Schulorganisationsgesetz verankert und an definierten Schulstandorten für einen Zeitraum von vier Jahren genehmigt. Voraussetzung
war eine Zweidrittel-Zustimmung von Lehrern und Erziehungsberechtig-
ten. Von den ursprünglich vorgesehenen Modellregionen war man abge-
kommen.

Im Schuljahr 2008/09 begann die erste „Generation" der NMS-
Modellversuche in den Ländern Burgenland, Kärnten, Oberösterreich,
Steiermark und Vorarlberg mit insgesamt 67 Schulen. Die zweite „Gene-
ration" der NMS-Modellversuche – Schuljahr 2009/10 – umfasste weitere
177 Schulen, wobei sich nun auch die restlichen Bundesländer beteiligten.
Gleichzeitig wurde eine verpflichtende Evaluierung durch das Bundesinsti-
tut für Bildungsforschung, Innovation & Entwicklung des österreichischen
Schulwesens (BIFIE) gesetzlich festgelegt.

Schulreform als innerkoalitionäre Kampfstrategie

Parallel zur formalen Installierung des neuen Schultyps, inklusive der Einrichtung von Schulungen, Vernetzungsgruppen und Informationsmateri-
alien, fand jedoch eine Art Ideologieoffensive statt. Von Seiten des Un-
terrichtministeriums wurde das Reformvorhaben Neue Mittelschule von
Beginn an als eine Art „Kampfstrategie" konzipiert: Obwohl die gemeinsame Schule der 10- bis 14-Jährigen in den vorangegangenen Koalitionsverhandlungen nicht durchgesetzt worden war, sollte sie nun auf Konzept-
und Propagandaebene antizipiert werden. Nach dem Motto: „Jetzt erst
recht" wurde in keinem Pressegespräch, in keiner Schulungsunterlage und
in keiner Präsentation darauf vergessen, die Neue Mittelschule als wesentlichen Meilenstein auf dem Weg zur Etablierung der gemeinsamen Schule
der 10- bis 14-Jährigen zu beschreiben. Unterstützt wurde dies durch eine

breit angelegte PR-Kampagne, die vor allem über Inserate in Printmedien geführt wurde.[4]

Liest man die frühen „Erfolgsmeldungen" aus den Jahren 2008 und 2009, muss man annehmen, dass die Ministerin und/oder ihr Beraterteam tatsächlich daran geglaubt haben, aufgrund des überragenden pädagogischen Konzepts oder der damit verbundenen zusätzlichen Lehrstunden würden sich nun reihenweise Gymnasien in NMS umwandeln, wodurch die leidige Gesamtschul-Debatte quasi von selbst beendet werde. Allerdings erfüllte sich – wie von vielen Experten vorausgesagt – kaum eine dieser Erwartungen. Weder entschlossen sich genügend Gymnasien zur Umstellung, noch konnten Bundeslehrer in ausreichender Zahl zum geplanten Teamteaching (Zwei-Lehrer-System) gefunden werden. Auch die Rückmeldungen von einzelnen Schulstandorten waren wenig ermutigend.

Die Lösung: ein politischer Deal mit den Landeshauptleuten

Trotz aller propagandistischen Anstrengungen drohte das aufwändige Konzept – immerhin ein Herzstück der Bildungsreformbemühungen von Unterrichtsministerin Claudia Schmied (SPÖ) – im Herbst 2011 zu scheitern. Als letzter Ausweg wurde eine Vereinbarung mit dem Koalitionspartner geschlossen, um dem Prestigeprojekt doch noch irgendwie zum Erfolg zu verhelfen. Oder zumindest zu etwas, das man öffentlich als Erfolg verkaufen konnte.

Im März 2012 wurde im Nationalrat die sukzessive flächendeckende Einführung der Neuen Mittelschule an den Hauptschulen beschlossen. Der ursprüngliche Widerstand aufseiten der ÖVP wurde einerseits damit besänftigt, dass im Rahmen der gesetzlichen Normierung gleichzeitig der Fortbestand der AHS-Unterstufe festgeschrieben wurde. Andererseits bedeutete die Ausweitung eine beträchtliche Erhöhung der finanziellen Ausstattung des unter Landesverwaltung stehenden Nachfolgers der Hauptschulen. Die folgende Aufstellung der zusätzlich geplanten Ausgaben für die Neue Mittelschule verdeutlicht die finanzielle Dimension des Reformprojekts:

---

4   Laut RH-Bericht wurden von 2008/09 bis 2011/12 rund 1,8 Mio. Euro für Öffentlichkeitsarbeit aufgewendet, davon rd. 1,08 Mio. für Inserate in Printmedien.

2011	€ 41.584 388,0	2016	€ 199.860 924,0
2012	€ 67.493 814,0	2017	€ 217.619 920,0
2013	€ 100.246 850,0	2018	€ 226.396 248,0
2014	€ 134.176 024,0	2019	€ 229.367 544,0
2015	€ 169.611 480,0		

Der Bericht des Rechnungshofes zur Neuen Mittelschule

Der Rechnungshof prüfte vom November 2012 bis März 2013 die Modellversuche der Neuen Mittelschule der Schuljahre 2008/09 bis 2011/12. Selten erhielten schulpolitische Reformen eine derart kritische Bewertung:

- Für die flächendeckende Einführung der Neuen Mittelschule in ganz Österreich ab 2012/13 lagen keine zentralen Entscheidungsgrundlagen vor, da die gesetzlich vorgesehene Evaluierung noch nicht abgeschlossen war.

- Die durchschnittlichen Lehrerpersonalkosten stiegen von 6.600 Euro pro Schüler und Schuljahr an Hauptschulen auf rund 7.200 Euro pro Schüler und Schuljahr an Neuen Mittelschulen. Die Lehrerpersonalkosten an AHS lagen dagegen im bundesweiten Durchschnitt bei 4.700 Euro.

- Das Unterrichtsministerium hatte Vergabevorschriften nicht eingehalten: Aufträge zur Durchführung des Projekts „eLearning", zur Entwicklungsbegleitung und für die Öffentlichkeitsarbeit wurden ohne Wettbewerb bzw. teilweise ohne Ausschreibung vergeben.

- Die Organisation des Projekts Neue Mittelschule war zu komplex angelegt, erfolgte zu spät und musste mehrmals angepasst werden; die Koordination mit den Bundesländern war mangelhaft.

- Ausführliche Kritik äußerte der Rechnungshof am verschränkten Einsatz von Bundes- und Landeslehrern. Die zersplitterte Kompetenzlage im Schulwesen erforderte sowohl bei der Planung als auch bei der Abrechnung aufwändige Verwaltungsabläufe. Die vielfältigen dienst- und besoldungsrechtlichen Unterschiede zwischen Bundes- und Landeslehrern erschwerten den gemeinsamen Einsatz und zeigten die praktische Undurchlässigkeit zwischen beiden Lehrergruppen.

- Positiv wurde vermerkt, dass die Fort- und Weiterbildungsaktivitäten an Pädagogischen Hochschulen wesentlich erweitert wurden und sich die Anzahl der Teilnehmer vom Schuljahr 2009/10 bis zum Schuljahr 2010/11 verfünffachte.

Was tatsächlich im Evaluierungsbericht zur Neuen Mittelschule steht

Anfang März 2015 wurde, wie anfangs erwähnt, die 2009 beschlossene begleitende Evaluierung bzw. der darüber erstellte Forschungsbericht der Öffentlichkeit präsentiert. Die mediale Berichterstattung und öffentliche Diskussion stand in erstaunlichem Gegensatz zur differenzierten Darstellung des Evaluierungsberichts. Aber vielleicht war das die unvermeidliche Konsequenz aus der überschießenden (Jubel-)Propaganda während der Einführung des neuen Schulmodells. Nun wurden die ersten Jahrgänge der Neuen Mittelschule an den ursprünglichen, utopischen Versprechungen gemessen und konnten in dieser Hinsicht nur enttäuschen.

Zugleich wurde in beinahe allen Medienberichten auf den Hinweis vergessen, dass sich die vorliegende Evaluierung lediglich auf die Anfangskohorten, also die ersten beiden Jahrgänge und somit auf die spezifische Konstellation der Startphase der Neuen Mittelschule bezieht. Die Standorte der ersten beiden Generationen der NMS unterscheiden sich wesentlich vom Durchschnitt der Hauptschulen: Sie weisen mehr Eltern mit geringer Schulbildung und wesentlich mehr Schüler mit Migrationshintergrund und daher nichtdeutscher Alltagssprache auf (22 Prozent statt 13 Prozent). Damit sind die Ergebnisse nur eingeschränkt für eine Gesamtbewertung der Neuen Mittelschule geeignet.

Unter Berücksichtigung dieser Einschränkung lassen sich die wichtigsten Ergebnisse folgendermaßen zusammenfassen:
- Positive oder zumindest leicht positive Ergebnisse werden im Bereich der Lernkultur erzielt, wobei sich bei jenen Schulen, die das NMS-Konzept intensiver umgesetzt haben, eine deutlichere Ausprägung der Effekte findet.
- Ebenfalls positive und zum Teil starke Effekte lassen sich im Bereich der Schulkultur feststellen. Das Ausmaß erlebter und ausgeübter Gewalt ist nach Einführung der Neuen Mittelschule deutlich geringer, ebenso

kommt es zu einem signifikanten Rückgang bei abweichendem Verhalten der Schüler.

- Die Veränderungen der Kompetenzen im fachlichen Bereich fallen in den untersuchten Generationen unterschiedlich aus: Während bei der ersten Generation deutliche Verbesserungen in Mathematik und leichte Verbesserungen in Deutsch und Englisch feststellbar sind, wurden in der zweiten Generation lediglich geringe Verbesserungen in Deutsch und Englisch vermerkt. In Mathematik kam es in der zweiten Generation zu einer leichten Verschlechterung. Beim Vergleich der Lesekompetenzen waren die Unterschiede nicht bedeutsam.
- Die Neue Mittelschule leistet keinen Beitrag zu mehr Chancen- und Bildungsgerechtigkeit. Im Vergleich der Schülerleistungen zeigt sich keine Verbesserung der Situation der leistungsschwächeren Schüler gegenüber der Situation vor der Einführung der NMS. Die Tendenz der Ergebnisse weist eher in die umgekehrte Richtung! Lediglich für Schüler mit nichtdeutscher Alltagssprache dürfte der Besuch einer NMS leichte Vorteile mit sich bringen.
- Eine Auswertung der Übertrittsraten von der Neuen Mittelschule in weiterführende höhere Schulen (AHS oder BHS) stellt eine geringfügige Verbesserung der Durchlässigkeit fest. Schüler der ersten Generation der NMS entschieden sich häufiger für eine höhere Schule, als das für vergleichbare Hauptschulen der Fall war. Die Autoren sehen darin aber keinen wesentlichen Beitrag zur Reduktion von Ungleichheit.

Die Neue Mittelschule: Ein bildungspolitisches Experiment zur Hauptschulreform

Führt man die übertriebenen und zum Teil völlig unrealistischen Visionen aus der Anfangspropaganda der Neuen Mittelschule auf den Boden der Tatsachen zurück, so lässt sich ein realistischer Blickwinkel einnehmen: Die Einführung des pädagogischen Modells namens Neue Mittelschule ist ein umfassendes pädagogisches Reformprogramm zur Lösung der immer drängender werdenden Probleme in den Hauptschulen. Die immer schon bestehenden Schwierigkeiten einer durch negative soziale Auslese zusammengesetzten Schülerpopulation wurden in den letzten Jahrzehnten erheblich verschärft, einerseits durch die vermehrte „Flucht" in die AHS, andererseits durch die Auswirkungen eines größeren Zustroms von Kindern mit Migrationshintergrund. Damit findet sich in vielen Hauptschulen eine extrem heterogene Schülerschaft mit einem hohen Anteil an sogenannten Risikoschülern, die in Gefahr sind, bis zum Ende der Schulpflicht an den Anforderungen einer grundlegenden Allgemeinbildung zu scheitern. Das Projekt Neue Mittelschule ist der Versuch, diese Probleme in erster Linie durch unterrichtsbezogene Innovationen (Stichwort Neue Lehr- und Lernkultur) und durch zusätzliche Ressourcen in Form von höherem Stundenaufwand zu lösen oder zumindest abzuschwächen. Die Reform ist in ihrer Gesamtheit durchaus umfangreich angelegt: Das pädagogisch-didaktische Konzept ist umfassend und anspruchsvoll, die angestrebte Veränderung des Unterrichtsgeschehens durchgreifend. Gleichzeitig wird das Projekt von breiten Unterstützungsmaßnahmen auf verschiedensten Ebenen (Fortbildungsmaßnahmen, regionale Entwicklungsbegleitung, „LerndesignerInnen" an den Schulen etc.) gefördert.

Die Einordnung der Neuen Mittelschule als großes bildungspolitisches bzw. pädagogisches Experiment ist in zweierlei Hinsicht wesentlich. Einerseits hat die NMS ihre Anfangsphase gerade erst hinter sich und ist derzeit nach wie vor in Ausweitung begriffen. So wurde die flächendeckende Einführung des neuen Modells auf ganz Österreich zwar bereits im März 2012 beschlossen, bis zur vollständigen Umwandlung der letzten Hauptschulen wird es allerdings noch bis zum Schuljahr 2018/19 dauern. Zieht man mit in Betracht, dass Veränderungen im pädagogisch-didaktischen Bereich generell erst mit einem gewissen Verzögerungseffekt zum Tragen kommen, wird verständlich, warum es viel zu früh ist, eine abschließende Bewertung des neuen pädagogischen Programms zu versuchen.

Andererseits ist eine Sichtweise, die den experimentellen Status des Reformprojekts betont, wichtig, um die Polarisierung zwischen vernichtender Kritik (über die öffentlichen Medien) und relativ kritikloser Belobigung (durch das Ministerium) zu überwinden. Wünschenswert ist eine breite Diskussion der Evaluierungsergebnisse, an der sich Bildungsexperten ebenso beteiligen wie Lehrer aus der Umsetzungspraxis und Eltern mit ihrer spezifischen Wahrnehmung.

Empfehlungen zur Weiterentwicklung der Neuen Mittelschule
Das pädagogisch-didaktische Konzept sollte ergänzt werden

Etwas verkürzt dargestellt geht es im Konzept der Neuen Mittelschule darum, die in den Hauptschulen üblichen Leistungsgruppen abzuschaffen und durch Teamteaching, verstärkte Schülerorientierung und den Einsatz offener Lernformen zu ersetzen. Dies wurde jedoch nicht als Entwicklungsprozess gestaltet, sondern gesetzlich normiert und als Einstiegsvoraussetzung für alle Neuen Mittelschulen festgelegt. Auch die bereitgestellten Zusatzressourcen wurden auf das Teamteaching in den Hauptfächern konzentriert und ihre Verwendung für andere Bereiche untersagt.

Gerade an diesem zentralen Axiom des neuen pädagogischen Konzepts formierte sich von Anfang an Kritik. Nicht wenige Schulen weigerten sich einfach, diese Vorgaben umzusetzen. Das ist schon dadurch verständlich, dass die Praxis der Leistungsgruppen an vielen Standorten über Jahre hinweg erfolgreich eingesetzt worden war und keineswegs jene diskriminierenden Effekte gezeigt hatte, die von den Bildungsreformern unterstellt wurden. Das Teamteaching wird zwar als gute und wichtige Erweiterung des pädagogischen Spektrums angesehen, das in vielen Situationen auch zu Verbesserungen führt. Aber als Allheilmittel und zentrales Strukturprinzip ist es wenig geeignet.

Die Einführung dieser innovativen Methoden war ursprünglich auch mit der Erwartung verbunden, dass sich diese positiv auf die fachlichen Schülerleistungen auswirken würden. Diese Erwartungen wurden jedoch bei der Evaluierung der Effekte des neuen pädagogischen Konzepts auf die Leistungserbringung der Schüler vollständig enttäuscht. Methoden der inneren Differenzierung und Individualisierung (Teamteaching, Neue Lernkultur im Sinne von unterrichtlicher Individualisierung etc.) sind zwar sinnvolle Strategien, um mit der zunehmenden Unterschiedlichkeit der Schüler konstruktiv umzugehen. Sie zeigen positive Auswirkungen in Bereichen wie sozialem Lernen, Motivation oder Einstellung gegenüber der Schule. Aber in Hinblick auf die fachliche Leistungsentwicklung finden sich für diese innovativen Methoden in der aktuellen Schulforschung sehr unterschiedliche Ergebnisse:

- Verfahren der Differenzierung benötigen mehr Zeit für die Organisation, wodurch der Anteil der effektiven Lernzeit verringert werden kann.

- Die Wirksamkeit steht in Zusammenhang mit der Art und Weise der Implementierung. Die Aufgaben müssen sehr genau auf die Fähigkeiten der Schüler abgestimmt sein.
- Dabei hängt sehr viel von der Kompetenz und Erfahrung der Lehrpersonen ab.

Das größte Problem beim Einsatz von stark individualisiertem Unterricht, vor allem in städtischen Problemschulen, besteht jedoch darin, dass sie nicht allen Schülern gleiche Lernchancen bieten. Leistungsstarke und gut motivierte Schüler sind viel eher zur Selbststeuerung des Lernens fähig und profitieren daher von Methoden, die zur Selbsttätigkeit anregen. Schüler mit niedrigerem Kompetenzniveau, Wissensstand und geringerer Motivation, d.h. Schüler aus benachteiligten sozialen Schichten können eher aus einem hochstrukturierten Unterricht mit klaren Vorgaben Nutzen ziehen. Die gleiche Lernumgebung kann also für manche Schüler förderlich, für andere aber eher hinderlich sein. Ein pädagogisches Konzept, das zu einseitig auf alternative Konzepte zum traditionellen Unterricht setzt, verliert gerade die leistungsschwächsten Schüler aus dem Blickfeld und verschlechtert damit die Lernsituation für jene Risikogruppen, für die es eigentlich gedacht war.

Welche Konsequenzen ergeben sich aus diesen Erkenntnissen für die Weiterentwicklung der Neuen Mittelschule? Um die fachlichen Schülerleistungen zu erhöhen, sollte das pädagogisch-didaktische Kernkonzept um Maßnahmen ergänzt werden, die das Lernen der leistungsschwächeren Schüler besonders unterstützen. Es geht um Unterrichtsstrategien, die nachgewiesenermaßen zur Verbesserung der Leistung dieser Gruppe beitragen.

Die Experten des Evaluierungsberichtes verweisen in diesem Zusammenhang auf das didaktische Konzept der drei „Basisdimensionen guten Unterrichts"[5]. Guter Unterricht zeichnet sich demnach durch drei Dimensionen aus:

- eine strukturierte und klare Unterrichtsführung in Kombination mit einer störungsfreien Klassenführung;
- die Schaffung eines unterstützenden, schülerorientierten Sozialklimas;

---

5   vgl.: Eder et al., *Evaluation der Neuen Mittelschule. Forschungsbericht*, Kapitel 14, S. 299.

- einen Unterricht mit einem hohen Potenzial zur kognitiven Aktivierung der Schüler. Damit ist ein herausfordernder, zum intensiven Nachdenken anregender Unterricht gemeint.

Es geht freilich nicht um ein Entweder-oder verschiedener Unterrichtsmethoden, weil sie – je nach Zielsetzung – ihre jeweilige Berechtigung haben. Worauf es vielmehr ankommt, ist ihr richtiges Verhältnis zueinander. Es geht um eine angemessene Balance zwischen lehrerzentrierten und schülerzentrierten Phasen im Unterricht.

Konzentration der Mittel auf Risikoschüler und Problemschulen ermöglichen

Durch die allzu rasche Ausweitung des ursprünglich als Schulversuch gestarteten Experiments Neue Mittelschule auf ganz Österreich ist eine Situation entstanden, die allen Forderungen nach einem effizienten Einsatz zusätzlicher Ressourcen im Schulwesen diametral widerspricht.

Mit der flächendeckenden Einführung des Teamteachings wurden die zusätzlichen Ressourcen nach dem Gießkannenprinzip auf alle Schüler und Schulen pauschal verteilt. Daher wird im Bericht der Evaluierungskommission (aber auch von vielen Bildungsexperten) eine Konzentration des Mitteleinsatzes in zweierlei Hinsicht gefordert:

Erstens sollten die Ressourcen zielorientierter bei besonders lernschwachen Schülern eingesetzt werden, was eine wesentlich autonomere Mittelvergabe auf Schul- und Klassenebene zur Voraussetzung hat.

Zweitens sollten jene Schulen bzw. Schulstandorte gestärkt werden, die aufgrund ihres sozioökonomischen Umfelds bzw. ihres hohen Anteils an Risikoschülern intensiveren Bedarf an Fördermaßnahmen haben als der Durchschnitt der Schulen. Angesprochen wird damit also jene bedarfsorientierte Mittelverteilung an Schulen, die in vielen Ländern gelebte Praxis ist und auch in Österreich schon länger von vielen Bildungsexperten dringend eingefordert wird. Bei dieser sogenannten „Formelfinanzierung" wird die soziale Zusammensetzung der Schüler in einem Sozialindex abgebildet, der als Basis für die finanzielle Ausstattung eines Schulstandortes herangezogen wird.

Die Einführung derartiger Modelle muss selbstverständlich in vielerlei Hinsicht an die spezifischen Bedingungen des österreichischen Schulsystems angepasst und von entsprechenden Rahmenbedingungen begleitet werden. Dabei sind Fragen zu klären wie die Auswahl und Erhebung von Indikatoren zur Erfassung der sozioökonomischen Schüler-Zusammensetzung an einem Schulstandort, die Bestimmung eines Verfahrens zur Indexberechnung, die Bestimmung des Verteilungsvolumens etc.

Die wichtigste Voraussetzung für die Einführung solcher alternativer oder ergänzender Modelle der Schulfinanzierung besteht allerdings in einer grundlegenden Reform des föderalistisch geprägten, hochgradig bürokratisierten und stark regulierten Systems der österreichischen Schulverwaltung, in einer Abschaffung der zersplitterten Kompetenzverteilung zwischen Bund, Ländern und Gemeinden und in einem Ersatz des derzeitigen Systems durch einen aufgabenorientierten Finanzausgleich.

STANDORTPOLITIK

GÜNTHER OFNER

Dringende Maßnahmen zur Verbesserung der Standortqualität des Wirtschaftsstandortes Österreichs

Darüber können auch die rund 300 Betriebsansiedlungen 2015 nicht hinwegtäuschen.

Betrachtet man die Tendenz der Entwicklung wesentlicher Indikatoren für die Einschätzung des Wirtschaftsstandortes Österreich ohne Schönfärberei, dann müssen tatsächlich die Alarmglocken lautstark läuten: Eine deutlich gestiegene Steuerquote, drastisch höhere Staatsschulden, steigende Arbeitslosigkeit, trotz leicht steigender Beschäftigtenzahlen, deutliche Positionsverschlechterungen in fast allen internationalen Rankings, schwaches Wirtschaftswachstum, drastische steuerliche Belastung des Bankensektors (Österreichs Bankensteuer ist zehnmal so hoch wie die Deutschlands!), ein als Wachstumsbremse empfundenes Übermaß an Regulierung, dem puren Populismus geschuldete prohibitive Steuerregelungen (nicht Abzugsfähigkeit von Gehältern über Euro 500.000,-, erhöhte Straf- und Spitzensteuer), anhaltende Blockade der dringend erforderlichen Flexibilisierung der Arbeitszeit, ein im internationalen Vergleich sehr niedriges durchschnittliches Pensionsantrittsalter, deutliche Abschwächung der Produktivitätsentwicklung, anhaltendes Schüren von klassenkämpferischen, leistungs- und unternehmensfeindlichen Ressentiments.

Eine lange Liste, die sich weiter fortsetzen ließe, die aber die dringendsten Handlungsfelder benennt. Bei vielen Themen werden wesentliche Verbesserungen bzw. Reformen innerhalb der Regierung oder von Sozialpartnerseite, vor allem von Arbeitnehmerseite, seit längerem blockiert. Sehr zum Schaden des Wirtschaftsstandortes Österreich.

Die „Leitbetriebe Standortstrategie", initiiert von Vizekanzler Dr. Mitterlehner, und die mehr als 150 Maßnahmen, die ausgearbeitet wurden, ist dabei ein erster wesentlicher Silberstreif am Horizont. Die Maßnahmen werden im Anhang dokumentiert. Auch die von der Regierung gesetzten, ersten Deregulierungsschritte, vor allem aber die Senkung der Lohnnebenkosten um rund Euro eine Milliarde pro Jahr,

sind wichtige Schritte, um wieder mehr Vertrauen in den Wirtschaftsstandort Öster-
reich zu schaffen. Besonders positiv ist die Verbesserung bei der Forschungsförderung
zu bewerten.

Die österreichische Wirtschaft hat in den letzten Jahrzehnten im internationalen Vergleich eine in jeder Weise bewundernswerte Aufholleistung
geschafft. Nach den Jahren des „Booms" der Aufbauphase waren es vor
allem die Ostöffnung und der EU-Beitritt, die der österreichischen Wirtschaft wesentliche Impulse gaben. Entscheidenden Anteil an dieser Erfolgsgeschichte haben österreichische Leitbetriebe, die in ihrer jeweiligen
Branche bzw. Nische zu den besten Unternehmen der Welt gehören. Wirt-
schaftsstrukturell gibt es in Österreich eine wechselseitig befruchtende, sy-
nergetische Koexistenz zwischen den Leitbetrieben, per Definition für österreichische Verhältnisse überwiegend Großbetriebe, und als regionale und
überregionale Zulieferer tätigen Klein- und Mittelbetrieben. Wie die Ergebnisse der Wirtschaftsforschung dokumentieren, kann dabei die Impuls-
geberfunktion der Leitbetriebe für die jeweilige Branche bzw. Region gar
nicht hoch genug eingeschätzt werden, deren Dynamik ist auch Voraussetzung für den Erfolg von Klein- und Mittelbetrieben und vor allem von
Dienstleistungsanbietern.

Was viele internationale Beobachter an Österreichs Wirtschaft be-
wundern, ist die Tatsache, dass wir über viele, oft wenig bekannte Top-
Player in ihrer jeweiligen Nische verfügen, die sehr oft global tätig sind und
die aufgrund ihres besonderen „Knowhows" sehr wettbewerbsfähig sind.
Es gäbe diesbezüglich viele Unternehmen zu nennen, aber nur als besonders plakatives Beispiel sei etwa hervorgehoben, dass das derzeit höchste
Gebäude der Welt, der Burj Khalifa in Dubai, nicht ohne die Technologie
des Mostviertler Umdasch-Konzerns und seiner Doka-Schalungstechnik
hätte errichtet werden können, was auch für das in Kürze neue höchste
Gebäude, den Kingdom Tower in Riad, Saudiarabien, gilt. Rosenbauer liefert die besten Feuer-Einsatzfahrzeuge für Flughäfen und Industrieanlagen
weltweit, Doppelmayer baut höchst erfolgreich Lift- und Seilbahnanlagen in
allen Kontinenten, Vöest-Alpine zählt zu den Branchenführern der Stahlin-
dustrie vor allem wenn es um höchste Qualitätsansprüche und produktivste,
umweltschonende Erzeugung geht. Die Liste ließe sich beliebig lang fort-

setzten. Alles ist doch in Ordnung, meinen die Schönfärber. Die Stimmung und die nachlassende Investitionsfreude der Leitbetriebe sprechen eine klare Sprache.

Im Rückblick muss mit Bedauern aber auch darauf hingewiesen werden, dass eine weitere wesentliche Erfolgsvoraussetzung für den Wirtschaftsstandort Österreich, die kluge und vorrausschauende strategische Abstimmung wirtschaftspolitischer Weichenstellungen zwischen den Sozialpartnern im letzten Jahrzehnt verloren ging. Das ist heute wesentlich für den Reformstillstand verantwortlich, da es in praktisch allen grundlegenden, wirtschaftsstrategischen Fragen divergierende Auffassungen gibt und vor allem von Arbeitnehmerseite wesentliche, längst überfällige Reformen blockiert werden. Es wäre dabei verfehlt, die Konflikte, Auseinandersetzungen und Absprachen der Vergangenheit zu glorifizieren, aber es gelang in den entscheidenden Fragen, jeweils zukunftsorientierte Konsensformeln zu finden. Ein gutes Beispiel dafür war der EU-Beitritt mit all den diesbezüglich gesetzten Rahmenbedingungen.

Besonders groß ist die Divergenz in der Beurteilung der Standortqualität des Wirtschaftsfaktors Österreichs. Während AK- und ÖGB-Vertreter nicht müde werden, zu argumentieren, es sei ja ohnehin nicht ganz so schlimm und Österreich stehe doch im internationalen Vergleich noch immer gut da, wird von Wirtschaftsseite völlig gegensätzlich argumentiert. Natürlich ist Österreich noch immer ein attraktiver Wirtschaftsstandort, wäre das nicht der Fall, hätten sich 2015 nicht rund 300 Betriebe mit rund 500 Millionen Investitionskapital neu in Österreich angesiedelt. Unbestreitbar ist aber, dass sowohl bei den harten Fakten, als auch in Bezug auf sogenannte „weiche" Standortfaktoren und Stimmungsindikatoren, Österreich in den letzten Jahren sukzessive zurückgefallen ist. Auch wenn die Validität und Bedeutung internationaler Rankings zu Recht angezweifelt werden kann, die wichtigsten von ihnen haben in den letzten Jahren Österreich deutlich nach unten gereiht. Selbst wenn das im Einzelfall durchaus angreifbar ist, die Summe ergibt doch ein sehr eindeutiges, leider negatives Bild.

Im koalitionsinternen und sozialpartnerschaftlichen Schlagabtausch darüber, welche Maßnahmen zur Besserung der Situation erforderlich wären, gehen entscheidende Erfahrungen aus der österreichischen Erfolgsgeschichte verloren. Wirtschaftliche Dynamik wird nämlich nicht vom Staat und seinen Institutionen erzeugt, sondern gedeiht nur dort, wo unternehmerische Menschen entsprechende Risiken eingehen. Diese Bereitschaft zum Eingehen von Risiken ist aber untrennbar mit der Vorteilserwartung daraus verknüpft, warum sonst soll sich das jemand antun? Die systematisch geschürte Neidgesellschaft in unserer Stimmungsdemokratie ist absolutes Gift für wirtschaftliche Dynamik und richtet sich daher in ihren fatalen Wirkungen gegen jene, die diesen Sirenentönen des Populismus am heftigsten erliegen, von Marginalisierung bedrohte Arbeitnehmer, Arbeitslose, vermeintliche Wohlstandsverlierer. Denn: Gerede, fehlendes Wachstum und steigende Arbeitslosigkeit schüren die Unzufriedenheit, was wiederum die Empfänglichkeit für polemische Parolen „gegen die da oben" erhöht und damit das Klima für Investitionen und die Bereitschaft, sich als Unternehmer zu exponieren, weiter reduziert. Besonders nachteilig ist es dabei, wenn dazu noch ein Übermaß an Regulierung gerade jenen „Prügel zwischen die Beine wirft", die bereit wären, mehr zu tun. Wobei diese „Prügel" für alle jene konkrete Realität werden, die mit den geradezu absurden Auswüchsen des österreichischen Verwaltungsstrafrechts in Berührung kommen, das nicht nur Mehrfachstrafen für den selben Tatbestand ermöglicht, sondern durch das Kumulationsprinzip auch Bagatellverstöße zu teilweise existenzgefährdenden Strafdrohungen anwachsen lässt.

Das Wirtschaftsforschungsinstitut wird überdies nicht müde darauf hinzuweisen, dass die Wachstumsschwäche Österreichs auch eng mit Schwächen im Wettbewerb zusammenhängt. Diese Phänomen ist nicht neu, das „Neue" hatte es in Österreich schon immer besonders schwer, allerdings verschlimmert sich die Situation dadurch, dass z. B. der gewerkschaftliche Organisationsgrad in traditionellen Sektoren und ehemals staatsnahmen Branchen nach wie vor hoch ist, während er in den Wachstumsbereichen sehr niedrig ist. Das merkt man natürlich in der weitestgehend auf Verteidigung und Absicherung gerichteten Politik von Arbeitnehmerseite, die dabei aber übersieht, dass zur Erreichung von Vollbeschäftigung und wirtschaftlicher Prosperität vor allem neue, zukunftsträchtige Bereiche der Wirtschaft entwickelt werden müssen, was nur bei entsprechend scharfen Wettbewerbsbedingungen gesichert ist. Mit gewissen Einschränkungen gilt dieses Ungleichgewicht auch für die Wirtschaftskammern, was bedeutet, dass man in Bezug auf die Verbesserung der Wettbe-

werbsvoraussetzungen in Österreich nicht auf sozialpartnerschaftliche Initiativen warten darf, sondern die Regierung gefordert ist.

Nun aber zu nicht so erfreulichen Fakten. Die Steuerquote Österreichs stieg 2015 auf 44 Prozent des BIP, sie liegt daher um mehr als vier
Prozentpunkte über dem EU-Durchschnitt, der zuletzt bei rund 39,5 Prozent lag. Seit der Wirtschaftskrise ist die Steuerquote in Österreich um 2,4
Prozentpunkte des BIP gewachsen. Die Staatsausgabenquote liegt bei 52
Prozent des BIP, der EU-Durchschnitt liegt bei 47,4 Prozent. Die Staats-
schuldenquote ist auf über 80 Prozent des BIP gestiegen, nicht zuletzt auch
durch die Erfassung bisher ausgelagerter Schulden, die Schuldenquote ist
die fünfthöchste in der EU. Die Arbeitslosigkeit in Österreich ist zuletzt
deutlich angestiegen, die über viele Jahre behauptete Spitzenposition innerhalb der EU ging verloren. Europameister in Bezug auf Beschäftigtenzu-
nahme und Reduktion der Arbeitslosigkeit ist nunmehr Deutschland. Dabei ist vor allem ein Blick auf die letzten zehn Jahre besonders instruktiv.
Seit der Realisierung der „Agenda 2010" durch die Regierung Schröder
hat Deutschland fünf Millionen neue Arbeitsplätze geschaffen und die Arbeitslosigkeit mehr als halbiert. Im Jahrzehnt davor gab es die genau gegen-
läufige Bewegung, weniger Beschäftigte und steigende Arbeitslosenzahlen.
Vergleicht man damit die Situation in Österreich, so sind wir massiv hinter Deutschland zurückgefallen. Was sehr eindrucksvoll darauf hinweist, dass
entgegen der gebetsmühlenartig wiederholten Propaganda nicht die Arbeitnehmer die Verlierer der deutschen Reformen waren, sondern im Gegenteil, die umfassenden Maßnahmen und teilweise auch Einschnitte zu einem
deutlichen Beschäftigungs- und Wachstumszuwachs geführt haben.

Mittelfristig besonders kontraproduktiv wird die sachlich nicht be-
gründbare Vielfachbelastung der österreichischen Banken durch Abgaben
und Sondersteuern wirken. Die „Stabilitätsabgabe" genannte Bankensteuer,
die einen reinen Fiskalzweck erfüllt, betrug 2014 in Österreich 588 Millionen Euro, im Vergleich dazu waren es in Deutschland insgesamt 520 Millionen Euro, also nimmt man einen Größenvergleich, weniger als ein Zehntel.
Im Rahmen der Umsetzung der Bankenunion kommen dazu die Dotie-
rungen des Abwicklungsfonds bzw. der Einlagensicherung, was zusätzliche
rund 600 Millionen Euro pro Jahr an Belastung bedeutet. Gewaltige Kosten
in dreistelliger Millionenhöhe bedeuten auch die vielen neuen Regulierun-

gen und letztlich die Umsetzung der Eigenkapitalvorschriften entsprechend BASEL III. Abgesehen von der Beschleunigung des notwendigen strukturellen Anpassungsprozesses bei den Banken selbst und dem Abbau von rund 30 Prozent der Beschäftigten, hat diese enorme Sonderbelastung sehr negative Folgen für die Risikotragfähigkeit und die Finanzierungsfunktion des Bankensystems. Verschärft wird die Situation noch dadurch, dass viele ausländische Finanzinstitutionen, die bisher die Finanzierung der österreichischen Banken gesichert haben, aufgrund der Verunsicherung durch die HETA-Problematik Österreich als Investitionsland gestrichen haben.

Unter diesen negativen Rahmenbedingungen ist nicht zu erwarten, dass das österreichische Finanzsystem positive Beiträge zu einem dynamischeren Wirtschaftsklima leisten kann.

Weit über dem fiskalischen Nutzen haben der Stimmung und damit der Attraktivität des Wirtschaftsstandortes Österreich aber Interventionen vor allem im Steuersystem geschadet, deren Begründung nur in der Befriedigung klassenkämpferischer Emotionen liegt. Zu nennen sind dabei etwa die automatische Nachversteuerung von Auslandsverlusten bei Staaten ohne Amtshilfeabkommen, die auch zurückwirken, wie die 14 Verschlechterungen im Stiftungsrecht seit dessen Inkrafttreten oder etwa die leistungsfeindliche Anhebung des Spitzensteuersatzes auf 55 Prozent sowie die systemwidrige Nicht-Abzugsfähigkeit von Gehältern oberhalb von 500.000 Euro. Hier geht es um die Verlässlichkeit von Rahmenbedingungen, aber auch um eine gesellschaftspolitische Grundtendenz, die nur als negative Botschaft gegenüber Leistungsträgern verstanden werden kann. Vor allem aber wird es letztlich auch steuerlich keine Mehreinnahmen bringen, denn vor allem internationale Konzerne, deren Vertreter die Hauptbetroffenen sind, können sich etwa 50 km östlich, also in Bratislava, zwei Drittel dieses Steueraufwandes sparen. Die Urheber dieser Maßnahmen werden wohl den Exodus letztlich sogar noch als Erfolg ihrer Maßnahme feiern, nicht bedenkend, dass unter dem Strich dem Finanzminister und der Sozialversicherung enorme Beträge entgehen.

Es ist sehr begrüßenswert, dass es trotz der großen Divergenzen innerhalb der Regierung gelungen ist, zuletzt eine Trendumkehr für den Standort Österreich einzuleiten. Genannt sei diesbezüglich die zuletzt verabschiedete Reduktion der Lohnnebenkosten um rund eine Milliarde Euro pro Jahr, die angesichts der Rekordwerte, die Österreich diesbezüglich im internationalen Vergleich aufweist, längst überfällig war und der weitere Schritte folgen müssen. Auch die Anhebung der Förderung von Forschung und Technologie ist eine wichtige Weichenstellung für die Zukunft. Die Entscheidung von Böhringer Ingelheim, in Österreich ein neues Biotechnikzentrum anzusiedeln und rund 500 neue Arbeitsplätze zu schaffen, mag als ein Indiz für den Erfolg dieser Bemühungen angesehen werden. Erste Ansätze sind auch im Bereich Bürokratieabbau gelungen, vor allem auch was die Verfahrensbeschleunigung zum Beispiel im Infrastrukturbereich anbelangt, gerade hier aber steht die Republik vor einer Mammutaufgabe. Milliardeninvestitionen sind seit Jahren blockiert, weil Verfahren zu lange dauern, Gutachter nicht ausreichend verfügbar sind bzw. die anzuwendenden Bestimmungen zu kompliziert oder sogar widersprüchlich sind. Folge davon ist, dass die Gerichte überlastet sind und auch die erhoffte Verfahrensbeschleunigung durch die Einrichtung der Verwaltungsgerichte erst sehr langsam spürbar wird.

Besonders zu begrüßen ist die Initiative von Vizekanzler Dr. Mitterlehner zur „Leitbetriebe Standortstrategie", die im Herbst 2014 gestartet wurde. Mehr als 40 CEOs von österreichischen Leitbetrieben haben mit Unterstützung der Wissenschaft rund 150 Maßnahmen erarbeitet, die bei ihrer Realisierung die Attraktivität und die Wettbewerbsfähigkeit des Standortes erhöhen würden. Im Zentrum stehen dabei Maßnahmen im Bereich „Wissens-Forschungs- und Innovationsbasis", hier entscheidet sich, ob Österreich wettbewerbsfähig bleibt. Ein weiteres Themenfeld behandelt faire Rahmenbedingungen auf internationaler Ebene. Besonders belastend für Österreichs Wirtschaft ist dabei das „golden plating" in bezug auf EU-weite Regelungen. Praktisch die Hälfte der EU-weiten Regulierungsmaßnahmen wird innerösterreichisch weiter verschärft, was zu enormen Zusatzkosten und Einbußen in der Wettbewerbsfähigkeit führt. Ein drittes Themenfeld behandelt „Klima, Energie, Umwelt und Rohstoffe". Weitere Themenbereiche „Finanzierung und Rechtsrahmen sowie Skills und internationale Spitzenkräfte" runden den Katalog ab.

Der Wirtschaftsminister hat zugesagt, die Themen mit Nachdruck zu verfolgen, wobei der Flexibilisierung der Arbeitszeit und der Entbürokratisierung besondere Priorität zukommt. Für sich selbst spricht die erste

Stellungnahme aus dem Bereich der Arbeiterkammer, die davon sprach, es handle sich „um ein Lobbying-Papier der Industriellenvereinigung". Anstelle ernsthafter Auseinandersetzungen mit der Frage, wie Österreich wirtschaftlich vorankommt, wird billige Polemik verbreitet. Das ist insbesondere auch deshalb bedauerlich, weil gerade aus der Arbeiterkammer in der Vergangenheit wesentliche, zukunftsorientierte, wirtschaftspolitische Impulse kamen, denkt man durchaus wehmütig an die Arbeit, etwa von Brigitte Ederer, Wilhelmine Goldmann oder Günther Chaloupek, in der öffentlichen, wirtschaftspolitischen Diskussion zurück.

Im nachfolgenden sind die bisher vorgeschlagenen Maßnahmen der Standortoffensive dokumentiert. Im Interesse der Aufrechterhaltung von wirtschaftlicher Dynamik und Wohlstand in Österreich ist es zu hoffen, dass diese Vorschläge nicht Papier bleiben, sondern möglichst rasch umgesetzt werden.

Themenfeld 1: Wissens-, Forschungs- und Innovationsbasis

* Erneuerung des politischen Bekenntnisses, Österreich bis 2020 in der Gruppe der Innovationsleader zu positionieren und entsprechende Maßnahmen zu setzen
* Forschungsprämie langfristig absichern
* Reform der steuerlichen Bestimmungen zur Spendenabsetzbarkeit und zur Gemeinnützigkeit zur Unterstützung von Forschungseinrichtungen und Universitäten durch Stiftungen und Private
* Neue Formen der Innovationsfinanzierung für junge Firmen, Zusammenspiel der Forschungs- und Innovationsförderinstrumente entlang der Wertschöpfungskette, Instrumente zur Fertigungsüberleitung und Prozessinnovation ausbauen
* Österreichweit zentrale Netzwerkinitiative Industrie 4.0 etablieren.
* Industrie 4.0 Demonstrationsfabriken für Österreich aufbauen
* Entwicklung neuer und innovativer Geschäftsmodelle sowie intelligenter Produkte und Prozesse in Industrie und bei KMUs fördern, Investitionsanreize zur Umrüstung der Produktion in Richtung Industrie 4.0 schaffen

- Telekom-Infrastruktur rasch und unbürokratisch ausbauen, Breitband- und IKT-Forschungsförderung im Rahmen der „Digitalen Offensive" rasch umsetzen
- Innovationspotential der öffentlichen Beschaffung pro-aktiv nutzen und ausschöpfen
- Konzentration und Ausbau der Unterstützung kleiner innovativer Unternehmen, etwa durch Seed/PreSeed-Programm, Management auf Zeit etc.
- Profilbildung der österreichischen Universitäten vorantreiben (in Leistungsvereinbarungen – LV)
- Entwicklung einer breiten Finanzierungsbasis für Universitäten, bestehend aus Ressourcenplanung und Zugangsregelungen, privatem Finanzierungsanteil (in LV)
- Konkrete und nachprüfbare Ziele zur Kooperation mit Unternehmen, zur kommerziellen Nutzung von Forschung und generell zur Verstärkung der „dritten Mission der Universitäten" in den neuen Leistungsvereinbarungen (in LV)
- Maßnahmen für qualitativ hochwertige und international konkurrenzfähige Förderung des wissenschaftlichen Nachwuchses weiterentwickeln; Weiterentwicklung des vorhandenen Karrieremodells in ein echtes Tenure-Track-System
- Gemeinsame Anschaffung/Nutzung von Großgeräten und Forschungsinfrastrukturen
- Verstärkte öffentlichkeitswirksame „Vermarktung" Österreichs als FTI-Standort (ABA-Kampagne)
- Open Science: frühzeitige Befassung mit dem Thema und Entwicklung entsprechender Strategien (LBG Open Innovation zu Health Sciences)
- Weitergehende und ambitionierte Internationalisierungsstrategie Österreichs in den globalen Wachstumsregionen vorantreiben und „Beyond Europe"-Initiative ausbauen
- Mittelrückflüsse aus Horizon 2020 mit dem Ziel von 1,5 Mrd. € steigern
- Österreich für ausländische Arbeitskräfte attraktivieren – Steueranreize in den ersten Jahren für ausländische Dienstnehmer
- Finanzierungspfad ab 2015 langfristig sichern betr. Ziel einer F&E Quote von 3,76 % und von 2 % am BIP für den tertiären Sektor

- Planungssicherheit und Mittelsteigerung in einem Forschungsfinanzierungsgesetz ab 2015 langfristig festlegen
- Abschaffung der Deckelung bei der steuerlichen Begünstigung der Auftragsforschung
- Beendigung der unbefriedigenden Vergabepraxis für die Strukturfondsmittel (EFRE)
- International sichtbare „Exzellenz- und Innovationscluster" zwischen Wirtschaft, Universitäten, FHs, außeruniversitäre Forschungseinrichtungen forcieren
- Anteil kompetitiv eingeworbener Mittel durch die Universitäten verdoppeln
- User-Driven/Demand-Driven Innovation in den bestehenden Förderprogrammen Rechnung tragen
- Prüfung der Schaffung eines Patent-Box-Systems
- Adressierung der sog. „Grand Challenges"
- Headquarters internationaler Konzerne sowie Headquarter-Funktionen in Österreich sichern und neue schaffen
- MINT-Studien, HTL Ausbildung sowie fächerübergreifende MINT-Orientierung in den Schulen fördern, Plattformen zu modernem Lernen zwischen Unternehmen und Hochschulen einrichten
- Österreich für ausländische Studierende (Drittländer) und ausländische Arbeitskräfte attraktivieren – Verbesserungen bei der Rot-Weiß-Rot Karte
- F&E-Ausgaben um rd. 10 % p.a. steigern, insbesondere durch Steigerung der Budgets von aws, FFG & FWF um 10% p.a.
- Entwicklung einer breiten Finanzierungsbasis für Universitäten, u. a. Studienbeiträge

Themenfeld 2: Faire Rahmenbedingungen auf internationaler Ebene
- Etablierung einer nachhaltigen Begleitmaßnahme der Standortstrategie Leitbetriebe im Sinne eines Standortboards
- Industrial-Frontrunner-Initiative auf EU-Ebene
- Schaffung leistbarer Energiepreise
- Europäischer Energiebinnenmarkt

- Forschung im Bereich Schiefergasförderung
- Konsequente Evaluierung und Clearing von bestehenden Rechtsvorschriften sowie einer wirtschaftlichen Begleitkontrolle von Gesetzen
- Prüfung der Lesser-Duty-Rule
- Freihandelsabkommen der EU mit strategischen Partnern in Übersee
- Kein Gold Plating: bei der Erlassung nationaler Umweltauflagen nur im europäischen Gleichklang
- Neues Treibhausgas-Reduktionsziel der EU bis 2030: Schutzmechanismen für die energieintensive Industrie und bei dem innereuropäischen Aufteilungsschlüssel
- Weiterentwicklung von Zukunftstechnologien, insbesondere auch Herstellung alternativer Flugkraftstoffe
- Fokus auf kosteneffizienten Technologien (Überprüfung von Fördernotwendigkeiten) und Ausbau der Wasserkraft
- Einheitliche, gesamteuropäische Strategie zur Förderung erneuerbarer Energien
- Reform des Emissionshandelssystems durch angemessene Schutzmaßnahmen und an Hand realistischer Benchmarks
- Abschaffung der nationalen Flugabgabe
- Schaffung und Implementierung eines globalen Level Playing Field im Beihilfenrecht
- Industriepakt für Europa
- Erweiterung der handelspolitischen Schutzinstrumente auf die Luftfahrt (Hebel: Kapazitätsbegrenzungen)
- Entwicklung eines globalen Emissionshandelssystems nach einheitlichen Kriterien für die Luftfahrt
- Erarbeitung eines Konzepts zur Schiefergasförderung: Schiefergasförderung in Österreich

Themenfeld 3: Klima, Energie, Umwelt & Rohstoffe

- Ausrichtung der Energie- und Klimastrategie 2030 an den Potenzialen der gesamten Volkswirtschaft
- Weitere Umsetzung des österreichischen Rohstoffplans und Koordinierung der Rohstoffpolitik in der Rohstoffallianz

- Kein Herunterbrechen des Erneuerbaren-Ziels auf verbindliche Mitgliedstaaten Ziele
- Kein Herunterbrechen des Energieeffizienz-Ziels auf verbindliche Mitgliedstaaten Ziele
- Enge Verzahnung der Förderagenturen
- Unterstützung des Rollouts für umweltfreundliche Mobilitätstechnologien
- Verwendung der Versteigerungserlöse aus dem Emissionshandel für Low-Carbon und effizienzsteigernde innovative Technologien
- Keine steigende Belastung aus dem Emissionshandel durch das Klimaziel 2030 und darüber hinaus für besonders exponierte Unternehmen der produzierenden Industrie
- Entwicklung einer nationalen Speicherstrategie
- Stärkung einer technologiefreundlichen Politik via Umsetzung der Empfehlungen der IEA (Energy Policies, Review Austria 2014)
- Förderung der erneuerbaren Energien durch entsprechende Innovations- und Investitionsförderung statt Einspeiseförderung und Beendigung der Nutzungskonkurrenz bei Biomasse
- Sicherstellung des weiteren Ausbaus von Infrastrukturprojekten
- Vollständige Wiederherstellung der Förderfähigkeit von ETS-Anlagen im Rahmen der „Umweltförderung im Inland" (UFI)
- Festlegung der EU-Klimaziele unter Berücksichtigung der Ziele anderer Staaten
- Verknüpfung der THG-Reduktionsziele mit wirtschaftlichen Zielen
- Vermeidung von tarifbedingten Wettbewerbsnachteilen für österreichische Pumpspeicher
- Verhinderung des Abflusses von Sekundärrohstoffen in Drittstaaten
- Verwendung des Gesamtenergiefaktors in der Wohnbauförderung
- Reduzierung der Kosten und Dauer von Genehmigungsverfahren

Themenfeld 4: Skills und internationale Spitzenkräfte

- Einführung eines zweiten verpflichtenden Kindergartenjahres für 4- bis 5-Jährige
- Senkung der Lohnnebenkosten, insbesondere in den Bereichen Unfallversicherung, Familienlastenausgleichsfonds
- Beibehaltung und Sicherung der Attraktivität und des „Standort-Assets" der berufsbildenden Schulen, v. a. der HTL sowie Prüfung der Berücksichtigung der Absolventenquote bei der Schulfinanzierung
- Verstärkte Kooperation der Wirtschaft mit den Schulen
- „Standort-Asset" – österreichisches HTL-Modell international bekannt machen – als Standortvorteil regelmäßig mitkommunizieren
- Partizipationsfähigkeit von Personen mit Migrationshintergrund an der österreichischen Gesellschaft heben
- Reform der Schulautonomie
- Schaffen von Steuerbefreiungen bzw. Steuererleichterungen für Forscherinnen und Forscher nach internationalen Vorbildern
- Frühförderung des Forschungs- und Innovationsnachwuchs (MINT-Disziplinen)
- Mehr Fokus auf die Qualität des Unterrichts und leistungsorientierte Bezahlung von Elementarpädagogen und -pädagoginnen
- Aufwertung und Implementierung der Berufsorientierung und Stärkenanalysen in der 7. und 8. Schulstufe
- Reform der 9. Schulstufe
- Forschung und Wissenschaft auf höchstem Niveau – Schärfung des institutionellen Profils durch entsprechende Studienzulassungsverfahren an Universitäten
- Berufliche Tertiärbildung – den Bologna-Degrees gleichwertige Positionierung beruflicher Qualifikationen wie der Meister- und Werksausbildung
- Stärkung bestehender Kompetenzzentren im hochschulischen Sektor statt neue zu schaffen
- Reform der österreichischen Gewerbeordnung und bei den freien Berufen

- Schaffung eines einheitlichen Anerkennungsgesetzes und eines effizienten und unbürokratischen Anerkennungsverfahrens, sowie Ausbau der bereits bestehenden Beratungsmöglichkeiten
- Zugang zu (sämtlichen) Anerkennungsverfahren in Österreich niederschwelliger gestalten und Beratung ausbauen
- Maßnahmenvorschläge zum Bereich Rot-Weiß-Rot Card
- Schaffung von zusätzlichen Verteilungsmöglichkeiten der Normalarbeitszeit durch Durchrechenmöglichkeiten auf Betriebsebene
- Reduktion des Anspruchs auf Elternteilzeit bis zum 4. Lebensjahr des Kindes.
- Verankerung der Kompetenz zur Vereinbarung von Kurzarbeit auf Betriebsebene
- Abbau bürokratischer Hürden für Unternehmen – wie z. B. beim verpflichtenden Ausfüllen von Fragebögen und der Definition von Maßnahmen unabhängig vom Handlungsbedarf zu psychischen Belastungen am Arbeitsplatz
- Schaffung moderner und zeitgemäßer Arbeitszeitmodelle insbesondere tägliche Arbeitszeithöchstgrenze von 12 anstatt 10 Stunden. In einem weiteren Schritt ist aus Sicht der Wirtschaft die Anhebung der wöchentlichen Arbeitszeithöchstgrenze auf 60 Stunden und ein Ersatz der Wochenendruhe durch eine Wochenruhe, die grundsätzlich erst am Sonntag um 00:00 Uhr beginnt, anzustreben.
- (Wieder-) Einführung von Studienbeiträgen und Zweckwidmung dieser Mittel
- Schaffung eines attraktiven und international kompatiblen Steuersystems mit Rücknahme der Erhöhung der Besteuerung von Spitzengehältern über 500.000 Euro
- Anhebung des Nachtschwerarbeitsgesetz-Zugangsalters
- Senkung der Überstundenzuschläge
- Kündigungsschutz und altersabhängige Verdienstkurven für ältere Beschäftigte

Themenfeld 5: Finanzierung und Rechtsrahmen

- EFRE Reformagenda
- Ausbau von e-Government
- „Außenprüfung auf Antrag"
- Crowdfunding
- steuerliche Attraktivierung von Mitarbeiterbeteiligungen
- Aktivierung von Stiftungsgeldern und zur Anpassung des Stiftungszwecks
- Vorziehen der Abschaffung der Gesellschaftssteuer auf 1. 1. 2015[1]
- Reduktion der Zahl der Unternehmensbeauftragten
- Tatbestand der „Untreue", insbesondere die Begriffe „Missbrauch der Befugnis" und „Vermögensnachteil" in Rechtsprechung oder gesetzlich zu präzisieren.
- MiFiG
- AIFM-G
- VC-Fonds
- Erweiterung des Gewinnfreibetrags nach beihilferechtlicher Prüfung
- Bewusstseinsbildung an Schulen, Universitäten und Fachhochschulen sowie in Medien zum Thema Kapitalmarkt
- Streichung von Publikationspflichten in der Wiener Zeitung
- Ausweitung staatlicher Garantien
- Ausbaus von F&E&I-Vorhaben
- Streichung international unüblicher Rechtsgeschäftsgebühren
- Deckelung der Gerichtsgebühren
- Vereinfachung der Lohnverrechnung
- Reform des betrieblichen Anlagenrechts und Verfahrensvereinfachung
- Einrichtung einer Arbeitsgruppe (Statistik Austria, WKO, IV) mit dem Ziel, die gesetzlich vorgeschriebenen statistischen Meldepflichten zu reduzieren und Veröffentlichungen ausschließlich auf elektronischem Wege zu prüfen
- Ausweitung und Verbesserung von Advance Ruling

---

1 Die Gesellschaftssteuer wird mit 1.1.2016 abgeschafft.

- Verfügbarkeit zumindest der wichtigsten wirtschaftsrelevanten Gesetze (z. B. ABGB, UGB, StGB, Steuerrechtskodex) in englischer Sprache
- Stärkung der privaten Zukunftsvorsorge durch Verdoppelung der Prämie
- Entfall der Wertpapier-KESt für langfristige Investments
- Kleine AG
- Steuerliche Abzugsfähigkeit von fiktiven Eigenkapitalzinsen und Lizenzzahlungen

WILLIBALD CERNKO

Standortpolitik – quo vadis Austria?

Wie man es auch dreht und wendet: Fakt ist, dass Österreich als Wirtschaftsstandort seit einigen Jahren beständig an Attraktivität verliert. Hauptgründe hierfür sieht Willibald Cernko, Vorstandsvorsitzender der Bank Austria, Österreichs führendem Finanzinstitut, in einer investitions- und unternehmerfeindlichen Stimmung, unbegründeten Zukunftsängsten innerhalb der Wirtschaft und einer überbordenden Regulierungswut. Dabei bräuchte es gar nicht so viel, um den stockenden Wirtschaftsmotor wieder in Gang zu bringen: Zuallererst müsste die Politik für eine positive Grundstimmung sorgen und gesetzliche Rahmenbedingungen schaffen, die Investitionen und Unternehmertum fördern statt sie zu fesseln.

„Standort Österreich: Das Schiff sinkt langsam, aber es sinkt", titelte „Die Presse" im Mai 2015 angesichts der allem Anschein nach rasant sinkenden Wettbewerbsfähigkeit Österreichs, wie sie internationale Rankings wie jenes des Lausanner Instituts für Management-Entwicklung (IMD) widerspiegeln. Und noch immer hallt die bewusst provokante Aussage von Wirtschaftskammer-Präsident Christoph Leitl beim Forum Alpbach im Sommer 2013 nach, der damit auch die ernste Sorge vieler Wirtschaftstreibender auf den Punkt gebracht hat: Österreich sei in den vergangenen Jahren im Vergleich zum europäischen Durchschnitt „abgesandelt", nachdem es bis 2007 mit den Besten, wie Schweden und der Schweiz, mitgehalten habe. Arbeiterkammer-Direktor Werner Muhm hingegen, der Bundeskanzler Werner Faymann in wirtschaftspolitischen Fragen berät, qualifizierte die gängigen Standort-Rankings durch die Bank als „wertlos" und „unwissenschaftlich" – bei den harten Fakten stehe Österreich viel besser da, als in diesen zum Teil auf Manager-Befragungen basierenden Studien.

Einschätzungen, Prognosen und Positionierungen zum Standort Österreich gehen also weit auseinander, wobei meist der (politische) Standort den Standpunkt bestimmt. Schwarz-Weiß-Malerei und (partei-)politische Polemik sollen daher auf den folgenden Seiten möglichst außen vor bleiben. Ich will mich ernsthaft mit aus meiner Sicht zentralen harten Fakten und Aufgabenstellungen auseinandersetzen: Österreich hat – wie jede andere Volkswirtschaft auch – Stärken und Schwächen. Und selbstverständlich müssen wir intensiv an der Behebung oder zumindest am Ausgleich unserer Schwächen arbeiten, ohne auf unsere Stärken zu vergessen.

Im folgenden Text will ich – nach einer allgemeinen Einschätzung des Status quo – aus drei unterschiedlichen Blickwinkeln die Herausforderungen des Wirtschaftsstandortes Österreich und mögliche Lösungen dafür beleuchten:

Welche Voraussetzungen und Rahmenbedingungen benötigt ein innovatives junges Unternehmen, um erfolgreich wirtschaften zu können? Um diese Frage beantworten zu können, werde ich auf die Wichtigkeit von Grundlagenforschung und Innovation für die Wettbewerbsfähigkeit eines Standortes sowie auf eine unternehmer- und innovationsfreundliche Kultur, die Selbstständigkeit schätzt und Scheitern zulässt, eingehen.

Weiters versuche ich, aus dem Blickwinkel eines professionellen Investors auf den Standort zu schauen und dabei die Stolpersteine zu identifizieren, die es hierzulande für heimische wie auch für internationale Investoren gibt. Diese reichen von einem unterentwickelten Kapitalmarkt über eine aktionärsfeindliche öffentliche Meinung bis hin zu einer investitionshemmenden Steuergesetzgebung und einem ineffizienten öffentlichen Förderwesen.

Zuletzt möchte ich auch aus meiner persönlichen Perspektive, der eines Managers einer österreichischen Geschäftsbank, den Spielraum, den die heimische Finanzbranche hat, um die österreichische Wirtschaft zu fördern und abzusichern, ausleuchten.

Beginnen wir mit der Analyse des Ist-Zustands

Seriöse Studien, wie der von der Wirtschaftskammer publizierte „Monitoring Report 2015", zeichnen ein differenziertes Bild der Lage: Zum einen gehört Österreich im internationalen Vergleich nach wie vor zu den besten 35 Prozent der bewerteten Standorte – vor allem aufgrund guter Positionen in Bereichen wie Lebensqualität, Stadt- und Regionalentwicklung sowie Innovationen, Forschung & Entwicklung. Zum anderen hat sich aber die Attraktivität des Standorts seit 2009 sukzessive verschlechtert, insbesondere wegen Schwächen in den Bereichen Arbeitsmarkt, Regulierungen und Reformen, Investitionen und Finanzmarkt. Kontraproduktiv für den Standort Österreich ist auch, dass die heimischen Banken seit Jahren übermäßig belastet und gegenüber dem internationalen Wettbewerb benachteiligt werden. Umso wichtiger sind daher politische Signale in Richtung Neuordnung der europaweit höchsten Bankenabgabe (im Verhältnis zur Größe unserer Volkswirtschaft), denen nun tatsächliche Schritte folgen müssen.

Zur allgemeinen Wirtschaftsentwicklung weise ich nur auf ein Faktum hin: In den neun Jahren vor der Krise (1999 bis 2008) hatte Österreich – dank Konsum und Investitionen – einen deutlichen Wachstumsvorsprung gegenüber Deutschland. Seit 2013 hat sich dieses Bild gedreht, weil hierzulande sowohl Konsum als auch Investitionen und Exporte schwächeln. Insbesondere die Anlageinvestitionen der Unternehmen liegen in Österreich noch immer unter dem Vorkrisen-Niveau. Die Steuerreform 2016 kann daher nur ein erster Schritt sein, um die Konsumnachfrage spürbar zu beleben und die Unternehmen wieder zu mehr Zukunftsinvestitionen – und damit zu mehr Innovationskraft und zur nachhaltigen Sicherung des Standorts Österreich – zu motivieren.

Vor 20 Jahren wurde Österreich durch den Beitritt zur Europäischen Union und dem europäischen Binnenmarkt politisch, aber auch wirtschaftlich aus seinem nationalen Dornröschenschlaf gerissen. Damals mussten sich viele heimische Unternehmen, die es gewohnt waren, auf dem österreichischen Markt führend zu sein, für den rauen internationalen Wettbewerb fit machen. Das war zwar äußerst herausfordernd, aber auch dringend notwendig. Viele heimische Unternehmen sind mittlerweile international höchst erfolgreich oder in ihren Nischen sogar Weltmarktführer. Eine Tatsache, die wir in der Öffentlichkeit viel zu wenig würdigen. Heute ist die Wirtschaftswelt dank Globalisierung größer und kompetitiver denn je, und nur schlanke und innovative Unternehmen können auf diesem Markt reüssieren. Genau diese österreichischen Unternehmen haben vor einigen Jahren auch die Herausforderung angenommen, als Erste in die aufstrebenden Märkte Zentral- und Osteuropas zu expandieren. Eine Entscheidung, die trotz aller Unkenrufe eine Erfolgsstory wurde und die ich mir auch nicht schlechtreden lasse.

Wirtschaft ist bekanntlich „zu 50 Prozent Psychologie" – eine wesentliche Rolle für wirtschaftlichen Aufschwung oder Nicht-Aufschwung spielen daher die Zukunftserwartungen von Unternehmern und Verbrauchern. Ob in Österreich Optimismus oder, wie derzeit, deutlich Pessimismus vorherrscht, hängt nicht nur von der ökonomischen Großwetterlage und von der individuellen Finanzlage ab, sondern in erheblichem Ausmaß auch von den wirtschafts-, steuer- und sozialpolitischen Rahmenbedingungen, die ganz maßgeblich von der Politik und den Sozialpartnern (mit-) bestimmt werden. Hier wird in den kommenden Jahren noch eine ganze Reihe von Anpassungen notwendig sein – nicht zuletzt, um sicherzustellen, dass unsere klugen Köpfe ihre Kreativität und ihre Leistung hierzulande in wirtschaftlichen Erfolg ummünzen können statt – wie derzeit leider allzu oft – in wesentlich innovationsfreundlicheren Ländern wie den USA. Wir brauchen aber auch Rahmenbedingungen, die es den Banken, anderen Finanzdienstleistern und privaten Investoren ermöglichen, Innovation nach ganz klaren Spielregeln zu fördern, zu finanzieren und damit unser Land und den Standort Österreich insgesamt voranzubringen.

Würden Sie in Österreich ein Unternehmen gründen?

Wenn wir von der Zukunft des Standorts Österreich sprechen, ist für mich „Innovation" einer der Schlüsselbegriffe. Denn nur durch hohe Innovationskraft sowie Forschungs- und Entwicklungstätigkeit können Wohlstand und Wettbewerbsfähigkeit im globalen Umfeld dauerhaft gesichert und kann ein Abwandern gut ausgebildeter junger Menschen verhindert werden. Aufgrund des immer globaler werdenden Wettbewerbs bei Innovationen besteht die Gefahr, dass nach großen Teilen der Güterproduktion auch hochwertige Forschung aus Kontinentaleuropa abwandert.

So verlassen laut aktuellen Zahlen der Universität Wien pro Jahr bis zu 10.000 bestens ausgebildete junge Menschen Österreich in Richtung führende Forschungsnationen. Dieser Trend zeigt sich auch bei den Patentanmeldungen, bei denen Österreich mit 243 Patenten pro eine Million Einwohner im Vergleich zu anderen Ländern weit hinterherhinkt, während zum Beispiel die vergleichbare Schweiz 832 Patente pro eine Million Einwohner anmeldet.

Wobei Innovation naturgemäß nicht nur wirtschaftlichen Erfolg, sondern auch ehrliches Scheitern bedeuten kann! Wenn wir in Österreich mehr Menschen dazu motivieren wollen, unternehmerisch tätig zu werden, müssen wir die Einstellung zum Unternehmertum in unserem Land überdenken und zum Positiven verändern. Ich spreche hier von der vielzitierten „Kultur des Scheiterns": Ihr offensichtliches Fehlen hemmt in Österreich die Gründertätigkeit und hält viele kluge, kreative Menschen schlicht und einfach davon ab, ein auch nur überschaubares Risiko einzugehen, neue Ideen auszuprobieren, weiter zu verbessern und nochmals auszuprobieren.

Unternehmer mit vielleicht brillanten Ideen, die wegen kaufmännischer oder strategischer Fehlentscheidungen eine Bruchlandung hinlegen, müssen das Recht auf eine „zweite Chance", eventuell auch auf eine „dritte Chance" erhalten. Wir müssen also dringend davon wegkommen, diese Menschen zu stigmatisieren und im schlimmsten Fall de facto lebenslang aus dem Wirtschaftsleben auszuschließen – selbstverständlich immer unter der Voraussetzung, dass keine kriminelle Handlung vorliegt.

Diese Einstellungs-, ja, Kulturänderung ist aus meiner Sicht genauso wichtig wie hohe Rechtssicherheit, eine hocheffiziente öffentliche Verwaltung mit transparenten, zügigen Verfahren zur Gründung, zur Genehmigung und zum laufenden Betrieb von Unternehmen. Und wenn ich „hocheffizient" sage, dann meine ich nicht zuletzt eine öffentliche Hand, die den Unternehmen und den Arbeitnehmern in Zukunft wieder mehr Nettogewinn auf erwirtschaftete Erträge bzw. mehr Nettoeinkommen auf Arbeitseinkünfte zugesteht, indem die Politik insbesondere die Steuer- und Abgabenlast auf Arbeit schrittweise reduziert.

Einen weiteren, nicht zu vernachlässigenden Hemmschuh für mehr privates Unternehmertum orte ich in der ausufernden Regulierungswut mancher Behörden. Hier werden oft gut gemeinte und für den Verbraucherschutz wichtige Regelungen bis ins Groteske übersteigert. Das führt dann im besten Fall irgendwann dazu, dass erfolgreiche Unternehmer sich von der Politik nichts anderes mehr wünschen, als in Ruhe gelassen zu werden. Im schlimmsten Fall zwingt diese überbordende Bürokratie engagierte und innovative Unternehmer sogar zum Aufgeben.

Als Unternehmer muss man bei der Standortwahl für sein Unternehmen viele unterschiedliche Parameter bedenken und dabei immer im bestmöglichen Sinn für das Unternehmen entscheiden. Daher treten in einem offenen Binnenmarkt, wie die EU einer ist, auch Standorte und damit Nationen in einen Wettbewerb. Wie wettbewerbsfähig wir im internationalen Vergleich sind und in welche Richtung der Weg geht, zeigt ein Blick auf die Entwicklung der Lohnstückkosten. Während Länder wie die Bundesrepublik Deutschland bereits zur Jahrtausendwende begonnen haben, nötige Reformen umzusetzen und damit ihre Lohnstückkosten sukzessive im Vergleich zu Österreich zu senken, verlieren wir hier Jahr um Jahr an Wettbewerbsfähigkeit.

Österreich ist derzeit leider kein guter Ort für Unternehmer, und das liegt zu einem guten Teil auch an der feindlichen Stimmung, die Selbstständigen in diesem Land entgegenschlägt. Ihr Image schwankt in unserer Gesellschaft zwischen Ausbeuter, reichem Geldsack und Steuerhinterzieher. Da wir uns, so glaube ich, aber alle einig sind, dass wir für einen zukunftsträchtigen Standort Österreich eher mehr Unternehmertum denn weniger benötigen, sehe ich hier die Politik gefordert, einen Stimmungswandel einzuleiten und Stolpersteine aus dem Weg zu räumen.

Dabei muss sich auch die grundsätzliche „Denke" in Österreich ändern: Erfolg und Erfolgreich-Sein – egal in welcher Ausprägung, ob als Unternehmer, Künstler oder schlicht als Mensch in seinem Job – sollte keinen Neidreflex auslösen, sondern Ansporn und Inspiration sein. Nehmen wir den Unternehmer als Beispiel. Der Unternehmer ist ein Mensch, der im wahrsten Sinn des Wortes etwas unternimmt. Damit bewegt er etwas. Diesen Erfolg und die Freude zeigen und miteinander teilen zu dürfen, macht etwas ganz Großes mit der Gesellschaft und verändert sie zum Positiven.

Würden Sie in Österreich investieren?

Wenn von „Sicherung des Standorts" und „Innovation" die Rede ist, kommen wir nicht umhin, Themen wie „investorenfreundliches Kapitalmarkt-Umfeld" anzusprechen – insbesondere, wenn es um größere KMU und um Großunternehmen geht, die viel Geld in Forschung und Entwicklung stecken. Ganz generell entspricht der Entwicklungsstand des österreichischen Kapitalmarkts noch nicht dem Reifegrad der heimischen Volkswirtschaft. Dennoch gibt es einen gewissen Trend hin zu Kapitalmarktfinanzierungen, wenn man auch Privatplatzierungen und Schuldscheindarlehen hinzuzählt.

Was spräche etwa dagegen, in Österreich Unternehmensanleihen stärker zu forcieren? In der Vergangenheit wurden beispielsweise Steuerbefreiungen für junge Aktien, mit denen man Börsengänge heimischer Unternehmen unterstützt hat, gut angenommen. So könnte man auch hier überlegen, durch eine Steuerbefreiung (etwa für die Zeichnung von Unternehmensanleihen bis zu einem Betrag von 10.000 Euro) das Interesse von Privatanlegern anzukurbeln.

Darüber hinaus wäre es investitionsfreundlich, endlich die steuerliche Benachteiligung von Eigenkapital gegenüber Fremdkapital aufzuheben. Eine steuerliche Gleichstellung beider Finanzierungsvarianten, also zum Beispiel die Einführung von abzugsfähigen fiktiven Eigenkapitalzinsen, würde die Attraktivität von Eigenkapital erhöhen und somit die Eigenkapitalbildung fördern. Eine solche Abzugsfähigkeit von Eigenkapitalzinsen war von 1994 bis 2000 Teil des kroatischen Steuerrechts und funktionierte in der Praxis sehr gut. Kroatien konnte in den späten 1990er-Jahren mehr ausländische Direktinvestitionen anziehen als die meisten seiner Nachbarn.

Auch bei der Finanzierung von Grundlagenforschung, einem essenziellen Bereich zur langfristigen Sicherung der Wettbewerbsfähigkeit, müssen wir neue Wege gehen. In Österreich sehen wir die Förderung dieses wichtigen Bereichs nach wie vor als exklusive Aufgabe des Staates. Hier muss ein Umdenkprozess stattfinden, denn um international mithalten zu können, braucht es auch Investitionen von privaten Kapitalgebern. Dazu gilt es, dieses private Kapital nicht zu verteufeln, sondern ihm den roten Teppich auszurollen. Administrative und gesetzliche Hindernisse gehören beseitigt und die Möglichkeit zur finanziellen Partizipation an Forschungsergebnissen bei Kapitalzuwendung geschaffen. Ich finde, dass ein Förderer auch fordern kann. Wieso soll ein erfolgreiches Unternehmen nicht auch Förderungen zurückerstatten oder Kapitalgeber am Erfolg beteiligen?

Dazu würde es aber auch ein öffentliches Meinungsumfeld brauchen, welches den Besitz von Unternehmensbeteiligungen, also auch Aktien, nicht gleichsetzt mit Spekulation. Es läge an der Politik, ein gutes Vorbild abzugeben und nicht stolz darauf zu sein, keine Aktien zu besitzen. Im engeren Sinn besitzen nur fünf Prozent der Österreicher Aktien – im weitesten Sinn sind es zwölf Prozent der Bevölkerung, die Aktien, Aktienfonds, Anleihefonds, Gemischte Fonds, Investmentfonds, Mitarbeiteraktien oder andere Wertpapiere besitzen.

Diese im internationalen Vergleich sehr niedrige Aktionärsquote – im Vergleich dazu besitzen 20 Prozent der Schweizer, 17 Prozent der Schweden, 30 Prozent der Holländer und 56 Prozent der Amerikaner Aktien – zu heben, würde nicht nur private Investitionen in innovative Unternehmen fördern, sondern auch ein ergänzendes Standbein für die Altersvorsorge der Menschen ermöglichen. Man darf nicht vergessen: Aktien sind derzeit eine von wenigen Alternativen, um überhaupt eine über der Inflation liegende Rendite zu erzielen und somit die Kaufkraft seines Geldes zu erhalten. Wohl wissend, dass mit einer höheren Rendite auch ein höheres Risiko einhergeht, weshalb eine entsprechende Diversifikation des Investments und auch ein entsprechendes Risikobewusstsein unerlässlich sind.

Private Geldgeber werden wir in Zukunft aber nicht ausschließlich im Inland finden. In einer globalisierten Wirtschaft müssen wir auch internationale Investoren anziehen. Damit aber treten wir in einen Wettbewerb der attraktivsten Wirtschaftsstandorte ein, und dafür gilt es, fit zu werden. Doch genau in diesem Punkt geht der Trend hierzulande leider in die falsche Richtung: Im Standortranking des Schweizer „Institute for Management Development" (IMD) entwickelte sich der Wirtschaftsstandort Österreich in den letzten acht Jahren vom Hoffnungsträger (Platz elf) zum Durchschnittskandidaten auf Platz 26. Auch der „Foreign Direct Investment Confidence Index®" (FDICI), der die ausländischen Direktinvestitionen pro Land auflistet, sieht Österreich nicht unter den Top-25-Nationen, während vergleichbare Länder, wie Schweden, Schweiz, Dänemark oder Belgien, sehr wohl unter den Spitzenreitern zu finden sind. Als Grund für dieses mäßige Abschneiden nennen beide Studien die heimische Fiskalpolitik, die Lohnnebenkosten sowie die Wirtschaftsgesetzgebung. An diesen Schrauben gilt es also zu drehen.

Um aber den finanziellen Spielraum zu haben, die Steuer- und Abgabenquote zu senken, damit es wieder attraktiv wird, in Österreich zu investieren und Arbeitsplätze zu schaffen, muss der Staat seine eigenen, ständig steigenden Ausgaben in den Griff bekommen. Hier gilt es, notwendige Förderungen von überflüssigen zu trennen und teure Doppelgleisigkeiten abzustellen. So könnte man dem Staatshaushalt die nötige Luft für Standortreformen verschaffen, ohne einen sozialen Kahlschlag zu riskieren.

Braucht es Banken überhaupt noch?
Welchen Spielraum hat die Finanzbranche und konkret eine Geschäftsbank, um insbesondere Innovation in der Wirtschaft zu fördern und so aktiv mitzuhelfen, den Standort Österreich abzusichern?

Ich bin überzeugt: Auch wenn auf dem Bankenmarkt vieles in Bewegung ist und in einzelnen Nischen neue Player an Bedeutung gewinnen – Geschäftsbanken wie die Bank Austria werden in Österreich noch für viele Jahre die Drehscheibe für alle finanziellen Angelegenheiten bleiben. Sei es im Zahlungsverkehr, für kurzfristigen Finanzbedarf, sei es für Betriebsmittel-Finanzierung oder für die professionelle Absicherung von Risiken.

Bleiben wir beim Beispiel Risikoabsicherung: Dank des dichten Netzwerks unserer internationalen Bankengruppe können wir Unternehmen weltweit begleiten – aktiv und auch in schwierige Märkte. Das ist für die österreichische Volkswirtschaft von essenzieller Bedeutung. Denn im Investitionsgüterexport werden neben den klassischen österreichischen Exportmärkten Märkte wie Asien, Afrika, Mittel- und Südamerika oder Karibik zunehmend wichtiger. Genau dafür benötigt der Exporteur eine Hausbank, die die Expertise haben muss, alle möglichen Risiken – wie das politische Risiko, das wirtschaftliche Risiko und das Transferrisiko – zu identifizieren und bestmöglich abzusichern.

In Zeiten von Kredit- und Liquiditätseinschränkungen rückt auch eine optimale Steuerung der Liquidität von Unternehmen wieder stärker in den Fokus. Die Bedeutung von Cash Management und Liquiditätssteuerung wächst stetig, insbesondere aufgrund der Internationalisierung der Märkte, der damit verbundenen Risiken und der erhöhten Marktvolatilität aufgrund politischer Krisen. Hier sind und bleiben Banken unverzichtbare Partner der österreichischen Wirtschaft, die Unternehmen im Bereich Cash Management aktiv dabei unterstützen können, den unternehmensinternen, aber auch den weltweiten Zahlungsverkehr kostenbewusster zu gestalten und interne Abläufe zu optimieren.

Und zu guter Letzt sind und bleiben Banken im Bereich Projektfinanzierung bewährte Partner der Wirtschaft, wenn es für Unternehmen darum geht, erfolgreich eine nationale oder internationale Expansionsstrategie bei gleichzeitiger Risikominimierung zu verfolgen.

Für innovative Unternehmen – ob neu gegründet, jung oder bereits etabliert – ganz besonders relevant ist unsere langjährige Expertise rund um Förderungen. Denn auch wenn das vielen Unternehmern nach wie vor nicht so richtig bewusst ist: Die Fördertöpfe sind voll!

Ob mit oder ohne öffentliche Förderung – das Kreditgeschäft ist und bleibt eine tragende Säule des Geschäftsmodells von Universalbanken. Um Innovationen auf den Weg zu bringen – und ich meine hier ganz besonders die private Finanzierung von Forschungsprojekten und Start-up-Unternehmen –, braucht es aber in erster Linie Risikokapital: Jemand muss also bereit sein, an das Erfolgspotenzial einer Innovation zu glauben und einen Teil des unternehmerischen Risikos des betreffenden Forschungsprojekts oder Start-ups mitzutragen.

Klassische Bankkredite sind hier in der Regel völlig ungeeignet. Auf den Punkt gebracht: Bereits nach den aktuellen regulatorischen Vorgaben stehe ich als Manager einer Geschäftsbank vor der Wahl: Vergebe ich entweder einmal 100.000 Euro Risikokapital an ein einziges Start-up oder stattdessen je einen 100.000 Euro-Kredit an 32 KMU? Die erforderliche Eigenkapitalunterlegung ist in beiden Fällen dieselbe – aktuell 38.000 Euro. Mit der weiteren Umsetzung von Regulierungspaketen wie Basel IV werden die Eigenkapitalvorschriften in den kommenden Jahren sogar noch einmal deutlich verschärft: Als Bank werde ich dann beispielsweise 100.000 Euro Risikokapital an ein Start-up mit 100.000 Euro Eigenkapital unterlegen müssen. Stattdessen könnte ich dann nicht weniger als 83 KMU-Kredite zu je 100.000 Euro vergeben!

Damit ist klar, was eine Bank als „ordentlicher Kaufmann" tun wird, ja tun muss: Es geht hier nicht ums Nicht-finanzieren-Wollen, was den Banken ja oft genug vorgehalten wird, sondern ums Nicht-finanzieren-Können. Eine Finanzierung von Start-ups oder Forschungsprojekten durch Banken ist betriebswirtschaftlich schlicht nicht darstellbar – sowohl für die Banken als auch für die Start-ups selbst (Banken müssten Start-up-Finanzierungen 32-mal teurer machen als KMU-Kredite). Besonders schwer kommen innovative junge Klein- und Kleinstunternehmen, zum Beispiel die immer größer werdende Zahl an Ein-Personen-Unternehmen (EPU), an Gründungs- oder „Early-stage-Kapital". Sie haben oft tolle Ideen, aber meist keinerlei Sicherheiten. Umso intensiver prüfen Firmenkundenbanken, wie unser Haus, neue Wege zur Finanzierung von Start-ups und Jungunternehmen, unter anderem Kooperationen mit großen Crowdfunding-Portalen.

Aber wie Banken mit Jungunternehmen ins Gespräch kommen und im Gespräch bleiben, ist letztlich zweitrangig. Auch wenn wir in vielen Fällen keine Kreditfinanzierung als erstes Produkt anbieten können, so wollen und können wir doch umfassender „Coach" für junge Unternehmen sein – von der Gründungsphase bis zur Marktreife. Denn um erfolgreich zu sein, brauchen Jungunternehmen nicht nur einen überzeugenden „business case", sondern auch professionelle Beratung zu wichtigen Themen, wie Förderungen – etwa zu den Voraussetzungen für Zuschüsse, Haftungen oder einen zinsgünstigen geförderten Kredit –, und zur längerfristigen Finanzplanung.

Vor dem Hintergrund von Basel III und anhaltend niedrigen Zinsen begleiten wir unsere Firmenkunden auf dem Weg, ein Stück weit unabhängiger von Bankfinanzierungen zu werden und verschiedenste Finanzierungsinstrumente in Betracht zu ziehen: neben der klassischen Kreditfinanzierung – einschließlich öffentlicher Förderungen – etwa Schuldscheindarlehen oder Privatplatzierungen, bei größeren Unternehmen auch Corporate Bonds. Und das Corporate & Investment Banking, das oft genug aus unsachlichen Motiven kritisiert wurde und wird, bietet höchst relevante und attraktive Finanzierungsformen, gerade für innovative, international erfolgreiche Industrieunternehmen.

Als Vorstandsvorsitzender des größten Einzelinstituts und der führenden Firmenkundenbank in Österreich gebe ich an dieser Stelle – einmal mehr – zu bedenken: Es ist kontraproduktiv für den Standort Österreich, dass die österreichischen Banken nach wie vor übermäßig belastet und gegenüber dem internationalen Mitbewerb benachteiligt werden – gerade im wichtigen Bereich Unternehmensfinanzierung. Abgesehen von der reinen Kostenbelastung darf aber auch das schiere Übermaß neuer Regelungen und Vorschriften nicht dazu führen, dass die Wettbewerbsfähigkeit der österreichischen Banken weiter beeinträchtigt wird. Denn die unterschiedlichen Anforderungen an Banken sind bereits jetzt nur schwer miteinander vereinbar. Eine kleine Auswahl:

- Die Regulatoren verlangen von den Banken mehr Eigenkapital, Beschränkung der Fristentransformation (Vergabe mittel- bis langfristiger Finanzierungen, Hereinnahme kurz- bis mittelfristig angelegter Kundengelder) und laufende Meldung von immer mehr Daten zu unserer Geschäftstätigkeit.
- Die Politik schöpft Gewinne durch Bankensteuern ab – de facto eine Substanzbesteuerung, unabhängig vom tatsächlichen Gewinn.
- Die Wirtschaft verlangt Kredite, Konto- und Zahlungsverkehr-Services zu günstigen Konditionen.
- Anleger, Investoren und Aktionäre erwarten von den Banken eine marktkonforme Kapitalverzinsung.

Der verständliche Wunsch, den Finanzsektor nach dem Zusammenbruch von Lehman Brothers (2008) stärker zu regulieren, um Auswüchse zu verhindern und Risiken zu minimieren, führte leider zu einem Regularien-korsett, welches es Geschäftsbanken immer weiter erschwert, Kredite an Unternehmen und Privatpersonen zu vergeben. Auch im Sinne unserer Kunden und des Standorts insgesamt wäre es daher mehr als sinnvoll, vor etwaigen neuen Regulierungsschritten die bisherigen Schritte einer nüchternen Kosten-Nutzen-Evaluierung zu unterziehen.

Es gilt, sich also sehr genau anzusehen: Welche Maßnahmen haben sich als effektiv und effizient bewährt und welche sollten wieder gestrichen werden? Hier muss der Gesetzgeber, wenn er Banken von riskanten Finanzierungen fernhalten will, einen Ausgleich schaffen. So könnte der heimische Kapitalmarkt gestärkt, oder, wie bereits weiter oben ausgeführt, könnten Unternehmensanleihen forciert werden. Der Zugang von Unternehmen zu Investitionskapital muss auch in Zukunft gesichert bleiben. Kurz: Bankenregulierung ja, aber mit Augenmaß!

Fazit

Abschließend spreche ich mir eine Forderung aus, die eigentlich selbstverständlich sein sollte, die man aber gerade deshalb nicht oft genug unterstreichen kann: Die Geldpolitik, hier im Euroraum in Gestalt der EZB, kann und darf nicht auf Dauer für vergangene Schwächen und Versäumnisse der Wirtschaftspolitik in die Bresche springen. Denn abgesehen von ihrer fehlenden demokratischen Legitimation kann die Zentralbank zahlreiche offene Zukunftsfragen auch gar nicht beantworten! Keine Zentralbank kann ein Wirtschaftswachstum „verordnen". Wachstum kann nur von Unternehmen und Privatpersonen kommen, die positiv in die Zukunft des Wirtschaftsstandortes Österreich blicken und daher in diese Zukunft investieren. Hier muss die nationale wie die europäische Wirtschaftspolitik ihre Verantwortung wahrnehmen, die in den vergangenen Jahren zu wenig effektive Impulse gesetzt hat, um den Standort Österreich und Europa nachhaltig voranzubringen und damit die Stimmung in der heimischen Wirtschaft so weit zu ändern, dass wir nicht mehr von „abgesandelt", sondern von „aufblühend" sprechen.

Dazu muss die Politik sich durch den Abbau teurer Altlasten, wie einer schwerfälligen und teuren Verwaltung, einem wenig effizienten Förder-

wesen und einem an die Grenzen der Finanzierbarkeit stoßenden Pensionssystem, erst wieder Luft für weitsichtige Reform-Entscheidungen schaffen.
Darüber hinaus müssen Politik und Wirtschaft als Vorbilder ein Umfeld
schaffen, in dem unternehmerisches Risiko, Innovationen und Investitionen
wieder begrüßt und nicht misstrauisch beäugt werden. Und zu guter Letzt
darf unser Wunsch nach Stabilität und Sicherheit nicht in eine Regulierungswut münden, die es ganzen Branchen unmöglich macht, ihre Aufgaben für Österreichs Wirtschaft und Bevölkerung effektiv wahrzunehmen. In
diesem Sinne wünsche ich uns allen, dass bei Österreichs Entscheidern ein
Umdenken nach dem Motto: „Vorausschauend und aktiv gestalten statt den
Status quo verwalten" stattfindet.

STEUERREFORM

HANS JÖRG SCHELLING

Das bringt, das kostet die Steuerreform 2015
Eine Gesamtdarstellung

Mit der Steuerreform 2015/2016 haben wir ein Maßnahmenpaket zur nachhaltigen Entlastung und Entbürokratisierung geschnürt, ohne die Konsolidierung des Budgets zu gefährden. Kern des Entlastungspakets ist die Neugestaltung der Steuersätze, die die Lohn- und Einkommensteuerpflichtigen deutlich entlasten soll. Darüber hinaus sollen Wachstum und Beschäftigung gestärkt werden, um unser Land im internationalen Vergleich wieder an die Spitze zu bringen. Alle Schritte, die im Rahmen der Steuerreform gesetzt wurden, waren von dem Grundsatz getragen, keine neuen Steuern oder Schulden zur Steuersenkung aufzunehmen. Klar ist mittlerweile nämlich allen, dass Österreich kein Einnahmen-, sondern ein Ausgabenproblem hat, das gelöst werden muss. Ich bin überzeugt, dass uns das auch gelingen wird. Die Steuerreform war erst der Anfang – wir werden Kurs halten und notwendige Vereinfachungen konsequent vorantreiben. Denn jeder Tag ohne Reformen ist ein verlorener Tag.

Die Steuerreform 2015/2016 ist von einer ganz klaren Zielsetzung getragen: „entlasten, vereinfachen und Wachstum generieren". Mit 5,2 Milliarden Euro ist sie der größte Brocken, den es bei der Planung für das Budget
2016 zu berücksichtigen galt. Mehr als sechs Millionen lohn- und einkom-
mensteuerpflichtige Personen in Österreich – vom Unternehmer bis zum
Lehrling – werden davon profitieren. Alleine die Tarifentlastung bringt der
Durchschnittsverdienerin und dem Durchschnittsverdiener etwa 1.000 Euro
im Jahr.

Wie immer bei großen Reformen, gab es im Vorfeld einige Bedenken und intensive Diskussionen bezüglich der Wirtschaftslage und der
Möglichkeiten zur Gegenfinanzierung. Wir haben uns professionell und mit
viel Engagement an die Umsetzung gemacht: In einem ersten Schritt wurde
eine Steuerreformkommission eingesetzt, die den Auftrag hatte, ausgehend
vom Regierungsprogramm bis Ende 2014 unsere Handlungsoptionen aufzuzeigen, Empfehlungen abzugeben und dabei auch die Umsetzungschan-
cen nicht aus den Augen zu verlieren. Basierend auf dem über 200 Seiten
starken Bericht der Steuerreformkommission erfolgte die politische Abstimmung, sodass im Ministerrat vom 17. März 2015 die Eckpunkte der Steuerreform beschlossen werden konnten und der Gesetzgebungsprozess bis zum
Sommer 2015 abgeschlossen war. Schließlich hat sich die harte Arbeit aller
Beteiligten gelohnt, denn das Ergebnis kann sich sehen lassen.

Kern des Entlastungspakets ist die Neugestaltung der Steuersätze. Die
alten bisherigen Tarifstufen und Steuersätze waren seit der Steuerreform
2009 nicht verändert worden. Der Eingangssteuersatz betrug 36,5 Prozent
und der Spitzensteuersatz von 50 Prozent kam bereits für Einkommensteile
ab 60.000 Euro zur Anwendung.

Aus diesem Grund war die Neuregelung des Steuertarifes unerlässlich. Durch die Senkung des Eingangssteuersatzes von 36,5 Prozent auf 25
Prozent sollen alle Steuerzahlerinnen und Steuerzahler deutlich entlastet
werden, unabhängig davon, in welcher Progressionsstufe sie sich befinden.
Anstatt der bisher geltenden drei Tarifstufen gibt es nunmehr fünf (zeitlich
befristet sechs) Tarifstufen:

STEUERTARIF BISHER

Tarifstufe		Steuer-satz
über	bis	
0 €	11.000 €	0%
11.000 €	25.000 €	36,50%
25.000 €	60.000 €	43,21%
60.000 €		50%

STEUERTARIF NEU

Tarifstufe		Steuer-satz	Anzahl Personen je Stufe
über	bis		
0 €	11.000 €	0%	2,6 Mio.
11.000 €	18.000 €	25%	1,4 Mio.
18.000 €	31.000 €	35%	1,8 Mio.
31.000 €	60.000 €	42%	1,0 Mio.
60.000 €	90.000 €	48%	0,2 Mio.
90.000 €		50%	0,1 Mio.
		Gesamt	7,0 Mio.

Dadurch kommt es relativ gesehen in den unteren und mittleren Einkommensbereichen zu einer besonders starken Entlastung. Ein wichtiges Signal ist auch die Anhebung der Einkommensgrenze, ab der der 50-prozentige Steuersatz zur Anwendung kommt, von 60.000 Euro auf 90.000 Euro. Als eine Maßnahme zur Gegenfinanzierung soll für Einkommensanteile über eine Million Euro pro Jahr zeitlich befristet für die Jahre 2016 bis 2020 ein höherer Steuersatz von 55 Prozent zur Anwendung kommen.

Mein Ziel war, die Steuerreform zu durchgreifenden, strukturellen Änderungen zu nutzen. Nur den Steuertarif alleine zu senken, war mir immer zu wenig. Ich wollte signifikante, aber auch leistbare Erleichterungen für die Bürgerinnen und Bürger erreichen.

So wird leicht aus den Augen verloren, dass nicht die Steuer, sondern die Sozialversicherungsbeiträge bei niedrigen Einkommen eine besonders harte Belastung darstellen, weil sie nicht progressiv ausgestaltet sind und somit bei Überschreiten der Geringfügigkeitsgrenze in vollem Umfang anfallen. Dadurch werden negative Anreize gesetzt. Ein progressives System mit einer Jahresveranlagung ist der Sozialversicherung aber fremd. Mit der Steuerreform wird auch für diese Fälle etwas getan, indem die sogenannte „Negativsteuer" folgerichtig in eine „Erstattung von Sozialversicherungsbeiträgen" ausgebaut wird: Künftig erhalten Arbeitnehmer, die aufgrund ihres geringen Einkommens keine Einkommensteuer zahlen, beispielsweise nunmehr im Rahmen der Veranlagung eine Gutschrift in Höhe von 50 Prozent der gesetzlichen Sozialversicherungsbeiträge (und bestimmter anderer Werbungskosten), maximal jedoch 400 Euro im Jahr statt wie bisher 110 Euro. Der Erstattungsbetrag erhöht sich von 400 Euro auf maximal 500 Euro, wenn der Steuerpflichtige aufgrund des geringen Einkommens keine Einkommensteuer zahlt und Anspruch auf ein Pendlerpauschale hat. Komplizierte Regelungen über Pendlerzuschlag und Pendlerausgleichsbetrag sind somit hinfällig. Damit auch Niedrigverdiener bereits im Jahr 2016 von der Steuerreform profitieren, wird der maximale Erstattungsbetrag für das Jahr 2015 von 110 auf 220 Euro angehoben.

Überdies soll die Erstattung der Sozialversicherungsbeiträge auch Pensionisten zustehen. Pensionisten, die aufgrund ihrer geringen Pension keine Einkommensteuer zahlen, sollen ebenfalls im Rahmen der Veranlagung eine Rückerstattung von 50 Prozent der Sozialversicherungsbeiträge, maximal jedoch 110 Euro im Jahr erhalten. Steuerfreie Ausgleichs- oder Ergänzungszulagen mindern diese Rückerstattung, weil es sonst zu einer doppelten Begünstigung käme. In einem ersten Schritt soll bereits für 2015 ein Betrag in Höhe von 20 Prozent der Sozialversicherungsbeiträge, jedoch höchstens 55 Euro, erstattet werden, damit Pensionisten schon im Jahr 2016 aus der neuen Regelung Nutzen ziehen können.

Weiters haben wir im Bereich der Absetzbeträge, die die Steuerschuld vermindern, eine Vereinfachung erreicht. Arbeitnehmer- und Grenzgängerabsetzbetrag können künftig entfallen. Diese wurden in den Verkehrsabsetzbetrag integriert, der – zusätzlich zur Zusammenführung der genannten Absetzbeträge – auf 400 Euro erhöht wurde.

Die Regelung des Pendlerausgleichsbetrages ist mit der neuen Bestimmung über die Erstattung der Sozialversicherungsbeiträge nicht mehr kompatibel. Gering verdienenden Pendlern steht daher künftig ein erhöhter Verkehrsabsetzbetrag zu. Der erhöhte Verkehrsabsetzbetrag beträgt 690 Euro und steht Pendlern mit Anspruch auf ein Pendlerpauschale zu, deren Einkommen nicht höher als 12.200 Euro im Jahr ist. Bei Einkommen zwischen 12.200 und 13.000 Euro schleift sich der erhöhte Verkehrsabsetzbetrag gleichmäßig auf den Verkehrsabsetzbetrag von 400 Euro ein.

Mit der Steuerreform haben wir aber auch begonnen, eine große Bürokratielawine wegzuräumen. Hier einige Beispiele, wie wir die Österreicherinnen und Österreicher nunmehr zielgerichteter servicieren und dadurch entlasten werden:

Bisher werden Steuern in Höhe von 200 Millionen Euro nicht an die Bürgerinnen und Bürger rückerstattet, nur weil diese keine Arbeitnehmerveranlagung machen bzw. keine Steuererklärung abgeben. Das haben wir geändert: Künftig erfolgt die Arbeitnehmerveranlagung für diese eine Million Österreicherinnen und Österreicher automatisch. Es wird die gesetzliche Grundlage für eine „automatische Arbeitnehmerveranlagung" geschaffen. Eine solche wird dann erfolgen, wenn aus der Aktenlage anzunehmen ist, dass nur lohnsteuerpflichtige Einkünfte bezogen worden sind, die Veranlagung zu einer Steuergutschrift führt und aufgrund der Aktenlage nicht anzunehmen ist, dass auch noch Werbungskosten, von der Datenübermittlung nicht erfasste Sonderausgaben, außergewöhnliche Belastungen oder antragsgebundene Freibeträge oder Absetzbeträge geltend gemacht werden. Diese Maßnahme dient somit ausschließlich dem Interesse der Steuerpflichtigen, die damit unabhängig von einem Antrag in den Genuss einer Steuererstattung kommen können.

Ein weiterer Schritt nach dem Motto: „Effizienz steigern, Bürokratie abbauen" ist die Einführung der antraglosen Familienbeihilfe. Pro Jahr werden nun künftig rund 80.000 Kinder in eine weniger bürokratische, also einfachere Welt hineingeboren. Denn mit der antraglosen Familienbeihilfe fällt seit Mai 2015 ein Behördengang weg, die Familienbeihilfe kommt dank unserer Verwaltungsvereinfachung automatisch auf das Konto. Das verstehe ich unter Vereinfachen und Entbürokratisieren.

Aber auch monetär konnte neben der Tarifreform ein Familienpaket in Höhe von 100 Millionen Euro im Rahmen der Steuerreform geschnürt werden: Neben der antraglosen Familienbeihilfe haben wir die Verdoppelung des Kinderfreibetrags auf 440 Euro umgesetzt, die unsere Familien zusätzlich entlasten soll. In Fällen, in denen beide Elternteile ein steuerpflichtiges Einkommen aufweisen und beide den gesplitteten Kinderfreibetrag beantragen, ist der Kinderfreibetrag insgesamt höher, als wenn nur ein Elternteil den Kinderfreibetrag beantragt, weil der gesplittete Kinderfreibetrag von derzeit 132 Euro nicht nur verdoppelt, sondern auf 300 Euro pro Elternteil angehoben wird. Dadurch soll insbesondere ein unterstützender Impuls für berufstätige Mütter geschaffen werden. Ich sehe es als meine Aufgabe, ein gesellschaftliches und wirtschaftliches Umfeld zu schaffen, in dem Frauen ihre beruflichen und persönlichen Ziele bestmöglich umsetzen können.

Im Sinne der angesprochenen Vereinfachung, der Entbürokratisierung und der Erhöhung der Wettbewerbsfähigkeit Österreichs haben wir im Zuge der Steuerreform eine Vielzahl an weiteren Maßnahmen beschlossen, die Schritt für Schritt zur Modernisierung, zur Effizienzsteigerung und zur Stärkung des heimischen Wirtschaftsstandorts beitragen sollen:

Wissenschaft und Forschung sind die Zukunftsbereiche schlechthin und haben eine zentrale volkswirtschaftliche Bedeutung. Im Zuge der Steuerreform haben wir daher natürlich auch hier angesetzt. So haben wir die Forschungsprämie von zehn Prozent auf zwölf Prozent angehoben. Sie stellt als indirekte Förderung eine wesentliche Komponente in der die Forschung und Entwicklung betreffenden Förderungslandschaft Österreichs dar. Diese Fördermaßnahme, die eine große Breite an Unternehmen erreicht, wurde daher ausgeweitet, womit dem hohen Stellenwert von Forschung und Entwicklung für den Unternehmensstandort und die Wirtschaftsleistung Österreichs Rechnung getragen wurde.

Darüber hinaus wurde für den Zuzug von Wissenschaftlern und Forschern nach Österreich – entsprechend der Empfehlung der Steuerreformkommission – ein zusätzlicher Anreiz geschaffen. Ergänzend zur Beseitigung der steuerlichen Mehrbelastung der Auslandseinkünfte wurde ein pauschaler Freibetrag vorgesehen, in dem der Zuzugsmehraufwand und der auf die Inlandseinkünfte entfallende Steuernachteil pauschal abgegolten werden.

Nicht vergessen wurden auch die Einnahmen-Ausgaben-Rechner, die im KMU-Land Österreich eine besonders wichtige Gruppe sind. Für diese wurde erstmals ein zeitlich unbefristeter, vollwertiger Verlustvortrag eingeführt.

Im Sinne einer dringend gebotenen Vereinfachung haben wir bei den Steuerbefreiungen – aufgrund der Empfehlungen der Steuerreformkommission – Regelungen mit dem Ziel der Harmonisierung von Lohnsteuer und Sozialversicherung überarbeitet, gestrichen bzw. erweitert. Bisher bestehende Abweichungen zwischen dem Einkommensteuergesetz und dem

Allgemeinen Sozialversicherungsgesetz im Bereich der Befreiungsbestimmungen wurden somit weitgehend angeglichen. Besonders hervorzuheben ist hier die Einführung einer Befreiung für Mitarbeiterrabatte, die an die Stelle verschiedener, historisch gewachsener branchenspezifischer Befreiungen getreten ist: Um zu vermeiden, dass jeder einzelne Mitarbeiterumsatz verzeichnet werden muss, bleiben Mitarbeiterrabatte von bis zu 20 Prozent (bemessen am handelsüblichen Endpreis für Verbraucher, also nach Abzug handelsüblicher Rabatte) steuer- und sozialversicherungsfrei. Für darüber hinausgehende Rabatte gibt es einen Freibetrag von 1.000 Euro. Damit wird eine transparente, pragmatische Lösung gefunden, von der alle gleichermaßen profitieren können. Weiters wurde die Befreiung für die Gewährung von Mitarbeiterkapitalbeteiligungen von 1.460 auf 3.000 Euro pro Jahr ausgedehnt. Damit wurden wichtige Schritte zur Harmonisierung von Steuer- und Sozialversicherungsgesetzgebung gesetzt.

Im Fokus der Steuerreform standen auch ökologische Aspekte. Durch eine Spreizung der Sachbezugswerte für Dienstwagen basierend auf dem CO_2-Ausstoß (2016: über 130 g/km zwei Prozent; darunter 1,5 Prozent) sollen Anreize zur Anschaffung umweltfreundlicher Fahrzeuge gesetzt werden. Durch eine jährliche Absenkung der maßgeblichen CO_2-Grenzwerte um 3 g (bis 2020: 118 g/km) ist sichergestellt, dass hier zukunftsgerichtet gefördert wird. Für Personen- und Kombinationskraftwägen ohne CO_2-Ausstoß – also reine Elektrofahrzeuge – fällt kein Sachbezug an. Für Unternehmer besonders wichtig ist, dass für solche reinen Elektrofahrzeuge nunmehr – bei Vorliegen der sonstigen allgemeinen Voraussetzungen – ein Vorsteuerabzug geltend gemacht werden kann. Andere Personen- oder Kombinationskraftwagen, wie Hybridfahrzeuge, die sowohl mit Elektromotor als auch mit Verbrennungsmotor angetrieben werden können und somit CO_2 ausstoßen, sind von dieser Änderung nicht umfasst und berechtigen daher nicht zum Vorsteuerabzug.

In diesem von uns geschnürten Paket ist aufseiten der Entlastung sicherlich der neue Einkommensteuertarif das Kernstück der Steuerreform. Es werden nicht nur kleine Einkommen, sondern vor allem der Mittelstand und die Leistungsträger entlastet – also diejenigen, die auch wirklich Steuern zahlen. Denn Solidarität muss auch gegenüber den hart arbeitenden Menschen in unserem Land gelten, und Fleiß sowie harte Arbeit müssen sich lohnen. Das darf aber nicht nur bei der Entlastung gelten, sondern muss insbesondere auch bei der Finanzierung der Steuerreform bedacht werden.

Wichtig war mir daher, dass diese Entlastung nicht von der nächsten Generation getragen werden muss. Das bedeutet konkret, dass die Finanzierung der Steuerreform nicht durch neue Schulden oder durch Steuern auf die Vermögenssubstanz erfolgen soll, sondern durch einen gezielten Mix an Gegenfinanzierungsmaßnahmen. Ich verteile sicher keine „Steuerzuckerl", die dann jemand anderer – sprich unsere Kinder – bezahlen muss. Da bin ich Unternehmer genug, um Ihnen zu garantieren: Die Gegenfinanzierung der Entlastung ist solide.

Wir müssen anfangen, größer zu denken: Der positive Konjunktureffekt der Tarifreform – und der begleitenden offensiven Maßnahmen – wurden, uns zwischenzeitlich bestätigt. Wir werden es mit dieser Reform schaffen, Wachstum und Beschäftigung zu steigern, die Kaufkraft zu stärken und damit den Konsum anzukurbeln. Genau das brauchen wir, um den Standort zu stärken.

Im Detail bedeutet das: Der Selbstfinanzierungseffekt durch mehr Konsum beträgt rund 850 Millionen Euro.

Durch Einsparungen bei Förderungen und Verwaltung durch die Kostenbremse können 1,1 Milliarden generiert werden. Dieses Modell wurde bereits bei der Reform des Gesundheitswesens erfolgreich angewandt. Nun wird die Kostenbremse auch bei Bund, Ländern und Gemeinden angezogen. In Summe, über die fünf Jahre, sprechen wir bei dieser Maßnahme von 3,3 Milliarden Euro.

Zum Schutz der redlichen Wirtschaft, der heimischen Arbeitsplätze und des Wirtschaftsstandortes Österreich haben wir uns im Rahmen der Steuerreform entschlossen, eine Reihe von Maßnahmen gegen Betrug und Schwarzarbeit zu setzen:

So wurde zur Bekämpfung von Umsatzverkürzung bei Bargeschäften eine Registrierkassenpflicht auf Basis der Empfehlungen der Steuerreformkommission eingeführt. Die Voraussetzungen und technischen Details wurden kritisch und besonders intensiv diskutiert, und die Anschaffung wurde durch eine steuerliche Förderung erleichtert. Ich bin daher zuversichtlich, dass die Umsetzung reibungslos erfolgen kann.

Zur Bekämpfung von Lohnsteuermissbrauch in der Bauwirtschaft wurde die Verpflichtung zur unbaren Auszahlung von Arbeitslöhnen vorgesehen. Damit sollen fiktive Lohnzahlungen und Schwarzlohnzahlungen sowie die damit bewirkten Ausfälle an Lohnsteuereinnahmen verhindert werden.

Darüber hinaus wird der Pfusch im Bereich der Errichtung und der Sanierung von Gebäuden und Wohnungen aktiv bekämpft. Die Kontrollberechtigungen der Abgabenbehörden werden nicht nur die Erbringung von Leistung durch gewerberechtlich nicht befugte Personen umfassen, sondern auch auf die Beauftragung solcher Personen erstreckt werden.

Eine weitere wichtige Maßnahme ist die Verbesserung des Zugangs der Finanzverwaltung zu Bankinformationen, begleitet von einer Errichtung eines zentralen Kontenregisters. Dies entspricht den internationalen Entwicklungen (Einführung des automatischen Informationsaustausches, FATCA). Besonderes Augenmerk wurde dabei darauf gelegt, dass keine willkürlichen Einsichtnahmen in das Kontenregister bzw. in die Konten von Steuerpflichtigen (nur bei richterlicher Genehmigung) möglich sind und die Steuerpflichtigen auch über ein entsprechendes Rechtsschutzinstrumentarium verfügen. Gleichzeitig sollen Meldeverpflichtungen eine Umgehung verhindern und insbesondere Fälle von „Abschleichern", die Schwarzgeld vor Inkrafttreten der entsprechenden Steuerabkommen aus der Schweiz und Liechtenstein nach Österreich transferiert haben, aufdecken.

An Einnahmen kalkulieren wir durch die Bekämpfung von Steuer- und Sozialbetrug 1,9 Milliarden Euro.

Ein Teil der Gegenfinanzierung (400 Mio. Euro) wird über ein „Solidaritätspaket" erfolgen, das als Teil des politischen Kompromisses statt der Einführung von Vermögens- oder Erbschafts- und Schenkungssteuern beschlossen worden ist: Neben der bereits erwähnten, zeitlich befristeten Erhöhung des Spitzensteuersatzes gehören dazu folgende Maßnahmen im Bereich Kapitalvermögen und Grundstücke:

Bisher unterlagen sämtliche Einkünfte aus Kapitalvermögen, die nicht vom besonderen Steuersatz ausgenommen sind, bereits einheitlich einer Kapitalertragsteuer in Höhe von 25 Prozent. Dies umfasst insbesondere Einkünfte aus der Veräußerung von Wertpapieren, Dividenden oder Sparbuchzinsen. Die Kapitalertragsteuer wurde nun von 25 Prozent auf 27,5 Prozent angehoben. Von dieser Anhebung sind jedoch Einkünfte aus Bankeinlagen und nicht verbrieften sonstigen Forderungen gegenüber Kreditinstituten – somit insbesondere Sparbuchzinsen – ausgenommen. Damit kommen zwei verschiedene besondere Steuersätze zur Anwendung: Für Sparbuchzinsen unverändert 25 Prozent, für sämtliche andere Einkünfte aus Kapitalvermögen 27,5 Prozent. Aufgrund der Einführung des zusätzlichen besonderen Steuersatzes sollen auch bisher schon bestehende Verlustausgleichsbeschränkungen entsprechend angepasst werden.

Im Bereich der Grundstücksveräußerungen kommt es zu einer Anhebung des besonderen Steuersatzes auf 30 Prozent, zur Anpassung der Verlustverrechnung und zum Entfall des Inflationsabschlages. Gleichzeitig wurde die Verlustverrechnung mit Einkünften aus Vermietung und Verpachtung verbessert, indem eine Verteilungsmöglichkeit für Verluste über 15 Jahre vorgesehen wurde. Weiters dürfen künftig Werbungskosten bei Ausübung der Regelbesteuerungsoption abgezogen werden.

Außerdem wurden im Bereich der Grunderwerbsteuer umfassende Änderungen vorgenommen. Bei unentgeltlichem Erwerb von Grundstücken sowie bei Anteilsübertragungen, Anteilsvereinigungen ist die Bemessungsgrundlage künftig ein für Zwecke der Grunderwerbsteuer zu ermittelnder „Grundstückswert", der auf drei verschiedene Arten ermittelt werden kann (Summe des hochgerechneten dreifachen Bodenwertes und des Gebäudewertes; Abschlag vom Wert eines geeigneten Immobilienpreisspiegels; Nachweis eines geringeren gemeinen Wertes durch den Steuerpflichtigen). Dabei werden die Details für die ersten beiden Ermittlungsverfahren per Verordnung näher festgelegt. Der nunmehr zu ermittelnde Grundstückswert orientiert sich stärker am tatsächlichen Wert des jeweiligen Grundstückes. Um dies abzufedern, wurde für unentgeltliche Erwerbe ein Stufentarif vorgesehen. Der Steuersatz beträgt bis zu einer Bemessungsgrundlage

- von 250.000 Euro   0,5 Prozent,
- für die nächsten 150.000 Euro   2,0 Prozent,
- darüber hinaus   3,5 Prozent.

Um Betriebsübergaben zu erleichtern, wurde der Betriebsfreibetrag von 365.000 auf 900.000 Euro erhöht und der Steuersatz beim Erwerb von Betriebsgrundstücken mit 0,5 Prozent vom Grundstückswert gedeckelt.

Darüber hinaus tragen eine Reihe von strukturellen Änderungen (insbesondere die schrittweise Abschaffung des Topfsonderausgabenabzuges, die Vereinheitlichung der Abschreibungssätze bei Betriebsgebäuden auf 2,5 Prozent, die Erhöhung des ermäßigten Umsatzsteuersatzes auf 13 Prozent) mit 900 Mio. Euro maßgeblich zur Gegenfinanzierung bei.

Gemeinsam ergeben diese auszugsweise vorgestellten Maßnahmen und viele weitere Punkte der Gegenfinanzierung ein ausgewogenes und ausbalanciertes Gesamtpaket. Uns war wichtig, die gesamten Lasten fair zu verteilen, die redlichen Steuerzahlerinnen und Steuerzahler zu schützen und für mehr Gerechtigkeit in Österreich zu sorgen.

Mit dem Entlastungsrechner, der anlässlich der Steuerreform vom Bundesministerium für Finanzen zur Verfügung gestellt wurde, kann sich jede Steuerzahlerin und jeder Steuerzahler schnell und unkompliziert die persönliche Ersparnis durch die Steuerreform ausrechnen. Auf bmf.gv.at/entlastung bekommt man bei der Eingabe des jeweiligen Gehalts in die Abfragemaske mit nur wenigen Mausklicks einen Richtwert für den ab 1. Jänner 2016 bereits geltenden Steuervorteil.

Ich bin ganz offen: Wiewohl die Steuerentlastung für jede bzw. jeden Einzelnen in Anbetracht der doch schwierigen Rahmenbedingungen beträchtlich ist, so hätte sie dennoch weit höher ausfallen können, wenn die Schulden Österreichs niedriger wären. Die Schuldenquote Österreichs ist mit 85 Prozent weit vom Ziel einer 60-prozentigen Staatsverschuldung entfernt.

Wir müssen dieses Ziel dennoch konsequent verfolgen. Tun wir das nicht, verschärft sich das Problem, das wir jetzt schon haben, immer weiter. Wir verlieren den Spielraum für dringend notwendige Zukunftsinvestitionen. Und eines kann nicht oft genug betont werden: Österreich hat ein Ausgaben- und kein Einnahmenproblem.

Wie oft höre ich, mehr Wachstum löse unsere Probleme. Nur: Wir bräuchten zehn Jahre lang ein durchschnittliches Wachstum von 3,6 Prozent, um auf eine erträgliche Schuldenlast von 60 Prozent herunterzukommen. Das wäre zwar wünschenswert, ist aber völlig unrealistisch. Damit ist hoffentlich jedem klar: Eine einnahmenseitige Sanierung des Budgets ist nicht möglich. Das heißt: Kluges Gesundsparen ist angesagt, bevor das Problem noch größer wird. Es ist wie in einem Haushalt: Alles, was man sich

anschaffen will, muss finanziert werden. So ist es auch im Staat: Alle Mehr-
ausgaben müssen gegenfinanziert werden. Daran wurde und wird hart gearbeitet. Alle Ressorts waren gefordert. Viele – auch unangenehme – Schritte
waren notwendig, um ein ausbalanciertes Budget zu erstellen. Die Kennzahlen, die europaweit gelten, sind wie Leitplanken auf der Straße. Nach
den Maastricht-Kriterien ist ein gesamtstaatliches Budgetdefizit bis zu drei
Prozent des BIP zulässig. Die Bundesregierung hat damit ihr wichtigstes
Ziel erreicht: Gesamtstaatlich liegen wir 2016 mit -1,4 Prozent deutlich
unter diesem Wert. Wir wollen zum dritten Mal in Folge ein „strukturelles
Nulldefizit" in Höhe von 0,5 Prozent erreichen. Diese Zahlen sind eine
gute Nachricht für Österreich. Ein Beleg dafür, dass wir auf dem richtigen
Weg sind. Sie sind auch ein Zeichen dafür, dass wir Kurs halten müssen.

Als gelernter Unternehmer sage ich Ihnen ehrlich: Ich hätte mir
schon jetzt viel weitreichendere und schnellere Reformen gewünscht. Mit
der Entlastung durch die Steuerreform hat die Regierung aber eindrucksvoll bewiesen, dass sie heiße Eisen anpackt und umsetzt. Die Steuerreform
kann jedoch nur der erste Schritt gewesen sein, dem weitere folgen müssen
und werden. Denn jeder Tag ohne Reformen ist ein verlorener Tag.

ANDREAS SCHIEDER

Steuerreform 2015/2016

Das Ergebnis kann sich sehen lassen

Seit Jänner 2016 ist die Steuerreform der SPÖ-geführten Regierung in Kraft. Die SPÖ hat kontinuierlichen Druck für eine Entlastung des Faktors Arbeit gemacht. Dementsprechend ist die Tarifreform gestaltet. Fünf Milliarden Euro fließen in die Entlastung der Lohn- und Einkommenssteuer. Vor allem Menschen mit kleineren und mittleren Einkommen profitieren davon – mehr als 4,5 Milliarden kommen ihnen zugute. Das ist ein wichtiger verteilungspolitischer Erfolg. Die Menschen zahlen die Entlastung nicht aus der eigenen Brieftasche. Finanziert wird sie vor allem durch Einnahmen aus der Steuerbetrugsbekämpfung, durch Beiträge von Vermögenden, sinnvolles Sparen und eine Ankurbelung der Wirtschaft. Denn wenn die Menschen mehr Geld zur Verfügung haben, fließt dieses Geld in den Konsum, und das stärkt die Konjunktur. Gerade in Sachen Betrugsbekämpfung liegt eine lange Liste an Maßnahmen vor, die zu mehr Transparenz, mehr Ehrlichkeit und letztlich mehr Gerechtigkeit beitragen. Die zwei wichtigsten: Durch die Registrierkassenpflicht werden ehrliche Unternehmer und Steuerzahler gegen unfairen Wettbewerb und Steuerbetrug geschützt. Das Einschaurecht für Finanzbehörden im Rahmen einer Steuerprüfung bedeutet das Aus für das Bankgeheimnis für Steuerbetrüger und Besitzer von Schwarzkonten. Steuerhinterzieher sind nicht schützenswert und deshalb führen auch diese Maßnahmen zu mehr Gerechtigkeit. Mit der Steuerreform 2015/2016 sind wesentliche Schritte zu einem faireren und gerechteren Steuersystem gelungen. Die neue Tarifgestaltung bringt eine spürbare Senkung der Lohnsteuer für die Arbeitnehmerinnen und Arbeitnehmer. Das bedeutet mehr Geld zum Leben für die Menschen in unserem Land. Gleichzeitig führen Betrugsbekämpfungsmaßnahmen sowie mehr vermögensbezogene Steuern zu mehr Gerechtigkeit im System. Ein großes und wichtiges Projekt der SPÖ-geführten Regierung ist umgesetzt und das Ergebnis kann sich sehen lassen!

Wenn die Österreicherinnen und Österreicher seit Jänner dieses Jahres mehr Geld im „Börsel" haben, ist das das erfolgreiche Ergebnis von politischer Absicht und kontinuierlicher Sacharbeit für die Menschen in unserem Land. Vor allem die SPÖ hat bei der Umsetzung der Steuerreform 2015/2016 nachhaltigen und stetigen Druck gemacht. Wir haben uns deutlich zu einer Entlastung des Faktors Arbeit und zu strukturellen Änderungen im Steuersystem bekannt, wir haben Wort gehalten, die versprochene Steuerreform erarbeitet und mit bestimmender Beharrlichkeit umgesetzt.

Die Einladung der Herausgeber einen Beitrag zur Steuerreform für das vorliegende Jahrbuch für Politik zu schreiben, habe ich insofern sehr gerne angenommen, zumal ich das Reformprojekt – in unterschiedlichen politische Funktionen – von Beginn an bis ganz zum Schluss – erarbeiten und umsetzen durfte. Als Staatssekretär im Finanzministerium war ich 2013 maßgeblich an der Erarbeitung des SPÖ-Konzepts zur Entlastung des Faktors Arbeit beteiligt. 2014 war ich Mitglied in der Arbeitsgruppe zur Vorbereitung der Steuerreform, in der die politischen Eckpunkte formuliert und festgelegt wurden. Und schließlich konnte ich – als Klubobmann des SPÖ-Klubs – auch den erfolgreichen parlamentarischen Abschluss der Reform begleiten und die entsprechenden Gesetze im Parlament mit beschließen.

Chronologie: SPÖ macht kontinuierlich Druck für Entlastung

Im September 2013 wurden von uns die ersten Pläne zur steuerlichen Entlastung präsentiert. Bereits enthalten waren darin eine Senkung des Eingangssteuersatzes von 36,5 auf 25 Prozent sowie gerechte Maßnahmen zur Gegenfinanzierung der Reform. Zunächst reagierte die ÖVP ablehnend, der damalige Wirtschaftsminister Reinhold Mitterlehner quittierte die Pläne mit dem Satz: „Das kommt mir sehr eigenartig vor" (Quelle: APA0127 5 II 0310 von Dienstag, 17. September 2013).

Nach dem Sieg der SPÖ bei den Nationalratswahlen am 29. September 2013 und der anschließenden Regierungsbildung mit der ÖVP wurde im Dezember eine Steuerreform im Regierungsübereinkommen fixiert. Bei der Regierungsklausur im Jänner 2014 wird eine Arbeitsgruppe zur Vor- und Erarbeitung der Steuerreform eingesetzt. Als Ziel wurde die legistische Umsetzung für 2015 formuliert. Mitte des Jahres 2014 wird von parlamentarischer Seite aus der Druck zur Umsetzung der Reform erhöht. Vor allem als SPÖ-Klub haben wir bereits seit Längerem die Entlastung des Faktors Arbeit gefordert und in einem gemeinsamen Entschließungs- antrag die Senkung des Eingangssteuersatzes forciert. Im Juni dieses Jahres kam Unterstützung seitens der ÖGB-Kampagne: „Lohnsteuern runter!" Die Gewerkschaft sammelte in ihrer überparteilichen Aktion rund 900.000 Unterschriften. Und auch die Pensionistenorganisation rief zu einer Unter- schriftenaktion auf.

In weiterer Folge wurde die Reform Schritt für Schritt konkreter: Ende September beschloss die Regierung das Entlastungsvolumen in der Höhe von fünf Milliarden Euro. Damit einhergehend wurde ein Fahrplan bis März 2015 vorgelegt. Ende des Jahres 2014 starteten schließlich die kon- kreten politischen und inhaltlichen Verhandlungen. Im Frühjahr 2015 wur- den diese erfolgreich abgeschlossen: in der Nacht vom 12. auf den 13. März 2015 steht die Einigung, im darauffolgenden Ministerrat am 17. März 2015 beschließen SPÖ und ÖVP die Eckpunkte der Einigung als Startschuss für die parlamentarischen Verhandlungen.

Im ersten parlamentarischen Halbjahr 2015 wurden die gesetzlichen Grundlagen für die Steuerreform und ihre Gegenfinanzierung ausführlich diskutiert, beraten und verhandelt. Das umfangreiche Paket umfasste mehr als 40 Gesetze. Neben der konkreten Tarifgestaltung waren darunter auch die neuen Regelungen zur Konteneinschau, die einer Zwei-Drittel-Mehr- heit bedurften. Mit der Steuerreform einher ging auch das Ende des Bank- geheimnisses als Schutzfunktion für Steuerhinterziehung. Ein Beitrag für mehr Gerechtigkeit.

Schließlich wurde die Reform am 30. Juni im Finanzausschuss und am 7. Juli 2015 vom Plenum des Parlaments beschlossen. Mit 1. Jänner 2016 kommt die Entlastung nun direkt bei den Menschen an.

Eckpunkte der Steuerreform

„Mehr Netto vom Brutto" hat die SPÖ versprochen – und gehalten. Kern der Steuerreform ist eine große Tarifreform. Mit einer Gesamtentlastung von mehr als fünf Milliarden Euro ist sie eine der größten Steuerreformen in Österreich. Statt bisher drei gibt es künftig sechs Lohnsteuerstufen. Der

Eingangssteuersatz – ab 11.000 Euro Brutto-Jahreseinkommen – sinkt von 36,5 auf 25 Prozent. Davon profitieren alle Lohnsteuerpflichtigen, vor allem aber Arbeitnehmerinnen und Arbeitnehmer, Pensionistinnen und Pensionisten und Selbstständige mit kleineren und mittleren Einkommen. Der Spitzensteuersatz steigt – zeitlich begrenzt – auf 55 Prozent. Er betrifft jene Einkommensanteile über 1.000.000 Euro und ist ein weiterer Beitrag für ein gerechtes Steuersystem.

Kleine und mittlere Einkommen entlastet

Klein- und Mittelverdiener und -verdienerinnen sind die Gewinner und Gewinnerinnen der Reform. 90 Prozent des Entlastungsvolumens kommen jenen zugute, die unter 4.500 Euro brutto im Monat verdienen. Ein wesentlicher Teil der Entlastung geht überdies an jene, die weniger als 11.000 Euro im Jahr verdienen – und damit keine Lohnsteuer zahlen. Diese 2,5 Millionen Menschen profitieren von der Erhöhung des Sozialversicherungsrabatts (Negativsteuer) von 110 Euro auf bis zu 400 Euro. Durch die Erhöhung bekommen diese Menschen um bis zu 290 Euro mehr im Jahr. Auch für Pensionisten und Pensionistinnen, die keine Lohnsteuer bezahlen, gibt es mit Inkrafttreten der Steuerreform 2016 erstmals einen Rabatt bei der Sozialversicherung von bis zu 110 Euro im Jahr.

Einige praktische Beispiele:

- Einer Pensionistin mit 1.400 Euro monatlicher Brutto-Pension bleiben künftig 560 Euro jährlich mehr zum Leben.
- Bei einem Bruttoverdienst von 2.100 Euro monatlich bleiben 900 Euro jährlich mehr im „Börsel". Die Lohnsteuersenkung macht in diesem Fall fast 30 Prozent aus.
- Ein Facharbeiter, der 3000 Euro brutto im Monat verdient, erspart sich 13.000 Euro an Lohnsteuer.

Von den insgesamt fünf Milliarden Euro Entlastung fließen mehr als 4,5 Milliarden Euro den unteren und mittleren Einkommen zu. Das ist ein wichtiger und schöner verteilungspolitischer Erfolg.

Gerechte Finanzierung

Die Menschen zahlen die Steuerreform nicht aus der eigenen Brieftasche. 90 Prozent der Entlastung werden durch Einnahmen aus der Steuerbetrugsbekämpfung, durch Beiträge von Vermögenden sowie durch sinnvolles Sparen beim Staat finanziert. Darüber hinaus wird durch die Steuerreform die Wirtschaft angekurbelt. Auch das bringt Geld für die Entlastung.

Betrugsbekämpfung

Der Kampf gegen Steuerbetrug bringt zum einen mehr Gerechtigkeit ins österreichische Steuersystem und zum zweiten insgesamt 1,9 Milliarden Euro mehr für das Budget. Mit der Steuerreform wurde eine lange Liste an Maßnahmen beschlossen, die zu mehr Transparenz, mehr Ehrlichkeit und letztlich mehr Gerechtigkeit beitragen.

Die wichtigsten Maßnahmen:

• Registrierkassen

Durch die Registrierkassenpflicht wird eine ehrliche Prüfung von Barumsätzen durch die Finanzbehörden ermöglicht. Ein Chip-System codiert sämtliche in der Kasse gespeicherten Umsätze mit einer „Digitalen Signatur" (einer Art elektronischem Fingerabdruck). Die Geldbewegungen sind dadurch von der Finanzbehörde prüfbar. Ehrliche Unternehmer und Steuerzahler werden so gegen unfairen Wettbewerb und Steuerbetrug geschützt.

• Einschaurecht

Das Einschaurecht für Finanzbehörden im Rahmen einer Steuerprüfung bedeutet das Aus für das Bankgeheimnis für Steuerbetrüger und Besitzer von Schwarzkonten. Künftig können die Finanzbehörden – bei begründeten Zweifeln an der Korrektheit der Angaben der Steuerpflichtigen – eine Kontoeinschau beim Kreditinstitut verlangen. Innerhalb von drei Tagen prüft ein/e Richter/in, ob die formalen Kriterien für eine Kontoeinschau gegeben sind. Die richterliche Entscheidung kann angefochten werden, dies hat aber keine aufschiebende Wirkung. Zur konkreten Umsetzung wird auch ein zentrales Bankkontenregister angelegt. Dies enthält den Namen und die Kontonummer, aber keine Kontobewegungen und keine Kontostände. Darüber hinaus gilt ein automatischer Informationsaustausch auf europäischer Ebene.

- Bekämpfung von Sozialbetrug
  Mit dem Sozialbetrugsbekämpfungsgesetz als Teil der Steuerreform wurden gezielte Maßnahmen gegen Schwarzarbeit und gewerbsmäßigen Pfusch sowie mehr Möglichkeiten für das Aufdecken und Zurückdrängen von Scheinfirmen beschlossen.
- Weitere Maßnahmen: Eindämmung des Karussellbetrugs (Umsatzsteuerbetrug bei grenzüberschreitender Erbringung von Dienstleistungen), Betrugsbekämpfung bei der Mineralölsteuer, bei illegalen Online-Glücksspielportalen und im Rahmen des Versandhandels.

Vermögensbezogene Steuern

Die Vermögenden Österreichs tragen insgesamt 350 Millionen Euro zur Steuerreform bei. Die Anhebung des Spitzensteuersatzes, die Anhebung der Steuer auf Kapitalerträge, die Anhebung der Immobilienertragssteuer sowie die Umstellung bei der Grunderwerbssteuer sind Maßnahmen für mehr Steuergerechtigkeit.

- Anhebung des Spitzensteuersatzes auf 55 Prozent
  Ab einem Einkommen von einer Million Euro brutto im Jahr wird der Spitzensteuersatz auf 55 Prozent erhöht. Diese Erhöhung gilt befristet für die nächsten fünf Jahre. Damit tragen Menschen mit sehr hohen Einkommen zur Entlastung der geringen Einkommen bei.
- Anhebung des Kapitalertragssteuersatzes auf 27,5 Prozent
  Mit der Steuerreform wurde der Kapitalertragssteuersatz (KESt) von vorher 25 Prozent auf 27,5 Prozent erhöht. Sparbücher und Girokonten bleiben davon jedoch ausgenommen! Die erhöhte KESt betrifft in Österreich rund fünf Prozent der Haushalte, die Aktien oder Anleihen besitzen, und zehn Prozent, die Anteile an Investmentfonds halten.
- Anhebung der Immobilienertragssteuer auf 30 Prozent
  Im Jahr 2012 wurde – auf Drängen der SPÖ – eine Immobilienertragssteuer mit 25 Prozent eingeführt. Sie gilt für den Vermögenszuwachs bei Verkäufen von Immobilien. Im Zuge der Steuerreform wird diese Abgabe auf 30 Prozent erhöht. Der Inflationsabschlag läuft aus. Die Veräußerung des Hauptwohnsitzes bleibt davon ausgenommen. Somit

gilt die Erhöhung damit nur für jene 13 Prozent der Haushalte, die laut OeNB überhaupt über Zweit- und Drittwohnsitze verfügen.

- Staffeltarif bei der Grunderwerbssteuer
Die Grunderwerbssteuer für Erbschaften und Schenkungen wird auf den Verkehrswert umgestellt. Die Staffelung des Steuersatzes erfolgt auf Basis des Werts der Immobilie. Der Steuersatz bei Erbschaften und Schenkungen von Grundstücken und Immobilien, die mehr als 400.000 Euro wert sind, steigt von zwei auf 3,5 Prozent. Bei einem Wert von unter 250.000 Euro wird die Grunderwerbssteuer von zwei Prozent auf 0,5 Prozent gesenkt. Dadurch kommt es vor allem bei teuren Immobilienübertragungen (durch Schenkung oder Erbe) zu einem höheren Beitrag. Kleinere Immobilien und Grundstücke mit einem geringeren Wert sind durch diese Staffelung weniger stark betroffen. Bei günstigen Grundstücken bzw. Häusern kann es sogar zu einer Ersparnis kommen.

Österreich geht mit der Entlastung der Faktors Arbeit und des sukzessiven Ausbaus vermögensbezogener Steuern in die richtige Richtung. Seit dem Jahr 2009 steigen die Einnahmen aus vermögensbezogenen Steuern kontinuierlich. Es war immer die Sozialdemokratie, die diese strukturellen Änderungen im Steuersystem vertreten und durchgesetzt hat. Unter sozialdemokratischer Regierungsführung wurden steuerliche Privilegien für Stiftungen abgeschafft, die Vermögenszuwachssteuer bei Wertpapieren und Immobilien eingeführt, die Banken- und Stabilitätsabgabe beschlossen, Privilegien bei der Gruppenbesteuerung eingeschränkt, ein Solidarbeitrag bei Top-Verdienern eingeführt und Golden Handshakes eingeschränkt sowie die steuerliche Absetzbarkeit von Managergehältern auf 500.000 begrenzt. Dies nur als einige wichtige Beispiele. Insgesamt werden ab dem Jahr 2016 jährlich 3,75 Milliarden Euro eingenommen − Geld, das den Menschen mit kleinen und mittleren Einkommen zugutekommt.

Das bedeutet nicht, dass wir Sozialdemokraten nicht noch mehr bewegen wollen, und darum bleiben die Forderungen nach weiteren vermögensbezogenen Steuern − wie etwa einer gerechten Erbschaftssteuer − weiterhin auf unserer politischen Agenda.

Mehr Kaufkraft stärkt die Konjunktur

Die Steuersenkung von fünf Milliarden Euro für deutlich mehr als sechs Millionen Österreicherinnen und Österreicher bedeutet „mehr Netto vom Brutto". Das heißt die Menschen in Österreich haben mehr Geld zum Ausgeben, damit wird die Kaufkraft gestärkt. In Zeiten schwieriger wirtschaftlicher Verhältnisse ist das ein wichtiger Beitrag, um die Konjunktur anzukurbeln und Arbeitsplätze zu schaffen. So können so zusätzlich 850 Millionen Euro für die Staatskassa lukriert werden.

Die beiden wichtigsten österreichischen Forschungsinstitute WIFO und IHS bestätigen die positiven Auswirkungen der Steuerreform auf die österreichische Konjunktur. Die unabhängigen Wirtschaftsforscher rechnen für die nächsten beiden Jahre mit mindestens 1,6 Prozent BIP-Anstieg. Im Jahr 2015 lag das Plus des BIP noch bei 0,8 Prozent. Die österreichische Wirtschaft würde nach zwei Jahren wieder so schnell wachsen wie die Wirtschaft der Eurozone. Als Grund für das Konjunkturplus werden – neben anderen Faktoren – eindeutig die Auswirkungen der Steuerreform angeführt. Nachdem die Österreicherinnen und Österreicher ab dem Jahr 2016 mehr Geld im „Börsel" haben, wird – so die Prognose der Wirtschaftsforscher – der private Konsum unterstützt. Laut WIFO beruhen allein 0,4 Prozent des BIP-Plus auf dem Anstieg des Konsums durch die Steuerreform (Quelle: APA0170 3 WI 0354 II/WB von Donnerstag, 17. Dezember 2015).

Verwaltungsreform

Kostendämpfungen in der Verwaltung sowie sinnvolle Einsparungen bei Förderungen bringen 1,1 Milliarden Euro. Der Bund wird rund 2/3, Länder und Gemeinden werden rund 1/3 beisteuern.

Streichung von Steuerausnahmen

Ausnahmen im Steuerrecht, wie etwa die Abschreibungsmöglichkeit von Gebäuden für Unternehmen, wurden mit der Steuerreform eingeschränkt. Die sogenannten „Topf-Sonderausgaben", wie sie etwa für Versicherungsprämien gegolten haben, laufen komplett aus. Überdies wurden begünstigte Mehrwertsteuersätze für einzelne Produktgruppen (z. B.: lebende Tiere, Saatgut, Pflanzen) von zehn auf 13 Prozent erhöht. Die begünstigten Sätze für Lebensmittel, Mieten, Medikamente und weitere elementare Dinge des Lebens bleiben unangetastet. Der steuerliche Sachbezug betreffend Dienstautos mit hohem CO_2-Ausstoß (über 120 g CO_2) wurde erhöht. Die Änderungen und Bereinigungen im Steuersystem bringen insgesamt 900 Millionen Euro.

In Summe können auf der Seite der Gegenfinanzierung durch den Kampf gegen Steuerbetrug, durch mehr vermögensbezogene Steuern, durch die Einnahmen aus der Erhöhung der Kaufkraft und durch sinnvolle Einsparungen in der Verwaltung 5,1 Milliarden Euro für die Entlastung lukriert werden.

Projekt Steuerreform umgesetzt – das Ergebnis kann sich sehen lassen!

Mit der Steuerreform sind wesentliche Schritte zu einem faireren und gerechteren Steuersystem gelungen. Die neue Tarifgestaltung bringt eine spürbare Senkung der Lohnsteuer für die Arbeitnehmerinnen und Arbeitnehmer. Das bedeutet mehr Geld zum Leben für die Menschen in unserem Land. Gleichzeitig führen Maßnahmen gegen Betrugsbekämpfung sowie mehr vermögensbezogene Steuern zu mehr Gerechtigkeit im System. Ein großes und wichtiges Projekt der SPÖ-geführten Regierung ist umgesetzt und das Ergebnis kann sich sehen lassen!

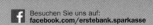

GERHARD LEHNER

Steuerreform 2016
Eine Gesamtbetrachtung

Die steuerlichen Maßnahmen, die zu Jahresbeginn 2016 in Kraft traten, betreffen großteils die Einkommen(Lohn)steuer. Im Mittelpunkt steht eine spürbare Senkung der Steuersätze im Einkommen(Lohn)steuertarif. Die Entlastung für die Steuerzahler beträgt mehr als fünf Mrd. €, das sind 1,5 % des nominellen BIP. Sie ist damit die umfangreichste der letzten Jahrzehnte.

Da die Einnahmenausfälle die Budgetsalden nicht verschlechtern sollen, wurden umfangreiche Gegenfinanzierungsmaßnahmen beschlossen, die großteils zu Mehreinnahmen in der Einkommen(Lohn)steuer führen. Daneben wurden Ausgabeneinsparungen von 1,1 Mrd. € vereinbart.

Im Mittelpunkt der (steuerlichen) Mehreinnahmen stehen Maßnahmen zur Betrugsbekämpfung, außerdem werden Ausnahmen in der Einkommen(Lohn)steuer eingeschränkt oder abgeschafft, und damit wird die Bemessungsgrundlage verbreitert. Ferner wurden die Steuersätze in der Kapitalertragsteuer angehoben. In der Umsatzsteuer werden verschiedene Güter und Leistungen mit dem neu eingeführten Satz von 13 % (bisher zehn Prozent bzw. zwölf Prozent) besteuert. Schließlich erfolgte in der Grunderwerbsteuer eine Neuregelung.

Dieser Beitrag analysiert den neuen Einkommensteuertarif, insbesondere die Änderungen in der Steuerprogression und auch in der kalten Progression. Die Gegenfinanzierung wird ausführlich beschrieben. Schließlich erfolgt ein kurzer Ausblick auf künftige Steuerreformmaßnahmen, die vor allem die steuerlichen Lohnnebenkosten betreffen (sollen).

Die steuerlichen Maßnahmen, die 2016 in Kraft traten, betreffen überwiegend die Einkommen(Lohn)steuer. Im Mittelpunkt steht eine spürbare Senkung der Steuersätze. Außerdem werden die Negativsteuer, die Beziehern niedriger Einkommen zugutekommt, sowie der Verkehrsabsetzbetrag und der Kinderfreibetrag merklich erhöht. Dazu kommen noch einige kleinere Maßnahmen. Insgesamt beträgt die Entlastung (brutto) mehr als fünf Mrd. €, das sind rund 1,5 % des nominellen Bruttoinlandsproduktes. Sie ist damit (bezogen auf das nominelle BIP) die größte Steuersenkung der letzten Jahrzehnte.

Da die Budgetsalden der öffentlichen Haushalte durch diese Einnahmenausfälle nicht verschlechtert werden sollen, wurde gleichzeitig ein umfangreiches Gegenfinanzierungsprogramm beschlossen, dessen Maßnahmen ebenfalls großteils die Einkommen(Lohn)steuer betreffen. Daneben spielen noch die Umsatzsteuer und die Grunderwerbsteuer für die Gegenfinanzierung eine Rolle. Dazu kommen höhere Einnahmen an Umsatzsteuer aus dem zusätzlichen privaten Konsum.

Ausgabeneinsparungen sind im Ausmaß von 1,1 Mrd. € geplant, das ist etwas mehr als ein Fünftel des Gesamtvolumens der Gegenfinanzierung. Diese Einsparungen sollten mit 0,7 Mrd. € den Bund und mit 0,4 Mrd. € die Länder und Gemeinden betreffen. Länder und Gemeinden tragen daher etwas mehr als ein Drittel der Ausgabenkürzungen.

In diesem Beitrag wird zunächst der neue Einkommensteuertarif analysiert, wobei vor allem die Änderungen im Progressionsverlauf im Vordergrund stehen. Ferner wird auf die kalte Progression eingegangen, insbesondere wie sie durch den neuen Tarif beeinflusst (verändert) wird. Weiters werden die sehr komplexen Maßnahmen der Gegenfinanzierung beschrieben und auf ihre Plausibilität untersucht.

Ein wichtiger Aspekt im Zusammenhang mit der Steuerentlastung (Einnahmenausfällen) einerseits und den Gegenfinanzierungsmaßnahmen (Mehreinnahmen) andererseits ist der Zeitfaktor. Es besteht eine zeitliche Asymmetrie zwischen diesen beiden Komponenten. Die Entlastungen werden meist rascher budgetwirksam als die Gegenfinanzierungsmaßnahmen. Es entsteht dadurch eine zeitliche Asymmetrie, die oft zu wenig beachtet wird und einen erheblichen Einfluss auf die Budgetsalden hat. Schließlich erfolgt noch ein Ausblick auf künftige Herausforderungen der Steuerpolitik und auf mögliche weitere Reformschritte.

Analyse des neuen Einkommensteuertarifs

Der ab 2016 gültige Einkommensteuertarif ist im Vergleich zu den bisherigen Steuersätzen durch zwei große Änderungen gekennzeichnet. Erstens: Der Eingangssteuersatz wird spürbar von 36,5 % auf 25 % gesenkt. Diese Änderung erfordert mehr als die Hälfte des gesamten Entlastungspaketes. Zweitens: Der Grenzsteuersatz von 50 % beginnt erst ab 90.000 € (bisher 60.000 €) und bringt damit für höhere Einkommen eine spürbare Entlastung.

Für zu versteuernde Einkommen über eine Mio. € wurde ein zusätzlicher Steuersatz von 55 % eingeführt (der auf vier Jahre befristet ist – 2016 bis 2020). Dieser neue Steuersatz ist notwendig geworden, weil der Satz der Kapitalertragsteuer auf Dividenden von bisher 25 % auf 27,5 % angehoben wird.

Durch eine Verfassungsbestimmung ist festgelegt, dass der Steuersatz für diese Kapitalerträge maximal die Hälfte des Spitzengrenzsteuersatzes in der Einkommensteuer betragen darf. Diese Anhebung betrifft jedoch nur einige hundert Personen (das ist weniger als 0,01 % der Steuerpflichtigen). Die Mehreinnahmen aus diesem neuen Steuersatz liegen daher nur bei etwa 50 Mio. € und sind für bestimmte Aufgaben zweckgebunden.

Im mittleren Einkommensbereich ist die Veränderung der Grenzsteuersätze recht unterschiedlich. Über einen weiten Bereich – zwischen 31.000 und 60.000 € – beträgt die Senkung des Grenzsteuersatzes nur etwas mehr als einen Prozentpunkt. Lediglich zwischen 25.000 und 31.000 € liegt die Senkung des Grenzsteuersatzes bei 8,2 Prozentpunkten. Dadurch sind die Entlastungen zwischen den einzelnen Einkommensbereichen recht unterschiedlich.

Übersicht 1: Steuerersparnis

Zu versteuernde laufende Jahreseinkommen[1]	Steuer		Steuerersparnis	
	Bis 2015	Ab 2016		In % des zu versteuernden Einkommens
	In €	In €	In €	
15.000	1.460	1.000	460	3,1
20.000	3.285	2.450	835	4,2
25.000	5.110	4.200	910	3,6
30.000	7.270	5.950	1.320	4,4
40.000	11.592	10.080	1.512	3,8
60.000	20.235	18.480	1.755	2,9
80.000	30.235	28.080	2.155	2,7
100.000	40.235	37.880	2.355	2,4
150.000	65.235	62.880	2.355	1,6

[1] Gemäß § 33 Abs. 1 EStG. Ohne sonstige Bezüge, die gemäß § 67 EStG versteuert werden.

Die Steuerersparnis verläuft im unteren Einkommensbereich recht unterschiedlich. Bei 30.000 € (zu versteuerndes Jahreseinkommen, das sind 2.500 € pro Monat) ist der Höhepunkt der Entlastung, er liegt bei 4,4 % des zu versteuernden Einkommens. Mit dem wachsenden Einkommen nimmt dann die Steuerentlastung ab. Auffallend ist jedoch, dass die Steuerersparnis für Jahreseinkommen von 15.000 € (1.250 € monatlich) mit 3,1 % nur geringfügig höher ist als für zu versteuernde Jahreseinkommen von 60.000 € (5.000 € monatlich) mit 2,9 %. Die Umverteilungswirkungen des neuen Steuertarifs dürften sich daher in engen Grenzen halten. Absolut ist die Steuerersparnis mit steigendem Einkommen deutlich höher als bei geringem Einkommen (Übersicht 1).

Abbildung 1: Steuerprogression im Einkommensteuertarif

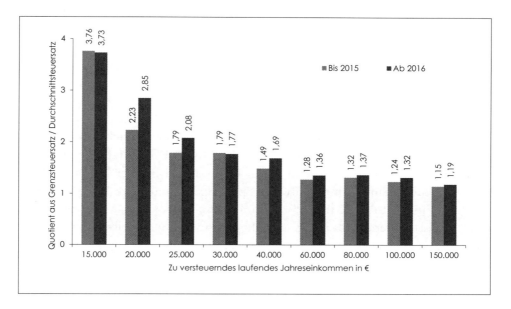

Steuerprogression bleibt steil

In der Diskussion um die Steuertarife spielt die Progression, insbesondere die „kalte Progression", eine wachsende Rolle. Für die Messung der Progression stehen verschiedene Konzepte zur Verfügung. Erstens, der Quotient aus Grenzsteuersatz und Durchschnittssteuersatz bei bestimmten Einkommen: Je höher der Quotient, desto steiler die Progression. Dieser Quotient nähert sich asymptotisch (mit steigendem Einkommen) eins an, weil sich bei sehr hohen Einkommen der Durchschnittssteuersatz dem Grenzsteuersatz annähert. Bei proportionalen Tarifen beträgt der Quotient zwischen Grenzsteuersatz und Durchschnittssteuersatz immer eins.

Zweitens, die Aufkommenselastizität: Sie gibt an, wie sich die Steuer bei einem Anstieg der Bemessungsgrundlage um einen Prozentpunkt verändert. Im progressiven Tarif liegt die Aufkommenselastizität immer über Eins, bei proportionalen Tarifen liegt sie bei Eins.

Drittens, die Residualelastizität. Sie zeigt, wie stark das Nettoeinkommen durch die Steuerprogression geschmälert wird, d. h. wie sich der Zuwachs des Nettoeinkommens bei einer Erhöhung des Bruttoeinkommens um einen Prozentpunkt verändert. Je geringer die Residualelastizität desto steiler die Progression.

Ein Vergleich zwischen dem Steuertarif, der bis 2015 galt, und dem neuen Tarif ab 2016, zeigt, dass die Progression über einen weiten Einkommensbereich nicht schwächer wird. Das zeigt sowohl der Quotient zwischen dem Grenzsteuersatz und dem Durchschnittssteuersatz (siehe Abbildung 1) als auch die Aufkommens- sowie die Residualelastizität.

Die starke Progression im unteren Einkommensbereich ist vor allem durch den hohen Freibetrag von (jährlich) 11.000 € bedingt, der auch international verhältnismäßig hoch ist. In Deutschland liegt er bei etwas über 8.000 €. Außerdem beginnt dort der Spitzengrenzsteuersatz bei einem viel höheren Einkommen als in Österreich. Dadurch ist die gesamte Progression in Deutschland flacher als in Österreich. Der hohe Steuerfreibetrag in Österreich bringt allerdings auch Vorteile, da deutlich mehr Einkommensbezieher aus der Steuerpflicht herausfallen, wodurch sich administrative Erleichterungen sowohl für die Finanzverwaltung als auch die Steuerzahler ergeben.

Die Reduzierung des Eingangssteuersatzes hat die Progression verschärft. Das lässt sich an einem einfachen Beispiel zeigen. Bis 2015 war die Differenz zwischen dem Eingangssteuersatz (36,5 %) und dem Spitzengrenzsteuersatz (50 %) 13,5 Prozentpunkte. Ab 2016 liegt die Differenz hingegen bei 25 % bzw. 30 Prozentpunkten. Das Hinausschieben des Grenzsteuersatzes von 50 % von 60.000 auf 90.000 € dämpft zwar die Progression, beseitigt aber die Probleme nicht (vollständig).

Die Aufkommenselastizität zeigt ein ähnliches Bild wie der Quotient aus Grenzsteuersatz und Durchschnittssteuersatz (Abbildung). Die Aufkommenselastizität bleibt im unteren Einkommensbereich (mit teilweise über zwei) verhältnismäßig hoch und sinkt mit steigendem Einkommen. Das gilt grundsätzlich, weil der Effekt des Steuerfreibetrages mit steigendem Einkommen abnimmt.

Das lässt sich an einem einfachen Beispiel zeigen. Bei zu einem versteuernden Einkommen von 15.000 € jährlich unterliegen nur 4.000 € (26,7 %) der Progression, bei einem Einkommen von 40.000 € jährlich sind es hingegen bereits fast drei Viertel (72,5 %), bei einem zu versteuernden Einkommen von 100.000 € rund 89 % und bei 150.000 € 92,6 %.

Der Quotient aus Grenzsteuersatz und Durchschnittssteuersatz ist über einen weiten Einkommensbereich im neuen Tarif höher als im bisherigen. Die Progression wird steiler. Die Aufkommenselastizität bleibt über einen weiten Bereich unverändert. Das Aufkommen der Einkommen(Lohn)steuer wird daher auch künftig kräftig wachsen.

Kalte Progression bleibt bestehen

Das Phänomen der kalten Progression wird gegenwärtig heftig diskutiert. Es besteht darin, dass der Einkommen(Lohn)steuer nominelle Einkommen unterworfen werden, die auch eine Inflationsabgeltung enthalten. Diese bewirkt jedoch keine Erhöhung der steuerlichen Leistungsfähigkeit. In der Finanzwissenschaft wird daher schon lange gefordert, diese durch die Inflation bedingten Einkommen(szuwächse) nicht der Progression zu unterwerfen (Zimmermann/Henke/Broer, 2009) und die Progression auf die realen Einkommen(serhöhungen) zu beschränken. Das bedeutet, die Steuertarife entsprechend anzupassen (etwa die Bemessungsgrundlage), um die Inflation zu bereinigen, etwa dadurch, dass die Tarifstufen (jährlich) der Inflationsrate angepasst werden.

Die Herausnahme der Inflation aus dem Einkommensteuertarif bringt jedoch einige Probleme, die ausführlich diskutiert werden müssen. Wenn die Inflation nur beim Steuertarif herausgenommen wird, bei den Ausgaben jedoch nicht, verschlechtert sich tendenziell der Budgetsaldo (erheblich). Eine Inflationsanpassung in der Einkommen(Lohn)steuer erfordert, dass auch bei den Ausgaben die Inflation berücksichtigt werden muss, weil sich sonst die Budgetsalden entsprechend erhöhen. Das bedeutet etwa, dass bei den Pensionen oder den Gehältern der öffentlich Bediensteten, aber auch bei den Käufen von Gütern und Leistungen die Preissteigerungen unberücksichtigt bleiben müssten. Das lässt sich jedoch kaum durchsetzen.

Außerdem ist zu berücksichtigen, dass die Inflation durch Nichtberücksichtigung im Lohn- und Einkommensteuertarif nicht verschwindet. Dadurch könnte es zu erheblichen sozialen Problemen kommen, wenn etwa Sozialleistungen nicht mehr entsprechend angepasst werden. Jedenfalls würde eine Herausnahme der Inflation aus dem Einkommensteuertarif einen erheblichen Druck auf die Ausgaben ausüben. Andererseits wird die Suche nach (weniger) inflationsabhängigen Einnahmequellen wichtiger. Wie sich eine solche Maßnahme auf die unterschiedliche Höhe der Einnahmen auswirkt, ob nicht auch die Umverteilung darunter leidet, müsste genauer untersucht werden.

Gegenfinanzierung sehr komplex

Die Gegenfinanzierung soll die Einnahmenausfälle aus der Entlastung weitgehend kompensieren, sodass keine Verschlechterung der Budgetsalden eintritt. Der überwiegende Teil der Maßnahmen zur Gegenfinanzierung (rund 80 %) kommt aus zusätzlichen Einnahmen und (nur) rund 20 % (1,1 Mrd. €) werden durch Ausgabeneinsparungen aufgebracht. Die globale Ausgabenquote würde dadurch um etwa 0,3 % des nominellen Bruttoinlandsproduktes sinken. Die Ausgabeneinsparungen betreffen vorwiegend den Verwaltungsaufwand und die Förderungen. Die Vergangenheit zeigt, dass Senkungen der globalen Ausgabenquote in diesem Ausmaß bereits mehrfach erreicht wurden, ohne dass es zu (größeren) negativen Auswirkungen gekommen wäre. Dieses Ziel der Ausgabeneinsparungen scheint daher erreichbar zu sein.

Der Großteil der zusätzlichen Einnahmen betrifft ebenfalls die Einkommen(Lohn)steuer, wobei jedoch im Gegensatz zu den Entlastungen die zusätzlichen Einnahmen primär aus der Einkommensteuer und Kapitalertragsteuer stammen. Daneben bringen auch die Umsatzsteuer und die Grunderwerbsteuer zusätzliche Einnahmen.

Im Gegensatz zur Entlastung, die vorwiegend den privaten Haushalten zugutekommt, tragen die Mehreinnahmen großteils die Unternehmungen. Es kommt daher zu einer Verschiebung in der Besteuerung zwischen privaten Haushalten und Unternehmungen.

Der Schwerpunkt der Gegenfinanzierung liegt vorwiegend bei Maßnahmen zur Betrugsbekämpfung (Einführung der Registrierkassenpflicht und die Erleichterung von Kontenöffnungen). Diese Maßnahmen sollen insgesamt rund 1,9 Mrd. € bringen, das sind mehr als ein Drittel der gesamten Gegenfinanzierung. Diese Annahmen scheinen sehr ambitioniert, insbesondere jene, die aus der Kontenöffnung erwartet werden (0,7 Mrd. €).

Ferner werden durch verschiedene Maßnahmen die Bemessungs-grundlagen in der Einkommensteuer erweitert. Das gilt insbesondere für die Verlängerung der Nutzungsdauer von Gebäuden (0,4 Mrd. €), die Abschaffung der „Topfsonderausgaben", die etwa 0,3 Mrd. € bringt. Sie wird allerdings erst mit erheblicher zeitlicher Verzögerung voll wirksam werden.

Schließlich werden die Steuersätze in der Kapitalertragsteuer auf Dividenden und die Kursgewinne (von bisher 25 % auf 27,5 %) erhöht. Die Immobilienertragsteuer wird von 25 % auf 30 % angehoben. Diese Maßnahmen sollen etwas mehr als 0,3 Mrd. € bringen. Das scheint durchaus realistisch.

Neben der Einkommensteuer spielt auch die Umsatzsteuer eine wichtige Rolle. Es wird ein neuer Steuersatz von 13 % eingeführt, ihm unterliegen neben Gütern und Leistungen, die bisher mit zwölf Prozent besteuert wurden (nunmehr 13 %) auch die Umsätze aus der gewerblichen Beherbergung. Das ergibt eine Anhebung von zehn Prozent auf 13 %. Daneben werden auch verschiedene Leistungen im Unterhaltungsbereich dem Steuersatz von 13 % unterworfen. Insgesamt sollen die Änderungen in der Umsatzsteuer etwas mehr als 0,2 Mrd. € erbringen.

Die Maßnahmen in der Grunderwerbsteuer sollen rund 50 Mio. € bringen, weil neben den Erhöhungen im Vergleich zu bisherigen Regelungen durchaus auch Senkungen möglich sind.

Insgesamt dürften die erwarteten Mehreinnahmen aus der Gegenfinanzierung nur schwer zu erreichen sein, das gilt insbesondere für die Betrugsbekämpfung.

Im Zusammenwirken zwischen Entlastung und Gegenfinanzierung ist aus der Sicht der öffentlichen Haushalte mit einer zeitlichen Asymmetrie zu rechnen, die (vorübergehend) zu einer Verschlechterung der Budgetsalden führen könnte. Es ist daher sinnvoll, die budgetären Auswirkungen dieser steuerlichen Maßnahmen, die 2016 in Kraft treten, über einen längeren Zeitraum zu betrachten. Eine Beurteilung, ob die Gegenfinanzierungen ausreichen, lässt sich erst in einem mehrjährigen Zeitraum ausreichend beurteilen. Die zeitliche Asymmetrie zwischen den Entlastungswirkungen einerseits und der Gegenfinanzierung andererseits lässt sich auch in früheren Steuersenkungen beobachten (1975 oder 1987). Das führte jeweils zu einer (vorübergehenden) Verschlechterung der Budgetsalden.

Gesamtwirtschaftliche Auswirkungen der steuerlichen Maßnahmen

Die Entlastung soll zusätzliche konjunkturelle Impulse bringen, vor allem für den privaten Konsum durch den Anstieg der verfügbaren Einkommen. Allerdings ist zu berücksichtigen, dass ein Teil des höheren verfügbaren Einkommens vermutlich gespart oder zur Rückzahlung von Schulden verwendet wird. Diese Entwicklung lässt sich auch in früheren Steuersenkungen, insbesondere 1975 beobachten. Damals ist die Sparquote deutlich gestiegen. Das dämpft die expansiven Effekte, die vom privaten Konsum erwartet werden. Die Investitionen werden durch die steuerlichen Maßnahmen kaum gestärkt, obwohl die Wachstumsrate der Investitionen laut Prognose des WIFO im Jahr 2016 (leicht) zunimmt, insbesondere für die Ausrüstungsinvestitionen.

Die jüngste WIFO-Prognose zeigt, dass der Einfluss der steuerlichen Maßnahmen auf die Wachstumsrate des BIP eher bescheiden ist. Die nominelle Zunahme des Bruttoinlandsproduktes beträgt 2016 3,6 %, das ist zwar mehr als im Jahr 2015 (2,7 %), aber es zeigt auch, dass nur ein Teil der Entlastungen konjunkturwirksam wird.

Ausblick

Die steuerlichen Maßnahmen, die 2016 in Kraft traten, stellen keine Steuerreform im eigentlichen Sinne dar (eine Änderung der Steuerstruktur), sondern sie bringen eine Tarifanpassung in der Einkommen(Lohn)steuer, die großteils durch andere Maßnahmen finanziert wird. Die letzte große strukturelle Steuerreform fand in den Jahren 1992/93 statt. Es ist allerdings beabsichtigt, in den Jahren 2018/2020 eine größere, strukturelle Steuerreform durchzuführen.

Sie sollte sich großteils auf die steuerlichen Lohnnebenkosten beziehen. Österreich liegt bei den lohnsummenabhängigen Abgaben (payroll taxes) in der Europäischen Union (mit Ausnahme von Schweden) an der Spitze aller Staaten (OECD, 2015). Sie betragen rund 2,9 % des Bruttoinlandsproduktes, der Durchschnitt in den EU-Staaten liegt bei 0,5 %. Das bedeutet, dass die österreichische Wirtschaft im Vergleich zum EU-Durchschnitt um mehr als zwei Prozent des Bruttoinlandsproduktes mit diesen Steuern stärker belastet ist. Das ergibt eine zusätzliche Belastung von etwas mehr als sechs Mrd. € und ist damit ein nicht unerheblicher Nachteil für die österreichische Wirtschaft im internationalen Wettbewerb.

Es sind vor allem drei Abgaben, die in diesem Zusammenhang maßgeblich sind; erstens der Wohnbauförderungsbeitrag, zweitens der Dienstgeberbeitrag zum Familienlastenausgleichsfonds und drittens die Kommunalsteuer.

Der Wohnbauförderungsbeitrag ist eine gemeinschaftliche Bundesabgabe, deren Aufkommen zu 80,55 % den Ländern zufließt. Er beträgt ein Prozent der Lohnsumme (bis zur Höchstbeitragsgrundlage in der Sozialversicherung) und wird je zur Hälfte von Arbeitgebern und Arbeitnehmern finanziert. Er ist den Sozialversicherungsbeiträgen nachgebildet und wird auch von den Sozialversicherungsträgern eingehoben, die diese Einnahmen an den Bund weiterleiten. Er brachte im Jahre 2014 935,5 Mio. € (für 2016 werden 985 Mio. € erwartet). Diese Einnahmen waren bis 2008 für den Wohnbau zweckgebunden. Seither ist diese Zweckbindung aufgehoben und der Wohnbauförderungsbeitrag dient der allgemeinen Budgetfinanzierung. Es könnte (sollte) darüber diskutiert werden, ob man diesen Wohnbauförderungsbeitrag abschaffen kann und die Länder entsprechend kompensiert.

Der Dienstgeberbeitrag zum Familienlastenausgleichsfonds beträgt gegenwärtig (noch) 4,5 % der Lohnsumme und wird von den Arbeitgebern zur Gänze getragen. Es sind bereits erste Schritte beschlossen, diesen Beitrag in drei Etappen (2017, 2018, 2019) um insgesamt 0,7 Prozentpunkte auf 3,8 % zu senken. Das bringt eine Entlastung der steuerlichen Lohnnebenkosten um etwa 0,9 Mrd. € (2019). Da der Dienstgeberbeitrag als Betriebsausgabe die Bemessungsgrundlage für die Einkommensteuer und die Körperschaftsteuer schmälert, beträgt der Nettoeffekt für die öffentlichen Haushalte bei einem durchschnittlichen Steuersatz von 25 % rund 0,68 Mrd. €.

Zu diskutieren wäre eine große Lösung, die auch die Kinderabsetzbeträge miteinschließt, weil die jetzt beschlossene Senkung den Saldo im Familienlastenausgleichsfonds verschlechtert. Der Kinderabsetzbetrag, der im Einkommensteuergesetz (§ 33 Abs. 3) verankert ist, wird wie ein Transfer behandelt, der gemeinsam mit der Familienbeihilfe ausbezahlt wird. Er beträgt gegenwärtig 58,4 € pro Kind und Monat und erfordert 1,25 Mrd. € pro Jahr.

Diese Lösung wurde seinerzeit gewählt, um den Familienlastenausgleichsfonds zu entlasten. Diese Regelung hat jedoch den Nachteil, dass sie die Steuerbelastung für die Steuerpflichtigen nicht mindert und auch die globale Abgabenquote nicht senkt.

Ein „echter" Kinderabsetzbetrag würde die finanzielle Position der Familien (Kinder) nicht verändern, aber die Abgabenquote entsprechend reduzieren (etwa um 0,4 Prozentpunkte). Jene Steuerpflichtigen, die diesen Betrag nicht voll oder überhaupt nicht nützen können, müssten mit einer Negativsteuer kompensiert werden.

Die dritte Abgabe, die die Lohnnebenkosten beeinflusst, ist die Kommunalsteuer. Ihr Satz beträgt gegenwärtig drei Prozent der Lohn- und Gehaltssumme. Sie bringt derzeit ein Aufkommen (2014) von 2,8 Mrd. €. Es wäre zu diskutieren, ob nicht ein (teilweiser) Abtausch mit der Grundsteuer B möglich wäre, die, wie die Kommunalsteuer, eine ausschließliche Gemeindeabgabe ist.

Die Grundsteuer B gehört ohnehin reformiert. Sie bringt gegenwärtig 0,63 Mrd. €. Im internationalen Vergleich ist in Österreich die Grundsteuer eher niedrig. Sie hat den Vorteil, dass die Bemessungsgrundlage (örtlich) nicht verschoben werden kann. Natürlich gäbe es bei einem Abtausch zwischen diesen beiden Steuern einerseits „Gewinnergemeinden", andererseits „Verlierergemeinden", die kompensiert werden müssten.

Eine neue Feststellung der Einheitswerte (für die Grundsteuer) wäre aufwändig und würde vermutlich zu neuen Problemen führen. Es könnte daher durch eine Veränderung der Messzahl (§ 19 Grundsteuergesetz) eine verhältnismäßig einfache Lösung gefunden werden. Sie könnte ebenfalls eine Differenzierung nach verschiedenen Nutzungen der Grundstücke (Bauland, Wohnbau, Betriebsgrundstücke usw.) ermöglichen.

Schließlich wäre es möglich, die Grundsteuer auch als Mengensteuer zu gestalten, zumal wichtige kommunale Leistungen (Straßenbeleuchtung, Schneeräumung, Verkehrsorganisation usw.) von den Gemeinden erbracht werden, die nicht vom Wert des Grundstückes, sondern eher von der Größe der Fläche abhängig sind. Das würde die Feststellung der Bemessungsgrundlage erleichtern. Auch könnte hier eine Differenzierung nach Flächenwidmungen und Bauklassen erfolgen. Die Grundsteuer gehört jedenfalls in ihrer Ausgestaltung diskutiert und so ausgerichtet, dass Mehreinnahmen erreicht werden, die zur Kompensation der Kommunalsteuern herangezogen werden können.

Neben den Maßnahmen zur Verringerung der steuerlichen Lohnnebenkosten wird künftig die verstärkte Ökologisierung des Steuersystems ein wichtiges Thema werden. Das trifft insbesondere die Besteuerung des Verkehrs und der Energieträger, wobei hier internationale Vorgaben der Europäischen Union zu berücksichtigen sein werden. Dennoch wird zu überlegen sein, die unterschiedliche Besteuerung von Benzin und Diesel in der Mineralölsteuer abzuschaffen und die beiden Arten von Treibstoffen einheitlich zu besteuern.

Wenngleich dann möglicherweise Einnahmenausfälle durch einen teilweisen Wegfall des Tanktourismus entstehen, dürfte dennoch die einheitliche Besteuerung Mehreinnahmen in der Mineralölsteuer von etwa 0,5 Mrd. € bringen, die auch zur Finanzierung anderer steuerlichen Maßnahmen (Entlastung der Lohnnebenkosten) herangezogen werden könnten. Außerdem wäre zu überlegen, Energieträger stärker nach ihrem CO_2-Gehalt zu besteuern.

Eine künftige Steuerreform, die den Namen verdient, sollte auch danach trachten, das Gebührengesetz abzuschaffen. Es könnten jene Teile der Bemessungsgrundlage, die eigentlich Kostenersätze darstellen (Gebühren für Reisepässe, Führerscheine usw.), in den entsprechenden Gesetzen verankert (wie das beim Glücksspiel bereits geschehen ist) und der verbleibende Rest abgeschafft werden.

Es könnte überhaupt überlegt werden, die Finanzierung der öffentlichen Ausgaben (öffentlichen Leistungen) stärker auf Kostenersätze umzustellen. Österreich hat im internationalen Vergleich eher niedrige Kostenersätze. Einnahmen aus Kostenersätzen beeinflussen die globale Abgabenquote nicht. Eine stärkere Finanzierung durch Kostenersätze (bei bestimmten öffentlichen Leistungen) könnte auch die Effizienz der Leistungen verbessern und dämpfend auf die Ausgaben wirken.

Schließlich wäre bei einer umfassenden Steuerreform zu überlegen, das Einkommensteuergesetz neu zu fassen. Das gegenwärtige Gesetz weist seit Inkrafttreten im Jahre 1988 fast 150 Novellen auf, der § 124b, der die Inkrafttretungsbestimmungen regelt, umfasst bereits 300 Punkte. Eine Neuregelung (ein neues Einkommensteuergesetz) könnte daher die Transparenz in der Einkommensbesteuerung verbessern.

Literaturhinweise

Budgetdienst des Parlaments, *Bundesvoranschlagsentwurf 2016. Untergliederungsanalyse VG 16 Öffentliche Abgaben*, Wien, November 2015.
OECD, *Revenue Statistics, 1965-2014*, Paris, 2015.
Zimmermann, H./Henke, K.-D./Broer, M., *Finanzwissenschaft*, 10. Auflage, Verlag Franz Vahlen, München, 2009.

PENSIONEN

WOLFGANG MAZAL

Wie wird unser Pensionssystem zukunftstauglich?
Schlaglichter zur Pensionsdebatte 2015[1]

Die politische Debatte um die Zukunftsfähigkeit des Pensionssystems zeigt, dass die Verweigerung von Veränderungen und das Beharren auf Positionen ein Indikator dafür ist, dass sich manche politischen Akteure der Einsicht versperren, dass die Gesellschaft Systeme aktualisieren muss, wenn sie auch für kommende Generationen lebenswert sein will. Veränderungen sind vor allem im Arbeitsmarkt und im Mindset von Selbstständigen, Unselbstständigen und politischen Akteuren erforderlich. Diese könnten durch eine automatische Anpassung der Pensionsformel – nicht bloß des Antrittsalters – an die Lebenserwartung gefördert werden. Der Politik würde dadurch nicht ihre Gestaltungsaufgabe entzogen, sondern lediglich der Weg versperrt, durch Nichtstun unsozialen Verschiebungen in der Generationenlast zuzuschauen.

---

1   Der Beitrag fußt teilweise auf Beiträgen und Interviews des Autors in der Zeitschrift „Academia", der Tageszeitung „Die Presse" sowie der Wochenzeitschrift „Die Furche".

1. Pensionssystem – „eine politische Geschichte"

Am 27. 11. 2015 hat die Pensionskommission des Bundes erstmals das sogenannte Mittelfristgutachten über die Entwicklung des Pensionssystems abgelehnt. Damit ist eine Debatte, die bereits anlässlich der Beschlussfassung in
der Pensionskommission zum Bericht 2014 um die Jahreswende 2014/2015
überaus kontrovers geführt wurde[2], politisch endgültig eskaliert. Zweifellos
ist dem Vorsitzenden der Pensionskommission zuzustimmen, dass das „eine
politische Geschichte" ist, wenngleich nicht übersehen werden sollte, dass
auch die Zustimmung „eine politische Geschichte" ist, weil Pensionsfragen
neben ökonomischen immer auch politische Aspekte haben.

Dabei ist bedauerlich, dass die politische Debatte um die Zukunftstauglichkeit unseres Pensionssystems in den letzten Jahrzehnten unverändert
geführt wird: Während auf der einen Seite beschworen wird, dass das Pensionssystem felsenfest ist und die Pensionen gesichert sind, stehen auf der anderen Seite massive Zweifler. Aus meiner Sicht auffallend ist allerdings, dass
in den letzten Jahren auch bei jenen, die die Sicherheit des Pensionssystems
betonen, Maßnahmen vorgeschlagen werden, die zur Absicherung notwendig sind, wie zuletzt vom Vorsitzenden des SPÖ-Pensionistenverbandes,
Karl Blecha, der in einem Standard-Interview[3] darauf verwies, dass unter
anderem „Pensionen … künftig nicht länger ausschließlich durch Löhne
und Gehälter finanziert werden" können. Offensichtlich hat sich auch bis
zu ihm herumgesprochen, dass Änderungen im System notwendig sind, um
es finanzierbar zu halten, wenngleich die Wiederbelebung der Debatte um
die Wertschöpfungsabgabe nicht als besonders origineller Lösungsvorschlag
zu sehen ist.

2. Redimensionierung erforderlich?

Abseits aller Polemik lässt sich allerdings aus meiner Sicht festhalten, dass
bei den in Österreich politisch relevanten Stakeholdern Konsens darüber

---

2   Vgl. dazu statt vieler Beiträge das Interview mit dem Vorsitzenden der Kommission, Dr.
Rudolf Müller in der „Wiener Zeitung" am 5.11.2014 und in der ORF-ZIB 2 26.11.2014.
3   http://derstandard.at/2000028351298/SPOe-belebt-die-Plaene-fuer-eine-Maschinen
steuer-neu

besteht, dass das Pensionssystem einen so hohen Stellenwert besitzt, dass seiner Erhaltung höchste Priorität zukommt. Ich kenne jedenfalls niemanden, der politisch in irgendeiner Weise Einfluss besitzt, der das Pensionssystem gefährden oder es gar ruinieren möchte. Ja, im Gegenteil: Ich fürchte sogar, dass das Pensionssystem so hochgehalten werden wird, dass man im Gegenzug bereit sein dürfte, bei anderen – für die Humanität jedoch viel wichtigeren – Teilen des Sozialsystems früher den Sparstift anzusetzen als beim Pensionssystem, nämlich bei der Versorgung alter Kranker und Pflegebedürftiger. So bedauerlich es nämlich wäre, wenn bei Pensionen gespart wird, so ist doch anzunehmen, dass die Pension eine ausreichende Versorgung für die Güter des täglichen Bedarfs sichern wird; wenn jedoch die pflegende Hand und das lebensnotwendige Medikament fehlen, ist eine menschenwürdige Existenz kurzfristig extrem gefährdet. Für mich wäre daher eine Debatte um die Sicherstellung einer ausreichenden Kranken- und Pflegeversorgung zumindest ebenso überfällig wie Veränderungen im Pensionssystem.

Von besonderer Bedeutung ist bei alledem der Umstand, dass eine Redimensionierung der Ausgaben für Pensionen nicht zuletzt deswegen notwendig ist, weil auch andere Staatsaufgaben mehr Mittel brauchen: Ich weise in Vorträgen bereits seit dem Jahr 2000 darauf hin, dass neben den Ausgaben für Pflege und Betreuung Ausgabensteigerungen bei Bildung, Integration sowie in den Bereichen der inneren und äußeren Sicherheit notwendig sein werden. Dass auch Justiz, Kultur, Verkehrswesen usw. mit steigenden Kosten konfrontiert sind, darf ebenfalls nicht vergessen werden. Soll das Pensionssystem wirklich weiterhin 20–25 % unseres BIP kosten!? Kann man angesichts der hohen Gesamtabgabenbelastung naiv glauben, man könnte einfach die Einnahmen erhöhen?

Politisch auffallend ist bei alledem die weithin verbreitete Tabuisierung des Pensionssystems: Wenn das Pensionssystem ein Teil unseres Sozialstaats ist, darf es doch der Debatte um Veränderungen nicht gleichsam grundsätzlich entzogen werden, wenn neue Risiken eine neue Prioritätensetzung erfordern! Gleichwohl darf nicht übersehen werden, dass diese Tabuisierung einen massiven Beitrag zur wachsenden Generationenungerechtigkeit unseres Gesamtsystems leistet: Wenn der Anteil der Pensionen am BIP gleich bliebe – wie es zwar nicht der Realität entspricht, allenthalben aber als Ziel gesehen wird – der Aufwand für die Pflege Älterer jedoch massiv steigt, wird der Anteil, den die ältere Generation an der Wertschöpfung der Gesellschaft hat, größer und kann etwa weniger für Bildung usw. ausgegeben werden.

3. Pensionssystem und Generationengerechtigkeit

Seit Langem gelten daher Fragen des Pensionssystems gleichsam als Nagelprobe der Generationengerechtigkeit. Allerdings hat sich der Blickwinkel in den letzten drei Jahrzehnten geändert: Galt es ehedem als ultimative Infragestellung der Generationengerechtigkeit, das Ausmaß der Leistungen an die Vorgeneration anzuzweifeln, stellt sich die Generationenfrage heute genau umgekehrt dar, weil der Eindruck besteht, dass durch den mangelnden Willen, die aus dem Pensionssystem für die öffentlichen Haushalte resultierenden Lasten zu reduzieren, legitime Interessen der kommenden Generationen gefährdet sind.

In der Tat sind die Lasten und ihre Entwicklungen durchaus bedrohlich, weil sich die Dauer des Pensionsbezugs kontinuierlich verlängert, die Zahl der Pensionsbezieher kontinuierlich steigt und die Beitragseinnahmen sich nicht in demselben Ausmaß entwickeln. Diese Fakten sind mittlerweile so bekannt, dass es müßig ist, sie hier im Detail zu erörtern.

Ernüchternd ist, wie das politische System auf diese Veränderungen reagiert hat und auch heute noch reagiert.

- Der große Reformsprung in der Ära Schüssel wurde durch die Nachfolgeregierungen so stark verwässert, dass die geplanten langfristigen finanziellen Effekte in erheblichem Maß reduziert wurden.
- Die Einführung einer automatischen Anpassung des Pensionssystems an die steigende Lebenserwartung wurde mit dem Hinweis darauf abgeschmettert, dass Politik nicht durch den angeblich herzlosen Computer ersetzt werden könne. Dass durch eine Pensionsautomatik jedoch lediglich verhindert werden soll, dass politische Probleme aus anderen Sachmaterien im Pensionssystem abgelagert werden und herzlose Politik zulasten der kommenden Generation gemacht wird, wird bewusst verschwiegen.

- Die bislang jüngsten – in der Sache zweifellos richtigen – Maßnahmen zur Ersetzung befristeter Invaliditätspensionen durch rehabilitations- und bildungsbezogene Geld- und Sachleistungen für jüngere Versicherte wurden dazu missbraucht, allgemeine Entwarnung im Bereich der Pensionen wegen geminderter Arbeitsunfähigkeit auszurufen, obwohl allgemein anerkannt ist, dass die entscheidende Ursache für den leichten Rückgang der Zahl der Invaliditätspensionen statistische Verschiebungen zwischen diesen Pensionen einerseits und Rehabilitations- und Weiterbildungsgeld andererseits sind.

- Die Anhebung des Frauenpensionsalters wird politisch in einer unverantwortlichen Weise hinausgezögert[4], obwohl mittlerweile allgemein bekannt sein dürfte, dass Frauen wegen des niedrigeren gesetzlichen Pensionsalters am Arbeitsmarkt und hinsichtlich der Höhe ihrer Pension gravierende Nachteile erleiden. Und dass dies mit dem Hinweis auf eine verfassungsgesetzliche Festschreibung des unterschiedlichen Pensionsalters „verkauft" wird, geschieht wider besseres Wissen: Der VfGH hat bereits ausjudiziert, dass eine Anhebung in kleinen Schritten per sofort mit einfach-gesetzlicher Mehrheit zulässig wäre.[5]

- Mit der Aussage, dass die Zahl der Empfänger von Sozialleistungen sich, gesamthaft betrachtet, nicht verändern wird, weil die wachsende Zahl der Pensionsbezieher durch eine Reduktion der Kinder kompensiert wird, werden Reformdiskussionen abgewürgt und gleichzeitig wird verschwiegen, dass sowohl die Dauer des Leistungsbezugs in der Pension als auch die Dauer gesellschaftlicher Unterstützung während der Ausbildung steigen.

4. Mögliche Maßnahmen zum Erhalt der Zukunftsfähigkeit

Nachhaltigkeit in der Finanzierung und damit Zukunftsfähigkeit des Pensionssystems ist angesichts der Veränderungen in der Bevölkerungszusam-

---

4   Vgl. dazu zahlreiche Interviews unter anderem mit BM Heinisch-Hosek, im Laufe des Jahres 2015, zuletzt in „Die Presse" 30.12.2015.
5   Vgl. dazu Mazal, *Zur Angleichung des Pensionsalters von Frauen und Männern*, ZAS 2013, S. 263 mit ausführlichen weiteren Nachweisen.

mensetzung nur über eine Ausweitung des Beitragsvolumens, eine Reduktion des Leistungsvolumens oder eine Kombination möglich. Dabei gibt es im bestehenden System mehrere Einzelmaßnahmen, denen jeder für sich allerdings auch Probleme inhärent sind:

- die Anhebung des Beitragssatzes würde zwar zusätzliche Mittel bringen, gleichzeitig aber zu einer weiteren Belastung der Arbeitskosten führen und Beschäftigung gefährden;
- die weitere Steigerung der Frauen-, insbesondere Müttererwerbstätigkeit würde zwar die Produktivität, gleichzeitig aber auch den Druck auf die Familien erhöhen und könnte die momentan leicht positive Entwicklung der Geburtenrate gefährden;
- die Senkung der Pensionen würde zwar den Aufwand reduzieren, gleichzeitig jedoch auch die Kaufkraft der Pensionisten gefährden und Altersarmut fördern;
- ein späterer Pensionsantritt würde zwar die Zahl der Pensionsbezieher reduzieren, könnte jedoch auch die ohnedies relativ hohe und tendenziell steigende Arbeitslosigkeit der Generation 55+ erhöhen.

5. Tiefer greifende Probleme

Diese Schlaglichter zeigen, dass es nicht damit getan ist, die Pensionsdebatte in den üblichen Bahnen zu führen, sondern dass auch andere Debatten geführt werden müssen:

- über die Gestaltung der Lohnsysteme in den Unternehmen, die die Beschäftigung Älterer gefährden: Sollte es nicht möglich sein, sich vom Anciennitätsprinzip zu verabschieden und dafür auch Älteren eine größere Beschäftigungschance zu geben? Wenngleich auf der Ebene der Kollektivverträge manche Verflachung eingetreten ist, ist auf der betrieblichen Ebene nach wie vor ein enormer Handlungsbedarf gegeben und oft auch bei den Älteren selbst eine Änderung des Mindsets erforderlich.
- über die Differenzierung in der Wahrnehmung von Teilzeitbeschäftigung: Warum konzentriert sich die Abwehr von Teilzeit auf Frauen mit kleinen Kindern und blendet den Umstand aus, dass etwa gleich viel Frauen einer Teilzeitbeschäftigung nachgehen, ohne dass sie Kinder unter 15 Jahren haben: Sollten wir uns nicht auf die Einbeziehung die-

ser Frauen in den Arbeitsmarkt konzentrieren und nicht durch grundsätzliches Schlechtreden von Teilzeitbeschäftigung Eltern mit kleineren
Kindern bei der Familiengründung demotivieren?;

- über die Reorganisation von Arbeitsabläufen in den Unternehmen, die
dazu führen könnten, dass es wieder attraktiv wird, Arbeitskräfte einzustellen anstatt diejenigen, die einen Arbeitsplatz haben, zur Leistung
von Überstunden zu bringen, bis sie die Belastung gesundheitlich nicht
mehr bewältigen können?;

- über das Ausbildungssystem, das den Eintritt in den Arbeitsmarkt für
junge Menschen heute lange hinauszögert, anstatt sie so früh wie
möglich in den Erwerbsprozess zu integrieren. Angesichts der langen
Erwerbs- und Pensionsphase wird das Erreichen einer für die Altersvorsorge ausreichenden Bemessungsgrundlage für Hochqualifizierte
schwer: Wann ist endlich das Prinzip des lebensbegleitenden Lernens
nicht mehr nur ein Lippenbekenntnis, sondern in jedem Unternehmen
mit Leben und gesamtgesellschaftlich mit Akzeptanz erfüllt?

6. Pensionssystem durch Automatik politisch entlasten

Politisch am leichtesten würde dies gelingen, wenn das System durch eine
automatische Anpassung der Pensionsformel (nicht nur des Antrittsalters)
zur kontinuierlichen Adaptierung an die Lebenserwartung gezwungen wäre:
In kleinen Schritten vorhersehbare Anpassungen können dazu beitragen, das
Vertrauen in das Pensionssystem wiederzugewinnen und das Pensionssystem in diesem Sinne „politisch" zu entlasten. Die Debatte um die Pensionsautomatik wird allerdings typischerweise nicht unter diesem gesellschaftspolitischen Aspekt, sondern unter ökonomischen Gesichtspunkten geführt,
was dazu führt, dass sie sich in der üblichen Pattstellung zwischen jenen,
die den Spargedanken vertreten, und jenen, für die Sparen im Sozialbereich
grundsätzlich abzulehnen ist, festfrisst. Wenn dann auch noch die emotionale Keule vom „herzlosen Computer" gezogen wird, können sich einmal
mehr die beharrenden Kräfte als die Verteidiger des angeblich Guten zufrieden zurücklehnen.

Dies ist deswegen tragisch, weil es eigentlich um die Fähigkeit einer
Gesellschaft, ihr Normensystem angesichts gewaltiger Veränderungen der

realen Welt anzupassen, geht. Es war daher wohltuend, dass der Vorsitzende der Pensionskommission um die Jahreswende 2014/2015 auch andere Argumente in die Debatte eingebracht hat, die über die Frage der Einsparung hinausgehen. Beklemmend ist allerdings, wenn diese Argumente nicht schlüssig sind:

- Effekte aus dem Unterschied zwischen der individuellen zur statistischen Lebenserwartung sind jedem Versicherungssystem immanent. Sie würden durch eine Pensionsautomatik nicht verändert, sondern nur zeitlich parallel verschoben und können daher nicht gegen eine Pensionsautomatik ins Treffen geführt werden.

- Der Umstand, dass nicht alle Jahrgänge die gleiche Pensionsformel haben, ist weder von der Sache her tragisch, wenn man sich auf diese nachhaltig einstellen kann, noch rechtlich problematisch. Ohne Anhebung des Pensionsalters kommt es allerdings zu einer automatischen Ausweitung des Leistungsbezugs: Jeder Jahrgang kann in Anbetracht der steigenden Lebenserwartung automatisch eine höhere Pensionsleistung erwarten.

- Inhaltlich verfehlt ist der Hinweis auf angeblich geschlechtsspezifisch unterschiedliche Wirkungen einer automatischen Anpassung des gesetzlichen Pensionsalters. Genderdiskriminierungen haben ihre Ursache in vielen Elementen der Arbeitswelt und des Pensionssystems und werden durch eine Anhebung des Pensionsalters lediglich parallelverschoben.

- Geradezu dramatisch unsozial ist für mich, mit dem Argument, dass Menschen in schlechten Einkommens- und sozialen Verhältnissen, eine geringere Lebenserwartung haben, eine kontinuierliche Anpassung des Pensionsalters zu verhindern. Von einer Nichtanpassung des Pensionsalters profitieren dann gerade die besser Ausgebildeten und Einkommensstärkeren, weil sie dann voll in den Genuss der Ausweitung des aufgrund der steigenden Lebenserwartung längeren Pensionsanspruchs kommen! Hier wird das Leid Schwächerer zum Argument im Interesse der Stärkeren. Es vordringlicher, an der Verbesserung der Lebenssituationen Ärmerer zu arbeiten als im Pensionssystem einen Ausgleich für schlechte Lebenssituationen zu sehen!

Durch eine Pensionsautomatik können, so gesehen, menschenfeindliche Tendenzen in der österreichischen Arbeitswelt sichtbar gemacht und mit aller Kraft gelöst werden:

- Der weithin verbreitete Unwille von Unternehmen, ältere Personen zu beschäftigen, der damit zusammenhängt, dass eine nach wie vor weithin dem Senioritätsprinzip verpflichtete fehlerhafte Lohnpolitik dazu führt, dass ältere Arbeitskräfte entweder freigesetzt oder durch übermäßigen Arbeitsdruck aus Gesundheitsgründen in Pension gedrängt werden.

- Die im europäischen Vergleich überlangen Wochenarbeitszeiten, die dazu führen, dass Arbeitskräfte keine Zeit zur Familiengründung und Beziehungspflege haben und in ihrer Arbeitskraft frühzeitig ausgebrannt werden. Dass Burn-out bei älteren Arbeitskräften medizinisch als Kombination von Belastungssyndrom und Depression zu sehen ist, sollte dringend zu einem Umdenken und zu einer Arbeitszeitkultur führen, die einen nachhaltigen Erhalt der Arbeitskraft ermöglicht!

- Die nach wie vor fehlende Verinnerlichung eines Lifelong-Learning Konzepts in der Gesellschaft. Dies zeigt sich in gravierenden (Aus)bildungsmängeln von Pflichtschulabsolventen, in der zu geringen Übernahme von Verantwortung für gute Berufsausbildung für junge Menschen, in der Erwartung der Unternehmen, dass Bildungssystem und Arbeitsmarkt gleichsam fertig Ausgebildete zur Verfügung zu stellen haben und in der zu geringen Akzeptanz berufsbegleitender Fortbildung. Im internationalen Vergleich überlange Erstausbildungszeiten und frühzeitige Beendigung der Fortbildung führen geradezu zwingend zu einer relativ verkürzten Erwerbsphase und im Verhältnis dazu zu einer zu langen Pensionsphase.

Durch die Verweigerung einer Automatik im Pensionsalter werden diese für Menschen schädlichen Tendenzen in der Arbeitswelt zugedeckt, und es kommt Jahr für Jahr zu einer automatischen Ausweitung, zwar nicht der Pensionsformel, aber der Pensions*leistungen*. Beides belastet die Aktivgeneration. In einem System, in dem die Aktivbevölkerung die Pensionisten finanziert, ist dies weder klug noch gerecht. Nicht die Beibehaltung der Pensionsformel, sondern ihre Nichtanpassung an die steigende Lebenserwartung wird damit zum eigentlichen Bruch der Risikosolidarität. Ob das der Weisheit letzter Schluss ist?

Funktional gesehen würde die automatische Anpassung der Pensionsformel an die steigende Lebenserwartung nicht die Politik ihrer Aufgaben entbinden, sondern − im Gegenteil − die Politik herausfordern, außerhalb des Pensionsthemas liegende Politikfelder zu bearbeiten und zukunftsfähig zu gestalten! Die Verweigerung der Automatik legitimiert demgegenüber die Politik dazu, durch Nichtstun zuzuschauen, wie die Zukunftsfähigkeit der Rahmenbedingungen eines nachhaltigen Pensionssystems schwindet!

7. Ein Lichtblick

Für mich besonders erfreulich waren daher, dass die Arbeiterkammer Vorarlberg in ihrer 175. Vollversammlung im Dezember 2015 eine vorwärtsgerichtete Debatte um eine Verlängerung der Aktivphase geführt und Vorschläge für ein Pensionsmodell beschlossen hat, das mehr individuelle Freiheit im Pensionsantritt bei gleichzeitig klaren Anreizen für ein längeres Verbleiben im Erwerb kombiniert[6]:

Konkret sieht das AK-Pensionsmodell vor

- einen Korridor für den Pensionsantritt zwischen 60 und 70 Jahren, innerhalb dessen Rahmens jeder Versicherte selbst entscheiden kann, wann er in den Ruhestand tritt. Voraussetzung dafür ist, dass gleichzeitig ein verstärkter Kündigungsschutz für ältere Arbeitnehmer aufgebaut werde;

- dass der jährliche Steigerungsbetrag für die ersten 40 Versicherungsjahre 1,75 Prozent beträgt. Das führt zu einer Pension von 70 Prozent der Bemessungsgrundlage. Wer länger arbeitet, soll mit einem jährlich höheren Steigerungsbetrag (plus 0,25 Prozentpunkte pro Jahr) belohnt werden, was nach 45 Jahren zu einer Pension von 82,5 Prozent der Bemessungsgrundlage führt. Wer noch länger arbeitet, soll nach 50 Beitragsjahren eine maximale Pension von gedeckelten 100 Prozent der

6   http://vbg.arbeiterkammer.at/interessenvertretung/Soziales/Die_Zukunft_des_oester
reichischen_Pensionssystems_.html

Bemessungsgrundlage erreichen können. Ein Pensionsantritt vor dem 65. Lebensjahr ist erst dann möglich, wenn die Pension zumindest die Höhe der Ausgleichszulage erreicht.

Wie immer man zu diesen Vorschlägen steht – ich halte sie deswegen für sensationell, weil eine Arbeitnehmerinteressenvertretung die eingefahrenen Debattengleise verlassen und Vorschläge gemacht hat, wie man länger in der Erwerbstätigkeit verbleiben kann. Dies steht im Gegensatz zum bisherigen Ansatz der meisten Arbeitnehmerorganisationen, die – und sei es unter dem Slogan „45 Jahre sind genug" – eher die Verweigerung von Veränderungen im Pensionssystem als Belohnung in den Vordergrund des Bemühens gestellt haben.

8. Reformfähigkeit als Indikator für gesellschaftliche Vitalität

Für mich liegt in den skizzierten Schlaglichtern zur Pensionsdebatte auch im Jahr 2015 der Schlüssel zur Erkenntnis dafür, warum die Reformunwilligkeit mancher Kräfte im Pensionsbereich so hoch ist. Lässt man diese Überlegungen Revue passieren, zeigt sich nämlich, dass das Pensionssystem nur dann nachhaltig und zukunftsfest aufgestellt werden kann, wenn auch andere Bereiche der Gesellschaft Gestaltungsmuster verlassen, die sich im 19. und beginnenden 20. Jahrhundert bewährt haben, die jedoch angesichts steigender Lebenserwartung, veränderter Technologien und Globalisierung nicht unverändert fortgeschrieben werden können.

An diesem Punkt wird deutlich, dass die Hochstilisierung bestimmter Positionen in der Pensionsdebatte ein Indikator dafür ist, dass sich manche politischen Akteure der Einsicht versperren, dass die Gesellschaft Systeme aktualisieren muss, wenn sie auch für kommende Generationen lebenswert sein will. Umgekehrt könnte Reformfähigkeit als Indikator für gesellschaftliche Vitalität gesehen werden: Anpassungsfähigkeit ist Indikator für das Leben; der Zustand, in dem Anpassung nicht mehr gelingt, heißt Tod.

Im Grunde genommen wären nämlich die notwendigen Veränderungen im Pensionsbereich gar nicht dramatisch: die Phase der Ausbildung am Beginn des Lebens etwas verkürzen und besser über die gesamte Erwerbsphase verteilen; die Erwerbsphase sukzessive etwas verlängern, dafür aber während der Erwerbsphase etwas weniger arbeiten, um Gesundheitsprobleme zu vermeiden und Sozialbeziehungen besser zu pflegen; Überstunden in den Unternehmen sukzessive reduzieren, um die vorhandene Beschäftigung auf mehr Menschen aufzuteilen und Jungfamilien ein Familienleben zu ermöglichen: All das sollte doch möglich sein!

Dass auch in der Zuwanderung junger engagierter Menschen eine große Chance für das Pensionssystem liegen kann, liegt auf der Hand. Dies setzt allerdings voraus, dass es gelingt, Flüchtlinge und andere Immigranten zu integrieren. Dies ist möglich, wenn wir ähnlich denken wie der Berliner Politologe Herfried Münkler, der in einem Interview mit dem Magazin Stern[7] im September 2015 formulierte: „Multikulti wird nicht funktionieren; wir müssen diese Menschen zu Deutschen machen. (…) Mir geht es um Arbeitsethos, Toleranz und politische Umgangsformen. Nötig ist auch eine Entpolitisierung des Religiösen." Aber das ist schon wieder eine andere Debatte, die in Österreich geführt werden müsste, um das Pensionssystem zukunftsfähig aufzusetzen …

---

7   http://www.stern.de/politik/deutschland/muenkler-ueber-integration-von-fluechtlingen-
    —mulitkulti-wird-nicht-funktionieren—6441548.html

WOLFGANG PANHÖLZL

Wie wird unser Pensionssystem zukunftstauglich?

Ein Pensionssystem ist dann zukunftstauglich, wenn es die ihm wesentlichen Anforderungen erfüllt, nämlich eine Sicherung des Lebensstandards auf Basis eines soliden Finanzierungssystems für die Risiken des Alters, der Invalidität und des Todes unter gerechten und sozialen Bedingungen zu gewährleisten. Dass das österreichische Pensionssystem in diesem Sinn in einem hohen Ausmaß zukunftstauglich ist, zeigt der Beitrag unter Einbeziehung von internationalen Vergleichen. Das heißt aber nicht, dass keine Anpassungen erforderlich wären; ganz im Gegenteil, denn ein gerechtes und soziales Pensionssystem kann nie erreicht, sondern kann vor dem Hintergrund sich ändernder politischer, wirtschaftlicher und gesellschaftlicher Verhältnisse immer nur bestmöglich angestrebt werden.

Ein Pensionssystem ist dann zukunftstauglich, wenn es die ihm wesentlichen Anforderungen erfüllt, nämlich eine Sicherung des Lebensstandards auf Basis eines soliden Finanzierungssystems für die Risiken des Alters, der Invalidität und des Todes unter gerechten und sozialen Bedingungen zu gewährleisten. Dass das österreichische Pensionssystem in diesem Sinn bereits in einem hohen Ausmaß zukunftstauglich ist, werden die folgenden Ausführungen unter Einbeziehung von internationalen Vergleichen zeigen. Das heißt aber nicht, dass keine Anpassungen erforderlich wären; ganz im Gegenteil, denn ein gerechtes und soziales Pensionssystem kann nie erreicht, sondern kann vor dem Hintergrund sich ändernder politischer, wirtschaftlicher und gesellschaftlicher Verhältnisse immer nur bestmöglich angestrebt werden.

Der Kampf um den Bundesbeitrag oder der Siegeszug des Umlageverfahrens von den Beamten bis zu den Ziviltechnikern

Es ist ja nicht so, dass andere Versorgungsstrukturen in Österreich keine Chance gehabt hätten. Aber sie haben sich nicht durchsetzen können, sondern unser umlagebasiertes Pflichtversicherungssystem mit Bundesbeitrag hat sich in den letzten 200 Jahren zu einem allgemein geltenden System entwickelt. Aber der Reihe nach.

Josef II. hat im Jahr 1781 mit dem Pensionsnormale ein prototypisches Pensionsrecht geschaffen, das *der* Maßstab wurde, an dem andere Berufsgruppen die Qualität ihrer Versorgung maßen. Der Kern fixierte Folgendes: Es musste eine Mindestzeit von zehn Jahren gegeben sein, bevor ein Pensionsanspruch erworben werden konnte. Die Höhe der Pension wurde nach der Länge der Dienstzeit gestaffelt, ab 40 Dienstjahren erhielt man 100 Prozent des Letztbezuges. Josef II. hatte mit diesem Gesetz eine klare, einheitliche Regelung vorgelegt, die Pensionszahlungen nicht mehr mit einem Gnadenakt, sondern mit einem Rechtsanspruch verband.

Privatangestellte in industriellen und kommerziellen Unternehmen waren im 19. Jahrhundert über selbstständige Pensionsinstitute oder durch Verträge mit Versicherungsgesellschaften abgesichert, die jedoch Mängel aufwiesen. Der Verbreitungsgrad war gering, die Versorgung oft unzureichend und zudem von der Solvenz des Dienstgebers abhängig. Erst 1906 erhielten die Privatangestellten ein Pensionsgesetz, das jedoch weit hinter dem der Beamten zurückblieb. Es sah nämlich keinen Bundesbeitrag vor, sondern war streng versicherungsmathematisch ausgerichtet. Die Arbeiter wurden überhaupt erst 1939 durch die Übernahme nationalsozialistischen deutschen Rechts in die Pensionsversicherung einbezogen.

Mit dem Allgemeinen Sozialversicherungs-Gesetz (ASVG) wurden wichtige Entwicklungsschritte gesetzt. Zum einen die Abkehr von einem beitragsorientierten hin zu einem leistungsorientierten System, um „dem Versicherten das beruhigende Gefühl zu geben, dass sein materieller Lebensstandard beim Eintritt in den Ruhestand keine unerträgliche Einbuße erleiden kann". Damit verbunden war ein Bekenntnis zu einem laufenden Bundesbeitrag in bedeutender Höhe.

Die Selbstständigen und Bauern wurden in den 1970er-Jahren umfassend in die gesetzliche (Pensionsversicherung (PV) einbezogen.

Mit dem Allgemeinen Pensionsgesetz (APG) wird seit dem 1. 1. 2005 die sogenannte Pensionsharmonisierung umgesetzt, die ein gleiches Beitrags- und Leistungsrecht für alle Berufsgruppen zum Ziel hat. Die Harmonisierung geht über die gesetzliche PV hinaus, indem auch Bundesbeamte und Bundesbahner, Regierungsmitglieder und oberste Organe – mit entsprechenden Übergangsregelungen – in das Beitrags- und Leistungsrecht der gesetzlichen PV und dem APG einbezogen werden. Außerhalb des APG bleiben Beamte der Länder, die mit unterschiedlichen Geschwindigkeiten Annäherungen an das ASVG bzw. APG beschlossen haben (siehe Bericht des RH 2009/2010 „Reformen der Beamtenpensionssysteme des Bundes und der Länder").

Zuletzt wurden 2013 die Ziviltechniker in das gesetzliche Pensionssystem aufgenommen, weil ihre Versorgungseinrichtung im Zuge der Wirtschafts- und Finanzkrise gescheitert war und sie die Einbeziehung ausdrücklich wegen des Bundesbeitrags wünschten. Derzeit wird über die Aufnahme der Angestellten der ehemaligen Zentralsparkasse (Bank/Austria) in das ASVG verhandelt, weil der Konzern (Unicredit) sich zugunsten der Aktionäre von den Pensionszusagen entlasten will.

Diese historische Betrachtung zeigt eine sukzessive Einbeziehung aller Berufsgruppen in eine auf Gesetz beruhende Altersversorgung, weil freiwillige Systeme, die auf Kapitaldeckung oder Beitragsdeckung beruhten, sich als unzureichend und zu unsicher erwiesen haben. Die Entwicklung zeigt auch den Ausbau dieser Altersversorgung hin zu einer Lebensstandardsicherung und einen Abbau von Ungleichheiten und Sonderrechten durch eine Harmonisierung der Pensionssysteme. Die Harmonisierung der Pensionssysteme ist auch ein wesentlicher Beitrag zu einer langfristig soliden und gerechten Finanzierung unter Berücksichtigung der steigenden Lebenserwartung.

Österreich hat sich im internationalen Vergleich zu einem Referenzsystem entwickelt

Heute hat Österreich im internationalen Vergleich ein Referenzsystem. Das anerkannte Wirtschafts- und Sozialwissenschaftliche Institut (WSI) in der Hans-Böckler-Stiftung erachtet in dem aktuellen WSI-Report 25 vom September 2015, „Alterssicherung in Deutschland und Österreich: vom Nachbarn lernen", eine Stärkung der gesetzlichen Rentenversicherung in Deutschland für sinnvoll. Obwohl sozialpolitische Strategien nicht übertragbar seien, halten die Forscher eine intensive Beschäftigung mit dem österreichischen Weg der Alterssicherungsreformen für empfehlenswert. Es habe sich als sinnvoller erwiesen, öffentliche Mittel in eine Stärkung der gesetzlichen Pensionsversicherung, unter anderem zur Aufstockung niedriger Renten, zu investieren, als damit eine kapitalgedeckte Zusatzvorsorge zu subventionieren, von der Besserverdienende am ehesten profitieren.

Der im Dezember 2015 veröffentlichte OECD-Report weist für Deutschland im internationalen Ranking wegen der sehr niedrigen Ersatzquoten einen Platz am unteren Rand aus. Junge Deutsche müssen, unter der Annahme sie verdienen 45 Jahre lang das Durchschnittseinkommen und gehen mit 65 Jahren in Rente, mit einer Bruttoersatzrate von lediglich 37,5 % rechnen. Bei gleichen Voraussetzungen erhalten junge Österreicher 78 % Bruttoersatzrate. Tatsächlich sehen Erwerbsbiografien natürlich anders aus als 45 Jahre lang das Durchschnittseinkommen zu verdienen. Das heißt, bei realistischen Erwerbsbiografien sind die Ersatzraten in beiden Ländern deutlich niedriger. Aber der Vergleich anhand des idealtypischen Standardverlaufs zeigt den großen Unterschied der beiden Systeme (OECD 2015, Tab. 6.4 und 6.10).

Der OECD-Bericht 2015 kündigt in seinem Editorial einen neuen Fokus der OECD-Pensionspolitik an. Zehn Jahre lang habe die OECD Reformen empfohlen, die auf die finanzielle Nachhaltigkeit und ein Ansteigen des Pensionsalters ausgerichtet waren. Nach dem nunmehr erfolgten Rückbau der leistungsdefinierten öffentlichen Systeme und dem Hinaufsetzen des Pensionsalters in fast allen OECD-Ländern sei es nun an der Zeit, die Angemessenheit der Pensionen für alle ArbeitnehmerInnen sicherzustellen. Man müsse laut OECD auch realistisch sein und akzeptieren, dass bei den besten Bemühungen für längeres Arbeiten, manche Personen aufgrund der Job-Belastungen und eines sich verschleternden Gesundheitszustandes früher in Pension gehen werden, unabhängig davon, wie hoch man das Regelpensionsalter ansetzt.

Die OECD weist zudem auf die großen Herausforderungen hin, die die Finanzkrise mit sich gebracht hat. In den meisten Ländern wären durch das Zusammenspiel von öffentlichen und privaten Pensionssystemen die Menschen zwar großteils vor Altersarmut geschützt, aber viele Arbeitnehmer der Mittelklasse wurden knapp vor ihrem Pensionsantritt gezwungen, ihre Lebensplanung für die Pension radikal zu ändern. Und die Politik müsse sich darauf einstellen, dass junge Menschen in weit geringerem Ausmaß mit stabilen durchgängigen Arbeitsverhältnissen rechnen können, sondern von schwankenden Einkommen und Arbeitslosenphasen betroffen sein werden. Prekäre Arbeitsverhältnisse, Arbeitslosigkeit, Kindererziehung und Krankheit führen bei jungen Menschen vermehrt zu niedrigeren Pensionsansprüchen.

Der internationale Vergleich zeigt, Österreich ist mit der Beibehaltung eines starken öffentlichen Systems, im Umlageverfahren und mit Bundesbeitrag, einen guten Weg gegangen.

Österreich hat in der Pensionspolitik in den letzten Jahren vieles richtig gemacht

Wir sind nicht auf den Privatisierungszug aufgesprungen. Länder wie Deutschland, Holland, Dänemark. Polen etc., die ihr öffentliches Pensionssystem in den letzten Jahrzehnten zurückgebaut und auf kapitalgedeckte Vorsorge gesetzt haben, mussten im Zuge der Finanzkrise starke Pensionskürzungen hinnehmen. Die Riester-Rente in Deutschland ist ebenso ein Flop wie die private Vorsorge in Schweden; insbesondere junge Leute haben laut Studien (z. B. Weaver, Kent and Alexander Willén, 2014), „The Swedish pension system after twenty years: Mid-course corrections and lessons", OECD Journal on Budgeting, Vol. 13/3) kein Interesse, sich laufend mit Fragen der Pensionskassen und Renditemöglichkeiten zu beschäftigen. Mittlerweile werden die Privatisierungen zum Teil wieder rückgängig gemacht (vgl. Stadtzeitung Falter, 27a/15, Pensionen, S. 52ff.).

In Österreich besteht ein geringes Risiko für Altersarmut. In unser Pensionssystem sind breite Bevölkerungsschichten einbezogen, weil die wesentlichen Risiken des Arbeitslebens, wie Arbeitslosigkeit, Krankheit, etc., abgesichert sind. Eine private und berufliche Vorsorge ist oft nur für privilegierte Gruppen oder für Personen, die es sich leisten können, möglich; das zeigen internationale Beispiele. Wer nicht dabei ist, dem droht Altersarmut.

Österreich hat ein kluges System des abgestuften Pensionszugangs entwickelt, das auf die Belastungen der Arbeitswelt Rücksicht nimmt. Menschen, die 45 Jahre schwer gearbeitet haben, können ab dem 60. Lebensjahr mit moderaten Pensionsabschlägen in Pension gehen. Schwerarbeiter haben ihren Beitrag geleistet und sind oft auch mit einer kürzeren Lebenserwartung konfrontiert.

Ab dem 62. Lebensjahr können Langzeitversicherte mit 45 Beitragsjahren bei versicherungsmathematischen Abschlägen ihre Pension antreten. Diese Abschläge gewährleisten, dass, bezogen auf die durchschnittliche Lebenserwartung, im Vergleich zu einem Pensionsantritt mit 65 die gleiche Lebenspensionssumme bezogen wird.

Wer zwar 40 Versicherungsjahre, aber nicht 45 Beitragsjahre vorweist, kann auch ab 62 in Pension (Korridorpension) gehen, jedoch mit höheren Abschlägen. Dieser Pensionskorridor ist gerechtfertigt, weil Arbeitnehmer, die mit 15 Jahren ins Erwerbsleben eingetreten sind, bis dahin 47 Arbeitsjahre hinter sich haben.

Das Regelpensionsalter ist mit 65 Jahren ein guter Referenzwert für die Leistungsverminderungen bei einem vorzeitigen Pensionsantritt. Die Anhebung des Regelpensionsalters auf z. B. 67 Jahre, die manche Länder vorgenommen haben, erweist sich zum Teil noch vor ihrem Wirksamwerden als unüberlegt. Denn viele Tätigkeiten können nicht annähernd bis zu diesem Alter ausgeübt werden. Dieser Umstand wird im aktuellen OECD-Report betont (vgl. OECD, a. a. O.).

Österreich hat starke Anreize gesetzt, den Pensionsantritt aufzuschieben. Das Pensionskonto ist transparent und gewährleistet für jedes Jahr und für jeden Monat eines späteren Pensionsantritts eine höhere Pension. Im sogenannten Pensionskorridor zwischen dem 62. und dem 68. Lebensjahr ist dieser Anreiz mit rund zehn Prozent pro Jahr des späteren Pensionsantritts sehr stark verankert. Wer zwar 40 Versicherungsjahre, aber nicht 45 Beitragsjahre vorweist, kann ab dem 62. Lebensjahr in die Korridorpension gehen. Jedoch mit höheren Abschlägen. In diesem Fall erhöht jedes Jahr, um das sich der Antritt verlängert, die Pension um beachtliche zehn Prozent. Der Abschlag reduziert sich um 5,1 %, es kommen 1,78 % des Einkommens an Gutschrift dazu, und der Rest auf zehn Prozent ergibt sich aufgrund der Aufwertung der Gesamtgutschrift. Auch wer länger arbeiten will, kann das tun und wird bis zum 68. Lebensjahr mit einem Bonus belohnt, der die Pension jährlich um ca. zehn Prozent erhöht.

Österreich hat mit dem Pensionskonto ein einheitliches, transparentes und faires Berechnungssystem mit zuverlässigen Leistungszusagen geschaffen. Es werden 1,78 % des Bruttoeinkommens als Gutschrift auf dem Pensionskonto gutgeschrieben. Diese Gutschrift wird mit der Lohnentwicklung aufgewertet. Die bisher erworbene Gesamtgutschrift ist jederzeit einsehbar. Die Pensionsversicherung und die Arbeiterkammer gewährleisten mit öffentlich zugänglichen Pensionsrechnern die Abschätzung der Pensionshöhe, mit der unter bestimmten Annahmen gerechnet werden kann. Andere Länder haben ein beitragsorientiertes Pensionssystem, bei dem die Pensionshöhe von der Verrentung (dem Zinssatz) der angesammelten Beitragssumme beim Pensionsantritt oder von der dann angenommenen Lebenserwartung abhängt. In diesen Systemen ist die Pensionshöhe kaum abschätzbar und von automatischen Regelmechanismen abhängig. Es gibt keine zuverlässige Leistungszusage und einen geringeren Gestaltungsspielraum für die Politik.

Wofür und für wen wird der Bundesbeitrag verwendet?

Der Bundesbeitrag ermöglicht eine breite Aufgabenstellung der Pensionsversicherung. Neben der Altersvorsorge deckt die Pensionsversicherung auch das Invaliditätsrisiko und die Hinterbliebenenversorgung ab. Mit der Ausgleichszulage ist zudem eine Mindestsicherung im Rahmen der Pensionsversicherung gegeben. Zudem leistet die Pensionsversicherung einen erheblichen Beitrag zur medizinischen und beruflichen Rehabilitation. Auch der Krankenversicherungsbeitrag der PensionsbezieherInnen wird zu einem wesentlichen Teil über den Bundesbeitrag finanziert. Es sind auch noch die Verwaltungskosten der Pensionsversicherungsanstalt (PVA) zu berücksichtigen. Die Pensionsversicherungsanstalten erfüllen in hohem Ausmaß Staatsaufgaben, insbesondere in der Verwaltung der Alterssicherung, der Mindestsicherung, der medizinischen beruflichen Rehabilitation und etwa auch in der Abwicklung der Pflegegeldverfahren.

Der Bundesbeitrag dient also nicht nur als Zuschuss zu den Alterspensionen, sondern ermöglicht eine soziale und solidarische Alterssicherung in einem weiteren Sinn. Abgesehen davon gleicht der Bundesbeitrag auch konjunkturelle und strukturelle („Bauernsterben" oder allgemein Wanderversicherungseffekte) Schwankungen aus.

Allgemeine öffentliche Aufgaben sollten sachgerecht möglichst breit über Steuern finanziert werden, eine Finanzierung durch Beiträge sollte in einem möglichst engen Zusammenhang zur Leistung stehen.

Die Ausgleichszulage, die Vermeidung von Invalidität durch Prävention und medizinische und berufliche Rehabilitation, ein Beitrag zur Krankenversicherung der Pensionisten, der Verwaltungsaufwand zur Abwicklung all dieser öffentlichen Aufgaben sind wohl sachgerecht aus Steuermitteln zu finanzieren. Auch ein Solidarausgleich für Berufsgruppen, die sich in einem Strukturwandel befinden, wie z. B. die Bauern, sollte durch Steuermittel unterstützt werden, ebenso die Finanzierung der Teilpflichtversicherungszeiten. Der Staat hat ein Interesse daran, dass Menschen Präsenz- und Zivildienst leisten oder dass Eltern ihre Kinder erziehen, es ist sozial fair, dass auch Personen, die Krankengeld beziehen, pensionsversichert sind. Für all diese Bereiche ist ein Steueranteil sachgerecht.

Auch die Hinterbliebenenversorgung für Ehepartner ist ein öffentliches Anliegen, das eine breite Finanzierung erfordert, ebenso wie der soziale Ausgleich für das Risiko der Invalidität. Es ist wohl kein Zufall, dass private Pensionsversicherer für das Risiko des Todes oder der Invalidität Zusatzbeiträge fordern. Keine Versicherung bietet ein Produkt an, dass sich zu akzeptablen Bedingungen für eine kollektive Absicherung der Risiken Alter, Invalidität und Tod eignen würde.

Im Jahr 2014 betrugen sämtliche in der Untergliederung 22 verbuchten Bundesmittel, die an die gesetzliche Pensionsversicherung flossen, 10.068 Mio. €, davon entfallen jedoch 5.393 Mrd. auf die Finanzierung anderer Aufgaben (siehe Tabelle). Zum Pensionsaufwand werden lediglich 4.675 Mrd. aus Bundesmitteln beigetragen. Davon fließen 2.037 Mrd. ins ASVG-System, 1.393 Mrd. ins GSVG (Sozialversicherungssystem für Gewerbetreibende)-System und 1.245 Mrd. ins BSVG (Bauernsozialversicherungs)-System. Daraus ergibt sich, dass die Beitragsdeckung im ASVG bezogen auf den Pensionsaufwand 93 % beträgt. Der Bundesbeitrag zu den Pensionen der Selbstständigen ist in Summe höher als der für die Unselbstständigen.

Die echten Beiträge des Bundes zu den Pensionen (in Mio. Euro)

	insgesamt	ASVG	GSVG	BSVG
Bundesmittel für alle Aufgaben der Pensionsversicherung gem. UG 22	10.068	6.510	1.730	1.827
Bundesmittel, die für andere Aufgaben verwendet werden insg.	5.393	4.473	337	582
davon Ausgleichszulage	1.017	708	68	241
davon Bundesbeitrag für Teilversicherte	807	833	-16	-10
davon Gesundheitsvorsorge, Rehabilitation etc.	1.094	954	67	73
davon Krankenversicherung der Pensionisten	1.520	1.203	100	217
davon Verwaltungsaufwand	593	485	54	53
davon sonstige Aufwendungen	362	290	64	8
Bundesbeitrag zum Pensionsaufwand absolut	4.675	2.037	1.393	1.245
Pensionsaufwand	33.902	29.181	3.052	1.669
Bundesbeitrag zum Pensionsaufwand relativ	13,8 %	7,0 %	45,6 %	74,6 %

Nächste Schritte zur Weiterentwicklung des Pensionssystems?
Herstellung einer transparenten und gesamthaften Datengrundlage
Um ernsthaft und seriös über die Zukunftsfestigkeit des Pensionssystems diskutieren zu können, ist es in erster Linie erforderlich, eine Gesamtdarstellung der Kosten der Alterssicherung in Österreich zu erreichen. Dabei

sind die Pensionsaufwendungen im engeren Sinn von der Finanzierung der anderen Aufgaben, die der Pensionsversicherung übertragen wurden, zu trennen. In der Untergliederung 22 des Budgets sollen dieser Logik folgend auch nur jene Bundesmittel angeführt werden, die tatsächlich zur Finanzierung der Pensionen herangezogen werden. Des Weiteren bedeutete eine Gesamtdarstellung die Einbeziehung der Beamten (Bund, Länder und Gemeinden), wie dies derzeit schon im Rahmen des EU-Ageing-Reports auf internationaler Ebene geschieht. Zur Herstellung einer brauchbaren Finanzierungstransparenz, die auch internationale Vergleiche ermöglicht, sind zudem auch die Aufwendungen (Beiträge und Steuern) für die zweite und dritte Säule zu berücksichtigen.

Auf Basis der echten Kosten des Pensionssystems und dem Zweck der jeweiligen Leistung (Alterspension, Hinterbliebenenpension, Invaliditätspension) sollte ein adäquater Finanzierungsanteil aus Steuermitteln festgelegt werden. Entscheidend ist, dass es sich dabei um einen flexiblen Maßstab handeln muss, der auf gesellschaftliche, demografische und wirtschaftliche Veränderungen angepasst werden kann. Mit diesem Konzept ist auch die Ablehnung von automatischen oder mechanischen Anpassungen verbunden. Gerade die zahlreichen Reformen der letzten Jahre haben gezeigt, welche Veränderungen demokratische politische Prozesse ermöglichen. Veränderungen, die in diesem Tempo und in dieser Tragweite durch mechanische Lösungen unmöglich wären.

Die Frage der Pensionen steht in engem Zusammenhang mit der Arbeitswelt, der Wirtschaft und der Gesellschaftspolitik an und für sich. Es geht um Interessen und deren Ausgleich – zwischen den Geschlechtern, Berufsgruppen, Altersgruppen, zwischen beschäftigten und arbeitslosen Personen etc. Ein Mechanismus, der alle und alles gleich behandelt, kann zu keinen befriedigenden Lösungsansätzen führen. Es gibt auch kein Land, indem ein Mechanismus die Pensionsfrage gelöst hätte. Schweden, das Lieblingsbeispiel mancher Pensionsexperten, hat zwar eine automatische Anpassung der Pensionshöhe an die Lebenserwartung, musste aber gleichzeitig die damit verbundenen Kürzungen durch Steuergutschriften in Milliardenhöhe ausgleichen, um politische Proteste zu vermeiden. Deutschland hat einen Korrekturfaktor, der sich lediglich auf die Pensionsanpassung bezieht, die grundsätzlich mit der Lohnentwicklung erfolgt. Österreich hat sich bei der

Anpassung für die Inflationsrate entschieden und im Zuge der Wirtschaftskrise zur Budgetkonsolidierung Minderanpassungen vorgenommen. Dieser Solidarbeitrag der Pensionsbezieher wurde mit dem Seniorenrat verhandelt. Die Dämpfung bei den Pensionsanpassungen (zuletzt 2013 und 2014) leistet zwischen 2009 und 2016 rund vier Mrd. € zur Budgetkonsolidierung.

Die umfassenden sonstigen Reformen in diesem Zeitraum leisten zusätzlich einen Beitrag von rund fünf Mrd. €. Das sind in Summe von 2009 bis 2016 rund neun Mrd. €.

Im Regierungsprogramm wurde vereinbart, das faktische Pensionsalter bis zum Jahr 2018 auf 60,1 Jahre anzuheben. Laut Monitoringbericht des Bundesministeriums für Arbeit, Soziales und Konsumentenschutz (BMASK) 2015 war bereits Ende 2015 ein faktisches Zugangsalter von 60,2 Jahren erreicht. Im Jahr 2015 sind über 8.000 Frauen und Männer weniger in eine „Hacklerpension" gegangen als noch 2014. Auch bei den Neuzugängen in die Invaliditätspension gab es im Jahr 2015 einen Rückgang um rund 5.000 Pensionen. Den Großteil des Rückganges bei den Invaliditätspensionen verzeichnen Pensionen wegen Tätigkeitsschutz (um knapp 2.700 Zuerkennungen weniger als 2014). Hier wird das Antrittsalter bis 2017 von 57 auf 60 Jahre angehoben. Auch die Zahl der Pensionsanträge wegen Invalidität ist beträchtlich gesunken. Haben im Jahr 2010 noch rund 80.000 Menschen einen Antrag auf eine Invaliditätspension gestellt, so waren es 2015 nur noch rund 50.000 Anträge, das ist um mehr als ein Drittel weniger.

Das Mittelfristgutachten der Pensionskommission 2016 für den Zeitraum von 2015 bis 2019 ergibt gegenüber dem Gutachten 2015 für den Zeitraum von 2015 bis 2019 um 4,3 Milliarden niedrigere Bundesmittel und gegenüber dem Bundesvoranschlag 2015 bzw. dem Bundesfinanzrahmen 2016 bis 2019 um 3,1 Mrd. geringere Bundesmittel.

Der EU-Ageing-Report 2015, der auch für Österreich eine Gesamtdarstellung der Bundesmittel für die gesetzliche PV und Beamte bietet, weist einen Anstieg der Bundesmittel von sechs Prozent auf 6,3 % bis zum Jahr 2060 aus. Hier ist jedoch zu berücksichtigen, dass bis zum Jahr 2060 die Zahl der Pensionen von zwei auf drei Mio. ansteigen soll. Also auch die langfristige Nachhaltigkeit ist aus heutiger Sicht, nicht zuletzt wegen der Wirkung der Reformen der letzten Jahre, gegeben. Aber diese erfreulichen

Zahlen sind kein Ruhekissen, und der Erfolg wird sich nicht automatisch einstellen. Er bedarf vielmehr flankierender Maßnahmen im Bereich der Prävention, der medizinischen und beruflichen Rehabilitation, der Stabilisierung von Arbeitsverhältnissen von gesundheitlich beeinträchtigen ArbeitnehmerInnen, der Vermeidung von Langzeitarbeitslosigkeit von kranken Menschen und der Anpassung der Arbeitsbedingungen an die Herausforderung, dass immer mehr ältere Menschen zunehmend später in Pension gehen werden.

Es ist eine vergleichbar einfache Übung, den Weg in die Pension durch Gesetze zu versperren, wie dies in den letzten Jahren auf vielfältige Weise geschehen ist. Gegen Ende des Jahres 2015 standen rund 19.000 Personen im Rehab-Geldbezug, über 70 % aufgrund einer psychischen Erkrankung als Hauptdiagnose. Über 12.000 der Rehab-Geldbezieher haben davor eine befristete Pension bezogen und sind mit den Phasen der Arbeitslosigkeit und den Zeiten des Krankengeldbezuges großteils fünf Jahre und mehr von ihrer letzten Erwerbstätigkeit entfernt. Lediglich 2,2 % dieser 19.000 Rehab-Geldbezieher stehen in einem aufrechten Dienstverhältnis. Nun gilt es, im Rahmen des Case-Managements die Arbeitsfähigkeit wieder herzustellen, und wenn dies geschehen ist, die Integration in den Arbeitsmarkt zu bewerkstelligen. Dies vor dem Hintergrund einer hartnäckigen Wirtschaftskrise mit Rekordarbeitslosigkeit.

Die zentrale derzeitige Herausforderung für die Zukunftsfestigkeit des Pensionssystems liegt in der Arbeitswelt und im Gesundheitssystem. Es geht um die Organisation eines gesellschaftlichen Wandels, der zu einer breiten Akzeptanz älterer und leistungsgeminderter Menschen führt. Es geht um gesellschaftliche Verantwortung der Unternehmen, um die Überwindung institutioneller Schranken und um Investitionen. Wenn wir medizinische und berufliche Rehabilitation ernst meinen, müssen wir in diese Zukunft auch investieren.

Die Zukunftstauglichkeit des österreichischen Pensionssystems tritt in den Erfahrungen der Vergangenheit offen zutage. Es hat sich gerade in Zeiten politischer Umbrüche und wirtschaftlicher Krisen als zuverlässig und entwicklungsfähig erwiesen. Und es war zukunftsfest genug, in den letzten Jahrzehnten nicht auf den Privatisierungszug aufzuspringen, wie es viele andere Länder getan haben. Zu Recht bezeichnet Markus Marterbauer in seinem Essay „Pension heißt Anerkennung für Leistung" (in: Falter, Nr. 27a/15, Pensionen, S. 54f.) die soziale Pensionsversicherung in Österreich als bahnbrechenden Erfolg der breiten Mittelschicht im Kampf um gesellschaftliche Anerkennung. Diese Anerkennung für Leistung gilt es zu verteidigen und abzusichern.

ASYL / FLÜCHTLINGE / SICHERHEIT

ULRICH H. J. KÖRTNER

Gesinnungs- und Verantwortungsethik im Widerstreit

Anmerkungen zur Debatte um Einwanderungs-, Asyl- und Integrationspolitik

Das ethische Kernproblem der Flüchtlingspolitik besteht in dem Unterschied zwischen dem universalen Recht auf Asyl und seiner Umsetzbarkeit auf der einzelstaatlichen Ebene. Dabei prallen in der Flüchtlingsdebatte gesinnungs- und verantwortungsethische Positionen aufeinander. Max Weber, auf den die Unterscheidung zwischen Gesinnungs- und Verantwortungsethik zurückgeht, war freilich der Ansicht, dass sich beide ergänzen müssen. In der gegenwärtigen politischen Auseinandersetzung ist das weitgehend nicht der Fall. Der Beitrag formuliert verantwortungsethische Gesichtspunkte in der Einwanderungs- und Asylpolitik und richtet sein besonderes Augenmerk auf die Haltung der Kirchen.

1. Gesinnungsethik und Verantwortungsethik in der Flüchtlingskrise

In seinem berühmten Vortrag „Politik als Beruf" aus dem Jahr 1919 hat der Soziologe Max Weber die Unterscheidung zwischen Gesinnungsethik und Verantwortungsethik eingeführt.[1] Während der Gesinnungsethiker die moralische Qualität des Handelns in erster Linie an den moralischen Prinzipien und Absichten bemisst, fragt der Verantwortungsethiker auch nach den möglichen Folgen seines Tuns.

In der öffentlichen Debatte darüber, wie Europa und seine Mitgliedsstaaten auf den massenhaften Zustrom von Flüchtlingen reagieren sollen, prallen gesinnungs- und verantwortungsethische Sichtweisen aufeinander. Die anfängliche Euphorie, mit der hierzulande, vor allem aber in Deutschland, die über den Balkan kommenden Flüchtlinge willkommen geheißen wurden, und die bewundernswerte spontane Hilfsbereitschaft der Bevölkerung sind Ausdruck einer gesinnungsethischen Haltung. Gesinnungsethisch argumentieren auch diejenigen, die keine Begrenzung des Zuzugs von Flüchtlingen und sonstigen Migranten akzeptieren wollen. Das Motto „Kein Mensch ist illegal – Refugees Welcome!", unter dem die Großdemonstration am 3. Oktober 2015 in Wien stand, ist Gesinnungsethik pur. Um die mittel- und langfristigen Folgen für die Gesamtgesellschaft, das politische Gemeinwesen – und damit womöglich auch für die Flüchtlinge selbst – macht sie sich freilich keine ausreichenden Gedanken.

Verfechter dieser politischen Linie treten nicht selten mit einem hochmoralischen Anspruch auf, um nicht zu sagen, mit einem Gestus der moralischen Überlegenheit. Wer auf mögliche Probleme bei der Bewältigung der anstehenden Integrationsaufgaben hinweist, auf Verwerfungen, die im Sozialsystem entstehen können, weil es zu einem Verteilungskampf im unteren Bereich der Gesellschaft kommt – etwa wenn es um billigen Wohnraum geht –, läuft Gefahr, als Rechter und Rassist beschimpft zu werden. Der angesehene deutsche Historiker Heinrich August Winkler, Mitglied der SPD und ganz gewiss kein Feind der offenen Gesellschaft, hat – ich meine zu Recht – die moralische Überheblichkeit kritisiert, mit der Deutschland

---

1   Vgl. Weber, M., *Politik als Beruf*, in: ders., *Wissenschaft als Beruf 1917/1919. Politik als Beruf*, Studienausgabe der Max Weber-Gesamtausgabe, Bd. I/17, hg. v. Wolfgang J. Mommsen u. Wolfgang Schluchter in Zusammenarbeit mit Birgitt Morgenbrod, Tübingen 1994, S. 35–88.

in der EU seine anfängliche Linie in der Flüchtlingspolitik zum Maß aller Dinge erklärt hat.[2]

Eine verantwortungsethische Position kann nicht darüber hinwegsehen, dass gerade der offene Verfassungsstaat ohne Grenzen und Begrenzungen nicht bestehen kann. Damit soll keineswegs einer Politik der Abschottung oder der Aushöhlung des Asylrechts das Wort geredet werden. Der deutsche Jurist und ehemalige Verfassungsrichter Udo di Fabio gibt zu bedenken: Gerade ein Staat, der für Zuwanderung offen ist – und einen solchen wünsche ich mir –, braucht drei wesentliche Elemente, damit ein gutes Zusammenleben gelingen kann: Kontrolle über das Staatsgebiet, über die Zusammensetzung der Bevölkerung und über eine einheitliche Staatsgewalt.[3]

Der handlungsfähige Rechtsstaat ist auch die entscheidende Voraussetzung für genau jene Zivilgesellschaft, die sich gesinnungsethisch für Flüchtlinge und ihre Rechte engagiert. Es wäre daher demokratiepolitisch fatal, wollte die Zivilgesellschaft jenen Ast absägen, auf dem sie sitzt.

2. Die Flüchtlingskrise als Politikkrise

Noch immer mangelt es an einer aktiven und schlüssigen Flüchtlings- und Einwanderungspolitik, die mehr leistet, als nur die Krise zu verwalten. Die sogenannte Flüchtlingskrise ist vor allem eine hausgemachte Politikkrise. Die Behauptung etwa, die Außengrenzen eines Staates ließen sich heutzutage nicht wirksam kontrollieren, kommt einer Kapitulation des Rechtsstaats gleich, auf dessen Akzeptanz und Verlässlichkeit doch gerade jene angewiesen sind, die bei uns Schutz suchen. Ohne funktionierenden Rechtsstaat kein Asylrecht. Es geht wohlgemerkt nicht um den Schutz der Bevölkerung *vor* Flüchtlingen oder vor den Fremden, sondern gleichermaßen um den Schutz *von* Flüchtlingen wie auch der einheimischen Bevölke-

2   Vgl. Winkler, H. A., *Deutschlands moralische Selbstüberschätzung*, FAZ, 30.9.2015 (http://www.faz.net/aktuell/politik/fluechtlingskrise/gastbeitrag-deutschlands-moralische-selbstueberschaetzung-13826534.html [zuletzt abgerufen am 05.12.2015]).
3   Vgl. di Fabio, U., *Welt aus den Fugen*, FAZ, 14.9.2015 (http://www.faz.net/aktuell/politik/die-gegenwart/f-a-z-gastbeitrag-udo-di-fabio-welt-aus-den-fugen-13802471.html [zuletzt abgerufen am 05.12.2015]).

rung. Die Kontrolle der Staatsgrenzen bzw. der Außengrenzen des Schengenraums und der einreisewilligen Personen, aber auch die Reduktion des Zustroms von Flüchtlingen sind ferner eine notwendige, wenngleich sicher bei Weitem nicht hinreichende Bedingung dafür, dass die ökonomische und kulturelle Integration von Zuwanderern gelingen kann. Das muss jedem klar werden, wenn sich etwa staatliche Stellen bei bürokratischen Unzulänglichkeiten mit der Überlastung rechtfertigen, die infolge des nicht steuerbaren und begrenzbaren Zustroms von Flüchtlingen entstehe.

Es stimmt zwar, dass die gegenwärtige Flüchtlingsproblematik nach einer gesamteuropäischen Lösung verlangt. Die Gründung und Weiterentwicklung der EU hat aber bislang keineswegs zum Ende des Nationalstaates und seiner Institutionen geführt. Darum lässt sich nicht alle Verantwortung auf Brüssel schieben.

Schon lange vor dem Anstieg der Flüchtlingszahlen haben die Regierenden hierzulande den Eindruck vermittelt, ihrer Aufgabe nicht gewachsen zu sein. Die Art und Weise, in der Bund, Länder und Gemeinden im Sommer 2015 die Verantwortung hin- und hergeschoben haben, als es darum ging, weitaus weniger Flüchtlinge als jetzt menschenwürdig unterzubringen, kann man nur als organisierte Verantwortungslosigkeit bezeichnen. Das eigene politische Versagen zu leugnen und Wählerverluste wie in Oberösterreich auf die Flüchtlingsströme zu schieben, für die man ebenso wenig wie für eine Naturkatastrophe könne, ist ebenso peinlich wie dreist. Die Hauptlast tragen in Österreich nach wie vor kirchliche und säkulare Hilfsorganisationen, wie das Rote Kreuz, sowie private Initiativen.

Im Sinne des Subsidiaritätsprinzips ist es durchaus richtig, zivilgesellschaftliches Engagement zu fordern und zu fördern. Der Rechts- und Sozialstaat darf sich aber nicht seiner eigenen Verantwortung entledigen und diese mehr oder weniger auf zivilgesellschaftliche Akteure abwälzen. Die menschenwürdige Unterbringung und Versorgung von Flüchtlingen ist wie das Asylrecht ein Grundrecht, kein Gnadenakt. Darum sind staatliche Stellen nicht aus ihrer Verantwortung bei der Asyl- und Integrationspolitik zu entlassen.

Die politische Krise ist auch keineswegs bloß eine Kommunikationskrise. Politiker versichern gern, man müsse und wolle vorhandene Sorgen und Ängste ernster nehmen und das Ohr näher am Wähler haben. So spricht man vielleicht mit Kindern, aber nicht mit mündigen Bürgern.

Wer freilich, wie die FPÖ, aus dem Unbehagen und den Ängsten der Bevölkerung politisches Kapital schlagen will, ohne tragfähige Lösungen anzubieten, und die Grundprinzipien einer offenen Gesellschaft infrage stellt, handelt erst recht politisch verantwortungslos.

3. Verantwortungsethische Gesichtspunkte der Einwanderungs- und Asylpolitik

Österreich braucht, wie die anderen Mitgliedsstaaten der EU, ein modernes Einwanderungsrecht. Auch wenn sich Asyl- und Einwanderungspolitik nicht immer strikt voneinander trennen lassen, müssen sie doch deutlich voneinander unterschieden werden. Der Bedarf an Zuwanderung, der sich aus demografischen Gründen ergibt, wird nicht unbedingt durch die Aufnahme von Asylsuchenden gedeckt, weil diese möglicherweise gar nicht dem Anforderungsprofil am Arbeitsmarkt entsprechen und selbst mithilfe entsprechender Qualifikationsinitiativen, Bildungsangebote und sozialstaatlicher Unterstützung nur schwer in den Arbeitsmarkt zu integrieren sind. Ein Einwanderungsland braucht klare Regeln für die Aufnahme von Zuwanderern, die freilich auch die Abweisung von Menschen einschließen. Solche Regeln sind keine hinreichende, wohl aber eine notwendige Voraussetzung für gelingende Integration.

Der Ökonom Paul Collier hat untersucht, welche Folgen massenhafte Migration nicht nur für die Aufnahmeländer, sondern auch für die Herkunftsländer hat.[4] Zu den Stichworten zählen der „brain drain" und der „Talenttransfer". Der massenhafte Exodus von jungen, tatkräftigen und gut ausgebildeten Menschen stellt für die Zukunft und ökonomische Entwicklung der Herkunftsländer eine Gefahr dar. Freilich kann man auch die Gegenrechnung aufmachen, dass Familien ein auswanderungswilliges Mitglied bei der Flucht unterstützen, um anschließend von geldlichen Transferleistungen dessen, der nun im Ausland lebt, zu profitieren. Auch politische Regime profitieren auf diese Weise von den aktuellen Flüchtlings- und Migrationsströmen. Für die Aufnahmeländer hat Collier einen idealen

---

4   Vgl. Collier, P., Exodus. *Warum wir Einwanderung neu regeln müssen*, München 2014.

„Einwanderungsquotienten" errechnet, dessen Überschreiten ebenso wie das Unterschreiten negative Auswirkungen hat. Colliers These lautet, dass wirtschaftlicher Gewinn und größere kulturelle Vielfalt gegen die Schwächung der Sozialsysteme abzuwägen sind. Überwiegt Letzteres, ist dies weder im Sinne der Aufnahmeländer noch im Sinne der Migranten. Daher hält Collier die Steuerung – das heißt aber auch die Begrenzung – der Einwandererzahl nicht nur für ökonomisch, sondern auch für ethisch vertretbar.

4. Kirchliche Stellungnahmen

Zu den zivilgesellschaftlichen Akteuren, die sich praktisch engagieren, aber auch in der politische Debatte zu Wort melden, zählen die Kirchen. Sie argumentieren bislang vor allem gesinnungsethisch. Verschiedene kirchliche Stellungnahmen verweisen auf die biblische Forderung, den Fremden im eigenen Land als Nächsten zu achten und sich seiner anzunehmen. Als grundlegender Maßstab wird die biblische Option für die Armen und Schwachen Israels angeführt. Tatsächlich wird im Alten Testament immer wieder an den Exodus und das eigene Flüchtlingsschicksal erinnert. Die Geschichte des Volkes beginnt nach biblischer Überlieferung mit Abraham, der seine Heimat verließ, um in das ihm von Gott verheißene Land zu ziehen. Auch das babylonische Exil – die Deportation der Jerusalemer Bevölkerung – von 597/586–536 v. Chr. gehört in den alttestamentlichen Erinnerungsstrom. Kirchliche Stellungnahmen erinnern sodann an die – legendarische – Erzählung von der Flucht Josefs und Marias mit dem neugeborenen Jesuskind nach Ägypten (Mt 2, 13–15). Der Einsatz für Flüchtlinge wird außerdem mit Jesu Gleichnis vom barmherzigen Samariter (Lk 10, 25–37) und der Forderung Jesu in Mt 25, 35 begründet, Fremde bei sich aufzunehmen. Diese Forderung findet in Mt 25 noch eine christologische Zuspitzung, wonach man das, was man einem der geringsten Brüder getan oder nicht getan hat, Christus selbst getan oder nicht getan hat (Mt 25,40 u. 45).

Nun soll an dieser Stelle keinesfalls die Gesinnungsethik gegen die Verantwortungsethik ausgespielt werden. Schon Weber, dessen Konzept von Verantwortungsethik auf eine religiöse Begründung dezidiert verzichtet, wusste, dass auch eine Verantwortungsethik nicht ohne gesinnungsethische Motive auskommt, ohne die es keine Motivation zum sittlichen Handeln gibt. Darauf hat mit Recht Bischof Heinrich Bedford-Strohm, der Ratsvorsitzende der EKD, in einem Beitrag für die Frankfurter Allgemeine Zeitung hingewiesen und von „Verantwortung aus christlicher Gesinnung" gesprochen.[5] Für Weber sind „Gesinnungsethik und Verantwortungsethik nicht absolute Gegensätze, sondern Ergänzungen, die zusammen erst den echten Menschen ausmachen, den, der den ‚Beruf zur Politik' haben *kann*".[6] Dementsprechend ist die biblisch-theologische Begründung, welche die Kirchen für das Engagement in der Flüchtlingshilfe geben, in der Sache richtig und verdient Unterstützung.

Das Gebot der Nächstenliebe bewegt sich freilich auf einer in individualethischen Ebene. Es begründet zweifellos die Verpflichtung, anderen Menschen in einer konkreten Notlage zum Nächsten zu werden und zu helfen. Auch staatliches Handeln soll sich nach christlichem Verständnis an diesem Gebot orientieren. Aus ihm lassen sich aber keine erschöpfenden Handlungsanweisungen für Fragen einer langfristigen Migrationspolitik ableiten, die auf der Ebene der Sozialethik angesiedelt sind. Der Staat ist kein Individuum wie der Samariter im Gleichnis Jesu. Auch kann er nicht nur das Einzelschicksal in den Blick nehmen, sondern er ist dem Gemeinwohl verpflichtet. Schon gar nicht lässt sich aus Lk 10 die politische Forderung nach unbegrenzter Zuwanderung rechtfertigen oder gar das Recht von Flüchtlingen auf Einreise in ein Land ihrer Wahl. Solche Fragen aber werden in kirchlichen Stellungnahmen kaum berührt.

Ohne Gesinnungs- und Verantwortungsethik auseinanderreißen zu wollen, zeigt sich doch, dass sie in der momentanen Flüchtlingsdebatte zueinander in Spannung treten. Und es wäre für eine Versachlichung der politischen Auseinandersetzung viel gewonnen, würden diese Spannungen in wechselseitigem Respekt der widerstreitenden Positionen als solche benannt und wahrgenommen. Jenseits einfacher Lösungen gilt es, mit den vorhandenen Spannungen ethisch und politisch verantwortungsvoll umzugehen.

Zwar fordern die Kirchen die EU und ihre Mitgliedsstaaten zu einer konzertierten Asyl- und Flüchtlingspolitik auf, sie mahnen eine nach-

---

5   Vgl. Bedford-Strohm, H., Verantwortung aus christlicher Gesinnung, FAZ, 7.12.2015, S. 6.
6   Weber, a. a. O. (Anm. 1), S. 86f.

haltige Strategie ein und mahnen, die Fluchtursachen zu bekämpfen. Das schließt die Forderung an die politisch Verantwortlichen ein, vor allem den Bürgerkrieg und andere aktuelle Konfliktherde außerhalb Europas wirksam zu bekämpfen. In ihrer gemeinsamen Erklärung zum Reformationstag 2015 haben die evangelischen Kirchen in Österreich freilich einschränkend hinzugefügt, dies dürfe nur „mit wirksamen politischen und gewaltfreien Mitteln" geschehen.[7] Weshalb freilich militärische Mittel kategorisch ausgeschlossen sein sollen, wird nicht begründet. Dabei hält selbst die Lehre vom gerechten Frieden, welche die Kirchen im zurückliegenden Jahrzehnt an die Stelle der klassischen Lehre vom gerechten Krieg gesetzt haben, den Einsatz militärischer Mittel unter bestimmten Voraussetzungen für ethisch gerechtfertigt.[8] Was im Fall des Syrienkonflikts angemessen ist oder nicht, ist damit noch nicht gesagt. Die vom IS-„Staat" und anderen islamistischen Terrororganisationen ausgehende weltweite Gefahr lässt sich zweifellos nicht allein und in erster Linie militärisch beseitigen, aber wohl auch kaum ohne militärische Mittel, wie immerhin der ehemalige Ratsvorsitzende der Evangelischen Kirche in Deutschland, Wolfgang Huber, erklärt hat.[9] Auch der katholische Erzbischof von Bamberg, Ludwig Schick, und der Vorsitzende der Deutschen Kommission Justitia et Pax, Bischof Stephan Ackermann, haben den Einsatz militärischer Gewalt gegen den IS-Terror Anfang Dezember 2015 als *ultima ratio* für ethisch vertretbar bezeichnet. Andere katholische und evangelische Bischöfe in Deutschland haben hingegen große Bedenken gegen die deutsche militärische Beteiligung am Kampf gegen den IS geäußert, ohne damit die Anwendung militärischer Gewalt prinzipiell auszuschließen.[10] Ohne nähere Begründung für Gewaltfreiheit zu op-

---

7   Es handelt sich um eine gemeinsame Erklärung der Evangelischen Kirche A.B., der Evangelischen Kirche H.B. und der Evangelisch-Methodistischen Kirchen. Text unter http://evang.at/wp-content/uploads/2015/07/151029_Buenker_Poell_Hennefeld_Flucht.pdf [zuletzt aufgerufen am 05.12.2015).
8   Vgl. Deutsche Bischofskonferenz, *Friedenswort „Gerechter Friede"* (DB 66), Bonn 2000, EKD, *Aus Gottes Frieden leben – für gerechten Frieden sorgen*, Gütersloh 2007. Zur kritischen Beurteilung siehe Körtner, U. H. J., *Evangelische Sozialethik. Grundlagen und Themenfelder* (UTB 2017), Göttingen ³2012, Kapitel 8.
9   Vgl. http://www.welt.de/vermischtes/article148925350/Wollen-Sie-den-Frieden-herbeibomben.html [zuletzt aufgerufen am 05.12.2015).
10   Vgl. den Bericht unter http://www.evangelisch.de/inhalte/129108/04-12-2015/bundeswehr-einsatz-gegen-beiden-kirchen-umstritten (zuletzt aufgerufen am 05.12.2015)

tieren, wie es die evangelischen Kirchen in Österreich in ihrem Wort vom Oktober 2015 getan haben, entspricht hingegen einer pazifistischen Position, die man als gesinnungsethisch einstufen muss.

Die Kirchen sprechen sich für innereuropäische Verteilungsquoten, Replacement-Programme und legale Einreisemöglichkeiten für Flüchtlinge aus, durch welche kriminellen Schleppern das Handwerk gelegt werden soll. Solche Appelle verstehen kirchliche Repräsentanten selbst durchaus als Ausdruck von Verantwortungsethik und keineswegs nur von Gesinnungsethik. In diesem Sinne hat die Generalsynode der Evangelische Kirche A. u. H. B. in Österreich im Dezember 2015 den Staat aufgefordert, „seine umfassende Verantwortung wahrzunehmen"[11]. Sie schließt insbesondere „geordnete Asylverfahren, die ohne Einschränkung rechtsstaatlichen Grundsätzen entsprechen, sowie menschenwürdige Unterbringung und Versorgung der Schutzsuchenden" ein. Der Frage nach einer ethisch verantwortlichen Begrenzung der Zuwanderung weichen kirchliche Stellungnahmen aber weitgehend aus. Kurz: Gemessen an den theologischen Kriterien einer zeitgemäßen Zwei-Reiche-Lehre wird die Aufgabe des Staates nur unvollständig in den Blick genommen, wenn man seinen sicherheitspolitischen Auftrag vernachlässigt.

In Deutschland haben die beiden großen Kirchen, die Evangelische Kirche und die römisch-katholische Kirche, von Beginn an die Flüchtlingspolitik von Bundeskanzlerin Merkel nachdrücklich unterstützt und sogar den in Kauf genommenen Bruch von EU-Recht (Schengen-Abkommen und Dublin III) gutgeheißen. Peter Prove, der internationale Direktor des Weltkirchenrates, äußerte im Oktober 2015 gar die Ansicht, Frau Merkel habe den Friedensnobelpreis verdient, weil ihre Flüchtlingspolitik „moralisch und rechtlich einwandfrei" sei.[12]

Diese Sichtweise ist nicht nur rechtspolitisch bedenklich, sondern auch theologisch problematisch. Die reformatorische Zwei-Reiche- oder

---

11   Generalsynode der Evangelischen Kirche A.u.H.B., *Menschen auf der Flucht: Herausforderung für den Glauben*, 9.12.2015 (Text unter http://www.evang-wien.at/fileadmin/user_upload/ oe_arbeit/2015_12_09_Generalsynode_Menschen_auf_der_Flucht1.pdf; zuletzt aufgerufen am 12.12.2015).
12   Vgl. EKD-Meldung vom 8.10.2015 (https://www.ekd.de/themen/fluechtlinge/news/ news_2015_10_08_4_weltkirchenrat_friedensnobelpreis.html [zuletzt aufgerufen am 05.12.2015]).

Zwei-Regimenten-Lehre unterscheidet zwischen Kirche und Staat und weist beiden unterschiedliche Aufgaben zu, sieht aber beide als Institutionen an, die nach Gottes Willen je auf ihre Weise dem Menschen dienen sollen. Es ist die Aufgabe des Staates, in Übereinstimmung mit Gottes Gebot für Recht und Frieden zu sorgen.[13] Das schließt seine Verantwortung für sichere Grenzen und prinzipiell auch das Recht und die Pflicht zur Begrenzung von Zuwanderung ein, die nicht mit der Abschottung gegen Migration überhaupt zu verwechseln ist. Es wäre sehr zu wünschen, dass sich die Kirchen auch zu dieser Aufgabe des Staates äußern, die er gerade um einer langfristigen Integrationspolitik willen, die Aussicht auf Erfolg hat, erfüllen muss.

Nun kann man der deutschen Bundeskanzlerin zugute halten, dass sie ihre Entscheidung zu Beginn des September 2015, aus Syrien stammende Flüchtlinge aus Ungarn unkontrolliert einreisen zu lassen, anfangs nur als vorübergehende Ausnahme verstanden wissen wollte. Ihre Erwartung, die übrigen Mitgliedsstaaten der EU zur großzügigen Aufnahme weiterer Flüchtlinge zu bewegen, ging bislang jedoch nicht Erfüllung. Unter dem Eindruck der islamistischen Anschläge von Paris am 13. November 2015 hat sich die Innenministerkonferenz der Länder in Deutschland Anfang Dezember 2015 darauf verständigt, syrische Flüchtlinge wieder einer Einzelfallprüfung zu unterziehen und damit den Zustrom zu begrenzen. Das ist eine deutliche Kurskorrektur. Auf ihrem Parteitag Anfang Dezember 2015 hat sich die CDU auf eine Kompromissformel geeinigt, die besagt, man wolle den Zuzug von Flüchtlingen und Asylwerbern durch wirksame Maßnahmen spürbar verringern und auch die Kontrollen an Deutschlands Grenzen fortführen, solange kein hinreichender Schutz der EU-Außengrenzen bestehe. Auch wenn Kanzlerin und Partei wieder Geschlossenheit demonstrieren, nachdem Frau Merkel ihren Kritikern in den eigenen Reihen ein wenig entgegengekommen ist, verfolgt die Bundeskanzlerin ihren umstrittenen Kurs weiter. Ihr Politikansatz in der Flüchtlingsfrage kann jedoch im Kern als gescheitert gelten, zumal nicht einmal nachträglich ein schlüssiger Plan vorgelegt wurde.

---

13   Zu Luthers Staatsverständnis siehe Rochus, Leonhardt/Arnulf von Scheliha (Hg,), Hier stehe ich, ich kann nicht anders. Zu Martin Luthers Staatsverständnis (Staatsverständnisse 88), Baden-Baden 2015.

Die ungebrochene Fortsetzung von Merkels Flüchtlingspolitik birgt das Risiko in sich, in letzter Konsequenz das Schengen-Abkommen und damit eine tragende Säule der EU-Politik und künftigen Integration Europas zu Fall zu bringen, weil inzwischen immer mehr Länder begonnen haben, ihre Binnengrenzen wieder zu kontrollieren und undurchlässiger zu machen. Das gilt selbst für Schweden, das gemessen an der Gesamtbevölkerung mehr Flüchtlinge als alle anderen EU-Staaten aufgenommen hat. Unter diesen Vorzeichen unbeirrt weiter den bisherigen Kurs der deutschen Bundeskanzlerin zu stützen, mag einer gesinnungsethischen Haltung entsprechen, die sich aber der Frage nach der möglichen Mitverantwortung für die negativen Auswirkungen auf Gesamteuropa – einschließlich des Erstarkens rechtspopulistischer und rechtsextremer Parteien – stellen muss.

5. Universalität des Asylrechts und einzelstaatliche Umsetzbarkeit

Die EU-Staaten – aber nicht nur sie – sind dringend gefordert, das Nahrungsmittelprogramm der Vereinten Nationen finanziell ausreichend auszustatten, damit endlich wieder eine menschenwürdige Versorgung in den Flüchtlingslagern der Nachbarländer Syriens gewährleistet ist. Auch sollten tatsächlich rechtliche Möglichkeit geschaffen werden, schon in den Herkunftsländern Asylanträge zu stellen, um das Schlepperwesen auszutrocknen. Doch das wird ohne Quoten und folglich ohne Aufnahmegrenzen nicht gehen.

Das ethische Kernproblem der Flüchtlingspolitik besteht in dem Unterschied zwischen dem universalen Recht auf Asyl und seiner Umsetzbarkeit auf der einzelstaatlichen Ebene. Auch in der Flüchtlings- und Asylpolitik gilt der Grundsatz: „Ultra posse nemo obligatur – über das Maß seiner Möglichkeiten kann niemand verpflichtet werden." Wann die Grenze des Leistbaren erreicht ist, ist im Einzelfall zu prüfen und wird von Land zu Land sicher unterschiedlich und kontrovers beurteilt. Aus verantwortungsethischer Sicht werden wir aber um diese Frage nicht herumkommen.

Mach Dir Freude auf.

Schafft Jobs,
kurbelt die Wirtschaft an
und erfrischt ganz ...

Coca-Cola und Österreich: Gemeinsam stehen wir gut da!

1 Milliarde ist der jährliche Beitrag Coca-Colas zum österreichischen BIP, **556 Millionen** Steueraufkommen werden entlang der Wertschöpfungskette generiert, **13.700** attraktive Jobs sind österreichweit mit Coca-Cola verbunden.

Alles Fakten, die Coca-Cola Österreich zu einer Erfolgsgeschichte machen, der wir gemeinsam mit allen Österreicherinnen und Österreichern in Zukunft noch viele erfrischende Kapitel hinzufügen möchten.

corporate.coke.at

JOHANNA MIKL-LEITNER

Die Bewältigung der Migration durch Europa und Österreich
Ziele und Zielerreichung

Die Flucht- und Migrationsbewegungen des Jahres 2015 stellen eine asyl- und migrationspolitische Zäsur dar, die Behörden vor enorme Herausforderungen stellen und ein Umdenken bzw. eine Neugestaltung der europäischen und österreichischen Asylpolitik erfordern. Nationalstaatliche Ansätze können nur mehr ein Teil der Lösung sein, sind aber nicht mehr ausreichend, um mit den gegenwärtigen Entwicklungen umgehen zu können – es braucht gemeinschaftliche, europäische Lösungen. Die Ansätze hierzu müssen sich vor allem auf die Hilfe für Menschen vor Ort in den Krisenregionen, einen verstärkten Schutz der EU-Außengrenzen sowie die bestmögliche Gewährung von humanitärem Schutz durch Resettlement-Programme konzentrieren.

Einleitung

2015 war im Asyl- und Migrationsbereich für alle in diesem Bereich tätigen Organisationen und Personen das mit Abstand herausforderndste Jahr seit den Fluchtbewegungen im Zuge der kriegerischen Auseinandersetzungen am Westbalkan in den 1990er-Jahren.

Auch wenn die damalige Aufnahme der Flüchtlinge vom Westbalkan und die Bewältigung der damaligen Krise vielfach mit der heutigen Situation verglichen wird, so gibt es doch zum Teil erhebliche Unterschiede zu damals.

Während es für bosnische, kroatische bzw. später kosovarische Betroffene des Krieges durchaus logisch und nachvollziehbar war, dass Österreich schon aus geografischen Gründen die Rolle als erstes sicheres Fluchtland einnahm, sind es aktuell Personen aus dem Nahen Osten bzw. Zentralasien, die auf ihrem Weg nach Mitteleuropa bereits eine Vielzahl an EU-Staaten und Drittstaaten durchquert haben, in denen, unabhängig von der wirtschaftlichen Perspektive, eine Schutzgewährung bereits möglich gewesen wäre. Hinzu kommt noch ein historisches und kulturelles Naheverhältnis Österreichs zu den Staaten des Westbalkans, welches bei dem Großteil der Nationalitäten der aktuellen Fluchtbewegung nicht mehr vorliegt.

Diese Faktoren haben auch dazu beigetragen, dass die Akzeptanz der aktuellen Fluchtbewegung in der Bevölkerung wesentlich geringer ausgeprägt ist als damals.

Österreich nimmt mittlerweile eine Doppelrolle ein. Einerseits ist Österreich nach wie vor deklarierter Zielstaat vieler Personen, und bis Ende des Jahres 2016 werden rund 90.000 Asylanträge erwartet. Auf der anderen Seite ist Österreich gleichzeitig seit Anfang September 2015 auch Transitland, und bisher sind rund 700.000 Personen auf diesem Weg in Österreich eingereist, um zum größten Teil weiter nach Deutschland oder Skandinavien zu gelangen.

Darüber hinaus ist die derzeitige Situation durch ein massives Ungleichgewicht der Flüchtlingsströme und Antragszahlen in den einzelnen EU-Mitgliedstaaten gekennzeichnet. Im Grunde lassen sich grob vier Gruppen von Mitgliedsstaaten skizzieren.

Einerseits jene Mitgliedsstaaten, die von der derzeitigen Flüchtlingskrise überhaupt nicht betroffen sind. Hierzu zählen etwa die baltischen Staaten, Tschechien, die Slowakei, Rumänien, Spanien und Portugal.

Dann gibt es die Gruppe der Mitgliedsstaaten, die eine Rolle als Transitstaat einnehmen, ohne dass dort eine nennenswerte Zahl an Asylanträgen gestellt werden würde. Hierzu zählen Griechenland, Kroatien und Slowenien, sowie bis September 2015 Ungarn.

Die dritte Gruppe umfasst jene Staaten, die zwar nennenswerte Asylantragszahlen aufzuweisen haben, es jedoch zu keinen massiven Steigerungen gekommen ist. Hierzu zählen Frankreich, die Benelux-Staaten, Großbritannien, Polen und Bulgarien.

Schließlich gibt es jene Mitgliedsstaaten, die vom derzeitigen Flüchtlingsstrom massiv betroffen sind. Hierzu zählen neben Österreich und Deutschland auch die skandinavischen Länder.

Schon aus dieser zum Teil sehr unterschiedlichen Betroffenheit der einzelnen Mitgliedsstaaten resultieren die derzeitigen Diskussionen und unterschiedlichen Interessen auf europäischer Ebene. Dennoch ist davon auszugehen, dass sich die Auswirkungen der derzeitigen Migrationskrise auch immer stärker auf andere, bisher nicht betroffene Mitgliedsstaaten ausweiten werden. Es konnte beobachtet werden, dass durch die große Zahl an Flüchtlingen und Migranten, die seit Anfang September in die EU eingereist sind, es, bedingt durch innerstaatliche Maßnahmen, eine kontinuierliche Verschiebung der Route gibt und sich auch neue Zieldestinationen entwickelt haben. So ist mittlerweile zum Beispiel Finnland ein wichtiger Zielstaat für irakische Asylwerber geworden, oder hat es beispielsweise Norwegen mit einer Migrationsbewegung über die Nordgrenze mit Russland zu tun. Dieser Trend neuer Routen und Destinationen wird sich weiter verstärken, vor allem, da die Situation in den besonders „beliebten" Mitgliedsstaaten von der Erwartungshaltung der Flüchtlinge und Migranten erheblich divergiert. Diese enttäuschten Erwartungen werden noch mehr als bisher dazu führen, dass eine sich kontinuierlich ändernde Wanderungsbewegung innerhalb Europas stattfinden wird.

Ziele und Zielerreichung

In Zeiten des Umbruchs konkrete Ziele und definitive Indikatoren für deren Erreichung zu formulieren, ist keine einfache Angelegenheit. So notwendig es ist, Ziele zu definieren, um einen Handlungsrahmen zu schaffen und operative Aktivitäten zielgerichtet gestalten zu können, so muss man anerkennen, dass die Flucht- und Migrationsbewegungen des Jahres 2015 auch eine asyl- und migrationspolitische Zäsur darstellen. Seit dem Zweiten Weltkrieg haben nicht mehr so viele Menschen Schutz und Hilfe in Europa gesucht, das Ausmaß dieser Entwicklungen stellt die Behörden vor enorme Herausforderungen und erfordert ein Umdenken bzw. eine Neugestaltung der europäischen und österreichischen Asylpolitik. Nationalstaatliche Ansätze können nur mehr ein Teil der Lösung sein, sind aber nicht mehr ausreichend, um mit den gegenwärtigen Entwicklungen umgehen zu können.

Vorweg eine Anmerkung zur Terminologie, die angesichts der Komplexität des Sachverhalts durchaus bedeutsam erscheint. Migration zu „bewältigen", entspräche dem Bedürfnis, ein Symptom zu bewältigen, obschon sich dadurch an den Ursachen und Auslösern grundsätzlich nichts ändert: Migration, insbesondere Fluchtmigration, ist aber eben Symptom und nicht selbst ursächlich.

Eine Annäherung an diese Thematik und den damit verbundenen Lösungsansätzen muss daher grundsätzlich auf drei Ebenen diskutiert werden:

- Was sind die Ursachen für die gegenwärtigen Migrationsbewegungen?
- Wie können Länder mit Wanderungsbewegungen dieser Größenordnung umgehen?
- Wie muss innerstaatliche Politik gestaltet sein, um den migrationspolitischen Herausforderungen des 21. Jahrhunderts gerecht zu werden?

Zunächst zum Grundsätzlichen: Die gegenwärtige Fluchtmigration – in einer für Österreich einzigartigen historischen Größe – hat ihre Ursachen im Nahen und Mittleren Osten. Die Gruppen, die derzeit nach Österreich kommen, stammen primär aus Syrien, dem Irak und Afghanistan: Es sind Menschen, die aus nachvollziehbaren Gründen vor Krieg und Verfolgung fliehen. Dass auch viele andere Menschen – die aus wirtschaftlichen Gründen nach Österreich wollen – die gegenwärtige Situation nützen, um sich über das Asylsystem einen Weg nach Österreich zu bahnen, ist ebenso einen Tatsache. Wichtig ist – und das macht die Qualität des österreichischen Asylsystems aus –, dass in jedem Fall eine Einzelfallprüfung durchgeführt wird, um sicherzustellen, dass jene, die des Schutzes bedürfen, diesen auch bekommen. Dem nachzukommen, ist eine moralische, humanitäre und rechtliche

Pflicht. Aber es ist, wie eingangs bereits angeführt, nur der Umgang mit einem Symptom. An den Ursachen für die Flucht ändert sich dadurch nichts. Die Verschlechterung der Sicherheitslage in Afghanistan, im Irak und der Bürgerkrieg in Syrien schreiten unvermindert fort und werden in den kommenden Jahren – so sich an der Situation vor Ort nichts ändert – zu weiteren Fluchtbewegungen in die Nachbarländer und nach Europa führen.

Dies führt uns nun zu der zweiten Frage, wie man mit Migrationsbewegungen in diesen Größenordnungen umgehen kann. Man muss anerkennen, dass – entgegen der oft artikulierten Forderung – im Migrationsmanagement nicht immer alles gesteuert und organisiert werden kann. Fluchtbewegungen, die so viele Menschen umfassen, stellen ein Phänomen dar, bei dem eine Masse Macht generiert – sie schafft Fakten und der liberale, demokratische Rechtsstaat gerät dabei in manchen Situationen an seine Grenzen. Die Situation im Nahen Osten und die damit einhergehenden Fluchtbewegungen sind jedenfalls eine Situation, mit der Nationalstaaten alleine nicht mehr umgehen können, es braucht gemeinschaftliche und europäische Lösungen. Die Ansätze hierzu müssen sich vor allem auf folgende Aspekte konzentrieren: Hilfe für die Menschen vor Ort (in Krisenregionen und Nachbarländern), ein verstärkter Schutz der EU-Außengrenzen sowie die bestmögliche Gewährung von humanitärem Schutz durch umfassende Resettlement-Programme. Die Nationalstaaten können und müssen – gemeinsam und solidarisch – Menschen Schutz gewähren und ihnen eine Perspektive bieten. Der Schutz der gemeinsamen Außengrenze sowie die Hilfe für die Menschen vor Ort sind Aufgaben, die die Dimensionen nationalstaatlichen Handelns überschreiten und die gemeinschaftlicher, europäischer Ansätze bedürfen.

Auch im innerstaatlichen Bereich bedarf es – und dies wird gerade in Ausnahmesituationen sichtbar – eines „whole-of-government approach". Dies beginnt bei der grundsätzlichen, strategischen Ausrichtung der Migrationspolitik: Was ist überhaupt das Ziel unserer Migrationspolitik? Was für eine Gesellschaft wollen wir? Und führt dann weiter über operative Fragen des Migrationsmanagements (Grenzkontrollen, Aufenthaltstitel, Registrierung von Flüchtlingen, Unterbringung, Grundversorgung), den nachfolgenden Aufgaben der Integration und den damit verbundenen Kosten (Deutschkurse, Mindestsicherung, Gesundheitswesen). Es sind dies gesamtstaatliche Aufgaben, die auch einer akkordierten, gesamtstaatlichen Steuerung bedürfen.

Das Jahr 2015 stellt nicht nur für Österreich, sondern auch für ganz Europa eine Zäsur dar, welche die Europäische Union vor eine Zerreißprobe stellt und eine noch größere Herausforderung für das Gemeinschaftsprojekt ist, als dies bei der Griechenland-Krise der Fall war. Der Umgang damit und die einhergehenden Auswirkungen auf die Strukturen der Europäischen Union werden die Gemeinschaft in den kommenden Jahren stark prägen – zum positiven oder negativen. Gerade deshalb ist es bedeutsam, sich der übergreifenden Zielsetzung bewusst zu sein und diese zur Maxime des Handelns zu machen: Europa ist ein Friedensprojekt, das auf das solidarische Zusammenwirken aller Mitgliedsstaaten angewiesen ist. Diese Solidarität erschließt sich nicht nur über Ausgleichszahlungen, sondern eben auch im Hinblick auf eine solidarische Herangehensweise in humanitären Belangen. Dass dadurch kurzfristig Kosten entstehen, ist klar, was aber – gerade angesichts der europäischen Geschichte – nicht vergessen werden darf, ist, welchen unglaublichen Mehrwert der lang andauernde Frieden Europa gebracht hat, und auch, welchen moralischen Imperativ die beiden Weltkriege hinterlassen haben. Solche Entwicklungen auf dem Altar der Tagespolitik zu opfern, ist fahrlässig und kurzsichtig.

Was sind nun die Zielsetzungen einer künftigen Asyl- und Migrationspolitik? Das Recht auf Asyl steht hierbei außer Frage, aber die derzeitigen Zahlen an Asylwerbern werden zwangsläufig zu einer Obergrenze führen, weil es langfristig nicht möglich sein wird, allen, die nach Österreich kommen wollen, eine menschenwürdige Unterkunft zu bieten. Migrationspolitik ist aber mehr als Asylpolitik, es geht darum, Österreich als sicheres, stabiles und wohlhabendes Land zu erhalten. Hierzu muss man vor allem die systemischen Interdependenzen dieses Migrationsprozesses verstehen und auch ansprechen. Seien es die Kosten für das Asyl-, Sozial-, Bildungs- und Gesundheitssystem oder die demografische Perspektive einer alternden Gesellschaft, um dem damit einhergehenden Arbeitskräftemangel zu begegnen. Es geht dabei nicht darum, zu sagen, was für eine Gesellschaft gut oder schlecht ist, sondern vielmehr darum, zu einem gemeinsamen Ziel zu finden: Was für eine Gesellschaft wollen wir sein? Wie schaffen wir es, systemische Stabilität und Wohlstand zu gewährleisten?

Diese Fragen werden uns in den kommenden Jahren stark beschäftigen, und es wird dabei keine einfachen Antworten geben. Gerade in Zeiten des Umbruchs und angesichts von Phänomenen, die sich einer einfachen Steuerung entziehen, muss vieles auch im Fluss gestaltet werden.

Szenarien für die weitere Vorgehensweise

Wie oben bereits skizziert, gibt es mehrere Ansätze für die Bewältigung der derzeitigen Herausforderungen der Migrationskrise. Letztlich wird eine Lösung nur möglich sein, wenn es zu einem koordinierten Zusammenspiel verschiedenster Maßnahmen kommt, die aufeinander abgestimmt sind.

Bevor es jedoch zur Festlegung konkreter Maßnahmen kommt, wäre es vielmehr erforderlich, dass eine Grundsatzdiskussion stattfindet, welche Ziele man verfolgt und welches System darauf aufgebaut werden soll. Gerade diese Grundsatzdiskussion kommt im öffentlichen und politischen Diskurs leider viel zu kurz. Eine unbeantwortete Frage ist zum Beispiel jene, ob mit dem derzeitigen System überhaupt jene Personen erreicht werden, die nach den Kriterien der Genfer Flüchtlingskonvention den größten Schutzbedarf aufweisen, oder belohnt man derzeit vielmehr nicht jene Personen, die über genügende finanzielle Mittel verfügen, um sich die Reise nach Zentraleuropa zu finanzieren und die darüber hinaus gesund genug sind, die Reise anzutreten.

Unbestritten dürfte sein, dass im Rahmen eines effektiven und zielorientierten Asylsystems verstärkt besonders schutzbedürftige Personen direkt aus den Herkunftsregionen aufgenommen werden müssten. Dieses sogenannte „Resettlement" wird seit vielen Jahren auch vom UN-Flüchtlingshochkommissariat UNHCR propagiert und kann dazu beitragen, dass besonders betroffene Personen ohne Umwege und ohne Schlepperunterstützung direkt nach Europa gelangen können. Österreich hat sich etwa zuletzt durch die Aufnahme von insgesamt 1.500 syrischen Flüchtlingen am Resettlement beteiligt. Zudem ist im Rahmen eines gemeinsamen europäischen Resettlement-Programms die zusätzliche Aufnahme von 400 Personen geplant.

Es ist jedoch anzumerken, dass die Direktaufnahmen aus den Herkunftsgebieten nur dann intensiviert werden können, wenn gleichzeitig die

Zahlen direkt ankommender und zu versorgender Personen deutlich redu-ziert werden. Diese Reduktion wird man nur dadurch erreichen können, wenn es einerseits eine enge Kooperation mit Transitstaaten, wie der Türkei, gibt, aber auch für die Durchführung der Verfahren und Zuständigkeiten in Europa klare Regeln eingeführt werden, die sowohl von den EU-Staaten als auch von den Betroffenen selbst lückenlos eingehalten werden müssen.

Eine Schlüsselrolle bei der Bewältigung der Krise kommt zweifelsfrei der Türkei zu, da der Großteil der Personen, die in Europa einen Asylan-trag stellen, sich zuvor in der Türkei aufgehalten hat bzw. durch die Türkei durchgereist sind. Eine Kooperation mit der Türkei ist daher aus strategi-scher Sicht unabdingbar, um die Flüchtlingsströme wieder in geregelte Bah-nen zu lenken. Dennoch darf nicht übersehen werden, dass selbst eine enge Abstimmung mit der Türkei und begleitende Maßnahmen vor Ort, wie die Errichtung ausreichender Unterbringungs- und Versorgungskapazitäten, nicht zwangsläufig den Flüchtlingsstrom nach Europa reduzieren werden. Einerseits wird es selbst der Türkei schwerfallen, die Grenzen effektiv zu sichern, und andererseits darf nicht übersehen werden, dass sich die mig-rationswilligen Personen andere Wege suchen werden, um ihr gewünschtes Zielland in der EU zu erreichen. Es könnte z. B. zu einer Verlagerung der Richtung der zentralen Mittelmeerroute, aber auch zur Errichtung neuer Wege, wie dem Seeweg vom Libanon nach Zypern, oder über das Schwarze Meer nach Bulgarien, kommen. Die Erfahrung hat uns gelehrt, dass Schlep-per sehr rasch auf neue Gegebenheiten reagieren und Alternativmodelle ausarbeiten.

Neben der Kooperation mit Dritt- und Transitstaaten bedarf es eines funktionierenden Außengrenzschutzes. Nur, wenn es der EU gelingt, die Außengrenzen wirksam und effektiv zu kontrollieren, wird es möglich sein, weitere Maßnahmen in Hinblick auf eine fairere Aufteilung und Lenkung der Flüchtlingsströme zu treffen.

Ein effektiver Grenzschutz macht jedoch nur dann Sinn, wenn alle Personen, die an der Außengrenze aufgegriffen werden und einen Antrag auf internationalen Schutz stellen, lückenlos registriert werden. Sogenannte „Hotspots" sind seit Längerem als zentrale Anlaufstelle im Gespräch, jedoch wurde es bisher verabsäumt, ausreichend Ressourcen, vor allem im Unter-bringungsbereich, zur Verfügung zu stellen.

Als nächster konsequenter Schritt wird es erforderlich sein, dass die Registrierung an den „Hotspots" auch klare Folgen und Konsequenzen nach sich ziehen. Aus österreichischer Sicht besonders begrüßenswert wäre eine direkte und unmittelbare Verteilung der Flüchtlinge auf alle Mitgliedsstaaten, wobei jene Personen, die offensichtlich keinen Schutzbedarf haben, direkt von den „Hotspots" zurückgeführt werden müssten. Eine quotenmäßige Verteilung von den „Hotspots" würde positive Effekte nach sich ziehen. Es würde erstmals ein echter Verteilungsmechanismus in der EU etabliert werden und es würden die Lasten gleichmäßig auf alle Mitgliedsstaaten aufgeteilt werden. Zudem würde der Anreiz wegfallen, aus rein wirtschaftlichen Gründen die Reise nach Europa anzutreten, wenn unklar ist, in welchem Mitgliedsstaat die Zuständigkeit für die Führung des Asylverfahrens liegt. Dennoch ist bekannt, dass es vor allem aus politischen Gründen große Widerstände gegen einen Verteilungsmechanismus in der EU gibt. Man denke etwa an die Klage der Slowakei und Ungarns gegen die zuletzt beschlossene, begrenzte Verteilung im Rahmen von „Relocation" und die Weigerung der neuen polnischen Regierung, diesen Beschluss umzusetzen.

Dennoch bliebe auch ein Verteilungssystem unvollständig, wenn keine klaren Sanktionen und Maßnahmen für jene Personen eingeführt werden, die sich weigern, sich in den ihnen zugewiesenen Mitgliedsstaat überstellen zu lassen, oder die nach erfolgter Überstellung trotzdem wieder in das gewünschte Zielland weiterreisen, um dort einen neuen Asylantrag zu stellen.

Die Probleme dieser Sekundärmigration und das Ignorieren bestehender Regeln sind bereits hauptursächlich dafür, dass das Dublin-System, das kein Verteilungs-, sondern ein Zuständigkeitssystem ist, nicht jene Effizienz aufweist, die man sich bei Beschlussfassung des Systems erwartet hätte. Daher ist nun der richtige Zeitpunkt gekommen, die gemachten Erfahrungen in einen effektiven Verteilungsmechanismus einfließen zu lassen.

Daher wird es erforderlich sein, dass die Nichtbefolgung der Regeln durch asylsuchende Personen auch dahingehend Konsequenzen hat, indem zum Beispiel der Zugang zu Versorgungsleistungen deutlich erschwert wird. Nur dadurch kann erreicht werden, dass die bestehenden Regelungen in der EU auch wieder ernst genommen und befolgt werden. Es kann nicht mehr länger toleriert werden, wenn Österreich als einer der hauptbetroffenen Staaten in der Europäischen Union wöchentlich bis zu 3.500 Asylanträge bei gleichzeitig Zehntausenden „Transitflüchtlingen" bewältigen muss, während in einigen unmittelbaren Nachbarstaaten Österreichs gerade einmal zehn Anträge pro Monat gestellt werden. Ein derartiges System kann nicht nachhaltig sein und wird unweigerlich zum Zusammenbruch einzelner, besonders belasteter nationaler Asylsysteme führen.

Letztlich wird es den politischen Entscheidungsträgern überlassen bleiben, welches System angestrebt wird und welche Maßnahmen zur Zielerreichung ergriffen werden. Es bleibt abzuwarten, ob es vor allem der Europäischen Union gelingt, einen Schritt weiter zu gehen, ein gesamthaftes und abgestimmtes europäisches Asylsystem mit einer fairen Lastenteilung zu etablieren. Sollte dies nicht gelingen, ist zu erwarten, dass die einzelnen Mitgliedsstaaten noch mehr als bisher auf rein nationale Maßnahmen setzen werden, die den europäischen Integrationsprozess um Jahre zurückwerfen werden.

GERALD KLUG

Die Grundsätze der humanen Flüchtlingspolitik und die Rolle des Bundesheeres bei der Umsetzung

Ziele und Zielerreichung sowie künftige Herausforderungen

Die Flüchtlingskrise hat die Politik auch in Österreich mit der Frage konfrontiert, welcher Ansatz zur bestmöglichen Lösung des Problems gewählt werden sollte. In diesem Kontext kommt der Rolle des Österreichischen Bundesheers (ÖBH) bei der Umsetzung eine besondere Rolle zu. Der vorliegende Beitrag analysiert daher, welche Verantwortung das ÖBH im Sinne einer umfassenden Flüchtlingsstrategie zu tragen hat, und welche Auswirkungen die Flüchtlingskrise auf den europäischen Integrationsprozess im Allgemeinen und auf die Weiterentwicklung der Gemeinsamen Sicherheits- und Verteidigungspolitik (GSVP) im Besonderen hat. Nach einer Darstellung der Leistungsbilanz des ÖBH in der rezenten Krise werden die Herausforderungen und Folgerungen für das ÖBH aus dem Phänomen Massenmigration skizziert.

Steht Österreich für eine verantwortungsvolle, humane und ausgewogene Flüchtlingspolitik? Diese Frage wurde zum beherrschenden Thema des Jahres 2015. Mit größter Aufmerksamkeit wurde verfolgt, welche Antwort die Politik hinsichtlich der Forderung nach einer bedürfnisgerechten Flüchtlingspolitik finden würde.

Ausgelöst durch Krieg und Terror verließen Millionen Menschen ihre Heimat, um Schutz in der Europäischen Union und ihren Mitgliedsstaaten zu suchen. Eine Migrationsbewegung noch nie dagewesener Dimension wurde zur ernsten Bewährungsprobe für Europa und entwickelte sich zum Prüfstein für die europäische Werte- und Solidargemeinschaft.

Die Aufnahme von und der Umgang mit Schutzbedürftigen wurden aber nicht nur auf europäischer Ebene kontrovers debattiert. Auch die österreichische Innenpolitik war von emotionsgeladenen Diskussionen geprägt. Näherte man sich dieser Herausforderung aber sach- und zielorientiert, wurde rasch eine Tatsache offenkundig und unbestreitbar.

Wann immer Österreich mit Ereignissen außergewöhnlicher Dimension konfrontiert ist, steht mit dem Österreichischen Bundesheer (ÖBH) ein bewährtes und verlässliches Instrument des staatlichen Krisenmanagements zur Verfügung.

Das ÖBH übernahm daher auch bei der Bewältigung der Flüchtlingskrise eine aktive und zentrale Rolle. Gestützt auf seine verfassungsmäßige Zuständigkeit leistete und leistet das ÖBH unverzichtbare Beiträge, sowohl in Form von logistischer Unterstützung als auch in Form sicherheitspolizeilicher Assistenz. In einer umfassend gedachten Flüchtlingsstrategie kommt dem ÖBH aber noch eine weitere, beinahe noch entscheidendere Verantwortung zu.

Humanitären Katastrophen ist dort zu begegnen, wo sie ihren Ursprung haben. Das Auslandsengagement des ÖBH steht ganz im Zeichen dieser Überzeugung. Jeder österreichische Soldat, der sich freiwillig zu Auslandseinsätzen in den Krisenregionen dieser Welt meldet, leistet daher einen – nicht hoch genug zu würdigenden – präventiven und aktiven Beitrag zur Verringerung bzw. Vermeidung von Fluchtgründen.

Das Österreichische Bundesheer ist sich seiner verantwortungsvollen Rolle in einer gesamtheitlich gedachten Flüchtlingspolitik bewusst und bekennt sich dabei zu den Grundsätzen einer humanen Flüchtlingspolitik.

Humane Flüchtlingspolitik ist ein Handlungsfeld europäischer sowie nationalstaatlicher Regierungsverantwortung, das bestimmten wertbasierten Grundprinzipien und den Errungenschaften europäischer Zivilisation folgen muss.

Eine humane Politik stellt stets den Menschen als freies, selbstbestimmtes wie selbstverantwortliches Wesen in den Mittelpunkt.

Nur menschengerechte Politik führt zu einer nachhaltigen gesellschaftlichen Harmonie bzw. Balance, die ihrerseits die unverzichtbare Grundlage für Sicherheit und damit Freiheit darstellt. Ohne Sicherheit kann es keine Freiheit geben, daher kann Sicherheit nachhaltig letztlich niemals auf Kosten der Freiheit gewährleistet werden.

Migration muss von Integrationsmaßnahmen begleitet werden. Nur so können die Chancen, die in der Migration für Migranten und Aufnahmegesellschaften liegen, realisiert werden. Humane Flüchtlingspolitik besteht daher auch darin, Chancengerechtigkeit für Migranten und die Aufnahmegesellschaft zu realisieren.

Unabdingbare Voraussetzung zur Bewältigung der Migrationsströme ist aber eine grundlegende Beurteilung der Lage, vorausschauende Planungsleistung und Vorhaltung entsprechend einsatzfähiger Kräfte, um die notwendigen Schritte zur Aufrechterhaltung dessen, was man als „humane Souveränität" des demokratischen Rechtsstaates bezeichnen könnte, sicherzustellen.

Die ökonomische Tragweite massiver Flüchtlingsströme stellt für Europa und Österreich naturgemäß zunächst vor allem eine Herausforderung für die sozialen Systeme dar. Das Gelingen von Integration ist aber Voraussetzung dafür, dass Migration mittelfristig wirtschaftlich neutral und langfristig sogar wirtschaftlich positiv zu Buche schlagen kann. Deswegen ist auch eine ÖBH-Unterstützung der Integration wirtschaftlich geboten und daher gesamtstaatlich sinnvoll.

Insbesondere ist der potenziellen Gefahr, die in der Entstehung von unseren Werten abgewandten Parallelgesellschaften für die Sicherheit in demokratischen Rechtsstaaten und für die Freiheit der Menschen bestehen kann, durch eine humane Politik gezielt entgegenzuwirken.

Das europäische Verständnis von kultureller und religiöser Toleranz, wertmäßiger Liberalität sowie eine Vielzahl verfassungsrechtlich verankerter

Werte sind Ergebnis eines gewachsenen, oftmals blutig erstrittenen historischen Prozesses. Diese Grundlagen sind von allen Bewohnern dieses Kulturraumes zu teilen.

Der Beherrschung der mit der Fluchtmigration immanent verknüpften Gefahr des Importes existenzieller Konflikte und andersgeprägter Wertvorstellungen wird besonderes Augenmerk zu schenken sein. Es sind im schlimmsten Fall gewaltsame ethnische-religiöse Konflikte zu befürchten, die eventuell stabilisierende Militäreinsätze im Inneren erfordern könnten. Daher ist mit allen Mitteln sicherzustellen, dass bis zum Gelingen von Integration die hochgradige Unsicherheitsphase der Identitätssuche von Flüchtlingen nicht in Gewalt abgleitet.

Die aktuelle Flüchtlingskrise stellt sicherlich eine Wegscheide für die Zukunft der gesamten bisherigen EU-Integration dar, und der Gemeinsamen Sicherheits- und Verteidigungspolitik (GSVP) wird eine wesentliche Rolle in der Bewältigung dieser Krise zukommen.

Vor dem Hintergrund dieser insgesamt komplexen Situation ist das ÖBH als strategische Handlungsreserve der Republik für vier, letztlich zeitgleich (!) wahrzunehmende Einsatzoptionen vorbereitet, um solcherart gesamtstaatlich dem Anspruch einer humanen Flüchtlingspolitik gerecht werden zu können.

- Inlandsbezogene, reaktiv sichernde humanitäre Aufgaben: Das bedeutet einen ÖBH-Unterstützungseinsatz zur Aufrechterhaltung humanitärer Mindestversorgung im Inland zur Verhinderung von inhumanen Erstversorgungszuständen in Österreich. Dies muss erforderlichenfalls in Koordinierung mit benachbarten EU-Schengen-Staaten erfolgen.

- Inlandsbezogene, reaktiv sichernde sicherheitspolitische Aufgaben: Das bedeutet einen ÖBH-Assistenzeinsatz zur Aufrechterhaltung sicherheitspolizeilicher Mindeststandards im Inland zur Vermeidung von sicherheitspolizeilich unkontrolliertem Zugang zum Bundesgebiet bzw. Schengen-Raum. Auch in diesem Fall ist eine enge GSVP-Kooperation notwendig.

- Auslandsbezogene proaktiv gestaltende Kurzfristaufgaben: Das bedeutet auch robuste Auslandseinsätze zur kurzfristigen militärischen Fluchtursachenbekämpfung vor Ort bzw. zur Bekämpfung der Schlepperkriminalität. Neben einer EU-akkordierten Errichtung von Schutzzonen in den bzw. am Rande von Krisengebieten steht in dieser Variante insbesondere der – auch robuste – Schutz von Zivilisten im Vordergrund.

•   Auslandsbezogene, proaktiv gestaltende Langfristaufgaben: Das bedeutet humanitäre Auslandseinsätze zur langfristigen humanitären Fluchtursachenbekämpfung vor Ort mit dem Ziel, Stabilitätszonen für wirtschaftliche Erholung und gesicherte Rückkehrmöglichkeiten von Flüchtlingen in eine befriedete Heimat zu schaffen. Zu begleiten ist diese Option von einem kontrollierten und koordinierten EU-Aufbauhilfsprogramm.

Diese wäre eine klassische GSVP-Kernaufgabe im Sinne nachhaltiger Friedenssicherung und wird vom ÖBH am Westbalkan seit Jahrzehnten erfolgreich praktiziert.

Leistungsbilanz des Österreichischen Bundesheeres in Bezug auf Migrationsbewegungen

Wie zuvor ausgeführt, spielt das ÖBH eine vielfältige und aktive Rolle im gesamtstaatlichen Krisenmanagement.

Erwähnung finden sollen nunmehr die beeindruckenden Leistungen, die das ÖBH zur Bewältigung der Flüchtlingsbewegungen des Jahres 2015 erbracht hat. Sie sind Beleg und Zeugnis einer funktionierenden Einsatzorganisation mit sozialem und gesellschaftlichem Verantwortungsbewusstsein.

Ab August 2015 unterstützte das ÖBH bei der Bewältigung der Flüchtlingskrise mit dauerhaften und substanziellen Beiträgen. Soldaten wurden für Kontrollen im Grenzraum, bei der Aufnahme von Flüchtlingen, bei der Bereitstellung von Verpflegung, Bekleidung und Unterkunft sowie beim Transport von Flüchtlingen eingesetzt.

Zu Recht darf mit Stolz auf die Leistungen der Soldatinnen und Soldaten verwiesen werden, die sowohl Einsatzerfahrung als auch kulturelle Kompetenz im Zuge sogenannter Unterstützungsleistungen und im sicherheitspolitischen Assistenzeinsatz einbrachten.

Das Ziel der Unterstützungsleistungen lag in der Entlastung der Sicherheitsbehörden und Hilfsorganisationen bei der Bewältigung ihrer Aufgaben durch punktgenauen und situationsangepassten „Support". Erkannte

„Shortfalls" konnten durch das ÖBH kompensiert, Schwergewichte gebildet und Abläufe dank des flexiblen militärischen Führungsmanagements optimiert werden.

Soldaten halfen, Schutzsuchende rasch und menschenwürdig zu versorgen. Sie beförderten Tausende Flüchtlinge mit Fahrzeugen des militärischen Fuhrparks. Sie errichteten Unterkünfte und leisteten Erste Hilfe in den Sanitätseinrichtungen des ÖBH. Dies erfolgte auf Grundlage einer professionellen und koordinierten Zusammenarbeit mit allen Verantwortungsträgern im Raum.

Ziel des sicherheitspolizeilichen Assistenzeinsatzes war die Sicherstellung eines kontrollierten und geordneten Ablaufs der Flüchtlingsbewegungen. Dafür hielt und hält das ÖBH bis zu 2.200 Soldaten bereit.

Mit dieser Maßnahme gelang es, die Kräfte der Polizei bei der Durchführung von Grenzkontrollen personell massiv zu stärken. Gleichzeitig wurde aber auch der berechtigte Ruf der Bevölkerung nach Schutz im Inneren gehört und durch die sicherheitsstiftende Präsenz von Soldaten im Grenzraum erfüllt. Mit der funktionalen Übernahme von Ordnungs- und Bewachungsaufgaben konnten die Sicherheitskräfte des Bundesministeriums für Inneres entlastet und deren Flexibilität konnte mit der Beistellung militärischer Hubschrauber signifikant erhöht werden.

Rasch verfügbare, gut ausgebildete und einsatzerfahrene Berufs- und Zeitsoldaten der Kaderpräsenzeinheiten des ÖBH führten Patrouillen durch, überwachten Grenzbereiche, sicherten Verkehrswege, Bahnhöfe sowie Notunterkünfte und sorgten im Verbund mit den Exekutivkräften für Sicherheit und Ordnung.

Zur Verdeutlichung des Umfanges und der Bandbreite des Gesamtbeitrages des ÖBH zur Bewältigung der Flüchtlingskrise des Jahres 2015 dürfen einige Kennzahlen und Fakten in Erinnerung gerufen werden.

- 26.000 Soldaten und Zivilbedienstete waren insgesamt bei verschiedensten Unterstützungsleistungen eingesetzt. Im Dezember 2015 standen beispielsweise 434 Angehörige des Bundesheeres, darunter 235 Grundwehrdiener, im Einsatz.
- Es wurden mehr als 800 Feldbetten bereitgestellt und mehr als 498.000 Verpflegsportionen zubereitet.

- Bis zu 29 Großraumbusse und 25 Lastkraftwagen des ÖBH transportierten Personen, Gerät und Ausrüstung. Das Bundesheer legte dafür insgesamt knapp 790.000 Kilometer zurück. Der gesamte innerösterreichische Transport von Flüchtlingen auf der Straße und der Schiene wurde durch Experten des ÖBH in einer organisationsübergreifenden Verkehrsleitzentrale koordiniert.
- In sechs Kasernen des Bundesheeres wurden mehr als 838 Asylwerber beherbergt.
- 1.305 Berufs- und Zeitsoldaten standen im sicherheitspolizeilichen Assistenzeinsatz mit Schwergewicht in den Bundesländern Steiermark, Kärnten, Salzburg, Tirol und dem Burgenland.
- Insgesamt wurden bis Dezember 2015 ca. 121.000 Personentage geleistet und über 160 Flugstunden zur Luftaufklärung mit Hubschraubern zur Verfügung gestellt.

Phänomen Massenmigration: Herausforderungen und Folgerungen für das ÖBH

Die dargelegten Beiträge zur Lösung der gesamtstaatlichen Flüchtlingsproblematik im Jahr 2015 zeigen die rasche und effiziente Bewältigung der Aufgaben durch das ÖBH. Dies war nur durch eine langfristig vorausschauende Planung möglich. Auf Basis der verfassungsmäßigen Aufgaben und politischen Vorgaben, wie der österreichischen Sicherheitsstrategie, der Teilstrategie Verteidigungspolitik und dem aktuellen Programm der Bundesregierung, wurde das ÖBH nicht von den aktuellen Ereignissen im Jahr 2015 überrascht.

Das ÖBH ermöglicht durch seine aktive Teilnahme an der europäischen Sicherheitspolitik in Form von Stabilisierungseinsätzen die Chance zur Aktion. Dass eine Lösung nur durch Reaktion auf die Problematik im eigenen Land schwer zu finden ist, haben die letzten Monate im Zuge einer Diskussion auf europäischer Ebene gezeigt. Das ÖBH ist somit nicht nur eine „strategische Reserve" der Republik, sondern aktives Mittel zur Verfolgung strategischer Interessen im Bereich der Außenpolitik.

Eine humane Flüchtlingspolitik, welche langfristig zu einer machbaren europäischen Lösung führen soll, kann nur durch gesamtheitliches Engagement gewährleistet werden. Dabei gilt es, die Interdependenzen zwischen Ursache, Wirkung und Wechselwirkungen richtig zu erfassen und in stringenten Maßnahmenpaketen folgerichtig umzusetzen.

Ebenso wie es humanitären Grundsätzen entspricht, Schutzbedürftige bestmöglich zu versorgen, so ist es auch die vornehmste Aufgabe des Österreichischen Bundesheeres, die Sicherheitsinteressen der eigenen Bevölkerung zu schützen. Dazu leistet das ÖBH einen wesentlichen Beitrag aufgrund seines Alleinstellungsmerkmals.

Denn das ÖBH ist das einzige staatliche Instrument, das mit seinen Fähigkeiten und Potenzialen sowohl innerhalb als auch außerhalb Österreichs zum Wohle der Republik einsetzbar ist.

Abschließend sei nochmals wiederholend betont, dass alle Überlegungen zum Thema humane Flüchtlingspolitik und zur Rolle des ÖBH bei seiner Umsetzung immer im Kontext der gesamtstaatlichen Dimension dieser Herausforderung gesehen werden müssen.

Der Beitrag des ÖBH kann nur Teil einer umfassenden österreichischen Flüchtlingsstrategie sein, die in ein wohldurchdachtes, gesamteuropäisches Flüchtlingskonzept eingebettet sein muss.

MATHIAS VOGL

Aktuelle Herausforderungen für die österreichische Asyl- und Fremdenpolitik

2015 traf Österreich eine Migrationswelle in einem nicht vorhersehbaren Ausmaß: Mehr als dreimal so viele Asylanträge wie 2014, Hunderttausende Menschen auf dem Weg Richtung Europa. Die ersten Folgen waren zunächst ein permanenter Mangel an Unterkünften und eine deutliche Verlängerung der Dauer der Asylverfahren. Die Herausforderungen stellen sich jedoch nicht nur für die Innenministerin, sondern sind vielfältig und berühren nahezu alle Politikfelder. Bewältigt werden können sie nur durch eine gemeinsame, gesamtstaatliche Anstrengung.

1. Massiver Anstieg an Asylanträgen

Bis Ende 2015 wurden in Österreich rund 90.000 Asylanträge gestellt.[1] Ging man Anfang des Jahres noch von rund 40.000 Asylanträgen aus, mussten die Prognosen ab Sommer permanent nach oben korrigiert werden. Die Top-3-Nationen waren Afghanistan mit rund 25.700 Anträgen, Syrien mit rund 25.600 Anträgen und Irak mit rund 13.800 Anträgen. Österreich war 2015 damit neben Schweden und Deutschland das primäre Zielland für Asylwerber in Europa. Österreich mit etwa 8,5 Millionen Einwohnern hatte im ersten Halbjahr 2015 rund 28.450 Asylanträge und damit etwas mehr zu verzeichnen als 18 EU-Mitgliedsstaaten mit insgesamt mehr als 170 Millionen Einwohnern und 28.050 Anträgen.[2] Sollten die täglichen Asylantragszahlen nicht dramatisch zurückgehen und sich die Rahmenbedingungen, innerhalb derer die derzeitigen Migrationsbewegungen stattfinden, nicht ändern, ist für 2016 aller Voraussicht nach mit über 100.000 Asylanträgen zu rechnen.

Bei einer derart erheblichen Steigerung an Verfahren binnen eines Jahres sind Personalaufstockungen unumgänglich, da sich sonst innerhalb kürzester Zeit ein „Verfahrensrucksack" aufbaut, der gerade im Bereich der Asylverfahren zu einer wesentlichen Verlängerung der Verfahrensdauer und in der Zusammenschau mit der allen Asylwerbern zustehenden Grundversorgung[3] zu einem erheblichen Anstieg der Kosten in der Grundversorgung sowie zu einem verzögerten Beginn des Integrationsprozesses bei Asylberechtigten führt. Nichtsdestotrotz wurden dem Bundesamt für Fremdenwesen und Asyl (BFA), dem Bundesverwaltungsgericht als erste gerichtliche Instanz im Asylverfahren und der Bundespolizei, die die ersten Verfahrensschritte[4] durchzuführen hat, Personalaufstockungen erst nach längeren Ver-

---

1 Es handelt sich um eine vorläufige, gerundete Hochrechnung, da es laufende Nachträge und Datenbereinigungen gibt, die noch nicht abgeschlossen sind. Gleiches gilt für die statistischen Zahlen aus Deutschland und Schweden. Stand 11. Jänner 2016: Österreich 88.260, Deutschland 476.649, Schweden 162.877.

2 Es handelte sich um die Mitgliedstaaten Dänemark, Estland, Finnland, Griechenland, Irland, Kroatien, Lettland, Litauen, Luxemburg, Malta, Polen, Portugal, Rumänien, Slowakei, Slowenien, Spanien, Tschechien und Zypern.

3 Siehe dazu Punkt 5.

4 Etwa Aufnahme der Personaldaten, Abnahme der Fingerabdrücke oder Erstbefragung zur Fluchtroute zur Gewinnung von Erkenntnissen im Zusammenhang mit der Bekämpfung der Schlepperei.

handlungen mit dem Bundeskanzleramt und dem Finanzministerium, dann allerdings in erheblichem Ausmaß, zugestanden. Bei allem Verständnis für Budgetkonsolidierung wären hier mehr Flexibilität und eine wesentlich raschere Entscheidungsfindung wünschenswert gewesen, zumal sich der verstärkte Personaleinsatz aufgrund der Personalsuche und -auswahl sowie der Ausbildung erst in einigen Monaten bemerkbar machen wird. Im Bereich des BFA werden überdies sieben zusätzliche Außenstellen in den Bundesländern zur Bearbeitung der Asylanträge eingerichtet werden.[5] Bei gleichbleibend hohen Asylantragszahlen ist daher mit einem „Turnaround" im BFA, das heißt mit einem Abbau an Verfahrensrückständen, erst ab Herbst 2016 zu rechnen, vorausgesetzt, die Asylantragszahlen nehmen nicht eine noch deutlich stärkere Entwicklung nach oben.

2. Migrationswelle nach Deutschland

Seit Herbst 2015 reisen täglich Tausende schutz- und hilfsbedürftige Menschen in Österreich ein, die mehrheitlich keine Asylanträge in Österreich stellen, sondern unter allen Umständen nach Deutschland oder in einen anderen Mitgliedsstaat der EU weiterreisen wollen (in der öffentlichen Diskussion als „Transitflüchtlinge" bezeichnet). Unter ihnen befinden sich alte und gebrechliche Menschen genauso wie Kinder und Babys. Sie verfügen häufig nicht einmal über ausreichende Mittel, um ihre notwendigsten Grundbedürfnisse selbst befriedigen zu können. Die österreichischen Sicherheitsbehörden gestatten diesen Menschen den Grenzübertritt auf Basis des Schengener Grenzkodex aus humanitären Gründen. Um eine geordnete und menschenwürdige Durchreise sicherstellen zu können, werden Transporte in Zusammenarbeit mit dem Bundesheer, durch die ÖBB, die Westbahn und sonstige private Transportunternehmen organisiert, Notunterkünfte („Transitquartiere") errichtet und Verpflegung sowie Gegenstände des täglichen Gebrauches in enger Zusammenarbeit mit Nichtregierungsorganisationen zur Verfügung gestellt.

---

5   Zur organisatorischen Struktur des BFA siehe http://www.bfa.gv.at/bundesamt/standorte/start.aspx (08.01.2016).

Viele Menschen – in etwa zehn Prozent – entscheiden sich trotz ihres ursprünglichen Reisezieles, schon in Österreich einen Asylantrag zu stellen. An Spitzentagen sind über 600 Asylanträge zu verzeichnen. Durch die angespannte Quartiersituation in der Grundversorgung ist es trotz intensivster Bemühungen zur Schaffung neuer Quartiere – so wurden in der warmen Jahreszeit bis zu 2.500 Menschen zusätzlich in der Betreuungsstelle in Traiskirchen in Zelten sowie im Gebäudekomplex der angrenzenden Sicherheitsakademie untergebracht – zeitweise nicht mehr möglich, alle Asylwerber in Betreuungsstellen des Bundes unterzubringen. In diesen Fällen wird die Aufnahme auf vulnerable Gruppen (wie etwa alte, gebrechliche Menschen oder Menschen mit Beeinträchtigungen, Frauen mit Kleinkindern oder allein reisende Kinder) beschränkt, andere Asylwerber finden Unterkunft in Transitquartieren. Dies führt zu einer Vermischung von Asylwerbern mit nach Deutschland weiterreisenden Fremden. Beschwerden sowohl von Ländern als auch versorgender Nichtregierungsorganisationen, sind die Folge. Obwohl beide Gruppen von Menschen dasselbe Hilfs- und Schutzbedürfnis haben, wird zunehmend eine Differenzierung im Umgang und in der Behandlung spürbar.

Während zu Beginn der Transitwelle der Schwerpunkt im Burgenland lag, hat sich die Route vor allem wegen der rigiden Grenzkontrollmaßnahmen Ungarns an die Südgrenzen Österreichs verlagert. Von 5. September 2015 bis Ende des Jahres sind mehr als 677.000 Fremde Richtung Deutschland transitiert.

3. Migrationsgründe

Die Gründe für diese beispiellose Migrationswelle sind vielfältig. Die vielfach desaströsen politischen Situationen im Nahen Osten (insbesondere der Krieg in Syrien sowie die instabilen Sicherheitslagen in Afghanistan und im Irak), in Nordafrika und in der Subsahara, die Millionen von Menschen in die Flucht treiben, und unzählige Flüchtlingslager in unmittelbaren Nachbarstaaten der Krisenländer, die am Rande ihrer Kapazitäten angelangt sind, spielen eine wesentliche Rolle. Neben Verfolgung aus Gründen der Rasse, der Religion, der Nationalität, der Zugehörigkeit zu einer bestimmten Gruppe oder der politischen Gesinnung ist es vielfach die völlige Perspektivlosigkeit, die Menschen dazu bewegt, eine lange, mühevolle und vielfach (lebens)gefährliche Reise nach Europa auf sich zu nehmen. Die Auswahl des Ziellandes orientiert sich stark an bereits bestehenden Communities. Signale aus potenziellen Zielstaaten, wie etwa die Leitlinie des deutschen Bundesamtes für Migration und Flüchtlinge, in der am 21. August 2015 festgelegt wurde, dass syrische Flüchtlinge, die in Deutschland Asyl beantragt haben, künftig nicht mehr in jene EU-Länder überstellt werden sollen, in denen sie zuerst registriert worden sind, bringen eine zusätzliche Dynamik in Migrationsbewegungen.

4. Starker Anstieg der Nettozuwanderung

Zuwanderung nach Österreich findet insbesondere auch im Rahmen EU-Binnenmobilität, der Rückkehr österreichischer Staatsangehöriger, der Familienzusammenführung sowie durch Saisonarbeiter und Schlüsselarbeitskräfte statt. Einer Gesamtzuwanderung von rund 154.300 Menschen mit ausländischer Staatsangehörigkeit (davon rund 28.000 Asylwerber) im Jahr 2014 stand eine Abwanderung von rund 76.500 Menschen gegenüber. Dies ergibt eine Nettozuwanderung von rund 77.700 Menschen. 96.100 Menschen, somit rund 62 % der Zuwanderung ausländischer Staatsangehöriger, kamen aus EU- bzw. EWR-Staaten oder der Schweiz. Bürger aller anderen EU- bzw. EWR-Staaten haben freien Arbeitsmarktzugang. Aufgrund der enorm angestiegenen Asylanträge wird die Nettozuwanderung im Jahr 2015 wesentlich höher sein, vermutlich wird sie jenseits von 130.000 Menschen liegen.

5. Quartierengpässe in der Grundversorgung

Interessant ist, dass der Zeitraum zwischen den großen Krisen der letzten Jahrzehnte, die zu Migrationswellen führten, meist rund zwölf Jahre betrug: 1956 Ungarn, 1968 Tschechoslowakei, 1980/81 Polen, 1992 Jugoslawien (Bosnien), 2003/2004 Tschetschenien, 2014/2015 Syrien, Irak und Afghanistan. Die ersten drei Krisen hatten bewirkt, dass die staatliche Verwaltung, aber auch die Kirchen und andere Hilfsorganisationen ein umfangreiches Instrumentarium zur Bewältigung von Flüchtlingsströmen entwickelten.

Dieses war allerdings aufgrund fehlender Vorgaben, insbesondere hinsichtlich Beginn, Dauer, Inhalt und Ende der Betreuung und Versorgung, in vielerlei Hinsicht mangel- und bruchstückhaft. In Umsetzung europarechtlicher Vorgaben wurde zwischen Bund und Ländern 2004 eine Vereinbarung geschlossen, die insbesondere für Asylwerber einen Rechtsanspruch auf Grundversorgung garantiert.[6]

Der enorme Anstieg an Asylanträgen stellt die Grundversorgungseinrichtungen von Bund und Ländern vor nie da gewesene Herausforderungen. Die Lage hat sich gegenüber 2014 enorm verschärft.[7] Viele Gebietskörperschaften unternehmen enorme Anstrengungen zur Schaffung von neuen Unterkünften. So konnten Bund und Länder innerhalb eines Jahres die Anzahl ihrer Quartiere vervielfachen. Im Innenministerium besteht seit 17. August 2015 ein Stab, der sich ausschließlich mit der Schaffung zusätzlicher Quartiere beschäftigt. Die Bundesregierung hat eine aus Bundeskanzler, Vizekanzler, Kanzleramtsminister, Verteidigungsminister, Außenminister und Innenministerin bestehende Task Force gebildet, die sich in regelmäßigen Sitzungen diesen Fragen widmet. Mit 1. Oktober 2015 wurde von der Bundesregierung der ehemalige Raiffeisen-Manager, Christian Konrad, als Flüchtlingskoordinator eingesetzt. Auch in manchen Bundesländern wurden Koordinatoren ernannt.

Der raschen Schaffung von neuen Quartieren stehen häufig bau- und raumordnungsrechtliche Bestimmungen entgegen. Um schneller und zielgerichteter bedarfsorientierte Lösungen anbieten zu können und eine menschenwürdige, gleichmäßige, gerechte und solidarische Unterbringung und Aufteilung von hilfs- und schutzbedürftigen Fremden im gesamten Bundesgebiet zu ermöglichen, wurde vom Nationalrat ein Bundesverfassungsgesetz beschlossen, das am 1. Oktober 2015 in Kraft getreten ist und mit Ablauf des 31. Dezember 2018 außer Kraft tritt.[8] Vergleichbare Regelungen wur-

---

6   Grundversorgungsvereinbarung – Art 15a B-VG, BGBl I 2005/80. Näher: Vogl, *Asylpolitik 2014 – (Ent)Solidarisierung bei humanitären Fragen*, in: Khol/Ofner/Karner/Halper (Hg.), Österreichisches Jahrbuch für Politik 2014, S. 425 (S. 431 ff).
7   Die Unterbringung und Versorgung von Asylwerbern war bereits 2014 eine der größten Herausforderungen (vgl. Vogl, in: Österreichisches Jahrbuch für Politik 2014, S. 435).
8   Bundesverfassungsgesetz über die Unterbringung und Aufteilung von hilfs- und schutzbedürftigen Fremden, BGBl I 2015/120.

den auch in verschiedenen Ländern geschaffen.[9] Das Bundesverfassungsgesetz verpflichtet jede Gemeinde zur Bereithaltung einer erforderlichen
Anzahl von Plätzen zur Unterbringung von hilfs- und schutzbedürftigen
Fremden. Diese Anzahl, der Gemeinderichtwert, wurde durch Verordnung
der Bundesregierung mit 1,5 % der Wohnbevölkerung festgelegt.[10] Das Ver-
fassungsgesetz ermächtigt die Bundesministerin für Inneres, die Nutzung
und den Umbau von Bauwerken oder das Aufstellen beweglicher Wohnein-
heiten auf Grundstücken zur Unterbringung von maximal 450 hilfs- und
schutzbedürftigen Fremden ohne vorheriges Verfahren bescheidmäßig vor-
läufig anzuordnen („Durchgriffsrecht"). Dieser Bescheid, mit dem die staatliche Kompetenzverteilung punktuell unterbrochen wird, ersetzt die nach
bundes- und landesrechtlichen Vorschriften vorgesehenen Bewilligungen,
Genehmigungen und Anzeigen. Der Bescheid richtet sich an den Grundstückseigentümer. Eine Beschwerde dagegen ist nicht zulässig.

Weitere Voraussetzungen für die Bescheiderlassung sind:

• Weder die Landesquote noch der Bezirks- und Gemeinderichtwert
werden erfüllt. Die Landesquote richtet sich nach der im Vormonat
durchschnittlichen Quotenerfüllung nach der Grundversorgungsvereinbarung – Art 15a B-VG[11] –, der Bezirks- und der Gemeinderichtwert betragen jeweils 1,5 % der Wohnbevölkerung.

• Das Bauwerk oder das Grundstück müssen im Eigentum des Bundes
oder zu dessen Verfügung stehen.

• Interessen der Sicherheit (im Objekt), der Gesundheit und des Ge-
sundheitsschutzes stehen dem nicht entgegen.

Die örtlich zuständige Bezirksverwaltungsbehörde hat von Amts wegen
zu prüfen, ob die Nutzung den bundes- und landesrechtlichen Vorschriften – mit Ausnahme der bau- und raumordnungsrechtlichen Bestimmungen – entspricht. Erforderlichenfalls hat die Bundesministerin für Inneres

---

9 Vgl. etwa das Oö. Unterbringungs-Sicherstellungsgesetz, Oö LGBl 2015/88, oder das Flücht-
lingsunterkünftegesetz, Sbg LGBl 2015/58.
10 Verordnung der Bundesregierung zur Feststellung des Bedarfs an der Unterbringung von
hilfs- und schutzbedürftigen Fremden durch die Gemeinden, BGBl II 2015/290.
11 BGBl I 2004/80.

die unerlässlichen Maßnahmen zu treffen und mit einem Bescheid, der den ursprünglichen ersetzt, festzulegen. Gegen diesen Bescheid steht dem Grundstückseigentümer ein Beschwerderecht an das Bundesverwaltungsgericht zur Verfügung. Bis 7. Jänner 2016 wurden zehn Bescheide erlassen und rund 2.750 Unterbringungsplätze geschaffen.

Weitere Unterbringungskapazitäten wurden durch Erklärung von diversen Kasernen zu Betreuungsstellen durch einvernehmliche Verordnungen der Bundesministerin für Inneres und des Bundesministers für Landesverteidigung geschaffen.[12] Die Unterbringung der hilfs- und schutzbedürftigen Menschen erfolgt nicht in Kasernengebäuden, sondern in Containern, die in vorher durch Verwaltungsübereinkommen festgelegten Bereichen aufgestellt werden. Die maximale Unterbringungskapazität beträgt bis zu 2.500 Betten. Die Betreuung erfolgt durch die ORS Service GmbH, bei Kapazitätsengpässen vorübergehend durch beauftragte Nichtregierungsorganisationen.

Trotzdem kann der Bedarf an Grundversorgungsquartieren teilweise nur unzulänglich abgedeckt werden. Befanden sich Anfang 2015 noch 31.265 Menschen in Grundversorgung, so waren es Anfang 2016 bereits 77.999. Von einem Rückgang ist derzeit nicht auszugehen. Monat für Monat werden Tausende neue Quartiere benötigt werden.

Ein völlig neuer Weg wurde mit der Einrichtung einer Betreuungseinrichtung des Bundes in Gabčíkovo in der Slowakei beschritten. Die Slowakei hat sich bereit erklärt, Österreich in der derzeit herausfordernden Situation der Unterbringung von hilfs- und schutzbedürftigen Personen zu unterstützen. Seit 17. September 2015 werden bis zu 500 Asylwerber in dieser Betreuungseinrichtung untergebracht. Die Zuständigkeit für die Führung der Asylverfahren und die Grundversorgung verbleibt bei Österreich. Eine umfassende Betreuung und Tagesstrukturierung wird durch die Firma ORS Service GmbH sichergestellt.

---

12 Auf Grundlage des § 11 Abs 2 Grundversorgungsgesetz – Bund 2005, BGBl 1991/405 idF BGBl I 2005/100 wurden mit Stand 8. Jänner 2016 bislang folgende Verordnungen erlassen: BGBl II 2014/32, BGBl II 2015/162, BGBl II 2015/221, BGBl II 2015/227, BGBl II 2015/259, BGBl II 2015/259, BGBl II 2016/1.

6. Unterschiede zur Aufnahme der Bosnier in den 1990er-Jahren

Immer wieder werden in der öffentlichen Debatte die derzeitigen Herausforderungen mit jenen der Jugoslawien-Krise in den 1990er Jahren verglichen. Unbestritten sind die Leistungen aller Beteiligten zur Bewältigung der damaligen Lage. Diese ist jedoch in vielerlei Hinsicht nicht mit der heutigen Situation vergleichbar. Nicht nur ein Blick auf die Landkarte und die gänzlich anderen räumlichen Distanzen legen einen fundamentalen Unterschied der Situationen nahe, sondern insbesondere die unterschiedlichen rechtlichen Rahmenbedingungen. In den 1990er-Jahren gab es noch keine verbindlichen europäischen Rechtsakte im Asylbereich, welche die Aufnahmebedingungen bzw. Verfahrensstandards festgelegt hätten. Auch die Komplexität der Verfahren und die Behörden- und Gerichtsorganisation haben sich wesentlich weiterentwickelt.

Umfang und Gestaltung der Grundversorgung waren damals durch das Bundesbetreuungsgesetz 1991 weitgehend ungeregelt. Daher war eine erhöhte Flexibilität bei der Versorgung von Flüchtlingen gegeben. Es gab keinen öffentlich-rechtlichen Anspruch auf Grundversorgung, sondern dieser musste im Bedarfsfall privatrechtlich eingeklagt werden. Dies änderte sich erst durch die Aufnahme-Richtlinie[13] und den Abschluss der Grundversorgungsvereinbarung zwischen Bund und Ländern im Jahre 2004.

Die Asylantragszahlen bewegten sich in den 90ern auf sehr niedrigem Niveau und pendelten zwischen 1993 und 1997 zwischen 4.000 bis 7.000 Anträge pro Jahr. Erst 1998 machte sich mit 13.800 Anträgen eine Steigerung bemerkbar.

Beginnend mit Herbst 1992 wurden bis 1998 insgesamt rund 90.000 bosnische Flüchtlinge aufgenommen. Diese mussten keine Asylanträge stellen, sondern erhielten aufgrund von Verordnungen der Bundesregierung sofort ein befristetes Aufenthaltsrecht in Österreich und wurden bis Ende August 1998 nach und nach mit unbefristeten Aufenthaltstiteln ausgestattet. Diese Vorgehensweise ist seit 2003 in dieser Form nicht mehr möglich, da es nunmehr eine europäische Richtlinie „vorübergehender

---

13   Richtlinie 2003/9/EG zur Festlegung von Mindestnormen für die Aufnahmen von AsylwerberInnen in den Mitgliedsstaaten, ABl 2003 L 31 S. 18.

Schutz"[14] gibt, die ein gemeinsames Vorgehen aller Mitgliedsstaaten verlangt.

Begünstigt wurde die Integration der Bosnien-Flüchtlinge durch die gute Konjunktur, eine geringe Arbeitslosigkeit und das geschichtliche und kulturelle Naheverhältnis der Bosnier zu Österreich. Diese Rahmenbedingungen finden wir heute durchwegs leider nicht mehr vor. Unbestritten ist jedoch, dass die damalige Situation nur durch einen gesamtstaatlichen Schulterschluss zwischen Bund, Ländern und Gemeinden bewältigt werden konnte. Diese gemeinsamen, gesamtstaatlichen Anstrengungen sind heute leider nicht mehr selbstverständlich. So konnten etwa nach der vorhandenen Aktenlage ab 1992 insgesamt 16 Kasernen für die Flüchtlingsbetreuung genützt werden. 14 wurden noch vor 1995 zurückgestellt, eine im Jahr 1995 und eine weitere im Jahr 1998.

7. Erhöhung der Effizienz in der Rückkehr

Eine funktionierende Rückführungspolitik ist unverzichtbarer Bestandteil eines geordneten Migrationswesens. Im Rahmen eines gesamtheitlichen Asyl- und Migrationsansatzes müssen daher Fremde, die nicht zum Aufenthalt berechtigt sind, insbesondere abgelehnte Asylwerber, in ihre Heimatländer zurückkehren. Die Kooperation mit den Herkunftsländern spielt dabei eine wesentliche Rolle. Dazu muss die Zusammenarbeit mit allen relevanten Herkunftsstaaten intensiviert werden, insbesondere im Hinblick auf die für eine Rückkehr vielfach notwendige Ausstellung von Dokumenten („Heimreisezertifikaten"). Ziel muss es sein, die Rückkehr effektiver zu gestalten, wobei der freiwilligen Rückkehr der Vorrang vor einer zwangsweisen Abschiebung einzuräumen ist. Eine freiwillige Ausreise kann in jeder Phase des Verfahrens stattfinden und unterstützt werden.

Wenig aussichtsreiche Anträge auf internationalen Schutz werden rasch in beschleunigten Verfahren („Fast-track-Verfahren") inhaltlich ent-

---

14   Richtlinie 2001/55/EG über Mindestnormen für die Gewährung vorübergehenden Schutzes im Falle eines Massenzustroms von Vertriebenen und Maßnahmen zur Förderung einer ausgewogenen Verteilung der Belastungen, die mit der Aufnahme dieser Personen und den Folgen dieser Aufnahme verbunden sind, auf die Mitgliedsstaaten, ABl 2001 L 212 S. 12.

schieden werden. Begleitet werden diese Verfahren durch eine frühzeitige Rückkehrberatung, womit auch dem Prinzip des Vorrangs der freiwilligen Rückkehr entsprochen wird.

Die Rückkehrberatung wird weiter ausgebaut und die Präsenz in den Bundesländern verstärkt werden. Durch ein ausgeweitetes Beratungsangebot wird die Beratungsstruktur zudem verdichtet und ein einfacherer Zugang in allen Phasen des Verfahrens gewährleistet werden. Die Beratung wird künftig nicht nur in Beratungsstellen, sondern auch aktiv und mobil vermehrt direkt in den Grundversorgungsquartieren erfolgen. Durch ein neu gestaffeltes System der finanziellen Unterstützung im Rahmen der freiwilligen Rückkehr („Rückkehrhilfe") sollen die Anreize für eine freiwillige Rückkehr erhöht werden. Einem degressiven Ansatz folgend soll die Rückkehrhilfe desto höher ausfallen, je früher die freiwillige Heimreise erfolgt. Für Länder und Regionen, die aufgrund ihrer geografischen Nähe einen möglichen Pull-Faktor darstellen (etwa Kosovo), soll die Rückkehrhilfe eingeschränkt bzw. gestrichen werden.

Die laufenden Reintegrationsprojekte in Afghanistan, Pakistan und der Russischen Föderation sollen in Zusammenarbeit mit der Internationalen Organisation für Migration (IOM) ausgebaut werden. Gemeinsam mit dem European Reintegration Network (ERIN) sollen Reintegrationsmöglichkeiten für weitere Herkunftsstaaten geschaffen werden. Ziel ist es, dass mehr Menschen an diesen Programmen partizipieren und bei ihrer nachhaltigen Wiedereingliederung in die Gesellschaft und am Arbeitsmarkt unterstützt werden können.

8. Legistische Maßnahmen

In politischer Diskussion stehen derzeit „Asyl auf Zeit" und eine Überarbeitung der Bestimmungen über den Familiennachzug zu Asylberechtigten.[15]

Das Konzept „Asyl auf Zeit" sieht vor, dass Asylberechtigte künftig nicht mehr automatisch ein unbefristetes Aufenthaltsrecht, sondern – wie

15 Siehe dazu den Begutachtungsentwurf des Innenministeriums BMI-LR1330/0024-III/1/c/2015.

in einigen anderen Mitgliedsstaaten der EU[16] – mit der Statuszuerkennung zunächst ein auf drei Jahre befristetes Aufenthaltsrecht erhalten. Dieses verlängert sich nach drei Jahren auf unbefristete Dauer, wenn keine Aberkennungsgründe vorliegen. Ein Aberkennungsgrund liegt auch dann vor, wenn es in einem Herkunftsstaat zu einer wesentlichen und dauerhaften Veränderung der spezifischen, insbesondere der politischen Verhältnisse, die für die begründete Furcht vor Verfolgung maßgeblich waren, gekommen ist.[17] Grundlage für die Beurteilung sollen Länderanalysen der Staatendokumentation des BFA liefern.

Beim Familiennachzug zu Asylberechtigten wird vorgeschlagen, dass bei einer Antragstellung später als drei Monate nach Statuszuerkennung zusätzlich ausreichende Existenzmittel, ein ortsüblicher Wohnraum und eine Krankenversicherung nachzuweisen sind. Gleiches gilt bezüglich des Familiennachzuges zu subsidiär Schutzberechtigten, wobei die Wartefrist für Familienangehörige bei dieser Gruppe von einem Jahr auf drei Jahre erstreckt werden soll. Bei Nichterfüllen der zusätzlichen Voraussetzungen soll keine automatische Ablehnung erfolgen, sondern wäre in jedem Einzelfall zu prüfen, ob sich ein Anspruch auf Familienzusammenführung aus dem Recht auf Achtung des Privat- und Familienlebens[18] ergibt.

Eine Ausweitung der Liste der sicheren Herkunftsstaaten sollte in Erwägung gezogen werden.[19] Infrage kommen könnten etwa Länder wie Georgien, Armenien, Ghana oder die Mongolei. Verfahren von Personen aus sicheren Herkunftsstaaten können beschleunigt geführt werden. Bei Beschwerden gegen eine negative Entscheidung über einen Asylantrag kann die aufschiebende Wirkung aberkannt werden.[20]

---

16 Derzeit Deutschland, Griechenland, Polen, Rumänien und Zypern; Schweden plant die Einführung, in Belgien wird sie diskutiert. In Finnland wird ein Aufenthaltstitel für vier Jahre ausgestellt.

17 In diesen Fällen ist ungeachtet der Gültigkeitsdauer der Aufenthaltsberechtigung ein Aberkennungsverfahren einzuleiten (§ 7 Abs 2a des Begutachtungsentwurfes).

18 Art 8 Europäische Menschenrechtskonvention, BGBl 1958/210 idF BGBl III 1998/30.

19 Nach § 19 Abs 5 BFA-Verfahrensgesetz, BGBl I 2012/87 idF BGBl 2013/68, ist die Bundesregierung ermächtigt, die Ausweitung der Liste sicherer Herkunftsstaaten mit Verordnung festzulegen.

20 § 18 BFA-Verfahrensgesetz.

9. Maßnahmen auf europäischer Ebene

Vielfältig sind auch die Vorschläge und Bestrebungen der EU, zu einer Stabilisierung und Entspannung der in vielen Ländern Europas angespannten Situation beizutragen. „Hotspots" zur Registrierung von Asylwerbern werden in Griechenland und Italien eingerichtet, der EU-Außengrenzschutz soll durch zusätzliche Mittel für die Europäische Grenzschutzagentur (Frontex), das Europäische Unterstützungsbüro für Asylfragen (EASO) und Europol sowie durch Ausweitung von Frontex-Operationen gestärkt werden, 160.000 Flüchtlinge sollen mit dem Bestreben, eine gerechtere und solidarische Verteilung von Asylwerbern innerhalb der Mitgliedsstaaten zu erzielen, aus Italien und Griechenland in andere Mitgliedsstaaten umgesiedelt werden (Relocation), der Notfallfonds der EU soll finanziell aufgestockt und das Gemeinsame Europäische Asylsystem (GEAS) in allen Mitgliedsstaaten vollständig umgesetzt werden. Vielfach, insbesondere bei der Frage der Aufteilung von Asylwerbern auf die Mitgliedsstaaten, regt sich Widerstand, vor allem aus den Ländern der Višegrád-Gruppe – Ungarn, Tschechien, Slowakei und Polen.[21] Manche Maßnahmen, wie etwa die vollständige Umsetzung des GEAS, werden bereits seit Jahren ohne wesentliche Fortschritte verfolgt oder diskutiert.[22] Schnelle Ergebnisse sind hier kaum zu erwarten. Von einer durchgängigen Solidargemeinschaft ist die EU weit entfernt.

Wesentlich rascher scheinen die geplanten Maßnahmen außerhalb Europas umsetzbar zu sein. Flüchtlingen soll vor Ort durch Unterstützung des UNHCR und des „World Food Programme" geholfen werden. Über 20.000 schutz- und hilfsbedürftige Personen sollen aus Drittstaaten (Naher und Mittlerer Osten, Nordafrika und Horn von Afrika) in Mitgliedstaaten neu angesiedelt werden (Resettlement). Durch Aufstockung regionaler Fonds für die Nachbarstaaten Syriens für Afrika soll direkt Unterstützung in die Krisenregionen fließen, mit Drittstaaten die Kooperation zur Bekämpfung der Migrationsursachen bekämpft und die Staaten am westlichen Balkan verstärkt unterstützt werden. Mit der Türkei, durch die eine der Hauptmigrationsrouten führt und in der sich über zwei Millionen Menschen in

---

21   Vgl. Lang, *Rückzug aus der Solidarität*? SWP-Aktuell 84, Oktober 2015, S. 1.
22   Vgl. dazu Vogl, in: Jahrbuch für Politik 2014, S. 427.

Flüchtlingslagern befinden, erfolgt ein intensiver Dialog. Im März 2016 soll ein Vorschlag für ein langfristiges EU-Resettlement-Programm vorgelegt werden. Jede Hilfe vor Ort ist ebenso wie Resettlement zu befürworten. Das gezielte Auswählen von tatsächlich hilfs- und schutzbedürftigen Menschen vor Ort durch UNHCR und der systematische und geordnete Transport in Mitgliedsstaaten der EU durch IOM ermöglichen einen geordneten und risikofreien Ablauf und können einen maßgeblichen Beitrag zur Eindämmung der organisierten Schlepperei leisten.

10. Migration als gesamtstaatliche Aufgabe

In der innenpolitischen Debatte war es auffallend, dass zunächst für alle Fragen im Zusammenhang mit den massiv ansteigenden Asylanträgen sowie der immensen Migrationsbewegung Richtung Deutschland ausschließlich die Innenministerin verantwortlich gemacht wurde. Die anfängliche Hoffnung mancher Entscheidungsträger, dass sich die Situation in absehbarer Zeit wieder entspannen werde und man somit wieder zur Tagesordnung zurückkehren könne, steht im Gegensatz zu den geopolitischen Gegebenheiten sowie der Komplexität des Migrationsthemas. Aufgrund der Herkunft der Antragsteller ist davon auszugehen, dass weitaus mehr Asylwerber am Ende ihres Verfahrens einen positiven Asylbescheid erhalten werden, als dies im Durchschnitt der letzten Jahre der Fall war. In den ersten vier Monaten nach der Asylgewährung haben Flüchtlinge Anspruch auf Grundversorgung, im Anschluss werden sie – sofern keine Selbsterhaltungsfähigkeit vorliegt – Mindestsicherung erhalten. Regulärer Wohnraum wird dann ebenso benötigt werden, wie etwa Sprachkurse, Schul-, Aus- und Fortbildung, Arbeitsmöglichkeit sowie soziale Hilfestellungen. Integrative Bemühungen werden auf allen Ebenen erforderlich sein. Besonderes Augenmerk muss dabei auf die hohe Zahl an unbegleiteten minderjährigen Asylwerbern (2015: 9.128, 2014: 1.976) gelegt werden, so hoch der Betreuungs-, Begleitungs- und Integrationsaufwand auch sein mag. Es gilt unter allen Umständen zu vermeiden, dass diese jungen Menschen Perspektivlosigkeit in Österreich erleben und damit Zielgruppe für radikalisierende Fanatiker werden.

Asyl, legale Migration zu Zwecken der Niederlassung und des Aufenthalts sowie illegale Migration haben Wechselwirkungen zueinander. Inhaltlich müssen alle Migrationsformen jedoch gesamthaft betrachtet werden. Es geht nicht darum, ob man Zuwanderung befürwortet oder nicht. Es geht um das richtige Maß an Zuwanderung. Legale Zuwanderung muss geregelt und bedarfsgerecht erfolgen.

Österreich als liberaler, bürgerlicher Rechtsstaat stößt bei den derzeitigen Quantitäten an seine Grenzen. Das haben in der Zwischenzeit die meisten erkannt. Migration berührt nahezu alle Lebensbereiche. Zuständigkeiten sind im Föderalstaat auf Bund, Länder und Gemeinden verteilt. Daher können die anstehenden Herausforderungen auch nur im Zusammenwirken und mit vollem Einsatz aller Gebietskörperschaften erfolgreich bewältigt werden.

SEBASTIAN KURZ

Die österreichische Integrations-
politik und ihre Umsetzung
Ziele und Zielerreichung sowie zukünftige
Herausforderungen

Integration ist ein langfristiger und umfassender Prozess: Ziel ist es, „Integration durch Leistung" möglich zu machen. Das bedeutet, Menschen sollen nicht nach ihrer Herkunft, Sprache, Religion oder Kultur beurteilt werden, sondern danach, was sie in Österreich beitragen wollen. Dazu ist es wichtig, Leistung zu ermöglichen, einzufordern und anzuerkennen, um allen Bürgerinnen und Bürgern eine umfassende Teilhabe an der Gesellschaft sicherzustellen. Die österreichische Integrationspolitik ist auf einem guten Weg.

Innerhalb weniger Jahre ist es uns in Österreich gelungen, in einem bis dahin wenig beachteten Aufgabengebiet wesentliche strukturelle und inhaltliche Verbesserungen zu erzielen. Dieser positive Trend macht uns Mut für die zweifellos großen Herausforderungen, die noch vor uns liegen. Seit Gründung des Staatssekretariats für Integration im Jahr 2011 konnten mit vielen starken Partnerinnen und Partnern – beispielsweise mit dem Expertenrat oder dem Integrationsbeirat – dahingehend bereits Erfolge erreicht werden, wie die bisher jährlich erschienenen Integrationsberichte verdeutlichen: Novellierung des Staatsbürgerschaftsgesetzes, vereinfachte Anerkennung von im Ausland erworbenen akademischen Qualifikationen, Rot-Weiß-Rot-Fibel, Integration von Anfang an, Integrationsbotschafter von „Zusammen: Österreich", sprachliche Frühförderung – um nur einige beispielhaft zu nennen. Ziel ist es, einen breiten Integrationsbogen zu spannen, der bereits im Herkunftsland ansetzt und Zuwanderinnen und Zuwanderer bestmöglich auf ein Leben in Österreich vorbereitet. Im Inland soll dieser Prozess nahtlos weitergeführt werden, um somit ein friedliches Zusammenleben in Vielfalt sicherstellen zu können.

Die Anforderungen für die nächsten Jahre werden jedoch nicht geringer: Jede fünfte Person hat mittlerweile einen Migrationshintergrund, und auch zukünftig wird Österreich sehr stark von Zuwanderung geprägt sein. So stellt die Integration von anerkannten Flüchtlingen eine wachsende Herausforderung für den gesellschaftlichen Zusammenhalt und die Sicherung des sozialen Friedens in Österreich dar. Ziel der Integration von Asylberechtigten und subsidiär Schutzberechtigten ist die rasche Selbsterhaltungsfähigkeit. Es geht um die Möglichkeiten und die Bereitschaft der Flüchtlinge, sich aktiv um das eigene Fortkommen zu bemühen und sich in der Gesellschaft einzubringen. Integration im Allgemeinen und die von Flüchtlingen im Besonderen ist eine bedeutsame Herausforderung, aber auch eine gestalt- und schaffbare Aufgabe, die eine gesamtgesellschaftliche Kraftanstrengung voraussetzt und dem Gemeinwohl, nicht aber partikularen Sonderinteressen verpflichtet ist.

Zielsetzung

Seit der Etablierung des Staatssekretariats für Integration im April 2011 konnte der Zugang zum Thema Integration von Menschen mit Migrationshintergrund positiv beeinflusst sowie die Bedeutung von Integration für die Gesellschaft verdeutlicht werden. Unter dem Leitmotiv „Integration durch Leistung" wurde der Beitrag, den Menschen mit Migrationshintergrund für die österreichische Gesellschaft leisten, immer häufiger sichtbar gemacht. Diese Priorisierung des Leistungsprinzips stellt jedoch keine Einbahnstraße dar. Neben der Einforderung von Leistung haben wir die Rahmenbedingungen, um Leistung zu ermöglichen und in weiterer Folge auch anzuerkennen, in den letzten fünf Jahren verbessert. Bereits im „Österreichischen Jahrbuchs für Politik 2014" wurden die grundlegenden Erfolge und Herausforderungen der österreichischen Integrationspolitik dargestellt:[1] Von den Vorarbeiten, die von einem jahrzehntelangen destruktiven Aufeinanderprallen zweier konträrer ideologischer Sichtweisen geprägt waren, hin zu unserem neuen, Chancen vermittelnden Ansatz, der sich als verbinden-

---

1   Vgl. Steiner, S., *Integration in Österreich - Erfolge und Herausforderungen*, in: Khol, A. et al., A., Österreichisches Jahrbuch für Politik 2014, S. 441 ff

der Zugang definiert hat und der vor allem weder Probleme leugnet, noch vorgibt, dass diese mit einer einfachen Maßnahme zu lösen wären. Denn Integration ist ein langfristiger und umfassender Prozess, und dabei stellt es unser Ziel dar, „Integration durch Leistung" zu ermöglichen. In anderen Worten: Menschen sollen nicht nach ihrer Herkunft, Sprache, Religion oder Kultur beurteilt werden, sondern danach, was sie in Österreich beitragen wollen. Daher ist es wesentlich, Leistung zu ermöglichen, einzufordern und anzuerkennen, um eine umfassende Teilhabe aller BürgerInnen an der Gesellschaft sicherzustellen.

Wenn Österreich aus seiner Integrationsgeschichte etwas gelernt hat, dann das, dass Integration nicht einfach von selbst geschieht. Die Frage nach dem „Wo hinein gilt es sich zu integrieren?" kann nicht im Ermessen der Einzelperson liegen. Der grundlegende Rahmen muss vorgegeben sein, klar und nachvollziehbar kommuniziert und von allen AkteurInnen angenommen werden.

Der von der damaligen Bundesregierung im Jänner 2010 beschlossene „Nationale Aktionsplan für Integration" (NAP.I)[2] bündelte erstmals alle integrationspolitischen Maßnahmen von Ländern, Gemeinden, Städten, Sozialpartnern und dem Bund. Die Verabschiedung des NAP.I war ein Meilenstein in der österreichischen Integrationspolitik. Ein Kernelement darin stellte die Verankerung von Integration als Querschnittsmaterie dar, denn sie ist in allen Lebensbereichen mitzudenken. Dieser Logik folgend wurden im NAP.I sieben Handlungsfelder definiert: Sprache und Bildung, Arbeit und Beruf, Rechtsstaat und Werte, Interkultureller Dialog, Gesundheit und Soziales, Sport und Freizeit sowie Wohnen und die regionale Dimension der Integration. Diese Struktur half, Herausforderungen klar zu skizzieren und Lösungsansätze zu implementieren. Gerade weil Integration eine Querschnittsmaterie ist, können die entsprechenden Rahmenbedingungen nur in Zusammenarbeit mit allen betroffenen Verantwortungsträgern geschaffen werden.

Mit der Aufwertung der Integrations-Agenden im Bundesministerium für Europa, Integration und Äußeres konnten erfolgreich Synergien

---

2   Zum Bericht siehe Homepage BMEIA.gv.at – Download unter: http://www.bmeia.gv.at/ fileadmin/user_upload/Zentrale/Integration/Publikationen/Integrationsplan_final.pdf

zwischen inländischer Integrationsarbeit und auswärtigen Angelegenheiten genutzt werden. Integration soll so früh wie möglich beginnen – am besten noch im Herkunftsland vor Zuzug. Mittlerweile können wir in diesem Bereich der Vorintegration bereits auf zwei Integrationsbeauftragte an den österreichischen Botschaften in Ankara und Belgrad verweisen.

Es gilt, bei der Mehrheitsbevölkerung Vorurteile abzubauen – Projekte wie „Zusammen:Österreich"[3] stehen dafür – und bei den Zuwanderern Motivation und Zuversicht zu schaffen, damit sie ihre Ziele in Österreich erreichen können. Wer eine Ausbildung absolviert, im Berufsleben steht oder sich ehrenamtlich engagiert, bei dieser Person wird die Integration funktionieren, und sie wird ein Teil unserer Gesellschaft werden. Wesentlich dabei ist es, das kulturelle Miteinander in Österreich zu verbessern und Toleranz auf- bzw. Vorurteile abzubauen. Sachliche, rationale und nachhaltige Problemlösungen in Hinblick auf die Integration für die Zukunft zu schaffen, leiten daher unsere Aufgaben.

Positive Veränderungen – Maßnahmen

Beim Aufzeigen der positiven Veränderungen, die in all diesen Bereichen erzielt werden konnten, muss man stets die Bemühungen des unabhängigen Expertenrats für Integration im Blick haben. Durch die Etablierung dieses Gremiums konnte Österreich international eine Vorreiterrolle einnehmen und dem Thema durch fachliche Expertise größeres Gewicht verleihen.[4] Dem innovativen Gespür des Expertenrats ist es zu verdanken, dass es gelungen ist, unbetretene Wege im Integrationsbereich zu gehen.

Ausgangspunkt stellte das sogenannte „20-Punkte-Programm" dar, welches der Expertenrat auf Grundlage des NAP.I im Jänner 2011 anhand

---

3   Die Aktion ZUSAMMEN:ÖSTERREICH haben wir 2011 initiiert, um positive Beispiele für gelungene Integration vor den Vorhang zu bitten. Bekannte Persönlichkeiten aus Sport, Wirtschaft und Kultur, aber auch „Helden von nebenan" (über 300 derzeit) erzählen als sogenannte Integrationsbotschafterinnen und Integrationsbotschafter an Schulen, in Vereinen, Organisationen und Unternehmen ihre erfolgreichen Integrationsgeschichten in Bildung, Beruf und Gesellschaft und diskutieren auf Augenhöhe mit den Kindern und Jugendlichen über Integration und Migration. Über 15.000 SchülerInnen wurden erreicht.
4   Der Expertenrat hat seine Arbeit im Juni 2010 aufgenommen und sah sich zunächst vor die Aufgabe gestellt, einzelne Prinzipien des NAP.I zu konkretisieren und Prioritäten festzusetzen.

der sieben Handlungsfelder herausgegeben hat.[5] Zusammenfassend werden hier fünf erfolgreiche Umsetzungen der letzten Jahre dargestellt.[6]

Frühe Sprachförderung

Gemäß dem Leitbild „Lieber früher investieren, als später reparieren", sollen möglichst allen Kindern dieselben Startchancen im Bildungssystem und später auf dem Arbeitsmarkt ermöglicht werden. So forderte der Expertenrat bereits im „20-Punkte-Programm" die frühe sprachliche Förderung in institutionellen Kinderbetreuungseinrichtungen für all jene Kinder, die es brauchen. Von 2012 bis 2014 konnte das damalige Staatssekretariat für Integration durch eine Vereinbarung mit den Bundesländern nach Art. 15a B-VG erstmals insgesamt 30 Mio. Euro seitens des Bundes für die frühe Sprachförderung bereitstellen. Nun wurde zur Fortsetzung eine Vervierfachung der Bundesmittel erreicht: Für die Jahre 2015/16–2017/18 werden jährlich 20 Mio. Euro für sprachliche Frühförderung zur Verfügung gestellt – seitens der Länder werden es zehn Mio. Euro pro Kindergartenjahr sein.

Neben der sprachlichen Frühförderung kann dort nun auch der Entwicklungsstand von Kindern mit nicht altersadäquaten Deutschkenntnissen gefördert werden. In den letzten Jahren ist der Anteil der Kinder mit anderen Erstsprachen in den Kinderbetreuungseinrichtungen stetig angestiegen. Um allen Kindern die gleichen Chancen zu geben und die Deutschkenntnisse so früh wie möglich zu fördern, mahnt der Expertenrat weiterhin die Einführung eines zweiten verpflichtenden Kindergartenjahres für jene Kinder, die es brauchen, ein.

5   Siehe Homepage BMEIA.gv.at – Download unter: http://www.bmeia.gv.at/fileadmin/user_upload/Zentrale/Integration/Expertenrat/Expertenrat_Arbeitsprogramm.pdf
6   Zur Gesamtübersicht aller bisher erreichten Maßnahmen vgl.: Übersichtstabelle des Integrationsberichts 2015, S. 54ff. – Siehe Homepage BMEIA.gv.at – Download unter: http://www.bmeia.gv.at/fileadmin/user_upload/Zentrale/Integration/Integrationsbericht_2015/IB15_DE_150623_web.pdf

Deutsch vor Zuzug

Um den Erwerb der deutschen Sprachkenntnisse möglichst frühzeitig beginnen und sich somit rascher im täglichen Leben als auch auf dem Arbeitsmarkt integrieren zu können, wurde bereits im „20-Punkte-Programm" des Expertenrats Deutsch vor Zuzug gefordert. Im November 2012 wurde daraufhin das Sprachportal des Österreichischen Integrationsfonds (ÖIF) präsentiert. Das Sprachportal ermöglicht es, ZuwanderInnen rund um die Uhr bereits vor Ankunft in Österreich durch online verfügbare und leicht bedienbare Lernmaterialien in den Sprachen Deutsch, Türkisch, Bosnisch/Kroatisch/Serbisch, Englisch, Französisch, Ungarisch, Polnisch, Rumänisch und neuerdings auch Arabisch ihre Sprachkenntnisse kostenlos zu überprüfen sowie bereits Gelerntes zu wiederholen und zu vertiefen.

Das Sprachportal des ÖIF ermöglicht es jedem Migranten, schnell und einfach einen Deutschkurs zu finden oder sein Können zu überprüfen. Wer seine Deutschkenntnisse verbessern will, kann nun über das richtige Werkzeug dazu verfügen.

Wertevermittlung

Der NAP.I zeigte bereits 2010 klar auf, wie wichtig es ist, die Grundwerte der rechtsstaatlichen Ordnung Österreichs als zentrale Spielregeln gelingender Integration zu begreifen und diese ausreichend zu vermitteln. Auch der Expertenrat bekräftigte diese Forderung 2011 in seinem „20-Punkte-Programm".

So wurde im April 2013 die neue Lernunterlage zur Staatsbürgerschaftsprüfung, an der sich nunmehr die offizielle Staatsbürgerschaftsprüfung orientiert, präsentiert. Sie beinhaltet einen größeren Wertefokus und baut eine Brücke zur Alltagsrealität der hier lebenden Menschen. Im August 2013 erfolgte eine Novellierung des Staatsbürgerschaftsgesetzes. Diese schuf eine Fast-Track-Regelung, die den schnelleren Erwerb der Staatsbürgerschaft bei Nachweis bestimmter Integrationsleistungen ermöglicht. Sie legt auch fest, dass die Verleihung der Staatsbürgerschaft in einem feierlichen Rahmen zu erfolgen hat.

Zudem konnte die Broschüre „Zusammenleben in Österreich – Werte, die uns verbinden" erarbeitet und herausgegeben werden. Diese thematisiert gesellschaftliche Werte, die der österreichischen Bundesverfassung zugrunde liegen und die Basis für unser Miteinander bilden. Das Ziel der Integration in diesem Sinn ist die Stärkung der Einheit in Vielfalt.

Interkultureller Dialog – Integrationsdialoge

Gelingende Integration erfordert ein respektvolles Aufeinander-Zugehen. Der Expertenrat rief daher bereits 2011 dazu auf, einen nachhaltigen Dialogprozess mit den Communities sowie den Religionsgemeinschaften zu initiieren. Denn: Religionen können zu Beginn des Integrationsprozesses eine maßgebliche Rolle spielen und als Anker der Identitätsfindung dienen.

Im Jahr 2012 wurde das Dialogforum Islam ins Leben gerufen, bei dem in über 50 Sitzungen und in sieben Arbeitsgruppen mehr als 100 ExpertInnen zu diesem Thema diskutiert haben. Ein wesentliches Ergebnis der daraus entstandenen Empfehlungen, die Neufassung des Islamgesetzes, wurde bereits erfolgreich umgesetzt und trat mit 31. März 2015 in Kraft. Diese Neufassung schafft Rechtssicherheit und umfasst u. a. die Etablierung einer islamischen Theologie an der Universität Wien sowie die Regelung der „Seelsorge" in staatlichen Einrichtungen. Darüber hinaus wurde durch das Etablieren einer „Dialogplattform" auch der regelmäßige Austausch mit den 16 anerkannten Religionsgesellschaften sichergestellt.

Integration von Anfang an – in Botschaften und Auslandsinstitutionen

Integration von Anfang an beginnt mit Vorintegrationsmaßnahmen im Herkunftsland und spannt einen Bogen bis zum Erwerb der Staatsbürgerschaft. Schon 2011 sprach der Expertenrat in seinem „20-Punkte-Programm" die Notwendigkeit an, bereits an den Botschaften vor Zuzug nach Österreich wesentliche Informationen zu vermitteln. Integration von Anfang an wurde 2013 vom Expertenrat als erste Globalmaßnahme vorgeschlagen und noch im Jänner desselben Jahres konnte die erste Integrationsbeauftragte an die Österreichische Botschaft in Ankara entsandt werden. 2014 entwickelte sich daraus aufgrund der großen Bedeutung ein eigenes Strategiefeld, das ebenfalls mit zwei ExpertInnen besetzt wurde. Im Oktober 2014 folgte eine weitere Integrationsbeauftragte, die seither an der Botschaft in Belgrad in Orientierungsmodulen wichtige Informationen über das Leben in Österreich weitergibt.

Anhand eines Films zu Österreich sowie einer eigenen Lernunterlage „Mein Weg nach Österreich" werden ZuwanderInnen nun bestmöglich auf ihr zukünftiges Leben in Österreich vorbereitet. Der österreichische Zugang zu Vorintegrationsmaßnahmen wird europaweit als Best-Practice-Modell gehandelt.

Integrationsförderung in Österreich auf Bundesebene 2011–2015

Von 2011 bis heute wurden insgesamt 785 Integrationsprojekte mit rund € 50 Mio. Integrationsmitteln gefördert. Im Jahr 2011 wurden fünf Schwerpunkte für die Projektförderung im Integrationsbereich definiert. Folgende Leistungen wurden seither in diesen Bereichen erbracht:

- Förderschwerpunkt Kinder und Jugendliche: 178 Projekte mit rd. € 11,6 Mio.
- Förderschwerpunkt Deutsch: 98 Projekte mit rd. € 7,4 Mio.
- Förderschwerpunkt Arbeitsmarkt: 66 Projekte mit rd. € 5,9 Mio.
- Förderschwerpunkt Gemeinden: 123 Projekte mit rd. € 5,1 Mio.
- Förderschwerpunkt Frauen: 121 Projekte mit € rd. 4,9 Mio.
- Weitere 199 Projekte, die mehreren der oben genannten Schwerpunkte entsprechen, wurden mit rd. € 14,7 Mio. gefördert.

Positive Veränderungen – Empirische Befunde

Die Indikatoren zum subjektiven Integrationsklima zeigen, dass sich die österreichische Integrationspolitik auf einem guten Weg befindet. Das sich in den vergangenen Jahren aufhellende Integrationsklima, das jährlich über eine Umfrage ermittelt wird,[7] erfuhr 2015 einen leichten Rückschlag, denn die Berichterstattung über den sogenannten „Islamischen Staat" sowie die

---

7   Vgl. Indikator 25 der Statistischen Jahrbücher „migration & integration" auf Homepage BMEIA.gv.at.

Morde in der Redaktion von „Charlie Hebdo" zwei Monate vor der Befragung haben das Meinungsklima beeinflusst. Trotz des Rückschlags hat sich das Integrationsklima im langfristigen Vergleich signifikant verbessert. Im ersten Jahr des Integrationsmonitorings war die Einschätzung der Mehrheitsbevölkerung deutlich pessimistischer als 2015. 2010 meinten lediglich 31 %, die Integration funktioniere „sehr gut" oder „eher gut", 2015 waren es fast 41 %. Und 2010 hatten nur zwölf Prozent den Eindruck, das Zusammenleben verbessere sich, 2015 waren es 18 %.

Die überwiegende Mehrheit der Personen in Österreich mit Migrationshintergrund, nämlich 90 %, fühlt sich völlig oder eher heimisch. Seit 2010 verstärkte sich das Gefühl der zugewanderten Bevölkerung, in Österreich völlig heimisch zu sein um rund elf Prozentpunkte, umgekehrt verringerte sich die Selbsteinschätzung, in Österreich überhaupt nicht zu Hause zu sein, von rund sechs Prozent auf unter drei Prozent. 70 % aller Befragten mit Migrationshintergrund gaben an, sich Österreich mehr zugehörig zu fühlen, als dem Staat, aus dem die befragte Person (oder deren Eltern) stammt.

Die Bevölkerung mit Migrationshintergrund ist zu 85 % mit der Art und Weise, wie die meisten Menschen in Österreich ihr Leben führen, und mit den Werten und Zielen, nach denen die Menschen ihr Leben ausrichten, sehr oder im Großen und Ganzen einverstanden (2010: 78 %). Die verstärkte öffentliche Debatte über eine Integrationspolitik hat auch die zugewanderte Bevölkerung erreicht: Das Bekenntnis zum „österreichischen Lebensstil" nimmt generell zu, eine definitive und auch eine tendenzielle Ablehnung nimmt hingegen ab.

Zukünftige Herausforderung – Migrationsdaten

Die Anforderungen für die nächsten Jahre werden nicht geringer: Jede fünfte Person hat mittlerweile einen Migrationshintergrund und auch zukünftig wird Österreich sehr stark von Zuwanderung geprägt sein. Im Durchschnitt des Jahres 2014 lebten rund 1,7 Millionen Menschen mit Migrationshintergrund in Österreich (20,4 %), um rund 90.000 Personen mehr als 2013. Etwa 1,25 Millionen Menschen gehören der sogenannten „ersten Generation" an, da sie selbst im Ausland geboren worden waren und nach Österreich zugezogen sind. Die verbleibenden etwa 460.000 Personen mit Migrationshintergrund sind in Österreich geborene Nachkommen von Eltern mit ausländischem Geburtsort („zweite Generation").[8] Im Jahr 2014 wanderten rund 170.100 Personen nach Österreich zu, während zugleich knapp 97.800 das Land verließen. Daraus ergab sich eine, auch im langfristigen Vergleich, hohe Netto-Zuwanderung von ca. 72.300 Personen.

Bekanntlich änderten sich jedoch 2015 die Migrationsströme und dies bedingt auch einen Wandel in den Schwerpunkten. Während noch vor kurzer Zeit sich landläufig beim Gedanken an die Integration von Personen mit Migrationshintergrund das Bild der Gastarbeiter und ihrer Nachkommen im Kopf verfestigt hatte – ein Bild des Kommens und Wieder-Gehens, wobei unter diesen Gesichtspunkten damals integrationspolitische Maßnahmen obsolet waren –, zeigen die jüngeren Entwicklungen, dass adäquate Antworten auf neue Phänomene, wie insbesondere auf die Integration von anerkannten Flüchtlingen, aber auch auf die immer stärker werdende EU-Zuwanderung, gefunden werden müssen.

Flüchtlingskrise

Evident ist, dass die Integration von anerkannten Flüchtlingen eine wachsende Herausforderung für den gesellschaftlichen Zusammenhalt und die Sicherung des sozialen Friedens in Österreich darstellt. Dies zeigt sich deutlich an der Entwicklung der Asylanträge innerhalb der letzten Jahre.

Gab es 2013 rund 17.500 Asylanträge, so wuchs diese Zahl im Jahr 2014 bereits auf rund 28.000 Anträge an. Für das Jahr 2015 rechnet das Bundesministerium für Inneres (BM.I) mit ca. 95.000 Anträgen und – sollte sich der Trend weiter fortsetzen – es werden für 2016 zwischen 100.000 und 130.000 Anträge prognostiziert. Für die Integrationspolitik bedeutet dies eine steigende Anzahl von Asylberechtigten. Für das Jahr 2015 werden zwischen 20.000 und 25.000 Asylanerkennungen erwartet. Darüber hinaus werden auch immer mehr Familienangehörige dieser Flüchtlinge nach

---

8 Siehe „Statistisches Jahrbuch migration & integration 2015" – Homepage BMEIA.gv.at – Download unter: http://www.bmeia.gv.at/fileadmin/user_upload/Zentrale/Integration/Integrationsbericht_2015/20150709_migration_integration2015-EU.pdf

Österreich kommen. Wurden 2014 rund 2.000 Anträge auf Familiennachzug gestellt, so rechnet man 2015 mit rund 7.500 solcher Anträge. All diese Zahlen machen deutlich, dass die Integration von anerkannten Flüchtlingen in Österreich immer mehr an Bedeutung gewinnt und daher dringend gehandelt werden muss.

Es hat sich vor dem Hintergrund der gegenwärtigen Situation gezeigt, dass sich die im NAP.I gewählte Struktur auch für die Integration der anerkannten Flüchtlinge als sinnvoll erweist. Denn auch jetzt bedarf es im Sinne des Subsidiaritätsprinzips auf allen Ebenen Maßnahmen, um die gesellschaftlichen Rahmenbedingungen für eine bestmögliche Integration von Flüchtlingen zu schaffen, ohne diese aus der Eigenverantwortung zu entlassen. Dazu ist es aber auch notwendig, ideologische Debatten zur Seite zu schieben und jene Maßnahmen zu setzen, die das Ankommen der Asylberechtigten in der österreichischen Gesellschaft erleichtern.

Es ist unbestritten, dass Österreich aus der Sicht von ZuwanderInnen, besonders von Flüchtlingen, viel zu bieten hat. Dieses Geben des europäischen Rechts- und Wohlfahrtsstaats ist allerdings wie für alle BewohnerInnen auch für die Neuankommenden mit einer Gegenleistung verbunden, was sowohl im Interesse der Flüchtlinge als auch der Gesamtgesellschaft ist. Wie erwähnt ist Integration keine Einbahnstraße.

Ziel der Integration von Asylberechtigten und subsidiär Schutzberechtigten ist die rasche Selbsterhaltungsfähigkeit. Dieser Bewertung schloss sich die Bundesregierung in ihrer Klausur vom 11. September 2015 ebenfalls an, und sie bekennt sich im Ergebnisdokument „… zu einem möglichst frühen Handeln. Je frühzeitiger gezielte Maßnahmen erfolgen, desto geringer sind die monetären und sozialen Folgekosten gescheiterter Integration".[9] So wurden in der Klausur Schritte beschlossen, die vom Grundsatz „Hilfe zur Selbsthilfe" geprägt sind. „Sprache, Bildung, Wirtschaft und Arbeit, geeignete Wohnverhältnisse, Gesundheit sowie das respektvolle Zusammenleben sind die Grundvoraussetzungen einer erfolgreichen Integration." Dafür haben Bund, Länder und Gemeinden ihre

---

9   S. hier und im Folgenden: Dokument zur Regierungsklausur S. 2 – Download unter: http://
www.bka.gv.at/DocView.axd?CobId=60471

vorhandenen (Regel-)Strukturen und Maßnahmen zu verstärken. Für Integrationsmaßnahmen hat die Bundesregierung bei der Klausur Sonderfinanzmittel, einen sogenannten „Topf für Integration", eingerichtet, aus dem „… Projekte aller Ressorts finanziert werden können. Zur Freigabe der konkreten Projekte ist ein Einvernehmen zwischen dem Bundeskanzler, dem Vizekanzler und dem Finanzminister herzustellen".

Bei dem Ziel „Selbsterhaltungsfähigkeit" geht es um die Möglichkeiten und die Bereitschaft der Flüchtlinge, sich aktiv um das eigene Fortkommen zu bemühen und sich in der Gesellschaft einzubringen. Die nicht alimentierte Existenz und das aktive Einbringen in gesamtgesellschaftliche Zusammenhänge muss das übergeordnete Bestreben der Asylberechtigten, der subsidiär Schutzberechtigten und der aufnehmenden Bevölkerung sein. Diese Integrationsleistung stellt eine legitime Erwartungshaltung dar und ist vom Staat auch einzufordern. Der Staat wiederum schafft die Rahmenbedingungen, die eine solche Leistungserbringung möglich machen. Und dafür ist eines notwendig: ein klarer und umfassender Integrationsplan, den wir mit einigen Mitgliedern des Expertenrats für Integration im Herbst 2015 erarbeitet und am 19. November vorgestellt haben. In 50 Maßnahmenempfehlungen, ausgehend von den sieben Handlungsfeldern des NAP.I, sind pro Handlungsfeld jene Maßnahmen angeführt, die an die besonderen Herausforderungen der Flüchtlingsintegration adaptiert, spezifiziert und umsetzungsbezogen priorisiert wurden.[10]

Die Zuständigkeiten der Implementierung sind aufgrund des Querschnittscharakters von Integration weiterhin sehr unterschiedlich. Dennoch wurden die im Integrationsplan genannten Maßnahmen bewusst über die Grenzen von Institutionen hinaus gedacht, die sich sowohl an die Zielgruppe der anerkannten Flüchtlinge als auch an die Mehrheitsbevölkerung richten.

Auch wenn es gelungen ist, das Bewusstsein über die Bedeutung von Zuwanderung in den letzten Jahren zu erhöhen und hervorzuheben, wie vielfältig MigrantInnen dazu beitragen, den Wohlstand Österreichs zu si-

---

10 S. Homepage BMEIA.gv.at - Download unter: http://www.bmeia.gv.at/fileadmin/user_upload/Zentrale/Integration/Publikationen/Integrationsplan_final.pdf

chern, stehen wir derzeit gleichzeitig vor den genannten, sehr intensiven Herausforderungen im Integrationsbereich. Wir müssen Integration weiterhin als gesamtgesellschaftlichen Prozess betrachten. Denn nur gemeinsam können wir die Herausforderungen erfolgreich meistern und den sozialen Frieden in Österreich langfristig sichern.

WERNER KERSCHBAUM

Die Flüchtlingsbewegung 2015 und ihre Folgen

Eine Herausforderung für die österreichische Politik und Zivilgesellschaft

Noch nie seit dem Zweiten Weltkrieg sahen sich so viele Menschen zur Flucht veranlasst. Das UN-Flüchtlingshilfswerk spricht von 60 Millionen Menschen, die auf der Suche nach Schutz und Hilfe sind. Faktum ist auch, dass sich im Jahr 2015 wesentlich mehr Menschen auf die gefährlichen Fluchtrouten nach Europa gemacht haben, als in den Jahren zuvor. Dafür gibt es viele Gründe, zu denen bestimmt die Kürzung der Nahrungsmittelhilfe für Flüchtlinge im Libanon und Jordanien, die Gebietsgewinne des sogenannten Islamischen Staats und ganz allgemein die Perspektivlosigkeit syrischer Flüchtlinge in den Nachbarländern gehören.

Österreich gehört zu jenen sechs europäischen Ländern, die 90 Prozent der in der EU ankommenden Flüchtlinge aufnehmen. Österreich leistet also für diese Menschen einen im europäischen Vergleich weit überdurchschnittlichen Beitrag. Zu Recht fordert die Bundesregierung vehement europäische Solidarität und eine faire Verteilung von Asylwerbern auf alle EU-Mitgliedsstaaten.

Da auch 2016 mit zahlreichen neuankommenden Flüchtlingen zu rechnen ist, muss sich Österreich für dieses Szenario rüsten. Bund, Länder und Gemeinden sollten rasch unter Einbezug zivilgesellschaftlicher Organisationen einen „Masterplan" entwickeln, um die anstehenden Herausforderungen, insbesondere in den Bereichen Unterbringung, Asylverfahren und Integration, zu meistern.

Ursprünge und Hintergründe der massiven Fluchtbewegungen

Noch nie nach dem Zweiten Weltkrieg sahen sich weltweit so viele Menschen zur Flucht veranlasst.

Das UN-Flüchtlingshilfswerk spricht von 60 Millionen Menschen, die auf der Suche nach Schutz und Hilfe sind, davon rund 36 Millionen auf dem afrikanischen Kontinent, rund 15 Millionen im Mittleren Osten (Syrien, Irak; einschließlich Binnenvertriebene) und weitere neun Millionen in Asien (z. B. Afghanistan).

Die Gründe dafür werden uns täglich via Fernsehen in unsere Wohnzimmer und via Internet auf unsere Mobiltelefone geliefert. Es sind durchwegs bewaffnete Konflikte, die seit Jahren andauern, vielfach ausgelöst oder zumindest befeuert durch konfligierende geostrategische Interessen.

Der britische Soziologe Jonathan Benthall, der sich intensiv mit der Rolle von Medien bei der humanitären Hilfe auseinandergesetzt hat, sagte einmal sinngemäß: „Ist eine Situation auch noch so dramatisch, sobald sie Alltag wird, hört sie auf, ‚News‘ zu sein." Das hat zur Folge, dass viele Konfliktherde, wie der Sudan, Somalia, Eritrea oder die Zentralafrikanische Republik, größtenteils wieder aus den Schlagzeilen verschwunden sind. An der Tatsache, dass dort zum Teil bürgerkriegsähnliche Auseinandersetzungen mit menschenverachtender Brutalität toben, ändert die mediale Absenz freilich nichts.

Flüchtlingsbewegung nach Europa und Österreich

Faktum ist aber auch, dass sich im Jahr 2015 wesentlich mehr Menschen auf die gefährlichen Fluchtrouten nach Europa gemacht haben, als in den Jahren zuvor. Warum ist das so? Nun, die Gründe dafür sind vielfältig. Exemplarisch seien hier nur aufgezählt

- die Kürzung der Nahrungsmittelprogramme des World Food Programme (WFP) für rund zwei Millionen syrische Flüchtlinge in Jordanien und im Libanon;
- die Gebietsgewinne des sogenannten Islamischen Staates und damit einhergehende Fluchtbewegungen in Syrien und im Irak;
- die schwindende Hoffnung auf ein Ende des bereits in das fünfte Jahr gehenden Bürgerkriegs in Syrien, vor allem seitens jener Flüchtlinge, die in den Nachbarländern ausharren.

Rund 1,5 Millionen Menschen haben sich im Jahr 2015 auf den Weg nach Europa gemacht. Mehr als doppelt so viele wie im Jahr zuvor. War 2014 noch die Reise nach Nordafrika und über das zentrale Mittelmeer Richtung Italien die für einige Tausende Flüchtlinge todbringende Fluchtroute, so verlagerte sich das Geschehen 2015 auf das östliche Mittelmeer. Die Bilder von Tausenden Flüchtlingen täglich, die von der Türkei mittels Schleppern (das Ticket pro Person kostet 1.200 Dollar für eine 40-minütige Überfahrt) in überfüllten Schlauchbooten auf die benachbarten griechischen Inseln geschickt werden, sind uns allen in Erinnerung. 4.000 Frauen, Kinder und Männer haben dafür einen ungleich höheren Preis bezahlt. Die Überfahrt kostete diese Menschen ihr Leben.

Die weiteren Reiserouten führten und führen dann über Griechenland, Mazedonien, Serbien, Ungarn, Kroatien, und Slowenien nach Österreich und weiter nach Deutschland.

Sechs Länder der EU (darunter Österreich) nehmen 90 Prozent aller in der Union ankommenden Asylwerber auf – europäische Solidarität sieht anders aus.

Österreich verzeichnete im Jahr 2015 mehr als 85.000 Asylanträge, das entspricht einer Verdreifachung gegenüber dem Vorjahr. Auf 1.000 Einwohner kommen damit zehn Asylwerber, in Deutschland sind es 15 und in Schweden sogar 20.

Faktum ist, dass diese Anzahl von Asylwerbern eine große Herausforderung für unser Land darstellt: für Unterbringung, Asylverfahren und gelingende Integrationsmaßnahmen bis hin zur Rücküberstellung all jener AsylwerberInnen, deren Verfahren negativ entschieden wird und die daher keine legale Aufenthaltsmöglichkeit erhalten.

Faktum ist auch – und das sollte uns zuversichtlich stimmen –, dass wir während der Ungarn- und Jugoslawienkrise schon ähnlich große Fluchtbewegungen gut gemanagt haben.

Österreichs Gebietskörperschaften und Österreichs zivilgesellschaftliche Organisationen im „Stresstest"

Die Ankunft einer so hohen Anzahl an Flüchtlingen in Österreich konnte niemand voraussehen. Wie der Staat – und damit meine ich Regierung, Behörden und die Zivilgesellschaft – mit unvorhergesehenen Situationen umgeht, ist entscheidend. Retrospektiv muss man sich die Fragen stellen: Was hat gut funktioniert und wo gibt es Verbesserungspotenzial? Der Flüchtlingseinsatz war so gesehen auch eine Art „Stresstest", dessen Ergebnisse durchaus als ambivalent zu bezeichnen sind. Zum einen, was die zu bewältigenden Aufgaben anlangt, und zum anderen, was die unterschiedlichen Akteure betrifft.

Während die kurzfristige Aufnahme, medizinische Betreuung und Weiterleitung von mehr als 600.000 Transitflüchtlingen nach Deutschland gut bewältigt wurde, gelang die Unterbringung von rund 85.000 AsylwerberInnen weniger gut.

Zum Jahresende waren knapp 7.000 Personen, die in Österreich um Asyl ansuchen, in Notquartieren untergebracht, die eigentlich für die kurzfristige Aufnahme von Transitflüchtlingen geschaffen wurden. Bund, Ländern und Gemeinden ist es das ganze Jahr über nicht gelungen, ausreichende Quartierkapazitäten für AsylwerberInnen aufzustellen.

Der Vollständigkeit halber muss jedoch an dieser Stelle anerkennend angemerkt werden, dass seit Jahresbeginn 2015 mehr als 50.000 neue Plätze für Asylwerber in der sogenannten „Grundversorgung" geschaffen wurden. Mit Ausnahme der Bundeshauptstadt haben allerdings die Bundesländer die vereinbarten Unterbringungsquoten nicht erfüllt. Auch eine halbwegs „faire" Verteilung von AsylwerberInnen über die österreichischen Gemeinden ist nicht gelungen. Immer noch hat fast die Hälfte aller Gemeinden nichts zur Unterbringung beigetragen.

Während sich also das Asylwerber-Management der Gebietskörperschaften Kritik gefallen lassen muss, haben die zivilgesellschaftlichen Organisationen nach allgemeiner Meinung den „Stresstest" sehr gut bestanden.

Sowohl bei der Betreuung der Transitflüchtlinge als auch der Asylwerber haben Tausende „spontane" Freiwillige und die ehrenamtlichen Helfer der großen Wohlfahrtsorganisationen (Arbeiter-Samariter-Bund, Caritas, Diakonie, Hilfswerk, Rotes Kreuz, Volkshilfe) in gut abgestimmter Zusammenarbeit Großartiges geleistet.

Allein für das Rote Kreuz waren ab September durchschnittlich jeden Tag 500 Helfer im Einsatz – die meisten von ihnen Freiwillige. Insgesamt kamen so weit mehr als 50.000 Personaleinsatztage zustande.

In noch nie dagewesener Form engagierten sich spontan Freiwillige über soziale Netzwerke und übernahmen Betreuungsaufgaben an den Grenzübergängen, an Bahnhöfen und in Unterkünften

Die lokale und regionale Abstimmung mit Polizei, Bundesheer, ÖBB und privaten Logistikdienstleistern funktionierte größtenteils reibungslos.

Und im Gegensatz zu den diversen Krisensitzungen und Abstimmungsterminen (ich erinnere nur an den gescheiterten „Asylgipfel" im Juni 2015) auf Bundesebene ist es „in der Etappe" meines Erachtens besser gelungen, parteipolitische Belange im Interesse der zu betreuenden Männer, Frauen und Kinder hintanzustellen.

Wo besteht Handlungsbedarf für die Zukunft?

Der Volksmund sagt: „Nichts ist so schlecht, dass es nicht auch etwas Gutes hätte."

Worin könnte also das „Gute" in der derzeitigen weltweiten Flüchtlingskrise und ihren Auswirkungen bis nach Österreich bestehen?

Die erste optimistische Botschaft ist: Die Ursachen der Krise sind bekannt und wären grundsätzlich lösbar.

Zugegebenermaßen sind die Chancen auf rasche internationale politische Lösungen der Konflikte in Syrien, im Sudan, in Afghanistan, in Libyen, im Irak – um nur die „prominentesten" Krisenherde aufzuzählen – nicht sehr realistisch.

Also wird es wohl noch eine Weile bei „Symptombehandlungen" bleiben (Madad-Fonds, African Trust Fonds, Türkeihilfe), um die Anzahl der nach Europa wollenden Flüchtlinge dadurch zu begrenzen, dass man den Menschen stärker in ihren Herkunftsregionen hilft.

Auch auf EU-Ebene liegen entsprechende Lösungen auf dem Tisch, sozusagen als „Sekundärprävention":
• Asylverfahren an den Außengrenzen der EU in sogenannten „Hot Spots" oder sogar in EU-Botschaften in der Nähe der Krisenherde, um legale Einreisen in die EU zu ermöglichen und dem kriminellen Schlepperwesen die Geschäftsgrundlage zu entziehen;

- vereinheitlichte EU-weite Asylgesetzgebungen, was die Aufnahme, Unterbringung, Verfahren und Geldleistungen für Asylwerber anlangt, damit ein Qualitätswettlauf nach unten vermieden wird;
- Quotenregelungen für die Aufnahme von Asylwerbern, um eine faire Verteilung im Sinne einer europaweiten Solidarität sicherzustellen – allenfalls ergänzt um einen „Ausgleichfonds", in den jene EU-Staaten einzuzahlen haben, die ihre Aufnahmequoten nicht erfüllen.

Der oben angeführte Optimismus trifft auch auf Österreich zu. Wir können und müssen politisch zur beschriebenen internationalen und europäischen Lösung unseren Beitrag leisten:

- International übrigens auch durch Maßnahmen der humanitären Hilfe – der Auslandskatastrophenfonds wurde erfreulicherweise von fünf auf 20 Millionen Euro aufgestockt – und einer verstärkten Investition in entwicklungspolitische Projekte, welche die Lebensbedingungen in den Herkunftsregionen verbessern und daher Migrationsbewegungen eindämmen;
- auf europäischer Ebene durch eine mutige Fortsetzung der bisherigen Initiativen der Bundesregierung. Österreich leistet – und auch das muss anerkennend erwähnt werden – hinsichtlich der Aufnahme von Asylwerbern im europäischen Vergleich weit Überdurchschnittliches. Unsere politischen Vertreter haben daher durchaus das moralische Recht, vehement europäische Solidarität einzufordern und auf die faire Verteilung von Flüchtlingen auf alle EU-Mitgliedsstaaten zu pochen;
- in Österreich selbst haben die führenden zivilgesellschaftlichen Organisationen vor Kurzem eine Reihe von Verbesserungen im Asyl-Prozedere angeregt. Es ist zu hoffen, dass diese von den Gebietskörperschaften zumindest auf ihre Umsetzbarkeit ernsthaft geprüft werden.

Was jedenfalls von allen Experten vorausgesagt wird, ist die Tatsache, dass mit der Ankunft weiterer Flüchtlinge in Österreich zu rechnen ist. Auf bis zu 120.000 neu ankommende Asylwerber gehen die Schätzungen für das Jahr 2016. Und für dieses Szenario müssen wir uns in Österreich rüsten.

Das ist primär eine Managementaufgabe der öffentlichen Hand. Bund, Länder und Gemeinden müssen nach einem gemeinsam entwickelten „Masterplan" handeln. Dieser Plan sollte Maßnahmen in den Bereichen Unterbringung, Asylverfahren, Integration (insbesondere in den Bereichen Bildung, Arbeit und Wohnen) sowie Rücküberführung der nicht Asylberechtigten beinhalten. Er müsste auf mehrere Jahre ausgerichtet sein, die notwendigen personellen und finanziellen Ressourcen für das gewählte Szenario festlegen und entsprechende Verträge mit den zivilgesellschaftlichen Organisationen beinhalten. Dieser Masterplan sollte bei einem Asylgipfel erstellt werden, der diesen Namen auch verdient und alle Stakeholder an einem Tisch versammelt. Anschließend hätte die Bundesregierung die Gelegenheit, der österreichischen Bevölkerung die Eckpfeiler des Plans zu erklären und damit Klarheit und Zuversicht zu schaffen.

Wir stehen vor einer Herausforderung, für deren Bewältigung es einer Mentalität des Teilens bedarf, die nicht aus der Angst geboren sein kann, sondern der Verantwortung für eine friedliche Welt geschuldet ist. Vielleicht sollten wir uns die aufmunternden Worte des ehemaligen amerikanischen Präsidenten Franklin D. Roosevelt zu Herzen nehmen, die er in den schwierigen Zeiten der Massenarbeitslosigkeit in den 1930er-Jahren seinen Landsleuten zurief: „Die Furcht ist das Einzige, wovor wir uns fürchten müssen" (Franklin D. Roosevelt).

JOHANN GUDENUS

Die österreichische Flüchtlings-, Einwanderungs- und Integrations-politik aus freiheitlicher Sicht

Ziele, Zielerreichung sowie künftige Herausforderungen

Europa – und damit auch Österreich – sieht sich gerade mit einer neuen Völkerwanderung, vornehmlich aus muslimischen Ländern, konfrontiert. Die Auswirkungen dieser unkontrollierten Zuwanderung sind auf mehreren Ebenen zu spüren. Neben der bestimmt vorrangigen, der wirtschaftlichen Komponente, wird es auch nicht zu unterschätzende Auswirkungen auf soziale und die kulturelle Bereiche geben. Allein mit der Klärung der Finanzierbarkeit werden Probleme, die dieser Zustrom mit sich bringt, also nicht zu lösen sein.

Folgendes Essay beleuchtet den Status quo sowie die freiheitlichen Ideen, wie Österreich agieren sollte, um sich seine kulturellen und gesellschaftlichen Werte, die in den letzten Jahrhunderten unser Land geprägt haben, aufrechtzuerhalten.

Europa – und damit auch Österreich – sieht sich gerade mit einer neuen Völkerwanderung, vornehmlich aus muslimischen Ländern, konfrontiert. Armut und Krieg sind die Auslöser für die ungebrochenen Wellen an Flüchtlingen, die in Mitteleuropa auf ein neues, besseres Leben hoffen. Doch bereits hier muss in der Diktion eine klare Unterscheidung getroffen werden – zwischen echten Flüchtlingen und illegalen Zuwanderern. Denn laut Genfer Flüchtlingskonvention haben nur jene Recht auf Asyl, die wegen ihrer Rasse, Religion, Nationalität, Zugehörigkeit zu einer bestimmten sozialen Gruppe oder wegen ihrer politischen Überzeugung verfolgt werden. Allerdings ist hier anzumerken, dass laut dem Dublin-3-Abkommen das Land, wo der erste Antrag gestellt wurde, oder der Mitgliedsstaat, wo ein Antragsteller aus einem Drittstaat kommend die Land-, See- oder Luftgrenze eines Mitgliedstaats illegal überschritten hat, für die Prüfung des Antrags auf internationalen Schutz zuständig ist. Demzufolge sind alle in Österreich – als Binnenland umgeben von EU-Staaten – angekommenen, in einem anderen Land Nicht-Registrierten als illegale Zuwanderer zu definieren. Reine Wirtschaftsflüchtlinge haben dementsprechend auch kein Anrecht auf Asyl.

Nichtsdestotrotz sind die großzügigen Sozialleistungen und der vereinfachte Familiennachzug, wie gerade in Deutschland und Österreich etabliert, ein hoher Anreiz zu kommen, um zu bleiben. Die Auswirkungen dieser unkontrollierten Zuwanderung sind auf mehreren Ebenen zu spüren. Neben der bestimmt vorrangigen, der wirtschaftlichen Komponente, wird es auch nicht zu unterschätzende Auswirkungen auf soziale und kulturelle Bereiche geben. Allein der Umstand, dass die Diskussion über Kreuze in Schulen oder Nikolaus-Veranstaltungen immer wieder aufflammt, zeigt, dass es hier bereits einen Wandel gibt. Allein mit der Klärung der Finanzierbarkeit werden die Probleme, die dieser Zustrom mit sich bringt, also nicht zu lösen sein.

Während man in Deutschland weit offener, vor allem mit den sozialen Brennpunkten umgeht und diese auch nach außen kommuniziert, redet man sich in Österreich die Welt weiterhin schön, obwohl die Tatsachen etwas anderes sagen. Fakt ist, dass ein weiterer Zustrom der zum Großteil illegalen Zuwanderer besser gestern als heute unterbunden gehört.

Gesellschaftliche Probleme

Die Freiheitliche Partei Österreichs warnt seit Jahren vor der Entwicklung von Parallelgesellschaften, die jedoch bereits schleichend Einkehr gehalten haben. Durch den nun komplett unreflektierten und unkontrollierten Zuzug an Menschen, vor allem aus dem Nahen Osten, werden sich diese Parallelgesellschaften weiter entwickeln – zum Nachteil unseres, über die Jahrhunderte gewachsenen Wertesystems. Die muslimische Gesellschaft ist eine vollkommen andere, Gleichheit und Freiheit existieren in vielen Bereichen nicht, die Scharia, und damit das Wort des Koran, sind die geltenden Gesetze, nach denen gelebt wird. Frauen werden zum Großteil nicht als gleichwertige Menschen angesehen, ihre Rechte sind stark beschnitten, die Männer haben das Sagen.

In vielen muslimischen Staaten der Welt stehen Folter und Todesstrafe immer noch auf der Tagesordnung. Die Delikte, die diese mittelalterlichen Maßnahmen rechtfertigen sollen, lassen jedoch jeden frei denkenden und in einer freien Welt lebenden Menschen nur vor Unverständnis den Kopf schütteln. Ehebruch, freie Meinungsäußerung, Systemkritik – alles unerwünscht, jedes einzelne Vergehen wird mit drakonischen Strafen geahndet. Schon in der kleinsten Zelle der Gesellschaft, der Familie, wird das Leben nach strengsten Regeln geführt. Wer sich nicht daran hält, wer dagegen aufbegehrt, wie beispielsweise ein junges Mädchen, das sich gegen die Zwangsverheiratung mit einem weit älteren Mann zu wehren versucht, dem droht im günstigsten Fall die Verbannung aus der Familie, im tragischsten der Tod durch die Hand eines männlichen Familienmitgliedes. Frauen müssen sich unter einem Kopftuch oder gar einer Vollverschleierung verstecken. Das allerdings nicht nur, weil es im Koran steht und es vom Propheten Mohammed verlangt wird, sondern schlicht deshalb, weil sich die martialische Gesellschaft auf die enorm strenge Auslegung der Heiligen Schrift geeinigt hat und diese entsprechend interpretiert. Was eine Frau zu tun oder zu lassen hat, entscheidet der Mann und niemals sie selbst.

In unserer mitteleuropäischen Lebensweise gibt es in der Rechtsordnung eine Gleichstellung von Mann und Frau. Wahlrecht, Frauen an Universitäten und in Männer-Domänen sind bei uns alltäglich. Die Emanzipation erntet nun die Früchte ihres jahrzehntelangen Kampfes. Wir haben uns längst weg von einer martialischen hin zu einer freien – für alle im Land Lebenden – Gesellschaft entwickelt.

Menschen, die jedoch in einem Umfeld, in dem der Glaube an Allah und das Wort des Propheten über allem steht, aufgewachsen sind, haben Probleme damit, in einer liberalen Welt wie der unseren anzukommen. Mädchen in Mini-Röcken und frei von Verhüllungszwang, Frauen in Führungspositionen, die einen Mann offen rügen, oder Lehrerinnen, die von ihren männlichen Schülern dieselbe Leistung erwarten, wie von den weiblichen und gegebenenfalls auch den Vater in Sprechstunden zitieren, um Kritik am Kind zu üben – all diese Alltäglichkeiten, die hierzulande komplett der Norm entsprechen, werden von vielen muslimischen Männern nicht akzeptiert. Es fehlt der Wille, sich den neuen Lebensweisen anzupassen, sich zu integrieren. Dabei wird vergessen, dass Integration eine Bringschuld des Fremden ist!

Der Weg ist also klar: Abkehr von der autochthonen Gesellschaft, hin zur eigenen. Zu jener, in der man die mitgebrachten Werte versteht und immer noch lebt – ungeachtet der Lebensart, die um einen herum besteht. Um ungehindert die mitgebrachten Ideologien weiter leben und auch verbreiten zu können, werden mit der Duldung und Förderung der heimischen Politik Vereine gegründet, eigene Schulen und Kindergärten gebaut, und es wird den Frauen verboten, sich für Sprache oder Beruf zu interessieren. Man bleibt in sogenannten Communities unter sich. Dadurch konnte der radikale sunnitische Islam, wie ihn auch der Islamische Staat lehrt und lebt, bei uns Fuß fassen. Während man in der österreichischen Bundeshauptstadt trotz der Terroranschläge in Paris immer noch nicht verstanden zu haben scheint, worauf wir zusteuern, muss man in vielen europäischen Städten schon von islamistischen Ghettos sprechen. Auch dort wurde verabsäumt, rechtzeitig gegen radikal-muslimische Tendenzen vorzugehen. Das Praktizieren der Scharia wurde ohnmächtig zur Kenntnis genommen, manche Stadtviertel wurden von der Polizei und damit auch von der Politik aufgegeben. Trotz all dieser Umstände hat die EU und haben viele Regierungen vor der aktuell laufenden Masseneinwanderung unter dem Deckmantel des Asyls kapituliert. (Die Europäische Union hat versagt.) Menschen – mehrheitlich muslimische Männer – strömen ungehindert, unkontrolliert und unregistriert über unsere Grenzen. Und das, obwohl Experten schon lange davor warnen, dass darunter Terroristen sind und die Terrororganisation Islamischer Staat ja genau das auch angekündigt hat. Die Anschläge von Paris und die aufrechte Terrorwar-

nung in beinahe allen europäischen Großstädten rund um die Weihnachts-
zeit und den Jahreswechsel sollten Beweis genug sein, dass Terrororganisationen ihre Vertreter längst innerhalb der EU positioniert haben.

Vor allem in Wien als einziger Großstadt des Landes wird es diesen Zuwanderern und damit auch radikalen Islamisten, die zwar einerseits vom österreichischen System in erster Linie monetär profitieren, aber andererseits nichts
oder nur ein Minimum dafür einbringen wollen, zusätzlich leicht gemacht. Die
undifferenzierte Willkommenskultur von Rot-Grün hat schlussendlich dazu
geführt, dass Wien noch bis vor einigen Monaten als europäischer Hotspot
für Dschihadisten galt. Wenig verwunderlich, wenn etwa Gratis-Koran-Vertei-
lungen auf öffentlichen Straßen und Plätzen unbeachtet erlaubt sind, Schulen,
Kindergärten und islamische Vereine so gut wie gar nicht kontrolliert, sondern,
im Gegenteil, noch subventioniert werden und Hassprediger ihre Vernetzungs-
treffen in Räumlichkeiten der Gemeinde Wien abhalten dürfen. Beweise gibt
es mittlerweile zahlreiche, doch die Verantwortlichen verstecken sich hinter
angeblicher Unwissenheit. Religionsfreiheit ist zum Deckmantel radikaler religiöser Verbreitung geworden, die Warnungen davor firmieren unter dem Titel
Fremdenhass und Xenophobie. Integration ist, geht es nach der Bundes-, aber
auch der Wiener Stadtregierung, keine Bringschuld. Sie wird viel mehr als Aufgabe des Staates und der Stadt wahrgenommen, die hier aktiv werden müssen.
Ebenfalls von der Bevölkerung wird diesbezüglich einiges abverlangt. Doch allein ein Blick nach Deutschland oder Großbritannien zeigt, wohin die Reise
geht: Es wird nicht umgehend gehandelt oder man verschließt man weiterhin
die Augen und geht vor der importierten (Un-)Kultur in die Knie. Allerdings
zeigt die Erfahrung eines nun ganz deutlich: So hat Integration nicht funktioniert, und so wird sie auch in Zukunft nicht funktionieren. Ganz im Gegenteil:
Man bereitet, indem man keine Anpassung fordert, geradezu den Boden für die
Entwicklung und rasche Ausbreitung radikaler Strömungen sowie für die Festi-
gung der schon angesprochenen Parallelgesellschaften.

Wirtschaftliche Auswirkungen

Neben den sozialen Auswirkungen gibt es noch wirtschaftliche, die zu berücksichtigen, gleichzeitig aber auch noch nicht abzuschätzen sind. Wenn
man sich vor Augen führt, dass vor allem Menschen mit Migrationshinter-

grund weit schlechter gebildet sind als Österreicher und entsprechend auch am Arbeitsmarkt weit weniger reüssieren können, zeichnet sich ein klar erkennbares Bild ab. Nämlich jenes, dass die Eingliederung von Asylwerbern am heimischen Arbeitsmarkt weit schwieriger sein wird, als von der Bundesregierung zugegeben wird. Mittlerweile weiß man allerdings, etwa durch eine im Auftrag der OECD durchgeführten Studie des IFO-Instituts in München, dass 65 Prozent der Schüler aus Syrien beim Lesen oder Rechnen nicht die OECD-Grundkompetenzen beherrschen. Heute 18-jährige haben einen Bildungsrückstand von vier bis fünf Schuljahren, was Studienleiter Ludger Wößmann wie folgt kommentierte: „Selbst nachdem sie Deutsch gelernt haben, werden viele dem Schulunterricht wohl nicht folgen können. Es bestehen erhebliche Zweifel, ob sie die Voraussetzungen für eine Berufsausbildung mitbringen." Die Schönfärberei, die neuen Zuwanderer wären die dringend benötigten Fachkräfte oder gar die geistigen Eliten des Nahen Ostens, ist schlicht falsch. Nachdem man im benachbarten Deutschland die Defizite längst erkannt und auch offen kommuniziert hat, gestehen sich auch die heimischen Verantwortlichen langsam ein, dass es eben doch nicht nur die viel gepriesene Elite ist, die zu uns kommt. Ein, Ende 2014 durchgeführter Kompetenzcheck des AMS macht deutlich: Illegale Zuwanderer, echte Asylwerber und bereits anerkannte Asylanten sind für den heimischen Arbeitsmarkt längst nicht einsetzbar.

Während die qualifizierte Zuwanderung – der sogenannte Braindrain – erwünscht wäre, passiert hier ein sogenannter Braingain. Zudem schadet die Zuwanderung zahlreicher unqualifizierter Arbeitskräfte nicht zuletzt auch dem Wirtschaftsstandort Wien. Die Zeitschrift Economist hat in einem Ausblick auf die Hotspots des Jahres 2025 das physische Kapital Wiens und die Tatsache, dass die Regierung zu wenig Wert auf eben genau diesen immens wichtigen Faktor lege, bemängelt. Wien ist dabei von Platz 14 auf Platz 29 gerutscht, Hauptkritikpunkt war: Anstatt gut qualifizierte Ausländer zu holen, strömen unterqualifizierte Hilfskräfte zu uns, die durch Lohndumping den Arbeitsmarkt weiter zerstören.

Zu groß ist also der Qualifikations- und Bildungsunterschied zwischen ihnen und der heimischen Bevölkerung. Es wird Jahre, wenn nicht sogar Jahrzehnte dauern, bis sie in den Arbeitsmarkt eingegliedert werden können. Zudem muss davon ausgegangen werden, dass bei einer nicht geringen Anzahl durchaus auch die Bereitschaft dazu fehlt. Allein die Grundversorgung oder die Sozialleistungen, die sie hier gratis bekommen, sind oft weit mehr, als sie zum Leben in Syrien, Afghanistan oder verschiedensten Staaten Nordafrikas hatten. Der Anreiz, sich zu bemühen, fehlt komplett.

Zudem ist die Sprache nach wie vor eine Barriere, die kaum überwindbar zu sein scheint. Sprachkurse sind nicht verpflichtend, Kindern, die eingeschult werden, fehlen nicht selten die deutschen Grundkenntnisse, um dem Regelunterricht folgen zu können. Langjährige freiheitliche Forderungen, nämlich Deutschkenntnisse vor Schuleintritt und die Einführung von eigenen Deutschlernklassen, werden jedes Mal abgeschmettert. Dabei beginnt eine gelungene Integration bei der Kenntnis der gemeinsamen Sprache. Ist diese nicht gegeben, beginnt die Ghettoisierung bereits am Schulhof. Somit ist eine vernünftige Integration bereits zu Beginn zum Scheitern verurteilt.

Doch auch die Versorgung der vielen Tausenden Zuwanderer belastet das ohnehin knappe Budget Österreichs massiv. So rechnet der Fiskalrat mit 1,7 Milliarden Euro Flüchtlingskosten. Darin sind die Ausgaben für die Versorgung von Asylwerbern, Aufwendungen der Polizei und des Bundesheeres (Grenzeinsatz) und Ausgaben für die Mindestsicherung eingerechnet. Allein für die Mindestsicherung ist laut Fiskalrat mit Mehrkosten von insgesamt 800 Millionen Euro im kommenden Jahr zu rechnen.

Dies bedeutet eine immense Belastung der Steuerzahler, die die Verfahren, Unterbringung, Versorgung, aber auch Missbrauch und Verschleppung der Verfahren finanzieren müssen. Daraus ergeben sich langfristig gesehen folgende zwei Szenarien: Zum einen, dass bei jenen Österreichern, die sich selbst kaum über Wasser halten können, weitere Einsparungen gemacht werden müssen, und zum anderen, dass der hart arbeitende Teil der Bevölkerung, der ohnehin unter der Steuerlast zu ersticken droht, immer weiter belastet werden wird. Sowohl-als auch kann keine Zukunftsoption sein, schon gar nicht in Anbetracht der fehlenden, aber dringend benötigten Mittel für Bildung, das Bundesheer, Sicherheit etc.

Lösungsansätze

Anstatt weitere Probleme zu importieren, muss endlich gehandelt werden. Längst hätte man Flüchtlingszentren nahe den Krisengebieten errichten können, wo die Flut an echten Flüchtlingen aufgefangen hätte werden können. Wer nicht nur auf der Suche nach einem besseren Leben ist, sondern um selbiges bangt, wird Interesse daran haben, in Sicherheit, aber in der Nähe der Heimat zu sein, um rasch zurückkehren zu können. Mit Unterstützung der UNO, der EU, der USA und nicht zuletzt der arabischen Welt hätte man hier rasch und unbürokratisch agieren müssen. Doch hier hat man es verabsäumt, rechtzeitig zu handeln und diese Flüchtlings-Hotspots zu schaffen. Gleichzeitig hätte eindringlich kommuniziert werden müssen, dass Österreich und in weiterer Folge alle EU-Mitgliedsstaaten nicht die Länder sind, in denen Milch und Honig fließen. Alleine dadurch würden EU-Länder wie Österreich für Wirtschaftsflüchtlinge zusehends uninteressant werden.

Auch aus Organisationen wie der UNHCR tönen schon die ersten Forderungen in diese Richtung. Vincent Cochetel, Europa-Chef des UN-Flüchtlingshochkommissariates, verlangte etwa, dass Wirtschaftsflüchtlinge konsequenter abgeschoben werden. Sie würden das „System blockieren" und müssten „schneller zurückgeschafft" werden, um „Platz für wirklich Schutzbedürftige zu gewähren". „Nur so versteht die Bevölkerung, dass diejenigen, die bleiben, wirklich schutzbedürftig sind", wird Cochetel zitiert. Gleichzeitig vermisst er eine mangelnde Abschiebungskultur und verlangt in diesem Bereich mehr Konsequenz der EU, schließlich würden nach seinen Angaben lediglich 40 Prozent der Wirtschaftsflüchtlinge zurückgeschafft werden.

Die FPÖ setzt sich vehement für eine grundlegende Korrektur dieser völlig falschen und gefährlichen Haltung ein. Vernünftige Maßnahmen können nur wie folgt lauten:

- Stopp der Zuwanderung unter dem Deckmantel „Asyl": Asylmissbrauch ist abzustellen, nur diejenigen, die tatsächlich nach den Grundsätzen der Genfer Flüchtlingskonvention verfolgt sind, verdienen unseren Schutz. Wenn sie sich hier jedoch als radikale Islamisten und Dschihadisten entpuppen, gehört ihnen der Asylstatus aberkannt, und sie müssen abgeschoben werden.
- Schutz unserer Staatsgrenzen: Die Kontrolle von Dokumenten, die Abnahme von Fingerabdrücken und das Anfertigen von Fotos ist selbstverständlich möglich – ebenso das Abweisen offensichtlicher Wirtschaftsimmigranten direkt an unseren Staatsgrenzen.

- Festung Europa: Das Abweisen von Wirtschaftsflüchtlingen und Dschihadisten muss an den Außengrenzen des Schengen-Raums konsequent betrieben werden. Europa muss das klare Signal aussenden: Hier ist kein Platz für euch!
- Wiederherstellung der Staatsgewalt: Es darf keine Parallelgesellschaften und keine verlorenen Stadtviertel mehr geben. Wer jede Integration verweigert und unsere wertebasierende freie Gesellschaft ablehnt, für den darf es keine Staatsbürgerschaft und keine Sozialleistungen mehr geben. Wer sich für Terrorismus rüstet, wer ihn verherrlicht und dazu aufruft, gehört ins Gefängnis. Wer aus dem Dschihad heimkehrt, muss in Untersuchungshaft genommen werden. Die Strafrahmen für alle Delikte in Zusammenhang mit Terror müssen ausgeschöpft und gegebenenfalls erhöht werden.
- Bewahren unserer eigenen Kultur: Die christlich-abendländischen Werte sowie die durch Aufklärung und bürgerliche Revolution erkämpften Freiheiten verdienen unsere Achtung und sind die Leitkultur Europas. Wer hier leben möchte, der muss diese Werte annehmen. Nur dann kann von erfolgreicher Integration gesprochen werden.

Wir sind an einem Punkt angelangt, an dem Handeln nötig ist. Die schon vorherrschenden, unglaublichen Missstände werden durch die laufende Massenzuwanderung noch verstärkt. Wir Freiheitliche stehen Seite an Seite mit den Bürgern, die zu Recht Angst vor den laufenden Entwicklungen haben und die zu Recht angesichts des Versagens der Regierenden immer wütender werden.

Es ist auch hoch an der Zeit, wieder eigenstaatlich und damit eigenverantwortlich zu agieren. Der von der EU und allen voran von Angela Merkel eingeschlagene Weg, nämlich die Tür-und-Tor-auf-Politik, ist für Österreich und seine Bevölkerung nachhaltig schädlich. Ein gangbarer Weg wäre etwa eine Art „Österreichische Flüchtlingskonvention", zugeschnitten auf die Bedürfnisse des Landes. Folgende Punkte müssten sich darin, gesetzlich verankert, wiederfinden:

- Eine Höchstanzahl von Asylberechtigten, deren Asylstatus regelmäßig von Amts wegen, beispielsweise alle drei Monate, zu überprüfen ist. Fällt der Asylgrund weg, hat der Betroffene auszureisen.

- Wer unerlaubt österreichisches Staatsgebiet betritt, begeht eine Straftat und verliert jedes Asylrecht.
- Die Sicherung der Grenzen hat nach einem System der doppelten Schleuse zu funktionieren. Grundsätzlich müssen Österreich und die EU jederzeit in der Lage sein, ihre Grenzen zu sichern. Funktioniert die Grenzsicherung auf europäischer Ebene nicht, hat Österreich seine Grenzen dicht zu machen.
- Wer aus einem sicheren Drittstaat einreist oder offenkundig aus wirtschaftlichen Gründen einwandern will, ist im Wege von Schnellverfahren zurückzuweisen.
- Das Asylwesen ist ein Kernbereich des Staates, seine Abwicklung durch private Unternehmen oder Hilfsorganisationen ist abzustellen. Eine Geschäftemacherei mit dem Leid anderer Menschen ist strikt abzulehnen.
- Um weniger Anreize für Wirtschaftsmigranten zu bieten, sind Transferleistungen an Ausländer ausschließlich als Sachleistungen sicherzustellen. Geldleistungen, die keinem Versicherungsprinzip zugrunde liegen, sollen grundsätzlich nur österreichischen Staatsbürgern zukommen.
- Österreich unterstützt einen EU-Masterplan für Krisenregionen zur Realisierung innerkontinentaler Fluchtalternativen. Flüchtlingsprobleme sollten grundsätzlich am eigenen Kontinent gelöst werden.
- Asyl wird ausschließlich Menschen gewährt, die sich nicht weltanschaulichen oder religiösen Dogmen verpflichtet haben, die im Gegensatz zu unserer Verfassung und unseren Gesetzen stehen.

Europa und damit Österreich darf sich nicht aufgeben und vor dem Islamismus in die Knie gehen. Es gilt nun mehr denn je, unsere gesellschaftlichen Werte gegen ein System von religiösem Hass und mittelalterlichen Lebensweisen zu verteidigen und zu erhalten. Es ist fünf vor Zwölf, es muss endlich gehandelt werden. Mit etwas Engagement könnte und sollte Wien eine Vorreiterrolle übernehmen. Wien muss sich klar als Hauptstadt des Anti-Islamismus positionieren!

ALEV KORUN

Die Grundsätze der Grünen für eine humane österreichische Flüchtlingspolitik

Einwanderung und Integration – und ihre Umsetzung: Ziele, Zielerreichung, sowie künftige Herausforderungen

oder

Wie wollen wir zusammenleben?

Der Artikel „Wie wollen wir Zusammenleben?" beleuchtet Gründe und auch Lösungsansätze für die derzeitige Flüchtlingssituation, welche die EU und ihre Mitgliedstaaten sichtbar vor große Herausforderungen stellt. Krieg, Terror und auch verpasste Chancen, humanitäre Krisen, z. B. im Nahen Osten rechtzeitig abzufangen, führten dazu, dass sich Hunderttausende auf den Weg in die EU machten. Dabei geraten sie – mangels Möglichkeit einer legalen Einreise in die EU – in die Hände von Schleppern. Jene EU-Regierungen, die weiterhin auf ein dysfunktionales – weil unsolidarisches – EU-Asylsystem setzen, agieren zunehmend kopflos mit einer „Grenzen-Zu"-Politik. Dabei haben wir es als EU-Staaten in der Hand, mit einer neuen, gemeinsamen Asyl- und Migrationspolitik mit gemeinsamer EU-Asylbehörde und gemeinsamer Finanzierung sowie solidarischer Aufteilung der Flüchtlinge den Wettlauf nach unten zu beenden und ein tragfähiges Asylsystem zu schaffen. Über Botschaftsverfahren würde eine legale Einreise ermöglicht und das Schleppergeschäft ausgetrocknet.

In den kommenden Jahren wird es auch verstärkt um die Integration der Flüchtlinge in die europäischen Gesellschaften gehen müssen – der grüne Integrationspfad sieht Integrationsmaßnahmen vom ersten Tag an vor, also Deutschkurse und Qualifikationserhebung noch während des laufenden Asylverfahrens, klar strukturierte „Neuankömmlinge-Workshops" mit Dos und Don'ts als Orientierungshilfe. Demokratische Werte werden am Besten in partizipativen Modulen mit Raum für Diskussionen und Auseinandersetzung angesprochen und vermittelt. Jeder Euro, der hier frühzeitig investiert wird, verhindert spätere, höhere Sozialkosten und ermöglicht ein rasches Zusammenwachsen der Gesellschaft. Jeder Euro, der jetzt in humanitäre Hilfe, Friedensarbeit und auch faire Handelsbeziehungen investiert wird, wird zudem Menschen ermöglichen, in ihrer Heimat weiter zu leben.

2015 war viel von „Krise" die Rede, um die sehr prekäre Lage von Hunderttausenden Schutzsuchenden und die Herausforderungen der europäischen Gesellschaften mit ihrer Unterbringung und Versorgung zu beschreiben. Dabei war 2015 das Jahr, in dem vielfältige Krisen bei uns „angekommen" sind, das heißt, uns so nahe gekommen sind, dass wir sie nicht mehr übersehen, geschweige denn ignorieren konnten. Zur Erinnerung: In Syrien ist der Krieg in das fünfte Jahr gegangen und hat in dieser Zeit mehr als zweihunderttausend Menschenleben gefordert; dort wird also seit über vier Jahren gestorben. Afghanistan, ein weiteres Land, aus dem viele – inzwischen auch minderjährige – Schutzsuchende zu uns kommen, liegt seit Jahrzehnten in Trümmern. Die Taliban sind seit ein paar Jahren wieder auf dem Vormarsch und terrorisieren erneut die Bevölkerung, verbieten Mädchen und Frauen Schulbildung und reißen mit regelmäßigen Selbstmordanschlägen monatlich viele Zivilisten mit in den Tod. Und wir sprachen in Europa erst 2015 von einer Krise der Flüchtlinge?

Ist es nicht vielmehr eine Krise der Außen- und Friedenspolitik, das Resultat von jahrelangem Wegschauen und der Unfähigkeit der internationalen Staatengemeinschaft, begleitet von regelmäßigen Waffenexporten in instabile und durch Versorgung mit Kriegsmaterial und Waffen stärker destabilisierte Länder? Warum wird eine humanitäre Krise, die Hunderttausende Flüchtlinge aus Syrien, dem Irak, Afghanistan oder der Diktatur Eritrea betrifft, erst als solche wahrgenommen, wenn sie – erst nach Jahren – die Europäische Union erreicht? Sollte unsere Wahrnehmung in Europa, welches Leid als solches gilt und ab welchem Zeitpunkt, uns nicht etwas zu denken geben? Der selbst krisengebeutelte Libanon hat über eine Million Flüchtlinge aufgenommen, sodass dort inzwischen jeder vierte Bewohner ein Flüchtling ist. Auf Österreich bezogen wären das über zwei Millionen Flüchtlinge unter acht Millionen Einwohnerinnen und Einwohnern. Schier unvorstellbar für uns. Wenn die mehr als fünfhundert Millionen BewohnerInnen zählende EU 2015 etwas mehr als eine Million Schutzsuchende aufnehmen soll, versagen offensichtlich schon die Strukturen; und das im reichsten Wirtschaftsraum der Welt.

Wie würden es die Grünen machen?

Neben einer aktiven und vor allem *gemeinsamen* EU-Außen- und -Friedenspolitik, die Konfliktherde nicht zu Kriegsschauplätzen auswachsen lässt, sondern in der internationalen Staatengemeinschaft Leadership für eine aktive Friedenspolitik übernimmt, braucht es endlich eine gemeinsame Asyl- und Migrationspolitik. Diese gemeinsame Asylpolitik wurde 1999 auf dem EU-Gipfel in Tampere zwar feierlich verkündet, ihre reale Umsetzung aber von nationalistisch agierenden EU-Regierungen seitdem ständig hintertrieben. Die Folge: Wir haben derzeit unterschiedliche Asylregime in 28 EU-Ländern und 28 verschiedene Asylanerkennungsraten, die von ein bis 95 Prozent variieren, je nachdem, ob ein Schutzsuchender seinen Asylantrag in Griechenland oder in Schweden stellt. Diese Asyllotterie muss endlich beendet und *ein* europäisches Asylsystem mit einheitlichen Asylverfahren, Aufnahme- und Unterbringungsstandards geschaffen werden, zumal sich Flüchtlinge spätestens fünf Jahre nach ihrer Asylzuerkennung in der gesamten EU niederlassen können und das Asylrecht somit innerhalb der EU vereinheitlicht gehört.

Das unsolidarische Dublin-System, das EU-Länder mit einer Außengrenze mit der gesamten Verantwortung für in der EU ankommende Schutzsuchende alleinlässt und bis vor Kurzem auch von der deutschen und österreichischen Bundesregierung mit großer Vehemenz verteidigt wurde, hat zu den aktuellen Missständen geführt. Diese sind eine unsolidarische Haltung zwischen den EU-Ländern nach dem Floriani-Prinzip, ein Wettbewerb nach unten, was Unterbringungs- und Verfahrensstandards betrifft, um möglichst viele Schutzsuchende abzuschrecken, damit sie möglichst in einem anderen EU-Staat um Asyl ansuchen, und eine riesige Schieflage, was die Aufteilung von Schutzsuchenden auf alle EU-Mitgliedsstaaten betrifft. In Litauen stellten zum Beispiel im ersten Halbjahr 2015 105 Schutzsuchende einen Asylantrag, in Schweden waren es im selben Zeitraum über 25.000 Schutzsuchende (Quelle: Eurostat, http://ec.europa.eu/eurostat/documents/2995521/6996930/3-18092015-BP-DE.pdf/d08b4652-2b94-4da0-9fff-bb2924a09754).

Das Dublin-System ist also Teil des Problems, nicht dessen Lösung. Wir brauchen ein Asylsystem aus einem Guss, also gemeinsame Verfahrensstandards, aber auch eine gemeinsame Asylbehörde, die der Ineffizienz und Absurdität von 28 unterschiedlichen Asylsystemen und Spruchpraxen ein Ende setzt (bisher kann erst der Europäische Gerichtshof für Menschenrechte dem Einhalt gebieten, wie es z. B. durch Entscheidungen, dass Griechenland und teilweise auch Italien und Ungarn keine sicheren Länder für Flüchtlinge mehr sind, erfolgte). Gegen diese notwendige einheitliche EU-Asylbehörde laufen die Nationalisten aller EU-Länder Sturm, weil damit der Wettbewerb nach unten beendet werden würde. Nationale bis nationalistische Asylgesetzgebung mit regelmäßigen Verschärfungen würde Schutzsuchende abschrecken, so ihre Hoffnung. Genau diese Praxis führt aber zu einer enorm ungleichen Verteilung von Schutzsuchenden zwischen den einzelnen EU-Ländern. Wer sich über diese beschwert, muss also dafür sorgen, dass einheitliche Standards und eine einheitliche Spruchpraxis diese Unterschiede, mit denen sich mehrere Länder „unattraktiv" machen, beseitigen. Nach dieser Logik agierte auch Innenministerin Mikl-Leitner, als sie im November und Dezember 2015 wiederholt ankündigte, „Österreich muss für Schutzsuchende unattraktiver werden".

Weiters braucht es menschenwürdige Erstaufnahmestellen für Schutzsuchende mit einheitlichen Standards dort, wo die meisten in der EU ankommen: derzeit auf jeden Fall in Griechenland und Italien. Deren Hilferufe wurden die letzten Jahre von anderen EU-Mitgliedern ja konsequent mit Verweis auf das „geltende Dublin-System" ignoriert.

Die oben skizzierte einheitliche EU-Asylpolitik würde natürlich die gemeinschaftliche Organisation bzw. Finanzierung dieser menschenwürdigen Aufnahme bedeuten, im Gegensatz zur bisherigen „Sollen doch Griechenland und Italien alle Flüchtlinge für uns unterbringen"-Logik.

Sowohl bei der Finanzierung der Aufnahmezentren, der Registrierung als auch bei der anschließenden Aufteilung von Schutzsuchenden auf die EU-Länder sind diese alle − logischerweise nach ihrer Bevölkerungsgröße, Wirtschaftskraft und Arbeitslosenrate − finanziell zu beteiligen. So würden wir den „Anreiz" endlich abschaffen, mit „erfolgreicher" Nicht-Aufnahme von Schutzsuchenden sich auch kostenmäßig an EU-Partnern schadlos zu halten. Es ist nicht einzusehen, warum manche

EU-Länder diverse Subventionen für ihre Wirtschaft selbstverständlich annehmen, sich bei der Solidarität für Schutzsuchende aber keineswegs zuständig fühlen.

Kommen wir nun zu zwei Bereichen, die der Aufnahme in der EU vorangehen: einerseits die in letzter Zeit viel bemühte, aber jahrelang kaum geleistete „Hilfe vor Ort" und andererseits die Geschäftemacherei mit der Not der Flüchtlinge durch bezahlte Schlepper.

Es war bereits im Dezember 2014, als die Vereinten Nationen Alarm schlugen: Durch die Kürzungen der Gelder für das Welternährungsprogramm (World Food Programme) müsse die Lebensmittelhilfe für 1,7 Millionen syrische Flüchtlinge in Jordanien, Libanon, Türkei und Ägypten eingestellt werden. Und das bedeute ganz konkret Hunger als Massenphänomen in den dortigen Flüchtlingslagern (zum Nachlesen: http://derstandard.at/2000008848109/UNO-stellt-Hungerhilfe-fuer-17-Millionen-syrischen-Fluechtlinge-ein).

Auf diesen Hilferuf, der zwar in den Medien Niederschlag gefunden hat, folgte: nichts. Und das stimmt doch wieder nicht. Diese beginnende Hungerkatastrophe tötete gemeinsam mit der Tatsache des noch immer andauernden Kriegs die letzte Hoffnung von Hunderttausenden Syrienflüchtlingen, in absehbarer Zeit in ihre Heimat zurückkehren und diese Zeit in einem Nachbarland abwarten zu können. Wer seinen Kindern nicht nur Monate, sondern Jahre dabei zuschauen muss, wie sie keine Schule besuchen dürfen; wer im Aufenthaltsland nicht nur nicht legal arbeiten darf, sondern auch noch Hunger leiden muss, der packt seine Kinder und versucht weiterzuziehen. Die inzwischen viel bemühte „Hilfe vor Ort" in den Nachbarländern Syriens hätte also bereits vor Jahren Wesentliches bewirkt: Sie hätte die Lebensbedingungen der Flüchtlinge in der Nähe ihrer Heimat verbessert und viele vermutlich vom Weiterziehen abgehalten. Aber schönen Sonntagsreden folgten kaum politische Taten der EU-Regierungen, die Hilferufe der UNO verhallten weitgehend.

Wenn heute von Hilfe vor Ort die Rede ist, muss die Politik also zuerst sich selber ernst nehmen und in Verbesserung der Lebensbedingungen der Flüchtlinge investieren: in Schulen für Flüchtlingskinder, Sanitäranlagen und feste Gebäude (statt jahrelangem Hausen in Zelten), Jobmöglichkeiten für Flüchtlinge, Sprachkurse. Wenn das in Jordanien, Libanon, der Türkei und Ägypten nicht sehr bald passiert, werden voraussichtlich weiterhin Tausende Schutzsuchende sich auf den Weg nach Europa machen, um ihren Kindern eine Lebensperspektive anbieten zu können.

Was die Schlepper betrifft, müssen wir den Tatsachen in die Augen sehen: Während ein Flugticket von Bagdad nach Prag oder Wien rund 500 Euro kostet, verkaufen Flüchtlinge derzeit oft ihr gesamtes Hab und Gut, um ein Vielfaches von dem, oft 4.–5.000 Euro pro Person, Schleppern zu zahlen, die den gleichen Weg mit ihnen zurücklegen. Was sie von diesen Schleppern abhängig macht, ist die Unmöglichkeit einer *legalen* Einreise in die EU als Schutzsuchende. Warum ist es nicht möglich, diese absurde Situation zu ändern, indem man Schutzsuchende legal einreisen lässt und damit illegale Geschäfte mit ihrer Not austrocknet? Auch Österreich kannte das Botschaftsverfahren, mit dem ein Asylantrag im Ausland bei einer Vertretungsbehörde eingebracht werden konnte. Nach einer kurzen Überprüfung und Feststellung der Glaubwürdigkeit der Angaben könnte durch eine EU-Vertretungsbehörde ein Visum ausgestellt werden, und der Betroffene kauft ein normales Flugticket und führt in der EU ein reguläres Asylverfahren. Die Möglichkeit eines Visums im Fall von Asyl hat es übrigens bis 2001 gegeben, bis sie unter Innenminister Strasser abgeschafft wurde. Der wiederholte grüne Vorstoß, durch Wiedereinführung von Botschaftsverfahren die legale Einreise für Schutzsuchende zu ermöglichen und die ausbeuterische Schlepperei zu bekämpfen, wurde bisher leider abgelehnt, zuletzt im Dezember 2015 (http://www.parlament.gv.at/PAKT/VHG/XXV/A/A_01328/index.shtml).

Gesellschaftliche Integration von Schutzsuchenden

2015 waren wir in der EU hauptsächlich mit dem Thema der Aufnahme von Schutzsuchenden beschäftigt, mit der unsere teils veralteten, teils bürokratischen Strukturen oft überfordert waren. Um eine rasche und effektive Unterbringung durch Bund, Länder und Gemeinden zu garantieren, haben wir daher im österreichischen Parlament mit Verfassungsmehrheit ein Durchgriffsrecht des Bundes beschlossen. Dieses sollte als Ultima Ratio zum Einsatz kommen, also nur dann, wenn Bundesländer und Gemeinden ihrer Unterbringungspflicht nicht nachkommen und daher Obdachlosigkeit droht.

2016 – und die nächsten Jahre – werden aber gesellschaftliche Integration, Orientierung und Ankommen in der Gesellschaft, Deutschlernen, Anerkennung von mitgebrachten Bildungsabschlüssen und Qualifikationen und Arbeitsmarktintegration die entscheidenden Themen sein. Und wer sich nicht bewusst ist, dass das große Anstrengungen von allen Beteiligten erfordern wird, der ist weltfremd unterwegs. Ja, die gesellschaftliche Integration von heutigen Schutzsuchenden wird eine Herausforderung sein und auch etwas kosten. Die gute Nachricht ist aber, dass sie erstens verstärkte Wertschöpfung im Inland bedeutet (die Tausenden Semmeln etwa, die Flüchtlinge täglich essen, werden von österreichischen Bäckern gebacken und sichern hier Arbeitsplätze), und zweitens bedeutet eine mehrsprachige Bevölkerung mit breiter gefächerten Qualifikationen auch mehr Innovation, Potenzial und Arbeitskraft. Es geht also nicht um das „Ob", sondern um das „Wie" der Integration.

Der grüne Integrationspfad
Die Flüchtlinge werden das Land mitprägen, wie das übrigens frühere Flüchtlingsgruppen, z. B. Bosnien-Flüchtlinge, auch getan haben (Beispiel Flüchtlingskind und Nationalteamspieler Zlatko Junuzović). Wie diese Veränderung und Prägung ausschaut und ob sie mehrheitlich zum Positiven gestaltet wird, liegt als Gesellschaft und als EU sehr stark in unserer Hand.
Ende 2015 waren 70 Prozent der AsylantragstellerInnen in Österreich aus Syrien, dem Irak und Afghanistan. Dies sind alles Länder, in denen Krieg bzw. langjährige Instabilität und Terror herrschen, das heißt, der Großteil dieser Flüchtlinge wird in absehbarer Zeit nicht in die Heimat zurückgehen können. Verantwortungsvolle Politik ist, der Bevölkerung reinen Wein einzuschenken und klar, nüchtern und transparent zu sagen, was in den nächsten Jahren auf uns zukommt. Politik hat diese Veränderungen bestmöglich und zum Vorteil der Gesellschaft zu gestalten. Daher brauchen wir Integrationsmaßnahmen vom *ersten* Tag an.

Sorgen wir für flächendeckende Sprachkurse
Flüchtlinge und Einwanderer brauchen leistbare Sprachkurse, um die Landessprache so rasch wie möglich erlernen zu können. Und dazu braucht

es flächendeckende Deutschkurse. Die Tatsache, dass der Österreichische Integrationsfonds (ÖIF), die zentrale Einrichtung der Regierung zum Deutschlernen, laut ihrer Homepage Stand Oktober 2015 „ganze" 32 Deutschkurse bundesweit anbietet, ist nicht nachvollziehbar.

Je schneller die Betroffenen sprachlich, beruflich und wirtschaftlich auf eigenen Füßen stehen, umso geringer werden die Kosten der Grundversorgung und in weiterer Folge der Mindestsicherung sein. Es ist also eine Win-win-Situation für alle, dass mit Deutschlernen vom ersten Tag an begonnen wird, auch bei AsylwerberInnen. Denn Asylverfahren dauern teilweise Jahre und es ist nicht nachvollziehbar, warum jemand aus Syrien, Irak oder Afghanistan jahrelang zum „Däumchendrehen" gezwungen wird, und erst nach drei oder vier Jahren beginnen darf, Deutsch zu lernen. Daher braucht es einen massiven und flächendeckenden Ausbau von leistbaren Deutschkursen.

Jeder Euro, den wir heute in Spracherwerb und Berufsanerkennung investieren, verhindert spätere, höhere Sozialkosten von Menschen, die vom Staat abhängig bleiben, da sie die Sprache nicht können oder nicht in ihrem erlernten Beruf arbeiten können. Die Einschulung von Kinderflüchtlingen sollte in Regelklassen, allerdings mit zusätzlichen Förderstunden erfolgen. Oft ist die Schule der erste und seit Langem einzige Ort für Flüchtlingskinder, wo sie einen geregelten Tagesablauf und dadurch auch Halt und eine Struktur haben. Je stärker ihre Zusatzförderung in Deutsch erfolgt, desto schneller können sie dem Unterricht folgen und gleichberechtigten Zugang zu Bildung haben, der wiederum für die gesellschaftliche Integration große Bedeutung hat.

Erheben wir mitgebrachte Bildungs- und Berufsabschlüsse rasch, und sorgen wir für deren möglichst unbürokratische Anerkennung

Mitgebrachte Berufsausbildungen und Qualifikationen von Schutzsuchenden müssen so rasch wie möglich erhoben werden, am besten gleich nach dem ersten Asylgespräch. Dafür brauchen wir ein dauerhaftes System für die Erhebung dieser ausländischen Qualifikationen statt bloß vorübergehende und verstreute uneinheitliche Pilotprojekte wie derzeit.

Mein Vorschlag: Das Arbeitsmarktservice hält die mitgebrachten Qualifikationen unmittelbar nach dem ersten Asylgespräch fest. Je schneller mitgebrachte Qualifikationen erhoben werden und begleitet von Deutsch-kursen die Arbeitsmarktintegration vorbereitet wird, desto stärker wird der Dequalifikation während der Wartezeit entgegengewirkt. So bleiben wert-volle Qualifikationen, die Arbeitsplätze sichern, aber auch neue schaffen können, nicht brach liegen. Wenn Menschen ihrer Ausbildung entspre-chend beschäftigt werden, sind sie nicht monate- oder jahrelang von Min-destsicherung abhängig, was sowohl Gemeinden als auch dem Bund Geld spart.

Wir brauchen ein Berufsanerkennungsgesetz wie in Deutschland, das dort seit 2012 in Kraft ist. Vor diesem Gesetz hatten nur wenige zuwan-dernde Fachkräfte die Möglichkeit, ihre beruflichen Qualifikationen bewer-ten zu lassen. Das Gesetz änderte das und schaffte für alle bundesrechtlich geregelten Berufe in Deutschland möglichst einheitliche und transparente Verfahren. So kann die Gleichwertigkeit des ausländischen Berufsabschlus-ses mit dem deutschen Abschluss ermittelt werden. Dies ist in vielen Beru-fen Voraussetzung dafür, in diesem Beruf arbeiten oder sich selbstständig machen zu können. Das Gesetz verbessert damit die Chancen für Men-schen, die ihre beruflichen Qualifikationen im Ausland erworben haben, in Deutschland in ihrem erlernten Beruf zu arbeiten, und ermöglicht so eine bessere Arbeitsmarktintegration.

Kurz vor Weihnachten ist der von der Bundesregierung der schon lange angekündigte Entwurf eines österreichischen Berufsanerkennungsge-setzes dem Parlament zugeleitet worden. Positiv ist, dass die Bewertung von Bildungsabschlüssen unbürokratischer werden soll. Überraschend und nicht nachvollziehbar ist gleichzeitig, dass *sämtliche reglementierte Berufe* beim Geset-zesentwurf ausgespart wurden. Und dort und an den dortigen großen Hür-den liegt sowohl für Einwanderer als auch für viele ÖsterreicherInnen, oft „der Hund begraben". Ein Bundes-Anerkennungsgesetz in Begutachtung zu schicken, das den Kompetenzwirrwarr nicht antastet, entspricht nicht den Ankündigungen, wie dies auch die in Berufsanerkennungsverfahren spezia-lisierte Anlaufstelle in ihrer Stellungnahme unterstreicht: „Leider wurde im aktuellen Entwurf für ein Anerkennungsgesetz die Möglichkeit nicht wahr-genommen, die vielfältigen Anerkennungs- und diesbezüglichen Verfahrens-regelungen in Österreich zu vereinheitlichen und grundlegend zu refor-mieren. Das Ziel eines Anerkennungsgesetzes nach deutschem Vorbild (BM

Sebastian Kurz, 5. Februar 2014) wird somit nicht erreicht werden" (http://media.anlaufstelle-anerkennung.at/Stellungnahme_AnerkennungsG.pdf).

Hier braucht es also ein umfassenderes Gesetz, das die vielfältigen Anerkennungs- und Verfahrensregelungen im Land tatsächlich vereinheitlicht und grundlegend reformiert. Auf dieses Ziel werden die Grünen im parlamentarischen Prozess hinarbeiten.

Denn vorhandene Qualifikationen, für die Österreich außerdem keinen Cent ausgegeben hat, brachliegen zu lassen, wäre nicht nur fahrlässig, sondern auch volkswirtschaftlich unklug.

„Österreich für Neuankömmlige"-Workshops

Wenn man in einem Land neu ist, braucht man Orientierung, viele Informationen und Kontakte zu Einheimischen, um sich einzuleben und in der neuen Gesellschaft anzukommen. Dafür schlagen wir „Österreich für Neuankömmlinge"-Workshops vor. Sie sollen in modularer Form Alltagshilfe anbieten, um Österreich kennenzulernen, Missverständnisse zu vermeiden und ein gutes Zusammenleben zu ermöglichen.

Module wie „Wie schaut das Schulsystem in Österreich aus, wo und wie melde ich mein schulpflichtiges Kind in der Schule an?", „Was tut man, wenn man zum Arzt gehen will?", „Wo gibt es Infos über Gesetze?", „Wie und wo kann ich meine mitgebrachten Qualifikationen anerkennen lassen?", „Was sind Dos and Don'ts in Österreich? Von Mülltrennung bis Lärm nach 22 Uhr u. v. m" sollen Infos und Orientierung geben.

Zu den von Minister Kurz vorgeschlagenen und derzeit viel diskutierten sogenannten „Werteschulungen" ist anzumerken, dass Menschen sich Werte wie Demokratie, Geschlechtergerechtigkeit und Meinungsfreiheit nicht durch Auswendig-Lernen in einem Kurs, sondern durch Vorgelebt-Bekommen und Auseinandersetzung mit ihnen aneignen. Das war und ist bei Einheimischen genauso. Es braucht daher Diskussionsräume, wo über das Zusammenleben, seine Regeln, Mitbestimmung und Mitgestalten diskutiert werden kann. So kommen erstens Flüchtlinge und Einheimische zusammen, und zweitens wird es möglich, Fragen zu stellen, sich mit Neuem auseinanderzusetzen, Erlerntes und Gewohntes zu hinterfragen, neue Deutungsmuster und zum Beispiel neue Geschlechterrollen kennenzulernen.

Wir schlagen also Module zu Fragen des Zusammenlebens mit Diskussionsmöglichkeit statt Acht-Stunden-Schnellsiedekurse mit Frontalunterricht vor.

Bei pauschalen Annahmen über potenzielle Demokratiedefizite bei Flüchtlingen sollte auch nicht vergessen werden, dass die meisten dieser Flüchtlinge vor autoritären, undemokratischen Regimen oder Herrschern, also vor einem *Mangel* an Demokratie geflüchtet sind. Unsere Gesellschaftsordnung ist nicht zuletzt deshalb für sie attraktiv, weil sie Freiheit, Rechtsstaat und Demokratie bedeutet. Diese positiven Merkmale sind stark und überzeugend – auch und vor allem für Flüchtlinge.

Und noch einmal zu Migrationsursachen

Internationale Migration hat viele Gründe: Vertreibung und Krieg, wirtschaftliche Not, berufliche Mobilität, Bildungsaufenthalte und vieles mehr. Bei Vertreibung und Krieg gibt es eine humanitäre Verpflichtung, Schutz zu gewähren. Für die Arbeitsmigration haben die Grünen bereits 2006 ein kriteriengeleitetes Einwanderungsmodell präsentiert, das sich stark am kanadischen Punktesystem für Einwanderung orientiert. An diesem kriteriengeleiteten statt bloß an Quoten ausgerichteten Einwanderungsmodell hat sich wieder die Bundesregierung bei der „Rot-weiß-rot-Karte" orientiert, wenn auch mit erheblichen Abstrichen.

Was wirtschaftliche Not und dadurch erzwungene Migration betrifft, gibt es aber noch viel zu tun, und zwar im Bunde mit der Europäischen Union. Denn wer erzwungene Migration bekämpfen möchte, der muss an ihren Ursachen ansetzen und sich für eine gerechtere Handelspolitik, auch und vor allem durch die EU einsetzen. Regelmäßig berichten europäische Medien, wie zum Beispiel subventionierte EU-Landwirtschaftsgüter afrikanische Märkte überfluten und die Existenz von Bauern dort vernichten. Wenn die Wirtschaftsmacht EU mit riesigen Agrarsubventionen europäischen Bauern und Bäuerinnen einen Handelsvorteil verschafft und gleichzeitig ihre Macht für fortschreitenden Zollabbau für europäische Waren einsetzt, verlieren afrikanische Bauern ihre Lebensgrundlage. Die Folge ist das Wachsen des Migrationsdrucks, die Folge sind Überfahrten auf klapprigen Booten über das Mittelmeer, die viele Menschenleben kosten und der europäischen Landwirtschaft viele „billige" Landarbeiter zuführen.

Nur eines von vielen Beispielen dazu: http://www.zeit.de/2015/51/afrika-eu-handelspolitik-subventionen-armut-flucht/seite-4.

Wer nicht will, dass sich jährlich Tausende Menschen wegen ihrer vernichteten Wirtschafts- und Lebensgrundlage auf den Weg nach Europa machen, sollte an fairen Handelsbeziehungen interessiert sein. Denn nur sie führen zu nachhaltigem Wirtschaften und einem Auskommen von Menschen in ihren Ländern im globalen Süden. Auch hier liegt eine gedeihliche und nachhaltige Entwicklung in unseren Händen. Und ich bin überzeugt: Gemeinsam schaffen wir sowohl diese Verbesserung als auch eine gemeinsame Asylpolitik und die Inklusion von Schutzsuchenden, wenn wir es nur wollen. In diesem Sinn auf in das herausfordernde und spannende Jahr 2016!

BERNHARD VOGEL

Wir schaffen das – schaffen wir das?

Die Flüchtlingsfrage ist für Deutschland und Europa eine der größten Herausforderungen seit Jahrzehnten. Wir stehen vor einem fundamentalen Dilemma: Das christliche Menschenbild verpflichtet uns, denen zu helfen, die in Not sind. Folge wird sein: Noch mehr Flüchtlinge werden kommen. Wir können helfen, dürfen uns aber nicht übernehmen. Unserer Aufnahmefähigkeit sind Grenzen gesetzt. Die Grenzen Europas müssen gesichert, und sicheren Zufluchtsländern außerhalb Europas muss geholfen werden. Wer bereits bei uns ist, muss Recht und Gesetz, muss unsere Hausordnung, das Grundgesetz achten. Deutschland und Europa werden diese Herausforderung bewältigen, weil die Alternative das Ende des in Frieden vereinten Europas wäre.

Kein Thema hat ganz Europa und darum natürlich auch Deutschland im vergangenen Jahr so nachdrücklich und so umfassend in Beschlag genommen wie die Flüchtlingsfrage. Mehr als sechzig Millionen Menschen sind weltweit auf der Flucht, weil sie in ihrer Heimat ihres Glaubens oder ihrer Hautfarbe wegen verfolgt werden, weil in ihrer Heimat jede staatliche Ordnung zusammenzubrechen droht, weil Hunger und Elend sie aus ihrer Heimat vertreiben. Bundespräsident Gauck spricht zu Recht von einem epochalen Ereignis, dessen Tragweite wir bisher nur schwer erfassen können. Die Aufnahme und vor allem die Integration von Flüchtlingen, die Sicherung der Außengrenze Europas und die Sicherung des Friedens in den Herkunftsländern sind auch für Deutschland zur größten Herausforderung seit Jahrzehnten geworden.

Wir stehen vor einem fundamentalen Dilemma. Wenn die Menschenwürde tatsächlich unantastbar ist, wie es im ersten Satz des ersten Artikels unseres Grundgesetzes zu Recht heißt, wenn wir dem christlichen Menschenbild tatsächlich verpflichtet sind, wie es seit der Gründung der CDU nach dem Zweiten Weltkrieg zu ihrem Markenkern gehört, dann müssen wir im Mittelmeer Ertrinkende retten, dann müssen wir wegen ihres Glaubens oder ihrer Hautfarbe vom Tode Bedrohten Zuflucht gewähren. Dann dürfen wir das ebenfalls im Grundgesetz garantierte Asylrecht nicht relativieren oder sogar infrage stellen. Es kennt keine Obergrenze. Aber gerade wenn wir das tun, droht die Zahl der Flüchtlinge nicht abzunehmen. Der Ansturm auf Europa wird anhalten. Er droht uns zu überfordern. Wir dürfen trotz dieses Dilemmas nicht in Ratlosigkeit verharren, uns gegenseitig mit Vorwürfen überhäufen, uns gegenseitig verurteilen. Nachdenklichkeit ist gefragt.

Was ist zu tun?

Recht und Gesetz müssen eingehalten werden: in Europa und in Deutschland. Ausnahmen in besonderen Notsituationen – wie sie sich beispielsweise auf dem Budapester Hauptbahnhof ergaben – sind gerechtfertigt, aber sie müssen Ausnahmen bleiben. Wer aus sicheren Drittländern kommt, muss zurückgewiesen werden. Sofort. Und schon aus den Auffanglagern. Die deutsche Bürokratie arbeitet gründlich und gewissenhaft, aber sie arbeitet immer noch viel zu langsam. Viele Tausende belasten die begrenzten Aufnahmestätten in ungebührlichem Ausmaß und belegen Plätze, Plätze, die für Asylsuchende immer dringlicher gebraucht werden. Erst recht müssen straffällig gewordene Flüchtlinge, wie etwa in der Silvesternacht am Kölner Hauptbahnhof, umgehend ausgewiesen werden.

Die Grenzen Europas müssen gesichert werden. Wenn Schengen – zu unserer aller Vorteil – keine Grenzen zwischen seinen Mitgliedsländern mehr kennt, müssen die Außengrenzen Europas an deren Stelle treten. Wenn Griechenland und Italien dazu allein nicht in der Lage sind, muss ganz Europa für ihre Sicherheit eintreten. Gerade diesbezüglich stehen alle Mitgliedsländer der EU in der Pflicht.

Den Zufluchtsländern, dem Libanon zum Beispiel, aber auch der Türkei, muss geholfen werden, mit den Herausforderungen fertigzuwerden. In vielen Aufnahmelagern herrschen unhaltbare, unmenschliche Zustände. Die Weltgemeinschaft darf das nicht länger zulassen.

Vor allem Millionen Syrer sind auf der Flucht. Das Land zerfällt. Assad ist ein Mörder und ein Tyrann. Er hat Blut an seinen Händen. Aber auch er trägt Verantwortung. Man wird, so schwer es auch fällt, auch mit ihm sprechen müssen. Sonst wird man dem Terrorismus des sogenannten Islamischen Staates nicht Herr. Der neu aufgebrochene Konflikt zwischen Saudi-Arabien und dem Iran erschwert alle Friedensbemühungen zusätzlich, aber sie dürfen trotzdem nicht aufgegeben werden.

Wir Deutsche können helfen. Weil wir zurzeit in guter wirtschaftlicher Verfassung sind, wird das auch zu Recht von uns erwartet. Aber auch unserer Aufnahmefähigkeit sind Grenzen gesetzt. Auch wir dürfen uns nicht übernehmen. Nur wenn wir das beachten, wenn es uns gelingt, die Zahl der ankommenden Flüchtlinge deutlich zu begrenzen, werden wir auch in Zukunft helfen können. Die Hilfsbereitschaft am Münchener Hauptbahnhof war beispielhaft und zu Herzen gehend. Aber auch hier folgten auf die Willkommensfreude sehr bald die Mühen der Ebene, folgte der Alltag. Jetzt dürfen sich Begeisterte und Besorgte nicht gegenseitig bekämpfen. Herz und Verstand dürfen sich nicht trennen, auch wenn nichts dagegen spricht, dass die Jungen mehr Herz und die Älteren mehr Verstand walten lassen. Vor allem in den Kommunen – von Bürgermeistern und Landräten und vielen ehrenamtlichen Helfern – ist Bewundernswertes geleistet worden und wird noch tagtäglich Außergewöhnliches geleistet.

Meine Position ist eindeutig: Wir haben uns unsere Hausordnung gegeben, das Grundgesetz. Es steht am Ende eines unendlich mühsamen und opfervollen Weges voller Irrungen und Wirrungen, von der Wartburg 1827 über das Hambacher Fest 1832 und die Paulskirche 1848. Über die Urkatastrophe des zwanzigsten Jahrhunderts, den Ersten Weltkrieg, das Scheitern der Weimarer Republik, den NS-Unrechtsstaat, die totale Niederlage von 1945 führte unserer Weg bis zur Gründung der Bundesrepublik und schließlich bis zur Wiedervereinigung unseres Vaterlandes.

Wir sind für unsere endlich erreichte und mit großer Zustimmung begrüßte Hausordnung dankbar. Sie hat uns die längste Friedensperiode unserer Geschichte gewährt und uns Wohlstand gebracht. Wer auf Dauer bei uns einziehen will, muss diese Hausordnung achten. Wir haben nicht die Absicht, sie zu ändern. Wir müssen denen, die bei uns Zuflucht suchen und die oft mit verkürzten und einseitigen Vorstellungen von unserer Lebenswirklichkeit zu uns kommen, die bei uns geltenden Normen erklären. Sie selbst müssen sich bemühen, Deutschland kennenzulernen. Sie müssen zum Beispiel die deutsche Sprache lernen, und sie müssen wissen, dass bei uns Mann und Frau gleichberechtigt sind und dass das Parlament und das Bundesverfassungsgericht und nicht die Scharia das letzte Wort haben. Wer das nicht will, kann in Deutschland kein dauerhaftes Wohnrecht finden.

Die von der deutschen Bundesregierung und insbesondere von der deutschen Bundeskanzlerin vertretene Flüchtlingspolitik stößt in der immer heftiger werdenden öffentlichen Diskussion auf zunehmende Kritik. Aber auch die Entschlossenheit der Regierenden, ihrer Überzeugung zu folgen, wächst. Die Diskussion gewinnt an Heftigkeit. Solange sie mit sachlichen Argumenten geführt wird, muss das kein Schaden sein. Bedenklich ist, dass auch radikale, nationalistische und euroskeptische Scharfmacher Zulauf erhalten. Umfragen zeigen, dass insbesondere die AfD Protestwähler aus CDU, SPD und Grünen, aber auch von den Linken an sich zieht. Dieser gefährlichen Entwicklung muss Einhalt geboten werden. Mit rechtsradikalen Kohorten dürfen Demokraten nichts zu tun haben. Ihnen sollte gemeinsam die Stirn geboten werden.

Immer wieder wird versucht, Unterschiede zwischen West- und Ostdeutschland, zwischen den alten und den jungen Ländern der Bundesrepublik Deutschland zu konstruieren. Auch das sollten wir nicht zulassen. Es ist richtig, dass die jungen Länder über weniger Erfahrung mit Flüchtlingen aus anderen Kulturkreisen verfügen. Und dass die beiden, wenn auch sehr unterschiedlichen Diktaturen, in denen die Ostdeutschen über mehr als 55 Jahre leben mussten, sie für die Stabilität der endlich erreichten freiheitlichen Ordnung besonders sensibel gemacht haben. Aber ebenso richtig ist, dass rechtsradikale Parteien in einigen westdeutschen Ländern mehrere Legislaturperioden hindurch Landesparlamenten angehört haben, während sie zum Beispiel in Thüringen zu keiner Zeit die Fünf-Prozent-Hürde überwunden haben.

Es bleibt ungewöhnlich viel zu tun, in Deutschland und in Europa. Wieder steht nicht nur Deutschland, sondern vor allem Europa an einem, vielleicht sogar historischen Scheideweg. Schaffen wir das? Ja, wir schaffen das. So wie wir alle bisherigen Herausforderungen schließlich, und oft erst nach großen Anstrengungen, bestanden haben. Der Verrat unserer Prinzipien, der Zerfall der Europäischen Union, die Kapitulation vor der Zukunft wäre die Alternative. Weil wir sie nicht wollen, müssen wir es schaffen!

GREGOR WOSCHNAGG

Europa ist nicht Lösung, sondern Teil des Problems

Einleitend wird der Vielvölkerstaat der k. u. k.-Monarchie mit der EU verglichen und Gemeinsamkeiten werden aufgezeigt. Die stufenweise Erweiterung und Vertiefung der Europäischen Integration in den letzten 60 Jahren hat zur derzeitigen „differenzierten Integration" geführt. Das Wirken der zentrifugalen (BEXIT), aber auch der zentripedalen Kräfte an der EU zeigen die Grenzen der EU auf. Meinungsumfragen legen einen beunruhigenden Vertrauensverlust der Bürger zu den Regierenden auf Ebene der Regionen, der Mitgliedsstaaten und der EU dar. Es wird die gegenseitige Abhängigkeit zwischen der EU, der Republik Österreich und den Bundesländern aufgezeigt, die in einer Art Lebenssymbiose als kommunizierende Gefäße zusammenwirken müssen. Abschließend wird dargelegt, wie die EU in die Lage versetzt werden könnte, künftighin eine Summe der Stärken und nicht — wie bei der Flüchtlingskrise — eine Summe der Schwächen der Mitgliedsstaaten zu repräsentieren.

Napoleon Bonapartes Zitat: „L'Autriche est toujours en retard, d'une armée, d'une année, d'une idée" (Österreich ist immer im Hintertreffen – um eine Armee, um ein Jahr, um eine Idee). Franz Grillparzers Zitat aus „König Ottokars Glück und Ende": „Das ist der Fluch von diesem edlen Hause, auf halben Wegen und mit halber Kraft zu halben Zielen zögernd fortzuschreiten." Sind diese zwei kritischen Zitate nur an das Habsburgerreich gerichtet, gelten sie für das heutige Österreich und/oder auch für die heutige EU?

Vielvölkerstaat Österreich-Ungarn als Wurzel der EU

Rückblickend können durchaus Ähnlichkeiten zwischen der nach 600 Jahren untergegangenen Habsburgermonarchie und der heutigen EU ausgemacht werden. Beide stellen nicht einen Nationalstaat, sondern ein kompliziertes Gebilde aus Staaten, Nationen, einer zentralistischen Bürokratie und lokalen Einheiten mit relativ starker Autonomie dar. Sowohl das Habsburgerreich als auch die EU haben im Laufe der Geschichte wiederholt den Namen geändert. Beide sind primär durch freiwillige Beitritte größer geworden; das Habsburgerreich am nachhaltigsten durch seine geschickte Heiratspolitik und weniger durch militärische Eroberungen. Beide umfassen ein Mosaik sich vermischender Kulturen und Sprachen. Trotz dieser Vielfalt hat die Habsburgermonarchie ihren Völkern über viele hundert Jahre relativen Frieden sichern können.

Die EU wird durch eine in Brüssel und den Mitgliedsstaaten arbeitende Bürokratie zusammen gehalten, die ein transnationales Regelwerk („Acquis communautaire") – vom Binnenmarkt bis zu Schengen – umsetzt und sich bemüht, große und kleine, reiche und arme Mitgliedsstaaten gleichzubehandeln. In ähnlicher Weise wurde Österreich-Ungarn durch eine transnationale Bürokratie und auch durch das multinationale Heer, die sich als „kakanisch" empfunden haben, zusammengehalten. Im Ersten Weltkrieg haben die erst 1908 annektierten muslimischen Bosniaken zu den loyalsten Truppen der katholischen Habsburger gehört.

Besonders die kleinen Völker haben den Schutz des Habsburgerreiches gesucht, um nicht unter den Nationalstaatsanspruch von Deutschland oder Russland zu fallen. Die Gewährung des Selbstbestimmungsrechtes für die Nachfolgestaaten der k. u. k. Monarchie erwies sich aber als ein Danaergeschenk der Siegermächte, da diese Nachfolgestaaten schutzlos den großen Nachbarn und – mangels supranationaler Hilfe und Kontrolle – ihren eigenen labilen politischen Kulturen ausgeliefert waren.

Nach dem Zusammenbruch der Sowjetunion haben diese Staaten nicht nur ihre Freiheit wiedergewinnen können, sondern auch unter dem Schutzmantel der EU die demokratischen Strukturen und die Marktwirtschaft wieder errichten und unter dem Schutzschild der NATO somit auch ihre Sicherheit bewahren können.

Der Erste Weltkrieg führte zur Auflösung des Vielvölkerstaates Österreich-Ungarn, zur Revolution in Russland und dann in der Zwischenkriegszeit zur Inflation und, ausgelöst durch Bankenzusammenbrüche, in Österreich zur wirtschaftlichen Depression und daraus resultierend zum Aufstieg des Nationalsozialismus und zum Ausbruch des Zweiten Weltkrieges.

Um die Wiederholung eines Krieges zwischen Deutschland und Frankreich zu unterbinden und der sowjetischen Bedrohung entgegentreten zu können, wurde als kollektives Sicherheitsorgan 1949 die NATO geschaffen.

Die 1951 errichtete Europäische Gemeinschaft für Kohle und Stahl/ EGKS hat durch eine gemeinsame supranationale Verwaltung der Stahl- und Kohleproduktion sicherstellen wollen, dass weder Deutschland noch Frankreich eine geheime Aufrüstung verfolgen konnten, ohne dass dies auch EGKS-Partner erfahren hätte. Der Versuch einer gemeinsamen Europa-Armee scheiterte 1954 durch die Nicht-Ratifizierung der „Europäischen Verteidigungsgemeinschaft" vonseiten Frankreichs. Um von dieser integrationspolitischen Niederlage ablenken zu können, wurde das supranationale EGKS-Konzept 1957 über die Römer Verträge auf die Wirtschaft durch die Europäische Wirtschaftsgemeinschaft/EWG und auf die Atomkraft mit EU-RATOM übertragen.

Erweiterung und Vertiefung der Europäischen Integration

Am Beginn (EGKS und Römer Verträge) umfassten die Europäische Integration drei große (D, F, I) und drei kleine Mitgliedsstaaten (BE, NL, LUX), weshalb beim Vorsitz im Rat eine gleichberechtigte halbjährliche Rotation eingeführt wurde. Heute umfasst die EU 28 Mitgliedsstaaten davon sechs große Mitgliedsstaaten (D, F, I, UK, ES, PL) und 22 Mitgliedsstaaten von mittlerer (wie A) oder kleiner (wie LUX) Größe, weshalb eine Ausübung des halbjährlichen Vorsitzes jetzt schon 14 Jahre auf sich warten lässt. Alle Mitgliedsstaaten – ob groß oder klein – haben mit der Vorsitzfunktion Probleme, weil es in den nationalen Verwaltungen nach Ablauf von 14 Jahren keine „institutional memory" mehr gibt. Österreich wird den nächsten EU-Vorsitz in der ersten Jahreshälfte 2019 nach der nächsten Nationalratswahl ausüben.

Mit der Aufnahme neuer Mitgliedsstaaten und nach jeder Revision der Römer Verträge hat sich die EU schrittweise vertieft und eine komplizierte „differenzierte Integration" errichtet:

- 1973: Aufnahme von Großbritannien/GB, Irland/IRL und Dänemark/ DN. Während vor 1973 in den EU-Institutionen Französisch die dominierende Sprache war, fungiert heute Englisch als bevorzugte Sprache, wobei es in der Europäischen Kommission nur drei Arbeitssprachen – Deutsch, Französisch und Englisch – gibt. In Sitzungen des Rates werden die 24 Amtssprachen simultan übersetzt. Mit GB hat auch in Brüssel eine pragmatischere und marktwirtschaftlichere Sichtweise Einzug gehalten. Der erfolgreiche Ausbau des Binnenmarktes ist auf britische Initiative zurückzuführen; Premierministerin Thatcher hat die Einheitliche Europäische Akte/EEA 1986 betrieben, mit denen die für den Binnenmarkt nötigen Politiken von der Einstimmigkeit in die qualifizierte Mehrheit übergeführt und dadurch Blockaden einzelner Mitgliedsstaaten unmöglich gemacht wurden. Der konservative Politiker, Lord Cockfield, wurde von Premierministerin Thatcher als Binnenmarkt-Kommissar nach Brüssel entsandt, der ein Weißbuch mit 300 Vorschlägen mit konkreten Maßnahmen vorlegte, um bis 1992 einen „echten Binnenmarkt ohne materielle, technische und steuerlichen Schranken zu schaffen". Damit wurde der im Römer-Vertrag verwendete Begriff des „Gemeinsamen Marktes" durch den „Binnenmarkt" ersetzt.

- Die Erweiterung um Griechenland/GR 1981 und Spanien/ES sowie Portugal/P 1986 wird als „Süderweiterung" bezeichnet, womit die EU sicherstellen konnte, dass diese drei Staaten weder ins kommunistische

Fahrwasser geraten, noch wie Griechenland wieder in eine Militärdiktatur zurückfallen können. Mit der Süderweiterung musste auch die Strukturpolitik ausgeweitet werden, um die Kohärenz der nördlichen Industriestaaten und den südlichen Agrarstaaten schrittweise verbessern zu können.

- 1995: Mit dem Beitritt der ehemaligen EFTA-Staaten Österreich/A, Schweden/S und Finnland/SF wurde das Konzept der Subsidiarität verankert und durch den österreichischen Beitrittsantrag – vor dem Fall der Mauer in Berlin – eine langsame Öffnung der Türen der Europäischen Integration in Richtung Osten ermöglicht. Diese drei neuen Mitgliedsstaaten konnten neue Konzepte der nachhaltigen Entwicklung und des Umweltschutzes in der EU stärker verankern.
- Der Maastricht-Vertrag von 1992 stellt die Antwort auf die Umbrüche des Jahres 1989 (Zusammenbruch der Sowjetunion und die Wiedervereinigung Deutschlands) mittels einer mutigen Überarbeitung der bisherigen Regeln durch Vertiefung dar. Bundeskanzler Kohl hat als Historiker erkannt, dass es nun erforderlich ist, ein „europäisches Deutschland" und nicht ein „deutsches Europa" mit der Ablösung der D-Mark durch eine europäische Einheitswährung – Euro – zu schaffen. Gleichzeitig wurde ein gemeinsames Dach für EGKS, EWG und EURATOM durch die gemeinsame Europäische Union/EU errichtet.
- Der Amsterdam-Vertrag 1999 begründete das Drei-Säulen-Modell und richtete den Posten eines Hohen Vertreter für Außen- und Sicherheitspolitik, der mit dem ehemaligen spanischen Außenminister Solana besetzt wurde, ein. Dadurch hat die EU stufenweise eine außenpolitische Dimension aufbauen können, um nicht mehr ständig mit dem Vorwurf, „ein politischer Riese, aber ein außenpolitischer Zwerg" zu sein, konfrontiert zu werden.
- Der Nizza-Vertrag 2001 sollte die EU fit für die kommende große Erweiterung machen, was aber nur teilweise gelang.
- Der Verfassungsvertrag 2004 wurde mittels eines Konvents, in dem die nationalen Abgeordneten und die Abgeordneten des Europäischen Parlaments eine Mehrheit hatten, verhandelt. Der Verfassungsvertrag stellte eine grundlegende Überarbeitung der EU und Zusammenfassung aller in verschiedenen Rechtsquellen enthaltenen Normen des Primärrechtes

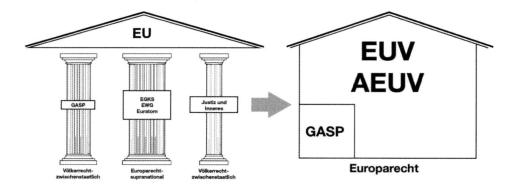

Von „3-Säulen-Model" des Amsterdamer Vertrages zu „Haus Europa" des Lissabon Vertrages

(= EU-Verfassung) dar, die in einen einzigen Vertrag zusammengezogen wurden; Ausnahme EURATOM, da zwischen den Antiatom- und Pro-Atom Mitgliedsstaaten (MS) keine Einigung über eine Revision erzielt werden konnte. Es erfolgte eine neue Neue EK (Europäische Kommission)-Zusammensetzung, damit nach einer Übergangszeit nicht mehr jeder Mitgliedsstaaten einen Kommissar ernennen kann. Dann wurd der Posten eines „Europäischen Außenministers" und „Ständigen Vorsitzenden des Europäischen Rates" für 2 ½ Jahre geschaffen etc. 2006 wurde die Ratifikation von F (wegen Referendum mit 56 % „non") und NL (Referendum mit 61,6 % „nee") abgelehnt.

• 2004 fand die größte EU-Erweiterung mit Tschechien, Zypern, Estland, Ungarn, Lettland, Litauen, Malta, Polen, Slowakei und Slowenien statt, die 2007 um Bulgarien und Rumänien ergänzt wurde. Diese EU-Erweiterung um zwölf neue Mitgliedsstaaten sicherte einerseits einen geordneten Übergang der ehemaligen Staaten von der kommunistischen Zwangswirtschaft in die freie Marktwirtschaft und bewahrte diese Staaten durch Stärkung der demokratischen Institutionen vor einem Abgleiten entweder in einen Rechts- oder Linksradikalismus. Diese Erweiterung um zwölf EU-MS überforderte aber die EU-Institutionen und führte bei den alten EU-MS zu einem „enlargement fatigue". Die neue Juncker-Kommission hat angesichts dieser „enlargement fatigue"

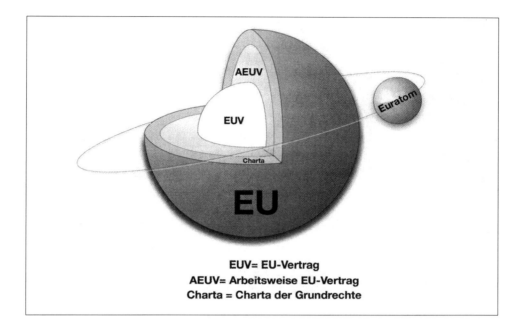

EUV= EU-Vertrag
AEUV= Arbeitsweise EU-Vertrag
Charta = Charta der Grundrechte

und den Auswirkungen der Wirtschafts- und Finanzkrise einen „Erweiterungsstopp" bis 2019 dekretiert.

• Der Lissabon-Vertrag kam 2009 erst nach einer sehr langen Periode der Ratlosigkeit, wie mit der Ablehnung des Verfassungsvertrages durch die zwei Gründungsstaaten – F, NL – umgegangen werden sollte (nach klassischer Methode: kein neuer Vertrag, sondern wie bisher eine schwer lesbare Novellierung der Römer Verträge), zustande. Der Lissabon-Vertrag umfasste ca. 80 % der Bestimmungen des abgelehnten Verfassungsvertrages in zwei Teilen, dem EU-Vertrag (EUV) und den Vertrag über die Arbeitsweise der EU (AEUV). Die EU kann nach dem Lissabon-Vertrag in dem folgenden Schaubild dargestellt werden:

Differenzierte Union

Mit der Erweiterung der EU auf 28 Mitgliedsstaaten verstärken sich naturgemäß die zentrifugalen Kräfte, und es fühlen sich nicht mehr alle Mitgliedsstaaten in diesem einheitlichen Rahmen wohl, weshalb sich eine dif-

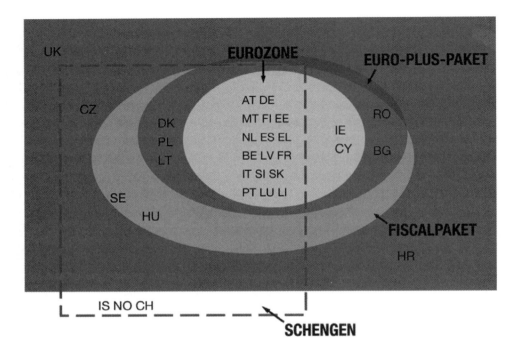

ferenzierte Union schrittweise ausgebildet hat, die folgende komplizierte Strukturen aufweist (s. Grafik).

EU = 28 Mitgliedsstaaten
*   Schengen = 26 MS (UK, IE mit „Opt-out", CY, RO, BG, HR/erfüllen Schengen-Kriterien noch nicht, IS, LI, NO, CH)
*   Eurozone = 19 MS (opt out: UK, DN aber alle anderen EU-MS – „Pre-ins" genannt – sollten nach Maastricht-Vertrag beitreten, wenn sie Konvergenzkriterien erfüllen), + Monaco, San Marino, Vatikan auf Basis eines Abkommens mit EU; + Andorra, Kosovo, Montenegro de facto.
*   Euro-Plus-Paket = 18 MS + 6 „Pre-ns". Wirtschaftspolitisches Pflicht-heft der WWU und Konjunkturzyklen-konvergenz aber ohne Sankti-onen (2014).
*   Fiskalpaket = Alle EU-MS ohne UK, CZ (will aber beitreten), HR (Vertrag über Stabilität, Koordinierung und Steuerung der WWU). Das

strukturelle Defizit darf 0,5 % nicht übersteigen, aber wenn die gesamte Verschuldung nicht „erheblich" über 60 % liegt, darf das Defizit bis zu einem Prozent des BIP gehen. Schuldenbremse in den Verfassungsrang; bei Überschreiten kann von EK beim EUGH geklagt werden; Urteil verbindlich mit der Strafe bis 0,1 % des BIP, welche in den ESM eingezahlt werden muss.

- ESM: Der Europäische Stabilitätsmechanismus/ESM kann bis € 500 Mrd. Kredite für Mitgliedsstaaten gegen Reformzusagen vergeben. Der ESM ist ein völkerrechtlicher Vertrag außerhalb der EU mit Teilnehmern der Eurogruppe + BG, DN, LIT, PL, ROM.
- Verstärkte Zusammenarbeit: besteht aus mindestens neun MS; ist letzter Ausweg, wenn Kooperationsziel nicht innerhalb eines „vernünftigen Zeitraumes" in der ganzen EU erreicht werden kann, z. B. Regeln über Scheidungen (14 MS), Einheitliches Patent (25 Mitgliedsstaaten ohne IT, ES, PL); Finanztransaktionssteuer (zehn MS) noch nicht beschlossen.

Stößt die EU an ihre Grenzen?

Mit der schrittweisen Erweiterung der EU auf 28 Mitgliedsstaaten wurde im gleichen Tempo auch eine Vertiefung der EU realisiert, obzwar es dabei nur ungenügend gelang, die zentrifugalen Kräfte durch die zentripetalen Kräfte (wie Vertiefung und neue Bereiche wie den Europäischen Auswärtigen Dienst) im Gleichgewicht zu halten. Nachdem Slowenien und Kroatien EU-MS wurden, streben die restlichen Balkanstaaten und auch die Türkei nach der EU-Mitgliedschaft, wogegen in GB sich der Wunsch nach Austritt aus der EU (BREXIT) offensichtlich verstärkt.

Seit dem Vertrag von Lissabon 2009 besitzt die EU erstmals über einen Artikel 50 EUV, der den Austritt aus der EU regelt (Mitteilung an den Rat, Abkommen über Einzelheiten des Austritts, Rat beschließt mit qualifizierter Mehrheit ohne Teilnahme des austretenden Mitgliedes). Sollte das Verfahren verzögert werden, kann dieser Staat zwei Jahre nach Mitteilung an den Rat auch ohne Abkommen austreten.

Premierminister Cameron hat mit der Ankündigung eines „In or out"-Referendum bis 2017 bei der letzten Wahl die UK Independence

Party erfolgreich an den Rand gedrängt und die absolute Mehrheit erlangt. Premiermkinister Cameron hat im November 2015 seine europapolitische Wunschliste präsentiert, die zu 80 % erfüllbar erscheint.

Ein Austritt von GB wäre wahrscheinlich sehr schlecht für die EU (Verlust von 16 % des EU-BIP, Verlust eines wirtschaftsliberalen EU-MS, etc. ...), aber höchstwahrscheinlich eine Katastrophe für GB, welches dann nur über unbefriedigende Alternativen verfügen würde. Bis 2017 wird man mit einer Debatte über Europa und GB rechnen müssen, deren Ausgang sich derzeit nicht voraussagen lässt.

Wie kann Kohärenz zwischen der EU und den Mitgliedsstaaten verbessert werden?

Die neue EU besitzt nach dem Vertrag von Lissabon (Art 47 EUV) Rechtspersönlichkeit. Sie ist damit fähig, Trägerin von Rechten und Pflichten zu sein. Die EU ist Rechtsnachfolgerin der Europäischen Gemeinschaft, die mit Inkrafttreten des Vertrags von Lissabon erloschen ist.

Die neue EU übernimmt von der EG die Eigenschaft als supranationale Organisation.

Supranationalität beschreibt die Möglichkeit einer internationalen Organisation, unabhängig von den Parlamenten der MS eigene Rechtsakte zu erlassen, die für die jeweiligen Staaten und u. U. auch derer Bürger unmittelbar verbindlich sind. Diese Organisationen verfügen somit über selbstständige, von den MS unabhängige, Hoheitsrechte. Die Supranationalität umfasst drei wesentliche Elemente:

- Vorrang der jeweiligen Rechtsakte vor mitgliedsstaatlichen Recht (siehe EuGH, Rs. 6/64, Costa/ENEL);
- unmittelbare Wirkung einzelner Normen (siehe EuGH, Rs 26/62 van Gend & Loos), verbunden mit der
- Begründung von Rechten und Pflichten Einzelner.

Die EU kann Verordnungen (Art 288/2 AEU) direkt ohne Umsetzungsakt der MS erlassen, die im Hoheitsbereich der MS verbindlich wirken. Diese müssen von der Verwaltung und den Gerichten wie nationale Gesetze unmittelbar angewandt werden. Entgegenstehende nationale Gesetze müssen hinter EU-Verordnungen zurücktreten. Die EU-Verordnung genießt also Vorrang vor nationalen Gesetzen. Bereiche der Gemeinsamen Außen- und Sicherheitspolitik (GASP) können aufgrund der bestehenden Regelungen nicht als supranational bezeichnet werden. Die „neue EU" könnte somit auch als „teilsupranational" bezeichnet werden.

Die Völkerrechtstheorie hat ursprünglich die EG als einen gewöhnlichen intergouvernementalen Zusammenschluss bezeichnet, was wegen der Supranationalität der EU heute nicht mehr vertretbar erscheint.

Auf der entgegengesetzten Seite wird von einigen Experten die EU als bundesstaatlich bezeichnet (Bundesstaatstheorie), weil sich das EU-Recht und das Recht der MS, zueinander wie ein Bundesstaat zu Landesrecht verhalten. Problematisch an der Bundesstaatstheorie ist die Tatsache, dass die EU nicht über die Kompetenz-Kompetenz verfügt, weil sie nicht die Möglichkeit hat, ihre Kompetenzen zu erweitern. Eine Kompetenzerweiterung kann nur vor den EU-MS (Art. 48 EUV) über eine Vertragsänderung und darauffolgende Ratifikation durch die nationalen Parlamente erfolgen.

Nach der unionsrechtlichen Theorie stellt die EU eine gänzlich neue Form der völkerrechtlichen Verbindung von Staaten dar, die weder als Bundesstaat noch als völkerrechtliche Verbindung von Staaten einzuordnen ist. Demnach ist die EU eine noch im Fluss befindliche Gemeinschaft eigener Art („Sui-generis-Theorie" des deutschen Bundesverfassungsgerichtshof, der die EU als „Staatenverbund" bezeichnete, d. h. kein sich „auf ein europäisches Staatsvolk stützender Staat").

EU als Rechtsunion

Um sicherzustellen, dass Europarecht überall gleich angewendet wird, gibt es das Vorabentscheidungsverfahren (siehe Artikel 267 AEUV), wodurch bei einem Europarecht betreffende Rechtsfragen jedes kleine Bezirksgericht beim Europäischen Gerichtshof/EUGH in Luxemburg die korrekte Interpretation für den aktuellen Rechtsfall anfragen (der jeweilige nationale Oberste Gerichtshof jedoch anfragen muss) und darauf vertrauen kann, dass es innerhalb einer Frist von maximal zwei Jahren eine authentische Interpretation des EUGH erhält.

Österreich hat bei seinem EU-Vorsitz 2006 ein Programm „Bessere Rechtssetzung" initiiert, um den Umfang der EU-Rechtsnormen („Acquis") zu vereinfachen und zu reduzieren. In diesem Sinne hat die EK seither insgesamt 409 Vorschläge für neue Rechtsnormen zurückgezogen. Es wurden außerdem seither insgesamt 6.560 Rechtsakte abgeschafft oder diese sind ausgelaufen, davon über 1.800 als Ergebnis einer Kodifizierung oder Novellierung. Es handelt sich hierbei um ein mühsames, aber notwendiges Unterfangen, um den EU-Bürgern einen leichteren Zugang zum EU-Recht zu ermöglichen. Ferner ist die EK verpflichtet, bei jedem Rechtsakt eine Kostenschätzung des Verwaltungsaufwandes zu machen, um dann besser entscheiden zu können, ob dieser geplante Rechtsakt kosteneffizient ist oder nicht. Mit Oktober 2015 sind 4.200 EU-Rechtsakte in Kraft, die periodisch überprüft werden müssen. Ähnliche Maßnahmen in den MS könnten auch positive Ergebnisse zeitigen.

Eine so enge Beziehung wie zwischen den Gerichten besteht leider nicht zwischen dem Europäischen Parlament/EP und den nationalen Parlamenten, weshalb sich diese oft in einem Spannungsverhältnis befinden. Bedauerlicherweise ist der Vorschlag des Europäischen Konvents für den Verfassungsvertrag nicht realisiert worden, der 2003 die Errichtung einer jährlichen Versammlung – bestehend aus EP-Mitgliedern und Mitgliedern nationaler Parlamente – vorsah. Eine solche Versammlung hätte die doppelte Legitimität der meisten wichtigen Entscheidungen und deren Visibilität verstärkt.

Der vom EP immer wieder artikulierte Vorwurf eines „EU-Demokratiedefizites" hält jedoch einer genaueren Untersuchung nicht stand. Manch einer in Brüssel behauptet im Gegensatz dazu, dass die „EU überdemokratisiert" sei – wie auch der ehemalige Präsident des Europäischen Rates (ER-Präsident) Van Rompuy argumentiert –, da sie sich auf eine doppelte demokratische Legitimation abstützt. Erstens durch die Wahlen in den MS, durch deren demokratische Kontrolle der Minister im Rat und zweitens durch das direkt gewählte Europäische Parlament. Dass diese zwei parlamentarischen Institutionen auch zusammenstoßen können, ist nicht ungewöhnlich, da es auch in föderalen Staaten wiederholt zu solchen Konflikten über Fragen des Föderalismus kommen kann.

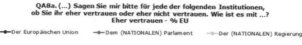

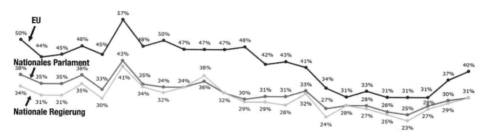

(Quelle: Eurobarometer Frühjahr 2015)

Kann der Vertrauensverlust der Regionen zu den Mitgliedsstaaten und zur EU wieder verbessert werden?

Die EU ist als Kopfgeburt nach dem Zweiten Weltkrieg entstanden in einer Art „Top-down"-Prozedur. Es muss aber heute die Frage gestellt werden, ob der Zusammenhalt zwischen den Zivilgesellschaften, den Regionen, Mitgliedsstaaten und der EU selbst in einem „Bottom-up"-Verfahren – d. h. mittels einer „Bauchgeburt" – wieder gefestigt werden kann?

Das Eurobarometer des Europäischen Parlaments stellt seit 2004 periodisch die Frage: „Vertrauen Sie diesen Institutionen wie EU, dem nationalen Parlament und der nationalen Regierung?" Die nachstehende Auswertung dieser Frage muss jeden politisch denkenden Menschen sehr nachdenklich stimmen, da sie darlegt, dass generell das politische Vertrauen der Bürger national wie auf europäischer Ebene stetig abnimmt.

Da es keine „europäische Nation" gibt, kann sich die EU wohl nicht fließend in Richtung „Vereinigte Staaten Europas" entwickeln; dies könnte möglicherweise nur nach einer Katastrophe – wie nach einem Dritten Weltkrieg – der Fall sein. Die EU leitet aber ihre Glaubwürdigkeit von der Gültigkeit der gemeinsam akzeptierten Normen ab. Ohne Unterstützung durch die Bevölkerung kann keine echte Demokratie entstehen, weil diese aus einer Regierung durch und für die Bevölkerung besteht. Was kann gemacht werden, um die zunehmende Entfremdung der Völker zu den Regierenden auf regionaler, nationaler und europäischer Ebene wieder zu verringern?

Hier wäre ein umfangreicher Maßnahmenkatalog in Angriff zu nehmen. Notwendig wäre die bessere Ausbildung der Lehrer, um sie über die Funktion und Arbeit der europäischen Integration auf allen Ebenen zu informieren. Vor dem österreichischen EU-Beitritt wurde unter dem Slogan „1.000 Lehrer nach Brüssel" Lehrer nach Brüssel, Straßburg und Luxemburg in einer einwöchigen Busfahrt entsandt, damit diese den Schülern Auskunft über die praktische Arbeit der EU erteilen konnten. Dieses Programm wurde leider nach dem erfolgreichen Beitrittsreferendum eingestellt.

In gleicher Weise müsste die Universitätsausbildung europäisiert werden, in dem man möglichst vielen Studenten ein Auslandsstudium im Erasmusprogramm ermöglicht. Die nächste europäische politische Führung wird sich bestimmt primär aus den proeuropäischen und sprachgewandten Erasmus-Absolventen rekrutieren.

Den Journalisten als wichtige Multiplikatoren wie auch den Bürgermeistern und Landtagsabgeordneten sollten periodische Brüssel-Reisen ermöglicht werden, um diese in die Lage zu versetzen, aus eigener Erfahrung über die Arbeit in den europäischen Institutionen zu berichten. Die Erfahrungen über die Alltagsarbeit in den Europäischen Institutionen hat bisher selbst die größten Kritiker eine ausreichend fundierte Haltung einnehmen lassen und/oder eines Besseren belehrt

Lebenssymbiose von EU, Republik Österreich und Bundesländern

Die EU wurde geschaffen, um eine Klammer zwischen der europäischen zur nationalen und regionalen politischen Ebene zu bilden, in einer Art Lebenssymbiose, die sich gegenseitig durchblutet, wie ein kommunizierendes Gefäß.

Europas Rolle in der Welt ist derzeit durch seinen Sieben-Prozent-Anteil an der Weltbevölkerung, 25 % am Welt-BNP und 50 % an den

Weltsozialausgaben gekennzeichnet. Ohne die Europäische Integration wird die Rolle der EU im Vergleich mit dem Aufstieg der neuen Mächte und Wirtschaftsblöcke zunehmend erodieren, und es besteht die große Gefahr, dass die EU zum Spielball der neuen Mächte degradiert wird. Auch in den kommenden Jahren wird Europa angesichts der Flüchtlingsströme größere Anstrengungen zum Schutz der Außengrenzen mittels personeller und finanzieller Aufwertung der EU-Agentur FRONTEX leisten und in der EU-Außenpolitik sein gemeinsames Gewicht besser zur Geltung bringen müssen.

Ohne funktionierende Integration ist die nunmehr neu entstehende Europa-Generation praktisch nicht mehr vorstellbar. Es ist sicherlich nicht alles gut, was „aus Brüssel" kommt", „ohne Brüssel" aber wäre höchstwahrscheinlich vieles weitaus schlechter!

Es erstaunt aber die mündigen Bürger stets, wenn österreichische Politiker in Interviews verlangen bzw. argumentieren, „die EU muss" oder „ich verlange von der EU …" Warum? Weil wir die EU sind und die EU von den MS geschaffen wurde, um Probleme leichter zu bewältigen, die ansonsten national wie regional nur unzureichend gelöst werden können.

Die EK in ihrer Funktion als „Hüterin der Verträge, hat die Verpflichtung, Verstöße gegen das Funktionieren des Binnenmarktes zu verfolgen und notfalls Vertragsverletzungsverfahren auch gegen Firmen und Mitgliedsstaaten einzuleiten. Damit sichert sie den EU-Bürgern, aber auch den MS, dass die Binnenmarktregeln auch von den großen Mitgliedsstaaten und großen Firmen eingehalten werden

Insbesondere die Wettbewerbspolitik ist neben der Beihilfepolitik und Agrarpolitik der einzige bedeutende Tätigkeitsbereich der Union, in dem nicht nur die Konzeption der Verwaltung weitgehend der EU übertragen ist. Warum haben die Mitgliedsstaaten dieses Recht so weitgehend nach Brüssel abgetreten? Weil sie dadurch potenzielle direkte Konflikte zwischen den Mitgliedsstaaten unterbinden können, da diese reflexartig ihre „nationalen Champions" vor dem Ausland schützen möchten. Die Wettbewerbspolitik wurde daher der EK/GD-Wettbewerb als objektiv agierende Stelle übertragen, um auch das Funktionieren des Binnenmarktes einheitlich und kohärent absichern zu können. Die Entscheidungen der EK/GD-Wettbewerb unterstehen aber der gerichtlichen Kontrolle des

Gerichtshofes der Europäischen Union (EuG) und des Europäischen Gerichtshofes (EUGH).

Ab 4. 11. 2014 ist bei der neuen Bankenunion die erste Säule in Kraft getreten, wodurch die EZB für die Kontrolle der systemrelevanten Banken direkt zuständig wurde und bei den anderen Banken eine Durchgriffsmöglichkeit hat weshalb eine begründete Hoffnung besteht, dass die Gefahr von Bankenzusammenbrüchen früher entdeckt wird und die erforderliche Gegenmaßnahmen rechtzeitig ergriffen werden können.

Den österreichischen Banken wurde als Folge der Finanzmarktkrise eine Bankenabgabe aufgebürdet, die 2015 mit € 640 Mio. in pro Kopf der Bevölkerung 10-mal so hoch wie die deutsche Bankenabgabe ist. Die österreichischen Banken fühlen sich nicht als Verursacher der aus USA nach Europa übergeschwappten Finanzkrise und müssen aus Wettbewerbsgründen die zusätzlichen Kosten der Bankenabgabe – und ab 2016 des Bankeninsolvenzfonds – mit € 350 Mio. auf ihre Kunden abwälzen. Die Bank Austria sucht mit der Verlagerung einiger Bankaktivitäten ins Ausland einen anderen Ausweg, was jedoch mit Verlusten von Arbeitsplätzen in Österreich verbunden sein dürfte.

Wegen des gemeinsamen Binnenmarktes und des gemeinsamen Euros können Fehlverhalten auf einer Ebene oder in einem anderen Mitgliedsstaaten auswirken. Die Krise in Griechenland hat sich überaus schnell auf die Stabilität des Euro insgesamt ausgewirkt.

Die Beauftragung der EU-Stellen in Brüssel mit den oft mühsamen Aufräumungsarbeiten hat letztlich positive Auswirkungen für die EU-Bürger als Konsumenten, wie auch für die Mitgliedsstaaten bei der Bewahrung der Wettbewerbsfähigkeit. Aus diesem Grunde wurde die EK, mit der Aufdeckung von Vertragsverletzungen bei Auftragsvergaben, Verstößen gegen Kartellrecht und eventuellen Konfliktlösungen bei grenzüberschreitenden Firmenübernahmen u. a. m. beauftragt.

Insbesondere gegenüber unsolidarisch agierenden Mitgliedsstaaten könnte somit eine EU ihre potenziellen Stärken zum Tragen bringen – wie mit der Troika im Falle von Griechenland – und in nicht so wichtigen Fällen dagegen, das Prinzip der Subsidiarität walten lassen.

Die jüngste Flüchtlingskrise hat gezeigt, dass nur durch ein koordiniertes Agieren auf EU-Ebene eine tragbare Lösung erarbeitet werden kann und nur durch eine gemeinsame Sicherung der Außengrenzen die große Errungenschaft, „das Schengen-System", aufrechterhalten werden kann.

Nur wenn dies gelingt, wird man nicht mehr von Europa als Teil des Problems, sondern von Europa als Teil einer gemeinsam erarbeiteten Lösung sprechen können.

PETER GRIDLING

Prävention, Vorbeugung und Schutz gegen terroristische Bedrohungen Österreichs

Das Jahr 2015 hat die terroristische Bedrohung Europas vor allem durch islamistischen Terror und die Anschläge in Europa in den Mittelpunkt der Sicherheitswahrnehmungen der Bürger gerückt. In diesem Artikel wird die terroristische Bedrohungslage Österreichs dargelegt, die Reaktion von Politik, Gesellschaft und Behörden erläutert und die Frage des terroristischen Risikos für die Menschen in Österreich betrachtet. Dabei bleiben Fragen wie die Auswirkungen der derzeitigen Migrationsströme sowie die Polarisierung unserer Gesellschaften nicht unbeachtet und wird den Themen Bewusstseinsbildung und Einbindung der Zivilgesellschaft entsprechender Raum gewidmet. Behandelt werden aber auch die innerstaatlichen Maßnahmen von Politik und Behörden sowie die Einbindung des Themas Terrorismus in die nationale und internationale Sicherheitspolitik. Besondere Bedeutung kommt dabei der nationalen Zusammenarbeit von Behörden und Sicherheitsbehörden sowie der internationalen Vernetzung zu. Dadurch soll ein möglichst effizienter und effektiver Beitrag zur inneren Sicherheit Österreichs erreicht werden.

Das Jahr 2015 hat die terroristische Bedrohung Europas vor allem durch islamistischen Terror in den Mittelpunkt der Sicherheitswahrnehmungen der Bürger gerückt. Der Anschlag auf die Redaktion des Satiremagazins Charlie Hebdo und einen jüdischen Supermarkt im Januar in Paris, ein Anschlag auf eine Fabrik und die Enthauptung eines Mannes in Saint-Quentin-Fallavier (Frankreich), die Aushebung einer Terrorzelle in Verviers (Belgien), der Anschlag in einem Hochgeschwindigkeitszug, bei dem nur das beherzte Eingreifen von Passagieren Schlimmes verhindert hat, oder zuletzt die Anschläge in Paris mit über 130 Toten und 350 Verletzten machten deutlich, dass Terrorgefahr nicht nur außerhalb Europas herrscht, sondern dass Terror eine gegenwärtige Gefahr auch in der Europäischen Union darstellt. Davon bleibt Österreich nicht unberührt, und daher stellt sich die Frage: „Ist Österreich auf die Terrorgefahr ausreichend vorbereitet?"

Die terroristische Bedrohungslage in Österreich

Im Vergleich zu anderen europäischen Staaten weist Österreich eine geringe Belastung durch Kriminalität auf. Dies schlägt sich immer wieder in Statistiken hinsichtlich der Lebensqualität nieder. Auch der Umstand, dass Österreich kein nationales Terrorismusproblem hat, führt bei vielen Menschen zu der Annahme, dass Terrorismus woanders stattfindet, aber nicht bei uns. Dies soll und darf aber nicht darüber hinwegtäuschen, dass das Risiko, Opfer von Terrorismus zu werden, auch wenn dies in Österreich gering ist, zu den normalen Risiken im Leben eines Menschen gehört.

Seit Mitte 2014 spitzt sich die terroristische Bedrohung in Europa zu. So hat der selbst ernannte Kalif Abu Bakr al-Baghdadi seine Anhänger dazu aufgerufen, den Kampf auch außerhalb des sogenannten „Islamischen Staates (IS)" zu führen. Einer seiner Sprecher machte dies im September 2014 deutlich, indem er Muslime in aller Welt aufforderte, den Kampf mit allen Mitteln und überall zu führen. Dieser Aufruf fiel offensichtlich auf fruchtbaren Boden, denn er war gefolgt von Anschlägen in Australien und Kanada. Dabei gerieten zunehmend uniformierte Vertreter des Staates ins Visier. Für Österreich schlug sich das in einer abstrakten Drohung gegen Feierlichkeiten rund um den Nationalfeiertag nieder. Um dieser abstrakten Drohung zu begegnen, wurden die Sicherheitsvorkehrungen verstärkt und die Bedrohungslage auf „erhöht" eingestuft und seither beibehalten.

Die Anschläge des Jahres 2015, denen wahllos Menschen zum Opfer fielen, sowie der Umstand, dass es auch in Österreich ein radikalisiertes islamistisches Umfeld gibt, lassen eine Herabstufung der Bedrohung kaum zu. So haben nach Erkenntnissen des Bundesamtes für Verfassungsschutz und Terrorismusbekämpfung (BVT) bis Jahresanfang 2016 nachweislich 259 Personen aus Österreich ihren Weg in den Jihad gesucht. Davon sind 79 nach Österreich zurückgekehrt, 41 Personen wurden an der Ausreise gehindert und vermutlich 43 sind in den Kampfgebieten ums Leben gekommen.[1]

Österreicher in Diensten des IS machten sich auch immer wieder in den sozialen Netzwerken bemerkbar. So rief der bekannte Islamist Mohammed M. wiederholt seine Anhänger in Deutschland und Österreich zu Anschlägen auf. Auch Firas H. stieß Drohungen gegen Österreich aus und ließ dem „Verfassungsschmutz" (sic!) schöne Grüße ausrichten, indem er mit einer Panzerabwehrwaffe drohte. Ein weiterer Österreicher bedrohte seine ehemaligen Mitschüler und versuchte gleichzeitig, Werbung für den IS zu machen sowie Mitglieder zu rekrutieren. In einem kürzlich veröffentlichten Video begrüßte ein angeblich aus Österreich stammender Kämpfer die Anschläge des IS und kündigte weitere an.

Die österreichische Polizei nimmt die islamistische Bedrohung ernst und geht von der Annahme aus, dass jemand, der sich freiwillig einer terroristischen Organisation anschließt und in ihren Dienst tritt, einen Beitrag für die Zwecke dieser Organisation leistet. In jedem bekannt gewordenen Fall wird daher Anzeige an die zuständige Staatsanwaltschaft erstattet.

Die Maßnahmen richten sich jedoch nicht nur gegen Jihad-Reisende, sondern auch gegen ihr Umfeld in Österreich. So wurden nach umfangreichen und aufwändigen Ermittlungen im November 2014 in einer konzertierten Aktion in mehreren Bundesländern Haftbefehle vollstreckt und Hausdurchsuchungen durchgeführt. Ziel der Aktion war das Rekrutierungsnetzwerk um Mirsad O., einem äußerst aktiven Prediger und Rekrutierer für die islamistische Szene im deutschen Sprachraum. Mit diesen Fest-

---

1   Quelle: Bundesamt für Verfassungsschutz und Terrorismusbekämpfung, Stand Januar 2016.

nahmen wurden islamistische Aktivitäten nicht nur in Österreich, sondern auch in den Westbalkanstaaten für einen längeren Zeitraum unterbunden bzw. gestört.

Die Situation im Nahen Osten führt bereits seit Jahren zu Flüchtlingsbewegungen, vor allem in die Nachbarstaaten Syriens und des Irak. Davon blieben auch die europäischen Staaten nicht unberührt. Im September 2015 kam es allerdings zu einem massiven Anstieg der Flüchtlingszahlen. Die Flüchtlingsströme konzentrierten sich auf einzelne Grenzübergänge und stellten deshalb die Behörden vor fast unlösbare Aufgaben. Unmittelbar nach Beginn dieser Flüchtlingswelle kam es zu Befürchtungen, dass diese Welle dazu benutzt wird, Terroristen nach Europa zu schleusen, damit sie hier Anschläge begehen. Wenngleich die Sicherheitsbehörden das Risiko nicht ausschließen, muss angemerkt werden, dass Gefahren, wie das hohe Erkennungsrisiko, die zahlreichen Kontrollen sowie die teilweise gefährlichen Reisemittel, ein hohes Operationsrisiko darstellen und dass es sicherere Möglichkeiten zur Etablierung terroristischer Zellen in der westlichen Gesellschaft gibt.

Trotz des Umstandes, dass der überwiegende Teil der Flüchtlinge nicht Österreich als Ziel hat, stieg auch bei uns die Zahl der Asylwerber im Jahr 2015 um das Vierfache im Vergleich zu 2014, und es wird großer Anstrengungen bedürfen, die über 90.000 Menschen, die in Österreich um Asyl angesucht haben, zu integrieren. Und ein Ende der Flüchtlingswelle ist auch 2016 nicht abzusehen. Da es sich bei den Flüchtlingen fast ausschließlich um Muslime handelt, wächst auch die muslimische Gemeinde kräftig. Für 2015 ist ein Zuwachs von 15 Prozent anzunehmen. Aus Integrationssicht gilt es zu berücksichtigen, dass diese Personen nicht in Europa sozialisiert wurden und daher mit unseren Werten und unserer Kultur sowie den demokratischen Spielregeln wenig bis gar nicht vertraut sind. Auch die Sprachkenntnisse und das Bildungsniveau sind Integrationsrisiken, die entsprechend beachtet werden müssen.

Der sichtbare Zuwachs des Fremden führt auch zu einer zunehmenden Polarisierung in unserer Gesellschaft. Als Folge werden Themen, die ursprünglich im rechtsradikalen bzw. rechtsextremen Lager beheimatet waren, in der politischen Mitte salonfähig. Dies zeigt sich auch im öffentlichen Raum, wo sich immer öfter Unterstützer und Gegner gegenüberstehen und die Gefahr von Protestgewalt permanent steigt.

Die gegenwärtige Situation zeigt sich auch in diversen Statistiken. So stieg die Anzahl der Anzeigen wegen rechtsextremistischer Straftaten deutlich an. Bei Anzeigen wegen fremdenfeindlicher, rassistischer Straftaten fällt die Steigerung noch deutlicher auf. Die Auswertung von Anzeigen wegen asylfeindlicher Straftaten zeigt für den Jahresverlauf 2015 einen dramatischen Anstieg und auch die Anzeigen wegen islamfeindlicher Straftaten nahmen zu.[2]

Trotz dieser zunehmend gefährlichen Entwicklung darf nicht übersehen werden, dass andere terroristische Risiken, wie die Aktivitäten von al-Qaida und affiliierter Gruppen, sowie Risiken aus der erneuten Auseinandersetzung zwischen der Türkei und der PKK nicht vergessen werden dürfen.

Die gesamtgesellschaftliche Herausforderung

Die angeführten Bedrohungen stellen eine ernsthafte Herausforderung nicht nur für die Sicherheitsbehörden, sondern auch für den Staat und die Zivilgesellschaft dar und bedürfen einer umfassenden Antwort.

Darstellung und Kommunikation der Gefahr

Politik und Sicherheitsbehörden sind gefordert, dem Bürger ein sachliches Bild der Bedrohung zu vermitteln und auf das Ausmaß von Gefahren und Risiko regelmäßig einzugehen. Dadurch soll bei der Bevölkerung ein Bewusstsein hinsichtlich der Bedrohung geschaffen werden, ohne gleichzeitig Ängste zu schüren oder Panik zu verbreiten. Das Thema eignet sich daher schlecht für das Wechseln von politischem Kleingeld.

Adaptierung des Rechtsrahmens

Neben dem Schaffen von Bewusstsein gilt es aber auch, die rechtlichen Voraussetzungen an die gegenwärtige Bedrohungslage anzupassen. Seitens der Bundesregierung wurde dem Rechnung getragen, und es wurden durch Anpassungen des Strafgesetzbuches, des Sicherheitspolizeigesetzes, des

---

2   Quelle: Bundesamt für Verfassungsschutz und Terrorismusbekämpfung, Januar 2016

Grenzkontrollgesetzes, des Staatsbürgerschaftsgesetzes sowie der Einführung des Symbole-Gesetzes[3] wichtige Schritte gesetzt.

Eine weitere dringende Maßnahme stellt die Modernisierung der Regelungen für den Verfassungsschutz dar. Im April 2014 kündigte die Innenministerin den Sicherheitssprechern aller im Parlament vertretenen Parteien den Beginn dieses Vorhabens an. In einem breiten und transparenten Prozess wurden durch eine Arbeitsgruppe die Rechtsgrundlagen für den Verfassungsschutz analysiert. Die Arbeiten wurden wissenschaftlich von der Universität Wien sowie durch einen Beirat von nationalen und internationalen Experten begleitet. Im Dezember 2014 sowie im Februar 2015 wurden in öffentlichen Veranstaltungen im Raiffeisenhaus sowie im Parlament die Ergebnisse der Arbeiten präsentiert, und im Juni 2015 wurde schließlich eine Regierungsvorlage im Parlament eingebracht.[4] Ziel des Gesetzes ist die Neuregelung der Organisation, der Aufgaben, der Befugnisse und des Rechtsschutzes, aber insbesondere der sogenannten erweiterten Gefahrenerforschung. Dies soll einerseits erste Ermittlungsmaßnahmen bei abstrakten Gefahrenlagen anhand eines stark eingeschränkten Deliktskataloges ermöglichen, aber gleichzeitig auch den Rechtschutz für die Betroffenen stärken. Die im Gesetz vorgesehenen Befugnisse stehen nur dem eingeschränkten Anwenderkreis BVT und den Landesämtern für Verfassungsschutz (LV) zur Verfügung. Angehörige der Polizei oder der Kriminalpolizei sind nicht Adressaten dieses Gesetzes.

Einbindung der Zivilgesellschaft

Terrorismusprävention ist eine gesamtgesellschaftliche Herausforderung, und so verwundert es nicht, dass der Kooperation von Behörden mit Institutionen und Organisationen der Zivilgesellschaft große Bedeutung zukommt. Österreich hat erfolgreich erste Schritte in diese Richtung gesetzt. So wurde im Dezember 2014 die Beratungsstelle „Extremismus"[5] im Familien- und Jugendministerium etabliert. Diese Beratungsstelle ist Ansprechpartner für Fa-

---

3   Bundesgesetzblatt I Nr. 103/2014.
4   Homepage des österreichischen Parlaments; Regierungsvorlage, mit der das Bundesgesetz über die Organisation, Aufgaben und Befugnisse des polizeilichen Staatsschutzes (Polizeiliches Staatsschutzgesetz - PStSG) erlassen und das Sicherheitspolizeigesetz geändert wird, 763 d. B.
5   https://www.familienberatung.gv.at/beratungsstelleextremismus/ Stand Januar 2016

milie, Angehörige, Freunde oder Mitschüler in Fragen von Radikalisierung und stellt Informationen zu Fragen des Extremismus zur Verfügung, hilft reale Gefahren zu erkennen und unterstützt bei der Umsetzung eines umfassenden Deradikalisierungsprozesses.

Im September 2015 wurde mit Unterstützung des Innenministeriums das Sekretariat RAN-Austria gegründet. Das Radicalisation Awareness Network (RAN)[6] ist eine von der EU finanzierte Deradikalisierungsinitiative und bietet als Schirmorganisation die Möglichkeit, sich mit zahlreichen NGOs in der EU zu vernetzen und Erfahrungen mit diesen auszutauschen. Betrieben wird RAN-Austria von der Universität Wien und der Eröffnungsevent wurde von Vertretern zahlreicher RAN-Mitgliedern besucht.

Erwähnenswert ist auch die Initiative „SAVE"[7] der Frauen ohne Grenzen. SAVE steht für „Sisters Against Violent Extremism" und spricht vor allem Frauen und Mütter an. Angesiedelt im Frauen-ohne-Grenzen-Büro in Wien, bringt die SAVE-Initiative ein breites Spektrum von Frauen zusammen, die allesamt entschlossen sind, gemeinsam gegen gewalttätigen Extremismus zu mobilisieren. SAVE rüstet Frauen mit dem notwendigen Know-how aus, um mit mutigem Dialog Strategien gegen das Anwachsen von globalem Terrorismus zu entwickeln.

Auch das Netzwerk sozialer Zusammenhalt[8] widmet sich im Rahmen seiner Aktivitäten den Bereichen Deradikalisierung, Prävention und Demokratie und zahlreiche Gründungsmitglieder sind auch in RAN-Aktivitäten tätig.

Eine wichtige Rolle kommt auch den religiösen Einrichtungen und hier insbesondere der Islamischen Glaubensgemeinschaft in Österreich (IGGiÖ)[9] zu. Es verwundert nicht, dass sich deren Reaktion zuerst vor allem nach innen richtet. Genauso wichtig ist aber auch ein klares Bekenntnis zu Pluralität und Rechtsstaat sowie ein Aufzeigen der eigenen Aktivitäten zur Deradikalisierung und Immunisierung junger Muslime gegen islamis-

---

6   http://ec.europa.eu/dgs/home-affairs/what-we-do/networks/radicalisation_awareness_network/ran-contacts/index_en.htm, Stand Januar 2016.
7   http://www.frauen-ohne-grenzen.org/save/, Stand Januar 2016.
8   http://derad.at/, Stand Januar 2016.
9   http://www.derislam.at/, Stand Januar 2016.

tische Propaganda. Beiträge der IGGiÖ zu diesen Themen sind auf der Homepage der IGGiÖ[10] vorhanden, aber auch ausbaufähig.

Die erwähnten Initiativen stellen nur einen Teil des zivilgesellschaftlichen Beitrags zur Terrorismusprävention und Deradikalisierung dar. Sie zeigen aber auch, dass diese Bemühungen vorhanden sind und ihre Akteure sich zunehmend vernetzen. Dies ist eine erfreuliche Entwicklung und trägt das ihre zur Sicherheit Österreichs und der hier lebenden Menschen bei.

Aktivitäten der österreichischen Sicherheitsbehörden

Seit Jahren befassen sich das BVT und die LV mit der Aufklärung, Vorbeugung und Abwehr terroristischer Bedrohungen. Dieses Thema stellt einen wichtigen Teil der Aufgaben der Verfassungsschutzorgane dar. Organisatorisch ist das BVT ein Teil der Sicherheitsbehörde Innenministerium, während die LVs Teil der Landespolizeidirektionen sind. Gemeinsam bearbeiten sie die Themen Terrorismus und Extremismus, wobei dem BVT die Fachaufsicht über die LV zukommt. Entgegen der weit verbreiteten Ansicht handelt es sich weder beim BVT noch bei den LV um nachrichten- oder sicherheitsdienstliche Einrichtungen mit Sonderbefugnissen. Der Verfassungsschutz ist Teil der österreichischen Polizei und damit an das Legalitätsprinzip gebunden. Er unterliegt in seinen Aufgabenerfüllungen einer strengen Aufsicht und ist der am intensivsten kontrollierte Bereich des Innenministeriums. Im Rahmen der Öffentlichkeitsarbeit erstellt das BVT einen jährlichen Verfassungsschutzbericht (VSB),[11] der auch über die Homepage des BMI als Download bezogen werden kann.

Neben den Verfassungsschutzeinrichtungen kommt dem Einsatzkommando Cobra/Direktion für Sondereinheiten (EKO Cobra/DSE)[12] eine wichtige Rolle in der Terrorismusbekämpfung zu. Die Organisation bündelt die Expertise im Bereich der Observation, des Zugriffes gegen Gewalttäter sowie bei Geisellagen und die Fähigkeiten zur Entschärfung von Spreng- und Brandeinrichtungen. EKO Cobra/DSE und das BVT arbeiten eng zusammen und ergänzen sich mit ihrem Wissen und ihren Fähigkeiten.

---

10 http://www.derislam.at/, Stand Januar 2016.
11 Download möglich unter http://www.bmi.gv.at/cms/bmi_verfassungsschutz/
12 http://www.bmi.gv.at/cms/bmi_eko_cobra/

Das Bundeskriminalamt (BK)[13] beteiligt sich im Rahmen seiner Kontakte und Möglichkeiten an der Abwehr terroristischer Bedrohungen und spielt eine wichtige und bedeutende Rolle bei der Aufarbeitung terroristischer Tatorte. Neben dieser Rolle unterstützt die Geldwäschemeldestelle das BVT bei Verdachtsfällen der Terrorismusfinanzierung bzw. bei der Fahndung nach gesuchten Personen. Besondere Bedeutung haben die kriminaltechnischen Möglichkeiten des BK. In diesem Bereich ist das BK ein unverzichtbarer Partner des Verfassungsschutzes.

Mit den personell geringen Ressourcen des Verfassungsschutzes kann oft kein Auslangen gefunden werden. Die Einbeziehung der Polizei in die Abwehrbemühungen ist daher unerlässlich. Dies geschieht bei Gefährdungslagen ad hoc, ansonsten durch die Einbindung von besonders geschulten Polizeibeamten (Sensoren und Präventionsbeamten) im Rahmen des täglichen Dienstes.

Damit dies auch gut funktioniert, wird regelmäßig Kontakt gehalten sowie periodisch über die Lage informiert. Ziel ist eine gute Vernetzung, um im Ernstfall sofort arbeitsfähig zu sein. Dazu tragen auch Richtlinien und regelmäßige Übungen bei. Diese erfolgen zumeist unter Einbindung der Sicherheitsakademie und beinhalten jedenfalls die ersten Maßnahmen bei terroristischen Anschlägen sowie das Führen bei besonderen Lagen.

Alle erwähnten polizeilichen Organisationen sind in ihrem Fachbereich international vernetzt und können bei Bedarf auf Erfahrungen ausländischer Kollegen, aber auch auf ausländische Ressourcen zählen.

Diese Vernetzung beschränkt sich jedoch keineswegs auf die Polizei. In Ermangelung eines österreichischen zivilen Nachrichtendienstes vertritt das BVT Österreich auch in sicherheits- und nachrichtendienstlichen Foren und profitiert von diesen Kontakten.

Diese guten internationalen Vernetzungen können jedoch eine nationale Zusammenarbeit wichtiger Akteure nicht ersetzen. Die bereits erwähnten bedeutenden Beiträge zivilgesellschaftlicher Initiativen zeigen, dass die Sicherheitsbehörden mit diesen kooperieren, soweit dies rechtlich möglich ist. Initiativen in Form von öffentlich-privater Zusammenarbeit wird aber in Zukunft noch größere Bedeutung zukommen.

13   http://www.bmi.gv.at/cms/bk/_news/start.aspx

Nicht unerwähnt bleiben darf die Zusammenarbeit mit den Einrichtungen des österreichischen Bundesheeres. Das Heeresnachrichtenamt (HNa) als strategischer Nachrichtendienst sowie das Heeresabwehramt (HAa) sind wichtige Partner in der Aufklärung und Abwehr terroristischer Aktivitäten. Sie unterstützen im Rahmen ihres Auftrages und nach ihren rechtlichen Möglichkeiten die Arbeit des BVT. Im Falle eines terroristischen Anschlages in Österreich, der das Ausmaß der Terroranschläge von Paris hätte, wären die Anforderung eines Assistenzeinsatzes und damit ein Zugriff auf größere Ressourcen des Bundesheeres sehr wahrscheinlich. Auch für diesen Fall liegen entsprechende Konzepte bereit und können im Ernstfall angewendet werden.

Regionale und internationale Initiativen

Damit die bilaterale Zusammenarbeit in Europa bestmöglich funktioniert, gilt es, ein einheitliches Verständnis des Begriffes „Terrorismus" zu entwickeln. Zwar sind bis dato auf internationaler Ebene alle Versuche einer Definition gescheitert, aber der EU-Rahmenbeschluss „Terrorismus"[14] aus 2002 hat zumindest Einigkeit hinsichtlich der Begriffe „terroristische Straftat", „terroristische Organisation" und „Terrorismusfinanzierung" gebracht und damit auch das österreichische Strafrecht beeinflusst. Die Europaratskonvention aus dem Jahr 2005[15] verpflichtete die Mitgliedsstaaten, bestimmte unterstützende Handlungen, wie öffentliche Provokation, Rekrutierung und Ausbildung für terroristische Zwecke, unter Strafe zu stellen und forderte die Mitgliedsstaaten auf, sowohl national als auch international enger in Sachen Prävention zusammenzuarbeiten. In einem ergänzenden Protokoll weitete der Europarat die Liste von Straftaten auf die Mitgliedschaft, die Teilnahme an terroristischer Ausbildung, Reisebewegungen zu diesem Zweck und die Finanzierung und Organisation solcher Reisen aus.

Aktuell schlägt die Europäische Kommission vor, den Rahmenbeschluss von 2002 zu überarbeiten und im Lichte der aktuellen Bedrohungslage zu ergänzen.[16]

---

14 Rahmenbeschluss 2002/475/JI, Stand Januar 2016.
15 Council of Europe Convention on the Prevention of Terrorism, CETS Nr. 196, Stand Januar 2016.
16 Vorschlag der EU Kommission 2015/0281 (COD), Stand Januar 2016.

Auf politischer Ebene beschäftigen sich auch der Ausschuss für Innere Sicherheit (COSI) sowie die Ratsarbeitsgruppe Terrorismus mit diesen Themen.

In operativer Hinsicht kommen Interpol und Europol wichtige Rollen zu. Während Interpol als einzige globale Polizeieinrichtung beim Informationsaustausch und der Fahndung seine Stärken ausspielen kann, bietet Europol vertiefende Möglichkeiten hinsichtlich Kriminalanalyse, Cyberfähigkeiten, Terrorismusfinanzierungsermittlungen, Informationsaustausch sowie Koordinierung an. Das im Aufbau befindliche European Counter Terrorism Center (ECTC) soll die Europol-Angebote noch flexibler machen. Mit dem Europol-Informationssystem (EIS) und dem Schengener Informationssystem (SIS) stehen den europäischen Polizeibehörden wichtige elektronische Informationssysteme mit enormer Reichweite zur Verfügung.

Dazu kommt die Vernetzung der nationalen Terrorismusbekämpfungseinrichtungen im Rahmen der Police Working Group on Terrorism (PWGT)[17], der Counter Terrorism Group[18], der Madrid Gruppe[19] sowie des ATLAS Verbundes.[20]

So wichtig die internationalen und europäischen Initiativen für die Terrorismusbekämpfung auch sind, können sie regionale Initiativen nicht ersetzen. Aufgrund unserer geografischen Lage ist es daher unerlässlich, mit unseren Nachbarn zu kooperieren und vor allem mit den Ländern am Balkan. Österreich beteiligt sich aktiv an der slowenischen Counter-Terrorism-Initiative und bemüht sich auch im Rahmen des Salzburg-Forums, sich mit den Nachbarn bestmöglich zu vernetzen und so für mehr Sicherheit zu sorgen.

Fazit

Die gegenwärtige Bedrohungslage wird weiter anhalten, und die Umstände lassen eine Herabstufung der Gefährdung derzeit nicht zu.

17 Vernetzung spezieller polizeilicher Ermittlungseinrichtungen.
18 Vernetzung der Sicherheitsdienste der EU-Mitgliedsstaaten.
19 Vernetzung von Dienststellen mit Koordinierungsaufgaben.
20 Vernetzung der Sondereinheiten.

Die terroristische Bedrohung ist eine gesamtgesellschaftliche Herausforderung und bedarf der Kooperation und Vernetzung zwischen zivilgesellschaftlichen Akteuren, Behörden und Sicherheitsbehörden.

Der Ausbau des zivilgesellschaftlichen Beitrags muss seitens des Staates gefördert werden. Öffentlich-private Partnerschaften sowie die finanzielle Unterstützung solcher Initiativen stellen wichtige Elemente der Terrorismusbekämpfung dar und entlasten die Behörden.

Im Rahmen der Anpassung des Rechtsrahmens zur Terrorismusbekämpfung kommt der Anpassung und Modernisierung der Rahmenbedingungen für die Verfassungsschutzarbeit große Bedeutung zu. Die 2015 eingebrachte Regierungsvorlage zur Einführung eines Polizeilichen Staatsschutzgesetzes (PStSG) stellt einen unverzichtbaren Schritt dar.

Die Schärfung des Bewusstseins hinsichtlich des terroristischen Risikos im Alltag und der Umstand, dass hundertprozentiger Schutz vor diesem Risiko nicht möglich ist, hat durch sachliche, wiederkehrende Information durch die Politik und die Sicherheitsbehörden zu erfolgen.

Im Sinne der Sicherheit müssen das möglichst frühe Erkennen von terroristischen Bedrohungen, die Prävention sowie Schutz und Abwehrmaßnahmen den Mittelpunkt der sicherheitsbehördlichen Aktivitäten bilden und dabei helfen, terroristische Straftaten zu verhindern.

Hinsichtlich der Strukturen und der Vernetzung aller Akteure auf nationaler und internationaler Ebene befinden wir uns auf einem guten Weg. Bei einer Veränderung der Bedrohungslage kann die Abwehrfähigkeit durch rasches Zuführen von Ressourcen rasch gestärkt werden. Die ausgezeichnete und dichte Vernetzung der Akteure ist jedenfalls ein großer Mehrwert und trägt wesentlich zu einem optimierten Ressourceneinsatz bei.

Zusammenfassend lässt sich also sagen, dass den politischen Verantwortungsträgern und den Sicherheitsbehörden das terroristische Risiko in Österreich bewusst ist und man als Reaktion auf die Bedrohungslage in allen Bereichen nachgeschärft hat. Die gute internationale und nationale Vernetzung sollte ebenfalls geeignet sein, terroristischen Risiken und Gefahren entgegenzuwirken. Dennoch bleibt ein nicht kalkulierbares Restrisiko, denn hundertprozentige Sicherheit zu gewährleisten, ist nicht machbar.

ERWIN HAMESEDER/HARALD VODOSEK

Die Miliz im ÖBH des 21. Jahrhunderts

Ein wesentliches Element der Österreichischen Landesverteidigung

Bundesverfassungsgesetz, „Artikel 79. (1) Dem Bundesheer obliegt die militärische Landesverteidigung. Es ist nach den Grundsätzen eines Milizsystems einzurichten."

Wehrgesetz, § 1. (1) „Das Bundesheer als die bewaffnete Macht der Republik Österreich ist nach den Grundsätzen eines Milizsystems einzurichten."

In jeder Dekade müssen sich politisch Verantwortliche und Spitzenbeamte auf Basis der jeweiligen aktuellen sicherheitspolitischen Herausforderungen und der geltenden gesetzlichen Rahmenbedingungen überlegen, wie sie das System Landesverteidigung bezogen auf den nationalen und internationalen Kontext anlegen wollen.

Die aktuelle nationale und internationale sicherheitspolitische Lage erfordert ein ausgewogenes Mischsystem bestehend aus einem Anteil Kadersoldaten, Rekruten und Milizsoldaten. Die aktuellen Perspektiven verlangen ein jederzeit einsatzbereites, durchsetzungsfähiges, autarkes und durchhaltefähiges Österreichisches Bundesheer, bereit für Inlands- wie auch für Auslandseinsätze. Wesentliches Element, vor allem betreffend die Durchhaltefähigkeit, ist ein leistungsfähiges Milizsystem. In den folgenden Ausführungen werden die Verfasser aus verschiedenen Perspektiven die Möglichkeiten der Ausgestaltung eines leistungsfähigen Milizsystems skizzieren.

Wesentlich zu erreichendes Ziel wird somit sein, dass „ein leistungsfähiges Miliz-Heer aus dem Volk für das Volk" sichergestellt werden kann.

Einleitung

Wesentliche Aufgabe der verantwortlichen politischen Kräfte der Republik Österreich ist es, in Erfüllung der gesetzlichen Vorgaben die territoriale Integrität des Staates, seine Handlungsfähigkeit und seine Selbstbestimmung sicherzustellen.

In diesem Zusammenhang haben sowohl die gesetzgebenden Körperschaften als auch die obersten Organe des Staates dafür Sorge zu tragen, dass Mittel bereitgestellt werden, um sicherheitspolitischen Herausforderungen – intern oder extern indiziert – glaubwürdig entgegentreten zu können.

Wesentlich erscheint dabei, dass krisenhafte Entwicklungen, sowohl was den Zeitpunkt ihres Eintrittes als auch was ihre Intensität betrifft, nicht immer klar zu prognostizieren sind.

Zweckmäßigerweise basiert die Wahl der Mittel auf einer ausgewogenen Einschätzung der zukünftigen Entwicklungen, welche mit den vorhandenen Möglichkeiten staatlicher Ressourcenbewirtschaftung eine maximale Handlungs- und Reaktionsfähigkeit auf krisenhafte Entwicklungen und Katastrophen gewährleistet.

Die Republik Österreich hat sich dazu entschlossen, die Landesverteidigung auf einem leistungsfähigen Mischsystem basieren zu lassen. Die drei Elemente bestehen aus einem Kader-, einem Rekruten- und einem Milizanteil. Diese Teilbereiche sollen als bewaffnete Macht der Republik Österreich Einsatzbereitschaft, Durchhaltefähigkeit, Autarkie, Durchsetzungsfähigkeit und Disziplinenkoordination sicherstellen.

Die Grundidee dahinter ist ein sich gegenseitig ergänzendes System, das auf der Überlegung basiert, so effektiv und effizient wie möglich, „ein Heer aus dem Volk für das Volk" sicherzustellen. Wesentliches Element der Landesverteidigung ist aber auch, die Balance zwischen Bund und Ländern zu finden.

Das Österreichische Bundesheer ist zwar ein zentral gesteuertes, sicherheitspolitisches Handlungsinstrument der äußeren Sicherheit. Es hat u. a. aber, bezogen auf Rekrutierung, Einsatzorte und regionale Kooperation – Faktoren, die das ÖBH beeinflussen – , auch das föderale Prinzip zu beachten. Länder-, Bezirks- und Gemeindebezug sind wesentlich für ein in der Bevölkerung verankertes Heer. In diesem Sinne wird das ultimative

Mittel des Staates zwar zentral gesteuert, jedoch mit stark föderalem inhaltlichen Bezug.

Wesentlicher Faktor bei diesen Betrachtungen sind die zwei Systemelemente Allgemeine Wehrpflicht und Miliz. Die weitgehend regionale Rekrutierung der Grundwehrdiener führt in weiterer Folge zu regionaler Beorderung im Rahmen der Miliz. „Die Einbettung von Soldaten in ihre heimatliche ‚soziale Primärgruppe' ist auch für die freiwillige Meldung zum Dienst in der Miliz von großer Bedeutung" (Bericht zur Reform des Wehrdienstes).

Die folgende Erörterung beschäftigt sich vor allem mit verschiedenen Aspekten der Miliz im Rahmen der Landesverteidigung und versucht, unterschiedliche Themenbereiche aus verschiedenen Perspektiven zu beleuchten.

Herausforderungen

Im Jahr 2013 wurde im Parlament die Österreichische Sicherheitsstrategie verabschiedet. Der Analyseteil ging in allgemeiner Form auf zukünftige Bedrohungsszenarien ein. Seitdem hat sich die sicherheitspolitische Lage jedoch verschärft, und damalige Annahmen sind bereits zu Realitäten geworden. Der Konflikt in der Ukraine zeigt, dass konventionell geführte militärische Kampfhandlungen nahe der EU-Außengrenze nicht auszuschließen sind. Die terroristischen Anschläge in Frankreich im Jahr 2015 und die zu koordinierenden Flüchtlingsströme, bei deren Bewältigung dem ÖBH wesentliche sicherheitspolizeiliche Assistenzaufgaben zukommen, stellen die österreichische Sicherheitspolitik vor neue Herausforderungen. Dazu kommt die im Zuge der Terroranschläge von Frankreich ausgerufene Beistandspflicht aller EU-Mitgliedsstaaten gemäß Art. 42 EU-Vertrag. Terror in seinen unterschiedlichen Ausprägungen kann aber auch weitreichende Folgen haben, wie z. B. Black-out.Szenarien durch Attacken im Cyber-Raum, die zum Lahmlegen ganzer Regionen führen können. Klimaveränderungen können darüber hinaus Überschwemmungen, Lawinenschäden, Windschäden und Erdbebenschäden zur Folge haben. Diese und andere Herausforderungen bedingen die Definition von Zielsetzungen, die im Rahmen von Aufgabenstellungen an die staatlichen Sicherheitskräfte erreicht werden sollten. Diese müssen mit solchen Herausforderungen umgehen und sie gemeinsam bewältigen können.

Um Aufgaben, wie militärische Landesverteidigung, Schutz kritischer Infrastruktur, Katastrophenhilfe, Aufrechterhaltung der öffentlichen Ordnung und Sicherheit im Inland und Beistand und Solidarität im Rahmen der EU und Internationales Krisenmanagement außerhalb der EU, erfüllen zu können, muss die quantitative und qualitative Verfügbarkeit von Personal und Material sichergestellt sein. Das ÖBH wird u. a. gefordert sein, alleine, aber auch im engsten Zusammenwirken mit der Polizei und der gesamten Bandbreite der Blaulichtorganisationen, die Souveränität Österreichs aufrechtzuerhalten und außerhalb der Grenzen Österreichs, je nach Maßgabe, Maßnahmen der internationalen Staatengemeinschaft zu unterstützen.

Diese Ereignisse stellen das ÖBH bei der Bewältigung der Inlandsaufgaben (militärische Landesverteidigung, Aufrechterhaltung der öffentlichen Ordnung und Sicherheit, Schutz kritischer Infrastruktur, Katastrophenhilfe etc.) und der EU-Beistands- und Solidaritätsaufgaben sowie beim Internationalen Krisenmanagement vor neue Herausforderungen.

All die angesprochenen Bereiche sind aktuell und werden auch in Zukunft durch ein leistungsfähiges Mischsystem, dessen Pfeiler u. a. die Miliz ist, zu bewältigen sein. Die Miliz als ein unverzichtbarer Teil der österreichischen Landesverteidigung einerseits und der internationalen Solidarität andererseits wird qualitativ und quantitativ ihren Beitrag leisten. Durch die Miliz werden verschiedene Lebensbereiche der österreichischen Gesellschaft, wie Militär, Bevölkerung, regionale und überregionale Entscheidungsträger und die Wirtschaft und Industrie, miteinander verbunden.

Historie

Die umfassende Landesverteidigung stellte bis zum Ende der 1990er-Jahre die Handlungsgrundlage für das Wehrsystem dar. Die zentrale Herausforderung in diesem Zeitabschnitt war die fundamentale Auseinandersetzung zwischen Ost und West (Kalter Krieg). Wesentlicher Bestandteil eines leistungsfähigen Mischsystems war damals neben der sogenannten Bereitschaftstruppe die überaus leistungsfähige Milizstruktur. Die Gesamtstärke der Streitkräfte war ausgelegt auf 300.000 Soldaten (1990 war bereits eine Gesamtstärke von 180.000 Soldaten erreicht), die zu zwei Dritteln aus Milizverbänden bestanden hat. Paradigma war, durch das Sättigen des Raumes mit Truppen verschiedener Qualität und Quantität beim jeweiligen Gegner eine strategische Abhaltewirkung zu erzielen, die dazu führte, dass die Kriegsökonomie gegen einen Angriff sprach. Wesentlicher Bestandteil dieses gesamtstaatlichen Manöverplanes war der umfassende Einsatz von Milizkräften in allen möglichen Waffengattungen. Im Anlassfall wäre das flächendeckende System erfolgreich zum Einsatz gekommen, das den Gegner im Falle eines Angriffes in bestimmten Räumen nachhaltig abgenützt hätte. In vielen Fällen zählte man auf die Selbstständigkeit und die Eigenverantwortung im Sinne des Auftrages der österreichischen Landesverteidigung, konsequent militärische Aufgaben zu erfüllen. Wesentlicher Faktor war die persönliche Verbundenheit der Kräfte mit der jeweiligen Region; eine Verbundenheit, die auch wesentlich für die aktuelle Milizkonzeption ist.

In der Phase nach dem Mauerfall bis etwa zum Jahr 2002 änderte sich das Paradigma, und es stand der Denkansatz der Entwicklung und Förderung größtmöglicher Kooperation im Vordergrund. Die sicherheitspolitischen Herausforderungen für die Republik Österreich wurden bei internationalen Einsätzen im Rahmen von UN, OSZE, EU und NATO gesehen. Sowohl die Erlangung der EU-Vollmitgliedschaft als auch der Eintritt in die NATO-Partnerschaft für den Frieden waren prägende Faktoren für die Streitkräfteplanung. Die Milizstruktur wurde in dieser Phase sukzessive reduziert und mit einem neuen Rollenverständnis versehen. Diese Rolle sah eher die Ergänzung der bestehenden Kader und Grundwehrdienerverbände vor. Die strategische Idee in dieser Phase war es, die Kooperation mit internationalen Partnern und die gegenseitige Hilfe zu forcieren. Die Gesamtstärke der Streitkräfte in mobilgemachtem Zustand hätte 110.000 Soldaten betragen (weiterhin zwei Drittel Milizsoldaten).

Ab dem Jahr 2002 bis etwa 2013 wurde vor allem durch die Anstrengungen zur gemeinsamen Außen- und Sicherheitspolitik der Europäischen Union und der noch stärkeren Betonung internationaler Einsätze die Leistungsfähigkeit der Miliz weiter reduziert. Man sah die Herausforderungen weiterhin mehrheitlich im internationalen Bereich, im Vordergrund stand vor allem die Vertiefung der Kooperation im Rahmen der internationalen Organisationen. Die Struktur der Miliz wurde auf zehn selbstständige Infanteriebataillone, auf ABC- und Pioniereinheiten und auf die Präsenzorganisation ergänzende Teile reduziert. In der Präsenzorganisation wurden die sich mit Mobilmachung und der Miliz befassten Organisationselemente nach unten modifiziert und mit Masse nur noch in zweiten und dritten Funktionen abgebildet. Die Gesamtstärke der Streitkräfte wurde auf 55.000 Soldaten Gesamtstärke reduziert, ca. 27.000 davon waren Milizsoldaten.

Seit Beginn der aktuellen Dekade haben sich die Herausforderungen für die Republik Österreich fast im Halbjahrestakt verändert. Neben durch das Klima bedingten Hochwässern, Lawinenkatastrophen, aber auch massiven Schäden durch Stürme hat sich auch die sicherheitspolitische Lage massiv verschärft. Die Herausforderungen durch Terrorismus, Pandemien, konventionelle Auseinandersetzungen an den EU-Außengrenzen und Cyber-Bedrohungen haben Formen angenommen, die nicht mehr eine Betrachtung auf Distanz zulassen, sondern direkte Auswirkungen auf das Territorium der Republik Österreich haben.

Das neue Paradigma verlangt wiederum wie vor 1990 nach einem flächendeckenden integrierten Handeln für das österreichische Staatsgebiet. Aber auch die internationale Solidarität im Bewältigen von Krisen mit Auswirkungen, auf das EU-Territorium wird verstärkt eingefordert. In diesem Umfeld ist der Staat aufgerufen, seiner effektiven und effizienten Vorhalteleistung bezogen auf den Schutz der Souveränität nachzukommen. Das neue Paradigma verlangt wiederum ähnlich wie auch schon vor 1990 – und insofern schließt sich der sicherheitspolitische Kreis – die flächendeckende Präsenz von Sicherheitskräften für die Aufrechterhaltung der Souveränität der Republik Österreich. Die Volksbefragung vom 20. 1. 2013 erbrachte ein eindeutiges „Ja" zur Beibehaltung der allgemeinen Wehrpflicht und damit auch ein klares Bekenntnis der österreichischen Bevölkerung zu einem leistungsfähigen Mischsystem, dessen wesentlicher Teil die Miliz darstellt. Die Miliz tritt mit regionalem und fachlichem Bezug nun wieder massiv in den Handlungskreis und wird zum wesentlichen Faktor der Leistungserbringung im Rahmen der militärischen Landesverteidigung.

Rechtliche Rahmenbedingungen

Wie die Historie gezeigt hat, kam es in den vergangenen drei Dekaden zu vielfältigen Änderungen im Rahmen der sicherheitspolitischen Perzeptionen und Perspektiven. Dennoch sind die Rechtsgrundlagen für eine leistungsfähige militärische Landesverteidigung unverändert geblieben. Nach wie vor spielt das Milizsystem eine wesentliche Rolle. In der Folge werden exemplarisch die für die Entwicklung und Gestaltung eines leistungsfähigen Milizsystems erforderlichen Rechtsgrundlagen, die schon vor 1990 bestanden und auch jetzt noch bestehen, dargestellt:

Bundesverfassungsgesetz:

„Artikel 79. (1) Dem Bundesheer obliegt die militärische Landesverteidigung. Es ist nach den Grundsätzen eines Milizsystems einzurichten."

Wehrgesetz

§ 1. (1) Das Bundesheer als die bewaffnete Macht der Republik Österreich ist nach den Grundsätzen eines Milizsystems einzurichten. Die Organisation des Bundesheeres hat den militärischen Erfordernissen für die Erfüllung seiner Einsatzaufgaben zu entsprechen. Die ständig erforderlichen Organisationseinrichtungen (Friedensorganisation) haben den Bedürfnissen des für die Einsatzaufgaben notwendigen Organisationsrahmens (Einsatzorganisation) zu dienen. Die Einsatzorganisation hat überwiegend Truppen zu umfassen, die zu Übungszwecken oder zum Zwecke eines Einsatzes zusammentreten."

Ein wesentliches Signal im Zusammenhang mit der Miliz ist auch die Installierung des Milizbeauftragten (Wehrgesetz § 32a). Er ist der Ombudsmann für die österreichische Miliz. Er ist verantwortlich für alle dieser Funktion zugeordneten Agenden und berät den Bundesminister für Landesverteidigung und Sport in Angelegenheiten der Miliz. Eine seiner wichtigen Aufgabe ist es, zu verdeutlichen, dass Milizsoldaten Wissens- und Kompetenzträger aus allen Bereichen der Gesellschaft und für das ÖBH unverzichtbar sind. Wesentlich ist auch, das Thema Miliz so zu transportieren, dass in der Bevölkerung und insbesondere in der Wirtschaft breite Akzeptanz besteht, die dazu führt, dass junge Österreicherinnen und Österreicher für die Miliz begeistert werden können.

Aufgaben

Wie bereits dargestellt, muss sich die Republik Österreich aktuell Herausforderungen stellen, die das bereits beschriebene Mischsystem in vollem Umfang auslastet. Die Aufgabenstellungen sowohl im Inland als auch im

Ausland werden durch Kadersoldaten, Rekruten und Milizsoldaten gemeinsam – aber mit unterschiedlichen Schwerpunkten bzw. Prioritäten – gemeistert.

Um die Identität zu schärfen und dem breiten Wunsch nach einer klaren Auftragslage für die Miliz nachzukommen, wird diese aktuell mit Aufgaben im Rahmen des Schutzes kritischer Infrastruktur beauftragt. Wesentlicher Aspekt dabei ist der regionale Bezug der Aufgaben, sodass im unmittelbaren Bereich der jeweiligen Milizverbände der Schutz regionaler Objekte in die Verantwortung der Miliz übergeben wird. Zukünftig werden etwa Flughäfen, Energieversorgungseinrichtungen, Kommunikationsinfrastruktur und andere für die Aufrechterhaltung der Souveränität der Republik Österreich wichtige „Objekte" durch die Miliz geschützt und gesichert. Das ist nichts Neues, das gab es auch schon vor 1990 im Rahmen der Wach- und Sicherungselemente als Teil der Raumverteidigung.

Diese Aufgabe wird allerdings nicht das einzige Tätigkeitsfeld für die Miliz sein. Die militärische Landesverteidigung gegen konventionelle Gegner muss weiterhin eine wesentliche Rolle spielen – sowohl in der Ausbildung der Rekruten als auch bei der Aufgabenstellung für die Miliz. Vielleicht ist es nicht unmittelbar die österreichische Staatsgrenze, die zukünftig verteidigt werden muss. Doch die EU-Außengrenze im Osten oder im Süden schließt an Gebiete an, in denen unterschiedliche Spannungsverhältnisse herrschen. Und in diesem Zusammenhang werden auch Milizverbände des österreichischen Bundesheeres bei Vorliegen der entsprechenden gesamtstaatlichen Notwendigkeiten ihren Beitrag leisten.

Die aktuelle Flüchtlingswelle wird die EU auch in den nächsten Jahren herausfordern und bedarf im Hinblick auf die Durchhaltefähigkeit sicherlich des Einsatzes der Miliz. Die verfügbaren Milizkräfte werden in der aktuellen Lage zur Ergänzung der Präsenzorganisation eingesetzt, können aber bei sich erhöhender Intensität einen wesentlichen Beitrag zum Schutz kritischer Infrastruktur leisten und zur Aufrechterhaltung der öffentlichen Sicherheit in geschlossenen Organisationselementen, wie z. B. Zügen, Kompanien oder vielleicht sogar im selbstständigen Bataillonsrahmen, eingesetzt werden. Gleiches gilt für die Katastrophenhilfe, die, wenn sie zusätzlich zu den bisher angeführten Herausforderungen zu bewältigen ist, auch durch Milizverbände geleistet werden kann.

Es soll der Vollständigkeit halber erwähnt werden, dass für aktuelle Aufgabenstellungen im Rahmen des internationalen Krisenmanagements zwischen 40 und 60 % der Kontingente aus Milizsoldaten bestehen.

Die Aufbietung der Miliz ist in Form von Freiwilligenmeldungen für Inlands- und Auslandseinsatz genauso möglich wie als Aufschubpräsenzdienst im Rahmen von Milizübungen. Bei Vorhandensein des nötigen politischen Willens sind auch alle Formen der Mobilmachung möglich.

Stärkung der Milizstruktur

Die aktuelle Milizstruktur verfügt derzeit über ca. 27.000 Milizsoldaten. Rückgrat der Miliz sind zehn Infanteriebataillone. Weitere Strukturelemente sind Organisationselemente, u. a. der ABC-Truppe und der Pioniertruppe. Zusätzlich wird die Präsenzorganisation durch Stabsmitglieder oder Experten im Rahmen aller Waffengattungen ergänzt.

Nach zwei Jahrzehnten der Reduktionen kommt es – zur Stärkung der Miliz – ab 2016 erstmals wieder zu Neuaufstellungen von Truppenteilen. Das Personal-Soll wird in absehbarer Zeit um 5.000 Soldaten aufgestockt. In den Bundesländern werden zusätzlich zwölf Infanteriekompanien der selbstständig strukturierten Miliz im Rahmen der vorhandenen Infanteriebataillone sowie Versorgungs-, Führungs- und Wach-Sicherungselemente aufgestellt. In weiteren Phasen soll der strukturelle Aufwuchs in Form von zusätzlichen 28 Kompanien (ca. 4.000 Soldaten) fortgesetzt werden.

Ziel ist es jedenfalls, die Miliz künftig zu befähigen, im vollen Spektrum der militärischen Landesverteidigung auch im Rahmen selbstständiger Bataillonsstrukturen agieren zu können.

Rekrutierung

Wesentlich für die Erhaltung der Leistungsfähigkeit der Milizstrukturen ist die entsprechende Personalrekrutierung. In diesem Fall muss bereits vor dem Einrücken angesetzt werden. Das Milizsystem muss konsequent durch qualitativ hochwertige Information beworben werden – einerseits in den Schulen und bei den Lehrlingen durch Informationsoffiziere und andererseits bei der Stellung durch Fachpersonal. Die Reform des Wehrdienstes und dessen konsequente Umsetzung ist ein wesentlicher Motivationsfaktor für längere Verpflichtungen und damit auch für eine spätere Verwendung von Rekruten in der Miliz. Die aktuell geplanten und in Umsetzung begriffenen Anreizsysteme einerseits im Rahmen des Grundwehrdienstes und andererseits nach bereits erfolgter Verpflichtung im Rahmen der Milizübungen werden eine wesentliche Motivationsgrundlage für die Rekrutierung der Milizsoldaten darstellen. Ab 2016/2017, wenn die Anreize greifen, wird man die ersten hoffentlich positiven Effekte erkennen können.

Durch den Wechsel der Mobilmachungsverantwortung in Verbindung mit dem „Grundwehrdienst Neu" soll sich auch der Zulauf an Freiwilligen für Milizübungen deutlich verbessern. Die Herausforderung wird vor allem bei der Gewinnung von ausreichend Mannschaften und Unteroffizieren liegen.

Wesentlich für die Rekrutierung wird das Fördern von Wertschätzung, Sinnvermittlung und Identität für und mit den Leistungen der Miliz im Österreichischen Bundesheer sein. Nur wenn das Kaderpersonal überzeugt ist, dass die Miliz ein integraler Bestandteil für die Leistungserbringung ist, wird auch mit entsprechender positiver Motivation geworben werden.

Nicht nur die männlichen Staatsbürger sollen für die Miliz gewonnen werden, auch die österreichischen Staatsbürgerinnen stellen einen wesentlichen Rekrutierungsfaktor dar. Derzeit liegt der Anteil an weiblichen Soldaten im ÖBH unter drei Prozent, das ist der geringste Soldatinnenanteil unter allen europäischen Streitkräften. Langfristiges Ziel sollte es sein, den Anteil der Soldatinnen auf zehn Prozent zu heben. Es ist zwar möglich, Frauen zum Ausbildungsdienst heranzuziehen, jedoch nur auf freiwilliger Basis. Mit Wirkung von Jänner 2015 wurde die Möglichkeit der „freiwilligen Verpflichtung zu Milizübungen" und Beorderung auf einen Arbeitsplatz in der Einsatzorganisation geschaffen. Im Einsatz erfolgt die Einberufung jedoch weiterhin ausschließlich auf Basis freiwilliger Waffenübungen.

Milizsoldaten in unterschiedlichen Rängen und Funktionen sind die tragende Säule österreichischer Aktivitäten im Rahmen des internationalen Krisenmanagements. Die Kontingente bestehen wie bereits erwähnt aus 40 bis 60 % Soldaten aus dem Miliz- und Reservestand. Um zukünftig im Inland vermehrt auf das Potential der Milizsoldaten mit internationaler Erfahrung zurückgreifen zu können, wäre es in Zukunft zweckmäßig, diese unbefristet zu beordern (sofern sie nicht ohnehin schon beordert sind). Damit entstünde die höchstmögliche Wertschöpfung für das ÖBH.

Milizübungen

Im Jahr 2006 wurde der Grundwehrdienst – aus militärischer Sicht völlig unverständlich und für die Miliz fast der Todesstoß – um zwei auf sechs Monate verkürzt. Damit fiel die Möglichkeit weg, Rekruten nach Ende des sechsten Monats für weitere 60 Tage zu Truppenübungen und damit zum Dienst in der Miliz zu verpflichten. Zusätzlich ist – aus Sicht der Verfasser dieses Artikels – unverständlich, dass der § 21 Abs. 3 WG 2001 mit der Möglichkeit der Einberufung von zwölf Prozent jedes Einberufungsjahrganges zu Milizübungen in der Dauer von 30 Tagen aktuell nicht vollzogen wird. Es bleibt daher abzuwarten, ob die notwendigen Nährraten und auch der angeordnete Aufwuchs auf der damit ausschließlich freiwilligen Basis sichergestellt werden kann.

Wesentlicher Bestandteil eines funktionierenden Milizsystems sind die regelmäßigen Übungen. Das permanente Training lässt den Einsatz der Miliz im Rahmen der unterschiedlichen Aufgabenstellungen zu.

Aktuell wird von 15.000 Übungspflichtigen im Zwei-Jahres-Rhythmus geübt. Der Milizkader absolviert seine Fort- und Weiterbildungen, die Mannschaften leisten seit dem Wehrrechtsänderungsgesetz 2005 nach dem Grundwehrdienst 30 Tage Milizübungen, sofern sie sich zu Milizübungen verpflichten. Jährlich üben ca. 7.500 Milizübungspflichtige. Für 2016 wurde das Kontingent an Waffenübungstagen aufgestockt, um den vermehrten Bedarf abzudecken.

Nachdem der § 21 (3) des Wehrgesetzes, d. h. die zwangsweise Verpflichtung von Grundwehrdienern zu Milizübungen, derzeit nicht vollzogen wird und die aktuelle politische Situation eine Änderung nicht vermuten lässt, werden zukünftig mithilfe anderer Mechanismen die entsprechenden Stärken aufgebracht werden müssen. Das ÖBH wird vor allem zur Hebung der Qualität der Fähigkeiten der Milizsoldaten ein breites Angebot an Aus-, Fort- und Weiterbildung, aber auch an Übungen und Simulationen anbieten, sodass dieser Mehrwert als Anreiz dienen kann.

Material

Wesentlicher Erfolgsfaktor für die Miliz ist, neben der personellen, die materielle, betriebliche und infrastrukturelle Ausstattung. Mit der Reduktion der Gesamtstärke der Miliz auf ca. 27.000 Milizsoldaten einher ging auch die Reduktion von Material, Infrastruktur und Betrieb. Dieser Abwärtstrend konnte mit vereinten Kräften von Regierung, Parlament, Interessenvertretungen und engagierten Personengruppen im Jahr 2014 gestoppt werden. 2014 wurde durch die Bundesregierung ein Sonderinvestitionspaket in der Höhe von ca. € 600 Mio. für die Landesverteidigung beschlossen. Ein Teil davon wurde für die Miliz zweckgebunden. Die erste Miliz-Tranche wird bis 2019 für die Ausstattung mit dem Grundmodul des Kampfanzuges 3 und zur Erhöhung der Nachtsichtfähigkeit eingesetzt.

Ab 2016 wird mit der Komplettierung der Ausstattung der Miliz mit dem Grundmodul und ab 2018 mit der Komplettierung der Nachtsichtmittel fortgesetzt.

Die aktuell bereitgestellten Budgetmittel reichen trotz Aufstockung nicht aus, die entsprechende Ausrüstung für die Soldaten sicherzustellen. Wesentlich wäre, dass ein Mindestmaß an einsatzwichtigem Gerät neben der persönlichen Ausrüstung zur Verfügung steht, um den Einsatzerfolg so hoch wie möglich und das Einsatzrisiko für die Soldaten so gering wie möglich zu halten.

Daher wird es, bezogen auf die materielle Sicherstellung, in der nächsten Phase ab dem Jahr 2019 erforderlich sein, u. a. in Kommunikationsmittel, Führungsinformationssysteme, Aufklärungsmittel und Spezialbewaffnung zur Steigerung der Basisausstattungsqualität und -quantität insgesamt ca. € 100 Mio. zu investieren. Noch nicht eingerechnet wurde der Infrastrukturaufwand zur Lagerung des Gerätes, der entsprechende Betrieb und die unbedingt erforderliche Verbesserung der Mobilität.

Soll die Miliz wieder die nach Bundesverfassungsgesetz wesentliche Hauptaufgabe der Landesverteidigung, nämlich Katastrophenhilfe, Schutz kritischer Infrastruktur sowie Einsätze an der EU-Außengrenze in Form eines selbstständig im Rahmen einer Brigade agierenden Bataillons, bewältigen können, so müssen zusätzliche Anstrengungen u. a. im Bereich der persönlichen Schutzausrüstung, Mobilität, Wirkmittel und Logistik unternommen werden.

Budget

Eine besondere Herausforderung für die nahe Zukunft stellt also die budgetäre Situation des ÖBH dar. Das ÖBH – und damit auch als integraler Bestandteil die Miliz – haben gelernt, mit immer enger werdenden Budgetmitteln umzugehen.

Aber an dieser Stelle ist festzuhalten: Ein Budgetansatz von aktuell 0,55 % des BIP für die Landesverteidigung ist gerade auch im Hinblick auf die schon angeführten kritischen sicherheitspolitischen Entwicklungen in und um Europa nicht haltbar und nicht mehr verantwortbar. Fast alle Staaten der Europäischen Gemeinschaft haben schon mit entsprechenden Erhöhungen ihres Wehrbudgets reagiert. Die politischen Verantwortungsträger Österreichs sind nun offensichtlich ebenfalls bereit, die entsprechenden Rückschlüsse zu ziehen. Der einstimmige Entschließungsantrag des österreichischen Parlaments vom 26. 11. 2015 ist ein klares Signal.

Positiv anzumerken ist, dass die Entscheidung der Regierung im Jahr 2014, Sonderinvestitionsmittel zur Verfügung zu stellen, gezeigt hat, dass die politisch Verantwortlichen – wenn die Notwendigkeit besteht – bereit sind, die richtigen budgetären Grundlagen zu schaffen. Der dramatische finanzielle Sparkurs, der dem ÖBH seit Jahrzehnten in nicht mehr verantwortbarer Art und Weise aufgezwungen wurde, sollte damit sein Ende gefunden haben. Insgesamt geht es nicht nur um das höchst notwendige Nachholen von längst erforderlichen Investitionen, sondern auch um das schrittweise Erhöhen der Budgets auf die von der „Zilk-Kommission" geforderten ein Prozent des BIP.

Das ist auch wirtschaftlich ordentlich argumentierbar, denn Sicherheit ist ein unverzichtbarer Faktor für wirtschaftliche Prosperität und das Wohlergehen der Bevölkerung. Der Staat muss präventiv investieren, damit für die Bevölkerung die höchstmögliche Sicherheit garantiert werden kann. In diesem Sinne ist nur ein sicheres Österreich ein Garant für ein homogenes Gesellschaftssystem.

Es wird in Zukunft unabdingbar sein, dass die notwendigen Ressourcen, die zur Erfüllung der verfassungsmäßigen Aufgaben erforderlich sind – personell wie materiell – von den politisch Verantwortlichen zur Verfügung gestellt werden. Einerseits ist die Leistungserbringung für die Bevölkerung und andererseits der effektive und effiziente Einsatzerfolg sicherzustellen.

Je weniger volkswirtschaftliche Budgetmittel für die Landesverteidigung zur Verfügung gestellt werden, desto höher ist das volkswirtschaftliche Sicherheitsrisiko, das durch die politisch Verantwortlichen repräsentativ für die Bevölkerung getragen werden muss.

Miliz & Wirtschaft

Das Milizsystem wird sich auch in Zukunft aus allen gesellschaftspolitisch relevanten Gruppierungen der Republik Österreich rekrutieren. Die Milizsoldaten sind somit unverzichtbare Wissens- und Kompetenzträger. Vor allem aus der Wirtschaft und Industrie wird Know-how in das ÖBH eingebracht. Mit einer wesentlich breiteren Akzeptanz der Miliz in der Bevölkerung und damit auch in der Wirtschaft wird es sukzessive gelingen, die Nähr- und Ersatzraten für die bestehende Einsatzorganisation Miliz und den Aufwuchs sicherzustellen. Es wird in Zukunft darum gehen, dass jene Rekruten, die sich freiwillig zu Milizübungstagen melden bzw. verpflichten, nicht um ihren Arbeitsplatz fürchten müssen, sondern im Gegenteil der Mehrwert, den diese in ihren Beruf einbringen, von den Arbeitgebern geschätzt wird. Denn die militärische Ausbildung trainiert genau jene Fähigkeiten, die auch ein Arbeitgeber an seinen Mitarbeitern schätzt: Führungserfahrung, Führungskompetenz, Teamgeist, Entscheidungsfähigkeit, Belastbarkeit, Durchsetzungsfähigkeit und Leistungsbereitschaft sowie interkulturelle Kompetenz durch Auslandserfahrung. Zukünftig soll das „Netzwerk Miliz" zur Darstellung des Mehrwertes einer Miliztätigkeit entsprechend belebt werden. Wesentliche Partner sind hier vor allem die Sozialpartner, deren zukünftige Kooperationsbereitschaft unerlässlicher Garant für das Gelingen aller Anstrengungen im Rahmen der Miliz ist. In diesem Zusammenhang wurde am 30. November 2015 zwischen Bundesminister Mag. Klug und WKÖ-Präsident Dr. Leitl ein Übereinkommen zwischen Bundesministerium für Landesverteidigung und Sport (BMLVS) und Wirtschaftskammer Österreich (WKÖ) unterzeichnet, das die wesentlichen Kooperations- und Unterstützungsbereiche zur Förderung der Miliz des ÖBH festlegt.

Bereits vorhandene Partnerschaften mit dem ÖBH haben eine wesentliche Brückenfunktion. Diese müssen im Hinblick auf die Aufgabenfelder der Miliz, wie z. B. Schutz kritischer Infrastruktur, Aufrechterhaltung der öffentlichen Ordnung und Sicherheit und Katastrophenhilfe, belebt und weiter ausgebaut werden.

Zusammenfassung

Auch künftig wird sich das Österreichische Bundesheer seiner Verantwortung bei der Erfüllung seiner Aufgaben sowohl im Rahmen von Inlandseinsätzen als auch bei Auslandseinsätzen stellen müssen. Mit der Entscheidung zur Erhaltung eines leistungsfähigen Mischsystems, bestehend aus Berufskader, Rekruten und Miliz, kann die Sicherheit Österreichs gewährleistet werden. Vor allem der verbesserte Grundwehrdienst wird weiterhin Basis für die Sicherstellung aller wesentlichen Aufgabenstellungen sein. Unverzichtbarer Bestandteil einer funktionierenden Landesverteidigung ist neben dem leistungsfähigen Kader eine leistungsfähige Milizkomponente, die die Durchhaltefähigkeit der Republik Österreich gewährleistet. Die Miliz stellt gemäß Sicherheitsstrategie in Hinkunft die Masse der vorgesehenen 55.000 Soldaten. Ob zukünftig ausreichend Freiwillige für Milizfunktionen und damit für Milizübungen gewonnen werden können, wird sehr wesentlich von den Rahmenbedingungen abhängen. Die Miliz als einer der drei Pfeiler des österreichischen Mischsystems wird jedenfalls die Leistungsfähigkeit erhöhen müssen, um gemeinsam mit den anderen zwei Pfeilern den Aufgabenstellungen nach der Österreichischen Bundesverfassung gerecht zu werden.

Dazu ist erforderlich, dass
- die budgetären Rahmenbedingungen personell, materiell, infrastrukturell und betrieblich sichergestellt werden,
- die Rekrutierungsanstrengungen frühzeitig ansetzen und maximiert werden,
- die Übungstätigkeit gefördert und materiell unterstützt wird,
- die erforderliche Milizstruktur so rasch wie möglich aufgebaut wird,
- die Zusammenarbeit zwischen Heer, Industrie und Wirtschaft vertieft wird,
- das Kaderpersonal als wesentlicher Multiplikator sowohl bei der Rekrutierung als auch bei der Ausbildung motivierende Rahmenbedingungen vorfindet.

„Wesentlich zu erreichendes Ziel ist es, dass ein leistungsfähiges Bundesheer nach den Grundsätzen eines Milizsystems aus dem Volk für das Volk sichergestellt werden kann"

KARL VON WOGAU

Europa-Armee und Politische Union

Die immer wieder geforderte Politische Union besteht nicht darin, alles und jedes zu harmonisieren. Das wäre der falsche Weg. Vielmehr besteht der unverzichtbare harte Kern jeder Politischen Union in einer gemeinsamen Verteidigung. Zur weiteren Entwicklung der Gemeinsamen Verteidigungspolitik brauchen wir eine Doppelstrategie. Einerseits die Verwirklichung des Europäischen Binnenmarktes im Bereich der Verteidigung. Das betrifft alle Mitgliedsländer. Andererseits sollten die Rahmennationen des Eurocorps im kleineren Kreis beschließen, dieses permanent der Europäischen Union zur Verfügung zu stellen. Das wäre ein sinnvoller Schritt auf dem Wege zu einer Europäischen Armee.

Das vergangene Jahr stand im Zeichen von Krisen, die auch grundsätzliche Herausforderungen der Europäischen Union sind. Die Flüchtlingskrise wirft grundsätzliche Fragen für die Werte und die Verfahrensweisen der Europäischen Union auf. Die permanente Insolvenz Griechenlands stellt das Währungssystem und den inneren Zusammenhalt der Gemeinschaft auf die Probe. Gleichzeitig haben die Ereignisse in der Ukraine gezeigt, dass Europa größere Anstrengungen für seine eigene Sicherheit unternehmen muss.

Aus diesem Grund hat Jean-Claude Juncker die Schaffung einer Europäischen Armee gefordert. Angela Merkel hat sich dieser Forderung angeschlossen. Die Reaktion auf diese Initiative war verhalten positiv. Eine eigentlich zu erwartende starke Gegenreaktion aus Großbritannien blieb aus. Häufig wurde allerdings die Frage gestellt, ob es realistisch sei, zu erwarten, dass dieses Vorhaben in absehbarer Zeit zu verwirklichen sei.

Ein Blick auf die Zahlen zeigt jedoch, dass eine neue Orientierung unserer gemeinsamen Sicherheits- und Verteidigungspolitik nicht nur notwendig, sondern auch möglich ist. Darum ist es wichtig, darüber nachzudenken, wie die Effizienz unserer Ausgaben in diesem Bereich verbessert werden kann. Ein bisschen *pooling* und *sharing,* die Wundermittel der derzeitigen Diskussion, dürften hier nicht ausreichen.

Wir müssen uns der Frage stellen, ob wir dazu in der Lage sind, uns aus eigenen Kräften gegen jede mögliche Bedrohung zu verteidigen. Dabei sollten wir uns der Tatsache bewusst sein, dass ein reicher Kontinent wie Westeuropa, der nicht dazu in der Lage ist, sich selbst zu verteidigen, gefährlich lebt. Henry Kissinger schildert dieses Dilemma verschiedentlich in seinen Memoiren. Er schreibt, dass die Europäer immer wieder erwarten, dass die Amerikaner das Leben ihrer Soldaten und ihrer Bürger für die Sicherheit Europas riskieren. Europa sei aber nicht bereit, dazu den notwendigen eigenen Beitrag zu leisten.

Bei den Diskussionen im Vorfeld der Währungsunion haben wir immer wieder erklärt, dass die Währungsunion nicht möglich sei ohne die gleichzeitige Schaffung einer Politischen Union. Die Währungsunion wurde geschaffen, bei der Politischen Union sind wir auf dem halben Weg stehen geblieben.

An dieser Stelle ist es notwendig, zu klären, was unter einer Politischen Union zu verstehen ist. In der derzeitigen wirtschaftspolitischen Diskussion hört man immer wieder die Meinung, eine Politische Union bestehe darin, alles und jedes zu harmonisieren. Das wäre der falsche Weg. Die Stärke Europas ist seine Vielfalt und der friedliche Wettbewerb zwischen den Mitgliedsländern.

Der unverzichtbare Kern einer Politischen Union ist vielmehr eine gemeinsame Außenpolitik und eine gemeinsame Verteidigung.

Das war schon die Idee der Väter Europas bei der Gründung der Europäischen Verteidigungsgemeinschaft im Jahre 1952. Damals gab es bereits ganz konkrete Vorbereitungen für die Schaffung einer Europäischen Armee. Leider ist die Ratifizierung dieses Vertrages im August des Jahres 1954 in der französischen Nationalversammlung gescheitert.

Im Jahr 1979 wurde das Europäische Parlament zum ersten Mal direkt gewählt. Damals war Verteidigung kein Thema der europäischen Politik. Es war Hans-Gert Pöttering, der das Thema erneut aufgriff. Im Auswärtigen Ausschuss wurde unter seinem Vorsitz ein Unterausschuss für Sicherheit und Abrüstung eingerichtet. Das Wort „Verteidigung" musste allerdings sorgfältig vermieden werden, weil es dafür keine Zuständigkeit der Europäischen Gemeinschaft gab.

Der Grund für einen neuen Anfang waren die Kriege auf dem Balkan und insbesondere das Massaker von Srebrenica. Wie viele andere Europäer habe ich es damals als eine Schande empfunden, dass wir nicht dazu in der Lage gewesen sind, dieses Blutvergießen zu verhindern beziehungsweise zu beenden.

Es war eine Situation entstanden, in der ein Bürgerkrieg nur durch den Einsatz von Streitkräften beendet werden konnte. Damals haben die Nationalstaaten Europas versagt. Das scheinbar so mächtige Europa hatte weder die erforderlichen Strukturen noch die Möglichkeiten, um einzugreifen. Schließlich haben unsere Verbündeten von der anderen Seite des Atlantiks das Problem für uns gelöst.

Wenn wir heute über europäische Verteidigung nachdenken, müssen wir uns zunächst die Frage stellen, warum denn eigentlich die Sicherheitsprobleme Europas mit seinen 500 Millionen Bürgern und einem Bruttoinlandsprodukt von mehr als 10.000 Milliarden Euro von 300 Millionen Amerikanern gelöst werden müssen, hinter denen eine etwa gleiche Wirtschaftsleistung steht.

Wir müssen uns auch der Frage stellen, in welchem Umfang wir dazu bereit sind, uns auch außerhalb der Europäischen Union für unsere Werte einzusetzen, beispielsweise bei Völkermord und Verbrechen gegen die Menschlichkeit.

Eine gemeinsame Verteidigung setzt aber auch voraus, dass ein Bewusstsein einer gemeinsamen europäischen Identität, gemeinsamer Werte und gemeinsamer Sicherheitsinteressen entsteht.

Was ist bisher geschehen?

Die ersten Beschlüsse auf dem Weg zu einer europäischen Sicherheits- und Verteidigungspolitik kamen in einer ungewohnten Konstellation zustande. In der Vergangenheit waren es immer Frankreich und Deutschland gewesen, die gemeinsam europäische Initiativen entwickelt hatten. Jetzt waren es Frankreich und Großbritannien, die in St. Malo 1998 eine europäische Identität im Bereich der Sicherheit forderten.

Dieses führte zu den Beschlüssen des Europäischen Rates in Köln und Helsinki, wonach der Europäischen Union bis zu 60.000 Soldaten und Soldatinnen für Kriseneinsätze zur Verfügung stehen sollten.

Auf dieser Grundlage entwickelte Javier Solana, der damalige Hohe Vertreter für die Gemeinsame Außen- und Sicherheitspolitik, die heute noch gültige Sicherheitsstrategie der Europäischen Union.

Diese beginnt mit der Feststellung, dass kein Land in der Lage ist, die komplexen Probleme der heutigen Zeit im Alleingang zu lösen und dass die Europäische Union als Zusammenschluss von Staaten, die ein Viertel des Bruttosozialproduktes weltweit erwirtschaften, dazu bereit sein sollte, Verantwortung für die globale Sicherheit und für eine bessere Welt mit zu tragen.

Des Weiteren wird festgestellt, dass jedes Jahr 45 Millionen Menschen an Hunger und Unterernährung sterben und dass Sicherheit eine der Vorbedingungen für jede wirtschaftliche und kulturelle Weiterentwicklung ist.

Wichtigstes Charakteristikum der Europäischen Sicherheitsstrategie ist ihr breiter Ansatz, die enge Verzahnung von zivilen und militärischen Instrumenten der Krisenbewältigung und das Ziel einer Weltordnung auf der Grundlage eines wirksamen multilateralen Systems im Rahmen der Charta der Vereinten Nationen.

Diese Grundlagen unserer Sicherheitsstrategie gelten noch heute. Was sich jedoch seit dem Jahr 2003 grundsätzlich verändert hat, ist das geopolitische Umfeld. Die Einleitung der Sicherheitsstrategie von 2003 beginnt mit der Aussage, dass Europa noch nie so wohlhabend, so sicher und so frei gewesen sei. Heute könnte man diesen Satz nicht mehr so niederschreiben, wenn man die Situation in der Ukraine und im nahen und mittleren Osten betrachtet. Daraus müssen die notwendigen Schlussfolgerungen gezogen werden.

Strukturen

Auf der Grundlage der Beschlüsse von Helsinki und Köln wurden die notwendigen Strukturen zur Durchführung der Gemeinsamen Sicherheits- und Verteidigungspolitik geschaffen. Instrumente des Rates sind das Politische und Sicherheitspolitische Komitee und die Europäische Verteidigungsagentur, deren Aufgabe es ist, einen europäischen Markt für Rüstungsgüter zu schaffen und die Sicherheitsforschung zu fördern.

Dazu kommt die Schaffung einer zivil-militärischen Planungsdirektion, die sowohl für die zivilen als auch für die militärischen Aspekte der Krisenbewältigung zuständig sein soll.

Das Europäische Parlament hat einen Unterausschuss für Sicherheit und Verteidigung eingerichtet, der von mir geleitet wurde.

Dazu kommt jetzt der Europäische Auswärtige Dienst, der auf der Grundlage des Vertrages von Lissabon geschaffen wurde. Damit steht jetzt der Hohen Vertreterin für die Außen- und Sicherheitspolitik, Federica Mogherini, ein Instrument zur Verfügung, um eine kompetente und wirksame gemeinsame Außen- und Sicherheitspolitik zu gestalten.

Bisherige Einsätze

Die bisherigen Einsätze im Rahmen der Gemeinsamen Sicherheits- und Verteidigungspolitik zeigen die gesamte Spannweite sicherheitspolitischer Aufgaben. Sie reichen von der Unterstützung beim Aufbau eines rechtsstaatlichen Justizsystems und der Entsendung von Beobachtern bis hin zu Einsätzen von Streitkräften unter der Führung der Europäischen Union.

Ein gutes Beispiel für die Kombination verschiedener Instrumente der Sicherheitspolitik war die Aktion der Europäischen Union bei der Krise in Georgien im August 2008. Einerseits der diplomatische Einsatz des Ratspräsidenten Nicolas Sarkozy in Tiflis und Moskau, der zu einem Waffenstillstand führte, und andererseits die Entsendung von 300 Beobachtern in die Krisenregion. Ihre Aufgabe ist es, die Situation zu analysieren, die Rückkehr von Flüchtlingen zu beobachten und zum Abbau der Spannungen und zur Stabilisierung der Lage zwischen den Parteien beizutragen.

In diesem Fall wurde die Europäische Union dem Anspruch gerecht, Konflikte in ihrer unmittelbaren Nachbarschaft aus eigener Kraft zu lösen.

Die Grenzen dieser Fähigkeit wurden bei dem Konflikt in Libyen deutlich. Damals war ich der Auffassung, dass das Problem weniger militärischer als vielmehr politischer Art sei. Darum sei es besser, das Instrumentarium der Europäischen Union einzusetzen und nicht das der NATO. Dieses scheiterte aber mit der Begründung, dass die Fähigkeiten der Europäischen Sicherheits- und Verteidigungspolitik nicht ausreichten, um kurzfristig eine Flugverbotszone über Libyen einzurichten.

Wohin soll es gehen?

Bei jedem Besuch von Streitkräften unter der Führung der Europäischen Union fällt auf, wie unterschiedlich die Ausrüstung der verschiedenen nationalen Kontingente ist.

Dabei kann man feststellen, dass die Defizite bei zivilen und militärischen Einsätzen oft dieselben sind. Auch bei der Bekämpfung von Naturkatastrophen geht es um Aufklärung, Navigation, Telekommunikation sowie Luft-, See- und Landtransport.

Darum ist zu überlegen, wo in diesen Bereichen die bestehende Zusammenarbeit weiter verstärkt werden kann.

Derartige Möglichkeiten bestehen in den Bereichen der Aufklärung, der Navigation, der Telekommunikation und des Transports. Große Projekte, insbesondere im Bereich der Satelliten, der Drohnen und der Sicherheitsforschung sollten aus dem Haushalt der Europäischen Union finanziert werden, wie das schon bei den Projekten Galileo und Kopernikus stattgefunden hat.

Schließlich ist zu überlegen, in welcher Weise das Konzept der *battle groups* weiterentwickelt werden könnte. Unter anderem sollten diejenigen Länder, die Träger multinationaler Corps wie beispielsweise des Eurocorps sind, überlegen, ob sie im Rahmen einer permanenten strukturierten Zusammenarbeit dazu bereit wären, diese Einheiten der Europäischen Union auf Dauer zur Verfügung zu stellen.

Mit anderen Worten brauchen wir heute eine Doppelstrategie zur weiteren Entwicklung der gemeinsamen europäischen Verteidigung. Einerseits die weitere Entwicklung des gemeinsamen europäischen Rüstungsmarktes – nach meiner Einschätzung sind sogar die Briten dazu bereit, hier mitzugehen, weil es ökonomisch sinnvoll und notwendig ist – andererseits aber auch die permanente Unterstellung des Eurocorps für Einsätze der Europäischen Union. Diese wird nur im kleineren Kreise möglich sein.

ARNOLD H. KAMMEL

Zwischen Bonsai- und Europa-Armee

Streitkräftekooperation in der EU und Konsequenzen für Österreich

Europas Streitkräfte standen in den vergangenen Jahren aus unterschiedlichsten Gründen im Fokus der europäischen Öffentlichkeit. Infolge der Finanz- und Wirtschaftskrise wurden größtenteils die Verteidigungsbudgets der EU-Mitgliedsstaaten ohne ausreichende Koordinierung reduziert, weshalb viele Experten eine Entwicklung in Richtung europäische Bonsai-Armeen ohne ausreichende militärische Schlagkraft konstatierten, während der Ruf nach europäischer Handlungsfähigkeit – durch das sich ändernde sicherheitspolitische Umfeld der EU hin zu einem erhöhten Maß an Instabilität – immer deutlicher zu vernehmen war. Als logische Konsequenz dieser Problemstellung gewann die Frage nach einer Intensivierung der Streitkräftekooperation in der EU an Bedeutung, und der Begriff der „Europa-Armee" wurde wieder aktuell. In diesem Artikel wird der Stand der Gemeinsamen Sicherheits- und Verteidigungspolitik (GSVP) der EU als rechtspolitischer Handlungsrahmen der EU-Mitgliedsstaaten analysiert, und die Möglichkeiten einer verstärkten Zusammenarbeit europäischer Streitkräfte bis hin zu einer möglichen Europa-Armee werden aufgezeigt.

Einleitung

Obwohl sich nach Jahren der Stabilität das sicherheits- und verteidigungspolitische Umfeld der Europäischen Union spätestens mit dem Ausbruch der Revolutionen in Nordafrika massiv veränderte, blieben sicherheits- und verteidigungspolitische Fragestellungen im europäischen Kontext meist nur Randthemen. Durch die gleichzeitig beginnende Finanz- und Wirtschaftskrise 2008/2009 und ihre Auswirkungen auf nationale (Verteidigungs-) Haushalte stellte sich aber zusehends die Frage, wie die Mitgliedsstaaten der EU diesen Spagat zwischen neuen sicherheitspolitischen Herausforderungen einerseits und latenten Sparzwängen andererseits bewältigen würden.

In diesem Zusammenhang wurde in Deutschland der Begriff der Bonsai-Armeen[1] geboren, der den europäische Armeen infolge der Sparzwänge mangelnde militärische Durchsetzungsfähigkeit konstatierte und feststellte, dass sich diese in Richtung fein, aber zu klein bzw. für alles ein bisschen, aber nicht umfassend bereit, entwickelten. Dies führte dazu, dass ernsthaft ein alter Gedanke, der bereits am Beginn des europäischen Integrationsprozesses formuliert wurde, wieder an Hochkonjunktur gewann, das Thema einer europäischen Verteidigungsgemeinschaft bzw. einer Europa-Armee.

Der vorliegende Beitrag analysiert daher den Entwicklungsstand der Gemeinsamen Sicherheits- und Verteidigungspolitik (GSVP), die gleichsam den rechtspolitischen Rahmen für eine solche Entwicklung bildet, beleuchtet den Begriff der Europa-Armee näher und skizziert, in welche Richtung sich eine europäische Streitkräftekooperation entwickeln könnte und welche Konsequenzen sich dabei für Österreich aus den sich durch die EU-Mitgliedschaft ableitenden Pflichten ergeben würden.

Zum Zustand der Gemeinsamen Sicherheits- und Verteidigungspolitik (GSVP)

Mit dem Vertrag von Maastricht 1995 wurde durch die zweite Säule, die Gemeinsame Außen- und Sicherheitspolitik (GASP), ein wesentlicher

---

1 Siehe Mölling, C., *Europa ohne Verteidigung*, SWP Aktuell Nr. 56/2011.

Grundstein in Richtung einer europäischen Handlungsfähigkeit gelegt, um die EU auch in außen-, sicherheits- und verteidigungspolitischen Fragen als globalen Akteur zu positionieren. Zeitgleich erfolgte auch der EU-Beitritt der bündnisfreien bzw. neutralen Staaten Österreich, Finnland und Schweden, die sich verpflichteten, vollinhaltlich an der damals im Entwicklungsstadium befindlichen Europäischen Sicherheits- und Verteidigungspolitik (ESVP) teilzunehmen, war dies doch einer der kontroversiellen Punkte im Zuge der Beitrittsverhandlungen.[2] Österreich beteiligte sich nach seiner Aufnahme in die Union aktiv an der Entwicklung der ESVP, fand doch unter österreichischer Präsidentschaft 1998 das erste informelle Verteidigungsministertreffen statt, das einen wesentlichen Grundstein für die eigentliche Geburtsstunde der ESVP – den britisch-französischen Gipfel von St. Malo im Dezember 1998 – bildete, die von da an ein zentrales Projekt des Integrationsprozesses wurde. Mit dem Vertrag von Lissabon wurde als letzte Entwicklungsetappe der nunmehr geltende rechtspolitische Rahmen für die Sicherheits- und Verteidigungspolitik der EU gelegt, der im Folgenden kurz beschrieben wird.[3]

Die Entwicklungen im Bereich der ESVP seit 1999 finden im Lissabon-Vertrag ihre primärrechtliche Verankerung, wobei der Begriff der ESVP in Gemeinsame Sicherheits- und Verteidigungspolitik (GSVP) umbenannt wird, die jedoch weiterhin integraler Bestandteil der GASP bleibt. Ziel ist, wie Art. 42 Abs. 1 EUV ausführt, der Union eine auf zivile und militärische Mittel gestützte Operationsfähigkeit zu sichern. Auf diese kann die Union bei Missionen außerhalb der Union zur Friedenssicherung, Konfliktverhütung und Stärkung der internationalen Sicherheit zurückgreifen. Wesentliches Charakteristikum ist, dass diese Aufgaben mithilfe von Fähigkeiten, die von den Mitgliedsstaaten bereitgestellt werden, ausgeführt werden. Nach diesem Vertragswortlaut ist eine eigenständige EU-Truppe, auf die die Union unmittelbar zurückgreifen kann, nicht vorgesehen.

Die Absichtserklärung einer zukünftigen gemeinsamen Verteidigungspolitik, die sich bereits in den Verträgen von Amsterdam und Nizza

---

2   Siehe bspw. Scheich, M., *Tabubruch*, Böhlau 2005, S. 77.
3   Hierbei wird im Wesentlichen auf die Ausführungen in Kammel, A./Pfarr, D., *Der Vertrag von Lissabon und seine Auswirkungen auf die GASP/GSVP* in ÖMZ 1/2010, S. 36–49, verwiesen.

findet, ist im Lissabonner Vertrag ambitionierter formuliert. Art. 42 Abs. 2 EUV legt fest, dass die GSVP die schrittweise Festlegung einer gemeinsamen Verteidigungspolitik der Union umfasst. Diese führt, sobald der Europäische Rat dies einstimmig beschließt, zu einer gemeinsamen Verteidigung. Aufgeweicht wird dieses ambitionierte Ziel jedoch im selben Absatz durch den Hinweis, dass die Politik der Union nicht den besonderen Charakter der Sicherheits- und Verteidigungspolitik bestimmter Mitgliedsstaaten berührt.[4] Die Union achtet auch die Verpflichtungen jener Mitgliedsstaaten, die ihre gemeinsame Verteidigung in der NATO verwirklicht sehen. In Erklärung Nr. 14 wird darüber hinaus, insbesondere auf britischen Druck, auch festgehalten, dass keine neuen Kompetenzen in diesem Bereich der Kommission oder dem Europäischen Parlament übertragen werden. Damit bleibt eine supranationale gemeinsame Verteidigungspolitik weiterhin eine Ambition.

Die Mitgliedsstaaten verpflichteten sich darüber hinaus in Art. 42 Abs. 3 EUV, ihre Fähigkeiten schrittweise zu verbessern, wobei hier der Europäischen Verteidigungsagentur eine besondere Rolle bei der Ermittlung des operativen Bedarfs und der Förderung von Maßnahmen zur Bedarfsdeckung zukommt.

Daneben wurden mit dem Vertrag von Lissabon zwei neue Elemente für die GSVP in das EU-Regelwerk aufgenommen. So ermöglicht Art. 42 Abs. 6 EUV den Mitgliedsstaaten, die anspruchsvollere Kriterien in Bezug auf die militärischen Fähigkeiten erfüllen und die im Hinblick auf Missionen mit höchsten Anforderungen untereinander weitergehende Verpflichtungen eingegangen sind, die Gründung einer Ständigen Strukturierten Zusammenarbeit im Rahmen der Union. Mit der Ständigen Strukturierten Zusammenarbeit wurde ein bisheriges Tabu im sicherheitspolitischen Bereich der EU aufgegeben – das Prinzip der Einstimmigkeit, denn die Ständige Strukturierte Zusammenarbeit wird mit qualifizierter Mehrheit beschlossen. Mit Art. 42 Abs. 7 EUV wurde darüber hinaus eine gegenseitige Beistandsverpflichtung der Mitgliedsstaaten eingeführt. Im Falle eines bewaffneten Angriffs auf das Hoheitsgebiet eines Mitgliedstaats schulden

---

4   Vergleiche hier auch die zum Vertrag von Lissabon verabschiedeten Erklärungen Nr. 13 und 14 zur GASP.

die anderen Mitgliedsstaaten diesem alle in ihrer Macht stehende Hilfe und Unterstützung, im Einklang mit Art. 51 der UNO-Charta. Explizit wird darauf hingewiesen, dass dies den besonderen Charakter der Sicherheits- und Verteidigungspolitik bestimmter Mitgliedsstaaten unberührt lässt.

Bewertet man nun den Rechtsbestand in Fragen europäischer Außen-, Sicherheits- und Verteidigungspolitik, so zeigt sich deutlich, dass ein ausreichender Rahmen für eine weitere Ausgestaltung vorhanden ist, der auch den durch das Einstimmigkeitsprinzip oftmals erschwerten Weiterentwicklungsprozess durch Flexibilitätsklauseln grundsätzlich ermöglichen würde und auch die Basis einer vertieften Zusammenarbeit europäischer Streitkräfte legt. Die mit dem Lissabonner Vertrag geschaffene Grundstruktur war von dem Optimismus begleitet, den Durchbruch hin zu einer stärkeren Europäisierung auch im Bereich der GASP/GSVP zu erzielen.

Ab dem Jahr 2008 erfolgten aber in ganz Europa Kürzungen der Verteidigungs-Etats, die die ambitionierten Pläne des Lissabonner Vertrags ins Hintertreffen geraten ließen. Expertenschätzungen zufolge büßten die EU-Mitgliedsstaaten rund ein Viertel ihrer Schlagkraft ein, weil es keine europäische Abstimmung und keine Diskussion gab, welche Fähigkeiten notwendig sein und von welchen Staaten diese zur Verfügung gestellt würden. Zwar wurde innerhalb der NATO unter dem Begriff „Smart Defence" und in der EU durch die „Pooling and Sharing"-Initiative versucht, eine besser koordinierte Fähigkeitsentwicklung, Beschaffung und auch Streitkräfteplanung zu erzielen, die Ergebnisse blieben aber hinter den Erwartungen zurück.[5]

Gleichzeitig änderte sich das sicherheitspolitische Umfeld der Union. Dieses hat sich nunmehr in einen Krisenbogen verwandelt, der vom Baltikum über den Nahen Osten bis zum Maghreb reicht. Der damit einhergehenden Gewalt und ihren Auswirkungen können sich die EU und ihre Mitgliedsstaaten nicht entziehen. Die schwierige Haushaltslage führte den Europäern vor Augen, dass allein nationalstaatliches Handeln in der Sicherheits- und Verteidigungspolitik nicht mehr ausreichend ist. Der Höhepunkt

---

5   Siehe beispielsweise: Major, C./Mölling, C., *Die europäische Armee kommt*, NZZ, 29. April 2015.

dieser Entwicklung wurde mit den terroristischen Angriffen in Paris am 13. November 2015 erreicht, in dessen Folge Frankreich vier Tage später beim Ratstreffen in Brüssel die Beistandsgarantie des Lissabonner Vertrags aktivierte. Somit trat zum ersten Mal die Klausel zur kollektiven Selbstverteidigung in Kraft. Doch was bedeutet sie? Welche Konsequenzen haben die EU-Mitgliedsstaaten zu tragen? Darüber herrscht weiterhin Unklarheit, denn bisher hat man weder politisch noch akademisch über den Wesensgehalt der Beistandsgarantie gesprochen. Kein Mitgliedsstaat, auch nicht Österreich, hat sich auf seinen „besonderen Charakter der Sicherheits- und Verteidigungspolitik" berufen. Dennoch bleibt fraglich, inwieweit die Mitgliedsstaaten bereit sind, ihren Solidaritätsbekundungen entsprechende Taten folgen zu lassen. Auch seitens Frankreichs wurde unmittelbar vermittelt, dass sich die Erwartungen an die Beistandsleistungen durch die anderen Mitgliedstaaten in Grenzen hielten. Frankreich hat mit der Aktivierung von Art. 42 Abs. 7 EUV ein Zeichen gesetzt, bewusst einen europäischen Ansatz gewählt und den EU-Beistand vor den der NATO gestellt.[6] Die EU-Mitgliedsstaaten sollten diesen Ansatz als Chance sehen, ernsthaft Fragen europäischer Sicherheits- und Verteidigungspolitik zu diskutieren und gemeinsame europäische Lösungsansätze zu definieren.

Formen der Streitkräftekooperation hin zur Europa-Armee

Bereits im März 2015 hatte der Präsident der Europäischen Kommission, Jean-Claude Juncker, die alte Idee der europäischen Armee wieder lanciert. Auf zwei Wegen könnte eine derartige Europa-Armee geschaffen werden: durch intergouvernementale oder transnationale Zusammenarbeit. Intergouvernementale Zusammenarbeit bedeutet eine vertiefte Zusammenarbeit der EU-Staaten ohne Souveränitätsabgabe. Eine solche Zusammenarbeit, die im Wesentlichen auch dem Grundgedanken von „Pooling and Sharing" entspricht, könnte von der gemeinsamen Beschaffung, über Training bis hin zur Nutzung von militärischem Gerät reichen. Durch eine derartige

---

6   Siehe Rehrl, J., *EU-Beistandsgarantie tritt in Kraft – Wie Europa auf Freitag, den 13., reagiert,* AIES-Fokus 6/2015.

Kooperation könnten Synergieeffekte erzielt und damit könnte zumindest mittelfristig auch die Verteidigungsbudgets entlastet werden. Der transnationale Weg zu einer europäischen Armee beschreibt eine Vergemeinschaftung, also die Übertragung nationaler Befugnisse auf die EU-Ebene. Dies würde mit Blick auf die Streitkräfte eine einheitliche europäische Armee mit einheitlicher Basis (Wehrrecht, Einsatzregeln etc.), mit europäischen Führungsstrukturen (europäisches Hauptquartier) unter europäischer politischer Führung bedeuten, die nicht mehr von den Entscheidungen einzelner europäischer Staaten abhängig wäre.[7]

Wie realistisch ist die Entwicklung einer „Europa-Armee"? Zu allererst erscheint es notwendig, wesentliche Parameter und Dimensionen einer solchen Armee näher zu erläutern.[8] So stellt sich geografisch die Frage, ob sich das Konzept einer Europa-Armee nur auf die Europäische Union oder auf Europa insgesamt bezieht? Ist es Europa insgesamt, meint man dann primär Westeuropa, sprich: jene Länder, die zum großen Teil auch gleichzeitig in der NATO sind? Oder wählt man eine breite Definition von Europa und schließt auch die Länder der östlichen Partnerschaft mit ein?

Mit Blick auf die Zusammensetzung einer Europa-Armee bedarf es der Entscheidung, ob diese aus nationalen Streitkräften bestehen soll, die ähnlich der NATO einem gemeinsamen Kommando unterstellt werden, oder ob es sich dabei um eine Truppe handelt, die von einer EU-Institution, beispielsweise der Kommission, aufgestellt, finanziert und dieser unterstellt wird. Hierbei ist jedoch gerade die Frage, wer über den Einsatz einer Europa-Armee entscheidet und welche Rolle einer solchen Armee zukommt, zu beantworten. Wäre sie ein Instrument zur militärischen Intervention in Krisen in Europas Nachbarschaft oder soll sie auch dem Zweck der Landes- und Bündnisverteidigung dienen?

Oberste Grundvoraussetzung für eine europäische Armee ist eine gemeinsame sicherheitspolitische Konzeption und Vision der EU-Staaten. Diese würde den Rahmen für den Einsatz europäischer Streitkräfte und das

---

7   Siehe BMVG, *Legitimation und Umrisse einer Europa-Armee*, Reader Sicherheitspolitik 9/2011.
8   Siehe Kamp, K.-H., *Die Europa-Armee: Pro und Kontra*, Bundesakademie für Sicherheitspolitik, Arbeitspapier Sicherheitspolitik 4/2015.

europäische „Level of Ambition" bilden. In einer sicherheitspolitischen Gemeinschaft könnten die Staaten ihre Sicherheitspolitiken weitgehend harmonisieren und eine gemeinsame EU-Politik definieren. Dies stellt derzeit allerdings nur entfernte Zukunftsmusik dar. Das liegt vor allem an den unterschiedlichen sicherheitspolitischen bzw. strategischen Kulturen und Interessen, die die nationale Sicherheitspolitik der EU-Mitgliedsstaaten prägen. Eine Europäisierung der strategischen Kulturen würde bedeuten, dass sich die Staaten auf gemeinsame Ziele und Mittel sowie eine gemeinsame Definition der Rolle militärischer Gewalt im Spektrum der sicherheitspolitischen Instrumente der EU verständigen. Vor allem müssten sich die EU-Staaten auf die EU als primären sicherheitspolitischen Handlungsrahmen einigen und gemeinsame Lösungsansätze für die Krisen im europäischen Umfeld entwickeln. Die Finalität des europäischen Integrationsprozesses ist daher ein wesentliches Element für eine mögliche Herausbildung einer Europa-Armee.

Für bzw. gegen die Schaffung einer Europa-Armee werden folgerichtig unterschiedliche Argumentarien ins Spiel gebracht werden. Für Anhänger einer verstärkten europäischen Integration ist das Konzept einer Europa-Armee logische Konsequenz der schrittweisen Vertiefung der europäischen Integration hin zu einer politischen Union. Eine Union mit einer gemeinsamen Währung und einem gemeinsamen Raum der Freiheit, Sicherheit und des Rechts kann auf Dauer Fragen der Sicherheits- und Verteidigungspolitik nicht rein auf intergouvernementalem Weg lösen. Eine verteidigungspolitische Integration würde auch ein „Spillover" der wirtschaftlichen Integration darstellen.

Gegner einer Europa-Armee wenden ein, dass eine solche Armeekonfiguration einen Grad der Integration und des Föderalismus voraussetzt, über den die EU nicht verfügt bzw. verfügen wird und den die meisten Mitgliedsstaaten und wohl auch deren Bevölkerung nicht akzeptieren werden. Eine Realisierung sei, losgelöst von der Frage, ob eine solche Armee nützlich sei oder nicht, nicht möglich.

Es obliegt daher den EU-Institutionen und insbesondere auch den Mitgliedsstaaten zu entscheiden, welchen Handlungsrahmen und welches „Level of Ambition" sie der GSVP mittelfristig zuweisen. Die bis zum Juni 2016 von der Hohen Vertreterin Federica Mogherini vorzulegende neue

EU-Globalstrategie bietet die Gelegenheit, eben jenen sicherheitspoliti-schen Handlungsrahmen entsprechend zu definieren und auszugestalten. Es bleibt dabei auch zu hoffen, dass neben einer bloßen sicherheitspolitischen Bedrohungsanalyse auch eine Vision für eine stärker vergemeinschaftete Sicherheits- und Verteidigungspolitik skizziert wird, die durch konkrete Handlungsoptionen näher ausgestaltet wird. Große Sprünge sind allerdings auch hier nicht zu erwarten. Das derzeitige Damoklesschwert eines mögli-chen EU-Austritts Großbritanniens verhindert jegliche politische Debatten über eine Vertiefung der Integration in einem derart sensiblen Politikfeld wie der Sicherheits- und Verteidigungspolitik.

Regionale Kooperation als Katalysator für die Weiterentwicklung der GSVP

Nachdem eine gesamteuropäische Integration in Form einer Europa-Ar-mee derzeit kaum realisierbar erscheint, gewinnen andere Kooperationsfor-men, insbesondere in der Gestalt von Cluster-Bildung von EU-Mitglieds-staaten, an Bedeutung. Grundgedanke dabei ist, dass die Mitgliedsstaaten Gruppen aus kleineren und größeren Staaten bilden, die ausgehend von ei-nem gemeinsamen oder sehr ähnlichen sicherheits- und verteidigungspo-litischen Lagebild sich intensiver darüber absprechen, wer künftig welche Fähigkeiten bereitstellt und wie auch gemeinsame Streitkräfteplanung und Beschaffungsvorgänge realisiert werden könnten. Formen regionaler Ko-operation könnten für nationale Streitkräfte positive Synergieeffekte mit sich bringen, wenn sie sich auf folgende Bereiche und Funktionen konzen-trieren: die Interoperabilität von Stäben und Truppenteilen, die Standardi-sierung von Ausstattung, die Angleichung von Konzepten, Doktrinen und Streitkräfteplanung.

Mit Blick auf die Cluster-Bildung sind Formen regionaler Koope-ration von besonderer Bedeutung. Diese sind innerhalb der EU derzeit unterschiedlich ausgeprägt.[9] Während die Relevanz des politisch einfluss-

---

9 Siehe ausführlich dazu: Bachora, R., *Regionale Verteidigungskooperationen 2016*, Sicherheits-politische Jahresvorschau 2016, S. 332–335.

reichen Weimarer Dreiecks (bestehend aus Frankreich, Deutschland und Polen) in jüngerer Zeit stagnierte und sich durch die neue polnische Regierung derzeit auch keine Verbesserung abzeichnet, erfuhren die Nordic Defence Cooperation (NORDEFCO – bestehend aus Island, Norwegen, Dänemark, Schweden und Finnland) und die Kooperation der baltischen Staaten (B3 – bestehend aus Estland, Lettland und Litauen) eine Vertiefung ihrer militärischen Zusammenarbeit als direkte Reaktion auf die Ereignisse in der Ukraine und die neue expansive russische Außenpolitik. Entgegen der zögerlichen Anzeichen zu Jahresbeginn 2015 wurde auch die verteidigungspolitische Kooperation der Višegrád-Staaten (V4, bestehend aus Polen, Slowakei, Tschechien und Ungarn) weiter vertieft und ausgebaut. Dies war jedoch weniger der Weiterentwicklung der GSVP als vielmehr den Interessen der Verteidigungsressorts, rüstungspolitischer Überlegungen sowie eines gewissen Anpassungsdrucks gegenüber der NATO geschuldet.

Für Österreich stellt sich in diesem Zusammenhang die Frage, in welchem Format die eigenen nationalen Interessen am besten verfolgt werden können. Die Präsidentschaft in der Central European Defence Cooperation (CEDC) im Jahr 2016 bietet die Chance, sich sicherheitspolitisch mit den Nachbarn besser zu vernetzen, ohne eine künstliche Konkurrenz, beispielsweise zu den Višegrád-Staaten, zu schaffen.

Eines muss aber bei allem leicht aufkeimenden Optimismus über sich herausbildende regionale sicherheitspolitische Kooperationen im Auge behalten werden: All diese Entwicklungen bilden bei Weitem noch nicht den Nukleus einer „europäischen Armee". Denn jede Entscheidung, diese im Frieden eng zusammenwirkenden Truppen und Stäbe in einer Krise oder zur kollektiven Verteidigung einzusetzen, bleibt bei den nationalen Regierungen. Dennoch könnten gerade im Rahmen regionaler Verbünde neue Impulse für die Weiterentwicklung und Vertiefung der GSVP entwickelt werden, um den Ausfall der Big 3 – Deutschland, Frankreich und Großbritannien –, von denen derzeit aus unterschiedlichen Gründen kaum weitreichende Impulse zu erwarten sind, zu kompensieren und die Vorteile einer verstärkten Kooperation aufzuzeigen.

Quo vadis, europäische Streitkräftekooperation?

Bereits in der Europäischen Sicherheitsstrategie (ESS) von 2003 wird fest-gestellt, dass kein europäisches Land alleine in der Lage ist, den sicherheits-politischen Herausforderungen und den neuen Bedrohungen entsprechend zu begegnen und dies nur im europäischen Verbund wirkungsvoll erfolgen kann. Gerade für die kleinen und mittleren EU-Staaten stellt neben der NATO die GASP/GSVP jenes Forum dar, in dem sie sich am besten den Herausforderungen des sich verändernden Konfliktbilds stellen können. Für Österreich als kleines und neutrales Mitgliedsland der EU ist die GASP/GSVP das wesentliche Forum in sicherheits- und verteidigungspolitischen Fragen, und daher sollte Österreich, wie sich auch aus der österreichischen Sicherheitsstrategie von 2013 ergibt, aktiv an der GASP/GSVP mitwirken; es sollte ein immanentes Interesse an deren Weiterentwicklung haben und daher auch entsprechende Impulse setzen.

In den kommenden Jahren wird es vorrangig darauf ankommen, das Potenzial, das sich insbesondere aus dem Lissabon-Vertrag ergibt, entspre-chend für zivilmilitärische Krisenprävention, -reaktion und -nachsorge zu nutzen, dieses auch inhaltlich und methodisch intensiv zu strukturieren und die Interoperabilität der eingesetzten zivilen und militärischen Fähigkeiten insgesamt und der Streitkräfte der EU-Mitgliedsstaaten im Besonderen in allen Funktionsbereichen und auf allen Ebenen voranzutreiben.

Eine wesentliche Grundvoraussetzung, um diesen Bestrebungen zum Durchbruch zu verhelfen, ist allerdings, dass neben der erhöhten Interope-rabilität auch das Vertrauen der EU-Mitgliedsstaaten untereinander wächst und kein Zweifel mehr besteht, dass der jeweils andere Mitgliedsstaat seine Mittel zur Verfügung stellt, wenn alle oder einige EU-Mitgliedsstaaten ihrer dringend bedürfen. Das darf nicht auf die Frage der kollektiven Verteidi-gung eingeengt werden, sondern muss auch Raum für wirksame Krisen-bewältigung unter Einschluss militärischer Mittel lassen. Frankreich hat in dieser Hinsicht einen ersten Impuls gesetzt, den es von den anderen Mit-gliedsstaaten aufzunehmen gilt.

Angesichts der Rückkehr militärischer Macht auf die Weltbühne und der Tatsache, dass die EU und ihre Mitgliedsstaaten verstärkter in den Fokus machtpolitischer Auseinandersetzungen geraten, ist Handeln geboten. Eine Intensivierung sicherheits- und verteidigungspolitischer Kooperation ist daher kein Selbstzweck, sie dient der gemeinsamen europäischen Sicherheitsvorsorge im Interesse der Bürger Europas. Es ist daher unausweichlich, die dafür notwendige Debatte über eine europäische Sicherheits- und Verteidigungsgemeinschaft innerhalb der EU aktiv zu führen. Das alte römische Sprichwort „Si vis pacem para bellum" scheint heute in Europa aktueller denn je.

CAUSA HYPO ALPE ADRIA

CHRISTOPH KONRATH[1]

Der neu gestaltete Untersuchungs- ausschuss des Nationalrats
Zwischenbilanz zum Verfahren

Am 1. 1. 2015 ist eine umfassende Reform des Verfahrens von Untersuchungsaus- schüssen des Nationalrates samt Begleitmaßnahmen in Kraft getreten. Bereits am 25. 2. 2015 wurde der erste Ausschuss nach dem neuen Regime eingesetzt. Aus juristischer Perspektive erweisen sich die erstmalige Definition des Untersuchungs- gegenstands in der Verfassung und die Streitverfahren vor dem Verfassungsgerichts- hof als besonders bedeutsam. Die Neuregelung vieler Abläufe – etwa beim Umgang mit schutzbedürftigen Informationen – kann einen Beitrag zur Weiterentwicklung parlamentarischer Kontrolle leisten. In anderen Bereichen, die nicht umfassend gere- gelt werden können, kommt es weiterhin auf Bewusstseinsbildung und Förderung der parlamentarischen Kultur an.

---

1   Dieser Beitrag gibt ausschließlich die Meinung des Verfassers wieder.

Das Recht des Nationalrats, Untersuchungsausschüsse einzusetzen, war seit der Verfassungsgebung 1920 politisch und rechtlich umstritten: Politisch ging es um die Einsetzung ausschließlich mit Mehrheitsbeschluss und den Streit über die missbräuchliche Verwendung dieses Kontrollinstruments. Rechtlich ging es um die (fehlende) Konkretisierung des Untersuchungsgegenstands und die Ausgestaltung des Verfahrensrechts.[2]

Bereits 1920 hatte Hans Kelsen gefordert, klar zwischen strafgerichtlichem und parlamentarischem Verfahren zu unterscheiden. Dennoch wurden bis 1997 die Beweiserhebungen durch einen Untersuchungsausschuss auf Grundlage des Strafprozessrechts geführt. Ein Untersuchungsausschuss ist aber ein politisches Gremium, das der Informationsgewinnung und ihrer Aufbereitung für politische Bewertungen dient. Im Strafprozess soll die materielle Wahrheit ergründet und muss eine rechtliche Entscheidung getroffen werden. Ein politisches Gremium funktioniert anders als ein Gerichtsprozess. Beide weisen unterschiedliche Zielsetzungen auf, und die Beteiligten verfügen über gänzlich verschiedene Herangehensweisen und Erfahrungen.

Nach den Erfahrungen im Lucona- und im Noricum-Untersuchungsausschuss gelangen 1997 erste Reformen, und die Geschäftsordnung des Nationalrats (GOG-NR) wurde um eine Verfahrensordnung für parlamentarische Untersuchungsausschüsse (VO-UA) ergänzt. Diese regelte einzelne Aspekte des Verfahrens, wie die Befragung von Auskunftspersonen und die Einführung eines Verfahrensanwalts, genauer. Weitere Regelungen, etwa zur Anforderung und Übermittlung von Beweismitteln sowie zum Schutz sensibler Informationen, blieben aber rudimentär. In den sechs Untersuchungsausschüssen, die zwischen 2000 und 2012 tagten, wurden vielfache Funktionsmängel dieser Regelungen deutlich. Diesen sollte – neben der Einführung des Minderheitsrechts auf Einsetzung – mit der am 1. 1. 2015 in Kraft getretenen Reform begegnet werden.[3]

---

2   Siehe ausführlich zu den Reformdiskussionen Konrath, C., *Reform der Untersuchungsausschüsse und Überlegungen zur Einführung eines Organstreitverfahrens*, Jahrbuch öffentliches Recht 2010, S. 25.
3   BGBl I 99/2014: Änderung des GOGNR einschließlich der Anlage Verfahrensordnung für parlamentarische Untersuchungsausschüsse (VO-UA); BGBl I 101/2014: Änderung des B-VG und weiterer Bundesgesetze. Für einen Überblick dazu siehe Konrath/Neugebauer/Posnik, *Das neue Untersuchungsausschussverfahren im Nationalrat*, JRP 2015, S. 216.

Schwerpunkte der Untersuchungsausschuss-Reform

Im Zentrum der Untersuchungsausschuss-Reform stehen

- die verfassungsrechtliche Definition des Untersuchungsgegenstands,
- die Ausweitung und Konkretisierung der Pflicht staatlicher Organe, dem Untersuchungsausschuss Akten und Unterlagen vorzulegen,
- die Neuregelung der Einsetzung eines Untersuchungsausschusses,
- die umfassende Regelung des Verfahrensablaufs samt Verankerung von Minderheitsrechten auf Ladung von Auskunftspersonen und Beweisanforderungen,
- die Neuregelung der Verfahrensleitung durch die Präsidentin des Nationalrats als Vorsitzende und die Einführung der Funktion des Verfahrensrichters,
- Regelungen über die Information der Öffentlichkeit sowie den Umgang mit sensiblen Informationen,
- die übersichtliche Neuregelung und der Ausbau der Rechte von Auskunftspersonen sowie
- die Rücksichtnahme auf die Tätigkeit der Strafverfolgungsbehörden.

Die Einführung besonderer Streitverfahren vor dem Verfassungsgerichtshof (VfGH) ermöglicht es erstmals, dass Konflikte innerhalb des Nationalrats und/oder mit anderen staatlichen Organen durch eine unabhängige Instanz entschieden werden. Damit werden politische und rechtliche Konfliktlösung klar voneinander getrennt. Wechselseitige Informationspflichten ermöglichen eine koordinierte Vorgangsweise mit der Justiz. Damit werden Konflikte zwischen parlamentarischer Kontrolle und Strafverfolgung vermieden.

Andere Aspekte des Verfahrens, die vor allem die öffentlichkeitswirksame Befragung von Auskunftspersonen betreffen, wurden hingegen kaum verändert. Eine Neuerung ist etwa die zeitliche Beschränkung der Befragung im Ausschuss auf vier Stunden.

Untersuchungsgegenstand

Kern- und Angelpunkt des Untersuchungsrechts ist der Untersuchungsgegenstand. Er legt den Umfang des Tätigkeitsbereichs eines Untersuchungsausschusses fest. Mit ihm wird bestimmt, welche Informationen staatliche Organe vorzulegen haben und was Auskunftspersonen gefragt werden können.

Bis zur Reform 2014 war der Untersuchungsgegenstand rechtlich nicht bestimmt, was immer wieder zu Auseinandersetzungen über die Reichweite und Möglichkeiten des Untersuchungsausschusses führte. Eine gerichtliche Überprüfung war ebenfalls ausgeschlossen. Konflikte konnten nur politisch gelöst werden.

Mit der Reform wurde der Untersuchungsgegenstand verfassungsrechtlich genau festgelegt. Gemäß Art. 53 Abs. 2 B-VG kann ein Untersuchungsausschuss einen bestimmten abgeschlossenen Vorgang im Bereich der Vollziehung des Bundes kontrollieren. Dahinter steht ein weites Verständnis von Vollziehung, das nicht auf die Bundesregierung beschränkt ist. Es umfasst auch die Privatwirtschaftsverwaltung des Bundes. Die absolute Grenze bildet das Handeln von Privaten, wozu auch die sogenannten „ausgegliederten Unternehmen" zählen. Die Bestimmung knüpft an Regelungen im Zusammenhang mit der Rechnungshofkontrolle an und greift damit auf ein etabliertes Konzept zurück, mit dem sich der VfGH seit den 1950er-Jahren in vielen Entscheidungen befasst hat.

Verpflichtung zur umfassenden Information

Seit 1920 waren alle Gerichte und Behörden verpflichtet, dem Ersuchen eines Untersuchungsausschusses nach Beweiserhebungen Folge zu leisten und auf Verlangen ihre Akten vorzulegen. Diese Verpflichtungen konnten aber nicht durchgesetzt werden. Infolge von Unklarheiten über den Untersuchungsgegenstand und des beständigen Vorwurfs, dass der verantwortungsvolle Umgang mit sensiblen Informationen im Parlament nicht gewährleistet werden könne, war die Tätigkeit von Untersuchungsausschüssen bis 2015 von Auseinandersetzungen über Aktenlieferungen und „Schwärzungen" begleitet.

Mit der Untersuchungsausschussreform wurden die Vorlageverpflichtungen textlich angepasst. Entscheidende Veränderungen betreffen aber die Definition des Untersuchungsgegenstands, detaillierte Verfahrensregeln für die Aktenanforderung (auch auf Verlangen eines Viertels der Mitglieder des Untersuchungsausschusses), Bestimmungen über die Informationssicherheit und Regelungen zur Streitentscheidung durch den VfGH. Nur wenn die Vorlage zu einem Bekanntwerden von „Quellen" führt, die die nationale Sicherheit oder die Sicherheit von Menschen gefährden würden, oder wenn durch die Vorlage die (primär laufende) Willensbildung in der Bundesregierung oder von einzelnen ihrer Mitglieder beeinträchtigt würde, kann sie verweigert werden. Diese Ausnahmen wurden bislang noch nicht in Anspruch genommen.

Im Hypo-Untersuchungsausschuss ist es in drei Fällen zu Auseinandersetzungen über die Verpflichtung zur und den Umfang der Aktenvorlage gekommen. In allen drei Fällen hat der VfGH – so wie es mit der Reform intendiert war – sehr rasch entschieden. Damit wurde auch das Verfahren im Untersuchungsausschuss nicht weiter aufgehalten.

Die erste Entscheidung betraf die Vorlage „geschwärzter" – also teilweise unkenntlich gemachter – Akten durch den Bundesminister für Finanzen.[4] Dieser hatte seine Vorgangsweise mit dem Bankgeheimnis, dem Datenschutz und weiteren Verschwiegenheitspflichten begründet. Der VfGH hielt in seiner Entscheidung fest, dass der Untersuchungsausschuss ohne Kenntnis aller Akten und Unterlagen im Umfang des Gegenstands der Untersuchung seinen verfassungsgesetzlich übertragenen Kontrollauftrag nicht erfüllen könne. Im genannten Umfang besteht also eine umfassende Vorlagepflicht, der Verschwiegenheitspflichten nicht entgegenstehen. Akten und Unterlagen müssen daher ungeschwärzt vorgelegt werden. Sie können aber als schutzwürdige Informationen klassifiziert werden. Zugleich hat der VfGH festgehalten, dass aus der umfassenden Vorlagepflicht nicht automatisch die Befugnis des Untersuchungsausschusses oder seiner Mitglieder folgt, alle gewonnenen Informationen in jedem Fall an die Öffentlichkeit zu bringen.

Weitere Entscheidungen betrafen die Vorlagepflicht der FIMBAG[5] (Finanzmarktbeteiligung AG des Bundes) und der Kärntner Landesholding.[6] In beiden Fällen verneinte der VfGH eine solche Pflicht, da beide Einrich-

---

4 VfGH 15.6.2015, UA 2/2015 und UA 4/2015.
5 VfGH 1.7.2015, UA 6/2015 und UA 7/2015.
6 VfGH 1.7.2015, UA 5/2015-9.

tungen – jedenfalls im Hinblick auf den Untersuchungsgegenstand – keine hoheitlichen Aufgaben wahrgenommen haben. Der VfGH erinnerte in seiner Entscheidung daran, dass die Übertragung der privatwirtschaftlichen Angelegenheiten einer Gebietskörperschaft auf eine juristische Person des Privatrechts wie die FIMBAG (auch wenn sie zur Gänze im öffentlichen Eigentum steht) oder auf einen öffentlich-rechtlich Ausgegliederten wie die Kärntner Landesholding zur Konsequenz hat, dass es sich bei dessen Aufgabenerfüllung nicht mehr um staatliche Aufgabenerfüllung – im Sinne hoheitlicher Tätigkeit – handelt. Eine Vorlagepflicht würde nur dann bestehen, wenn sie (verfassungs-)gesetzlich vorgesehen wäre.

Schutz sensibler Informationen

Nach der alten Rechtslage bestand lediglich ein Verbot, die einem Untersuchungsausschuss vorgelegten Unterlagen zu veröffentlichen. Der Präsident des Nationalrates konnte die Unterlagen vor der Verteilung an die Mitglieder des Ausschusses besonders kennzeichnen („Faksimileschutz"). Das führte – wie erwähnt – zu regelmäßigen Auseinandersetzungen, die auch unter der neuen Rechtslage nachhallten. Der VfGH hat in seiner Entscheidung über die Vorlagepflicht des Finanzministers dazu eine grundlegende Klarstellung getroffen.

Mit der Untersuchungsausschussreform traten auch das Informationsordnungsgesetz (InfOG)[7] und Sonderbestimmungen für die Verwendung schutzbedürftiger Informationen im Untersuchungsausschuss in Kraft. Sie regeln den Zugang zu und die Verwaltung von diesen Informationen. Die Offenbarung oder Verwertung geheimer und streng geheimer Informationen ist darüber hinaus mit Strafe bedroht. Damit wurden erstmals allgemeine Regelungen über den Umgang mit solchen Informationen im Parlament geschaffen. Diese orientieren sich an europarechtlichen Vorgaben und an (teilweise internen) Bestimmungen im Bereich der Bundesverwaltung. Es konnte also davon ausgegangen werden, dass die – seit Langem geforderten – Regelungen an Erfahrungen und Praktiken in der Verwaltung anknüpfen.

---

7   BGBl I 102/2014.

Tatsächlich hat sich gezeigt, dass die neuen Regelungen umfangreiche Anpassungen und Verhaltensänderungen in der Verwaltung, bei den Mitgliedern des Untersuchungsausschusses und in der Parlamentsdirektion erfordern. Das ist bereits am Beispiel des Finanzministeriums deutlich geworden. Es hat sich aber auch darin gezeigt, dass unterschiedliche Stellen die exakt selben Dokumente ohne und mit Schutzerfordernissen („Klassifizierung") übermittelt haben. Auch die Zuordnung zu einzelnen Klassifizierungsstufen, die mit Begründung erfolgen muss, war sehr unterschiedlich. Die Herausforderung liegt darin, dass die Klassifizierungsstufen nur abstrakte Anknüpfungspunkte für die Zuordnung bieten und dass zum InfOG wie auch zu vergleichbaren Informationssicherheitsregelungen jeweils nur beispielhaft angeführt wird, was wie zu klassifizieren ist. Eine pauschale Klassifizierung z. B. als „vertraulich" ist somit ausgeschlossen.

Das InfOG ist von einem formellen Ansatz geprägt: das heißt, es kommt zunächst nicht auf den Inhalt einer Information (z. B. eines Akts) an, sondern darauf, wie die übermittelnde Stelle diesen klassifiziert hat. Abgeordnete oder der Untersuchungsausschuss haben die Möglichkeit, diese Klassifizierung zu beanstanden und eine Umstufung zu beantragen. Im Streitfall entscheidet der VfGH.

Klassifizierte Dokumente der Stufe 1 können nach Genehmigung durch die Vorsitzende auch in medienöffentlicher Sitzung verwendet werden. Sie hat dafür gemeinsam mit dem Verfahrensrichter Bedingungen zu formulieren. Höher klassifizierte Dokumente – insgesamt bestehen vier Stufen – dürfen nur in vertraulichen (bis Stufe 2) bzw. geheimen (bis Stufe 4) Sitzungen verwendet werden. Das bringt entsprechende Restriktionen hinsichtlich der Berichte aus den Sitzungen und der Protokollierung (z. B. keine elektronische Verarbeitung ab Stufe 2) mit sich. Insbesondere in den ersten Monaten der Ausschusstätigkeit ist es regelmäßig zu Auseinandersetzungen über den Umgang mit Dokumenten, ihre Verwendung in Sitzungen und den Ablauf der Befragungen gekommen (zumal es ja notwendig sein kann, die Medienvertreter/innen auszuschließen). Dabei wurde oft – und intuitiv nachvollziehbar – auf den Inhalt, aber nicht auf formelle Kriterien abgestellt.[8]

---

8   Siehe zu den Auseinandersetzungen z. B. Weißensteiner, *Verfassungsklage der Opposition*, „Der Standard" 22.5.2015, S. 7;

Je höher die Klassifizierungsstufe eines Dokuments ist, umso höher sind auch die Anforderungen an den Umgang damit. Ein Großteil der Akten und Unterlagen wurde daher bei der Übermittlung keiner Klassifizierungsstufe zugeordnet. Das führt automatisch dazu, dass diese Dokumente als „nicht-öffentlich" gekennzeichnet werden. Sie dürfen, wie der Name schon sagt, nicht veröffentlicht werden, ihre Verwendung und auch die Weitergabe an Dritte unterliegen hingegen keinen besonderen Beschränkungen. Auch in diesem Bereich ist es zu Konflikten darüber, wie weit jeweils „Verwendung" reichen kann, gekommen.[9]

Verfahren im Ausschuss

Im Unterschied zu anderen Bereichen des Verfahrensrechts wurden die Bestimmungen über die Befragung von Auskunftspersonen praktisch unverändert aus der alten Verfahrensordnung übernommen. Änderungen ergeben sich nur hinsichtlich der neutralen Vorsitzführung durch die Präsidentin und die Einrichtung des Verfahrensrichters. Einzelne Anpassungen betreffen auch Rechte der Auskunftspersonen (dazu sogleich).

Mit Ausnahme der Beschränkung der Befragung von Auskunftspersonen auf maximal vier Stunden laufen Ausschusssitzungen daher wie gewohnt ab. Die Verfahrensordnung selbst regelt – ähnlich dem Gerichtsverfahren – nur Grundsätze der Befragung und im Detail die Aussageverweigerung. Im Unterschied zum Untersuchungsausschuss ist ein Gerichtsprozess aber durch weitaus weniger Akteure geprägt. Zudem wird bei ihnen ein hohes Maß an beruflicher Erfahrung vorausgesetzt. In einem Untersuchungsausschuss sind derzeit aber sechs Fraktionen mit unterschiedlichen und auch gegenläufigen Interessen vertreten. Dazu kommt mit der neuen Befragung durch den Verfahrensrichter auch ein siebter Akteur. Da die Befragung im Zentrum der öffentlichen Wahrnehmung der Untersuchungstätigkeit steht, wird in den Zwischenbilanzen von Journalist/inn/en auch kaum eine Veränderung zum alten Verfahrensregime wahrgenommen.[10]

9   Siehe z. B. „Tiroler Tageszeitung" 11.12.2015, S. 12.
10   Siehe z. B. Weißensteiner, *Opposition rüttelt am Vorsitz*, „Der Standard" 17.7.2015, S. 3; Schnauder, *Aufklärung in Not*, „Der Standard" 3.11.2015, S. 32.

Andere Verfahrensinstrumente, wie die Konzentration wichtiger Entscheidungen bei der Vorsitzenden anstelle von Mehrheitsentscheidungen im Ausschuss, Sonderregelungen für die Ladung von Auskunftspersonen durch eine Minderheit, das Konsultationsverfahren mit dem Bundesminister für Justiz oder die parlamentarische Schiedsstelle zur Entscheidung über die Zulässigkeit von Fragen wurden noch nicht in Anspruch genommen.

Umgang mit Auskunftspersonen

Ein wesentliches Anliegen aller Reform(diskussion)en seit 1997 war die Stellung von Auskunftspersonen im Untersuchungsausschuss. Unter einer Auskunftsperson wird allgemein eine Person verstanden, die zur Klärung bestimmter Umstände und Tatsachen befragt wird. Die Bezeichnung stellt eine Abgrenzung zu Zeug/inn/en im Zivil- und Strafverfahren und vor allem zu Beschuldigten dar. Wenn auch im Einzelnen praktische keine Unterschiede zwischen Auskunftspersonen und Zeug/inn/en bestehen, so markieren die unterschiedlichen Begriffe doch einen klaren Unterschied zwischen politischer Kontrolle und Gerichtsverfahren.

Schon nach der alten Rechtslage war die Begleitung einer Auskunftsperson durch eine Vertrauensperson und die Unterstützung durch den Verfahrensanwalt vorgesehen. Mit der Reform sollte die Stellung der Auskunftspersonen durch die neue Art der Vorsitzführung, medienrechtliche Bestimmungen betreffend Auskunftspersonen und eine besondere Beschwerdemöglichkeit vor dem VfGH verbessert werden. Außerdem wurde ein Rechtsschutz gegen die zwangsweise Vorführung vor den Untersuchungsausschuss eingeführt. Eine Vorführung kann beim Bundesverwaltungsgericht bekämpft werden. Dieses Gericht entscheidet jetzt auch über die Verhängung von Beugestrafen.[11]

Der Auftakt des Hypo-Untersuchungsausschusses wurde von Auseinandersetzungen über die Veröffentlichung der Namen von Auskunftspersonen durch das Parlament begleitet. Eine sehr enge Lesart der Gesetze führte

11 Bis 2015 war das BG Innere Stadt zuständig, das in solchen Verfahren oft lange für Entscheidungen benötigte. Das Bundesverwaltungsgericht hat bisher einmal - und sehr rasch - entschieden: BVwG 15.9.2014, W194 3113624-1.

zur Befürchtung, dass Namen erst in der Sitzung der Befragung bekanntge-
geben würden.[12] Angesichts des Umstandes, dass ein Großteil der Auskunftspersonen über öffentliche Bekanntheit verfügt oder leitende Funktionen im
öffentlichen Dienst ausübt, konnte aber eine sachliche und praktikable Lösung gefunden werden.

Schwieriger ist hingegen der Umgang mit praktischen Problemen, die
primär organisatorisch und nicht rechtlich gelöst werden müssen. Das betrifft insbesondere den Zugang zum Ausschusslokal und die damit verbundene Begegnung mit (Bild-)Journalist/inn/en.

Mit der Untersuchungsausschussreform wurde auch eine Beschwerdemöglichkeit wegen Verletzung von Persönlichkeitsrechten durch den
Untersuchungsausschuss, seine Mitglieder oder Funktionäre eingeführt.
Art. 138b Abs. 1 Z 7 B-VG ermöglicht damit erstmals Rechtsschutz gegen parlamentarische Handlungen. Der VfGH hat aufgrund einer solchen
Beschwerde festzustellen, ob eine Verletzung vorliegt oder nicht. Mit einer
solchen Feststellung sind keine unmittelbaren Konsequenzen (z. B. Scha-
denersatz) verbunden, sie kann aber Maßstäbe und Grenzen für den Umgang mit Auskunftspersonen durch die Mitglieder und die Wahrung von
deren Rechten durch die Vorsitzende, den Verfahrensrichter und den Verfahrensanwalt setzen.

2015 sind vier solcher Beschwerden vor den VfGH gebracht worden.
Drei davon wurden – insbesondere mangels Geltendmachung der Verletzung von (konkreten) Persönlichkeitsrechten – zurückgewiesen.[13] Mit einer weiteren Beschwerde hat sich der VfGH in sehr grundsätzlicher (und
durchaus richtungsweisender) Art auseinandergesetzt. Im Ergebnis hat er sie
aber zurück bzw. als unbegründet abgewiesen.[14] Dabei zeigt sich, dass der
VfGH einen strengen Prüfungsmaßstab anlegt und fordert, dass die Verletzung der Persönlichkeitsrechte genau konkretisiert werden muss. Er betont

---

12 Siehe Parlamentskorrespondenz Nr. 318 vom 2.4.2015: *„Hypo-Untersuchungsausschuss –
Organisatorische Information für Medien"*; dazu Weißensteiner, *Aufstand gegen Geheimniskrämerei
im U-Ausschuss*, „Der Standard" 14.4.2015, S. 6; Föderl-Schmid, *Der Vertuschungsausschuss*,
„Der Standard" 30.4.2015, S. 40.
13 VfGH 6.10.2015, UA 10/2015 (Neuerliche Ladung); VfGH 6.10.2015, UA 9/2015 (Vertrauensperson), VfGH 8.10.2015, UA 8/2015 (Dobernig).
14 VfGH 27.10.2014, UA 3/2015 (Staatskommissärin).

die Meinungsäußerungsfreiheit von Politiker/innen und bezieht sich damit auf deren Absicherung in der Rechtsprechung des Europäischen Gerichtshofs für Menschenrechte. Angesichts der Situation im Untersuchungsausschuss bedeutet das, dass Auskunftspersonen auch damit rechnen müssen, mit sehr kritischen Fragen und Werturteilen von Politiker/innen konfrontiert zu werden. Dafür steht ihnen, wie der VfGH betont, aber auch die Möglichkeit der direkten Entgegnung zur Verfügung. Mit der Abweisung der Verletzung von Persönlichkeitsrechten gibt der VfGH auch zu verstehen, dass er im konkreten Fall die verfahrensrechtlichen Sicherungsmaßnahmen der Rechte der Auskunftsperson durch die Vorsitzende, den Verfahrensrichter und den Verfahrensanwalt für gewährleistet erachteten.

Zwischenbilanz

Aus juristischer Perspektive kann festgehalten werden, dass sich wesentliche Elemente der Reform des Untersuchungsausschussrechts in den ersten Monaten der Anwendung durchaus bewährt haben. Das sind, wie die hier dargestellten Fragen des Untersuchungsgegenstands, der Aktenvorlage und der Informationssicherheit zeigen, vor allem jene Verfahrenselemente, die sich durch einen hohen Grad der Verrechtlichung und durch formelle Anknüpfungen auszeichnen. Aus ihnen lassen sich klare Handlungsanleitungen ableiten, die eine Sensibilisierung für Problembereiche und Lernerfahrungen ermöglichen. Die Streitentscheidung durch den VfGH gibt klare und unbestrittene Leitlinien für die Auslegung und Anwendung der Vorschriften vor.

Weiterhin sind aber jene Bereiche, in denen ein solches Maß an Verrechtlichung und Formalisierung nicht möglich ist, das ist insbesondere die Befragung von Auskunftspersonen, von der Entwicklung und Stützung parlamentarischer Debattenkultur abhängig. Der VfGH setzt dafür, wie zuletzt dargestellt wurde, durchaus weite Spielräume.

JOSEF REDL

Wer untersuchet, der findet

Die Kommission zur Untersuchung des Hypo-Alpe-Adria-Debakels hat unter der Leitung von Irmgard Griss beachtliche Arbeit geleistet. Einen parlamentarischen Untersuchungsausschuss kann eine solche Kommission nicht ersetzen – aber hervorragend ergänzen.

Das Jahr 2014 hatte für Michael Spindelegger nicht gut begonnen. Gleich mehrere ÖVP-Landesorganisationen hatten sich für die Umsetzung der Gesamtschule in Modellregionen ausgesprochen – und vom Parteichef eine Abfuhr erhalten. Mit den Worten: „Ich bin ja nicht das Christkind, dass ich alles erfüllen kann" hatte Spindelegger die Diskussion für beendet erklärt. Und die Diskussion um seine eigene Position an der Spitze der ÖVP erst so richtig angeheizt. Aber auch in seiner damals neuen Funktion als Finanzminister lief es für Spindelegger eher mäßig. Das frisch ausgearbeitete Steuerpaket brachte ihm Kritik von allen Seiten ein, insbesondere vom ÖVP-Wirtschaftsbund. Und dann war da ja noch diese ehemalige Kärntner Landesbank, die Ende 2009 verstaatlicht werden musste. Für die fehlte immer noch ein Konzept. Die Frage „Abwicklung oder Sanierung?" hatte Spindeleggers Vorgängerin Maria Fekter lange Zeit unbeantwortet gelassen. Und noch immer konnte man kaum erahnen, wie viel Geld noch in das schwarze Loch Hypo fließen würde. Alleine für das abgelaufene Geschäftsjahr stand ein Verlust von 2,7 Milliarden Euro in den Büchern der Skandalbank.

Wenn Spindelegger zu seinem vollendeten Unglück eines noch brauchte, dann war das ein Untersuchungsausschuss. Monatelanges Aktenstudium, Ausschusstagungen bis spät in die Nacht – nur, damit man von der Opposition nach allen Regeln der Kunst öffentlich abgewatscht werden kann. Im Jahr 2014 – es gilt noch die alte Verfahrensordnung – konnte ein Untersuchungsausschuss zwar nur mit einer Mehrheit im Nationalrat beschlossen werden, also eigentlich nicht gegen den Willen von SPÖ und ÖVP. Trotzdem: Der Druck steigt in diesen Wochen – eine Petition für einen U-Ausschuss wird von mehr als 100.000 Bürgern unterzeichnet, und einzelne Abgeordnete von SPÖ und ÖVP sprechen sich bereits für eine parlamentarische Untersuchung der Hypo Alpe Adria aus. Die Mehrheit wackelt also. Gleichzeitig wird zwischen Regierung und Opposition intensiv über eine neue Verfahrungsordnung für U-Ausschüsse verhandelt. Das Minderheitsrecht auf Einsetzung ist damit nur noch eine Frage der Zeit.

Michael Spindelegger trat in dieser Situation die Flucht nach vorne an: Er setzte eine Untersuchungskommission zur „transparenten Aufklärung der Vorkommnisse rund um die Hypo Group Alpe-Adria" ein. Transparenz, wie Michael Spindelegger sich das vorstellt?: „Ich bin für Aufklärung, aber ohne parteipolitisches Hick-Hack." Das gilt natürlich besonders, wenn die eigene Partei involviert ist.

Das Einrichten von Untersuchungskommissionen ist in Österreich nichts Neues. Sowohl auf Landes- als auch auf Bundesebene wurden in der Vergangenheit regelmäßig Experten mit der Untersuchung aufklärungswürdiger Vorgänge betraut. Die thematische Palette reicht von der NS-Vergangenheit von Kurt Waldheim bis zur Ermittlungsarbeit rund um die Entführung von Natascha Kampusch. Insbesondere die Kampusch-Kommission zeigte deutlich Systemfehler auf. Rund um die Kommission unter der Leitung des früheren Verfassungsgerichtshof-Präsidenten, Ludwig Adamovich, entwickelten Kriminalisten ein Eigenleben und führten Privatermittlungen durch. Zahlreiche Theorien über die Beteiligung von weiteren Tätern an der Kampusch-Entführung wurden zwar ventiliert – unter Verweis auf die Verschwiegenheitspflicht aber nie näher ausgeführt, geschweige denn bewiesen. Abgesehen von der ohnehin bekannten Tatsache, dass bei den ursprünglichen Ermittlungen zum Teil schlampig gearbeitet wurde, förderte die Kommission so gut wie keine Erkenntnisse zutage.

Als Gegenentwurf sollte eine Untersuchungskommission – wie auch ein parlamentarischer Untersuchungsausschuss – eben nicht verstanden werden.

Als die Hypo-Untersuchungskommission unter der Leitung der ehemaligen Höchstrichterin Irmgard Griss im Dezember 2014 ihren Bericht vorlegte, war Michael Spindelegger bereits Geschichte. Er hatte im August 2014 – entnervt von den stockenden Verhandlungen über eine Steuerreform und von den Querelen in der eigenen Partei – alle Funktionen zurückgelegt. Man könnte sagen: Zumindest ist ihm ein U-Ausschuss erspart geblieben, wenn schon sonst nichts.

Der neue Untersuchungsausschuss

Beinahe ein Jahr, nachdem die Hypo-Untersuchungskommission eingesetzt wurde, nahm der Hypo-Untersuchungsausschuss seine Arbeit auf. Der 22. Parlamentarische Untersuchungsausschuss der Republik Österreich ist

der erste nach der neuen, im Jänner 2015 in Kraft getretenen Geschäftsordnung. Dementsprechend turbulent verliefen die ersten Monate. Die bereitgestellten Akten – es handelt sich dabei um riesige Datenmengen – seien
nicht wie vereinbart strukturiert und geordnet übermittelt worden, beklag-
ten Ausschussmitglieder. „Der U-Ausschuss wird systematisch mit Unterlagen zugemüllt", kritisierte NEOS-Fraktionsführer Rainer Hable.

Dass ausgerechnet das für die Verstaatlichung zuständige Ressort
– das Finanzministerium – die angeforderten Akten über weite Teile nur
geschwärzt übermittelte, entbehrte nicht einer gewissen Komik. Die
Pointe muss man aus demokratiepolitischer Sicht aber nicht unbedingt
lustig finden. Als der Verfassungsgerichtshof schließlich rechtswirksam
verfügte, dass die Akten ungeschwärzt zu übermitteln sind, tagte der U-
Ausschuss bereits vier von maximal 20 Monaten. Für den Hypo-U-Ausschuss ein bitterer Zeitverlust, immerhin kann man sich damit trösten,
dass die Frage für alle zukünftigen U-Ausschüsse geklärt ist. Das Urteil
des Verfassungsgerichtshofes zeigt überdies auch auf, wo der Unterschied
zwischen einer Untersuchungskommission und einem parlamentarischen
Untersuchungsausschuss liegt.

Der Auftrag

„Die Untersuchungskommission wird unabhängig und völlig frei von politischen Einflüssen agieren. Der Untersuchungskommission wird dabei
im Rahmen der rechtlichen Möglichkeiten weitestmöglicher Zugang zu
sämtlichen relevanten Unterlagen gewährt. Über die Zusammensetzung
der unabhängigen Untersuchungskommission wird Hon.-Prof. Dr. Irmgard Griss, LL.M. frei entscheiden", heißt es im Vortrag an den Ministerrat
vom 25. März 2014, sozusagen die Gründungsurkunde zur Einsetzung der
„Griss-Kommission". Für die Öffentlichkeit war zumindest der letzte dieser
Punkte nachvollziehbar. Die vier Mitglieder, die Irmgard Griss auswählte,
genießen einen tadellosen Ruf und stehen nicht unter dem Verdacht, allzu
eng mit der österreichischen Politik verbandelt zu sein: Mit Manuel Ammann, Carl Baudenbacher, Ernst Wilhelm Contzen und Claus Peter Weber
holte Irmgard Griss vier Experten, die sowohl akademisch als auch praktisch in Bereichen wie Bankwesen, Wirtschaftsrecht und den Bilanzierungs-

regeln in der Welt der Hochfinanz zu Hause sind. Problematisch wird es, wenn „im Rahmen der rechtlichen Möglichkeiten weitestmöglicher Zugang zu sämtlichen relevanten Unterlagen" gewährleistet sein soll. Diesen „Rahmen der rechtlichen Möglichkeiten" musste sich der U-Ausschuss bis zum Verfassungsgerichtshof erstreiten. Die Griss-Kommission musste damit arbeiten, was andere für „sämtliche relevante Unterlagen" hielten. Und: Wer gewährleistet, dass eine Kommission „unabhängig und völlig frei von politischen Einflüssen" agieren kann? Am ehesten eine kritische Öffentlichkeit. Diese ist – auch das musste erst erstritten werden – in der Regel bei den U-Ausschuss-Sitzungen zugelassen.

„Trümmerfrau", „von Spindeleggers Gnaden", „Feigenblatt" – die politischen Kommentatoren waren sich bei der Einordnung der Griss-Kommission von Anfang an einig. Sie hatten gleichermaßen recht wie unrecht. Die offen artikulierte Ablehnung eines U-Ausschusses durch die SPÖ-ÖVP-Regierungsmehrheit und die spärlichen rechtlichen Möglichkeiten legten den Schluss nahe, es handle sich um eine Alibiaktion. Schließlich können Auskunftspersonen weder gezwungen werden, vor der Kommission zu erscheinen, noch unterliegen sie der Wahrheitspflicht. Was soll dabei schon rauskommen?

Klar und deutlich

Tatsächlich legte die Griss-Kommission einen gleichermaßen präzisen, aber auch für die Öffentlichkeit verständlichen Bericht vor, der auf 340 Seiten Versäumnisse sonder Zahl benennt. Die Ergebnisse von Irmgard Griss und ihren Kollegen legen ein politisches Multiorganversagen offen, das sich über alle untersuchten Phasen erstreckt. Von der laschen Prüfung einer viel zu rasch wachsenden Landeshypothekenbank, über die letztlich existenziell gefährlichen Ausmaße der Haftungen durch das Land Kärnten – bis hin zur schlecht vorbereiteten Übernahme der Hypo durch die Republik Österreich. „Vor diesem Hintergrund kann die Verstaatlichung nicht als ‚Notverstaatlichung' bezeichnet werden, denn sie war – zumindest in ihrer Ausgestaltung – keineswegs alternativlos", heißt es etwa in dem Bericht, der auf der Website http://www.untersuchungskommission.at für jeden zugänglich ist.

„Nach der Verstaatlichung fehlte eine klare Strategie. Einerseits sollte die HBInt saniert und dann wieder privatisiert werden, andererseits sollte die Vergangenheit aufgearbeitet werden. Gleichzeitig musste aber erreicht werden, dass die Europäische Kommission im Beihilfeverfahren die Staatshilfen für die HBInt genehmigte. Dabei ließ die Europäische Kommission von Anfang an keinen Zweifel daran, dass sie größte Bedenken gegen das Geschäftsmodell der HBInt hatte und die Errichtung einer Abbaueinheit erwartete. Die Errichtung einer Abbaueinheit wäre auch die Voraussetzung dafür gewesen, dass sich die Europäische Bank für Wiederaufbau und Entwicklung (EBRD) und die International Financial Corporation (IFC) an der Restrukturierung beteiligt hätten", heißt es für die Zeit nach der Verstaatlichung. Und weiter: „Dennoch haben es die politischen Entscheidungsträger abgelehnt, eine Abbaulösung auch nur zu erwägen. Grund dafür war, dass eine Abbaueinheit im Staatseigentum die Staatsschuld erhöht hätte. Die politischen Entscheidungsträger nahmen damit in Kauf, dass das Beihilfeverfahren wesentlich länger dauerte als vergleichbare Verfahren und das Hinauszögern einer Lösung auch dazu führen konnte, dass die öffentliche Hand und damit die Allgemeinheit letztlich mit noch höheren Kosten belastet wird." Die Kritik spart niemanden aus, nennt aber auch niemanden beim Namen.

Da, wo sich Griss damit abfinden muss, dass es zu Themen „keine Unterlagen" gibt oder sich manche Behauptungen nicht mit anderen Aussagen decken, zeigen sich aber eben doch die Grenzen des „weitestmöglich" Machbaren. Die Möglichkeiten des Untersuchungsausschusses sind andere: Die Parlamentarier können nicht nur das systemische Versagen, sondern auch die konkrete Verantwortung von einzelnen Personen und Institutionen klären. Und das mit Personen, die unter Wahrheitspflicht Auskunft geben. Und auf Grundlage von Dokumenten, die verpflichtend bereitgestellt werden müssen.

Einige der Systemfehler des U-Ausschusses wurden auch mit den neuen Verfahrensregeln nicht abgelegt. So darf man beispielsweise die Motive zur Ladung prominenter aktueller und ehemaliger Amtsträger aus dem konkurrierenden politischen Lager durchaus anzweifeln. Oder auch die Art von deren Befragung. Ob die Ladung der insgesamt eher peripher Involvierten, Wolfgang Schüssel und Karl-Heinz Grasser, wirklich der Aufklärung geschuldet, oder nicht doch eher als willkommene politische Abrechnung gedacht war? Ob es sinnvoll ist, die Befragungszeit möglichst auszureizen, selbst wenn die Fragen längst beantwortet sind? Eher nicht. Umgekehrt offenbart die maximale Befragungszeit von vier Stunden ein weiteres Problem. Parteifreunde stellen den eigenen Leuten Fragen über deren berufliche Laufbahn, Qualifikation und Familienstand, um möglichst viel Zeit zu verbrauchen, die für kritische Fragen damit verloren geht. Der Versuch, öffentlichkeitswirksam Kriminalfälle zu lösen, wird auch im U-Ausschuss-Neu weiterhin unternommen. Auch hier stellt sich die Frage, ob der Sache gedient ist, wenn das österreichische Parlament jedem einzelnen zweifelhaften Immobilienentwickler auf dem Balkan nachstellt. Oder ob es nicht reicht, diese Arbeit den Strafverfolgungsbehörden zu überlassen.

Das Instrument des Untersuchungsausschusses steht und fällt mit der Integrität der handelnden Personen. Dasselbe gilt jedoch mindestens im selben Maß für eine Untersuchungskommission. Irmgard Griss hat die in sie gesetzten Erwartungen übertroffen. Dass eine pensionierte Richterin, die kaum jemand außerhalb des Justizapparates wirklich kannte, innerhalb eines Jahres zu einer ernsthaften Bundespräsidentschaftskandidatin avanciert, ist bemerkenswert. Es ist nicht nur ein Ausdruck der Wertschätzung ihrer Arbeit, sondern stillt auch eine Sehnsucht, die das politische Establishment offenbar nicht zufriedenstellend stillen kann. Eben jene nach Integrität.

An der Arbeit von Irmgard Griss gab es eigentlich nur einen Kritikpunkt, der öffentlich artikuliert wurde: dass die Kommission die Protokolle über vertraulich geführte Gespräche nicht archiviert, sondern vernichtet hat.

Dass dieser Vorwurf Irmgard Griss erst gemacht wurde, nachdem sie ihre Kandidatur als Bundespräsidentin bekannt gegeben hatte, ist im Sinne von Durchsichtigkeit eine besonders österreichische Art von Transparenz in der Politik.

DORIS BURES

Der neu gestaltete Untersuchungs- ausschuss des Nationalrats
Zwischenbilanz zum Verfahren

Die mit 1. Jänner 2015 in Kraft getretene Reform der rechtlichen Bestimmungen für parlamentarische Untersuchungsausschüsse ist eine der bedeutsamsten Neuerungen innerhalb des demokratischen Systems der Republik Österreich. Kernpunkt der U-Ausschuss-Reform war die Umgestaltung der Institution des Untersuchungsausschusses im Nationalrat von einem Recht der Mehrheit zu einem Recht der Minderheit. Die hohe Bedeutung des parlamentarischen Untersuchungsregelwerks in der neuen Form als Minderheitsrecht zeigte die Einsetzung des Hypo-Untersuchungsausschusses: Unmittelbar nach Jahresbeginn kam es am 14. Jänner 2015 zu einer Sondersitzung des Nationalrats, in der 58 Abgeordnete ein Verlangen auf Einsetzung des Hypo-U-Ausschusses einbrachten. Damit war schnell die erste Bewährungsprobe für das Reformwerk gefunden.

Die mit 1. Jänner 2015 in Kraft getretene Reform der rechtlichen Bestimmungen für parlamentarische Untersuchungsausschüsse ist eine der bedeutsamsten Neuerungen innerhalb des demokratischen Systems der Republik Österreich. Es handelt sich dabei um eine Novelle von außerordentlicher verfassungsrechtlicher Relevanz, die im Dezember 2014 nach langem Verhandeln im Nationalrat beschlossen worden ist. Die hohe Bedeutung des parlamentarischen Untersuchungsregelwerks in der neuen Form als Minderheitsrecht zeigt die Einsetzung des Hypo-Untersuchungsausschusses: Gleich unmittelbar nach Jahresbeginn kam es am 14. Jänner 2015 zu einer Sondersitzung des Nationalrats, in der 58 Abgeordnete ein Verlangen auf Einsetzung des Hypo-U-Ausschusses einbrachten.

Somit war die erste Bewährungsprobe für das Reformwerk gefunden. In diesem Zeichen war der Hypo-U-Ausschuss dann auch zweifellos eines der zentralen parlamentarischen Ereignisse des Jahres 2015. Nimmt man die öffentliche Aufmerksamkeit als Richtschnur, dann war der Ausschuss samt Einsetzung darüber hinaus auch eines der großen innenpolitischen Ereignisse des vergangenen Jahres.

Gleich vorweg ein paar wenige Zahlen zum Hypo-U-Ausschuss 2015: Eingesetzt am 25. Februar, kam es in insgesamt 48 U-Ausschuss-Sitzungen zu 88 Befragungen von 84 Auskunftspersonen (vier Auskunftspersonen wurden doppelt befragt). Die Sitzungen dauerten rund 450 Stunden.

Große Erwartungshaltung in der Öffentlichkeit

Parlamentarische Untersuchungsausschüsse stoßen generell auf großes öffentliches Interesse, das war auch vor der Reform des Regelwerks zu beobachten. Schon lange vor dem Start des U-Ausschusses im Februar 2015 war die Aufmerksamkeit für den Untersuchungsgegenstand enorm. Inländische und auch ausländische Medien berichteten über den Aufstieg und den Fall der Hypo spätestens seit Ende der Nullerjahre weitgehend einhellig als eine der größten Affären der Zweiten Republik. Somit war von Anfang an eine besonders große Erwartungshaltung in der Öffentlichkeit gegenüber der Aufklärungsarbeit des Ausschusses gegeben. Zum ohnehin schon großen Interesse an der Causa Hypo kam dann eben noch hinzu, dass der Hypo-U-Ausschuss der erste Untersuchungsausschuss war, der auf dem neuen Regelwerk basierte.

Kernpunkt der U-Ausschuss-Reform war die Umgestaltung der Institution des Untersuchungsausschusses im Nationalrat von einem Recht der Mehrheit zu einem Recht der Minderheit. Gemäß der heute gültigen Formulierung des Artikels 53 des Bundesverfassungsgesetzes (B-VG) ist nunmehr ein Untersuchungsausschuss einzusetzen, wenn ein Verlangen auf Einsetzung des Untersuchungsausschusses von einem Viertel der Abgeordneten des Nationalrats (46 Abgeordnete) unterstützt wird.

Die im Zuge der U-Ausschuss-Reform beschlossenen Änderungen verteilen sich dabei auf mehrere Gesetzesebenen: Neben Anpassungen im B-VG wurde auch die Verfahrensordnung für Untersuchungsausschüsse (VO-UA) selbst in wesentlichen Bereichen neu beschlossen. Gänzlich neu ist das Informationsordnungsgesetz (InfOG), welches die Übermittlung von Akten und Unterlagen an das Parlament so regelt, dass der Schutz von Informationen innerhalb des Parlaments rechtlich verbindlich gewährleistet ist. Ergänzende Änderungen zur zusätzlichen Bewehrung der neuen Qualität des Untersuchungsausschussverfahrens gab es überdies auch im Strafgesetzbuch, der Strafprozessordnung und im Mediengesetz.

Wesentliche Veränderungen des Regelwerks

Neben dem Minderheitsrecht brachte das neue Regelwerk für U-Ausschüsse im Ausschussverfahren unter anderem folgende wesentliche Veränderungen:

*   *Vorsitz:* Den Vorsitz des Ausschusses führt die Nationalratspräsidentin, als Vertreter der II. oder der III. Nationalpräsident. Jeder der drei PräsidentInnen bestimmt darüber hinaus jeweils einen Nationalratsabgeordneten als seinen Stellvertreter. In der Praxis hat sich eine gewisse Kontinuität bei der Vorsitzführung als vorteilhaft erwiesen, weil im Rahmen des noch sehr jungen Regelwerks auch scheinbar kleine Entscheidungen des Vorsitzes zu durchaus weitreichenden Konsequenzen führen können. In den Aufgabenbereich des Vorsitzes fällt insbesondere die Sitzungsleitung. Beim Vorsitz handelt es sich (im Gegensatz zur alten Verfahrensordnung) um kein Mitglied des Ausschusses, sondern er handhabt im Sinn einer unabhängigen und objektiven Verfahrensleitung ausschließlich die Anwendung der Verfahrensregeln des Ausschusses und nimmt die Vertretung des Ausschusses nach außen wahr.

- *Verfahrensrichter:* Die Funktion des Verfahrensrichters wurde neu geschaffen. Seine Aufgabe ist es unter anderem, den Vorsitz bei der Führung des Verfahrens zu unterstützen und für den Vorsitz einen Entwurf des Abschlussberichts zu verfassen. Überdies belehrt der Verfahrensrichter die Auskunftspersonen über die Rechte und Pflichten bei ihrer Aussage im Untersuchungsausschuss und führt eine Erstbefragung der Auskunftspersonen durch. Gemäß dem Anforderungsprofil der Verfahrensordnung muss es sich beim Verfahrensrichter und seinem Stellvertreter um einen aktiven oder bereits in den dauerhaften Ruhestand versetzten Richter handeln.
- *Persönlichkeitsrechte:* Die Rechte der Auskunftspersonen wurden gestärkt. Verfahrensanwalt und Verfahrensrichter wachen gemeinsam mit dem Vorsitz darüber, dass sich der Ausschuss bei Befragungen auf rechtlich sicherem Boden bewegt; überdies können sich Auskunftspersonen oder andere Betroffene im Fall rechtlicher Unklarheiten nun auch an den Verfassungsgerichtshof (VfGH) wenden.
- *Sanktionsmöglichkeiten:* Via Antrag an das Bundesverwaltungsgericht können gegen Auskunftspersonen wegen Nichterscheinens Beugestrafen von bis zu 10.000 Euro verhängt werden und wegen ungerechtfertigter Aussageverweigerung Strafen von bis zu 1.000 Euro. Gegen Ausschussmitglieder können – bei Verletzungen des Informationsordnungsgesetzes – in einem innerparlamentarischen Verfahren Ordnungsstrafen von bis zu 1.000 Euro verhängt werden.
- *Konfliktschlichtung:* Es kam zu Änderungen, was die Handhabung von Auffassungsunterschieden über bestimmte Rechtspositionen und generell Meinungsverschiedenheiten im Ausschuss betrifft; je nach Fall und Sachlage können der VfGH, das Bundesverwaltungsgericht oder die Mitglieder der Volksanwaltschaft (als Schiedsstelle) befasst werden.

Die neue Verfahrensordnung im Praxistest

Seit Februar 2015 ist es eine der großen Herausforderungen des Parlaments, im Rahmen des Hypo-U-Ausschusses die neue Verfahrensordnung mit Leben zu erfüllen. Etwa in den folgenden Fällen konnten erste Wegmarken gesetzt werden:

- *Geschwärzte Akten:* Die neue Verfahrensordnung und das begleitend geschaffene Informationsordnungsgesetz intendierten klar, dass Akten, die Teil des Untersuchungsgegenstands sind, ohne Schwärzungen zu übermitteln sind. Nichtsdestotrotz lieferten einzelne Stellen geschwärzte beziehungsweise unkenntlich gemachte Akten. Unter anderem gab es zwischen dem Bundesministerium für Finanzen (BMF) und dem Ausschuss in dieser Frage eine unterschiedliche Rechtsauffassung. Der Ausschuss und Bundesfinanzminister Hans Jörg Schelling kamen rasch überein, die strittige Frage einer rechtlichen Klärung durch den VfGH zuzuführen. Am 18. Juni wurde die Entscheidung zugunsten des Ausschusses bekannt: Der VfGH stellte klar, Schwärzungen bei Akten des BMF, die den Untersuchungsgegenstand betreffen, sind unzulässig. Diese Einzelfallentscheidung hat über den konkreten Fall hinausreichende Wirkung, da nunmehr unstrittig ist, dass Akten und Unterlagen vorlagepflichtiger Organe – sofern sie den Untersuchungsgegenstand betreffen – ungeschwärzt und ohne Einschränkungen vorzulegen sind.
- *Medienöffentlichkeit:* Die neue Regelung sieht vor, dass die ans Parlament übermittelten Akten in vier Stufen klassifiziert werden können (1 = eingeschränkt, 2 = vertraulich, 3 = geheim, 4 = streng geheim). Akten können aber auch ohne Klassifizierung vorgelegt werden. Nicht klassifizierte Akten und Akten der Stufe 1 – letztere nur unter besonderer Sorgfalt – dürfen in medienöffentlicher Sitzung verwendet werden. Bei Akten einer Stufe darüber müssen die MedienvertreterInnen das Ausschusslokal jedenfalls verlassen. Zu Beginn des Ausschusses war es in der Öffentlichkeit zur Befürchtung gekommen, es drohe ein „Geheimhaltungsausschuss" (Ö1-Journal) unter weitgehendem Ausschluss der Medienöffentlichkeit. Bewahrheitet hat sich das bisher nicht: Bei insgesamt 88 Befragungen mussten die JournalistInnen lediglich bei vier jeweils kurzzeitig das Ausschusslokal verlassen, weil eine Fraktion Unterlagen der Stufe 2 verwendete.
- *Datentransparenz:* Sofort nach Beginn des Ausschusses standen alle übermittelten Unterlagen der vorlagepflichtigen Stellen den Fraktionen im Untersuchungsausschuss zur Verfügung. Die Einspeisung aller Rohdaten in ein EDV-System mit fraktionsbezogener Zuordnung und Volltextsuche brauchte ihre Zeit. Mittlerweile sind elektronisch gesi-

cherte Unterlagen im Ausmaß von etwa 16 Millionen A4-Seiten mit Vollsuchfunktion über gesicherte Datenwege online abrufbar. Circa 15 Millionen Seiten davon sind ohne Klassifizierung übermittelt worden. Rund eine Million Seiten wurden in Stufe 1 „eingeschränkt" geliefert, 107.064 Seiten in Stufe 2 „vertraulich", 914 Seiten in Stufe 3 „geheim" und 0 Seiten in Stufe 4 „streng geheim".

- *Wartezeit auf Gerichtsentscheidungen:* Es gab am Anfang die Sorge, dass ausständige Gerichtsentscheidungen die Aufklärungsarbeit aufhalten könnten. Bisher haben sich aber die raschen Entscheidungen des VfGH und des Bundesverwaltungsgerichts als sehr kompatibel mit dem Ablauf des Ausschusses erwiesen. Der VfGH hat in den vergangenen Monaten gleich mehrere Entscheidungen zum Hypo-U-Ausschuss getroffen, nicht nur über die erwähnte Vorlage geschwärzter Akten durch das BMF, sondern etwa auch über die Vorlagepflicht von Unterlagen durch die Finanzmarktbeteiligung AG des Bundes oder die Kärntner Landesholding und über die Persönlichkeitsrechte von Auskunftspersonen. Das Bundesverwaltungsgericht wiederum kam bereits zum Einsatz, indem es eine Beugestrafe wegen Nicht-Erscheinens einer Auskunftsperson verhängte.
- *Zu wenige oder zu viele Sitzungen:* Es gab bereits vor Start des Ausschusses Diskussionen über die für die Aufklärungsarbeit erforderliche und dem geordneten parlamentarischen Betrieb zumutbare Anzahl an Sitzungen. Letztlich konnten sich die Fraktionen auf einen herausfordernden, praktikablen Kompromiss einigen: Nun sind es seit Ende Februar 2015 in gut zehn Monaten 48 Sitzungen und 88 Befragungen geworden.

Die U-Ausschuss-Reform: ein Fünf-Parteien-Projekt

Der U-Ausschuss-Reform sind langjährige Diskussionen vorausgegangen, die schließlich zu einem Fünf-Parteien-Beschluss (SPÖ, ÖVP, FPÖ, Grüne und NEOS) im Dezember 2014 führten. Mit der Einigung auf Schaffung des Minderheitsrechts hat der Nationalrat einen Schritt gesetzt, dessen Vorgeschichte bis zurück zu den Diskussionen des Verfassungsausschusses des Nationalrats im Vorfeld der Beschlussfassung des Bundesverfassungsgesetzes 1920 führt.

Seinerzeit entschied sich der österreichische Nationalrat bei der Formulierung des Bundesverfassungsgesetzes – im Unterschied etwa zur Verfassung in der Weimarer Republik in Deutschland – für einen Mehrheitsbeschluss als Voraussetzung für das Einsetzen eines Untersuchungsausschusses. In diesem Sinn wurde damals auch das Regelwerk so gestaltet, dass die Mehrheit der Abgeordneten auch im U-Ausschuss-Verfahren selbst die Kontrolle über die Ausschussarbeit in den Händen hielt.

Konkret kam es bei der Neugestaltung des U-Ausschuss-Regelwerks 2014 zu folgenden gesetzlichen Anpassungen: Fundort der zentralen Verfassungsbestimmung in Sachen Untersuchungsausschuss ist auch weiterhin der Artikel 53 des B-VG. Neben der Verankerung des Minderheitsrechts hinsichtlich der Einsetzung ist hier nun auch die Definition des Untersuchungsgegenstands klarer als zuvor geregelt: nämlich als „ein bestimmter abgeschlossener Vorgang im Bereich der Vollziehung des Bundes".

Umfasst ist somit das Handeln der Bundesverwaltung, wobei nicht von Bedeutung ist, ob es sich dabei um Organe des Bundes, der Länder oder Gemeinden oder sonstige Selbstverwaltungskörper handelt, da diese alle zur Vorlage von Unterlagen im Umfang des Untersuchungsgegenstandes verpflichtet sind. Das Gleiche gilt auch für das Handeln der weisungsfreien Verwaltungsbehörden. Klar geregelt ist auch, dass der Untersuchungsgegenstand sich nur auf eine Betrachtung eines bereits abgeschlossenen Vorgangs beziehen kann und nicht das aktuelle Handeln der Bundesregierung umfassen darf. Im Sinne der Gewaltentrennung dient dies zur Trennung legislativer und exekutiver Funktionen. Eine Überprüfung der Rechtsprechung ist ausgeschlossen.

Bundesverwaltungsgericht und Verfassungsgerichtshof

Weiters wurde der Artikel 130 des B-VG geändert. Dem Bundesverwaltungsgericht wurde die Aufgabe übertragen, auf Antrag eines Untersuchungsausschusses über die Verhängung von Beugemitteln zu entscheiden. Konkret handelt es sich dabei um die Anwendung von Beugemitteln bei Nichtbefolgung der Ladung durch eine Auskunftsperson sowie den Fall einer ungerechtfertigten Verweigerung der Aussage während einer Befragung.

Im Artikel 138b B-VG wurde der VfGH als zentrale Streitschlichtungsinstanz in das Verfahren des Untersuchungsausschusses einbezogen. Ihm obliegt es nun etwa, bei Uneinigkeiten zwischen den Fraktionen zu entscheiden oder wenn die Zulässigkeit der Einsetzung eines Untersuchungsausschusses bezweifelt wird oder der Umfang der Beweisanforderung als nicht dem Minderheitsverlangen entsprechend gewertet wird. Gleiches gilt für den Fall, dass die Zulässigkeit einer Ladung einer Auskunftsperson bezweifelt wird. Ebenso entscheidet der VfGH über Meinungsverschiedenheiten zwischen dem Ausschuss und dem vorlagepflichtigen Organ über den Umfang der vorlagepflichtigen Akten und Unterlagen. Gestützt auf das B-VG können sich nun auch Auskunftspersonen an den VfGH wenden, wenn sie die Ansicht vertreten, dass es im Rahmen des Untersuchungsausschuss-Verfahrens zu einer Verletzung von Persönlichkeitsrechten gekommen ist.

Gleich zu Beginn der Arbeit des Ausschusses wurde der VfGH zur Klärung von Meinungsverschiedenheiten zwischen dem Ausschuss und einzelnen vorlagepflichtigen Stellen angerufen. In einer Entscheidung betreffend die Kärntner Landesholding und die FIMBAG (Finanzmarktbeteiligung AG des Bundes) erkannte der VfGH, dass keine Vorlagepflicht besteht, da es sich um Privatrechtsträger handelt, die nicht unter den Begriff des „vorlagepflichtigen Organs" fallen, da sie keine hoheitlichen Funktionen ausüben.

Neuerungen bei der Verfahrensordnung

Die VO-UA wurde mit der Reform einer vollständigen Revision unterzogen. Während manche Bestimmungen mit der alten Fassung der Verfahrensordnung textlich ident sind, kam es in wesentlichen Bereichen zu grundlegenden Neuerungen. So wird nun beispielsweise klar geregelt, dass niemand allein aufgrund einer Befragung als Auskunftsperson zu einer Person des öffentlichen Lebens wird. Nicht zuletzt fanden die vielen Änderung auch dadurch Niederschlag, dass sich der Umfang der Bestimmungen der Verfahrensordnung für U-Ausschüsse von 26 Paragrafen auf nunmehr 61 mehr als verdoppelt hat.

Dauer und Arbeitsplan des Ausschusses

Die gegenwärtigen Regelungen sehen vor, dass auf Verlangen einer Minderheit eingesetzte U-Ausschüsse, sofern nicht von Anfang an eine kürzere Dauer festgelegt wird, 14 Monate dauern. Wenn aus Sicht der Einsetzungsminderheit die Fragen zum Untersuchungsgegenstand innerhalb dieser Frist nicht hinreichend aufgeklärt sind, besteht auch die Möglichkeit zu einer Verlängerung um bis zu drei Monate. Final kann der Ausschuss um ein weiteres Mal verlängert werden, in diesem Fall aber nur durch einen Mehrheitsbeschluss, sodass die maximale Gesamtdauer 20 Monate beträgt. Für den Ablauf des Ausschusses sieht die Verfahrensordnung den Beschluss eines Arbeitsplans vor, der zunächst aus mindestens vier Sitzungen pro Monat bestehen soll, wobei diese Zahl keine Begrenzung nach oben kennt.

Die in der Verfahrensordnung vorgesehene Festsetzung der Reihung der Auskunftspersonen durch die Vorsitzende (unter Mithilfe des Verfahrensrichters) hat sich bis dato gut bewährt. Weitgehend kann im Sinne des Gesetzes hinsichtlich der konkreten Befragungstermine Einvernehmen zwischen den Fraktionen des Untersuchungsausschusses hergestellt werden; gleichzeitig können die Ladungen in der Praxis mit angemessener Vorlaufzeit zum Befragungstermin durchgeführt werden. Die Regelung erlaubt auch eine gewisse Flexibilität, die etwa wegen des Vorliegens von Entschuldigungsgründen einzelner Auskunftspersonen notwendig werden kann. Auch der Fall, dass im Zuge der Befragungen von Auskunftspersonen relativ spontan die Ladung bislang nicht eingeplanter weiterer Auskunftspersonen erfolgt, kann mit der neuen Regel gut gehandhabt werden.

Festgelegt wurde eine Begrenzung der Fragezeit durch die Ausschussmitglieder. Gemäß der gesetzlichen Vorgabe soll eine Befragung einer Auskunftsperson nicht länger als drei Stunden dauern und ist nach vier Stunden jedenfalls zu beenden. Im Ergebnis schützt dies nun die Auskunftspersonen vor überlangen Befragungen im Ausschuss, die sich im Rahmen des alten Regelwerks in Einzelfällen über den ganzen Tag hinweg gezogen haben. Die neu eingeführte Zeitbegrenzung führt aber auch dazu, dass bei einer Mehrzahl der Befragungen die Vier-Stunden-Dauer ausgeschöpft wird.

Nicht in der Verfahrensordnung geregelt, sondern auf freiwilliger Übereinkunft basierend ist die Regelung der Redezeit zwischen den einzelnen Fraktionen des Ausschusses. Auch die räumliche Anordnung von Vorsitz samt Auskunftsperson, Verfahrensrichter und Verfahrensanwalt, die genaue Sitzposition der MedienvertreterInnen und der Abgeordneten im Lokal VI des Parlaments waren Ergebnis einer politischen Einigung zwischen allen Fraktionen zu Beginn des Ausschusses.

Erster Abschnitt des Hypo-U-Ausschusses

Mit Ende Oktober 2015 kam es im Hypo-U-Ausschuss zum Abschluss des ersten Abschnitts „Aufsichtswesen und Veranlassungen sowie Unterlassungen der Aufsicht bzw. des Bundesministeriums für Finanzen vor der öffentlichen Hilfe durch den Bund". Insgesamt kam es dabei zu 39 U-Ausschuss-Sitzungen, in denen 72 Auskunftspersonen befragt wurden. Von den 72 Auskunftspersonen waren 28 via Beschluss (also von einer Mehrheit der Abgeordneten) und 44 via Verlangen (also von einer Minderheit) geladen. Auf die Untersuchung der Zeit vor der Verstaatlichung folgte die Behandlung von Abschnitt zwei „Öffentliche Hilfe und Verstaatlichung". Der dritte und letzte Abschnitt des U-Ausschusses soll sich den „Handlungen und Unterlassungen ab der Verstaatlichung" widmen.

Der Abschlussbericht

Die Entstehung und Fertigstellung des Abschlussberichts ist prinzipiell Teil der oben genannten Ausschussdauer von entweder 14, 17 oder 20 Monaten. Insgesamt nimmt das Prozedere der Ausfertigung des Abschlussberichts – auch zum Schutz von Persönlichkeitsrechten – mehrere Wochen in Anspruch. Konkret sehen die Schritte dazu so aus:

Nach Ende der Beweisaufnahme (Befragungen von Auskunftspersonen, Aktenstudium etc.) erstellt der Vorsitz innerhalb von zwei Wochen einen Entwurf für einen Abschlussbericht, der wiederum auf einem Entwurf des Verfahrensrichters basiert (an dem der Verfahrensrichter bereits während des Ausschuss-Verfahrens arbeitet).

Nach dem Vorliegen des Ausschussberichtes haben die Fraktionen zwei weitere Wochen, um beim Vorsitz einen eigenen Fraktionsbericht oder kürzere abweichende persönliche Stellungnahmen abzugeben.

Nach Ende der Frist für die Fraktionsberichte gibt es eine Frist von zwei weiteren Wochen, in der Personen, deren Rechte verletzt werden könnten, Stellung beziehen können (sie werden durch den Verfahrensrichter informiert).

Nach Ablauf dieses insgesamt rund sechswöchigen Zeitrahmens ist die Übergabe des Berichts des Untersuchungsausschusses – samt den vorliegenden Fraktionsberichten und abweichenden Stellungnahmen – an die Nationalratspräsidentin vorgesehen. Der Bericht ist schließlich in der unmittelbar darauffolgenden Nationalratssitzung zu behandeln, womit die Tätigkeit des Untersuchungsausschusses beendet und die Basis für mögliche Schritte des Nationalrats gelegt ist.

Mediale Rezeption

APA, ORF und Privatfernsehen, Online-Medien, Radio und Zeitungen widmeten der Aufklärungsarbeit des Ausschusses 2015 ausführliche und breite Berichterstattung. Im Schnitt waren pro Befragung mehr als 20 Medien-MitarbeiterInnen im Parlament. Teilweise berichteten mit APA, Kurier, ORF, Presse und Standard bis zu fünf Medien gleichzeitig mit Live-Tickern aus dem Ausschusslokal.

Der „Untersuchungsausschuss zur Untersuchung der politischen Verantwortung für die Vorgänge rund um die Hypo Group Alpe-Adria", wie der Ausschuss mit vollem Namen heißt, beschäftigte 2015 also so gut wie alle innenpolitischen Redaktionen des Landes – und damit auch unzählige Österreicherinnen und Österreicher. Aufklärung und Kontrolle gerieten damit noch stärker in den öffentlichen Fokus der Arbeit des Nationalrats. Das ist eine sehr zu begrüßende Entwicklung, zählen Aufklärung und Kontrolle doch zu den ureigensten und wichtigsten Aufgaben des Parlamentarismus.

Ebenso zu betonen ist die in Richtung Zukunft gerichtete Funktion und Aufgabe von Untersuchungsausschüssen. Das Aufzeigen von Missständen und das Aufklären politischer Verantwortung kann kein reiner Selbstzweck sein. U-Ausschüsse legen mit ihrer Aufklärungsarbeit auch die Basis für den Nationalrat, die rechtlichen Rahmenbedingungen im Sinn der im U-Ausschuss gewonnenen Erkenntnisse anzupassen und zu entwickeln. Das neue Regelwerk stärkt zweifellos das Parlament und trägt somit insgesamt deutlich zu einer lebendigeren und kraftvolleren Demokratie in Österreich bei.

GABRIELE TAMANDL

Ein Jahr Minderheitsrecht auf Einsetzung eines Untersuchungsausschusses
Ein erster Erfahrungsbericht

Die neue Rolle des Verfassungsgerichtshofs

Bereits im ersten Jahr wurde der Verfassungsgerichtshof mehrfach angerufen, um Fragen betreffend die Pflicht zur Vorlage von Akten und Unterlagen an den Untersuchungsausschuss zu klären. Nachdem das Finanzministerium Akten und Unterlagen „abgedeckt" an den Untersuchungsausschuss übermittelt hatte, kam es zu einem großen politischen und medialen Aufschrei,[1] von Vertuschungen und Verdeckungen war die Rede, kaum ein Medium hat es geschafft, einen zweiten Blick auf die lauten Töne der Opposition zu werfen. Behauptet wurde, dass das Finanzministerium dem Untersuchungsausschuss relevante Informationen vorenthalten wolle. Mit dem Verfassungsgerichtshof wurde nun eine unabhängige Stelle in der Geschäftsordnung beauftragt, die – erhaben über jeden Zweifel, einer Partei zuzuarbeiten – über die entstandene Rechtsfrage urteilt.

Der Ausschuss in der Praxis

Die neuen Verfahrensregeln haben eine größere Transparenz des Untersuchungsausschusses gebracht, die sämtliche Möglichkeiten einer Minderheit in die Hand geben. Bis jetzt hat sich jedoch gezeigt, dass die Opposition bereits bei gemeinsamen Ladungsverlangen an die Grenzen stößt. So verwickelt sich diese regelmäßig in einen politischen „Hickhack" und verzögert durch unseriöse Ladungspolitik den Ausschuss. Die Tatsache, dass nur wenige Wochen vor geplantem Ausschussende noch kein Verlangen auf Verlängerung des Ausschusses vorliegt, verstärkt den Eindruck der unstrukturierten Arbeit noch. Auch in der direkten Befragungssituation der Aus-

---

1   Vgl. etwa Parlamentskorrespondenz Nr. 446 vom 30.4.2015 <https://iwww.parlament. gv.at/PAKT/PR/JAHR_2015/PK0446/> (07.01.2016).

kunftspersonen zeigte sich, dass die Stärkung der Persönlichkeitsrechte nur in der Theorie besteht. Die kontrollierenden Organe werden zumeist erst auf Zuruf der Abgeordneten aktiv.

Im Sinne der Aufklärung hofft die ÖVP auf die Einhaltung der neuen Geschäftsordnung, eine straffe Sitzungsleitung und vor allem auf eine konstruktive Zusammenarbeit aller Beteiligten.

Nach langen Verhandlungen war es mit 1. Jänner 2015 so weit: Durch eine umfassende Reform des Regelwerks für parlamentarische Untersuchungsausschüsse wurden neben der Einführung weitgehender Minderheitsrechte auch die Rechte von Auskunftspersonen erheblich gestärkt und das Verfahren durch neue Funktionen, wie dem Verfahrensrichter oder den Nationalratspräsidenten als Ex-lege-Vorsitzende, grundsätzlich neu geregelt. Durch die weitgehenden Minderheitsrechte kontrolliert nun nicht mehr ausschließlich der Nationalrat die Vollziehung des Bundes, sondern auch eine parlamentarische Minderheit die von einer parlamentarischen Mehrheit getragene Tätigkeit der Bundesregierung.[2] Bereits am 14. Jänner 2015 brachten Vertreter der FPÖ, der Grünen und der NEOS ein Minderheitsverlangen im Nationalrat ein, um die Vollziehung des Bundes im Zusammenhang mit der Hypo Group Alpe-Adria bzw. sowohl deren Rechtsvorgänger als auch Rechtsnachfolger in den Jahren 2000 bis inklusive 2014[3] zu untersuchen. Der nach dem neuen Regime für das Einsetzungsverfahren maßgeblich zuständige Geschäftsordnungsausschuss nahm am 28. Jänner und 19. Februar 2015 dieses Verlangen in Verhandlung, die notwendigen Beschlüsse wurden gefasst und am 20. Februar 2016 wurde dem Nationalrat Bericht erstattet, der diesen in seiner Sitzung am 25. Februar 2016 auf die Tagesordnung nahm. Mit diesem Zeitpunkt galt der Untersuchungsausschuss als eingesetzt. Bis zur Verfassung dieses Zwischenberichts – Ende Jänner 2016 – fanden mehr als 50 Sitzungen statt, in denen bereits über 80 Auskunftspersonen dem Ausschuss Rede und Antwort standen.

---

2   BGBl. I Nr. 99/2014; BGBl. I Nr. 101/2014; BGBl. I Nr. 102/2014.
3   Vgl. AB 484 BlgNR XXV. GP.

Erstmals hat nun die Opposition die verfahrensleitenden Zügel in der Hand, jedoch haben die vergangenen Monate deren teilweise völlige Überforderung offenbart. Das in vergangenen Untersuchungsausschüssen an den Tag gelegte oppositionelle Verhalten – einfach nur „dagegen" zu sein – reicht nun nicht mehr aus. Ihre neue Rolle stellt die Oppositionsfraktionen vor große Herausforderungen: Es muss konstruktiv und lösungsorientiert gearbeitet werden. Wenn man wegen Blockadehaltungen zu keinem Ergebnis kommt, kann dies nicht mehr sang- und klanglos den Regierungsfraktionen „in die Schuhe geschoben" werden. Die vielen neuen Möglichkeiten brachten auch eine bisher nicht gekannte Verantwortung mit sich. Bereits zu Beginn konnte man sich nur schwer auf eine gemeinsame Ladungsliste einigen. Dies lag vor allem an den unterschiedlichen Zielsetzungen, welche die Oppositionsparteien in der ersten Phase verfolgten. Insbesondere die FPÖ hatte ein ausgeprägtes Interesse, die erste der drei Untersuchungsphasen, welche sich mit dem Ursprung des Hypo-Desasters in Kärnten beschäftigen sollte, möglichst kurz zu halten. Auch bei der Terminfindung und Koordination von Redezeitvereinbarung und Sitzplan kam es zu erheblichen Konflikten. An dieser Stelle sei auch der Ausschussvorsitz erwähnt, aktuell in der Person der Präsidentin des Nationalrates, die für den Gesamtablauf des Untersuchungsausschusses zuständig ist. Zudem handhabt sie die Geschäftsordnung und vertritt den Ausschuss nach außen.[4] Weiters liegt ihre Aufgabe in der Leitung der Befragung von Auskunftspersonen, jedoch hat sie die Rechtsmeinung und die Verfahrensberatung des Verfahrensrichters entsprechend zu berücksichtigen. Die Umsetzung der in der Geschäftsordnung auferlegten Pflichten wird von der Präsidentin jedoch nur bedingt wahrgenommen, die langwierige Koordination von Terminen, Ladungsplänen, des Arbeitsplans etc. wird in der Praxis hauptsächlich auf Ebene der Klubs vorgenommen, obwohl die Geschäftsordnung hier durchaus das eine oder andere „Machtwort" durch die Präsidentin vorsehen würde. Auch während der Befragungen von Auskunftspersonen gelingt es der Präsidentin nur mäßig, einen koordinierten Ablauf unter den gleichberechtigten Min-

---

4 Vgl. http://www.parlamentarismus.at/fileadmin/Inhaltsdateien/IfPD/Zoeg_Neue_ Regeln_fuer_Untersuchungsausschuesse_im_oesterreichischen_Parlament_-_16_07_2014.pdf [Zugriff am 08.01.2016]

derheiten zu ermöglichen. Bei der Verletzung von Grund- und Persönlichkeitsrechten sollte außerdem der Verfahrensanwalt eingreifen, der gerade durch die neue Geschäftsordnung in seinen Kompetenzen gestärkt wurde.

Für den Ausschuss ist es von äußerster Wichtigkeit, die Öffentlichkeit über seine Erkenntnisse zu informieren. So ist es den Journalisten während des medienöffentlichen Teils der Befragung gestattet, das aktuelle Geschehen via Live-Ticker direkt aus dem Ausschuss zu veröffentlichen. Zudem gibt es eine Videoübertragung in ein weiteres Ausschusslokal, um Medienvertretern noch bessere Arbeitsbedingungen zu bieten.

Vor der vorläufigen Beurteilung der Funktionalität der neuen Regeln soll eingangs in Erinnerung gerufen werden, welche Ziele mit der Reform des Untersuchungsausschussregimes des Nationalrates erreicht werden sollten. Neben der Einführung der Minderheitsrechte sollten durch das neue Regelwerk folgende Verbesserungen sichergestellt werden: Um in Zukunft Streitigkeiten, die zwischen dem Nationalrat bzw. dem Untersuchungsausschuss und anderen von der Tätigkeit des Untersuchungsausschuss betroffenen Einrichtungen oder die zwischen der Minderheit und der Mehrheit im Untersuchungsausschusses entstehen, endgültig verbindlich zu klären, wurde eine besondere Zuständigkeit des Verfassungsgerichtshofs geschaffen. Auch wurde, um einen objektiven und effizienten Ablauf des Untersuchungsausschusses garantieren zu können, einerseits der Verfahrensrichter als besonderes Organ im Untersuchungsausschuss selbst eingeführt, andererseits wurde die Präsidentin des Nationalrates mit der Vorsitzführung betraut. Schließlich wurde – um dem Untersuchungsausschuss den in der Vergangenheit oft kritisierten Charakter eines „Tribunals"[5] bzw. eines „Schauprozesses" zu nehmen – eine Vielzahl von Regelungen geschaffen, die die Persönlichkeitsrechte von Auskunftspersonen schützen sollen, indem sie verhindern, dass Abgeordnete gleichzeitig als Ankläger, Richter und Geschworener und Medienvertreter als deren Herolde auftreten.

5 Vgl. Lopatka, *Untersuchungsausschuss neu „Mehr Rechtsstaatlichkeit - klare Spielregeln"*, in: Khol/Ofner/Karner/Halper (Hg.), Österreichisches Jahrbuch für Politik 2014, S. 235.

Der Untersuchungsausschuss – von der Theorie zur Praxis

Wiewohl es an dieser Stelle zu früh ist, Bilanz über die neuen Regelungen des Untersuchungsausschusses und vor allem deren Praktikabilität in der Ausschussrealität zu ziehen, zeichnen sich gewisse Entwicklungen schon jetzt ab: es gibt viele Änderungen, aber manch altes Muster ist geblieben.

Das schnöde „Oppositions-Gen" reicht nicht mehr

Die neuen Regeln für den Untersuchungsausschuss stellen zahlreiche Herausforderungen für die Fraktionen dar, vor allem die Oppositionsfraktionen sind gefordert. Alle relevanten Schritte, insbesondere Ladungsverlangen, können seit der Reform dieser Bestimmungen von den Oppositionsfraktionen eingebracht werden. Hier zeigt sich, dass diese sich noch in einem Lernprozess befinden, der leider über die landläufigen 100 Tage hinausgeht. Einigkeit für Ladungslisten innerhalb der Opposition zu finden, scheint eine besondere Herausforderung zu sein, kommen doch diese Listen auf Verlangen der Opposition regelmäßig sehr spät und noch dazu mit handwerklichem Verbesserungsbedarf zutage. Die Frage nach der Sinnhaftigkeit der Ladungen stellt sich stärker als je zuvor, sie spiegeln die jeweiligen Partikularinteressen der einzelnen Oppositionsfraktionen wider. Das Ergebnis ist ein zum Teil seltsam anmutendes Potpourri von Ladungen. Sogar das Verlangen auf eine Verlängerung des Untersuchungsausschusses, das bereits längst hätte eingebracht werden können, liegt wenige Wochen vor dem 26. Februar 2016 – ein genaues Jahr nach Einsetzung des Ausschusses – immer noch nicht vor, erstaunlicherweise ist sich die Opposition auch hier noch nicht einig. Eine langfristige Vorbereitung der Verlängerung wäre aber im Hinblick auf die kommenden Sitzungstermine für die Verwaltung und für den reibungslosen Ablauf des Ausschusses besonders hilfreich (gewesen).

Vom mittelalterlichen Schauprozess zur neuzeitlichen politischen Aufklärung?

Der Ausschuss generell kämpft auch mit seinem eigenen Ruf, es ist schwer, sich der Aufklärung in einer medienöffentlichen Sitzung zu verschreiben, ohne dass es zu einer Politjustiz kommt. Zahlreiche Auskunftspersonen, die für diesen Ausschuss bis jetzt geladen wurden, können ein Lied davon singen, dass es bei den „Befragungen" der Abgeordneten wohl mehr um eine

Vorverurteilung, eine Showbefragung geht und es geradezu zu einer gezielten Provokation der Auskunftspersonen gekommen ist, um diese derart zu befragen, dass man sich vonseiten der Opposition einer scharfen Befragung rühmen kann.

Aus Sicht der ÖVP muss den in der heutigen Zeit durch soziale Medien und Meinungen ohnehin sehr eingeschränkt vorhandenen Persönlichkeitsrechten mit besonderem Bedacht nachgegangen werden. Dabei ist keine Vertuschung von Fakten das Ziel, wie der oft geäußerte Vorwurf lautet, sondern vielmehr der Schutz von Personen, von denen nur wenigen der Umgang mit Medien und Abgeordneten vertraut ist. Der Standard bei Grundrechten muss bei der schutzwürdigsten Person beginnen und darf nicht bei einer schillernden Persönlichkeit ansetzen, die das Spiel mit Macht und Medien beherrscht. Das Recht einer Auskunftsperson auf faire Befragung durch alle Fraktionen ohne Vorverurteilung und mit der Möglichkeit, sich mit der Vertrauensperson und auch mit dem Vertrauensanwalt zu besprechen, muss an oberster Stelle stehen. Des Ungleichgewichts zwischen einem gewählten Volksvertreter mit Immunität und einer Auskunftsperson, die sich unter Umständen das erste Mal der Tatsache gegenübersieht, dass der eigene Name und das eigene Bild einer breiteren Öffentlichkeit bekannt gemacht wurden, muss sich ein Abgeordneter bewusst sein. Bisweilen musste in besonders frappierenden Fällen auch von anderen Abgeordneten selbst auf die Rechte der Auskunftsperson hingewiesen werden. Auch hier wäre eine viel straffere Sitzungsführung vonseiten der Präsidentin gefragt, um alle entsprechenden Untergriffe zu unterbinden. Dass dies möglich ist, daran lassen Sitzungen, die durch die Vertreter der Präsidentin geleitet werden, und auch ein kurzer Blick in die Geschäftsordnung keinen Zweifel.

Präsidentin, Verfahrensrichter und Verfahrensanwalt – das neue Triumvirat

In diesem Zusammenhang soll nicht nur die Sitzungsleitung durch die Präsidentin des Nationalrates erwähnt werden, sondern auch die besondere Rolle des Verfahrensanwalts und des Verfahrensrichters. Der Verfahrensrichter nimmt mit beratender Stimme an den Sitzungen des Untersuchungsausschusses teil, unterstützt dabei die Vorsitzende bei der Wahrnehmung ihrer Aufgaben. Neben der Reihung der Befragung der

Auskunftspersonen wacht er auch über die Einhaltung der Geschäftsordnung und führt die Erstbefragung durch. Die Funktion des Verfahrensrichters muss darum von einer nicht nur fachlich, sondern auch persönlich sehr geeigneten Person mit Leben erfüllt werden, muss er doch geradezu zwangsläufig den Unwillen zumindest einer Fraktion auf sich ziehen und sich diplomatisch, aber doch bestimmt neben einer oft allzu angreifbaren Präsidentin behaupten.

Bereits bekannt, aber dennoch in seinen Aufgaben geschärft, nimmt der Verfahrensanwalt die Rechte der Auskunftsperson wahr. Wohl hat die Auskunftsperson das Recht, mit einer Vertrauensperson zu erscheinen, die an der gesamten Sitzung teilnehmen kann, allerdings gehen die Rechte des Verfahrensanwalts viel weiter. Dieser genießt die gleiche Stellung wie der Verfahrensrichter, ist darüber hinaus zur Verschwiegenheit über die ihm anvertrauten Angelegenheiten und die ihm sonst in dieser Eigenschaft bekannt gewordenen Tatsachen, deren Geheimhaltung im Interesse einer Auskunftsperson gelegen ist, verpflichtet. Auch bei der Funktion des Verfahrensanwalts gelten nicht nur hervorragende fachliche Kenntnisse, sondern auch eine sehr gefestigte Persönlichkeit als Basisvoraussetzung. Der Verfahrensanwalt ist die personifizierte Schranke für die „wissbegierigen" Abgeordneten und muss während oft sehr lange andauernden Sitzungen nicht nur die körperliche Konstitution, sondern auch die persönliche Standfestigkeit aufbringen, Abgeordnete in ihre Schranken zu weisen. Der Verfahrensanwalt muss geradezu pedantisch auf die Rechte der Auskunftsperson achten. Oft geschieht dies mit der anwesenden Vertrauensperson, die die Auskunftsperson zur Befragung mitgebracht hat. Noch in einem viel größeren Ausmaß ist der Verfahrensanwalt gefordert, wenn die Auskunftsperson alleine erscheint.

Sachkompetenz, Selbstbewusstsein und Sitzfleisch sind die drei Kernvoraussetzungen eines Verfahrensrichters und eines Verfahrensanwalts. Ein kurzes Wort sei noch dazu verloren, dass sich wohl ein gutes Einvernehmen zwischen dem Verfahrensanwalt und dem Verfahrensrichter positiv auf die Sitzungsführung selbst auswirkt, dennoch deren Rollen grundsätzlich verschiedene sind und diese darum auch nicht vermischt werden sollte.

Fraktionsführerstehung – Unwort des Jahres oder erfolgreiche Begegnungszone?

Gerade durch die neuen Regelungen beim Ablauf des Ausschusses haben sich auch viele Situationen ergeben, die einer Klärung auf kurzem Wege zwischen den Fraktionsführern bedürfen. Dazu hat sich das informelle Institut der Fraktionsführerstehung ergeben, eine kurze Stehkonferenz im Sitzungssaal selbst, die zum Großteil von der Präsidentin ausgerufen wird, aber auch von den Fraktionen verlangt werden kann. Neben der Präsidentin, dem Verfahrensanwalt und dem Verfahrensrichter nehmen auch die Fraktionsführer plus je ein Mitarbeiter daran teil. Die Zeit, die für diese Beratungen verwendet wird, wird nicht auf die Befragungszeit der Auskunftsperson angerechnet, die Sitzung wird für diese Beratungen unterbrochen. Die Fraktionsführerstehung soll dabei helfen, Problemfelder in vertraulichem Umfeld ohne Medienöffentlichkeit und ohne Auskunftsperson zu erörtern, bisweilen dient sie auch nur der Entkrampfung von verworrenen Situationen und als Mediationsmoment. Jedenfalls ist dieses Institut durchaus wirksam, wenn es auch sparsamer eingesetzt werden sollte, da es erstens zeitraubend und darüber hinaus auch nur dann wirksam ist, wenn es nicht inflationär eingesetzt wird. Grundlegend hilfreich wäre jedoch, wenn nach einer Fraktionsführerstehung die Vorsitzende des Ausschusses die anderen Abgeordneten, Mitarbeiter, die anwesenden Medienvertreter und vor allem die Auskunftsperson über die getroffenen Vereinbarungen in Kenntnis setzt.

Die neue Rolle des Verfassungsgerichtshofs

Bereits im ersten Jahr wurde der Verfassungsgerichtshof mehrfach angerufen, um Fragen betreffend die Pflicht zur Vorlage von Akten und Unterlagen an den Untersuchungsausschuss zu klären. Nachdem das Finanzministerium Akten und Unterlagen „abgedeckt" an den Untersuchungsausschuss übermittelt hatte, kam es zu einem großen politischen und medialen Aufschrei,[6] von Vertuschungen und Verdeckungen war die Rede, kaum

---

6   Vgl. etwa Parlamentskorrespondenz Nr. 446 vom 30.4.2015 <https://iwww.parlament. gv.at/PAKT/PR/JAHR_2015/PK0446/> (07.01.2016).

ein Medium hat es geschafft, einen zweiten Blick auf die lauten Töne der Opposition zu werfen. Behauptet wurde, dass das Finanzministerium dem Untersuchungsausschuss relevante Informationen vorenthalten wolle. Mit dem Verfassungsgerichtshof wurde nun eine unabhängige Stelle in der Geschäftsordnung beauftragt, die – erhaben über jeden Zweifel, einer Partei zuzuarbeiten – über die entstandene Rechtsfrage urteilt.

Akten mit abgedeckten Informationen

Zuerst wandte sich der Finanzminister mit der Frage an den Verfassungsgerichtshof,[7] ob bzw. unter welchen Voraussetzungen Akten und Unterlagen „geschwärzt" übermittelt werden müssen. Mitglieder des Untersuchungsausschusses der FPÖ, der Grünen, der NEOS und des Team Stronach[8] folgten seinem Beispiel. Kern dieser Verfahren war die Frage, ob die Pflicht zur Vorlage von Akten und Unterlagen an den Untersuchungsausschuss durch besondere Geheimhaltungspflichten, wie das Amtsgeheimnis, das Bankgeheimnis, das Abgabengeheimnis und die Pflicht zur Geheimhaltung personenbezogener Daten, beschränkt werde. Wäre dem so, dürften von den Geheimhaltungspflichten betroffene Akten und Unterlagen nicht vorgelegt bzw. müssten Passagen in Akten und Unterlagen, die zwar grundsätzlich vorzulegen wären, gegebenenfalls abgedeckt werden. Auch wenn diese Problematik politisch als heikel einzustufen ist, darf die rechtliche Relevanz dieser Frage nicht unterschätzt werden, sind an deren Beantwortung doch zahlreiche Rechtsfolgen geknüpft: Informationen, deren Geheimhaltung aufgrund öffentlichen, aber auch privaten Interesses geboten ist, dürfen grundsätzlich wegen unterschiedlicher Geheimhaltungsverpflichtungen nicht preisgegeben werden. Bei einem Verstoß gegen diese Geheimhaltungsverpflichtungen drohen nicht nur straf- und disziplinarrechtliche Konsequenzen, sondern möglicherweise auch zivilrechtliche Folgen bzw. Schadenersatzansprüche nach dem Amtshaftungsrecht. Besonders heikel ist in diesem Zusammenhang die Abwägung zwischen der Geheimhaltung von dem Datenschutzrecht unterliegenden personenbezogenen Daten und der

---

7   Vgl. den zu UA 2/2015 protokollierten Antrag des Bundesministers für Finanzen.
8   Vgl. den zu UA 4/2015 protokollierten Antrag der Mitglieder des Untersuchungsausschusses Kogler, Podgorschek, Lugar, Hable und Darmann.

allgemeinen Erwartungshaltung auf weitgehende Transparenz staatlichen Handelns. Eine Übermittlung von Akten und Unterlagen kann nur dann rechtskonform sein, wenn es für die Durchbrechung der verschiedenen Geheimhaltungspflichten einen im öffentlichen Interesse und ausdrücklich gesetzlich festgelegten Rechtfertigungsgrund gibt; in diesem Fall wäre das die verfassungsgesetzlich normierte Pflicht zur Vorlage von Akten und Unterlagen im Umfang des Untersuchungsgegenstandes an den Untersuchungsausschuss.

Bereits nach sechs Wochen entschied der Verfassungsgerichtshof mit Deutlichkeit, dass vom Untersuchungsgegenstand umfasste Akten und Unterlagen dem Untersuchungsausschuss ohne Rücksicht auf sonstige bestehende Verschwiegenheitspflichten „ungeschwärzt" vorzulegen sind, weil ohne Kenntnis aller Akten und Unterlagen die Erfüllung der Kontrollfunktion des Untersuchungsausschusses nicht möglich sei. Allerdings muss das zur Vorlage verpflichtete Organ zuallererst selbst prüfen, ob Akten und Unterlagen vom Gegenstand der Untersuchung überhaupt umfasst sind. Schließlich führte der Verfassungsgerichtshof aus, dass die Verantwortung zur Wahrung von Geheimhaltungsinteressen – insbesondere des Interesses auf Geheimhaltung personenbezogener Daten – das Parlament selbst zu tragen habe; in diesem Zusammenhang erwähnte er das neue Informationsordnungsgesetz, das gemeinsam mit der Reform des Untersuchungsausschusses beschlossen wurde und sich an entsprechenden Bestimmungen des deutschen Bundestages orientiert.[9] Die zitierte Erkenntnis des Verfassungsgerichtshofs wurde von allen Fraktionen begrüßt und entschied nun abschließend diese seit Langem umstrittene[10] Frage.

Zwei Aspekte dürfen nicht unerwähnt bleiben: Zum einen kann es auch in Zukunft zulässigerweise zu Abdeckungen („Schwärzungen") kommen; nämlich dann, wenn in einem Akt oder in einer Unterlage, der bzw. die einem Untersuchungsausschuss vorzulegen ist, Passagen enthalten sind,

---

9 Vgl. Jedliczka, *Geheimhaltung im Parlament: Das Bundesgesetz über die Informationsordnung des Nationalrates und des Bundesrates*, in: Baumgartner (Hg.), *Jahrbuch Öffentliches Recht 2015*, S. 85ff.

10 Vgl. Konrath, *Reform der Untersuchungsausschüsse und Überlegungen zur Einführung eines Organstreitverfahrens*, in: Lienbacher/Wielinger (Hg.), *Jahrbuch Öffentliches Recht 2010*, S. 31f.

die vom Untersuchungsgegenstand nicht umfasst sind. Würde ein Organ derartige – vom Untersuchungsgegenstand nicht erfasste – Informationen dem Untersuchungsausschuss zugänglich machen, würde es sich möglicherweise – wie oben kurz dargestellt – straf-, zivil- und disziplinarrechtlich zu verantworten haben. Zum anderen sind die für das Parlament geltenden Geheimhaltungsbestimmungen nicht auf die leichte Schulter zu nehmen: Berechtigterweise geheim zu haltende Informationen dürfen auch von Mitgliedern des Nationalrates nicht preisgegeben werden, sei es politisch auch noch so reizvoll. Es drohen nicht zu unterschätzende rechtliche Konsequenzen, zumal für diesen Fall sogar die berufliche Immunität der Abgeordneten eingeschränkt w´ürde.

Wer muss dem Untersuchungsausschuss Unterlagen liefern?

Die zweite sehr wesentliche Frage, die vom Verfassungsgerichtshof zu beantworten war, setzte sich damit auseinander, welche Organe einem Untersuchungsausschuss des Nationalrates überhaupt Akten und Unterlagen vorzulegen haben. Konkret stellte sich die Frage, ob die Finanzmarktbeteiligung Aktiengesellschaft des Bundes (FIMBAG) und die Kärntner Landes- und Hypothekenbank-Holding (KLH) dem Untersuchungsausschuss alle den Untersuchungsgegenstand betreffenden Akten und Unterlagen vorzulegen hätten. Dass beide Einrichtungen bei den Vorgängen rund um die Hypo Group Alpe-Adria eine nicht unbedeutende Rolle gespielt haben und somit vom Untersuchungsgegenstand berührt sind, war zwischen den einzelnen Fraktionen eigentlich unbestritten, wie sich schon aus dem einstimmig gefassten grundsätzlichen Beweisbeschluss ergibt, in dem beide Einrichtungen zur Vorlage verpflichtet wurden.[11] Die KLH übermittelte aber dem Untersuchungsausschuss überhaupt keine Unterlagen, die FIMBAG nur in einem eingeschränkten Ausmaß; bestimmte Passagen in den Akten und Unterlagen waren „geschwärzt".

Der Verfassungsgerichtshof hat entschieden,[12] dass beide Institutionen nicht unter den Begriff des „vorlagepflichtigen Organs", wie er in

---

11 Vgl. FN 3.
12 VfGH 1.7.2015 UA 6/2015, UA 7/2015; VfGH 1.7.2015 UA 5/2015.

der Bundesverfassung beschrieben ist, fallen. Von dieser Verpflichtung sind nämlich ausschließlich Organe des Bundes, der Länder, der Gemeinden, der Gemeindeverbände und der sonstigen Selbstverwaltungskörper erfasst. Auch Rechtsträger, die hoheitliche Aufgaben wahrnehmen, wären vorlagepflichtig. Aber sonstige Rechtsträger (z. B. durch Vertrag errichtete Aktiengesellschaften oder auch juristische Personen des öffentlichen Rechts), die öffentliche Aufgaben privatrechtlich – also nicht „hoheitlich", sondern nur mit Mitteln des Privatrechts – besorgen, sind nicht vorlagepflichtig, weil deren Handeln keine staatliche Verwaltung im Sinn unserer Bundesverfassung darstellt. Somit sind weder die FIMBAG noch die KLH verpflichtet, dem Untersuchungsausschuss Akten und Unterlagen vorzulegen.

Aus diesen Erkenntnissen ergibt sich aber auch, dass die Übermittlung von Akten und Unterlagen durch solche Organe unter deren eigener Verantwortung geschieht bzw. – wie im Fall der FIMBAG – geschehen ist. Das bedeutet, dass für nicht vorlagepflichtige Organe weiterhin alle besonderen Geheimhaltungsverpflichtungen bestehen. Übermitteln sie also Akten und Unterlagen und verstoßen damit z. B. gegen das Recht auf Datenschutz bzw. die Pflicht auf Geheimhaltung personenbezogener Daten, gegen das Bankgeheimnis oder gegen die Pflicht zur Geheimhaltung von Geschäfts- und Betriebsgeheimnissen, wären sie straf- und zivilrechtlich verantwortlich, da sich für die Übermittlung kein gesetzlich festgelegter Rechtfertigungsgrund findet. Insofern müssen sich nicht vorlagepflichtige Einrichtungen sehr gut überlegen, ob und gegebenenfalls welche Akten und Unterlagen sie einem Untersuchungsausschuss zur Verfügung stellen. Dies gilt besonders dann, wenn großer politischer Druck aufgebaut wird, denn auch politischer Druck rechtfertigt keinen Rechtsbruch.

Die zitierten Erkenntnisse, die den Zugang des Untersuchungsausschusses zu Akten und Unterlagen einschränken, wurden vor allem vonseiten der Oppositionsparteien kritisiert; es wurden bereits die ersten Forderungen nach einer Reform der Untersuchungsausschussreform laut. Es ist aber in Erinnerung zu rufen, dass der Nationalrat bzw. sein Untersuchungsausschuss nicht dazu berufen sind, alles und jeden zu kontrollieren, sondern eben nur jene Organe überwachen sollen, die ihnen gegenüber verfassungsgemäß verantwortlich sind.

Zusammenfassung und Ausblick

Zusammengefasst lässt sich festhalten, dass sich die Möglichkeit der Kontaktaufnahme mit dem Verfassungsgerichtshof bei strittigen Themen als sinnvolles Instrument erwiesen hat, um zeitnahe zu einer Rechtsklarheit zu kommen.

Die neuen Verfahrensregeln haben zudem eine größere Transparenz des Untersuchungsausschusses gebracht, die einer Minderheit sämtliche Möglichkeiten in die Hand geben. Bis jetzt hat sich jedoch gezeigt, dass die Opposition bereits bei gemeinsamen Ladungsverlangen an die Grenzen stößt. So verwickelt sich diese regelmäßig in einen politischen „Hickhack" und verzögert durch unseriöse Ladungspolitik den Ausschuss. Die Tatsache, dass nur wenige Wochen vor geplantem Ausschussende noch kein Verlangen auf Verlängerung des Ausschusses vorliegt, verstärkt den Eindruck der unstrukturierten Arbeit noch. Auch in der direkten Befragungssituation der Auskunftspersonen zeigte sich, dass die Stärkung der Persönlichkeitsrechte nur in der Theorie besteht. Die kontrollierenden Organe werden zumeist erst auf Zuruf der Abgeordneten aktiv.

Im Sinne der Aufklärung hofft die ÖVP auf die Einhaltung der neuen Geschäftsordnung, eine straffe Sitzungsleitung und vor allem auf eine konstruktive Zusammenarbeit aller Beteiligten.

GESCHICHTE

STEFAN KARNER

Das „Haus der Geschichte Niederösterreich" (HGNÖ) und die Etappen eines langen Weges

Mit dem Haus der Geschichte stellt Niederösterreich 2017 im modernen Hollein-Bau in St. Pölten, die Geschichte (Nieder)Österreichs in ihren vielfältigen, wechselseitigen Beziehungen zum europäischen Zentralraum dar. Niederösterreich, seit 1000 Jahren österreichisches Kernland, spielt dabei die zentrale Rolle für die (Zeit)geschichte Österreichs und seiner Nachbarregionen und Nachbarländer: von Wien über Prag und Preßburg/Bratislava, Lemberg/Lviv, Tschernowitz/Černivci, Laibach/Ljubjana, Triest und in die österreichischen Bundesländer. Sie alle bilden in ihren unverwechselbaren Identitäten doch eine große Einheit – den mitteleuropäischen Kulturkreis. Das Haus der Geschichte wird auf drei Säulen stehen: Ausstellungen, Service und Forschung. Die Geschichte wird diskursiv, offen und mit neuen Zugängen präsentiert. Das HGNÖ kooperiert stark mit niederösterreichischen Sammlungen, Museen, mit Internationalen Forschungseinrichtungen, mit den österreichischen Bundesländern, Interessenverbänden, Kirchen und vor allem mit der Bevölkerung. Zeitlich setzt die Darstellung mit der Besiedelung des mitteleuropäischen Raumes an. Die Donau, Grenze und Brücke werden Symbole und Leitmotive des Hauses der Geschichte in St. Pölten sein.

Ein Haus – heute notwendiger denn je.

Mit dem Haus der Geschichte verwirklicht Niederösterreich die Idee, die Geschichte Österreichs in ihren vielfältigen, wechselseitigen Beziehungen zum europäischen Zentralraum darzustellen. Niederösterreich, seit 1000 Jahren österreichisches Kernland, spielt dabei die zentrale Rolle nicht nur für die Zeitgeschichte Österreichs, sondern in den erklärungsrelevanten Rückbezügen und Verbindungen in die ehemaligen Kronländer der Habsburgermonarchie und in die Nachbarländer und -regionen: von Wien über Prag und Preßburg/Bratislava, Lemberg/Lviv, Tschernowitz/Černivci, Laibach/Ljubljana, Triest und in die österreichischen Bundesländer. Sie alle bilden in ihren unverwechselbaren Identitäten doch eine große Einheit – den zentraleuropäischen Kulturkreis, in dessen Mitte seit Jahrhunderten das (nieder)österreichische Kernland liegt.[1]

Beginnend von der Besiedelung des Raumes werden die Bedingungen gezeigt und diskutiert, unter denen sich die mitteleuropäischen Gesellschaften herausbilden konnten: Klima, Wetter, und Böden als natürliche Grundlagen, Flüsse, Berge und Übergänge als Grenzen und Brücken, als Chancen für Wirtschaft, Handel und Verkehr, die sich herausbildenden, vielfach stark durchmischten Gesellschaften als Basis für Innovation und Kreativität, für Wissenschaft, Kunst und Kultur. Die Donau, als der verbindende Strom des Raumes, wird ein Signet des Hauses der Geschichte, wie der römische Limes oder der „Eiserne Vorhang" für die Trennung der Gesellschaften und Menschen standen. Wien als Residenzstadt war Teil des österreichischen Kernlandes und über Jahrhunderte politisches, wirtschaftliches und geistiges Zentrum des Raumes. Wie kaum anderswo spiegeln sich gerade in diesem Kernraum die großen politischen Bewegungen, Kriege, Bevölkerungsverschiebungen, Genozide, die Shoa, die großen Wirtschaftskrisen und der ungemeine Wirtschaftsaufschwung nach dem Zweiten Weltkrieg, das Verhältnis von Peripherie und Kernland oder die vielen Interdependenzen etwa in der Kultur- und Geistesgeschichte.[2] Letztlich stand das Verbindende vor dem Trennenden.

---

1   Meinen engen Mitarbeitern im HGNÖ-Büro Christoph Benedikter, Sabine Nachbaur und Philipp Lesiak danke ich für vielfältige Hilfe, Christoph Benedikter für zahlreiche Recherchen zu diesem Artikel.
2   Aus der gewaltigen Fülle an Literatur exemplarisch: Johnston, W. M., Österreichische Kultur- und Geistesgeschichte. Gesellschaft und Ideen im Donauraum 1848 bis 1938. Wien – Köln – Weimar 1974; Brix, E./Bruckmüller, E./Stekl, H. (Hg.), Memoria Austriae. 3 Bde. Wien 2004/05;

Schlagwörter, mehr nicht, für ein Haus der Geschichte, das auf 3000 Quadratmetern die Entwicklungen verständlich und anschaulich darstellen wird – in Verbindung mit den besten Sammlungen und Museen des Landes. Durch vertiefende Wechselausstellungen immer am Puls der gesellschaftlichen Diskussion, vernetzt in Forschung und Service und vor allem: Offen und kritisch – zum Gespräch einladend, fragend.

Als Niederösterreichs Landeshauptmann Erwin Pröll 2013/14 den Anstoß zur Errichtung des „Hauses der Geschichte" in Niederösterreich gab, nahm er jenen Ball wieder auf, den die österreichische Bundesregierung seit der Jahrhundertwende immer wieder berührt, letztlich jedoch ins Abseits befördert hatte (zur Genese der einzelnen Projekte weiter unten).

Mehr noch: Die Reihe der bloß angedachten, versandeten, gescheiterten oder abgebrochenen Vorhaben für ein Museum zur österreichischen Geschichte reicht bis in die Gründungsphase der Ersten Republik, konkret ins Jahr 1919. Damals wurde im österreichischen Staatsrat die Schaffung einer Geschichtekammer als identitätsstiftende, kulturelle Einrichtung erwogen.

Zu den Anfängen der Idee: Die ersten Projekte Renner und Löhr

Konkreter wurde die Idee in den Anfangsjahren der Zweiten Republik. Bundespräsident Karl Renner stieß im November 1946 die Schaffung eines „Museums der Ersten und Zweiten Republik" an. Entstehen sollte es im leopoldinischen Trakt der Hofburg. Das Grundkonzept hatte er offenbar eigenhändig entworfen.[3]

Busek, E./Brix, E., Projekt Mitteleuropa. Wien 1986; Schlögel, K., Die Mitte liegt ostwärts. Die Deutschen, der verlorene Osten und Mitteleuropa, in: Schlögel, K. (Hg.), Die Mitte liegt ostwärts. Europa im Übergang, München 2002, S. 14–64; Kundera, M., Die Tragödie Mitteleuropas, in: Busek, E./Wilfinger, G., Aufbruch nach Mitteleuropa, Wien 1986, S. 133–144; Konrád, G., Der Traum von Mitteleuropa, in: Busek/Wilfinger, S. 87–97; Papcke, S./Weidenfeld, W., Traumland Mitteleuropa. Darmstadt 1988; Karner, S./Schöpfer, G., (Hg.), Als Mitteleuropa zerbrach. Unserer Zeit Geschichte, Bd. 1. Graz 1990;

3   Vgl. Hufschmied, R., „Ohne Rücksicht auf Parteizugehörigkeit und sonstige Bestrittenheit oder Unbestrittenheit". Die (un)endliche Geschichte von Karl Renners Museum der Ersten und Zweiten Republik (1946 - 1998), in: Rupnow, D./Uhl, H. (Hg.), Zeitgeschichte ausstellen in Österreich. Museen - Gedenkstätten - Ausstellungen. Wien - Köln - Weimar 2011. S. 45 - 86.

Karl Renners „Museum der Ersten und Zweiten Republik"

Inhaltlich wollte Renner die Grundfakten der politischen Geschichte der Republiken unter Einbeziehung der Bundesländer vermittelt sehen. Er orientierte sich stark an politischen Akteuren und Schlüsselereignissen. So sollten die Portraits aller Bundespräsidenten und Kanzler „ohne Rücksicht auf Parteizugehörigkeit und sonstiger Bestrittenheit und Unbestrittenheit" zur Ausstellung gelangen, ebenso wie eigens in Auftrag gegebene Gemälde, wie die Konstituierung der Provisorischen Nationalversammlung im niederösterreichischen Landtagssaal in Wien oder Fotos kriegszerstörter Gebäude. Themen, die seitens der beiden politischen Lager kontrovers beurteilt wurden, wie der Brand des Justizpalastes 1927 oder der autoritäre Ständestaat, der 1933/34 unter Engelbert Dollfuß die Demokratie in Österreich abgeschafft hatte, waren in Renners Konzept ausgespart.

Bundeskanzler Leopold Figl unterstützte die Initiative Renners als „sehr wertvoll"[4] und bereits im Mai 1947 nahmen eine Umsetzungskommission und danach ein Arbeitsausschuss, zusammengesetzt aus Vertretern der Präsidentschaftskanzlei, des Bundeskanzleramtes, diverser Ministerien und Kulturinstitutionen, die Arbeit auf. 1951, einige Monate nach dem Tod Karl Renners, war der erste von sieben geplanten Räumen fertiggestellt. Grundsätzlich verstand sich das Museum als identitätsstiftende Einrichtung und lag damit ganz auf der Linie des Konsenses zwischen ÖVP und SPÖ beim Aufbau eines neuen, republikanischen Österreichbewusstseins, in Abkehr vom christlich-deutschen Österreichbewusstsein, wie es der Ständestaat propagiert hatte.

Gleichwohl erlahmte das Interesse der Politik, die Finanzmittel zur Schaffung und Beschaffung des Objektbestandes wurden gekürzt und in der Zeit von Bundespräsident Adolf Schärf (1957 – 1965) entschlief das Vorhaben endgültig. 1969 übergab das zuständige Unterrichtsministerium die Museumsbestände an die Ludwig Boltzmann Gesellschaft zur Förderung der wissenschaftlichen Forschung. Die Übernahmebestätigung durch deren Geschäftsführer Josef Bandion datiert erst aus 1972, eventuell auch ein Indiz dafür, wie sehr das Republikmuseum bereits vom Interessensradar der Pro-

---

4   Hufschmied, „Ohne Rücksicht". S. 49.

tagonisten verschwunden war. Räumlich verblieben die mehr als 40 Exponate in der Hofburg, eine Erweiterung des Bestandes erfolgte nicht.

1987 reichte das nunmehr zuständige Wissenschaftsministerium die Sammlung kurzfristig an die Präsidentschaftskanzlei und etwas längerfristig an das „Museum Österreichischer Kultur" (MÖK) in Eisenstadt weiter. Als dieses 1994 einer Fachhochschule weichen musste, wanderte der Gesamtbestand zurück nach Wien. Was an Objekten dem Kunsthistorischen Museum (KHM) gehörte, landete dort, alles andere, darunter der Bestand des Museums der Ersten und Zweiten Republik, wanderte in ein Depot. Auf Bemühen des damaligen Direktors des Heeresgeschichtlichen Museums (HGM), Manfried Rauchensteiner, überließ das Bundesministerium für Unterricht und kulturelle Angelegenheiten (BMUkA) 1998 diese Sammlung dem HGM, wo sie zu einem großen Teil in den Bereich „Republik und Diktatur" der Dauerausstellung integriert wurde. Dort sind die Exponate von Karl Renners „Lieblingsschöpfung"[5] dem Publikum auch heute noch zugänglich.

Löhrs „Museum Österreichischer Kultur"

Annähernd parallel zum Republikmuseum nahm eine zweite Museumsschöpfung zu Aspekten der jüngeren Geschichte Österreichs Gestalt an. Denn noch 1945 hatte der neu ernannte Direktor des Kunsthistorischen Museums in Wien, August Löhr, ein „Museum Österreichischer Kultur" konzipiert. Der Polyhistor und Geograph Löhr vertrat einen weit gefassten kulturhistorischen Ansatz, der auch Technik und Kunst als wesentliche Manifestationen von Kultur wahrnahm.[6] Aufgrund seiner Expertise für materielle Kultur war er ab 1947 auch in die Rennersche Konzeption des Republikmuseums eingebunden.

Löhrs Museum fokussierte auf Österreich vor 1918 und widmete sich dem Kulturraum der untergegangenen Monarchie. Im Vordergrund standen Kulturtechniken, Handelsbeziehungen, Kulturtransfers, wechselseitige Ein-

---

5   Hufschmied, „Ohne Rücksicht". S. 49.
6   Rupnow, D., Nation ohne Museum? Diskussionen, Konzepte und Projekte, in: Rupnow, D./ Uhl, H. (Hg.), Zeitgeschichte ausstellen in Österreich. Museen – Gedenkstätten – Ausstellungen. Wien – Köln – Weimar 2011. S. 424.

flüsse und geistige Anregungen, die anhand unterschiedlichster Themen, von der Entwicklung der Landwirtschaft bis zur Geschichte von Bosnien und Herzegowina im 19. Jahrhundert, exemplifiziert wurden. Behandelt wurden alle Faktoren, die Kultur ausmachen und hervorbringen, wobei es um die Zusammenhänge ging und der Blick immer auf Zentraleuropa insgesamt gerichtet war. Das Museum sollte der (Rück-) Besinnung auf die abendländische Kultur dienen und dadurch die Grundlage für eine Zukunft der österreichischen Kultur nach den Katastrophen der beiden Weltkriege schaffen.

Trotz oder gerade wegen seines hohen Anspruchs führte das Museum der Österreichischen Kultur in der Museumslandschaft eine schattenhafte Existenz. Viele der von ihm behandelten Aspekte deckten die Landesmuseen ab, andere wiederum Spezialmuseen, wie das Kunsthistorische Museum oder das Technische Museum. Die Beschaffung von hochwertigen Originalen kam dadurch nie richtig in die Gänge. Hauptsächlich fanden sich in dem in der Neuen Burg untergebrachten Museum kartographische Darstellungen, Karten und Modelle. Ein weiteres Problem bestand in der spärlichen Ausstattung mit finanziellen Mitteln und personellen Ressourcen. So war das zum KHM ressortierende Haus beispielsweise um 1950 aus Mangel an Aufsichtspersonal nur sechs Stunden pro Woche für Besucher geöffnet.[7]

Nach langer Agonie wurde das „Museum Österreichischer Kultur" schließlich 1975 überhaupt geschlossen und 1987 in Eisenstadt unter dem alten Namen neu eröffnet. Neben der burgenländischen Landeshauptstadt hatte sich im Übrigen auch St. Pölten, zu diesem Zeitpunkt nominell bereits niederösterreichische Landeshauptstadt, als Standort beworben. In Eisenstadt entstand eine Dauerausstellung zur „Kulturgeschichte des österreichischen Raumes", die den Bogen von der Urgeschichte bis zum Ende des Mittelalters spannte. Hinzu traten Wechselausstellungen zu unterschiedlichen Themen, darunter im so genannten Bedenkjahr 1988 eine Art zeitgeschichtlicher Schau mit dem Titel „Bausteine der Republik Österreich", in die auch die knapp zuvor an das MÖK übertragenen Objekte des Muse-

---

7   Rupnow, Nation ohne Museum? S. 431.

ums der Ersten und Zweiten Republik eingebracht wurden.[8] Die Schau war zudem eine konsequente Fortsetzung der vom Autor kuratierten, mit rund 40.000 Besuchern, überaus erfolgreichen Landes-Sonderausstellung 1985 auf Burg Schlaining: „Burgenland 1945".[9] Mit der schon erwähnten Auflösung des MÖK im Jahr 1994 fand auch die Idee von Löhrs österreichisch-zentraleuropäischem Kulturmuseum ihr vorläufiges Ende.

Erste Vorstöße für ein modernes Zeitgeschichte-Museum

Zwischenzeitlich hatten sich die Ansprüche, die an ein Museum der neueren Geschichte Österreichs gestellt wurden, gründlich gewandelt. Die Zeitgeschichte war 1966 unter Ludwig Jedlicka an der Universität Wien und bald an allen österreichischen Universitäten ein eigenes Fach geworden, zahlreiche außeruniversitäre Forschungseinrichtungen, wie das bereits 1963 von Herbert Steiner gegründete „Dokumentationsarchiv des Österreichischen Widerstands", widmeten sich der neusten Geschichte. Divergierende, (partei)politisch gefärbte Interpretationen von Schlüsselereignissen, wie dem Februar 1934, dem „Anschluss" 1938 oder den Jahren der Besatzung bis zum Staatsvertrag 1955, wurden in Kommissionen, Symposien und Arbeitsgemeinschaften jahrelang kontrovers diskutiert. Selbst die Forderung nach Errichtung eines neuen Zeitgeschichte-Museums konnte, spätestens seit der Diskussion um die Kriegsvergangenheit Kurt Waldheims, die österreichische Opfer-Täter-Diskussion, die Fragen um Restitution und Wiedergutmachung, die Entschädigung von Zwangsarbeitern und den Anteil an Österreichern an Verbrechen des NS-Regimes, tagespolitisch instrumentalisiert werden.

Der erste Vorstoß in Richtung eines modernen Zeitgeschichtemuseums datiert aus der Mitte der 1980er Jahre und kreiste um die Frage nach der Nutzung des Albertina-Platzes, heute Helmut-Zilk-Platz, wo 1988 schließlich Alfred Hrdlickas Mahnmal gegen Krieg und Faschismus zu ste-

8   Vgl. Mraz, G. (Hg.), Bausteine der Republik Österreich: dennoch ein Beitrag zum Gedenkjahr 1988. Eisenstadt 1988.
9   Karner, S. (Hg.), Das Burgenland im Jahr 1945. Beiträge zur Landes-Sonderausstellung 1985. Eisenstadt 1985.

hen kam.[10] Als Mitte der 1990er Jahre absehbar wurde, dass der Wiener Stadtschulrat aus dem Palais Epstein ausziehen würde, ließ dies die Debatte um ein Republikmuseum wieder aufleben.[11] An das Gebäude knüpften sich vielfältige historische und gedenk-politische Assoziationen. Errichtet durch den jüdischen Bankier und Industriellen Gustav Ritter von Epstein nach Plänen von Theophil Hansen und Otto Wagner diente das Palais ab den 1920er-Jahren so unterschiedlichen Institutionen wie dem Stadtschulrat des Roten Wien, dem Reichsbauamt des NS-Staates und der sowjetischen Kommandantur als Standort. So konnte es als Symbol für die Ringstraßenzeit, das liberale jüdische Großbürgertum dieser Zeit, die Hochblüte der Sozialdemokratie, die NS-Zeit, die Besatzungsjahre und den demokratischen Wiederaufbau betrachtet werden.

Ein „Haus der Toleranz"

Leon Zelman (1928 – 2007), Leiter des „Jewish Welcome Service", schlug gegen Ende der 1990er Jahre vor, im frei werdenden Palais Epstein ein „Haus der Toleranz" einzurichten. Es war gleichermaßen als Forschungsstätte „für die Geschichte der Intoleranz und Unterdrückung" wie als Begegnungsstätte und als Sitz des „Dokumentationsarchivs des Österreichischen Widerstands" gedacht.[12] Zudem sollte die mit 1. Juli 1998 neu errichtete „EU-Beobachtungsstelle gegen Rassismus und Fremdenfeindlichkeit (EUMC)" ihren Sitz im Epstein haben.[13] Kurt Scholz, Präsident des Wiener Stadtschulrates und „Hausherr" des Palais, plädierte etwas später für ein „Museum der Republik" anstatt bzw. als Erweiterung des Zelman-Projekts.

---

10 Neuhäuser, S., Das Haus der Geschichte Österreichs im Spannungsfeld zwischen Geschichte, Politik, Architektur und Stadtplanung. Eine Chance für die Stadt Wien. Policy Paper für momentum 13 - Fortschritt #3: Kunst, Geschichte und Politik. Version: 19. Oktober 2013. S. 6 f.

11 Vgl. dazu und zum Folgenden auch die kompakte Zusammenfassung von Haider, H., Um-, Irr- und Königswege zu österreichischen Häusern der Geschichte. Materialien, Analysen, Empfehlungen an die Adresse des Bundesministeriums für Landesverteidigung. Erw. u. aktualisierte Fassung. Wien, Juli 2007, 152 Seiten, hektographiert.

12 Rupnow, Nation ohne Museum? S. 441.

13 Die EUMC wurde schließlich in der Rahlgasse untergebracht. 2008 wurde aus der EUMC die „Agentur der EU für Grundrechte" (FRA). Österreichische Vertreter in der EUMC waren bis 2000 Anton Pelinka, danach bis 2006 Stefan Karner, anschließend Helmut Strobl.

Etwa parallel dazu erstellte der Innsbrucker Politologe Anton Pelinka im Auftrag des Bundesministeriums für Wissenschaft und Forschung (unter Caspar Einem) ein Konzept für ein „Haus der Toleranz", bei dem er sich stark an die Ideen von Leon Zelman anlehnte.[14] Dieses sollte kein Museum im klassischen Sinne sein, sondern eine Art Ausstellungs-, Bildungs- und Forschungsinstitution mit dem Bezugsrahmen „Wien und Zentraleuropa". Im Zentrum der Betrachtung standen Ideologien und geistige Strömungen, vom Zionismus bis zu Marxismus und Nationalsozialismus, wobei der Blick auch auf Gegenwart und Zukunft gerichtet sein sollte.[15]

„Haus der österreichischen Zeitgeschichte"

Noch während der Diskussion um das Zelman-Projekt eröffnete Rauchensteiner im HGM den bereits erwähnten Bereich „Republik und Diktatur" und brachte sein Museum generell als Standort eines österreichischen Zeitgeschichtemuseums in Stellung. Im Auftrag der ÖVP-nahen Wilfried Haslauer-Stiftung erstellte er eine Studie zur Musealisierung der österreichischen Geschichte nach 1945, die bereits 1999 erschien.[16]

Zwei Jahre vorher, im Jänner 1997, und nahezu zeitgleich mit den abschließenden Arbeiten des Kohl-Projektes eines „Hauses der Geschichte der BRD" in Bonn, beauftragte Vizekanzler Wolfgang Schüssel den Autor des Beitrages, im Rahmen einer großen, überparteilichen Denkwerkstatt zu Zukunftsfragen Österreichs auch einen Fokus auf die Vergangenheit zu legen. Unter den rund 500 Wissenschaftlern und Experten der gesamten Denkwerkstatt erarbeitete ein Historiker-Arbeitskreis auch einen Vorschlag zur Errichtung eines „Hauses der österreichischen Zeitgeschichte".[17] Ihm gehörten an Siegfried Beer, Bernd Beutl, Günter Bischof, Günther Burkert-Dottolo, Ulfried Burz, Claudia Fraess-Ehrfeld, Lothar Höbelt, Otto Klambauer, Maria M. Koller, Gerda Krainer, Robert Kriechbaumer, Karel Kubinzky, Wolfgang Lehofer, Martin Müller, Rein-

---

14 Standard, v. 20.11.1998.
15 Rupnow, Nation ohne Museum? S. 445.
16 Fuchs, S., Musealisierung der österreichischen Geschichte nach 1945. Überlegungen, Möglichkeiten, Probleme (Dr. Wilfried Haslauer-Bibliothek). 1999.
17 Vgl. Karner, S., Haus der Zeitgeschichte, in: Karner, S. (Hg.), Österreich Zukunftsreich. Denkpfeiler ins 21. Jahrhundert. Wien 1999, S. 431–462.

hard Olt, Roman Sandgruber, Erwin A. Schmidl, Felix Schneider, Johannes Schönner, Manfred Wirtitsch und Cordula Wohlmuther. Gerald Stourzh und Hugo Portisch referierten in den Arbeitskreis-Besprechungen und brachten ihre Ideen ein.

Das „Haus der Zeitgeschichte" verstand sich als historisches Kommunikationszentrum zwischen Forschung und Publikum, als Ort der öffentlichen Diskussion, als Initiative zur Quellensicherung sowie als Drehscheibe eines „virtuellen Zeitgeschichte-Netzwerks". Moderne Präsentation (Ausstellungen, Multi-Media), die Einbringung in die öffentliche Debatte sowie die Wissensvermittlung im Rahmen schulischer und außerschulischer Ausbildung standen im Vordergrund des Konzeptes. Als Ort regelmäßiger Begegnung und Auseinandersetzung mit zeitgeschichtlichen Themen sollte das derart konzipierte „Haus der Zeitgeschichte" einen wichtigen Beitrag zur Entwicklung der politischen Diskussionskultur in Österreich leisten.

Das „Haus der Zeitgeschichte" sollte daher eine Koordinierungsfunktion übernehmen und gleichzeitig – als „virtuelles Institut" – Anlaufstelle und „Clearing House" für wissenschaftliche Einrichtungen, aber auch für Bürger und Behörden sein. Durch die verbesserte Zusammenarbeit bestehender Institutionen sollten Synergien entstehen und genutzt werden.

„Haus der Geschichte der Republik Österreich (HGÖ)"

1999 folgte schließlich auf Basis dieser Ideen eine vom Autor des Beitrages, gemeinsam mit Manfried Rauchensteiner, im Auftrag des Bundesministeriums für Unterricht und Kunst (unter Elisabeth Gehrer) erstellte Machbarkeitsstudie zu einem „Haus der Geschichte der Republik Österreich (HGÖ)". Dazu wurden vom Projektteam weitere Fachgespräche geführt und Anregungen aufgenommen, u. a. von Rudolf Ardelt, Gerhard Botz, Peter Dusek, Hubert Christian Ehalt, Sabine Fuchs, Ernst Hanisch, Michael Mitterauer, Wolfgang Neugebauer, Anton Pelinka, Gerald Schlag und Ludwig Steiner.[18]

---

18 Karner, S./Rauchensteiner, M., Haus der Geschichte der Republik Österreich (HGÖ). Machbarkeitsstudie im Auftrag des BMUK. L. Boltzmann-Institut f. Kriegsfolgen-Forschung, Graz-Wien-Klagenfurt 1999, 192 Seiten. – Projektmitarbeiter waren: Architekt Günter Lautner, Hermann Pucher, Margit Rapp, Peter Ruggenthaler und Felix Schneider.

Aufgabe des HGÖ sollte die Darstellung „der Geschichte der Republik Österreich" sein, wobei die Verflechtung mit der europäischen und globalen Geschichte selbstverständlich mitgedacht wurde. Zeitlich würde der Schwerpunkt auf den Jahren 1918 bis in die Gegenwart liegen, Rückgriffe in das 19. Jahrhundert sollten erfolgen, wo dies zur Erklärung einer langfristigen Dynamik sinnvoll war. Im Selbstverständnis des „Hauses der Geschichte" war Identitätsstiftung im Sinne eines modernen, demokratischen Österreich eine zentrale Aufgabe, was das Vorhaben als zeitgemäße Wiederaufnahme in die Tradition des von Karl Renner initiierten Museums stellt. Gerade kontrovers betrachtete Themen sollten nicht ausgespart bleiben, vielmehr ging es um eine gesamthafte und „pluralistische Sicht der Vergangenheit" und eine möglichst breite, objektive museale Darstellung. Die exemplarisch vorgetragenen Inhalte duplizierten auch weitgehend nicht die Themen der Pelinka/Zelman-Studien.

Über seine museale Funktion hinausgehend verstand sich das Haus als Kommunikationsschnittstelle zu anderen mit zeitgeschichtlichen Themen befassten Institutionen sowie als Servicestelle für die interessierte Öffentlichkeit, Schulen, Medien und Behörden. Organisatorisch wurde das HGÖ auf den vier Säulen Ausstellung/Museum, vernetzte Forschung, Datensicherung sowie Kommunikation/Service konzipiert.[19] Der Raumbedarf wurde mit 5650 Quadratmetern plus 1900 Quadratmetern für Archive, Bibliothek, Personalräume und Forschung angegeben.[20] Dem Haus sollten ein wissenschaftlicher Beirat und ein Kuratorium zu Seite stehen. Als Standorte wurden auf Basis von Standortanalysen benannt:

- Ring/Schwarzenbergplatz/Schellinggasse als Umbau bzw. Flächentausch,
- Argentinierstraße vis a vis dem Funkhaus als Neubau auf einem damals noch freien Areal.

19 Ebd., S. 4–60.
20 Ebd., S. 14.

Der Zeitplan sah die Realisierung des Vorhabens binnen sechs Jahren nach Auftragsvergabe vor und die Eröffnung des Hauses im Jubiläumsjahr 2005 (60 Jahre Kriegsende, 50 Jahre Staatsvertrag) vor.

In der Folge kamen weder das Haus der Geschichte noch jenes der Toleranz zur Umsetzung, das Palais Epstein wurde schließlich – nach einer Einigung in der Parlaments-Präsidiale am 20. November 1998 – nur noch für Parlamentszwecke vorgesehen.[21] Allerdings waren Politik, veröffentlichte Meinung und eine interessierte Öffentlichkeit für das Thema Geschichtsmuseum sensibilisiert.

Am 3. November 1999, noch während der Verhandlungen zur Bildung einer neuen Bundesregierung, nahm der Ministerrat die von Ministerin Elisabeth Gehrer vorgelegte Karner-Rauchensteiner-Studie zur Kenntnis und leitete sie dem Parlament zu. Minister Caspar Einem hingegen zog die Pelinka-Studie zurück.[22] Durch die Gefahr einer zweifelhaften Übersetzung ins Französische als „maison de tolérance" wurde die Namensgebung für das Zelman/Pelinka-Projekt bald verworfen.[23]

Wien Bürgermeister Michael Häupl signalisierte eine Bereitschaft zur Zusammenführung beider Projekte und ihre Umsetzung im niederösterreichischen Landhaus in der Wiener Herrengasse.[24] Bald kamen zusätzliche Standorte, verteilt auf Wien, Neubauten an der Ringstraße und am Karlsplatz, ein Flakturm im Augarten, ein Umbau in der Schellingstraße oder ein Standort im Arsenal (Objekt 4 mit einem integrierten Neubau), in Diskussion. Drei Historiker, Gerhard Jagschitz, Hanns Haas und Rolf Steininger, warfen der Regierung unter Viktor Klima und Wolfgang Schüssel mangelnde Kontaktaufnahme mit der Zunft österreichischer Zeithistoriker vor.[25] Der Regierungsvorschlag zur Verknüpfung beider Projekte wurde bei einer Enquete im Wiener Institut für Zeitgeschichte im Jänner 2000 als ein

---

21 Standard, v. 21.11.1998.
22 Standard, v. 4.11.1999 sowie: Parlamentskorrespondenz, v. 26.11.1999.
23 Privatbestand Karner, Sammlung HGÖ, Besprechungs-Niederschriften.
24 Der Falter, v. 17.11.1999.
25 Die Presse, v. 16.12.1999. Ähnliche Unterschriften-Aktionen wurden auch 2002 und 2006 gegen die Nominierung verschiedener Historiker-Teams von einem Teil der sich nicht eingebunden fühlenden Historiker gestartet. Sie blieben wirkungslos.

drohender Rückfall in einer „Proporzgeschichtsschreibung" abgewertet.[26] Auch der Vorwurf, die Studie unterlasse das Thema Holocaust, entbehrte jeder Grundlage.

Ungeachtet der Historiker-Diskussionen kündigte Bundeskanzler Wolfgang Schüssel in seiner Regierungserklärung am 9. Februar 2000 die Errichtung eines Hauses der Geschichte auf Basis beider Konzepte an. Gehrer sprach sich für den Standort Argentinierstraße und einen Neubau aus. Der Kulturausschuss des Nationalrates empfahl Ende Juni 2000 ebenfalls die Zusammenführung beider Projekte,[27] was Karner, Pelinka und Rauchensteiner im Sommer 2000 in einem gemeinsamen Skizzen-Papier bewerkstelligten.[28] Schließlich punktete die Republik mit ihrer Vorgehensweise auch in ihren erfolgreichen Bemühungen um Aufhebung der Sanktionen der EU–14 gegen Österreich.[29]

Das Haus der Geschichte – ein Opfer des Sparkurses der Bundesregierungen

Dennoch: Ende 2000 war klar, dass wegen des Sparkurses der Bundesregierung das Haus der Geschichte in der laufenden Legislaturperiode nicht realisiert würde. Dabei blieb es, trotz aller Bekenntnisse in Regierungserklärungen und festlichen Ansprachen.

Nach einigen Bemühungen, die alte Zelman-Idee mit dem Palais Epstein wieder ins Spiel zu bringen, einigen Initiativen des Medienforschers Peter Diem und mehreren Petitionen prominenter Persönlichkeiten, die im Hinblick auf das bevorstehende Jubiläumsjahr 2005 dringenden Handlungsbedarf einmahnten, reagierte die Bundesregierung 2002 mit der Einsetzung einer entsprechenden Arbeitsgruppe. Ihr gehörten Wilhelm Brauneder (FPÖ), Stefan Karner (parteilos), Manfried Rauchensteiner (parteilos, Projektleitung), Kurt Scholz (SPÖ) sowie seitens des Ministeriums Manfred Wirtitsch an.[30] Gegen diese Bestellung argumentierten wiederum eine

---

26 Privatbestand Karner, Sammlung HGÖ.
27 Die Presse, v. 12.2.2000, 30.6.2000; Haider, S. 26f.
28 Privatbestand Karner, Sammlung HGÖ.
29 Weisenbericht von Martti Ahtisaari, Jochen Frowein und Marcelino Oreja, Pkt. 59, v. 8.9.2000.
30 Privatbestand Karner, Sammlung HGÖ. Ministerratsvortrag 19.3.2002 sowie Protokolle der

Reihe von Zeithistorikern, u. a. Hans Hautmann, Siegfried Mattl, Oliver Rathkolb und Erika Weinzierl, ohne noch den Inhalt des Ministerrats-Vortrags zu kennen. Die Personalie war zuvor durch eine Indiskretion durchgesickert. Neuerliche Anläufe für das Zelman-Projekt und den Standort Epstein, u. a. von Helmut Zilk, André Heller, Wolfgang Waldner, Hannes Androsch und Hugo Portisch, folgten, blieben vom Nationalrat aber unberücksichtigt.[31] Auch die Präferenzen von Kurt Scholz und den Nationalratspräsidenten Heinz Fischer und Andreas Khol für einen Standort am Morzinplatz (ehemaliges Gestapo-Hauptquartier) blieben außen vor.[32]

Auf eine neuerliche Errichtungs-Ankündigung in der Regierungserklärung vom 6. März 2003 von Bundeskanzler Schüssel, die Einsetzung einer Arbeitsgruppe durch Nationalratspräsident Andreas Khol (Karner, Trautl Brandstaller, Peter Diem, Alfred Payrleitner und Gerhard Bauer) und eine Vereinsgründung[33] Ende April 2003 folgten innenpolitische Verwerfungen, die eine konstruktive Arbeit der Kommission nahezu unmöglich machten. Dennoch erstellte die Kommission ein Projekt für eine Staatsvertrags-Ausstellung im Wiener Künstlerhaus und dazu eine ungefähre Kostenschätzung von rund 5,81 Millionen Euro. Zu teuer, wie Ministerin Elisabeth Gehrer beschied, so dass man wiederum davon abkam.

Alternativen: Die Staatsvertrags-Ausstellungen 2005

Stattdessen konnte sich das interessierte Publikum gleich an zwei Ausstellungen erfreuen. Auf der Schallaburg in Niederösterreich verzeichnete die von Stefan Karner kuratierte Ausstellung „Österreich ist frei!" mehr als 220.000 Besucher. Im Wiener Belvedere sahen mehr als 300.000 Menschen die Schau „Das neue Österreich", die unter der wissenschaftlichen Leitung von Günther Düriegl entstanden war. Als Träger der Vorhaben fungierten das Land Niederösterreich auf Initiative von Landeshauptmanns Erwin Pröll

Sitzungen.
31 Kurier. V. 28.4.2002. Haider, S. 31f.
32 Oberösterreichische Nachrichten, v. 13.1.2003 und Kronen Zeitung, v. 11.3.2003.
33 „Haus der Geschichte Gründungs-Verein", Privatbestand Karner, Sammlung HGÖ, Proponenten-Sitzung v. 24.4.2003 und Vereins-Statuten.

bzw. der Bund, die Stadt Wien und private Sponsoren auf Betreiben des ehemaligen SPÖ-Finanzministers Hannes Androsch, des ehemaligen Generalsekretärs der Industriellenvereinigung Herbert Krejci und des ehemaligen Generalsekretärs der Konzerthausgesellschaft und Kultur-Managers Peter Weiser.[34]

Nach den Publikumserfolgen von 2005 lag der entscheidende Schritt zur endlich realisierten Schaffung eines Hauses der Geschichte nahe. Die durch das Proponentenkomitee der Belvedere-Ausstellung angestoßene Diskussion über eine Zusammenführung von „Das neue Österreich" und „Österreich ist frei" unter Integration der im Jüdischen Museum erstellten Ausstellung „Jetzt ist er bös, der Tennenbaum"[35] zeitigte bald auch ein Ergebnis

2006: Eine Roadmap für das Haus der Geschichte

Ministerin Elisabeth Gehrer beauftragte am 22. März 2006 eine Historiker-Arbeitsgruppe, bestehend aus Günter Düriegl, dem Kurator der Belvedere-Ausstellung, Manfred Jochum (1942 – 2009), Stefan Karner, dem Kurator der Schallaburg-Ausstellung, Herbert Matis, dem Vizepräsidenten der Österreichischen Akademie der Wissenschaften, und M. Christian Ortner, dem neuen Direktor des HGM, mit der Erstellung eines Konzeptes für ein „Haus der Geschichte".[36] Von der Arbeitsgruppe wurden zahlreiche Gespräche mit Expertinnen und Experten verschiedener relevanter Bereiche geführt, fallweise auch kleine Teams gebildet. Zur grundsätzlichen inhaltlichen Ausrichtung wurde zudem eine „Ständige Historiker-Expertengruppe" (die Protokollführung hatte der „Presse"-Kulturchef Hans Haider übernommen) eingerichtet. Ihre Empfehlungen (Mission Statement und erste grobe inhaltliche Ausrichtungen) fanden Eingang in die Roadmap. Der Ständigen Historiker-Expertengruppe gehören an: Roman Sandgruber (Sprecher), Brigitte Bailer-Galanda (stv. Sprecherin), Gerhard Botz, Ernst

---

34 Das neue Österreich. Die Ausstellung zum Staatsvertragsjubiläum 1955/2005. Wien 2005. Broschüre.

35 Vgl. dazu Heimann-Jelinek, F. (Hg.), Jetzt ist er bös, der Tennenbaum. Die Zweite Republik und ihre Juden. Wien 2005.

36 Privatbestand Karner, Sammlung HGÖ. Arbeitsauftrag v. 22.3.2006 (Roadmap).

Bruckmüller, Günter Düriegl (Leiter der Arbeitsgruppe), Michael Gehler, Tamara Griesser-Pečar, Ernst Hanisch, Manfred Jochum, Stefan Karner (stv. Leiter der Arbeitsgruppe), Helmut Konrad, Herbert Matis, Lorenz Miko-letzky, M. Christian Ortner, Josef Riegler, Michaela Sohn-Kronthaler, Rolf Steininger, Barbara Stelzl-Marx, Erwin A. Schmidl, Robert Streibel, Arnold Suppan und Heidemarie Uhl.

Weitere Persönlichkeiten fanden sich zur Erörterung von Fragen in relevanten Bereichen der zu erstellenden Roadmap (wie Museologie, Pä-dagogik, Multimedia-Präsentation, Finanz- und Verwaltungsrecht, Archi-tektur, Design und Gestaltung), aber auch für Fragen der Umsetzung, der Medien, Religionsgemeinschaften und wirtschaftlichen Interessensvertre-tungen bereit, darunter Bruno Aigner, Hannes Androsch, Hermann Diko-witsch, Wolfram Dornik, Peter Dusek, Chaim Paul Eisenberg, Peter Fritz, Agnes Husslein, Andreas Mailath-Pokony, Beppo Mauhart, Erwin Melchart, Ariel Muzikant, Ulrich Nachbaur, Alfred Payrleitner, Johanna Rachinger, Ludwig Steiner und Manfred Wagner. Aus dem Bereich der österreichischen Landesmuseen waren dies vor allem: Carl Aigner, Peter Assmann, Christian Kirchner, Andreas Lang, Friedrich W. Leitner, Erich Marx, Wolfgang Much-itsch, Peter Pakesch und Gerhard Tarmann.

Die noch im gleichen Jahr vorgelegte Roadmap basierte auf den Er-fahrungen der Machbarkeitsstudien von Stefan Karner und Manfried Rau-chensteiner sowie von Anton Pelinka, auf den daraus aufbauenden Synthe-sen sowie auf den beiden Großausstellungen zum Staatsvertragsjubiläum 2005 in der Schallaburg (Karner) und im Belvedere (Düriegl).

Inhaltlich galt als Betrachtungszeitraum die Phase von der Gründung der Republik als „Deutsch-Österreich" 1918 bis in die Gegenwart, wobei erklärungsrelevante Rückgriffe ins 19. Jahrhundert auf politikgeschichtliche, geistesgeschichtliche und kulturelle Wurzeln als notwendig erachtet wurden. Die Zeitgeschichte Österreichs stellte den primären Bezugsrahmen dar, die gesamteuropäische und die globale Entwicklung wurden mitgedacht. Ange-strebt wurde eine thematische Ordnung entlang von Längsschnittbetrach-tungen und Querschnittsdarstellungen, aus denen sich eine inhaltlich-chro-nologische Ordnung ergab.

Das Haus der Geschichte sollte nicht nur die Aufgaben eines Muse-ums mit Dauerausstellung und Sonderausstellungen, sondern auch jene einer Forschungseinrichtung und eines Dienstleisters für ein breiteres, interessiertes Publikum erfüllen. Mehrfach unterstrichen die Autoren, dass kein Raum für politische Einflüsse bleiben sollte und daher unangenehme und kritische Aspekte der österreichischen Geschichte nach den Kriterien unabhängiger wissenschaftlicher Arbeit zu behandeln waren. Dabei sollten Fakten-Darstellung, Kommentierung und Analyse für den Besucher nachvollziehbar kenntlich gemacht werden.[37] Deutlich sprach sich die Roadmap gegen eine 1:1-Zusammenführung der beiden Staatsvertrags-Ausstellungen aus.[38] Als Rechtsform des zukünftigen Hauses wurden eine wissenschaftliche Anstalt öffentlichen Rechts oder eine Stiftung empfohlen, als Standort das Objekt IV im Arsenal präferiert, der Baubeginn für 2008–2010 angegeben.[39]

Trotz dieses ausgewogenen Ansatzes sahen sich die Mitglieder der Arbeitsgruppe und der ständigen Experten-Gruppe teils heftiger Kritik seitens einiger Historiker und Journalisten ausgesetzt. Im Kern ging der Protest dahin, den beauftragten Experten aufgrund tatsächlicher oder behaupteter Parteinähe zu unterstellen, sie würden eine politisch konnotierte Geschichtsauffassung zur Ausstellung bringen.[40] Einzelne unter ihnen, etwa Rathkolb, hielten aus diesem Grund ein Zeitgeschichtemuseum für generell verzichtbar.

Die Republiks-Ausstellung im Parlament 2008/09 und das Haas-Gutachten

Die Nationalratswahl von 2006 erbrachte mit der Rückkehr zur großen Koalition eine neue Regierungskonstellation, was die Realisierung der Umsetzungsstrategie verzögerte. Allerdings fand sich in der Regierungserklärung von Alfred Gusenbauer vom Jänner 2007 abermals ein prinzipielles Bekenntnis zu einem „Haus der Geschichte", für das abermals ein Konzept

---

37 Düriegl, G./Jochum, M./Karner, S./Matis, H./Ortner, C./Haider, H., Umsetzungsstrategie für ein Haus der Geschichte der Republik Österreich. Wien, Juni 2006.
38 Ebd., S. 14.
39 Ebd., S. 24–41.
40 Rupnow, Nation ohne Museum? S. 448 – 453.

erarbeitet werden sollte, weil zwei der vier Projektgutachter einzelne Standpunkte in der Roadmap negativ bewertet hatten. Die beiden anderen Gutachter waren hingegen mit den Ergebnissen der Roadmap in hohem Maße einverstanden.

Ebenfalls 2007 wurde im Hinblick auf den bevorstehenden 90. Jahrestag der Republik eine Ausstellung im Parlament (REPUBLIK.AUSSTELLUNG 1918 | 2008) in Auftrag gegeben, die 2008/09 auch als eine der Grundlagen für ein späteres Haus der Geschichte fungieren sollte. Die wissenschaftliche Leitung hatten Stefan Karner und der Generaldirektor des Österreichischen Staatsarchivs, Lorenz Mikoletzky, inne. In der Säulenhalle des Parlaments gab die Ausstellung entlang thematischer Längsschnitte einen konzisen Überblick zur Geschichte der Ersten und Zweiten Republik sowie der sieben Jahre NS-Herrschaft zwischen 1938 und 1945.[41]

Parallel dazu kuratierte der Autor des Beitrages eine erste, große grenzüberschreitende Schau, die Niederösterreichische Landesausstellung 2009 „Österreich – Tschechien" in Horn, Raabs und Telč, die mit 405.000 Besuchern eine der erfolgreichsten Ausstellungen in Österreich wurde. Aufgrund dieses, auch international viel beachteten Erfolges, wurde der Autor, zunächst als einziger Ausländer, in den wissenschaftlichen Beirat des „Deutschen Historischen Museums", Berlin, berufen, dem er bis heute führend angehört.

In Österreich beauftragte die Bundesregierung unter Gusenbauer, der selbst schon im Abgehen war, am 4. November 2008 die ARGE Haas & Lordeurop, ein detailliertes Realisierungskonzept für ein Haus der Geschichte zu erstellen. Ausgangspunkt der Arbeit von Haas und Lord war die Umsetzungsstrategie der Historiker-Arbeitsgruppe von 2006. Inhaltlich ging ihre 2009 fertiggestellte Studie nicht wesentlich über die KernVorstellungen des Grundlagenpapiers hinaus, dafür existierten nun essentielle Grundlagen wie eine umfangreiche Kostenschätzung, Betriebs- und Organisationsplanung und fundierte Überlegungen zur Standortwahl. „Der Nutzen, den das Projektteam aus Dokumenten und Ausstellungen der Vor-

---

41 Vgl. auch den umfangreichen Sammelband: Karner, S./Mikoletzky, L. (Hg.), Österreich. 90 Jahre Republik. Beitragsband zur Ausstellung im Parlament. Redaktion Manfred Zollinger. Wien 2008.

geschichte sowie aus der Republikausstellung ziehen konnte, war groß". Dazu zählten, wie Haas & Lordeurop ausführten, vor allem die „Roadmap für ein Haus der Geschichte", die Expertengutachten sowie die Sonderausstellungen auf der Schallaburg und im Belvedere.[42] Auch der vom Autor des Beitrages seinerzeit beantragte und in der „Ständigen Historiker-Expertengruppe" beschlossene Terminus „Haus der Geschichte Österreich (HGÖ)" blieb. Die Haas & Lordeurop-Studie wurde bis 2015 unter Verschluss gehalten.[43]

Aus vielfältigen Gründen, von der angespannten Finanzlage der Republik bis zum Desinteresse zahlreicher politischer Entscheidungsträger, erfolgten seitens der Bundesregierung keine weiteren Schritte zur Errichtung eines „Hauses der Geschichte Österreich". Und „Die Presse" sah unter dem Titel „Hohle Worte, leere Kassen – oder: Welche Vision hat diese Regierung eigentlich?" das „Prestigeprojekt Österreichs irgendwo in den Vorzimmern der Koalitionszwillinge [damals] Faymann/Spindelegger schlummern".[44]

Zwei Häuser?

Ähnlich wie im Vorfeld der Ausstellungen von 2005 war es Landeshauptmann Erwin Pröll, der in das Entscheidungsvakuum hineinstieß und Dynamik in das Projekt brachte. Im Frühjahr 2014 ging die Niederösterreichische Landesregierung mit der Ankündigung an die Öffentlichkeit, im modernen Hans Hollein-Bau des „Museums Niederösterreich" ein „Haus der Geschichte Niederösterreich" (HGNÖ) einzurichten und 2017 zu eröffnen. Der Schwerpunkt des St. Pöltener Hauses sollte auf der Zeitgeschichte liegen, zumal eine Einrichtung dieser Art in Österreich noch nicht existierte. Zum Leiter des internationalen wissenschaftlichen Beirates zur Konzeption des HGNÖ wurde Stefan Karner berufen, den stellvertretenden Vorsitz übernahm Wolfgang Maderthaner, Generaldirektor des Österreichischen Staatsarchivs.

---

42 Haas, C./Lordeurop, Haus der Geschichte Österreich. Konzept, Teil 1. Wien 2009, S. 4.
43 Vgl. auch: www.bka.gv.at. DocView.
44 Die Presse, 30.9.2011.

Ein knappes Jahr später, am 24. Jänner 2015, kündigte Kulturminister Josef Ostermayer (SPÖ) im ORF-Morgenjournal ein Konzept für ein „Haus der Geschichte" in der Hofburg, die Einsetzung eines wissenschaftlichen Beirates und die Betrauung des Zeithistorikers Oliver Rathkolb mit dessen Leitung an (siehe den Beitrag von Oliver Rathkolb in diesem Jahrbuch). Der Gesetzesentwurf, der die rechtliche Grundlage für dieses Haus der Geschichte darstellt, befand sich bei Redaktionsschluss für diesen Beitrag 2016 in der Begutachtungsphase.

Das Haus der Geschichte Niederösterreich (HGNÖ)

Die intensive Arbeit zur Erarbeitung eines ausführlichen Konzepts für das HGNÖ begann nach dem Landtagsbeschluss vom 14. April 2014 noch im Sommer desselben Jahres. Bereits im September 2014 nahm der internationale Wissenschaftliche Beirat des HGNÖ die Arbeit auf. Er umfasst 92 Historiker, Museumsexperten, Archivare, aber auch Vertreter der Religionsgemeinschaften, Länder und Interessensvertretungen, der Gewerkschaft, der Wirtschaft, der Industriellenvereinigung und von NGOs.[45] Unter ihnen

---

45 Dem Wissenschaftlichen Beirat gehören an: Univ.-Prof. Dr. Stefan Karner, Vorsitzender, Gen. Dir. Univ.-Doz. Dr. Wolfgang Maderthaner, stv. Vorsitzender des Beirates, Prof. Dr. Hans Haider als Sekretär und Mag. Philipp Lesiak als Leiter, Mag. Christoph Benedikter und Mag. Sabine Nachbaur als Mitarbeiter des HGNÖ-Büros sowie: Direktor Mag. Carl Aigner (Landesmuseum Niederösterreich), Direktor Dr. Thomas Aigner, MAS (Diözesanarchiv St. Pölten), Generalsekretär Oberst i. R. Alexander Barthou (Österreichisches Schwarzes Kreuz), Direktor Mag. Gerhard Baumgartner, Dokumentationsarchiv des Österreichischen Widerstandes, Univ.-Prof. Dr. Peter Becker (Universität Wien, Institut für Geschichte), Dr. Kurt Bednar, Direktor Prof. Csaba Békés (Cold War History Research Center, Budapest), Dr. Katharina Blaas-Pratscher (NÖ Landesregierung, Abt. Kunst und Kultur), Univ.-Prof. Dr. Ernst Bruckmüller (ÖAW), em.Univ.-Prof. Dr. Karl Brunner (Universität Wien, Institut für Geschichte), Direktor Adolf Csekits (Dr. Karl Renner-Museum für Zeitgeschichte), Dr. Peter Diem (Austria-Forum), Hofrat Dr. Günter Düriegl, Hon.-Prof. Dr. Peter Dusek. Mag. Gabriele Ecker (NÖ Landesregierung, Abt. Kunst und Kultur), Mag. Dr. Stefan Eminger (NÖ Landesarchiv), Brigadier Rupert Fehringer (Sicherheitsakademie), VSt.Dir. i. R. Dr. Manfred Frey, Mag. Dr. Rita Garstenauer (Zentrum für Migrationsforschung), DDr. Barbara Glück (BMI, Abt. IV/7 – Mauthausen-Memorial), Univ.-Prof. Dr. Marcus Gräser (Universität Linz, Institut für Zeitgeschichte), Univ.-Prof. Dr. Anja Grebe (Donau-Universität Krems, Dep. für Kunst- und Kulturwissenschaften), Priv.-Doz. Dr. Martina Griesser-Stermscheg (Technisches Museum Wien), Dr. Franz Groiß (NÖ-Landesregierung, Abt. Kunst und Kultur), Dir. i. R. Mag. Dr. Johann Hagenhofer, Dr. Martin Haltrich (Stift Klosterneuburg), Dekan Univ.-Prof. Dr.sc.techn. Dipl. Arch. ETH Christian Hanus (Donau-Universität Krems, Fak. für Bildung, Kunst und Architektur), Direktor Mag. Hans Hartweger (Österr. Gesellschafts- und Wirtschaftsmuseum), Mag. Herbert Hayduck (ORF, Leiter Dokumentation und Archive), Direktor Prof. Dr. Günther Heydemann (Hannah-Arendt-

finden sich Wissenschaftler aus Berlin, Budapest, Dresden, Kiew, Prag und Laibach/Ljubljana. In einer Steuerungsgruppe werden die organisatorischen Maßnahmen und Beschlüsse gefasst.

Bis zum Herbst 2015 wurden in sechs Plenar- und 22 Arbeitsgruppensitzungen Themenfelder definiert und inhaltliche Längsschnitte erarbeitet und in einer großen Pressekonferenz der Öffentlichkeit vorgestellt.

Institut für Totalitarismusforschung, Dresden), Univ.-Prof. Dr. Milan Hlavačka (Historický Ústav AV ČR, v.v.i., Prag), Generalsekretär Prof. Herwig Hösele (Zukunftsfonds der Republik Österreich), Mag. Franz Humer (NÖ-Landesregierung, Abt. Kunst und Kultur), Univ.-Prof. Dr. Kerstin Susanne Jobst (Universität Wien, Institut für Osteuropäische Geschichte), Dr. Thomas Karl (Leiter des Stadtarchivs St. Pölten), Priv.-Doz. Dr. Martha Keil (Institut für jüdische Geschichte Österreichs), Dir. Mag. Eveline Klein (Stadtmuseum Wiener Neustadt), Dr. Wolfgang Kos (ehem. Direktor des Wien Museums), Mag. Wolfgang Krug (NÖ-Landesregierung, Abt. Kunst und Kultur), Dir. Prof. Dr. Andrej Kudrjatschenko (Universität Kiew, Institut für Geschichte), Prof. Toni Kurz (Museen der Stadt Horn), Priv.-Doz. Dr. Ernst Langthaler (Leiter des Instituts für Geschichte des ländlichen Raumes), Dr. Ernst Lauermann (NÖ-Landesregierung, Abt. Kunst und Kultur), Mag. Armin Laussegger (NÖ-Landesregierung, Abt. Kunst und Kultur), Priv.-Doz. Dr. Hannes Leidinger
Dr. Christoph Lind (Institut für jüdische Geschichte Österreichs), Mag. Elisabeth Loinig, MAS (NÖ Institut für Landeskunde), em. Univ.-Prof. Dr. Herbert Matis, Dr. Verena Moritz, Dr. Klaus-Dieter Mulley (Archiv der Kammer für Arbeiter und Angestellte Wien), Prof. Dr. Siegfried Nasko (Dr. Karl Renner-Museum für Zeitgeschichte), Direktor Mag. Dr. M. Christian Ortner (Heeresgeschichtliches Museum, Wien), Univ.-Prof. DDr. Michael Pammer (Universität Linz, Institut für Sozial- und Wirtschaftsgeschichte), Mag. Paul Pennerstorfer (NÖ-Landesregierung, Abt. Wissenschaft und Forschung), Mag. Niklas Perzi (Institut für Geschichte des ländlichen Raumes), Mag. Dr. Franz Pieler (Krahuletz-Museum), Mag. Thomas Pulle (Stadtmuseum St. Pölten), Mag. Paul Rachler (Industriellenvereinigung), Dekan Dr. Andrej Rahten (Universität Ljubljana, Institut für Geschichte), Dir. i. R. Univ.-Doz. Dr. Manfried Rauchensteiner, Univ.-Prof. Dr. Gustav Reingrabner, Archivdirektor HR Mag. Dr. Willibald Rosner (NÖ- Landesarchiv), Priv.-Doz. Mag. Dr. Peter Ruggenthaler (LBI für Kriegsfolgen-Forschung, Graz), em. Univ.-Prof. Dr. Roman Sandgruber (Universität Linz, Institut für Sozial- und Wirtschaftsgeschichte), Dr. Alexandra Schantl (NÖ-Landesregierung, Abt. Kunst und Kultur), Univ.-Prof. Mag. Dr. Martin Scheutz (Universität Wien, Institut für Geschichte), Hofrat Univ.-Doz. Dr. Erwin A. Schmidl (BMLS, Institut für Strategie und Sicherheitspolitik), Dr. Kurt Schmutzer (ORF), Präsident Dr. Kurt Scholz (Zukunftsfonds der Republik Österreich), Dr. Harald Steindl (Wirtschaftskammer Österreich, Wien), Direktor Dr. Erich Steiner (Landesmuseum Niederösterreich), Priv.-Doz. Dr. Mag. Barbara Stelzl-Marx (LBI für Kriegsfolgen-Forschung, Graz-Wien), Dr. Richard Steurer, Dr. Robert Streibel (Volkshochschule Hietzing), Univ.-Lekt. Mag. Dr. Irene Suchy (ORF), Prof. Dr. Szabolcs Szita (Holocaust Memorial Center, Budapest), Direktor Dr. Johannes M. Tuzar (Krahuletz-Museum), Univ.-Doz. Dr. Hellwig Valentin (Universität Graz, Institut für Geschichte), Prof. Dr. Elisabeth Vavra (Landesmuseum Niederösterreich), Dr. Ortrun Andrea Veichtlbauer (Universität Klagenfurt), Mag. Ulrike Vitovec (Museumsmanagement Niederösterreich), em.Univ.-Prof. Dr. Karl Vocelka (Universität Wien, Institut für Geschichte), em. Univ.-Prof. Dr. Manfred Wagner (Universität für angewandte Kunst, Wien), Dr. Clemens Wallner (Industriellenvereinigung, Wien), Mag. Dr. Peter Wassertheurer, Prof. em. Dr. Manfred Wilke, Berlin, Dekanin Univ.-Prof. Ing. Dr. Verena Winiwarter (Universität Klagenfurt, Institut für Soziale Ökologie), Mag. Dr. Rüdiger Wolf, Mag. Eva Zankl (Stadtarchiv Waidhofen an der Ybbs), Priv.-Doz. Dr. Roman Zehetmayer (NÖ-Landesarchiv), Dr. Erwin Zügner (Österreichisches Schwarzes Kreuz).

Zu den Längsschnitt-Themen gehören:
- Natur/Naturlandschaft/Umwelt
- Politik/Herrschaft/Staatlichkeit/Partizipation
- Kunst/Kultur/Medien
- Identitäten/Religionen/Symbole
- Wirtschaft/Gesellschaft/Technik

Diese Aufteilung war alleine der Operationalisierung der Arbeitsabläufe innerhalb des Beirates geschuldet. Die einzelnen erarbeiteten Längsschnittthemen (pro Arbeitsgruppe zwischen drei und sechs) wurden ob ihrer oftmaligen Komplexität über die Grenzen der Arbeitsgruppen hinweg gedacht und teilweise auch ausgearbeitet. Sie werden mit den großen historischen Epochen kombiniert werden.

Die Darstellung hat die „Longue Durée" der Längsschnitte, also die Entwicklung der jeweiligen Themen von der Vergangenheit bis in die Gegenwart (Ursache – Phänomen/Ereignis – Folgen), zu berücksichtigen. Zäsuren sollen hervorgehoben werden, immer jedoch mit der Frage nach Kontinuitäten und der Bedeutung für die Gegenwart.

Ziel ist es, den Besuchern vor Augen zu führen, dass Geschichte nichts Abgeschlossenes ist, dass sie jeden und jede persönlich betrifft und dass es verschiedene Deutungsmöglichkeiten gibt. Insbesondere sollen demokratische Werte und Ideen als wichtige Errungenschaften vermittelt und die Besucher zur aktiven Beteiligung an der Gesellschaft animiert werden.

Mit November 2015 begann die Umsetzungsphase, in der das Konzept des Fachbeirates in die „Sprache" und Dramaturgie des Mediums Ausstellung übertragen wird. Ab Sommer 2016 erfolgen die architektonische Adaptierung des Hollein-Baus sowie der Ein- und Aufbau der Dauerausstellung inklusive der ersten Sonderausstellung.

Mehr als ein Museum

Das HGNÖ wird weit über das traditionelle Aufgabenspektrum eines Museums hinausgreifen. Das Mission-Statement postuliert die wesentliche Ausrichtung:

Mission Statement

„Das Haus der Geschichte Niederösterreich ist ein offenes Forum, in dem einander Wissenschaft und Öffentlichkeit begegnen, ein Ort der Darstellung neuer Erkenntnisse, der Diskussion von Geschichte sowie der Hinterfragung historischer Mythen. Als innovatives Museum ist das Haus der Geschichte Niederösterreich Teil eines Netzwerkes niederösterreichischer Sammlungen, Archive und Museen, lokaler Initiativen, universitärer und außeruniversitärer Forschungseinrichtungen, von Einzelforschern und Landeseinrichtungen sowie eine Serviceeinrichtung an der Schnittstelle zwischen Forschung und Vermittlung".

Das HGNÖ, das chronologisch mit den ersten Zeugnissen der Besiedelung des Raumes beginnt und räumlich Niederösterreich, den Gesamtstaat und die österreichischen Bundesländer sowie die Nachbarregionen Zentraleuropas umfasst, ist daher ein innovatives Museum und als solches

- ein attraktiver öffentlicher Ort in St. Pölten, an dem Auseinandersetzung mit Geschichte und Geschichtsschreibung in vielfältiger Form stattfindet;
- Teil eines Netzwerkes niederösterreichischer Sammlungen, Archive und Museen, lokaler Initiativen, universitärer und außeruniversitärer Forschungseinrichtungen, von Einzelforschern und Landeseinrichtungen;
- eine Serviceeinrichtung an der Schnittstelle zwischen Forschung und Vermittlung, an die sich Interessierte mit historischen Fragen wenden können.

Das HGNÖ ist eine Plattform für die Präsentation der Geschichte des österreichischen Kernraumes mit seinen wesentlichen, erklärungsrelevanten Erzählsträngen, die in die österreichische Geschichte und in jene der zentraleuropäischen Nachbarregionen hineinreichen. Es steht allen Besucherinnen und Besuchern offen, die an der Geschichte Niederösterreichs, Österreichs und der (zentral-)europäischen Entwicklung in einem Europa der Regionen Interesse haben.

Die Beschäftigung mit den historischen Entwicklungen wird abgestimmt auf die jeweiligen Zielgruppen erfolgen und einen persönlichen Bezug zur Geschichte ermöglichen. Hierbei geht es nicht um die Vermittlung lexikalischen, rein auf Fakten konzentrierten Wissens. Vielmehr soll das

HGNÖ ein Ort sein, an dem für die Gegenwart relevante Fragestellungen aufgeworfen, eingebracht und diskutiert werden können. Dieses Angebot einer Auseinandersetzung mit der gegenwärtigen Situation und den ihr zugrunde liegenden historischen Phänomenen soll es den Besuchern ermöglichen, Kompetenzen für eine selbständige und kritische Meinungsbildung zu erwerben. Um diesen Anspruch zielgruppengerecht zu erfüllen, werden sowohl in der Umsetzung als auch im Betrieb des HGNÖ die Besucher eingebunden, etwa mittels Umfragen, Sammelaktionen oder „Oral History"-Projekten.

Der inhaltliche Schwerpunkt des Hauses liegt auf der Geschichte Niederösterreichs, Österreichs und seiner Bundesländer sowie Zentraleuropas. Der zeitliche Rahmen wird von den frühesten Zeugnissen einer Besiedlung durch den Menschen weg gespannt; der Schwerpunkt der Darstellungen liegt indes auf der Zeit seit der Mitte des 19. Jahrhunderts. Im Sinne einer „Exhibition in Progress" wird die Präsentation mit einem „offenen Ende" laufend an die gegenwärtige gesellschaftliche Entwicklung angepasst. Fragestellungen mit Gegenwartsbezug bilden die Richtschnur bei der Auswahl der thematischen Schwerpunkte. Dabei hat das HGNÖ eine große Vielfalt an Material und ein breites Spektrum an Interpretationen und Meinungen anzubieten, aber keine Lehrmeinungen vorzugeben. Offene Fragen anzusprechen, ohne apriorische Antworten und vorschnelle moralische Wertungen abzugeben, gehört zu den zentralen Funktionen des HGNÖ; umstrittenen Themen wird ebenso Raum gegeben.

Auch wenn der zeitliche Beginn der Darstellung um die Mitte des 19. Jahrhunderts gesetzt wird, findet schlaglichtartig – und insbesondere dort, wo dies zum Verständnis notwendig ist – die historische Entwicklung in ihrem zentraleuropäischen Kontext Berücksichtigung. Für die Darstellung ist daher ein landesgeschichtlicher Ansatz zu wählen, der mit dem Postulat einer (zentral-)europäischen Perspektive im HGNÖ zu einer vergleichenden Regionalgeschichte erweitert wird. Niederösterreich wird demgemäß als Teil Europas präsentiert; seine Geschichte ist von der Österreichs nicht zu trennen, wie sich auch die österreichische Geschichte nicht von der niederösterreichischen loslösen lässt.

Das HGNÖ wird den Standort St. Pölten und das Landesmuseum als Schul- und Familienmuseum mit starkem Fokus auf die Vermittlung demokratiepolitischer Bildung weiter aufwerten. Vor allem vor dem Hintergrund der Senkung des Wahlalters sollen historische Entwicklungen so verständlich gemacht werden, dass die jugendlichen Besucherinnen und Besucher den Wert eines demokratischen Systems für die eigene Gegenwart und Zukunft erkennen. Hierfür wird sich die Präsentation in der Dauerausstellung stark an den Curricula der verschiedenen Schulformen orientieren, um den schulischen Unterricht sinnvoll und vertiefend zu ergänzen. Im Vordergrund steht daher das „Ausstellungserlebnis", sowohl im realen Ausstellungs- als auch im virtuellen Raum.

Das HGNÖ zeichnet sich aus durch
- die Präsenz in der medialen Diskussion,
- institutionelle Kooperationen im Wissenschafts-, Kultur- und Bildungsbereich,
- die Nutzung aller modernen Kommunikationskanäle,
- modernste Ausstellungspädagogik und Ausstellungsdidaktik,
- die dem jeweiligen Zielpublikum angepasste Kulturvermittlung und darauf abgestimmte (Unterrichts-)Materialien und fördert damit auch die demokratiepolitische Bildung.

In all seinen Aufgaben und Manifestationen versteht sich das HGNÖ als Bildungsinstitution mit klar demokratiepolitischem Auftrag. Organisatorisch-inhaltlich steht das Haus im Wesentlichen auf drei Säulen.

HGNÖ		
Ausstellung	Service	Forschung
- „Exhibition in Progress"	- Diskussionsforen	- für die Ausstellung/HGNÖ
- Interaktion mit	- Informationsplattform	- für die Landessammlungen
niederösterreichischen Museen	- Interaktion mit	- Wissenschaftsplattform
	Serviceeinrichtungen	- Projektakquise

Ausstellungen

Neben der Dauerausstellung werden Wechselausstellungen sowie vertiefende Ausstellungen, vor allem in Kooperation mit Museen und Sammlungen in Niederösterreich, die historische Entwicklungsstränge an anderen Orten in Niederösterreich umfassen. Die thematisch gegliederte, chronologisch geleitete Ausstellung spannt den Bogen von den ersten Spuren menschlicher Besiedlung des Landes bis in die Gegenwart, richtet ihren Fokus jedoch auf die Zeit ab der Mitte des 19. Jahrhunderts, wobei den Besuchern der Zugang zu den historischen Themen über aktuelle Fragestellungen erleichtert werden soll.

Service
Der Bereich Service umfasst eine zentrale Anlaufstelle und Diskussionsplattformen zu Themen der Geschichte, die Betreuung von Schulen, Medienvertretern, Vereinen, Lokalforschern. Der Bereich Service wird zum vielseitigen Portal für Kulturvermittlung, das seine museologischen und wissenschaftlichen Kapazitäten sowohl Fachkreisen als auch der breiten Öffentlichkeit zur Verfügung stellt. Es wird ein Ort, an dem sich die Besucher einbringen, den sie aktiv gestalten können: Die breiten Möglichkeiten der Partizipation werden nicht nur auf die Besucher, sondern auch auf Forscher und Museen abgestellt. Diskussionsplattformen, die Betreuung der Internet-Auftritte, des zunehmend wichtiger werdenden Social-Media-Bereiches, aber auch von Einzelanfragen gehören zu den Aufgaben des Bereiches Service.

Forschung
Im Bereich Forschung steht die enge Zusammenarbeit mit universitären und außeruniversitären Einrichtungen im Zentrum. Das HGNÖ wird zu einer Clearingstelle zwischen musealer Forschung an den Objekten, neuesten wissenschaftlichen Erkenntnissen aus der geschichtlichen Forschung und deren zeitgemäßer und zielgruppengerechter Vermittlung. Das HGNÖ kann dabei auch auf bestehende Strukturen und Kooperationen zurückgreifen.

Darüber hinaus schöpft das HGNÖ seine überregionale Kraft auch daraus, dass es zahlreiche Stadt- und Regionalmuseen, Stifte und Klöster in Niederösterreich einbezieht. Wechselseitige Bezüge zwischen dem HGNÖ und den regionalen musealen Einrichtungen schaffen eine große Projektions- und Identifikationsfläche. Dadurch bekommt die Dauerausstellung im HGNÖ eine größere Breite und Tiefe.[46]

Diese historische Tiefe wird mit großer inhaltlicher Breite kombiniert. Politik-, gesellschafts-, sozial-, wirtschafts-, kultur-, geistes-, religions-, umwelt- und geschlechtergeschichtliche Dynamiken bzw. Aspekte werden nachgezeichnet bzw. einbezogen. Geographischer Bezugsrahmen sind Niederösterreich, Österreich und Zentraleuropa. Ohne Krakau und Triest, ohne Prag, Lemberg, Budapest und Sarajevo, greift jede Darstellung österreichischer Geschichte zu kurz. Niederösterreich als historisches Kernland wiederum, das im Übrigen nicht getrennt von Wien zu betrachten ist, kann nur innerhalb dieses Netzes historischer Einflüsse, Beziehungen und Transfers verstanden werden.

Sinnvoll und möglich erscheint eine derart anspruchsvolle Präsentation nur unter Nutzung auratischer Exponate. Das HGNÖ wird im Gegensatz zu vielen Zeitgeschichtemuseen mit Originalen arbeiten, die aus den Landessammlungen mit ihren Millionen von Objekten und zahlreichen anderen Museen, Sammlungen und Archiven stammen. Über (zeitgeschichtliche) Sammelaktionen ebenso wie über die reguläre Sammeltätigkeit des Landes vermehrt sich zudem der Objektbestand, auf den das Haus der Geschichte zurückgreifen kann, stetig.

Die Präsentation der durchaus komplexen Inhalte der Dauerausstellung wird über eine auf das jeweilige Zielpublikum zugeschnittene Kulturvermittlung und darauf abgestimmte Materialien erfolgen. Generell setzt das Haus auf die Nutzung aller modernen Kommunikationsmittel. Das Medium Film wird ebenfalls massiv zum Einsatz gelangen, was durch enge Kooperation mit dem ORF-Archiv und dem ORF-Niederösterreich, durch den Aufbau einer eigenen Mediathek und die Zusammenarbeit mit dem Filmarchiv Austria sichergestellt ist.

Architektur

Den architektonischen Rahmen für die hochwertigen Exponate bildet der von Hans Hollein entworfene Bau mit der großzügig angelegten Shedhalle,

---

46 Haus der Geschichte Niederösterreich. Konzept des wissenschaftlichen Fachbeirates. St. Pölten 2015. S. 8.

fertiggestellt Anfang der 2000er-Jahre. Insgesamt stehen dem HGNÖ rund 3.000 qm Ausstellungs- und Vermittlungsfläche zur Verfügung. Hinzu kommen noch der öffentliche Raum vor dem Museum Niederösterreich und der Klangturm, ein Bauwerk von Ernst Hoffmann. Dieser Turm wird als Signet des HGNÖ firmieren, von dem aus sich die Weite des in den Ausstellungen betrachteten Raumes erahnen lässt.

Längsschnitte und Foren

Der inhaltliche Ausgangspunkt für die Realisierung der Dauerausstellung sind die 22 Längsschnitte des Fachbeirates. Thematisch decken sie ein weites Spektrum ab, von der Migration über den Klimawandel bis zur NS-Diktatur und zur Herausbildung politischer Partizipation. Die Längsschnitte bilden das Material zur Schaffung inhaltlicher Cluster, woraus sich eine themenbasierte Gliederung ergibt. Durch die Anordnung der Cluster wird ein chronologisches Moment in die Darstellung eingebracht, was dem Besucher eine grobe Orientierung entlang einer nicht explizit ausgearbeiteten Zeitschiene ermöglicht. Als zusätzlich innovatives Element werden in die Cluster so genannte Foren eingebaut, die je nach thematischer Ausrichtung Diskussions-, Ruhe- und Vertiefungsräume innerhalb der Ausstellung sein werden. Für Innenarchitektur und Gestaltung der permanenten Schau zeichnen Planet Architects verantwortlich.

Die erste Sonderausstellung des HGNÖ wird sich (in zwei Räumen auf insgesamt knapp 550 qm) der Ersten Republik widmen und sich in die Dauerausstellung einfügen. Die Perspektive wird regional, national und zentraleuropäisch sein.

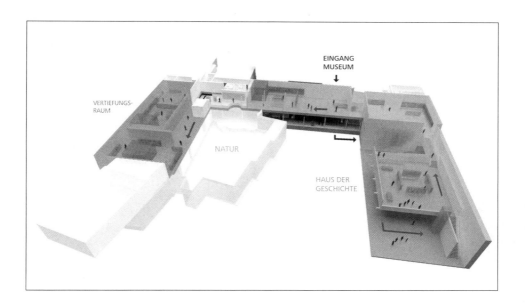

OLIVER RATHKOLB

„Gut Ding braucht Weile"
Das „Haus der Geschichte Österreich" in der Neuen Burg

*Seit Ende der 1990er-Jahre hat sich die Debatte um ein „Haus der Geschichte"
in Österreich immer wieder entflammt und auch bereits in mehreren Umsetzungsstudien manifestiert. Im Jänner 2015 wurde ein neuer Anlauf für die Realisierung
des Projektes genommen. Im Auftrag von Kulturminister Josef Ostermayer wurde
ein internationaler wissenschaftlicher Beirat unter Leitung des Zeithistorikers Oliver
Rathkolb zur Erarbeitung eines Konzeptes für das am Heldenplatz geplante Haus
der Geschichte betraut. Mit der Festlegung auf das 19. Jahrhundert als zeitlichen
Ausgangspunkt und dem Schwerpunkt auf das 20. und 21. Jahrhundert wurden
inhaltliche Rahmenbedingungen beschlossen, die sich auch in der im September
2015 vorgelegten Umsetzungsstrategie des Expertengremiums wiederfinden lassen.
Die Entscheidung über den fixierten Standort, Räumlichkeiten der Neuen Burg
zu nutzen, sowie die Anbindung an die Österreichische Nationalbibliothek unter
Generaldirektorin Johanna Rachinger hat für große Aufregung und hitzige Debatten
gesorgt, da in die traditionelle Struktur bereits vorhandener Sammlungen eingegriffen
wurde. Dabei sind der Heldenplatz und der Balkon für die in das Projekt involvierten WissenschaftlerInnen das Alleinstellungsmerkmal der Institution, die sich als
aktives und offenes Forum für historische Fragestellungen und Themen der Gegenwart etablieren soll. Die Pläne, Ziele und Ideen für das Haus der Geschichte finden
in diesem Beitrag ebenso Erwähnung wie die Notwendigkeit eines derartigen historischen Begegnungs- und Reflexionsortes.*

Am 23. Jänner 2015 wurde ich nach einer Sitzung der Leitungen des Kunsthistorischen Museums Wien (KHM), der Österreichischen National-bibliothek (ÖNB) und des Österreichischen Staatsarchivs von Kulturmi-nister Dr. Josef Ostermayer mit der Zusammenstellung und Leitung eines internationalen wissenschaftlichen Beirats für das am Heldenplatz geplante Haus der Geschichte betraut. Die Initiative für einen Relaunch dieses Pro-jekts auf der Ausgangsbasis einer damals gesperrten, unabhängigen musea-len Machbarkeitsstudie von Claudia Haas und Lordeurop aus 2009 ist von der Generaldirektorin der Österreichischen Nationalbibliothek, Dr. Johanna Rachinger, und dem Autor dieses Textes ausgegangen. Schon 2014 hat es entsprechende Vorgespräche mit Bundesminister Ostermayer gegeben. Die Entscheidung über den Ort – Räumlichkeiten der Neuen Burg – war ein Ergebnis der Redimensionierung des Umbaus des Weltmuseums, bei dem die Betriebskosten nicht gedeckt waren, und des Vorschlags der Generaldi-rektorin des Kunsthistorischen Museums, Sabine Haag, Räume der Samm-lung alter Musikinstrumente zur Verfügung zu stellen und diese auf der dar-unter liegenden Ebene neu aufzustellen.

Die nachfolgende Diskussion über ein „Haus der Geschichte" in Ös-terreich, die seit Mitte der 1997/98er-Jahre immer wieder aufgeflammt ist und auch bereits zu mehreren Umsetzungsstudien führte[1], hat natürlich eine noch viel längere strukturelle Vorgeschichte. Sie beginnt im Staatsrat 1919, als überlegt wurde, eine „Geschichtekammer" zu entwickeln, um der Re-publik Deutsch-Österreich eine Art kulturelle, identitätsstiftende Grund-basis zu geben. Auch Bundespräsident Karl Renner hat anknüpfend an diese frühe Debatte 1919 aus seiner Zeit als Staatskanzler versucht, in den Räumlichkeiten der Präsidentschaftskanzlei, im Leopoldinischen Trakt der Hofburg, die Geschichte Österreichs in einem Museum der Ersten und der Zweiten Republik abzubilden.

Ausgehend von Überlegungen eines „Hauses der Toleranz" als neue Zweckwidmung für das Palais Epstein nach dem Auszug des Wiener Stadt-

---

1   Vgl. dazu den Beitrag von Hufschmied, R., *Genese und Geschichte des Projekts*, in: *Umset-zungsstrategie für das Haus der Geschichte Österreich. Ideen und Entwürfe des Internationalen Wissenschaftlichen Beirats*, Wien, September 2015, S. 14-16 (https://www.bka.gv.at/DocView.axd?CobId=60404, aufgerufen 24. Jänner 2016).

schulrates von Leon Zelman, dem damaligen Leiter des Jewish Welcome Service, und Ideen des Grazer Wirtschaftshistorikers Stefan Karner im Rahmen der Politischen Akademie der ÖVP entstanden zwei Projektstudien.[2] Der Innsbrucker Politologe Anton Pelinka erarbeitete mit einem Team eine Studie entlang Zelmans Ideen zur Auseinandersetzung mit dem Holocaust, Stefan Karner bündelte seine Vorstellungen eines Hauses der Zeitgeschichte, in dessen erstem Konzept der Holocaust nicht vorkam, mit jenen von Manfried Rauchensteiner, der seit 1996 als Direktor des Heeresgeschichtlichen Museums an einem Zeitgeschichte-Museum im Rahmen seiner Institution arbeitete, aber an ressortinternen Widerständen scheiterte.[3] Mitgetragen wurde diese Diskussion von der Debatte in der Bundesrepublik Deutschland, über das von Bundeskanzler Helmut Kohl (CDU) Ende 1982 initiierte und 2001 von seinem Nachfolger Gerhard Schröder (SPD) eröffnete *Haus der Geschichte der Bundesrepublik Deutschland* in Bonn.

Dieser Museums-Boom steht an der Schnittstelle von zwei internationalen Trends:

•   Entwicklung von Erinnerungsorten durch die langsam aus Entscheidungsträgerfunktionen ausscheidende Nachkriegsgeneration zur Dokumentation der Erfolgsgeschichte nach 1945 in Westeuropa vor dem Hintergrund beginnender Krisen und des Zweiten Kalten Krieges.

•   Erste Indikatoren der Mitte der 1980er-Jahre beginnenden Globalisierung, die ihrerseits als eine Art mentale Schutzreaktion die museale Selbstversicherung der nationalen, positiven zeithistorischen Entwicklung anfeuerte.

Die nachfolgende Geschichte der weiteren Studien und Diskussionen in Österreich sei anhand einer Aufstellung von Stephan Neuhäuser kurz zusammengefasst:

2   Vgl. dazu umfassend Neuhäuser, S., *Das Haus der Geschichte Österreichs im Spannungsfeld zwischen Geschichte, Politik, Architektur und Stadtplanung – Eine Chance für die Stadt Wien*, Policy Paper für momentum 13 – Fortschritt #3: Kunst, Geschichte und Politik, Version: 19. Oktober 2013, http://peter-diem.at/Neuhaeuser.pdf, 5 (aufgerufen am 24. Jänner 2016).

3   Lehnguth, C., *Waldheim und die Folgen: Der parteipolitische Umgang mit dem Nationalsozialismus in Österreich*, Frankfurt/Main 2013, S. 403.

- „2000: Die Regierung Schüssel I plädiert für ein virtuelles Museum (Staatssekretär Franz Morak und Roman Sandgruber).
- 2002: In Vorbereitung der Inszenierung des Jubiläumsjahres 2005 wird von der Bundesregierung eine Historikerkommission eingerichtet: Wilhelm Brauneder, Stefan Karner, Manfried Rauchensteiner, Kurt Scholz. Es kommt zu HistorikerInnenprotesten, insbesondere von ZeithistorikerInnen.
- 2005: Ausrufung des „Gedankenjahres"; Ausstellungen „Das neue Österreich" (Belvedere, Wien), „Österreich ist frei" (Schallaburg, Niederösterreich), „Jetzt ist er bös, der Tennenbaum" (Jüdisches Museum, Wien); Idee des Zusammenführens der drei Ausstellungen in ein „Haus der Geschichte" (auf Initiative von Hannes Androsch, Herbert Krejci und Peter Weiser).
- März 2006: Unterrichtsministerin Gehrer beauftragt eine Historiker-Arbeitsgruppe mit der Erstellung eines Konzepts für das HGÖ: Günter Düriegl, Manfred Jochum, Stefan Karner, Herbert Matis, Christian M. Ortner; das Konzept liegt im Juni 2006 vor.
- 2006: Auf Basis der Arbeit der Historiker-Arbeitsgruppe entsteht die „Umsetzungsstrategie (Roadmap) für ein Haus der Geschichte der Republik Österreich" zur Errichtung einer neuen zeithistorischen Einrichtung mit drei Standort-Vorschlägen: die „Galerie der Forschung" der Akademie der Wissenschaften, das Künstlerhaus und das Arsenal–Objekt IV auf dem Gelände des Heeresgeschichlichen Museums. Letzterer Standort kommt in die engste Auswahl.
- Jänner 2007: Die neugewählte Bundesregierung unter Bundeskanzler Alfred Gusenbauer bekennt sich zu einem „Haus der Geschichte", für das ein neues Konzept erarbeitet werden soll.
- April 2008: Die Bundesregierung beschließt die Auftragsvergabe für die Erstellung eines Konzeptes für das HGÖ an die MuseumsberaterInnen von Haas & Lordeurop".[4]

---

4   Neuhäuser, *Das Haus der Geschichte Österreichs*, S. 5.

Ein wesentlicher Punkt ist, dass es im November 2008 gelungen ist, die Debatte um ein „Haus der Geschichte Österreichs" zumindest zeitweise zu versachlichen und weg von der Politikdebatte hin zur professionellen unabhängigen Museumsbereitung, wie im Falle des Hauses der Europäischen Geschichte, zu bringen.[5] Auch dort konnte eine fast ebenso lange Debatte erst durch eine museale Umsetzungsstudie beendet werden. 2016 wird das Museum in Brüssel, in dessen wissenschaftlichen Beirat ich mitarbeite, eröffnet werden. Auf meinen Vorschlag hin hat Bundeskanzler Alfred Gusenbauer, da die letzte Studie, die „Road Map", von mehreren internationalen ExpertInnen negativ beurteilt worden war, 2008 eine museale Machbarkeitsstudie für ein „Haus der Geschichte Österreichs" mit zwei Vorgaben ausgeschrieben. Die eine Vorgabe bezog sich darauf, dass das „Haus der Geschichte Österreichs" keine eigene Sammlung haben soll, die zweite Vorgabe bezog sich auf die Periodisierung der Ausstellung, die mit dem Jahr 1918 einsetzen sollte. Diese Ausschreibung wurde von Claudia Haas in Kooperation mit Team Lordeurop gewonnen. Das Ergebnis, eine dreibändige Konzeptstudie, blieb bis zum Jahr 2015 unter Verschluss und wurde erst auf meine Bitte hin im Frühjahr freigegeben.[6]

Im Juli 2009 wurde im Auftrag der Bundesregierung von der Arge Dr. Claudia Haas, Wien und Lordeurop, Paris, ein Detailkonzept für ein „Haus der Geschichte Österreichs" (Arbeitstitel) erstellt. Eine damals vorliegende Bedarfs- und Marktanalyse zeigte klar, dass es ein breites öffentliches Interesse für die Einrichtung eines Hauses der Geschichte Österreichs gibt, das bis heute anhält.

Durch den nun fixierten Standort auf Räume in der Neuen Burg am Heldenplatz und die Festlegung auf das 19. Jahrhundert als zeitlichen Ausgangspunkt haben sich einige räumliche und inhaltliche Rahmenbedingungen geändert, da den Überlegungen von Haas/Lordeurop ursprünglich eine Neubauvariante zugrunde lag (eine Altbau-Variante wurde 2009 mangels konkreter Immobilien nicht weiter berücksichtigt).

---

5 Kaiser, W./Krankenhagen, S./Poehls, K., *Exhibiting Europe in Museums: Transnational Networks, Collections, Narratives and Representations,* New York 2014, S. 23–25.
6 https://www.bka.gv.at/site/3431/default.aspx (aufgerufen am 24. Jänner 2016).

Die Studie erforderte daher in einzelnen Bereichen eine Nachbearbeitung – so u. a. bezüglich des Geschichtslabors, der Periodisierung und des Österreich-Begriffs –, bildet aber eine solide Grundlage für die Arbeit des von mir eingesetzten internationalen wissenschaftlichen Beirats: Das Inhaltskonzept der Haas/Lordeurop-Studie basiert bereits auf Gesprächen, Analysen und Vorschlägen von Wissenschaftlerinnen und Wissenschaftlern sowie Expertinnen und Experten aus Kulturinstitutionen. Es beruht damit auf einer soliden wissenschaftlichen Grundlage und sollte reflektiert und weiterentwickelt werden. So auch der Raumbedarf für ein Haus der Geschichte: In der Studie sind als permanente Ausstellungsflächen 3.229 Quadratmeter vorgesehen. Am neuen Standort in der Neuen Burg werden ebenso rund 3.000 Quadratmeter als Ausstellungsfläche zur Verfügung stehen. Die Schätzungen für den gesamten Raumbedarf (und daher auch für die Investitionskosten) waren zu adaptieren, da auf vorhandene Rauminfrastruktur von verbundenen Organisationen (insbesondere ÖNB und Staatsarchiv) zurückgegriffen werden kann. Im Nachbearbeitungsauftrag ging es darum, festzustellen, wie viele und welche vorhandenen Räume als Flächen für Veranstaltungen, Tagungen, Wechselausstellungen und Servicestelle für BesucherInnen zu adaptieren sind.

Die neuen Rahmenbedingungen haben aber für große Aufregung und emotionalisierte Debatten mit aggressiven Untergriffen in den diversen sozialen Medien und bei Diskussionen geführt, da in die traditionelle Struktur der Sammlungen eingegriffen wurde. Völlig ausgeklammert wurden aber dabei der Zustand und die Attraktivität der Neuen Burg als Ausstellungsort für BesucherInnen. Zur veränderten Ausgangssituation zählt die Vorgabe des Standorts in der Neuen Burg, der sich als Folge der Redimensionierung des Weltmuseums ergeben hat. Auf Vorschlag des Kunsthistorischen Museums wurden Räumlichkeiten, in denen bis dato große Teile der Sammlung alter Musikinstrumente untergebracht sind, für das Haus der Geschichte zur Verfügung gestellt. Die endgültige Entscheidung über die Raumnutzung lag aber nicht beim internationalen wissenschaftlichen Beirat, sondern bei der Generaldirektorin des KHM, Sabine Haag, und beim zuständigen Bundesminister.

Warum die Debatte nicht unter der Devise der Neupositionierung aller Sammlungen in der Neuen Burg geführt wurde, hängt meiner Meinung nach mit dem traditionellen Beharrungselement in Österreich zusammen. Das zeigt sich auch sehr deutlich in der seit Jänner 2015 andauernden Diskussion über den nun festgelegten Standort: Die Idee in einem historischen Gebäude, wie der Neuen Burg, das aus den letzten Jahrzehnten der Monarchie stammt, ein historisches Museum mit Fokus auf der Geschichte des „langen 20. Jahrhunderts" – mit Fokus auf das 20. Jahrhundert sowie der Gegenwart unter besonderer Berücksichtigung der zweiten Hälfte des 19. Jahrhunderts inklusive diverser Rückblicke in einzelnen Bereichen auf Jahrhunderte davor – zu etablieren, erscheint so manchem absurd.

Während ein aus 31 Expertinnen und Experten bestehender Beirat – mehrfach einstimmig – das ungeheure, auch museale Potenzial dieses Ortes betont und erläutert hat, formiert sich die Opposition gegen dieses Projekt vor allem um diesen Ort und – auf einer zweiten Ebene – um die inzwischen mit Sabine Haag auf Ihren Vorschlag hin akkordierte teilweise Übersiedlung der Sammlung alter Musikinstrumente und der Reduktion der Ausstellungsfläche.

Unter den 31 Mitgliedern aus den Bereichen Zeit-, Frauen- und Geschlechtergeschichte, Anthropologie, Kultur-, Migrations-, Politik-, Wirtschafts- und Sozialgeschichte sind neun internationale ExpertInnen, davon drei aus den USA, andere aus der EU, und auch vier ausgewiesene Museumsfachleute. Dass die neun internationalen Mitglieder des wissenschaftlichen Beirats alle besonders renommierte Experten und Expertinnen sind und auch intensiv an den bisher drei Sitzungen ab März 2015 mitgearbeitet haben, wird entweder verschwiegen oder einfach nicht ernst genommen. Dazu gehören Dekan John Boyer von der University of Chicago, einer der prominentesten Experten für die Geschichte Österreichs im 19. und 20. Jahrhundert, jüngst Ehrendoktor der Universität Wien und korrespondierendes Mitglied der Österreichischen Akademie der Wissenschaften, oder Professor Charles Maier von der Harvard University. Die History Departments der beiden Genannten rangieren in den weltweiten Rankings auf Platz 1 (Harvard) und 13 (University of Chicago). Auch Aleida Assmann, eine nicht nur in Europa höchst anerkannte Erinnerungsforscherin, und die Shooting Stars der österreichischen Museumsszene, Matti Bunzl (Direktor des Wien Museum) sowie Bettina Habsburg-Lothringen (Leiterin der Abteilung Kulturgeschichte und Museumsakademie, Universalmuseum Joanneum Graz), arbeiten an dem Projekt mit.[7]

Bekannte Innovationsresistenz

Aber über diese exzellenten Fachleute wird ebenso wenig qualifiziert diskutiert wie über die Tatsache, dass die 100-seitige Umsetzungsstrategie[8] gemeinsam mit zahlreichen Änderungen und Varianten nicht nur beschlossen, sondern auch tatsächlich entwickelt wurde. Allein das Mission Statement hat rund zehn verschiedene Arbeitsprozesse durchlaufen und wurde in der letzten Sitzung dann nochmals von drei Seiten auf eine gekürzt, wie auch das Gesamtpapier noch intensiv bearbeitet und verändert wurde. Im Folgenden daher die zentralen Zielsetzungen des Hauses der Geschichte Österreichs (HGÖ)[9]:

---

7   Hier die Gesamtliste der Mitglieder des Internationalen Wissenschaftlichen Beirats: Prof. Dr. Dr. h. c. Aleida Assmann (Universität Konstanz), Mag. Dr. Gerhard Baumgartner (Dokumentationsarchiv des Österreichischen Widerstandes), Prof. Dr. Dieter Binder (Universität Graz), Prof. Dr. Włodzimierz Borodziej (Universität Warschau), Dekan Prof. Dr. John Boyer (The University of Chicago/The College), em. Prof. Dr. Ernst Bruckmüller (ÖAW), Dir. Dr. Matti Bunzl (Wien Museum), Dr. Bettina Habsburg-Lothringen (Universalmuseum Joanneum, Graz), Prof. Dr. Malachi H. Hacohen (Duke University), Dr. Werner Hanak-Lettner (Jüdisches Museum Wien), Prof. Mag. Dr. Gabriella Hauch (Universität Wien), Prof. Dr. Hans Walter Hütter (Präsident der Stiftung „Haus der Geschichte der Bundesrepublik Deutschland", Bonn), Dr. Gabriele Fröschl (Österreichische Mediathek), Hauptabteilungsleiter Mag. Herbert Hayduck (Multimediales Archiv des ORF), Mag. Thomas Just, MAS (Österreichisches Staatsarchiv), Prof. Dr. Helmut Konrad (Universität Graz), Prof. Dr. Dr. h. c. Marcel van der Linden (International Institute of Social History, Amsterdam), Prof. Dr. Charles Maier (Harvard University), em. o. Univ.-Prof. Dr. Herbert Matis (Wirtschaftsuniversität Wien und ÖAW), Prof. Dr. Hélène Miard-Delacroix (Université Paris IV Sorbonne), Prof. PhDr. Jiří Pešek (Karls-Universität Prag), Dr. Hans Petschar (Österreichische Nationalbibliothek), Prof. DDr. Oliver Rathkolb (Universität Wien), Prof. Dr. Manfried Rauchensteiner (ehemaliger Direktor des Heeresgeschichtlichen Museums, Wien), Prof. Dr. Dirk Rupnow (Universität Innsbruck), Prof. Dr. Roman Sandgruber (Johannes Kepler Universität, Linz), Prof. Dr. Shalini Randeria (Institute for Human Sciences, Wien), Prof. Dr. Maria Stassinopoulou (Universität Wien), Prof. Dr. Arnold Suppan (Andrássy University, Budapest, und ÖAW), Univ.-Doz. Dr. Heidemarie Uhl (ÖAW und Universität Graz), Ministerialrat Priv.-Doz. Dr. Helmut Wohnout (Bundeskanzleramt), Vorsitz: Prof. DDr. Oliver Rathkolb (Universität Wien).
8   https://www.bka.gv.at/DocView.axd?CobId=60404 (abgerufen am 23. Jänner 2016).
9   Ibid., 9.

Mission Statement

Das „Haus der Geschichte Österreichs" (HGÖ) ist als Museum eine wissenschaftliche Einrichtung des Bundes. Dieses vermittelt die Geschichte Österreichs ab der Mitte des 19. Jahrhunderts mit einem besonderen Schwerpunkt auf der Zeit von 1918 bis in die Gegenwart einem möglichst breiten Publikum in ihrem europäischen und internationalen Kontext und ermöglicht eine historische Auseinandersetzung. Das Haus der Geschichte Österreichs wird ein aktives und offenes Diskussionsforum für historische Fragestellungen und Themen der Gegenwart sein.

Inhalt

Im Zentrum steht die Auseinandersetzung mit den sozialen, politischen, ökonomischen und kulturellen Lebenswelten in Österreich von der Mitte des 19. Jahrhunderts bis zur Gegenwart. Diese zeitliche Ausrichtung bezieht längere Entwicklungslinien mit ein. Chronologische Narrative werden mit thematischen Schwerpunkten verschränkt, die die Pluralität der österreichischen Gesellschaft spiegeln. So sollen etwa Geschichtsbilder, Identitätsdebatten und Geschlechterverhältnisse seit der Aufklärung nachgezeichnet werden. Historische Brüche, Widersprüche und Kontroversen sind ebenso zu berücksichtigen wie Kontinuitäten und Brücken zur Gegenwart. Wo wissenschaftliche Forschung und öffentliches Bewusstsein noch keinen Konsens über die Beurteilung historischer Ereignisse erreicht haben und es daher offene Fragen und kontroversielle Antworten gibt, werden diese dokumentiert.

Auftrag

Das HGÖ erfüllt die musealen Aufgaben, zu sammeln, zu bewahren, wissenschaftlich zu forschen und auszustellen. Für die Vermittlung werden unterschiedliche Formate genutzt: Neben Dauer- und Sonderausstellungen sind Veranstaltungen und Publikationen geplant. Besondere Aufmerksamkeit wird neuen Medien- und Kommunikationsformen gewidmet.

Kooperation

Das HGÖ wird mit bestehenden Institutionen aus allen Bereichen zusammenarbeiten. Damit wird ein dauerhaftes Netzwerk geschaffen, das neue Austausch- und Kooperationsmöglichkeiten eröffnet.

Standort

Das HGÖ wird in den historischen und symbolträchtigen Räumen der Neuen Burg in Wien eingerichtet. Die Einbeziehung von Teilen des Heldenplatzes, insbesondere des Äußeren Burgtores, ist zu realisieren. Damit wird die Geschichte des Heldenplatzes in das Darstellungskonzept einfließen.

Organisation

„Das HGÖ ist inhaltlich und finanziell unabhängig. Durch die Nähe zur ÖNB ergeben sich strukturelle Synergieeffekte".

Zum Unterschied von der durchwachsenen und gequälten, typisch österreichischen Verhinderungsdebatte berichten kritische internationale Medien, wie die Süddeutsche Zeitung[10], auf Seite 1 positiv überrascht, dass endlich im Ersten Bezirk Wiens, an einem zentralen und historisch aufgeladenen Ort, wie der Neuen Burg, ein historisches Museum errichtet wird und es nicht nur ein „Sisi-Museum" gibt. Dabei spielt der Mittel-Balkon Richtung Heldenplatz, der natürlich nicht nur mit der „Anschlusserklärung" Adolf Hitlers im März 1938 in Verbindung gebracht werden soll, eine wichtige Rolle. Übrigens ist es kein Balkon, sondern eine Altane, eine 240 m² große Aussichtsterrasse, die von der NS-Bildpropaganda durch Fokussierung auf die Figur Adolf Hitlers zum Balkon reduziert wurde. Hitler sollte nicht in diesem imperialen Bau untergehen, sondern überhöht dargestellt werden.

Er ist primär ein Ort mit einem der schönsten Blicke über die Topografie der Geschichte des langen 20. Jahrhunderts und darüber hinaus –

---

10   Süddeutsche Zeitung, 27. Feb. 2015, S. 1.

Blick von der Altane über dem Eingang zur Österreichischen Nationalbibliothek in der Neuen Burg am Heldenplatz.

über die Museen am Maria-Theresien-Platz (KHM und NHM), über Parlament, Rathaus, Universität, Burgtheater, Ballhausplatz bis zur Hofburg und weit hinaus Richtung Kahlenberg und Leopoldsberg – und steht als Artefakt für die Höhe- und Tiefpunkte der Geschichte Österreichs seit dem 19. Jahrhundert. Gerade dieser Ort, soll nicht – wie jetzt – gesperrt und kommentarlos, verhängt werden, sondern im Zentrum einer permanenten Interaktion zwischen Kunst und Geschichte stehen und auch als solcher musealisiert werden.

Heldenplatz und Balkon sind das globale Alleinstellungsmerkmal des HGÖ. Die Fotos von 1938 mit Adolf Hitler auf dem „Balkon" dominieren die internationale Bilderwelt. Aber sobald man auf der Altane steht, fällt der Blick auf das Parlamentsgebäude. Damit entstünde eine völlig neue Interaktionsachse, eine Demokratie-Achse, und damit die Chance einer intensi-

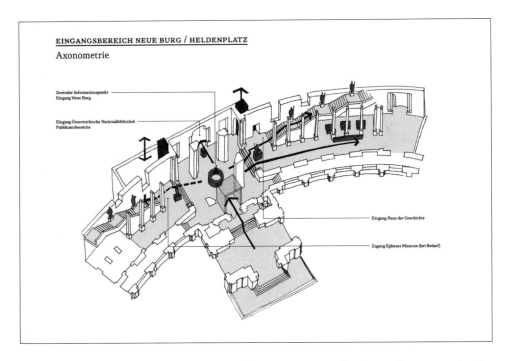

EINGANGSBEREICH NEUE BURG / HELDENPLATZ

Axonometrie

ven und höchst aktuellen Auseinandersetzung mit der komplexen und sehr schwierigen Entwicklung der parlamentarischen Demokratie in Österreich.

In der gesamten Diskussion über das HGÖ wird das wohl wichtigste Argument aber nicht angeschnitten. Empirische Studien in Deutschland[11] und Österreich[12], aber auch in Polen, Tschechien und Ungarn haben gezeigt, dass es einen direkten Zusammenhang zwischen hohen und aktiven Demokratieeinstellungen und einer offenen und kritischen Auseinandersetzung mit der eigenen nationalen Geschichte gibt. Es wäre vermessen und naiv zu glauben, dass (zeit)historische Ausstellungen und Museen allein den aktuell steigenden Trend in Richtung einer autoritären Führung durch einen

---

11 Vgl. dazu Schroeder, K./Deutz-Schroeder, M./Quasten, R./Schulze Heuling, D., *Später Sieg der Diktaturen? Zeitgeschichtliche Kenntnisse und Urteile von Jugendlichen*, Frankfurt/Main 2012.
12 Ogris, G./Rathkolb, O. (Hg.), *Authoritarianism, History and Democratic Dispositions in Austria, Czech Republic, Hungary and Poland*, Innsbruck 2010.

RAUMKONZEPT NEUE BURG INKL. CORPS DE LOGIS

Publikumsflächen der Hauptgeschosse (HP, MZ, 1. OG)
1. Obergeschoss (Beletage)

Legende	HP	MZ	1.OG	Gesamt
KHM-Museumsverband Publikumsbereiche	2.730 m²	- m²	- m²	2.730 m²
WMW Publikumsbereiche	840 m²	2.720 m²	- m²	3.560 m²
HJRK Publikumsbereiche	- m²	- m²	2.840 m²	2.840 m²
SAM Publikumsbereiche	- m²	970 m²	650 m²	1.620 m²
Ephesos Publikumsbereiche	100 m²	950 m²	- m²	1.050 m²
HGÖ Publikumsbereiche	790 m²¹	210 m²²	2.300 m²³	5.260 m²
				15.060 m²

ÖNB Publikumsbereiche
OSZE Flächen

1 – inkl. 210 m² Foyer
2 – inkl. 90 m² Zwischenpodeste und Hauptpodest
3 – ohne Balkon Heldenplatz 243 m², inkl. 340 m² Nebenflächen u. Anteil Prunkstiege
* – dazu kommen 500 m² Büroflächen

„starken Mann" auch in Österreich[13] verhindern können, aber sie sind ein wichtiger Bildungsfaktor, um hier aktiv und positiv gegenzusteuern – gerade auch in Zeiten großer Ängste und Auseinandersetzungen über Flüchtlinge und AsylantInnen. Auch erkennen jene die Gefahren des neuen politischen Autoritarismus durch Einschränkungen der bürgerlichen Freiheitsrechte eher, die einen klaren historischen Blick auf vergangene Diktaturen haben.

Aber gerade diese Öffnung, das Denken in neuen Strukturen, irritiert und stört viele. Selbst progressive Expertinnen und Experten wünschen sich zwar ein Haus der Geschichte, aber weg vom Zentrum an die Peripherie, um diesen Ort auch zu einem Interaktionsort mit jungen Menschen mit

13   29 Prozent finden, „man sollte einen starken Führer haben, der sich nicht um Parlament und Wahlen kümmern muss", so eines der Ergebnisse einer Umfrage unter über 1.000 Personen über 15 Jahre durch das Umfrageinstitut SORA und den Verfasser. http://www.faz.net/aktuell/politik/umfrage-in-oesterreich-fast-jeder-dritte-wuenscht-sich-einen-starken-fuehrer-12928097.html (aufgerufen am 24. Jänner 2016)

Migrationshintergrund zu machen (ähnlich wie dies beispielsweise mit dem sehr gelungenen Bau der Wiener Städtischen Büchereien) geschehen ist.

Übrigens hat eine weitere Institution an diesem Ort der Neuen Burg unter der Leitung von Generaldirektorin Johanna Rachinger seit 2001 bewiesen, wie „hip" eine Bibliothek in nur scheinbar verstaubten Räumen werden kann, und zahlreiche Maßnahmen gesetzt, um die ÖNB zu der beliebtesten Bibliothek unter den 17- bis 20-Jährigen zu machen, wie das Gerangel um Arbeitsplätze zu idealen Benutzungszeiten Tag für Tag zeigt: Auch hier gibt es keine Barriereangst, ganz im Gegenteil! Auch das Deutsche Historische Museum in Berlin, wo der Neubau von Aldo Rossi aus 1988 nicht umgesetzt wurde, sondern das Zeughaus plus Zubau und Überdachung adaptiert wurde, ist ebenso publikumsattraktiv wie das Jüdisches Museum Wien in einem alten innerstädtischen Palais etc.

Dekonstruktion von Geschichtsmythen

Wir haben uns im Beirat und auch in der Umsetzungsstrategie intensiv mit dem Zielpublikum und der Vermittlung auseinandergesetzt und sind uns bewusst, dass gerade in der Gegenwart und in den nächsten Jahrzehnten, in denen Österreich von einer „Zuwanderung-wider-Willen-Gesellschaft" zu einer Einwanderungsgesellschaft wird, diese Faktoren von zentraler Bedeutung sein werden. Daher ist ein derartiger Ort der Auseinandersetzung mit historischen Prägungen wichtiger denn je zuvor. Nicht als autoritäre Bildungsinstitution mit Frontalunterricht für Migrantinnen und Migranten, sondern als gemeinsames Interaktionsforum, das überdies stark durch Veranstaltungen und moderierte Debatten in den neuen Medien vertieft und verbreitert werden wird – für alle, die in Österreich leben.

Ein Blick in die letzte Ausgabe der „Zeit" genügt, um am Beispiel der Assoziationen von Flüchtlingen aus Syrien, dem Irak und Afghanistan zu einem Foto Adolf Hitlers zu zeigen, wie wichtig hier eine kritische zeitgeschichtliche Institution werden wird: Der positive Mythos Adolfs Hitler, den wir übrigens auch 1978 noch in vielen Umfragen in Österreich ebenso vorgefunden haben, muss ebenso dekonstruiert werden, wie auch zum Beispiel die Rolle der Religionen und die Stellung der Frau in unserer Gesellschaft historisch, kritisch aufgearbeitet werden wird.

Ziele der Vermittlungsarbeit sind daher,

eine positive Grundhaltung gegenüber Geschichte zu vermitteln, Interesse an historischen Fragestellungen und Themen, wie Freiheit, Menschenrechte, Minderheiten, Demokratie- und Republikgeschichte, zu wecken und dadurch das demokratische Bewusstsein und die kritische Auseinandersetzung mit diesen Themen und ihren Inhalten zu stärken, sind die Ziele der Vermittlungsarbeit.

Mehrstündige Vermittlungsprogramme im HGÖ werden ergebnisorientiert ausgerichtet sein, Kinder und Jugendliche sollen in Kleingruppen gemeinsam Themen und Inhalte erarbeiten und ihre Ergebnisse in virtueller oder haptischer Form (als Film- oder Tonbeitrag auf der Onlineplattform oder als Plakat, Collage, Zeitung etc.) aufbereiten und mitnehmen können.

Zeitgeschichte sammeln

Ein weiterer Diskussionspunkt zum Projekt „Haus der Geschichte Österreichs" ist das Fehlen einer Sammlung. Wie soll die Geschichte Österreichs ohne entsprechende Objekte überhaupt abgebildet werden? Wie in der Umsetzungsstrategie nachgelesen werden kann, ist sich der wissenschaftliche Beirat dieser Problematik wohl bewusst. Deshalb geht er auch – anders als noch im Konzept Haas/Lordeurop – davon aus, dass das Museum unbedingt eine eigene Sammlungstätigkeit entfalten muss, um nicht nur aus einem eigenen Fundus schöpfen zu können, sondern auch um den musealen Aufgaben „Sammeln, Bewahren, Erforschen und Vermitteln" gerecht zu werden und sich nach und nach zum „Gedächtnisspeicher" der jüngeren Geschichte Österreichs zu entwickeln. Eine zeitgeschichtliche, auf Gesamtösterreich bezogene Sammlung, ist ein großes Desiderat. Einerseits wird das HGÖ eine solche Sammlung auf Basis einer genauen Strategie aufbauen und kontinuierlich erweitern, ohne die Bestände bereits bestehender Institutionen zu duplizieren. Andererseits werden Objekte (Sachzeugnisse, Archivalien, Bild- und Tondokumente) durch Kooperationen mit diversen Landesinstitutionen, einschlägigen Museen, Archiven und Bibliotheken als Leihgaben organisiert werden. Wesentlich wird dabei die Fokussierung auf multiperspektivische Schlüsselobjekte sein.

Zusammenarbeit mit dem Weltmuseum

Das Weltmuseum hat rund 700 Quadratmeter Ausstellungsfläche verloren, dafür aber einen perfekten und sehr interessierten Partner im HGÖ für seine künftigen Aktivitäten nach 2018 gefunden. In diesem Sinne habe ich mit Direktor Steven Engelsman jüngst vereinbart, eine gemeinsame Arbeitsgruppe zu etablieren, um eine gemeinsame Sonderausstellung mit entsprechend intensivem Veranstaltungsprogramm und Internet-Interaktion zum Thema „Österreich und der Nahe Osten/Orient" (Arbeitstitel) zu entwickeln. Das wird nur der Anfang einer aus meiner Sicht intensiven Zusammenarbeit sein, die der internationale Beirat und ich begleiten werden. Diese und andere Zielvorgaben wird auch das voraussichtlich gegen Mitte 2016 nach einer öffentlichen Ausschreibung von der Trägerinstitution, der Österreichischen Nationalbibliothek, bestellte Team um eine erfahrene Museologin/um einen erfahrenen Museologen als Direktorin bzw. Direktor und ein engagiertes KuratorInnen- und VermittlerInnenteam samt Kommunikationsnetzwerk umsetzen.

Ein wichtiger Partner des HGÖ werden auch die Museen, Bibliotheken und Archive in den Bundesländern sein: Das Haus der Geschichte Österreichs will sich daher mittels Kooperationen und überregionalen Projekten klar positionieren und mit den Bundesländern zusammenarbeiten. Eine erste große gemeinsame Initiative des HGÖ und der Landesinstitutionen ist bereits seit Juni 2015 in Planung. Für das Jahr 2018 werden österreichweit Ausstellungen zu 1918 erarbeitet, die nicht nur die Republiksgründung, sondern das gesamte Jahr 1918 mit seinen verschiedenen Entwicklungen und Facetten beleuchten. Im Rahmen einer gemeinsam konzipierten mobilen Wanderausstellung sollen die unterschiedlichen Bundesländerperspektiven auf das Jahr 1918 in den Fokus gerückt werden. Zur Vertiefung der Thematik und der Präsentation unterschiedlicher Sichtweisen soll die mobile Wanderausstellung in den Bundesländern durch Kleinausstellungen mit Lokalbezug ergänzt werden. Ziel ist es, nicht nur die österreichischen Lebenserfahrungen des Jahres 1918 darzustellen, sondern auch jene der direkten Nachbarländer. Internationale KooperationspartnerInnen in den jeweiligen Nachbarregionen sollen daher in die Konzeption des Ausstellungsjahres miteinbezogen werden und ergänzende Perspektiven präsentieren.

Ein zweites Projekt, das der wissenschaftliche Beirat thematisiert hat, ist die Gestaltung der Erinnerung an den Jahrestag des „Anschlusses" Österreichs an das nationalsozialistische Deutschland am 12. März 1938 im Jahre 2018. Dies ist eine gesamtgesellschaftlich essentielle und auch international gesehen zentrale Aufgabe. Dazu kommt, dass der Heldenplatz des Jahres 2018 nicht der Heldenplatz des Jahres 1938 sein wird, da sich die Raumstruktur sehr ändern wird. Bis 2022 werden zwei Pavillons des Parlaments Richtung Volksgarten den Platz besiedeln. Aufgrund der Renovierung des Parlamentsgebäudes am Ring werden auch die Sitzungen von National- und Bundesrat im Konferenzzentrum der Hofburg abgehalten werden. Es liegt auf der Hand, mit zahlreichen anderen Institutionen und dem Parlament eine nachhaltige Auseinandersetzung mit diesem absoluten Tiefpunkt der Geschichte Österreichs im 20. Jahrhundert zu entwickeln. Bereits im März 2018 und nicht bei der geplanten Eröffnung am 12. November 2018 – zur Erinnerung an die Ausrufung der Republik „Deutsch-Österreich" – soll sich das Haus der Geschichte Österreichs als Katalysator von zahlreichen Bildungsinitiativen, Veranstaltungen und Aktivitäten bewähren. Zu Recht hat der Künstler Richard Kriesche (Jg. 1940), Vorsitzender des Alumnivereins der Akademie der bildenden Künste, Wien, gemeint: „Das ‚Haus der Geschichte' wäre gerade angesichts zunehmender Instabilität, Orientierungslosigkeit und Verunsicherung der prädestinierte Ort, den gesellschaftspolitisch hochbrisanten Bezugsrahmen zu bilden …, in dem unsere ‚historischen Fundamentaldaten' mit unserer Gegenwart stets aufs Neue verhandelt und abgeglichen werden."[14]

Kosten

Bereits in der ersten Sitzung im März 2015 hat der internationale wissenschaftliche Beirat angeregt, eine Steuerungsgruppe „Infrastrukturprojekte Neue Burg/Heldenplatz für die Umgestaltung des Heldenplatzes und der Neuen Burg" auf BeamtInnenebene einzusetzen, ein Vorschlag, den Bundesminister Ostermayer auch im Ministerrat eingebracht und durchgesetzt

---

14 http://derstandard.at/2000028856562/Ein-Haus-der-Geschichte-und-der-Zukunft (aufgerufen am 24. Jänner 2016).

hat. Nach vier Sitzungen wurde dem Ministerrat am 24. November 2015 ein offizieller Bericht zu Kosten, Zeitplan und Umsetzungsschritten für das Haus der Geschichte, den Bücherspeicher für die Österreichische Nationalbibliothek und die Universitäten, eine Tiefgarage und die Adaptierung des Äußeren Burgtors übergeben und veröffentlicht.[15] Im Folgenden werden die Ergebnisse dieser Arbeitsgruppe, in der auch die Umsetzungsstrategie präsentiert wurde, und die diesen Berechnungen zu Grunde liegenden genauen Kostenkalkulationen genannt: „Das HGÖ wird in der Neuen Burg eine Publikumsfläche im Ausmaß von 2.920 m² nutzen (2.260 m² im 1. Obergeschoß, 120 m² im Mezzanin und 540 m² im Hochparterre). Büroflächen und Manipulationsräume stehen zusätzlich in den Räumlichkeiten der ÖNB und in den Nebenräumen des 1. Obergeschosses der Neuen Burg zur Verfügung. Entgegen dem Ministerratsvortrag hat sich der Wissenschaftliche Beirat für den Aufbau einer eigenen Sammlung (ca. 300 m²) entschieden, die im Bücherspeicher untergebracht werden soll. Die Räumlichkeiten wären daher entsprechend für eine museale Nutzung zu adaptieren. Die dafür vorgesehenen Kosten sind in der Schwankungsbreite des Gesamtprojektes enthalten. Die Sammlung Alter Musikinstrumente (SAM) des KHM soll innerhalb der Neuen Burg neu positioniert werden. Der SAM werden in Hinkunft insgesamt 1.620 m² Publikumsfläche zur Verfügung stehen, davon 650 m² im 1. Obergeschoß und 970 m² im Mezzanin".[16]

Projektkosten Bücherspeicher/Tiefgarage	€ 47,0 Mio.
Umfeld Bücherspeicher/Tiefgarage	€ 10,0 Mio.
Kostengruppe 1–9	€ 57,0 Mio.
Haus der Geschichte	€ 10,0 Mio.
Ausstattung	€ 9,3 Mio.
Kostengruppe 1–9	€ 19,3 Mio.
KHM-Sammlung	€ 4,0 Mio.
Ausstattung	€ 4,1 Mio.
Kostengruppe 2–7	€ 8,1 Mio.

15   https://www.bka.gv.at/DocView.axd?CobId=61419 (aufgerufen am 24. Jänner 2016).
16   Ibid., S. 3.

Manipulation KHM	€ 0,4 Mio.
Projektkoordination BHÖ	€ 0,25 Mio.
€ 85,05 Mio. Div. noch nicht kalkulierbar	
Weitere Kosten wie Brandschutz, Feuerwehraufzüge,	
Stiegenumbauten	€ 21,3 Mio.
Äußeres Burgtor 1. Etappe	€ 5 Mio.
GESAMT	€ 111,35 Mio.

Wie immer bei derartigen Projekten wurde fälschlicherweise immer wieder in der medialen und politischen Berichterstattung der Gesamtbetrag dem HGÖ zurechnet, was leicht mit der obigen Aufstellung hätte widerlegt werden können. Es ist davon auszugehen, dass in der Vorbereitung der parlamentarischen Debatte über die Novellierung des Bundesmuseengesetzes[17], wodurch die Österreichische Nationalbibliothek die Kompetenz zur Führung eines Hauses der Geschichte Österreichs bekommen soll, die Kostendebatte wieder auf den Boden der Realität geholt werden wird. Der Gesetzesentwurf wurde vom Bundeskanzleramt erstellt, das Begutachtungsverfahren dauerte von 23. Dezember 2015 bis 17. Jänner 2016.

Zentrale Themen aus der Sicht des internationalen wissenschaftlichen Beirats sind die Eigenständigkeit und Unabhängigkeit der Direktion für den kuratorischen Bereich mit einem eigenen Budget im Rahmen der ÖNB sowie ein Publikumsbeirat. Damit wird auch Neuland beschritten, da es im Bundesmuseengesetz keine derartigen Regelungen für andere Museen in Österreich gibt.

Dem internationalen wissenschaftlichen Beirat ist es wichtig, dass sich das HGÖ als außerschulischer Lernort entwickelt:

Hauptzielgruppe des HGÖ sind BesucherInnen unter 19 Jahren (Fokus 10–16 und 16–19, aber auch 6–10). Vorzusehen sind Vermittlungsprogramme mit interaktiven Führungen und Workshops für Kinder und Jugendliche. VermittlungsexpertInnen sollen sofort in die Kuratierung, aber auch in die digitale Interaktionsplattform und die Entwicklung der Multimediageräte/Tablets integriert werden.

---

17 https://www.parlament.gv.at/PAKT/VHG/XXV/ME/ME_00177/index.shtml.

Ein Blick in die Schulstatistiken genügt, um zu dokumentieren, dass nicht nur in Wien, sondern auch in ganz Österreich, die deutlich steigenden Zahlen von Schülerinnen und Schülern mit Migrationshintergrund, die Notwendigkeit der Neuausrichtung von Museen unterstreichen. Das historisch-kulturelle Wissen muss neu kontextualisiert und strukturiert werden, weil es nicht mehr Teil des regionalen Familiengedächtnisses ist: „Im Schuljahr 2013/14 sprachen 21 % aller Schüler/innen eine andere Umgangssprache als Deutsch, 2011/12 waren es noch 19 %. Auch in absoluten Zahlen besuchen immer mehr Kinder und Jugendliche mit nicht-deutscher Umgangssprache österreichische Schulen"[18], bei insgesamt sinkenden SchülerInnenzahlen.

Es würde den Rahmen des Beitrags sprengen, wenn im Folgenden die einzelnen inhaltlichen Bereiche, die als Basis der konkreten Kuratierung der Dauerausstellung dienen sollen, genau beschrieben werden. Daher folgt hier nur eine inhaltliche Skizze, alle Leitlinien und Empfehlungen für die Kuratierung sind in der Gesamtversion der Umsetzungsstrategie[19] thematisiert:

Inhaltliche Skizze
Ouvertüre
* Who are „the" Austrians? Woher kommen die ÖsterreicherInnen?
* „Identity" and Symbols/„Identitäten" und Symbole unter besonderer Berücksichtigung der historischen Entwicklungen in den heutigen Bundesländern

Längsschnittsthemen
* Entwicklung der parlamentarischen Demokratie und ihrer Bruchlinien;
* Kriege, Gewalterfahrungen und Friedensbewegungen;

---

18 Österreichischer Integrationsfonds (Hg.), *Fact Sheet 18: Migration und Bildung*, Wien Sept. 2015, file:///C:/Users/user/Desktop/Downloads/Fact_Sheet_18_Migration_und_Bildung. pdf, 4 (aufgerufen am 24. Jänner 2016).
19 https://www.bka.gv.at/DocView.axd?CobId=60404 (abgerufen am 23. Jänner 2016).

- ÖsterreicherInnen im Holocaust und in der nationalsozialistischen Verfolgungs- und Vernichtungspolitik – Opfer und TäterInnen.

Perspektiven
- Migration als Triebfeder und Konfliktpunkt;
- Medien und Kommunikation im öffentlichen Raum;
- zwischen Innovation, Krisen, Zerstörung und nachhaltigem Wachstum;
- Kunst, Kultur und Wissenschaft von der ersten zur zweiten Moderne;
- internationale Politik und Transfers anders gesehen;
- permanente Verhandlung der sozialen Frage;
- österreichische Erinnerungsorte – HeldInnen, Mythen, Schlüsselereignisse und ihre „Leerstellen";
- Zukunftsutopien von der Mitte des 19. Jahrhunderts bis in die Gegenwart – Andockmöglichkeit ans „Haus der Zukunft".

Es ist auffallend, dass auch in Österreichs Medien ein Boom historischer Jahrestage – mit zuvor nie dagewesener Vor- und Nachberichterstattung – entsteht. Zuletzt hat sich dies im Zusammenhang mit der intensiven und langfristigen Berichterstattung über den 100. Jahrestag des Beginns des Ersten Weltkrieges gezeigt, die weit über die neuen zeithistorischen Erkenntnisse in Fernsehdokumentationen, Publikationen und Ausstellungen hinausgegangen ist.

„History sells" soll die Marketinganalyse sein, aber dahinter steckt in einer scheinbar an Geschichte desinteressierten Gesellschaft eine tiefsitzende Sehnsucht nach Geschichte, die als eine Art Orientierungswissen das Leben und Überleben in einer höchst unsicheren und chaotischen Gegenwart mitten in den Turbulenzen von Globalisierung und Europäischer Integration leichter machen soll. Je schrecklicher und furchtbarer die längst vergangene Epoche war, umso größer ist das Interesse des Publikums, denn im Vergleich dazu sieht die Gegenwart trotz aller Probleme schon wieder deutlich besser aus.

Ein Versuch einer Antwort auf diese Vorgänge geht in die Richtung, dass rasante gesellschaftliche Entwicklungen die Menschen überfordern und zur Beruhigung die Suche nach sicheren historischen Artefakten und Beispielen fördern. Dies war schon in der ersten Globalisierung ab 1850/70 bis 1914 zu beobachten, als die ersten großen Nationalmuseen, Nationalopern und Nationaltheater boomten.

Vor 1914 sprach man gerne auch von einem „nervösen Zeitalter", so intensiv war die Belastung für die Psyche der Menschen in dieser Zeit, geprägt durch industriellen Boom, Explosion der städtischen Zentren durch massive Binnenmigration und Auswanderungswellen. Ist es heute anders?

Diese Sehnsucht nach der scheinbar sicheren historischen Vergangenheit fördert die Rückkehr der starken regionalen Identitäten, die im Falle Österreichs in den Bundesländern deutlich älter sind als die relativ junge kleinstaatliche Identität der Zweiten Republik.

Aber soll ein Haus der Geschichte Österreichs diesem massiven Trend nach scheinbar gesichertem, historischem Orientierungswissen entsprechen? Die wohl derzeit produktivste und international renommierteste Erinnerungsforscherin, Aleida Assmann, Universität Konstanz, die auch Mitglied des internationalen wissenschaftlichen Beirats ist, hat 2015 in einem Vortrag eine überzeugende Antwort gegeben: Ein Haus der Geschichte Österreichs kann und wird keine „Identitäts-Fabrik" werden, in der von oben herab die österreichische Geschichtserinnerung und die historische Auseinandersetzung diktiert werden, wie dies nationale Museen vor 1914 machen sollten. Das Haus der Geschichte wird vielmehr ein Ort sein, wo Geschichten verhandelt und diskutiert werden.[20]

Das HGÖ wird ein interaktives Museum sowie Diskussions- und Vermittlungszentrum, aber kein neues „Kronprinzenwerk von und für HistorikerInnen". Zentral für die Konzeption des HGÖ sind dabei als Vorgabe Parameter für ein zukunftsgerichtetes Museum wie sie der Museumsexperte und ehemalige Vize-Direktor der Britischen Museums Association, Maurice Davis, in einem Vortrag beim ICOM Seminar „Museums for a sustainable society – MUSEUM.GESELLSCHAFT.ZUKUNFT" am 8. Mai 2015 im Naturhistorischen Museum in Wien präsentiert hat:

---

20 „Erinnerungskultur als politische Bildung" Festvortrag von Prof. Dr. Dr. h.c. Aleida Assmann, anlässlich der Jahresversammlung des Dokumentationsarchivs des österreichischen Widerstandes im Bundeskanzleramt, 8. April 2015 (Mitschrift des Verfassers).

- Schlanke Lösung mit Katalysator- und Synergieeffekten als Teil der Österreichischen Nationalbibliothek;
- „Useful for Society" (58 % und mehr Zustimmung für das HGÖ und Forum Zeitgeschichte und Sonderausstellungen in einer Meinungsumfrage);
- Interaktion mit der Gesellschaft;
- Diversität und Pluralität nach innen und außen;
- Diskussionsort für die Gegenwart und Zukunft;
- Kooperationsdrehscheibe auch hinsichtlich der Sammeltätigkeit;
- permanente Interaktionsplattform mit BesucherInnen.

Aus meiner Sicht kann diese Auseinandersetzung mit zentralen Themen und Entwicklungen sowie Persönlichkeiten der Geschichte im 19. und 20. Jahrhundert nicht auf das heutige Staatsgebiet beschränkt werden. Die zentraleuropäische und internationale Dimension unserer historischen Entwicklung auf dem heutigen Staatsgebiet Österreichs muss ebenso auf derselben Augenhöhe Berücksichtigung finden wie die Perspektive der Bundesländer und die Perspektive von außen. In diesem Sinne ist die Hausmetapher geeignet, wenn es ein offenes, anspruchsvolles Gebäude ist, um mehrfache historische Grenzüberschreitungen nach innen und außen vorzunehmen. Dazu gehören die dunklen und schrecklichen Dekaden österreichischer Geschichte, und deren gibt es nicht nur im 20. Jahrhundert bis 1945 mehr als genug. Aber auch kulturelle Entwicklungen, die eine wichtige Orientierung, auch durch die heftigen Identitätskonflikte seit dem späten 19. Jahrhundert bis 1945 bieten, sind ein wesentlicher Analyse- und Darstellungsbereich. Daher ist die Wahl der Neuen Burg in Wien eine einmalige Chance und große Herausforderung, um in der Auseinandersetzung mit diesem historischen und imperialen Gebäude aus der Endphase der Habsburgermonarchie und mit der Geschichte des Heldenplatzes als Erinnerungsort einen differenzierteren, aber gleichzeitig breiteren Blick auf österreichische Geschichte zu entwickeln.

Gerade heute, wo es eine neuerliche heftige Auseinandersetzung um das Entstehen von Einwanderungsgesellschaften in ganz Europa gibt, ist ein derartiger historischer Begegnungs- und Reflexionsort höchst notwendig. Hier hat es gerade in der Reflexion über den Ersten Weltkrieg großartige und wichtige Projekte gegeben, die internationalen Vorbildcharakter haben und beweisen, wie wichtig eine gemeinsame Auseinandersetzung auch getrennter Geschichtsbilder für die gegenwärtigen Gesellschaften ist. Nachhaltig können dadurch aggressive und politisch zu instrumentalisierende Mythen und historische Vorurteile dekonstruiert werden. Ein für den Schulunterricht approbiertes deutsch-französisches Geschichtsbuch ist ein weiteres höchst positives Beispiel.

Erst wenn es jenen Menschen, die im heutigen Österreich leben, gelingt, im Kopf die traditionellen räumlichen und inhaltlichen „Grenzen" des überlieferten Geschichtsbewusstseins aufzuheben, wird ein Haus der Geschichte helfen, Orientierungswissen für die künftige Entwicklung zu liefern. Damit soll keineswegs die nationale historische Erfahrung des heutigen Österreichs verdrängt oder unterdrückt werden, sondern sie wird durch die Auseinandersetzung mit unterschiedlichen Geschichtsbildern und historischen Erzählungen neu verdichtet.

Nur so werden wir auch in der Zukunft mit den komplexen Herausforderungen der zweiten Globalisierung fertigwerden, die unsere Lebenswelt teilweise völlig auf den Kopf stellt. Ein kritisches historisches Bewusstsein für derartig verflochtene kulturelle, ökonomische und politische Entwicklungen, die Österreich im 19. und 20. Jahrhundert vielfach geprägt, aber auch radikal getrennt haben, bietet die Basis, um die laufenden Neuverhandlungen multipler Identitäten in den Bundesländern, in Österreich und in Europa im globalen Kontext zu bewältigen. Dazu gehört überdies eine positive Auseinandersetzung mit unserer demokratischen Entwicklung und den unverrückbaren Menschenrechten, die auch Teil der historischen Erfahrungen sind. Gleichzeitig kann dadurch die Rückkehr von ausgrenzenden und letztlich zerstörerischen radikal-nationalistischen Trends, in denen ausgrenzende Geschichtsbilder politisch instrumentalisiert werden, im Rahmen der Möglichkeiten verhindert werden.

HARALD MAHRER

Platz für Zukunft

Warum ein Haus der Zukunft ein notwendiges Komplement zu Häusern der Geschichte ist

Die Vergangenheit hat Konjunktur in Österreich – und das nicht nur aus touristischen Gründen. Die langjährige, komplexe und komplizierte Debatte über ein österreichisches Haus der Geschichte im Sinn eines österreichischen Nationalmuseums findet mit den derzeitigen Umsetzungsbemühungen einen vorläufigen Schlusspunkt. Von der Realisierung des vorliegenden Konzepts wird abhängen, welchen Stellenwert ein solches Museum in der heimischen Kultur- und Identitätslandschaft einnehmen und welche Relevanz es für Österreich entwickeln kann.

Vielversprechend sind auch die konzeptuellen Arbeiten für ein Haus der Geschichte Niederösterreich, die sich am Motiv des Kernlands im österreichischen und zentraleuropäischen Kontext orientieren. Im Haus der Geschichte Niederösterreich im heutigen Landesmuseum soll erklärtermaßen ein völlig neuer Raum entstehen, in dem Geschichte veranschaulicht, diskutiert und lebendig vermittelt wird. Aufbereitet wird die Geschichte dabei in Längsschnittthemen, etwa zu den Bereichen Donau oder Grenze.

Geschichte der Ideen

Häuser der Geschichte dienen nicht nur der historischen Selbstvergewisserung, sie erfüllen einen kulturellen und demokratiepolitischen Bildungsauftrag. Es muss daher ein wichtiges Anliegen sein, die ideengeschichtlichen Strömungen, die unsere Geschichte und unsere Entwicklung geprägt haben und die heute noch von hoher Relevanz sind, in diesen Häusern der Geschichte spürbar und verstehbar zu machen.

Das gilt vor allem für das Erbe der Aufklärung und die Ideen der bürgerlichen Revolution von 1848. Sie sind Grundlage für unser Modell der liberalen Demokratie und für unser Verständnis von Menschenrechten. Konrad Paul Liessmann hat darauf hingewiesen, wer das Copyright für diese Ideen trägt: „Die Idee der Menschenrechte ist eine zutiefst bürgerliche Idee gewesen. Es war das Bürgertum als sozialer Stand, das sich während der Französischen Revolution als Nation konstituiert und die allgemeinen Menschenrechte erklärt hat: Menschenrechte als Bürgerrechte im doppelten Sinn des Wortes. Unsere Konzeption von Rechtsstaatlichkeit, unsere Konzeption von ökonomischer und politischer Freiheit inklusive der gegenwärtig wieder heiß diskutierten Frage der Religionsfreiheit geht auf diese Initiativen des Bürgertums zurück. Das heißt, das Bürgertum war in einer Art und Weise politisch erfolgreich, dass es unser Leben in einer Art und Weise prägt, die man nicht unmittelbar mit dem Bürgertum als jetzt sozialer und politischer Einheit identifiziert. Diese Ideen sind universelle Selbstverständlichkeiten geworden. Wie auch die Idee der Universalisierung, die Idee, dass Rechte unteilbar sind, die Idee, dass Freiheit unteilbar ist, zu diesen Grundideen gehört haben.“[1]

Freiheit und Bürgerrechte für die Zukunft

Jedes Haus der Geschichte in Österreich muss vor diesem Hintergrund stets auch ein Haus der Auseinandersetzung mit der Geschichte der Freiheit und ihres Schutzes durch Bürgerrechte sein. Diesen Auftrag gibt uns auch die Demokratietheorie mit. „Zu lange und zu laut wurde verkündet, die

---

1   Rede von Konrad Paul Liessmann beim Bundesparteitag der ÖVP am 13.5.2015.

politische und die liberale Auffassung der Freiheit seien veraltet", schreibt etwa Giovanni Sartori.[2] Er argumentiert: „Auf die Frage, ob man nach vielen Freiheiten streben soll, antworte ich: ja, natürlich; doch auf die Frage, ob es neben der liberalen eine andere politische Freiheit gibt, antworte ich: Die sogenannten sozialen und wirtschaftlichen Freiheiten setzen die liberale Methode zur Bändigung von Macht voraus."

Das Ringen um bürgerliche Rechte und Freiheit *vom Staat*, um Eigenständigkeit und Selbstbestimmung hat nicht nur Österreichs Geschichte geprägt, es wird auch maßgeblich seine Zukunft prägen. Davon können und müssen wir auch heute ausgehen. Die Kontexte dieser Entwicklung unterscheiden sich freilich grundlegend von jenen, die wir aus der Geschichte kennen. Ein aktuelles Beispiel dafür sind die Dynamiken der Digitalisierung. Ubiquitäre digitale Infrastrukturen und Dienstleistungen verändern Staat, Wirtschaft, Gesellschaft, Politik und unser gesamtes Leben. Wir stehen mit der Digitalisierung nicht am Ende, sondern am Anfang einer Entwicklung. Wie wir den digitalen Wandel im Sinn unserer liberalen Demokratie nutzen und gestalten können, ist noch offen und jedenfalls alles andere als ausgemacht.

Droht uns die totale Überwachungsgesellschaft, in der Jeremy Benthams totalitäres Gefängniskonzept „Panopticon" ein digitales *Update* erfährt? Die Angst vor dem „gläsernen Bürger" in der digitalen Gesellschaft ist berechtigt. Die digitale Technik macht Gegenstände, Zustände, Prozesse und menschliche Eigenschaften umfassend mess- und quantifizierbar. Wer aller Zugang zu diesen Daten hat, ist nicht immer sicher. Der Datenschutz-Experte Peter Schaar plädiert für mehr politischen Gestaltungswillen gegenüber der Digitalisierung.[3] Er argumentiert, dass den dank digitaler Technik möglichen neuen Produkten, neuen Geschäftsmodellen und Erkenntnissen erhebliche Einschränkungen der Privatsphäre, mehr Überwachung und der Verlust alter Gewissheiten gegenüberstehen. Privatsphäre und Selbstbestimmung – wichtige bürgerliche Errungenschaften – sind nicht zum Nulltarif zu haben.

---

2 Sartori, G., *Demokratietheorie*, Primus Verlag.
3 Schaar, P., *Das digitale Wir. Unser Weg in die transparente Gesellschaft*, Edition Körber-Stiftung.

Den mit der Digitalisierung verbundenen Gefahren und Befürchtungen stehen freilich erhebliche Chancen gegenüber. Wie gelingt es uns, die Digitalisierung zu einer Triebkraft für mehr Freiheit und Partizipation zu machen? Es steht schließlich außer Frage, dass die Digitalisierung nicht nur für wirtschaftliches Handeln neue Möglichkeitsräume eröffnet, die für den Bestand unseres europäischen Gesellschaftsmodells unverzichtbar sind. Die Digitalisierung erhöht die demokratiepolitischen, partizipatorischen und somit emanzipatorischen Handlungsspielräume für Bürgerinnen und Bürger. Die Idee der repräsentativen Demokratie unter den Bedingungen einer digitalen Kultur weiterzuentwickeln, ist wohl eine der größten Herausforderungen für Politik und Gesellschaft der nächsten Jahre und Jahrzehnte.

Die Digitalisierung ist jedoch nur ein Beispiel für grundlegende Veränderungen in unserer Gesellschaft, die unsere Zukunft maßgeblich beeinflussen und bei denen erheblicher Gestaltungsbedarf besteht, damit wir unsere Zukunft nicht nur aus der Zuschauerperspektive verfolgen können. Migration, Demografie, Wertewandel und Kultur sind weitere Handlungsfelder, die weitreichende und tiefgehende öffentliche Diskussionen und Meinungsbildungsprozesse nötig machen werden.

Zukunft verhandeln

Ich bin fest davon überzeugt: Wir brauchen Foren und Orte, an denen wir den Diskurs über derartige Zukunftsthemen verdichten können. Orte, die frei von Logiken der Parteipolitik, von Partikularinteressen, von institutionellen Strukturen und anderen vermeintlichen Gesetzmäßigkeiten öffentlicher Debatten sind. Wir brauchen Orte, an denen eine Zusammenschau dessen möglich ist, was unsere Zukunft bestimmt. Mit einem Wort: Orte, an denen wir unsere Zukunft im freien Wettbewerb der Ideen verhandeln.

Wir haben in Österreich keinen solchen Ort, der ausschließlich der Zukunft gewidmet ist. Es gibt keinen physischen Platz, keinen öffentlichen Raum der direkten, freien und offenen gesellschaftlichen Selbstverständigung über unsere Zukunft. Wir haben kein Format, in dem Bürger, Experten, Visionäre ihre Vorstellungen von Zukunft artikulieren und austauschen können. Wo die Antworten auf die entscheidenden Fragen diskutiert werden: Wie wir leben wollen. Wer wir – in Europa, in der Welt – sein wollen. Was wir künftig bewegen wollen und auch bewegen müssen.

Genau das ist heute wichtiger denn je. Wir leben in einer Welt, in der vieles unsicher und im Fluss ist. Traditionelle Narrative haben an Bedeutung verloren, sie sind brüchig geworden. Die Logik des „weiter so wie bisher" gilt nicht mehr. Das traditionelle „Steigerungsspiel" (Gerhard Schulze) ist ausgespielt. Wir wissen, was die falschen Antworten auf die Herausforderungen der Zukunft sind: linke und rechte Retro-Politik, die im Gestern lebt und das Gestern engstirnig und populistisch verteidigt – und uns damit immer mehr von der Zukunft abschottet. Neue Antworten müssen wir vielfach erst dialogisch entwickeln, erproben, erarbeiten. In dieser Situation kommt es – nicht nur mit Blick auf den fundamentalen Wandel durch die Digitalisierung – auf unsere Gestaltungskraft, auf unsere Innovationskraft und letztlich auf unseren Mut zur Zukunft an.

Begegnungszone mit der Zukunft

Das war mein Motiv, im Sommer 2015 ein Haus der Zukunft anzuregen. Meine Vision: Das Haus der Zukunft soll ein Ort sein, der dem gesellschaftlichen Dialog über die Zukunft gewidmet ist. Das Haus der Zukunft ist kein Museum, in dem künftig (technisch) Mögliches ausgestellt wird. Es versteht sich vielmehr als Format für Ideen, Impulse und Debatten über Themen, die für unsere Zukunft relevant sind. Das Haus der Zukunft soll eine Mischung aus Agora und Bibliothek der Ideen, aus Präsentations- und Interaktionsfläche sein. Es soll ein *Future's Corner* mitten in der Stadt sein. Eine Begegnungszone, die wir wirklich brauchen: eine Begegnungszone mit der Zukunft.

Das Haus der Zukunft ist offen für alle Initiativen und Projekte im Namen der Zukunft, egal ob für Future Hearings mit Experten, Politikern oder Künstlern, für zivilgesellschaftliche Bürgerforen über zukunftsrelevante Themen, für Präsentationen von Zukunftsprojekten für Österreich und Europa oder für Schwerpunktwochen zu bestimmten Zukunftsthemen und Zukunftsbildung. Das Haus der Zukunft, so die Vision, soll im öffentlichen Raum einen einzigartigen Rahmen für zukunftsorientierte Diskussion, Interaktion und Partizipation möglich machen.

Die Nachfrage nach einem solchen Ort ist hoch: Dies zeigt sich auch daran, in welchem Ausmaß von welchen Persönlichkeiten des wissenschaftlichen, kulturellen und politischen Lebens im Land dieser Vorschlag für ein Haus der Zukunft unterstützt wurde und wird.

„Link" zur Zukunft

Die Unterstützung gilt auch dem vorgeschlagenen Ort, dem Wiener Heldenplatz. Eine städtebauliche Intervention am Heldenplatz in Form eines Hauses der Zukunft wäre, rund 150 Jahre nach dem Beginn des Baus der Ringstraße, nicht nur eine Signatur unserer Zeit. Ein derartiges Zukunftsprojekt in der Nähe von Parlament und Regierungssitz soll auch Symbol für eine neuartige Zugangsweise zum Verhältnis zwischen Bürgerinnen und Bürgern und der Politik sein. Das Haus der Zukunft soll einen Ort markieren, an dem ein neues demokratiepolitisches Verständnis zum Ausdruck kommt – ein *Open Access Thinktank*, ein Ort, an dem neue Ideen entwickelt werden und ein aktiver Dialog zwischen Politik und Gesellschaft stattfindet.

Mit einem Haus der Zukunft im Anschluss an das Burgtor besteht zudem die einmalige Chance, das geschichtlich gewachsene Gesamtensemble rund um den Heldenplatz weiterzuentwickeln und einen Impuls zur Integration dieser einzigartigen kulturellen und geistigen Archivlandschaft vor Ort zu geben. Diese soll, zusammengefasst im größten Kulturquartier Europas, die Verständigung über Österreichs und Europas Zukunft beleben und befeuern. Sie soll unsere gemeinsamen Quellen und damit das kulturell-geistige Wertefundament deutlich machen, von dem aus wir in Richtung Zukunft aufbrechen. Das Haus der Zukunft soll einen bewussten Schlussstein am Heldenplatz bilden, als Schnittfläche und „Link" dieser Archiv- und Wertelandschaft zur Zukunft.

Zukunft braucht Vernunft

Ein Haus der Zukunft, wie ich es verstehe, soll in seiner Programmatik schließlich zwei komplementäre Prinzipien integrieren, die für unsere Zukunft in jeder Hinsicht entscheidend sind: Vernunft und Mut. Sie sind in einer zukunftsorientierten Gesellschaft die Seiten der gleichen Medaille.

Der aufklärerische Wahlspruch „Habe Mut, dich deines eigenen Verstandes zu bedienen", ist in einer Zeit des wachsenden Populismus, aber auch religiös verbrämter, kultureller Zumutungen aktueller denn je. Die Erscheinungsformen des Populismus in der Politik sind vielfältig – und eine Hypothek für die Zukunft. Das Bemühen, Wirklichkeit zu erkennen und richtig einzuschätzen, ist eine Grundbedingung für vernünftiges politisches Denken und Handeln, und damit für die Bewältigung der Zukunft. Eine vernunftgeleitete, an der Wirklichkeit interessierte Sicht der Dinge ist in Gesellschaft und Politik wichtiger denn je. Denn es geht darum, das Richtige zu tun. Und nicht bloß das Opportune, das Populäre, das mit dem geringsten Einsatz Verbundene. Das können und dürfen wir uns mit Blick auf die materiellen und ideellen Grundlagen unseres Gemeinwesens nicht mehr leisten.

Vernunftgeleitete Politik ist in unterschiedlichsten Handlungsfeldern notwendig, etwa mit Blick auf die Steigerung unserer Innovationskraft oder die Nachhaltigkeit unserer sozialen Sicherungssysteme. Wir müssen eine intensivere Partnerschaft mit Wissenschaft und Forschung eingehen, damit wir jene Herausforderungen, die noch nicht so klar konturiert sind, richtig abschätzen und rechtzeitig anpacken können. In diesem Bereich liegen auch enorme Chancen für die Wissenschaft, an Wirkmacht zu gewinnen.

Der Stellenwert von Vernunft und Freiheit wird aber auch durch religiös und kulturell verbrämten Fundamentalismus und Radikalismus gefährdet, auf den wir nicht mit unzulässigen Einschränkungen unserer Freiheit reagieren dürfen. Umso wichtiger ist es, das geistig-kulturelle Projekt der Aufklärung weiterzuentwickeln. Unsere Kultur der Freiheit ist keine Selbstverständlichkeit, sondern Ergebnis eines jahrhundertelangen Emanzipationsprozesses von einstmals kollektiv verbindlichen, religiösen Vorstellungen. Die Trennung von religiöser und politischer Macht, von Kirche und Staat ist eine historische Errungenschaft, hinter die es kein Zurück geben kann, wenn wir unsere Kultur der Freiheit nicht aufs Spiel setzen wollen. „Der Aufklärung und ihrer Kritik verdanken wir den technischen, wissenschaftlichen, sozialen und kulturellen Fortschritt, der Moderne den Kapitalismus und die Demokratie. Es war ein Emanzipationsprozess für den Einzelnen wie für die Gesellschaft, der in ständiger Transformation gründete (…) Auch wenn die Geschichte gezeichnet ist von Katastrophen und Rückfällen in die Barbarei, konnte dieser fortschreitende Prozess der Befreiung von niemandem aufgehalten werden", schreibt die Freiheitsforscherin Ulrike Ackermann.

Zukunft braucht Mut

Die Auseinandersetzung mit Zukunft erfordert aber nicht nur das Bekenntnis zur Vernunft, sondern auch Mut. Es geht um den Mut, sich seines eigenen Verstandes zu bedienen, wie es nach Immanuel Kant den „mündigen Bürger" auszeichnet, und es geht um den Mut, sich als Bürgerin und Bürger wieder mehr in die Dinge einzumischen, die einen angehen. Darauf basiert die Idee der modernen Bürgergesellschaft.

Ein Haus der Zukunft kann einen wichtigen Beitrag liefern, um die Bürgergesellschaft zum Blühen zu bringen. Der Schlüssel dafür ist mehr Mut zur Partizipation. Das gilt für das politische System wie für die Bürgerinnen und Bürger selbst. Partizipation fördert den Mut der Gesellschaft zu Veränderung und Weiterentwicklung. Wer eingebunden wird, übernimmt Verantwortung. Wer Verantwortung wahrnimmt, realisiert verstärkt den bestehenden Veränderungs- und Reformbedarf – und setzt sich dafür ein, dass sich die Dinge in die richtige Richtung entwickeln.

Zur mutigen Bürgergesellschaft gehört untrennbar auch ein Kulturverständnis, das Kultur als individuellen Veränderungswillen versteht, der sich mit anderen verbindet, um Lösungen, Wege, Ansichten zu erproben, zu verknüpfen und zu verwerfen. Kultur fördert unsere Kompetenz zur Veränderung. Sie ermuntert uns zum Ausprobieren neuer Wege. Sie macht uns offen für das Neue und Innovative. Sie macht uns mutig. Das Haus der Zukunft fordert und fördert als öffentlich sichtbarer und zugänglicher Raum jedenfalls mehr Mut und Engagement der Bürgerinnen und Bürger. Weil Zukunft nicht von Zuschauen kommt, sondern Gestaltung verlangt.

Vergangenheit ist nicht genug

Die nächsten Jahre sind entscheidend für Österreichs Zukunft. Wir haben lange über unsere Verhältnisse gelebt. Wir müssen uns an die Herausforderungen der Zukunft besser anpassen, um unsere Zukunft nach unseren Vorstellungen gestalten zu können. Unbestritten ist es mit Blick auf die Zukunft wichtig, Rechenschaft gegenüber unserer Geschichte zu legen und uns unter Nutzung historischer Expertise darauf zu verständigen, was uns zu dem gemacht hat, was wir heute sind.

Noch wichtiger wird es sein, unsere Verantwortung gegenüber der Zukunft wahrzunehmen. Nur so werden wir die Erfolgsgeschichte von Freiheit und Bürgerrechten, von Vernunft und Selbstbestimmung fortschreiben können. In diesem Sinn gilt: Die Vergangenheit ist nicht genug. Die Zukunft braucht ihren sichtbaren Platz in Österreich. Das Haus der Zukunft soll dafür ein erster Schritt sein: im Herzen der Republik, im Herzen Europas am Wiener Heldenplatz.

HELMUT WOHNOUT

Alois Mock – ein Visionär der österreichischen Politik

2015 jährte sich zum zwanzigsten Mal der Beitritt Österreichs zur Europäischen Union. Er ist untrennbar verbunden mit der Politik Alois Mocks. Seit den späten 1980er-Jahren war Mock die treibende Kraft hinter den österreichischen Integrationsbestrebungen. Während der welthistorischen Umbrüche des Jahres 1989 schrieb er mit dem Durchschneiden des Grenzzauns zu Ungarn – einer bildlichen Ikone des Endes des bipolaren Mächtesystems – Geschichte. Alois Mock blickte zu diesem Zeitpunkt schon auf eine lange politische Karriere zurück. 1969–1970 Unterrichtsminister, wurde er 1979 ÖVP-Obmann und führte seine Partei 1987 als Vizekanzler wieder in die Regierung zurück. Er blieb bis 1989 Vizekanzler und bis 1995 Außenminister, ehe er sich 1999 aus der aktiven Politik zurückzog.

Wegbereiter des Eu-Beitritts

2015 beging Österreich den zwanzigsten Jahrestag seiner Zugehörigkeit zur Europäischen Union: Am 1. Jänner 1995 wurden Schweden, Finnland und Österreich EU-Mitglieder. Dieses Jubiläum ist aus österreichischer Perspektive eng verknüpft mit der Person und der Politik Alois Mocks. Kein anderer österreichischer Politiker hatte seit der zweiten Hälfte der 1980er-Jahre mit einer vergleichbaren Hartnäckigkeit und Konsequenz auf den Beitritt Österreichs zum gemeinsamen Europa hingearbeitet. Weitsichtig erkannte er, dass die am weltpolitischen Horizont sich andeutenden Veränderungen sowie der im Entstehen begriffene europäische Binnenmarkt im Gegensatz zu den Jahrzehnten davor auch für das neutrale Österreich die Chance eröffneten, am europäischen Integrationsprozess teilzuhaben.

Der Gedanke, Österreich solle eine Vollmitgliedschaft im integrierten Europa anstreben, war 1986/87, als die Beitrittsdiskussion Fahrt aufnahm, keineswegs unumstritten, eher im Gegenteil. Die Zahl der unbedingten Beitrittsbefürworter war anfangs deutlich in der Minderheit. Als Vizekanzler (1987–1989) und Außenminister (1987–1995) gelang es Alois Mock mit einem enormen – auch physischen – Aufwand an Überzeugungsarbeit zuerst seine eigene Partei, danach den Koalitionspartner SPÖ und schließlich die österreichische Öffentlichkeit vom europäischen Gedanken und der Sinnhaftigkeit der vollen Teilnahme Österreichs am Projekt der Europäischen Integration zu überzeugen. Dazu kamen sein diplomatisches Geschick und Fingerspitzengefühl bei der österreichischen Verhandlungsführung gegenüber Brüssel. Die Eckpunkte auf diesem Weg waren für Mock vorerst die Festlegung der ÖVP auf den EG-Beitritt im Jänner 1988, sodann die gemeinsame Beschlussfassung über den Beitrittsantrag zur EG innerhalb der österreichischen Regierungskoalition im April 1989, die formelle Überreichung des Antrags in Brüssel im Juli 1989, der Beginn der Beitrittsverhandlungen am 1. Februar 1993 und ihr dramatisches und letztlich erfolgreiches Finale vom 25. Februar bis 1. März 1994. Den Schlusspunkt bildete die innerösterreichische Volksabstimmung zum Beitritt zur Europäischen Union (seit dem Inkrafttreten des Vertrages von Maastricht mit 1. November 1993) vom 12. Juni 1994. Zwei Drittel der an der Abstimmung teilnehmenden Österreicherinnen und Österreicher, genau 66,58 Prozent, sprachen sich für den Weg nach Europa aus. Mocks europapolitischer Kurs erfuhr damit eine eindrucksvolle Bestätigung.

Ein wichtiger, zwei Jahre zuvor erzielter außenpolitischer Erfolg war eine der Voraussetzungen für die EU-Beitrittsverhandlungen: die Streitbeilegungserklärung mit Italien zu Südtirol. Nach Umsetzung der letzten Paketmaßnahmen und intensiven Konsultationen mit Ministerpräsident Giulio Andreotti und Außenminister Gianni De Michelis konnte Alois Mock im Juni 1992 die Verhandlungen über die Südtiroler Autonomie abschließen, nachdem der Konflikt jahrzehntelang bei den Vereinten Nationen anhängig gewesen war.

Der Zerfall des kommunistischen Staatensystems

Zum zentralen Ereignis während der mehr als acht Jahre, in denen Alois Mock das Amt des Außenministers bekleidete, wurde freilich der Zerfall des kommunistischen Staatensystems in Osteuropa und damit das Ende der politischen Zweiteilung des Kontinents. Mock hatte während der Jahre seiner intensiven Beschäftigung mit Fragen der Außenpolitik, gerade auch im Rahmen seiner Präsidentschaft in der Europäischen Demokratischen Union (ab 1979) und der Internationalen Demokratischen Union (ab 1983), ein feines Sensorium entwickelt, um 1989 richtig auf die in Gang kommenden Entwicklungen zu reagieren und für Österreich die optimalen Voraussetzungen für eine Zusammenarbeit mit den neu entstandenen Demokratien jenseits des ehemaligen Eisernen Vorhangs zu schaffen.

Schon als enger Mitarbeiter von Bundeskanzler Josef Klaus hatte er in der zweiten Hälfte der 1960er-Jahre dessen sogenannte „Ostpolitik", eine neue Form der Kooperation mit den Nachbarstaaten in der kommunistischen Hemisphäre, aus nächster Nähe mitverfolgt und mitgestaltet. Als Mock 1987 selbst Außenminister wurde, begann er ganz bewusst Akzente und Gesten im Hinblick auf die politische und menschenrechtliche Situation im damaligen Ostblock zu setzen. Dazu zählte, dass er den von den kommunistischen Staaten vertretenen Standpunkt, wonach die Erörterung von landesbezogenen Menschenrechtsfragen eine Einmischung in innere Angelegenheiten bedeute, offen infrage stellte. Dies fand seinen Ausdruck unter anderem darin, dass Mock darauf bestand, bei Reisen in die entsprechenden Länder mit prominenten Dissidenten zusammenzutreffen, so mit Václav Havel in Prag oder Andrei Sacharow in Moskau.

Im Laufe des Jahres 1989 gewannen die Veränderungsprozesse in den Ländern Ostmitteleuropas mehr und mehr an Dynamik und führten, beginnend mit Ungarn und Polen, zu vollständigen Umbrüchen der bestehenden politischen Ordnung. Alois Mock erkannte die Gunst der Stunde. Als er gemeinsam mit seinem ungarischen Amtskollegen Gyula Horn in einem symbolischen Akt an der österreichisch-ungarischen Staatsgrenze den Eisernen Vorhang durchschnitt, prägte er nicht nur eine visuelle Ikone des Jahres 1989 – er hatte im buchstäblichen Sinn des Wortes einen Moment lang dem Lauf der Geschichte in die Speichen gegriffen. Denn die damals über das westdeutsche Fernsehen in weiten Teilen der DDR ausgestrahlten Bilder signalisierten den Bürgern in der DDR in unüberbietbarer Deutlichkeit, dass an der österreichisch-ungarischen Grenze der scheinbar unüberwindliche Eiserne Vorhang zwischen Ost und West nicht nur brüchig, sondern auch durchlässig geworden war. Es war, wie es der langjährige ORF-Korrespondent in Deutschland, Paul Schulmeister, einmal formulierte, „die erste Fernsehrevolution in der Geschichte", die, getragen durch die Macht der Bilder, an der österreichisch-ungarischen Grenze am 27. Juni 1989 ihren Ausgang nahm. Der 27. Juni 1989 hatte direkte Folgewirkungen: die aus der DDR einsetzende Fluchtbewegung und die Destabilisierung des reformresistenten kommunistischen Regimes in Ostberlin.

Nach der „Samtenen Revolution" in Prag wiederholte Alois Mock gegen Ende des annus mirabilis im Dezember 1989 die symbolische Geste. Er durchtrennte den Stacheldraht an der Grenze zur Tschechoslowakei gemeinsam mit dem neuen Außenminister Jiří Dienstbier. Der Bürgerrechtler und Unterzeichner der Charta 77 war unter den Kommunisten inhaftiert gewesen und durfte bis zur „Samtenen Revolution" beruflich nur mehr als Heizer tätig sein. Schon bei diesem ersten Zusammentreffen der beiden Außenminister wurde die Idee entwickelt, eine bilaterale Historikerkommission zu bilden. Diese sollte wesentlichen Anteil daran haben, die aufgrund der jüngeren Vergangenheit belasteten bilateralen Beziehungen aufzuarbeiten und so die Voraussetzungen für zahlreiche weiterführende Initiativen der grenzüberschreitenden Zusammenarbeit ohne historische Ressentiments entlang der Grenze zur heutigen Tschechischen Republik zu schaffen.

Beim Zerfallsprozess des ehemaligen Jugoslawien erkannte Alois Mock früher als die meisten anderen europäischen Politiker, dass der Vielvölkerstaat südlich von Österreichs Grenzen nicht aufrechtzuerhalten sein würde. Unermüdlich wies er ab 1990 auf die Gefahren eines gewaltsam herbeigeführten Zerfalls des jugoslawischen Staates hin. Seine Warnungen verhallten ebenso ungehört, wie seine Forderung nach Anerkennung der Unabhängigkeit Kroatiens und Sloweniens auf Widerspruch stieß. In einer besonders tragischen Form sollten sich seine Befürchtungen im Hinblick auf den Krieg in Bosnien-Herzegowina bewahrheiten. Schon im Herbst 1991, noch während die Krise in Kroatien in vollem Gang war, erkannte Alois Mock die wachsende Kriegsgefahr im benachbarten Bosnien-Herzegowina und warnte eindringlich davor. Im Oktober 1991 unterbreitete er den Vorschlag, präventiv UN-Friedenstruppen zu entsenden. Er bemühte sich 1992 vergeblich um die Schaffung von Sicherheitszonen für die Bevölkerung. Am Ende dieses Jahres verlangte er – nach der bewaffneten Eskalation und dem Beginn der systematischen Vertreibung der muslimischen Bevölkerung – die zwangsweise Durchsetzung der Flugverbotszone über Bosnien-Herzegowina sowie ein militärisches Eingreifen der USA. Er sah darin die einzige Möglichkeit, dem Völkermord Einhalt zu gebieten. Dies erfolgte bekanntlich erst 1995 und führte mit dem Vertrag von Dayton im November desselben Jahres zum Ende des Blutvergießens.

Ostmitteleuropa im Blickpunkt
Mit seiner von weltanschaulichen, kulturpolitischen und humanitären Erwägungen getragenen Politik einer strikten Befürwortung und Begünstigung der in Ostmitteleuropa in Gang gekommenen Reform- und Umwälzungsprozesse konnte Mock Österreich in den 1990er-Jahren einen echten Sympathievorsprung in den neuen Demokratien Ostmitteleuropas verschaffen. Seine von Anfang an positive Haltung zur deutschen Einigung, auf die hier gar nicht eingegangen werden kann, erwies sich als realpolitisch zutreffend. Die von ihm in dieser Frage betriebene Anlehnung an die Politik seines Parteifreundes Helmut Kohl machte sich aus Mocks Sicht spätestens während der kritischen Phase der abschließenden österreichischen EU-Beitrittsverhandlungen im Februar/März 1994 bezahlt, als Mock den deutschen Kanzler als unbedingten Befürworter eines österreichischen EU-Beitritts an seiner Seite wusste.

Die Schwerpunktsetzung der österreichischen Außenpolitik unter Alois Mock auf den zentral- und osteuropäischen Raum bei gleichzeitiger Forcierung der österreichischen Beitrittsbestrebungen zur Europäischen Gemeinschaft (seit dem Vertrag von Maastricht: Europäische Union) hatte von Anfang an eine gemeinsame europäische Zukunft als perspektivisches Ziel im Visier. Wolfgang Schüssel, der bei den abschließenden Beitrittsverhandlungen als Wirtschaftsminister gemeinsam mit Mock der österreichischen Delegation in Brüssel angehörte, erinnert sich, wie Alois Mock unmittelbar nach deren erfolgreichem Abschluss in den Abendstunden des 1. März 1994 seine Vision eines geeinten Europa weiter verfolgte: „Mock sagte in etwa: ‚Und jetzt, in der Stunde, in der wir unseren Beitritt fixiert haben, müssen wir daran denken, und ich appelliere an Sie (an die Altmitglieder), dass wir jetzt die Länder Mitteleuropas unbedingt, so rasch wie möglich aufnehmen müssen.' Es war einfach genial, wie Mock schon an den nächsten Schritt gedacht hat. Und ich habe das als eine Art Vermächtnis für mich betrachtet, nicht wissend, dass ich ein Jahr später Außenminister sein werde."

Folgerichtig stellte Alois Mock unmittelbar nach dem mit 1. Jänner 1995 erfolgten EU-Beitritt noch in seinen letzten Monaten als Außenminister bereits die Weichen dafür, Österreich zu einem aktiven Befürworter der Integration der ostmitteleuropäischen Staaten in der Erweiterungsdiskussion der EU zu machen. Auch hier sollte die weitere Entwicklung mit dem ab 2004 in mehreren Schritten erfolgenden Beitritt dieser Länder die Richtigkeit seiner Politik bestätigen.

Ein Leben in und für die Politik

Die politische Laufbahn Alois Mocks begann Mitte der 1960er-Jahre. Sie dauerte mehr als dreißig Jahre, ehe er 1999, gesundheitlich schon von den jahrzehntelangen Strapazen der Spitzenpolitik gezeichnet, als Abgeordneter aus dem Nationalrat ausschied.

Der angehende Diplomat Mock machte seine ersten Schritte im Umfeld der Politik 1965 als Mitarbeiter im Kabinett von Bundeskanzler Josef Klaus, zu dessen Kabinettschef er ein Jahr später avancierte. Im Frühjahr 1969 wurde der damals erst 35-Jährige von Bundeskanzler Josef Klaus zum

Unterrichtsminister bestellt. Das Ressort umfasste von seiner Zuständigkeit her den gesamten schulischen und universitären Bildungsbereich sowie die Forschungsagenden und die Kultur. Bis zur Nationalratswahl 1970 waren es gerade einmal zehn Monate, in denen Alois Mock als Minister dieses Regierungsamt bekleidete.

Der neue Minister ging sein Amt mit viel Elan an und entwickelte eine Reihe von Reformvorschlägen und Neuerungen in der Bildungs- und Wissenschaftspolitik. Vieles davon kam über das Planungs- bzw. Entwicklungsstadium nicht hinaus und wurde dann ab 1970 nicht nur von der Regierung Kreisky realisiert, sondern auch von der SPÖ als bildungspolitischer Fortschritt einer modernen Sozialdemokratie vereinnahmt. Doch es war Alois Mock, der als Minister beispielsweise die Begabtenstipendien initiierte und das Studienbeihilfewesen deutlich ausweitete. Unter seiner Ägide wurden die entscheidenden Schritte zur Gründung eines weiteren Universitätsstandorts in Österreich, der Universität Klagenfurt, gesetzt. Auf den ersten Blick noch überraschender: Alois Mock war es, der die später so umstrittenen Schulversuche erstmals einführte. Sie sollten nach seiner Vorstellung die sachlichen Grundlagen liefern, um künftige Bildungsreformen auf einer rationalen Grundlage zu erarbeiten. Erst unter den während der SPÖ-geführten Regierung aufbrechenden ideologischen Konflikten im Sekundarschulbereich sollten die Schulversuche zu permanenten Streitpunkten zwischen den Parteien werden. In der Hochschulpolitik wurde Alois Mock in seiner kurzen Zeit als Minister zum Trendsetter. Entsprechend der generellen gesellschaftlichen Strömungen der 1960er-Jahre waren Partizipation und Mitbestimmung auf allen Ebenen zum großen Thema geworden. Mock trug dem Rechnung und führte erstmals an einigen Universitäten die drittelparitätische Mitbestimmung zwischen den Studierenden, dem akademischen Mittelbau und den Professoren ein.

Nach der Niederlage der ÖVP bei den Nationalratswahlen im Frühjahr 1970 und der Bildung der parlamentarisch von der FPÖ unterstützten SPÖ-Minderheitsregierung unter Bruno Kreisky im April 1970 fand sich die ÖVP mit einem Schlag auf den „harten" Oppositionsbänken des Parlaments wieder. Immerhin hatte Alois Mock bei den Nationalratswahlen ein Abgeordnetenmandat erhalten und blieb in der Politik. In die Jahre 1970–1971 fiel auch sein kurzer Ausflug in die Lokalpolitik. Mock, der den direkten Kontakt mit der Bevölkerung stets schätzte, wurde zusätzlich zu seinem Parlamentsmandat Bürgermeister seiner niederösterreichischen Heimatgemeinde Euratsfeld. Doch behielt er diese Funktion nicht lange, denn schon im Frühjahr 1971 avancierte er zum Obmann der Arbeitnehmerorganisation der ÖVP, des ÖAAB. Damit war er in den engsten Kreis der Parteiführung aufgerückt und mit Sitz und Stimme in allen Spitzengremien vertreten.

Die ÖVP befand sich zu Beginn der 1970er-Jahre in einer schwierigen Situation. Erstmals in der Geschichte der Partei war man auf Bundesebene nicht mehr in der Regierung vertreten, eine Situation, mit der man erst umzugehen lernen musste. Da die ÖVP in sechs von neuen Bundesländern den Landeshauptmann stellte und über die Unternehmerseite eine starke Rolle in der Sozialpartnerschaft spielte, war sie in zahlreiche Verantwortlichkeiten eingebunden und tat sich mit der Oppositionsrolle anfangs schwer. Dazu kam, dass Bruno Kreisky, dessen SPÖ im Herbst 1971 erstmals die absolute Mehrheit bei einer Nationalratswahl errungen hatte, die 1970er Jahre in Österreich politisch dominierte. Zwar stabilisierte sich die ÖVP als Oppositionspartei auf einem wählermäßig hohen Niveau von über 40 Prozent der Stimmen, doch in der Kanzlerfrage schien Kreisky lange Zeit kein ÖVP-Obmann gewachsen zu sein.

In dieser Situation wurde Mock zu einem Reformmotor innerhalb der Österreichischen Volkspartei. Als Obmann des Arbeiter- und Angestelltenbundes entwickelte er einen Mix aus familien- und steuerpolitischen Forderungen, wie die Verlängerung des gesetzlich vorgeschriebenen Mindesturlaubs, die arbeitsrechtliche Gleichstellung von Teilzeitbeschäftigten mit Vollbeschäftigten, die Dynamisierung der Familienbeihilfe oder den Anspruch auf Karenzgeld bis zum dritten Lebensjahr des Kindes. Solche und ähnliche Forderungen, die heute längst im österreichischen Sozial- und Familienrecht umgesetzt sind, trugen Mock damals innerhalb seiner Partei das Image eines „Linksüberholers" ein.

ÖVP-Parteiobmann und Oppositionsführer

Schon als ÖVP-Obmann Karl Schleinzer 1975, wenige Wochen vor den Nationalratswahlen, bei einem Verkehrsunfall ums Leben kam, wurde Mock als einer der Nachfolgekandidaten gehandelt. Doch kam damals Josef Taus zum

Zug. Dafür wurde Mock 1978 Klubobmann der ÖVP-Parlamentsfraktion, neben dem Obmann und dem Generalsekretär die auch in der öffentlichen Wahrnehmung wichtigste Funktion einer Oppositionspartei. Als dann im Frühjahr 1979 Josef Taus zum zweiten Mal bei einer Nationalratswahl gegenüber Bruno Kreisky, der seine absolute Mehrheit nochmals ausbauen konnte, unterlag, schlug die Stunde Mocks als Parteiobmann der ÖVP. Taus scheiterte mit einer von ihm als Konsequenz der neuerlichen Wahlniederlage angestrebten weitgehenden Reform der Partei und resignierte. Man verständigte sich rasch auf Mock als Nachfolger. Anfang Juli 1979 wurde er zum neuen Parteichef gewählt. Schon als Klubobmann hatte Mock einen gegenüber der regierenden SPÖ harten Oppositionskurs eingeschlagen, bei dem er auch die persönliche Auseinandersetzung auf parlamentarischer Ebene nicht scheute. Diese Linie behielt er als Parteiobmann bei. Es gelang ihm, die Partei zu konsolidieren und ihr ein kantigeres Oppositionsprofil zu verleihen. Zugute kam ihm dabei der Umstand, dass nach mehr als zehn Regierungsjahren erste Ermüdungserscheinungen innerhalb der SPÖ sichtbar wurden und auch Bruno Kreisky den Zenit seiner langen politischen Laufbahn überschritten hatte. Beides zeigte sich am Bekanntwerden von Korruptionsskandalen im Umfeld der SPÖ oder dem parteiinternen Konflikt zwischen Kreisky und seinem Vizekanzler Hannes Androsch. Einen weiteren Faktor im anlaufenden Nationalratswahlkampf 1983 bildete der sichtbar angeschlagene Gesundheitszustand Bruno Kreiskys, der als Dialysepatient in die Wahlen ging. Demgegenüber präsentierte sich Mock als jugendlicher und unverbrauchter Herausforderer, der sich im Gegensatz zu seinem Vorgänger auch in den TV-Konfrontationen mit dem Bundeskanzler gut behaupten konnte.

Die Nationalratswahlen 1983 wurden zum innenpolitisch größten Erfolg Alois Mocks. Die ÖVP legte erstmals seit 1966 wieder an Stimmen und Mandaten zu. Vor allem konnte nach fast zwölf Jahren die absolute Mehrheit der SPÖ im österreichischen Nationalrat gebrochen werden. Noch in der Wahlnacht erklärte Bruno Kreisky seinen Rücktritt. Doch kam es in der Folge zur Bildung einer Koalition aus SPÖ und FPÖ, die ÖVP blieb weiterhin Oppositionspartei. Die neue Regierung hatte von Anfang an Schwierigkeiten, Tritt zu fassen. Vor allem machte ihr die ausbrechende Krise um die schwer defizitäre verstaatlichte Industrie und der Konflikt mit einer sich neu formierenden ökologischen Bewegung rund um den Bau des

Donaukraftwerks Hainburg schwer zu schaffen. Die ÖVP als nunmehr einzige Oppositionspartei trieb die Regierung durch ihr offensives parlamentarisches Agieren vor sich her. Meinungsumfragen sahen sie im Laufe der Legislaturperiode wiederholt an erster Stelle; Alois Mock war ein unumstrittener Partei- und Oppositionsführer, für den das Kanzleramt in greifbare Nähe zu rücken schien. Vor diesem Hintergrund stand im Frühjahr 1986 die Wahl des österreichischen Bundespräsidenten an. Mock hatte als Kandidaten seiner Partei seit Längerem den früheren Generalsekretär der Vereinten Nationen, Kurt Waldheim, im Auge. Er war überzeugt davon, mit dem international bekannten Diplomaten die Wahl gewinnen zu können. Gerüchten über die Kriegsvergangenheit Kurt Waldheims hatte man in der ÖVP anfangs keine Beachtung geschenkt. Dementsprechend war man völlig unvorbereitet, als die Debatte um die angeblichen Verwicklungen des Kandidaten in Kriegsverbrechen zu Beginn des Intensivwahlkampfs voll ausbrach. Eine Rücknahme der Kandidatur kam für Mock zu keinem Zeitpunkt infrage. Die ÖVP positionierte Waldheim als Opfer einer internationalen Verleumdungskampagne. Waldheim wurde nach einem mit großer Härte geführten Wahlkampf im Juni 1986 gewählt, ohne dass die international gegen ihn vorgebrachten Vorwürfe verstummten.

Noch im Frühsommer 1986 kam es zu einem Wechsel an der Regierungsspitze. Fred Sinowatz wurde von der SPÖ durch Finanzminister Franz Vranitzky ersetzt. Als Anfang September 1986 Vizekanzler Norbert Steger als Obmann der FPÖ durch Jörg Haider abgelöst wurde, ließ Bundeskanzler Vranitzky die Koalition platzen und führte vorgezogene Neuwahlen herbei. Für Alois Mock hatte sich die politische Ausgangssituation mit einem Schlag grundlegend verändert: Der mittlerweile 52-Jährige hatte es im beginnenden Wahlkampf plötzlich mit zwei neuen Gegnern zu tun, die an Jahren jünger als er, telegen und unverbraucht auftraten sowie einen rasanten politischen Aufstieg hinter sich hatten. Bei ihm hingegen hatten die mittlerweile 17 Jahre in der Spitzenpolitik ihre Spuren hinterlassen. Mitunter wirkte Mock spröde und überarbeitet, Schonung hatte er sich auch vor wichtigen Auftritten fast nie gegönnt und diesbezügliche Ratschläge seiner Berater zumeist ignoriert. Mock präsentierte im Wahlkampf ein klassisches Mitte-Rechts-Programm: weniger Staat, mehr Markt, Förderung von Eigeninitiative und Leistung, Privatisierung und Steuerreform. Er ahnte, dass es sich bei den Wahlen 1986 um seine größte, zugleich aber auch letzte Chance handelte, sein großes Ziel, das Amt des Bundeskanzlers, zu erreichen. Dies führte bei ihm zu einer großen inneren Anspannung. Der Wahlkampf lief auch in manchem anderen nicht nach Wunsch. Als am Wahlabend feststand, dass die ÖVP neuerlich, wenn auch nur knapp, hinter der SPÖ zurückgeblieben war, erlitt Mock, der noch in den letzten Tagen vor der Wahl ein Marathon-Programm absolviert hatte, einen Schwächeanfall. Möglicherweise deuteten sich damals bereits erste Vorzeichen seiner späteren Parkinson-Krankheit an.

Rückkehr in die Regierung

Auch wenn sich Mock rasch vom Schock des Wahlabends erholte, blieb er als ÖVP-Parteiobmann ab diesem Zeitpunkt politisch angezählt. Mit der Absicht, unter seiner Führung eine bürgerliche Koalition mit der FPÖ Jörg Haiders zu bilden, konnte er sich im Parteivorstand der ÖVP gegenüber den zahlreichen Anhängern einer Zusammenarbeit mit der SPÖ nicht mehr durchsetzen. Nolens volens musste er in Gespräche mit der SPÖ eintreten, mit der Perspektive, als Juniorpartner eine Große Koalition mit den Sozialisten zu bilden. Bei den Koalitionsgesprächen erwies sich Mock als gewiefter und zäher Verhandler, der für seine Partei sowohl was Sachfragen betraf, als auch bei den ihr zukommenden Ministerämtern ein günstiges Ergebnis erzielen konnte. Er selbst begnügte sich nicht mit der Funktion des Vizekanzlers, sondern übernahm ungeachtet des damit verbundenen Arbeitsaufwandes noch ein großes und prestigeträchtiges Fachressort, das Außenministerium.

Am 21. Jänner 1987 wurde die Regierung Vranitzky/Mock vom Bundespräsidenten angelobt. Damit kehrte Alois Mock nach fast 17 Jahren wieder an den Ministerratstisch zurück. Mit seinem Koalitionspartner bemühte sich Mock eine konstruktive Arbeitsbeziehung herzustellen, nicht ohne dabei zu vergessen, der Regierungsarbeit nach Möglichkeit den Stempel seiner Partei aufzudrücken. Als Regierungspolitiker von Anfang an sattelfest, konnte Mock für seine Partei einige sachpolitische Erfolge erzielen, etwa bei der 1988 in Kraft getretenen Steuerreform oder den – einem politischen Paradigmenwechsel gleichkommenden – ersten Privatisierungen.

Doch konnte die ÖVP in der öffentlichen Wahrnehmung nicht Tritt fassen. Maßgeblich dafür waren innerparteiliche Spannungen, wie der Streit mit der steirischen Landesgruppe um die Stationierung der 1987 gelieferten Abfangjäger vom Typ Saab Draken. Daneben spielte die Eskalation der Entwicklung rund um Bundespräsident Kurt Waldheim eine wesentliche Rolle. Dieser wurde im April 1987 durch eine Entscheidung der US-amerikanischen Behörden auf die „Watchlist" gesetzt. Monatelang überlagerte die Diskussion über das Staatsoberhaupt das gesamte politische Geschehen in Österreich und lähmte den politischen Aktionsradius Mocks, der sich voll hinter Waldheim stellte. Es entsprach seiner Beharrlichkeit und seinem Verständnis von persönlicher Loyalität, Waldheim auch in der Situation einer weitgehenden internationalen Isolation nicht fallen zu lassen.

Niederlagen der ÖVP bei regionalen Wahlgängen führten dazu, dass die latent seit den Wahlen 1986 schwelende Führungsdiskussion im Frühjahr 1989 eskalierte. Seinem Naturell entsprechend hielt Mock ungeachtet aller innerparteilichen Querschüsse lange an seinem Führungsanspruch innerhalb der Partei fest. Erst als auch ein Teil seiner engeren politischen Weggefährten von ihm abzurücken begann, stimmte er einem Rückzug von der Parteispitze zu, konnte aber das Außenministerium halten und wurde Ehrenparteiobmann.

Als Gast in der „Pressestunde" verglich sich Mock Anfang April 1989 mit einem politischen „Marathonläufer", dem es letztendlich gelingen würde, politische Ideen umzusetzen, während „Kurzstreckenläufer" nur vorübergehend erfolgreich wären. Tatsächlich hatte Mock die Sternstunden seiner politischen Laufbahn zu diesem Zeitpunkt noch vor sich.

Politik aus christlicher Verantwortung

Alois Mock beging 2014, von seiner Gattin Edith fürsorglich betreut, seinen 80. Geburtstag. Er war zeit seiner politischen Laufbahn ein Mann von Grundsätzen. Von seiner niederösterreichischen Heimat und seiner benediktinischen Erziehung in Seitenstetten geprägt, entwickelte er in den frühen 1970er-Jahren ein modernes christdemokratisches Welt- und Menschenbild, das sich eng an der Weiterentwicklung der kirchlichen Soziallehre, wie sie seit dem Pontifikat Johannes XXIII. eingesetzt hatte, orien-

tierte. In dessen für die Politik wegweisender Enzyklika „Pacem in terris"
hieß es: „Jedem menschlichen Zusammenleben [...] muss das Prinzip zugrunde liegen, dass jeder Mensch seinem Wesen nach Person ist. Er hat
eine Natur, die mit Vernunft und Willensfreiheit ausgestattet ist; er hat daher aus sich Rechte und Pflichten, die unmittelbar und gleichzeitig aus seiner Natur hervorgehen." Für Alois Mock war diese zentrale Passage der
Enzyklika eine der Grundlagen für sein Handeln schlechthin. Umgelegt auf
die Politik hieß das für ihn: „Träger und Ziel aller gesellschaftlichen Institutionen ist und muss die menschliche Person sein, die ja von ihrem Wesen
her des gesellschaftlichen Lebens bedarf [...]. Die Österreichische Volkspartei hat stets die Eigenverantwortung des Menschen bei der Gestaltung
der Politik hervorgehoben, weil es nach unserer Auffassung der Natur der
menschlichen Persönlichkeit entspricht, Verantwortung zu tragen." Und
er setzte unter Anspielung auf den marxistisch-deterministischen Hintergrund linker Gesellschaftsmodelle fort: „Nach unserer Auffassung ist ja die
Entwicklung der Gesellschaft kein automatischer Prozess, kein ökonomisch
eindeutig determinierter Weg, sondern wird in einem hohen Ausmaß von
unserem ‚Erkennen, Wollen und Handeln' bestimmt, von unserer Verantwortung getragen."

Genau diesen Aspekt hob zuletzt Wolfgang Schüssel als ein Vermächtnis des Politikers Alois Mock hervor: „Was [...] für Alois Mock im Zentrum
seines Denkens stand, ist das Menschenbild. Der Mensch muss im Zentrum der Betrachtung stehen. Nicht das Kapital, nicht die Umwelt, nicht die
Macht, nicht die Ressourcen, die Bodenschätze oder was immer, sondern
der Mensch. [...] Wer den Menschen, und zwar das Individuum, ins Zentrum rückt, wird immun sein gegen die Verletzung der Menschenrechte,
wird immun sein gegen die Eingrenzung bürgerlicher Freiheiten. Dieses
Menschenbild hilft dabei, Balancen, notwendige Balancen aufrechtzuerhalten, sei es in der Sozialgewichtung, in der Minderheitenfrage oder in verschiedenen anderen Bereichen. [...] Weil der Mensch letztlich alles ist mit
seinen Nöten und Bedürfnissen."

In jüngerer Zeit erschienene weiterführende Literatur

Eichtinger, M./Wohnout, H., *Alois Mock. Ein Politiker schreibt Geschichte*, Wien-Graz-Klagenfurt 2008.

Sobotka, W. (Hg.), *Alois Mock. Visionen im Spiegel der Zeit,* St. Pölten 2014.

Wohnout, H., *Vom Durchschneiden des Eisernen Vorhangs bis zur Anerkennung Sloweniens und Kroatiens. Österreichs Außenminister Alois Mock und die europäischen Umbrüche 1989-1992,* in: Brait, A./Gehler, M. (Hg.), *Grenzöffnung 1989. Innen- und Außenperspektiven und die Folgen für Österreich*, Wien-Köln-Weimar 2014, S. 185-219.

WALTER M. IBER

Währungsreform im Schatten der Sanierung
Zur Einführung des Schillings 1924/25

*Die Schillingwährung verkörperte ein bedeutsames Stück österreichischer Finanz-
und Wirtschaftsgeschichte, als „Alpendollar" stand sie viele Jahrzehnte lang für Vertrauen und Stabilität. Doch obwohl der Schilling bereits in der Ersten Republik eingeführt worden war, blieb seine eigentliche Erfolgsgeschichte auf die Zeit nach dem
Zweiten Weltkrieg beschränkt. Immerhin erfolgte die Währungsreform 1924/25 vor
dem Hintergrund gewaltiger ökonomischer Probleme, eines harten Sanierungskurses
und zahlreicher politischer Skandale. Sie kam daher nur bedingt zur Geltung und
ist heute im kollektiven Gedächtnis Österreichs kaum verankert.*

100 Jahre Ausbruch des Ersten Weltkrieges, 25 Jahre Fall des Eisernen Vorhangs und, durch den Hype um diese Ereignisse etwas an den Rand gedrängt, 80 Jahre Februar-Kämpfe und Juli-Putsch 1934; das waren die Jubiläen, die Österreich im historischen Gedenkjahr 2014 beschäftigten. Ein Ereignis, das für die österreichische Geschichte mindestens ebenso bedeutsam ist wie die genannten, kam aber völlig zu kurz: 90 Jahre Einführung des Schillings.[1]

Das Ignorieren der Währungsreform 1924/25, und zwar sowohl durch die Historikerzunft als auch durch einen Großteil der Medien,[2] mag darin begründet liegen, dass der Schilling als Währung längst vom Euro abgelöst wurde und es ihm daher – von der immer wieder aufkeimenden Schilling-Nostalgie einmal abgesehen – an Aktualität mangelt. Dennoch ist dieser trotz (oder wegen?) des Gedenkjahres eingetretene Fall von Amnesie in höchstem Maße erstaunlich: Immerhin prägte der Schilling viele Jahre lang die österreichische Finanz- und Wirtschaftsgeschichte. Nicht umsonst wurde er, der auch in Krisenzeiten für stabile Währungsverhältnisse stand, umgangssprachlich als „Alpendollar" bezeichnet. Der folgende Beitrag trägt diesem Umstand Rechnung und widmet sich der Schilling-Einführung in den Jahren 1924/25 – eine Darstellung, die nicht umhinkommt, eine ausführliche Kontextualisierung vorzunehmen. Immerhin hatten der Erste Weltkrieg und seine Folgen den österreichischen Staatshaushalt schwer in Mitleidenschaft gezogen, eine nachhaltige Sanierung der öffentlichen Finanzen tat in der ersten Hälfte der 1920er-Jahre dringend Not. Die Einführung des Schillings stand nicht als Maßnahme für sich, sie war Teil eines umfassenden Sanierungsprogramms und kann folglich nicht losgelöst von den übrigen Reformen betrachtet werden. Zudem bewegte sich in diesem Umfeld vieles, was den Leser frappierend an gegenwärtige außen- und innenpolitische Entwicklungen erinnern mag. Die Palette reichte vom dro-

---

1 Der vorliegende Beitrag entstand im Rahmen des an der Universität Graz laufenden Forschungsprojektes „Fiskalpolitik und Staatsverschuldung in der sehr langen Frist am Beispiel Österreichs, 1811–2012" (Projektförderung: Jubiläumsfonds der Oesterreichischen Nationalbank, Projektnummer: 15786).

2 Eine Ausnahme: „Erfolgsgeschichte Schilling: Vom Notnagel zum Alpendollar", abrufbar unter: http://www.nachrichten.at/nachrichten/wirtschaft/Erfolgsgeschichte-Schilling-Vom-Notnagel-zum-Alpendollar;art15,787038, Zugriff am 20.02.2015.

henden Staatsbankrott über einen europäischen Rettungsschirm mit strengen Sparvorgaben bis hin zu Bankenskandalen und parlamentarischen Untersuchungsausschüssen. Die Schilling-Einführung selbst ging in dieser Gemengelage beinahe unter.

An der Schwelle zum Staatsbankrott: Nachkriegsnot und Inflation

Die gewaltigen Kosten des Ersten Weltkriegs hatte Österreich-Ungarn nicht einmal annähernd durch Staatseinnahmen abzudecken vermocht. Zur Kriegsfinanzierung bediente man sich daher im Wesentlichen zweier Instrumente: Anleihen bei der eigenen Bevölkerung und Kredite bei der Notenbank. Bereits im Zuge der Mobilmachung war die Österreichisch-Ungarische Bank am 4. August 1914 ihrer Verantwortung für die Währungsstabilität mittels kaiserlicher Verordnung enthoben worden. Einer exzessiven Nutzung der Notenpresse waren keine Schranken mehr auferlegt, der Banknotenumlauf stieg in der Folge dramatisch an. Die Kaufkraft der Krone sank während des Krieges auf ein Sechzehntel ihres Friedenswertes, ihre Golddeckung war im selben Zeitraum von 74,6 auf 0,9 Prozent gefallen.[3]

Nach Kriegsende entschleunigte sich das Entwertungstempo zunächst kurzfristig. Doch die Mär von der wirtschaftlichen Lebensunfähigkeit Österreichs hielt sich hartnäckig und warf lange Schatten. Ab Februar 1919 gewann die Inflation wieder rasch an Fahrt, nicht zuletzt aufgrund der Währungstrennung zwischen den Nachfolgestaaten und, ab Sommer 1919, durch das Bekanntwerden der Friedensbedingungen von St. Germain. An den Börsen setzte eine wilde Spekulation gegen die Krone ein. Scharenweise plünderten die Menschen ihre Bankkonten, um das Geld in Sachwerten anzulegen und ihr Vermögen vor der Entwertung zu schützen. Verschiedene Städte und Gemeinden umgingen das Notenbankprivileg und gaben eigenes Notgeld aus.

---

3 Hier und zum Folgenden, sofern nicht anders angegeben: Tremel, F., *Wirtschafts- und Sozialgeschichte Österreichs*, Wien 1969, S. 372–384; Sandgruber, R., *Ökonomie und Politik. Österreichische Wirtschaftsgeschichte vom Mittelalter bis zur Gegenwart*, Wien 1995, S. 354f.; Butschek, F., *Österreichische Wirtschaftsgeschichte. Von der Antike bis zur Gegenwart*, Wien-Köln- Weimar 2011, S. 176f. u. 197–201.

Die aus der Erbmasse der Monarchie hervorgegangene Republik Deutschösterreich sah sich angesichts der Entwicklung vor gewaltige Probleme gestellt. Die soziale Not war nach Kriegsende geradezu erdrückend. Ein desolater Staatshaushalt heizte die galoppierende Inflation weiter an und trieb den jungen Staat in eine Abwärtsspirale, aus der er nicht mehr herauskommen sollte. Die horrenden Budgetdefizite, einmal mehr durch die Notenpresse finanziert, waren nicht zuletzt kostenintensiven Preisstützungsmaßnahmen geschuldet, zu beträchtlichen Teilen auch dem verzögerten Abbau des aufgeblähten Beamtenapparates, der noch den Dimensionen der Monarchie entsprach. Umgekehrt sorgte die Inflation dafür, dass das Budgetloch unaufhörlich wuchs: Während nämlich die (im Nachhinein einfließenden) Steuereinnahmen inflationsbedingt bereits wieder in minderwertiger Münze einliefen, waren die Ausgaben im zuvor noch höherwertigen Geld zu leisten gewesen. Sämtlichen Kalkulationsversuchen machte die galoppierende Inflation einen Strich durch die Rechnung. So sah der Staatsvoranschlag für 1919/20 zunächst ein Defizit von rund vier Milliarden Kronen vor, das sich nach drei Nachträgen schließlich aber auf elf Milliarden erhöhte.[4] Sanierungspläne scheiterten an den geopolitischen Rahmenbedingungen, an innenpolitischen Querelen, teils auch an personeller Inkompetenz. Wer in dieser Krisenzeit das Amt des Finanzministers annahm, hatte dieses meist nur sehr kurz inne. Selbst ein brillanter Ökonom wie Joseph Schumpeter, 1919 österreichischer Staatssekretär für Finanzen, musste unter den gegebenen Rahmenbedingungen zur Kenntnis nehmen, dass das politische Parkett nicht das seine war. Mit seinem Konzept einer Vermögensabgabe zur Sanierung der Staatsfinanzen scheiterte Schumpeter nicht zuletzt an der Sozialdemokratischen Partei, wohl auch aufgrund eines persönlichen Konflikts mit Otto Bauer.[5]

Immerhin ermöglichten Auslandskredite die Finanzierung notwendiger Lebensmittel- und Rohstoffimporte. Sie halfen dabei, das Land einigermaßen über Wasser zu halten und die ärgste soziale Not zu lindern. Andererseits behinderte die Zurschaustellung österreichischen Elends den

---

4 Stolper, G., *Deutschösterreich als Sozial- und Wirtschaftsproblem*, München 1921, S. 27.
5 Fritz, W., *Für Kaiser und Republik. Österreichs Finanzminister seit 1848*, Wien 2003, S. 153f.

Wiederaufbau, war sie doch kaum dazu angetan, potenzielle Investoren von der Kreditfähigkeit des Staates und seiner Volkswirtschaft zu überzeugen.[6]

Dabei wurde die Nachkriegsinflation kurzfristig sogar zu einem Motor für die Wirtschaft. Die Produktionskosten der heimischen Industrie lagen tief unter dem internationalen Niveau, und so wirkte die Diskrepanz zwischen Binnen- und Außenwert der Krone als Exportprämie. Mit der Belebung der Wirtschaft sank auch die Arbeitslosigkeit. Rasch setzte ein fieberhafter Spekulationsboom ein, bereits Ausdruck jener „Bubble Economy", die dem Phänomen der „goldenen 20er-Jahre" maßgeblich zugrunde lag. Im Hintergrund lief die Notenpresse indessen weiter auf Hochtouren. Die noch 1921 einsetzende Hyperinflation, mit der die eigentliche Währungskatastrophe begann, holte viele Österreicher in die Realität zurück.[7]

Im Bundesbudget für die zweite Jahreshälfte 1921 deckten die Staatseinnahmen die Ausgaben schließlich nur noch zu 36 Prozent, und die Regierung hatte die Entwicklung längst nicht mehr unter Kontrolle: 1922 war das Defizit des Rechnungsabschlusses fast sechsmal höher als ursprünglich berechnet.[8] In absoluten Zahlen ausgedrückt, sprengte das Ausmaß der österreichischen Staatsverschuldung bald jede Vorstellungskraft: Ende 1922 betrug die Bundesschuld 17 Billionen Kronen. Im Budgetvoranschlag für 1923 waren nicht weniger als 800 Milliarden Kronen allein für den Schuldendienst vorgesehen![9] Wenigstens im Hinblick auf die aus der Monarchie übernommenen Schulden (altösterreichische Staatschuld) brachte die Hyperinflation dem Staatshaushalt Erleichterung. Da die meisten dieser Verbindlichkeiten nämlich in Papierkronen notiert waren, sank ihr Wert gegen null. Jene Kredite in harten Währungen, die Österreich schon bald nach Kriegsende aufnehmen musste, wogen dafür umso schwerer.[10] Zwischen

---

6   Kienböck, V., *Das österreichische Sanierungswerk*, Stuttgart 1925, S. 16.

7   Matis, H., *„Notleidende Funktionäre bevölkerten damals Österreich". Die Währungs- und Geldpolitik in der jungen Republik*, in: Konrad, H./Maderthaner, W. (Hg.), *...der Rest ist Österreich. Das Werden der Republik*, Bd. 2, Wien 2008, S. 33–48, hier S. 42–44.

8   Fibich, A., *Die Entwicklung der österreichischen Staatsausgaben in der Ersten Republik (1918–1938)*, Dissertation, Wien 1977, S. 30.

9   Compass, *Finanzielles Jahrbuch 1924*, S. 110 u. 128f.

10   Pammer, M., *Krise, Krieg, Normalisierung: die österreichische Wirtschaft 1918–1983*, in: Karner, S./Mikoletzky, L. (Hg.), *Österreich. 90 Jahre Republik. Beitragsband der Ausstellung im Parlament*, Innsbruck–Wien–Bozen 2008, S. 219–228, hier S. 227.

Mai und September 1922 explodierten schließlich auch die Lebenshaltungskosten.[11]

Ein Finanzplan, gleichsam ein letzter Strohhalm, sah die Gründung einer neuen Zentralbank und die Stilllegung der Notenpresse vor. Das Defizit im Staatshaushalt sollte vor allem durch einnahmenseitige Reformen – neue Steuern, Erhöhung der Zölle etc. – gedeckt werden.[12] Der Plan scheiterte am Widerstand mächtiger Wiener Banken, deren Aktienkapital 1921 mehrheitlich in ausländischen Besitz übergegangen war. Österreich steckte im Herbst 1922 in einer Finanzkrise, die einem Staatsbankrott gleichkam.[13] De facto lag die einzige Chance, die Pleite noch abzuwenden, in ausländischen Krediten. Aber die Vorzeichen standen denkbar schlecht, waren dahingehende Bittgesuche Österreichs an die Entente-Mächte zuvor doch auf wenig Gegenliebe gestoßen.[14]

„Rettungsschirm" für Österreich: Völkerbund-Anleihe und Sanierungsprogramm

In dieser vermeintlich ausweglosen Lage suchte die Republik Österreich Hilfe beim Völkerbund. Im Zuge einer Europa-Reise konnte der christlich-soziale Bundeskanzler, der seit Mai 1922 im Amt befindliche Prälat Ignaz Seipel, den Verantwortlichen in durchaus dramatischer Art und Weise vor Augen führen, dass ein Zusammenbruch Österreichs zwangsläufig eine politische Destabilisierung Mitteleuropas zur Folge haben musste.[15] Der Appell verfehlte seine Wirkung nicht. Wenn man so will, spannte Europa – namentlich die Völkerbundmächte Großbritannien, Frankreich, Italien und die Tschechoslowakei – in der Folge einen „Rettungsschirm" über Österreich. Im Oktober 1922 wurden dazu in Genf die Protokolle unterzeichnet,

11 Bachinger, K./Matis, H., *Der österreichische Schilling. Geschichte einer Währung*, Graz-Wien-Köln 1974, S. 38 u. 44.
12 Fritz, *Für Kaiser und Republik*, S. 171f.
13 Vgl. Ausch, K., *Als die Banken fielen. Zur Soziologie der politischen Korruption*, Wien-Frankfurt-Zürich 1968, S. 26-29 u. 60-66.
14 Siehe Kienböck, *Das österreichische Sanierungswerk*, S. 16-22.
15 Deak, J., *Dismantling Empire. Ignaz Seipel and Austria's Financial Crisis, 1922-1925*, in: Bischof, G./Plasser, F./Berger, P. (Hg.), *From Empire to Republic: Post-World War I Austria, Contemporary Austrian Studies*, Vol. 19, New Orleans 2010, S. 135.

im Rahmen derer Österreich grünes Licht für eine Anleihe über 650 Millionen Goldkronen erhielt. Die Auflagen waren hart; im Wesentlichen musste sich Österreich ein striktes Sparprogramm auferlegen, eine neue Zentralbank gründen und die Währung nachhaltig stabilisieren. Über die korrekte Verwendung der Anleihe hatte ein vom Völkerbund eingesetzter Generalkommissär zu wachen. Der ehemalige Rotterdamer Bürgermeister Alfred Zimmermann, mit diesem Amt betraut, traf bereits im Dezember 1922 in Wien ein. Seine Kontrollfunktion sollte Zimmermann bis zum Sommer 1926 ausüben.[16]

Das Geld für die Sanierung kam nicht direkt vom Völkerbund. Dieser übernahm lediglich Garantien für Kredite, die Österreich selbst im Ausland auftreiben musste. Die Anleihe war schließlich in mehrere (nationale) Tranchen zerlegt. Ihr tatsächlicher Ertrag belief sich auf 631 Millionen Goldkronen, von denen Österreich – nach Abzug einer sechsmonatigen Garantie für den Anleihedienst und des Rückersatzes der von den Völkerbundstaaten vor der Genfer Anleihe gewährten Kredite – ein Nettobetrag von knapp 450 Millionen für den Wiederaufbau blieb.[17] Als Sicherstellung hatte die Republik dem Völkerbund die Bruttoeinnahmen aus den Zöllen und aus dem Tabakmonopol zu verpfänden.[18] Außerdem musste Österreich weitere Verpflichtungen eingehen; vor allem die Wahrung seiner Selbstständigkeit, de facto also die Abkehr von der weitverbreiteten Idee eines Anschlusses an Deutschland. Binnen eines Monates musste die Regierung ein Reform- und Sanierungsprogramm erstellen – mit dem Ziel, innerhalb von zwei Jahren ein Gleichgewicht des Staatshaushaltes zu erreichen. Schon mit Bekanntwerden der bevorstehenden Unterzeichnung der Genfer Protokolle war der Währungsverfall zum Stillstand gekommen.[19]

In Österreich sorgte die Genfer Anleihe für heftige Kontroversen zwischen der bürgerlichen Regierungskoalition und den oppositionellen Sozi-

---

16   Ursprünglich sollte die Völkerbundkontrolle nur bis 1924 dauern, wurde aber nach einer Börsenkrise um zwei Jahre bis zum 30. Juni 1926 verlängert. Bachinger/Matis, *Der österreichische Schilling*, S. 103.
17   Layton, W. T./Rist, C., *Die Wirtschaftslage Österreichs. Bericht der vom Völkerbund bestellten Wirtschaftsexperten*, Wien 1925, S. 102.
18   Ausch, *Als die Banken fielen*, S. 76.
19   Bachinger/Matis, *Der österreichische Schilling*, S. 53.

aldemokraten. Letztere prangerten zwar öffentlich die „Versklavung Österreichs durch den Genfer Knechtschaftsvertrag"[20] an, erteilten im Nationalrat aber ihre Zustimmung und ermächtigten die Regierung zur Durchführung des Reformprogrammes. Auch bei der dafür notwendigen Verfassungsänderung zogen die Sozialdemokraten mit – und durften im Gegenzug Vertreter in den „Außerordentlichen Kabinettsrat" entsenden, einer Art Parlamentsausschuss, in dem über die Regierungsanträge zum Sanierungsprogramm beraten und diskutiert wurde. Das Gremium war mit einem (auf drei Tage befristeten) Vetorecht ausgestattet, und angesichts der personellen Konstellation verwundert es kaum, dass die Wogen bald hochgingen. Die Opposition machte weiter gegen die Genfer Anleihe Stimmung und nutzte dafür auch den Kabinettsrat, dessen Protokolle jeweils im Amtsblatt der Wiener Zeitung veröffentlicht wurden, als Plattform.[21] In den Diskussionen kamen die tiefen ideologischen Gräben zwischen Christlichsozialen und Sozialdemokraten deutlich zum Ausdruck, etwa, als Letztere hinter einzelnen Reformmaßnahmen katholische Klientelpolitik zugunsten von Geistlichen und Landwirten orteten.[22] Die bevorstehenden Einsparungen bei den defizitären Bundesbahnen stießen den Sozialdemokraten besonders sauer auf.[23] Aus ihrer Sicht wog zudem das durch die Genfer Anleihe einzementierte Anschlussverbot an den „großen Bruder" Deutschland schwer.[24] Freilich, nicht zu Unrecht wiesen die Sozialdemokraten auch auf die dramatischen sozialen Einschnitte hin, die sich Österreich mit dem Sanierungsprogramm auferlegt hatte. Immerhin sah der Sparkurs u. a. den Abbau von 100.000 Beamten vor.[25]

---

20 Arbeiter Zeitung, 22.10.1922, S. 1.
21 Siehe die gesammelten Protokolle im Bestand Österreichisches Staatsarchiv (ÖStA)/Archiv der Republik (AdR), Bundeskanzleramt (BKA), Protokolle des Außerordentlichen Kabinettrates (AO KRP), Sitzungen 1–22, 1922–1924, Kt. 18.
22 Ebd., 16. u. 17 Sitzung, 10. u. 15.3.1923.
23 Ebd., 35. Sitzung, 17.1.1924. Zu den Sparmaßnahmen: Kienböck, *Das österreichische Sanierungswerk*, S. 56–63.
24 Immerhin war der Anschluss im sozialdemokratischen Parteiprogramm fest verankert. Noch im „Linzer Programm" von 1926 hieß es: „Die Sozialdemokratie betrachtet den Anschluss Deutschösterreichs an das Deutsche Reich als notwendigen Abschluss der nationalen Revolution von 1918. Sie erstrebt mit friedlichen Mitteln den Anschluss an das Deutsche Reich. „Linzer Programm" der Sozialdemokratischen Arbeiterpartei Österreich, 1926, abgedruckt in: Berchtold, K. (Hg.), Österreichische *Parteiprogramme 1868–1966*, München 1967, S. 247–264, hier S. 264, Punkt 5.
25 Dazu u. a.: Ausch, *Als die Banken fielen*, S. 101–104; Sandgruber, *Ökonomie und Politik*, S. 361; Deak, *Dismantling Empire*, S. 136f.

Am Beginn der Sanierung stand die Errichtung der neuen Österreichischen Nationalbank (OeNB), die noch 1922 an die Stelle der in Liquidation befindlichen Österreichisch-Ungarischen Bank trat. Erster OeNB-Präsident wurde Richard Reisch, der 1919/20 auch Staatssekretär für Finanzen gewesen war.[26] Wie der Regierung, so wurde auch der OeNB-Führung vom Völkerbund ein Beobachter (offiziell: Berater) zur Seite gestellt: anfangs der Schweizer Charles Schnyder von Wartensee, später, ab 1924, Anton van Gyn aus den Niederlanden.[27] Monatlich erstatteten die Berater dem Völkerbund-Kommissär Zimmermann Bericht über die Geschäftsführung der Notenbank, nicht selten kam es dabei zu Auffassungsunterschieden mit der OeNB-Führung.[28]

Die erste Aufgabe der neuen, unabhängigen Zentralbank bestand in der Stilllegung der Notenpresse – eine Maßnahme, die sich entgegen vieler Prognosen als „nicht nur theoretisch richtig, sondern auch als praktisch durchführbar" erwies, wie der OeNB-Generalrat später betonte.[29] Die Papierkrone wurde ab Mai 1923 im Verhältnis zum Dollar stabilisiert (1 Dollar = 71.060 Papierkronen). Damit war Österreich das erste europäische Land, das praktische Schritte zur Fixierung der Valuta setzte.[30] Durch Beendigung der Inflationspolitik gewann man nun allmählich das Vertrauen der in- und ausländischen Kreditmärkte zurück.[31]

26 Fritz, *Für Kaiser und Republik*, S. 157–161

27 Auch nach der „Ära" Zimmermann verblieb bis 1929 ein Berater bei der OeNB. Es handelte sich dabei um den Briten Charles Robert Kay, der sein Amt bereits im Jänner 1926 antrat. Berger, P., *Im Schatten der Diktatur. Die Finanzdiplomatie des Vertreters des Völkerbundes in Österreich, Meinoud Marinus Rost van Tonningen 1931–1936*, Wien-Köln-Weimar 2000, S. 124.

28 Exemplarisch dazu: zur Währungsumstellung 1924/25 und ihrem Kontext erstmals ausgewertete Unterlagen aus dem Bestand Oesterreichische Nationalbank/Bankhistorisches Archiv (OeNB/BHA), hier Monatsberichte des Beraters bei der OeNB, Bd. 1: Reisch an Sektionschef Schwarzwald, 22.10.1923 (dem 4. Bericht Schnyder v. Wartensees an Zimmermann v. 10.10.1923 beigefügt).

29 Ebd., Bericht über die I. Regelmäßige Jahressitzung der Generalversammlung der OeNB am 15. März 1924, S. 11

30 Keynes, J. M., *Ein Traktat über Währungsreform*, München-Leipzig 1924, S. 146.

31 OeNB/BHA, Bericht über die I. Regelmäßige Jahressitzung der Generalversammlung der OeNB am 15. März 1924, S. 12 u. 34.

Die Einführung des Schillings als vertrauensbildende Maßnahme

Obwohl im März 1924 abermals eine Börsenkrise das österreichische Bank- und Kreditwesen erschütterte, konnte die Regierung ihren Stabilisierungskurs im Wesentlichen halten. Sie ging nun daran, einen weiteren Reformschritt zu setzen, der sich im Kontext internationaler Finanzstrategien bewegte: Insbesondere die US-amerikanische Zentralbank Fed und die Bank of England forcierten die Rückkehr zum Goldstandard, der im Ersten Weltkrieg der Inflationspolitik zum Opfer gefallen war. Aus gutem Grund; denn während sich die USA kriegsbedingt vom größten Schuldner zum größten Gläubiger der europäischen Mächte entwickelt hatten und, nunmehr mit riesigen Goldvorräten ausgestattet, ihre dominante Stellung einzuzementieren gedachten, erhoffte sich Großbritannien vom Goldstandard ein Wiedererstarken des Finanzplatzes London.[32] Nachdem somit auf Betreiben der Siegermächte im Sommer 1924 Deutschland durch Einführung einer neuen Währung (Reichsmark) zum Goldstandard zurückgekehrt war, legte das Finanzkomitee des Völkerbundes auch Österreich diesen Schritt nahe. In den im September 1924 in Genf getroffenen Abmachungen verpflichtete sich folglich auch die Alpenrepublik dazu, ihr Geldwesen in eine Goldrelation zu bringen[33] – Österreich folgte dem deutschen Beispiel und tat dies mit einer neuen Währung, dem Schilling, zumal die Krone nach Entwertung und Stabilisierung jede praktische Bedeutung verloren hatte.[34] Der Regierung war dabei durchaus klar, dass der Völkerbund im Sinne der internationalen Hochfinanz handelte. Intern bezeichnete Finanzminister Viktor Kienböck das Finanzkomitee gar als „Appendix von Norman [Sir Montagu, Governor der Bank of England, Anm.] und den englischen Citykreisen".[35]

---

32 Vgl. Ahamed, L., *Die Herren des Geldes. Wie vier Bankiers die Weltwirtschaftskrise auslösten und die Welt in den Bankrott trieben*, 2. Aufl. München 2012, S. 174–197.

33 Zur Genfer Septembertagung von 1924: Kernbauer, H., *Währungs-, Bank- und Budgetpolitik in der Zwischenkriegszeit*, in: Tálos, E. u. a. (Hg.), *Handbuch des politischen Systems Österreichs. Erste Republik 1918–1933*, Wien 1995, S. 552–569, hier S. 559f.

34 ÖStA/AdR, BMF, Dep. 17/Frieden, Kt. 91, Fasz. 77/1924: 24. Bericht des Generalkommissärs an das Finanzkomitee des Völkerbundes, Zeitraum 15.11.–15. 12.1924, 31.12.1924.

35 Bericht Seipels über die Verhandlungen in Genf, 19.9.1924, abgedruckt in: Koch, K./ Rauscher, W./Suppan, A. (Hg.), *Außenpolitische Dokumente der Republik Österreichs, Bd. 5 (im Folgenden: ADÖ 5): Unter der Finanzkontrolle des Völkerbundes*. Wien 2002, Dok. 782, S. 249–257,

Die Währungsreform, von Kienböck vorbereitet und unter seinem Nachfolger Jakob Ahrer durchgeführt, bot durchaus Gesprächsstoff. Viele hielten sie für verfrüht, zumal die Sanierung der Staatsfinanzen noch nicht als abgeschlossen galt und auch in anderen Nachfolgestaaten Währungsreformen anstanden. Es wäre keineswegs auffällig gewesen, hätte Österreich mit der Schilling-Einführung noch zugewartet, „bis auch in anderen, kräftigeren Wirtschaftsgebieten, mit denen wir rege Handelsbeziehungen unterhalten, die Reform des Geldwesens in Angriff genommen worden wäre".[36] Zwischenzeitlich hegte selbst Generalkommissär Zimmermann seine Zweifel.[37]

Trotz des Gegenwindes ließ sich die Regierung nicht von der raschen Umsetzung abbringen. Nach Kienböck waren die Gründe dafür, warum man eine neue Währung wählte, und nicht − wie ursprünglich mit dem Völkerbundrat vereinbart − bloß die stabilisierte Krone in die Goldrelation brachte, vertrauensbildender Natur. Der Schilling sollte sichtbares Zeichen eines Neuanfangs sein:

„Das Rechnen mit der Krone hatte zwei Fehler, deren Beseitigung dringend wurde. Einmal ist der Gebrauch ungeheurer Ziffern dem wirtschaftlichen Denken abträglich. Große Ziffern sollen imponieren, ein Zustand, in dem man den Wert gewöhnlicher Gegenstände mit Millionenziffern auszudrücken gezwungen ist, mindert den Respekt vor der großen Ausgabe [...]

Zweitens hatte sich, solange der Gebrauch der Krone als Einheit fortdauerte, das Gefühl, ein stabiles Niveau des Geldwertes zu besitzen, nicht festsetzen können."[38]

Offenbar war diese seine Überzeugung auch der Grund dafür, warum Kienböck im Spätsommer 1924, zweieinhalb Monate vor der Währungsreform, eine Sistierung der Herausgabe von einer Millionen Kronen-Noten anordnete, da diese, so die Befürchtung des Finanzministers, „das Vertrauen in die Stabilität der Noten erschüttern könnte". Die OeNB und deren Be-

---

hier S. 253.

36 OeNB/BHA, Generalratsprotokolle, Sitzung v. 14.12.1924.

37 Wie Anm. 34.

38 Kienböck, *Das österreichische Sanierungswerk*, S. 102.

rater van Gyn teilten diese Befürchtung nicht. Vor allem der Niederländer stieß sich an der Maßnahme und attestierte Kienböck eine „zu ungünstige Meinung vom Verstand der Bevölkerung" [...]. „In einem Lande, in welchem die Löhne zwischen 400.000 und 500.000 K[ronen] schwanken, ist die Bevölkerung sicherlich mit der Millionenzahl dermaßen vertraut geworden, dass sie die Herausgabe von 1 Million-Noten für durchaus natürlich halten wird", so van Gyn. Indessen zeigte sich die OeNB mit der Maßnahme des Ministers deshalb unglücklich, weil sie bereits eine (verhältnismäßig geringe) Summe von 400 Millionen Kronen in die Herstellung besagter Noten investiert hatte.[39]

Die Vorbereitungen zur Einführung des Schillings waren da längst im Gange. Entsprechende legislative Arbeiten hatten bereits im Sommer 1923 begonnen, als die Regierung durch das Bundesgesetz vom 19. Juli ermächtigt wurde, anstelle kleinerer Banknoten (bis 5.000 Kronen) Münzen aus unedlem Metall zu prägen. Und im Dezember 1924 schuf ein weiteres Gesetz die Grundlage zur Ausgabe von Silbermünzen – erstmals unter der Bezeichnung Schilling. Aber der „Silberschilling" war zu hochwertig ausgeprägt und erwies sich daher als Flop. Folglich wurde er gehortet, landete in Sparbüchsen, wurde zum Zielobjekt von Spekulanten und „Schillinghamsterern". Die neuen Münzen waren kaum zu bekommen.[40] Hinzu kam, dass die Silberpreise weltweit innerhalb kurzer Zeit gewaltig anstiegen und der Schilling sich schließlich überhaupt nicht mehr im Verkehr halten konnte.[41] Bald wurde die Prägung eingestellt. Der Start der Schillingmünze verlief also denkbar unglücklich, dennoch wurde sie zum Vorboten der großen Währungsreform.

Gegen Jahresende 1924, als sich „das Publikum durch einige Zeit an den Begriff und die Wertgröße des Schillinge gewöhnt hatte"[42], folgte mit dem Schillingrechnungsgesetz vom 20. Dezember 1924 der nächste Schritt:

39   OeNB/BHA, Berichte des OeNB-Beraters an Generalkommissär Zimmermann, Bd. 1. 15. Bericht, 6./12.9.1924.

40   Vgl. Bachinger/Matis, *Der österreichische Schilling*, S. 78–80.

41   Ministerratsprotokoll Nr. 356 v. 11.12.1924, abgedruckt in: Protokolle des Ministerrates der Ersten Republik. Abteilung IV, Kabinett Dr. Rudolf Ramek, Bd. 1 (im Folgenden: MRP), hrsg. von der Österreichischen Gesellschaft für historische Studien. Wien 1991, S. 126.

42   Kienböck, *das österreichische Sanierungswerk*, S. 103.

die Zulassung des Schillings als Rechnungseinheit. Zunächst war vorgesehen, den Schilling mit Stichtag 1. Jänner 1925 obligatorisch einzuführen. Von diesem Vorhaben nahm die Bundesregierung schließlich Abstand und weitete die Fristen aus: Der Bundeshaushalt musste bis 30. Juni 1925 umgestellt sein, während die Privatwirtschaft innerhalb einer Frist bis 1. Juli 1926 den Zeitpunkt des Übergangs frei wählen konnte. Ein Schilling wurde mit 0,21172086 g feinen Goldes gleichgesetzt, der Umrechnungsschlüssel zwischen Schilling und Krone lag bei 10.000 (1 Schilling = 10.000 Kronen) – ein Wertniveau, das wieder für Diskussionen sorgte: Die kritischen Stimmen warnten vor allem vor der Tatsache, dass andere Staaten, wie die Tschechoslowakei, Italien, Frankreich oder die Balkanländer, viel niedrigere Währungseinheiten benutzten (1 Schilling entsprach 4,7 tschechoslowakischen Kronen). Dazu gesellten sich Bedenken psychologischer Natur, wonach – diametral entgegengesetzt zur Meinung Kienböcks – „die Annahme einer zu hohen Rechnungseinheit [Einfluss] auf die Wertbegriffe und die Preise ausüben könnte".[43] Kurzfristig eingebrachte Vorschläge über die Herabsenkung des Schlüssels auf 1:1.000 entkräftete Kienböck allerdings mit dem Argument, dass (bei 1:10.000) die Nähe des Schillingwertes „zu dem der alten Krone (oder Goldkrone) [.] so evident [ist], dass man statt einer alten Krone für manche Zwecke den Schilling setzen wird. Da er jedoch in Wirklichkeit um beiläufig ein Drittel weniger wert ist, so führt dieser Vergleich zur Verbilligung und Sparsamkeit".[44]

Am eigentlichen Kern der Sache, nämlich an der Frage, ob sich die Rückkehr zum Goldstandard mittel- bis langfristig auch als wirtschaftspolitisches Instrument eignete, diskutierten Politik und Öffentlichkeit indessen eifrig vorbei. Zwar warnten die Sozialdemokraten vor einer möglichen Teuerung, im Vordergrund standen aber vielmehr Debatten über die vorgesehene Benennung der kleinen Währungseinheit in „Stüber" (ein Schilling sollte in 100 Stüber eingeteilt werden). Der Stüber sorgte für lautstarke Proteste, zumal eine gleichnamige Währungseinheit im 19. Jahrhundert auch in Holland in Verwendung gewesen war – was die „Neue Freie Presse"

---

43   Wie Anm. 34.
44   Kienböck, *Das österreichische Sanierungswerk*, S. 104.

schon angesichts der Herkunft des Generalkommissärs bissig hinterfragte.[45] Ungleich sachlicher wies Otto Bauer im Parlament auf zwei wesentliche Gründe hin, die aus seiner Sicht gegen den Stüber sprachen: Erstens sei der Name Stüber keine historische, dem (österreichischen) Volk vertraute Einheit, zweitens bestünde in der Abkürzung eine Verwechslungsgefahr mit dem Schilling.[46] Da offenbar auch die Regierung – inzwischen hatte Rudolf Ramek Seipel als Bundeskanzler abgelöst, Jakob Ahrer war Kienböck als Finanzminister nachgefolgt – mit der Namenswahl nicht mehr glücklich war,[47] setzte sich die Bezeichnung „Groschen" durch. Für die vorangegangenen Diskussionen hatte man sich aber bereits Spott und Hohn eingehandelt. So meinte kein geringerer als Karl Kraus, Österreich habe sich in der Wahl des Namens doch gar nicht so arg vergriffen. Immerhin bedeute Stüber doch auch „schellender Schlag" – im Falle Österreichs könne man insofern von einem „Nasenstüber durch die Entente" sprechen. Und aus der Bezeichnung Schilling, die auch „eine Tracht Schläge" bedeutete, leitete Kraus sarkastisch „einen schweren Schlag, eine Sanierung" ab. Überhaupt plädierte er dafür, „das österreichische Geld, schlicht wie es ist, zu nennen: Neandertaler".[48]

Nachdem sie bereits 10.000-Kronen-Noten mit dem Aufdruck „Ein Schilling" in Umlauf gebracht hatte, gab die OeNB ab 27. April 1925 die ersten 10 Schilling-Noten aus. Es folgten Noten zu 5, 20 und 1.000 Schillingen. Das Echo war überwiegend positiv; der Übergang zur neuen Währung ging ohne Schwierigkeiten vor sich, sie bürgerte sich verhältnismäßig problemlos ein. Zur Popularisierung des Schillings trug auch die OeNB selbst bei. Zwecks Schaffung einer Reserve-Serie von Banknoten hatte sie einen hochdotierten Künstlerwettbewerb zur Gestaltung der Schilling-Noten ausgeschrieben.[49] Aus der Schilling-Einführung zog die Nationalbank schließlich zwei wesentliche Konsequenzen: Zum einen wurde der Devisenhandel von allen bestehenden Schranken (Devisen-Clearing) befreit.

---

45 Zit. nach Bachinger/Matis, *Der österreichische Schilling*, S. 82.
46 Wiener Zeitung, 19.12.1924, S. 1f.
47 MRP Nr. 356 v. 11.12.1924, S. 125.
48 Zit. nach Bachinger/Matis, *Der österreichische Schilling*, S. 82.
49 OeNB/BHA, Generalratsprotokolle, 29. Sitzung am 24.4.1925.

Zum anderen bedingte die Goldrelation ein Abweichen vom Wertverhältnis zum Dollar, wie man es 1922 eingeführt hatte. Dennoch konnte der Schilling auch im neuen Notierungssystem nicht nur seine volle Parität zum Dollar behaupten, sondern wies zeitweilig sogar ein Agio auf.[50] Die neue Währung zählte mit zu den stabilsten auf dem Kontinent, der „Alpendollar" war geboren.

Ihren Abschluss fand die Währungsreform im Juni 1925 mit der Einführung des Goldbilanzengesetzes. Das Gesetz sollte jenen Knoten entwirren, der durch die massive Entwertung der österreichischen Währung entstanden war. Denn trotz dieser hatten Gerichte und Finanzverwaltung schlichtweg das Prinzip „Krone ist Krone" angewandt, was sowohl in der öffentlichen als auch in der privaten Buchhaltung große Verwirrung stiftete. In den Bilanzen der Unternehmen standen Friedenskrone (Goldkrone) und hyperinflationierte Papierkrone nebeneinander. Sie ergaben ein völlig falsches Bild und brachten den Unternehmen zahlreiche Nachteile: So war es unmöglich, regelmäßige Abschreibungen vorzunehmen. Oft wurden Scheingewinne besteuert, was de facto zulasten der Substanz ging.[51] Vor allem aber minderte das Bilanzenchaos die Kreditwürdigkeit der österreichischen Volkswirtschaft im Ausland,[52] ein Umstand, der vor allem die Bank of England auf eine entsprechende Gesetzgebung drängen ließ.[53] Wieder diente Österreich ein analoges, zuvor in Deutschland in Kraft getretenes Gesetz als Vorbild.[54]

Die Goldbilanzen bauten auf der Schilling-Rechnung auf, die Unternehmen hatten ihre Aktiven und Passiven also in einer in Schilling aufzustellenden Bilanz neu zu bewerten. Einmal mehr traten die Kritiker auf den Plan: Die Neue Freie Presse fürchtete, dass das Gesetz „die Reichen noch reicher, die Armen noch ärmer" machen könnte.[55] Und die Sozialdemokra-

50 Ebd., Bericht über die III. Regelmäßige Jahressitzung der Generalversammlung der OeNB am 16. März 1926, S. 17f.
51 Ebd., Generalratsprotokolle, 26. Sitzung v. 23.1.1925.
52 Layton/Rist, Die Wirtschaftslage Österreichs, S. 96.
53 Das meldete der österreichische Gesandte in London, Georg Franckenstein: ÖStA/AdR, BMF, Dep. 17/Frieden, Kt. 68, Fasz. 50/4: Ges. Franckenstein am BM Kienböck, 28.10.1924.
54 Layton/Rist, Die Wirtschaftslage Österreichs, S. 96.
55 Zit. nach Bachinger/Matis, Der österreichische Schilling, S. 90.

ten hatten die Gesetzwerdung mit neuen Forderungen verzögert. Niemand sollte das Privileg ungerechtfertigter Steuerbegünstigungen genießen, schon gar nicht zulasten der Arbeiterschaft. Im Regierungslager sorgte der sozialdemokratische Vorstoß für Aufregung und Unverständnis. Man witterte klassenkämpferische Demagogie.[56]

Tatsächlich brachte das Gesetz den Unternehmen schließlich beachtliche steuerliche Vorteile, vor allem die Möglichkeit, stille Reserven steuerfrei in Aktienkapital umzuwandeln.[57] Es war auch dies ein Versuch, die marode österreichische Wirtschaft anzukurbeln. Früchte trug er allerdings kaum.

Trotz gelungener Sanierung: Die Wirtschaft kommt nicht in Schwung

Mit der Genfer Anleihe und einem rigorosen Sparprogramm schaffte es Österreich innerhalb sehr kurzer Zeit, seinen Staatshaushalt ins Gleichgewicht zu bringen. Gelungen war die Sanierung vor allem einnahmenseitig, durch Einführung neuer Steuern. Als besonders ergiebig stellte sich hier die Warenumsatzsteuer heraus, die, unter verschiedenen Bezeichnungen, nach dem Kriege auch in anderen europäischen Staaten zur Sanierung des Staatshaushaltes eingeführt wurde.[58]

Auf der Ausgabenseite hingegen entpuppte sich vor allem der Beamtenabbau als Fehlschlag. Insgesamt baute Österreich 85.000 Beamte ab, einen Großteil aber durch Pensionierungen, was dem Staat neue Kosten verursachte. Dennoch waren die Budgetziele Ende 1923 im Wesentlichen erreicht, als der Einnahmenanteil 81 Prozent der Ausgaben erreichte.[59] In den Folgejahren wurden sogar Überschüsse erwirtschaftet: 1924 rund 91 Millionen, 1925 gar 167 Millionen Schilling.[60] Dieser Trend fand auch in

---

56 Vgl. Streeruwitz, E., *Die Schäden der hemmungslosen Demagogie. Ein Nachwort zur Verabschiedung des Goldbilanzengesetzes*, in: Reichspost vom 6.5.1925, S. 1f., hier S. 2.

57 Layton/Rist, *Die Wirtschaftslage Österreichs*, S. 96.

58 Kienböck, *Das österreichische Sanierungswerk*, S. 68–71.

59 ÖStA/AdR, BMF, Dep. 17/Frieden, Kt. 91, Fasz 77/1925: Anlage zum 34. Bericht des Völkerbund-Generalkommissärs, Zeitraum 15.9.–15.10.1925, 31.10.1925.

60 Ebd., Fasz. 77/1926. 47. Bericht des Völkerbund-Generalkommissärs für Österreich, Zeitraum 15.5.–15.6.1926, 30.6.1926. Schuldenstand im Juni 1926: 2.319.318.887,17 Schilling.

der Staatschuldenquote seinen Niederschlag: Hatten sich die Staatsschulden der österreichischen Reichshälfte gemessen am BIP 1913 noch auf über 60 Prozent belaufen, so lagen sie 1924 bei 24, später, 1929, gar nur noch bei 15 Prozent.[61] Zwar war der dramatische Schuldenschnitt im Vergleich zu 1913 zunächst hauptsächlich der Inflation zu „verdanken", die ab 1924 kontinuierlich sinkende Schuldenkurve stand jedoch bereits deutlich im Zeichen der Sanierung. Positive Effekte erzielte auch die endgültige Währungsstabilisierung durch die Schilling-Einführung samt jener konsequenten Hartwährungspolitik, die Österreich im Folgenden betrieb. Die neue Währung schuf Vertrauen − und wirkte auf den Sparwillen sichtlich positiv: Während der Hyperinflation 1922 hatten die Menschen ihr Erspartes noch säckeweise aus den Banken getragen, nun, im Spätsommer 1925, hatten die Spareinlagen in Österreich bereits wieder beachtliche 424 Millionen Schilling erreicht.[62]

Die Krise seiner Staatsfinanzen hatte Österreich somit behoben, nicht aber die Krise seiner Wirtschaft. Durch die konjunkturdämpfende Wirkung der Austeritätspolitik kam diese nämlich kaum vom Fleck. Zwar wiesen die Wachstumszahlen lediglich für das Jahr 1923 auf eine Stabilisierungskrise hin, blieben aber in den folgenden Jahren sehr bescheiden. Sie reichten nicht annähernd aus, die personellen Kapazitäten der Volkswirtschaft auszulasten.[63] Das spiegelte sich in den Arbeitslosenzahlen wider, die seit der Anleihe wieder deutlich gestiegen waren − eine Folge der getätigten Rationalisierungsmaßnahmen, gepaart mit der exporthemmenden Hartwährungspolitik.[64] Insolvenzen, Stilllegungen und Betriebseinschränkungen wurden zum Alltag. Hinzu kam jene Teuerungswelle, die ab Mitte 1925 zwar an Heftigkeit verlor, die Lebenshaltungskosten in den folgenden Jahren aber weiter steigen ließ.[65] Und schließlich gesellte sich zu all diesen Faktoren ein weiteres Krisensymptom, namentlich eine Reihe von spektakulären Bankenzusammenbrüchen im Jahr 1926. Der Bund übernahm Haftungen und

61 Zahlen nach den im laufenden Forschungsprojekt (Anm. 1) erhobenen Daten.
62 OeNB/BHA, 34. Sitzung des Generalrates am 7. Oktober 1925, Geschäftsbericht.
63 Butschek, F., *Die österreichische Wirtschaft im 20. Jahrhundert*, Stuttgart 1985, S. 46–48.
64 Layton/Rist, *Die Wirtschaftslage Österreichs*, S. 6–9.
65 Bachinger/Matis, *Der österreichische Schilling*, S. 92–100.

Garantien, was einmal mehr auf Kosten notwendiger Investitionen ging.[66] Gegen Ende 1926 ließ die Krise zwar nach, die Wirtschaft stagnierte aber weiterhin. In der gesamten Zwischenkriegszeit schaffte es Österreich nicht, das Niveau seiner Industrieproduktion von 1913 zu erreichen.[67]

Den Generalkommissär beeindruckten die ökonomischen Probleme kaum. War das Budget ausgeglichen, konnte es aus seiner Sicht keine Wirtschaftskrise geben. Ein sanierter Staatshaushalt und ein stabiler Schilling mit Goldparität hatten für Zimmermann oberste Priorität. Penibel achtete der Niederländer daher auf die exakte Einhaltung des Austeritätsprogrammes, was mitunter zu Konflikten mit den österreichischen Regierungsspitzen und der OeNB führte.[68] Selbst im Juni 1925, als Österreich den finanziellen Turnaround geschafft hatte und einen Teil der verbliebenen Restmittel aus der Anleihe zur Elektrifizierung der Bundesbahnen verwenden wollte, legte sich Zimmermann zunächst quer – mit dem Hinweis, man würde die Summe womöglich doch noch zur Budgetsicherung benötigen. Erst nach neuerlichen, zähen Verhandlungen in Genf gab das Finanzkomitee des Völkerbundes der österreichischen Bitte schließlich statt.[69]

Im historischen Rückblick wird die Sanierungspolitik Österreichs in den 1920er-Jahren mitunter als zu restriktiv gesehen. Der straffe Sparkurs und die Vernachlässigung öffentlicher Investitionen hätten dem Land eine alles andere als günstige Ausgangslage für die Weltwirtschaftskrise der 1930er-Jahre verschafft, so die Meinung einiger Historiker.[70] Realiter blieb der Regierung angesichts der Völkerbundkontrolle aber kaum Spielraum; im Wesentlichen war der Kurs von außen vorgegeben.[71] Hatten es die Poli-

---

66 Siehe Ausch, *Als die Banken fielen*, S. 205–306.

67 Sandgruber, *Ökonomie und Politik*, S. 365 u. 382; Butschek, *Österreichische Wirtschaftsgeschichte*, S. 218.

68 Wie Anm. 60.

69 Arbeiter Zeitung, 9.6.1925, S. 1.

70 Vor allem: Ausch, *Als die Banken fielen*; dazu auch Karner, der betont, dass der Austeritätskurs „in dem Moment politisch an die Grundfeste des Staates ging, als Anfang der 30er Jahre ein Heer von Arbeitslosen [...] ein verstärktes staatliches Engagement bei den Auftragsvergaben erfordert hätte". Karner, S., *Problemfelder des wirtschaftlichen Aufbaus in Österreich 1918/19*, in: Karner, S./Schöpfer G. (Hg.), *Als Mitteleuropa zerbrach. Zu den Folgen des Umbruchs in Österreich und Jugoslawien nach dem Ersten Weltkrieg*, Graz 1990, S. 67–78, hier S. 77.

71 Weber, F., *Staatliche Wirtschaftspolitik in der Zwischenkriegszeit*, in: Tálos u. a. (Hg.), *Handbuch des politischen Systems*, S. 531–551, hier S. 538; Bachinger/Matis, *Der österreichische Schil-*

tiker unmittelbar nach dem Ersten Weltkrieg verabsäumt, das Land quasi am eigenen Schopf aus dem Krisensumpf zu ziehen, so gab es zur Völkerbundhilfe im Herbst 1922 keine Alternative mehr. Der Völkerbund wiederum handelte im Sinne der internationalen Hochfinanz, als er Österreich (wie auch Deutschland) zur Währungsreform samt Wiederherstellung der Goldparität drängte. Historisch betrachtet war die Rückkehr zum Goldstandard aber ein „barbarisches Relikt", das so ganz und gar nicht mehr zu den Rahmenbedingungen der Zwischenkriegszeit passen wollte. Dem Versuch, nach 1918 ein Währungssystem mit Goldkonvertibilität und festen Wechselkursen zu reanimieren, konnte kein Erfolg beschieden sein. Zu sehr hatte der Erste Weltkrieg die zuvor über Jahrzehnte mühsam austarierten Kräfte der globalen Finanzwelt ins Ungleichgewicht gebracht.[72]

Der klassische Goldstandard des 19. Jahrhunderts hatte auf zwei Eckpfeilern basiert: auf Glaubwürdigkeit und internationaler Kooperation. Zur Sicherstellung der Goldwertkonvertibilität zogen Regierungen und Zentralbanken über Jahrzehnte hinweg an einem Strang. Leistungsbilanzdefizite wurden jeweils mit erhöhten Zinssätzen ausgeglichen, Wechselkurse dadurch automatisch stabilisiert. In der Zwischenkriegszeit jedoch schwächte nicht zuletzt der permanente Streit über die Kriegsreparationen besagte Eckpfeiler erheblich. Der automatische Interventionsmechanismus funktionierte nicht mehr wie früher, was erhebliche außenwirtschaftliche Ungleichgewichte schuf, die das Weltwirtschaftssystem destabilisierten. Andererseits führte die Reaktivierung des Goldstandards zu einer starken Integration des globalen Bankenwesens. Das Ergebnis: ein eng vernetztes, gleichzeitig aber instabiles Finanzsystem, welches schließlich zur „Großen Depression" entscheidend beitrug und die Staaten in den 1930er-Jahren

ling, S. 104f. Allerdings wird hier auch relativiert: „Die Tendenz zu einer rigorosen Einschränkung auch um den Preis einer stagnierenden Wirtschaft entsprang nicht nur dem Geist oder Ungeist von Genf, die Deflationsgesinnung selbst wurzelte auch in der österreichischen Wirtschaftspolitik." Nach Butschek hingegen wäre zwar konjunkturpolitisch die eine oder andere Akzentverschiebung möglich gewesen, doch blieb der Austertitätskurs im Wesentlichen alternativlos. Butschek, *Die österreichische Wirtschaft*, S. 58.
72 Ahamed, *Die Herren des Geldes*, S. 174–181; Vgl. auch Hardach, G./Hartig, S., *Der Goldstandard als Argument in der internationalen Währungsdiskussion*, in: *Jahrbuch für Wirtschaftsgeschichte 1998/1*, S. 125–144.

unflexibel in der Krisenbekämpfung machte.[73] Für Österreich hatte diese Entwicklung zur Folge, dass es 1932 einer weiteren Völkerbundanleihe (Lausanner Anleihe) bedurfte.[74]

Andererseits bot niemand Alternativen an; selbst John Maynard Keynes (noch) nicht, wenngleich der britische Star-Ökonom keineswegs als Freund des neuen Goldstandards (der eigentlich ein Gold-Devisen-Standard war) galt.[75] Aber der Primat der Währung über die Wirtschaft war ein ungeschriebenes Dogma und wurde von damals führenden Ökonomen aus der „Österreichischen Schule der Nationalökonomie" gestützt, in deren Vorstellungen angebotsseitige Aspekte die Hauptrolle für wirtschaftliches Wachstum spielten. Der Staat sollte nicht eingreifen, würde er doch hauptsächlich „Effizienzverluste" verursachen.[76] Den Vorrang der Währungsstabilisierung und Budgetkonsolidierung stellten indessen selbst die österreichischen Sozialdemokraten, die Schrecken der Hyperinflation noch deutlich vor Augen, im Prinzip kaum infrage.[77] Erst zu Beginn der 1930er-Jahre wurde die Politik des „Deficit Spending" salonfähig, vor allem durch den US-amerikanischen „New Deal".[78] Hingegen setzte man in Österreich im Wesentlichen bis 1938 auf eine restriktive Budgetpolitik

Wohl aber waren schon in den 1920er-Jahren einzelne Stimmen laut geworden, die potenzielle ökonomische Probleme der Sanierung angesprochen und – mitunter recht deutlich – davor gewarnt hatten: beispielsweise der österreichische Wirtschaftspublizist Gustav Stolper in seiner 1921 veröffentlichten Aufsatzsammlung „Deutschösterreich als Sozial- und

---

73   Siehe Eichengreen, B., *Golden Fetters: The Gold Standard and the Great Depression, 1919–1939*, Oxford 1992, S. 12–21, u. Ahamed, *Die Herren des Geldes*, S. 341–385. Konträr dazu: von Hayek, F., *Was der Goldwährung geschehen ist. Ein Bericht aus dem Jahr 1932 mit zwei Ergänzungen*, Tübingen o.J.
74   Siehe Klingenstein, G., *Die Anleihe von Lausanne. Ein Beitrag zur Geschichte der Ersten Republik in den Jahren 1931–1934*, Wien 1965.
75   Ahamed, *Die Herren des Geldes*, S. 185–187.
76   Iber, W. M./Kleinert, J./Zwick, C., *Land der Sparer, schuldenreich. Österreich und seine Staatsschulden*, in: Die Presse (SPECTRUM), 28.2.2015.
77   Vgl. Butschek, *Österreichische Wirtschaftsgeschichte*, S. 203.
78   Siehe ausführlich Schlesinger, A. M., *The Coming of the New Deal, 1933–1935. The Age of Roosevelt, Vol. 2*, Boston 2003, und ders., *The Politics of Upheaval, 1935–1936. The Age of Roosevelt, Vol. 3*., Boston 2003.

Wirtschaftsproblem".[79] Auf politischer Ebene ventilierte der sozialdemokratische Parteivorsitzende und Wiener Bürgermeister Karl Seitz indes schon bald nach dem Beginn der Sanierung präkeynesianische Lösungen:

„Wir haben Kredite in Aussicht, die unsere Währung sanieren sollen, wir haben aber nicht die geringste Vorkehrung getroffen, um unsere Wirtschaft zu sanieren. Das erste und wichtigste wäre, dass wir in der Zeit der industriellen und gewerblichen Krise, die eine Folge der Währungssanierung sein muss, staatliche Investitionen unternehmen, dass wir die Zeit der verfügbaren Arbeitskräfte benützen, um unsere Industrie von der ausländischen Kohle unabhängig zu stellen, dass wir die inländischen Wasserkräfte für die Industrie dienstbar machen. Diese große Investitionsarbeit hätte einstweilen die Wirtschaftskrise, die zu einer sozialen Gefahr zu werden droht, gemildert …"[80]

Auch ein Regierungsmitglied versuchte sich abseits des ökonomischen Mainstreams: Der aus der Steiermark stammende Finanzminister Jakob Ahrer präsentierte im Dezember 1925 das „Steirer Wirtschaftsprogramm". Mit einer verstärkten staatlichen Wirtschaftslenkung wollte der Finanzminister, auch unter Einbeziehung der Sozialdemokraten, „nach dem Gelingen der staatsfinanziellen und budgetären Sanierung […] nunmehr, da der Boden gegeben ist, in kräftigster, wenn auch vorsichtigster Form die rein wirtschaftliche Seite des österreichischen Problems" lösen.[81] In seiner Hauptstoßrichtung zielte das Programm aber wohl darauf ab, den Absatz steirischer Braunkohle anzukurbeln.[82] Womöglich war das der Grund, warum der Minister außerhalb seines Bundeslandes keine Verbündeten dafür gewinnen konnte. Das Programm scheiterte am Widerstand in der eigenen Partei.[83]

---

79 Stolper, *Deutschösterreich als Sozial- und Wirtschaftsproblem*, S. 177. Wohl nicht zufällig erregte Stolper mit seinen Forderungen das Missfallen des Generalkommissärs: ÖStA/AdR (wie Anm. 53).
80 ÖStA/AdR, BKA, AO KRP, Kt. 19, 28. Sitzung, 13.4.1923.
81 Zit. nach: Der Österreichische Volkswirt, 9.1.1926.
82 Der Österreichische Volkswirt, 2.1.1926.
83 Neue Freie Presse 28.12.1925 u. 13.1.1926.

Epilog: Schicksale der Reformer

Im kollektiven Gedächtnis der Republik ist die Währungsreform 1924/25 heute kaum noch präsent. Dabei fand sie zwischenzeitlich, beispielsweise zu ihrem 50-jährigen Jubiläum, durchaus Würdigung,[84] weit mehr sogar als anlässlich der Schilling-Einführung selbst. Angesichts der dringlichen Probleme wirtschaftlicher, sozialer und politischer Natur ging diese rasch über die Bühne und beschäftigte Politik und Öffentlichkeit verhältnismäßig kurz. Dabei durfte sich Österreich die Währungsreform an sich durchaus als Erfolg auf die Fahnen heften. Der Schilling entwickelte sich schon in den 1920er-Jahren zum „Alpendollar", er stand für Stabilität und Vertrauen. In einem etwas anderen, weit weniger positiven Licht erscheint seine Einführung, hält man sich ihren eigentlichen Hintergrund vor Augen: Die Rückkehr zum Goldstandard, von den USA und Großbritannien nach 1918 massiv betrieben, trug zur Weltwirtschaftskrise maßgeblich bei. Und vor allem: Mochte die neue Währung verhältnismäßig rasch an Popularität gewinnen, so galt das für ihre Rahmenbedingungen keineswegs. Die „Genfer Sanierung" war schmerzhaft, sie verlangte Österreich schwere Opfer ab. In politische Erfolge ließ sie sich von den bürgerlichen Reformern – im Wesentlichen die Christlichsozialen, gemeinsam mit ihrem kleinen Koalitionspartner, den Großdeutschen – kaum ummünzen. Hatte die Christlichsoziale Partei bei den Nationalratswahlen 1923 noch einen deutlichen Sieg errungen, so ging es von da an deutlich bergab, sowohl im Nationalrat als auch in einzelnen Landtagen und Gemeinderäten. Während die Regierungsparteien kontinuierlich an Stimmen und Mandaten verloren, blieben die oppositionellen Sozialdemokraten zumindest auf Bundesebene verhältnismäßig stabil. Die dramatischen sozialen Einschnitte infolge der Genfer Anleihe waren Wasser auf ihre Mühlen; in den Wahlkämpfen schoss man sich nicht zuletzt auf die Austeritätspolitik der Regierung ein. Auf Länderebene mussten aber auch die Sozialdemokraten Verluste hinnehmen. Die Unzufriedenheit in weiten Bevölkerungsteilen konnte schließlich vor allem die Nationalsozialisten für

---

84 Nicht zuletzt durch die Festschrift Bachinger/Matis, *Der österreichische Schilling*; Gedacht wurde ihrer auch anlässlich des „Abschieds" vom Schilling vor der Umstellung auf den Euro: Bachinger, K., u. a. (Hg.), *Abschied vom Schilling. Eine österreichische Wirtschaftsgeschichte*, Graz-Wien-Köln 2001.

ihre Zwecke nutzen. In den frühen 1930er-Jahren eilten sie bei Landtags- und Kommunalwahlen von Erfolg zu Erfolg, begünstigt durch die Weltwirtschaftskrise und ihre verheerenden Auswirkungen.[85]

Zur extremen innenpolitischen Polarisierung trug die Genfer Anleihe maßgeblich bei. Ihr Aushängeschild, namentlich Bundeskanzler Seipel, bekam das am eigenen Leib zu spüren. Angesichts des rigorosen Sparkurses erreichte die sozialdemokratische Agitation gegen seine Person bald ein Niveau, das sich „hart an der Grenze zur Mordpropaganda" bewegte.[86] Am 1. Juni 1924 wurde Seipel auf dem Wiener Südbahnhof vom sozialdemokratischen Arbeiter Karl Jaworek niedergeschossen und lebensgefährlich verletzt.[87] Die gesundheitlichen Probleme infolge dieses Attentats spielten beim Rücktritt Seipels im November 1924 eine große Rolle. Ein anderer, nicht minder schwerwiegender Grund war, dass ihm die „schwarzen" Landeshauptleute bei seinen Reformvorhaben die Gefolgschaft verweigerten. Der Völkerbund hatte nämlich wohl die Kontrolle über das Bundesbudget, nur sehr bedingt aber über die Finanzen der Länder – ein Umstand, der Österreich mehrfach Kritik aus Genf eintrug.[88] Das Kabinett Seipel drängte daraufhin nicht nur auf eine Adaptierung der Finanzverfassung, sondern auch auf eine Verwaltungsreform. Es „überlebte" seinen Reformwillen nicht, zumal sich neben dem „Roten Wien" auch die christlichsozialen „Landesfürsten" vehement dagegen sträubten. Als Rädelsführer tat sich der steirische Landeshauptmann Anton Rintelen hervor, der „sein" Bundesland quasi zu einem Staat im Staate geformt hatte. Der Widerstand löste eine handfeste Regierungskrise aus und führte im November 1924 zur Demission der Regierung Seipel.[89]

Auf Seipel, der Parteiobmann blieb und im Hintergrund weiter die Fäden zog, folgte der Salzburger Jurist Rudolf Ramek als Bundeskanzler an

---

85   Zu dieser Entwicklung u. a.: Kriechbaumer, R., *Die großen Erzählungen der Politik. Politische Kultur und Parteien in Österreich von der Jahrhundertwende bis 1945*, Wien 2001.

86   Botz, G., *Gewalt in der Politik. Attentate, Zusammenstöße, Putschversuche, Unruhen in Österreich 1918-1938*, Wien 1983, S. 120.

87   Ebd., S. 123-129.

88   Nationalrat der Republik Österreich, Protokoll zur 12. Sitzung des Hauptausschusses, 23.9.1925, abgedruckt in: ADÖ 5/783, S. 258-270, hier S. 264.

89   Wie Anm. 34 u. Ausch, *Als die Banken fielen*, S. 173-175.

der Spitze eines so genannten „Länderkabinetts". Unter Ramek gelang die Umsetzung der Währungsreform, ebenso wurden die zuvor von Seipel angestrebte Verwaltungsreform und der Finanzausgleich mit den Bundesländern umgesetzt. Die Wirtschaftskrise fiel aber gerade in seine Amtszeit mit voller Wucht.[90] Letztlich scheiterte Ramek vor allem an einer Serie spektakulärer Bankenzusammenbrüche, die alles andere als ein positives Licht auf seinen Finanzminister, den Rintelen-Vertrauten Jakob Ahrer, warfen.

Verglichen mit seinem Vorgänger Kienböck, der später OeNB-Präsident wurde, mangelte es Ahrer an Erfahrung und politischem Geschick. Bei den Gesprächen mit dem Völkerbund-Finanzkomitee, zu denen er bald nach seinem Amtsantritt nach Genf zitiert wurde, hatte der neue Finanzminister folglich einen schweren Stand.[91] Dennoch konnte Ahrer einiges auf der Habenseite verbuchen, vor allem die Verabschiedung des Schillingrechnungsgesetzes und das Goldbilanzengesetz. Im Wesentlichen agierte der Steirer aber glücklos.

In Erinnerung blieb Ahrer vor allem durch jene zweifelhaften Bankgeschäfte, die ihn (und einige weitere Politiker) schwer kompromittierten. Bei den Skandalen um zwei bankrotte Kreditinstitute, namentlich Steirerbank und Postsparkasse, nahm der Finanzminister eine zwielichtige Rolle ein. In beiden Fällen war Ahrer in abenteuerliche „Rettungsaktionen" involviert, die letztlich nicht nur andere Banken mit in den Abgrund rissen, sondern auch den Staatskassen der Republik schwere Lasten auferlegten. Der Schaden belief sich auf mehrere Hundert Millionen Schilling. Ahrer, von verschiedenen Seiten mit Bestechungsvorwürfen konfrontiert, trat im Jänner 1926 zurück, nachdem sich die Fronten zwischen den steirischen Christlichsozialen und der Bundespartei aufgrund des „Steirer Wirtschaftsprogramms" erneut verhärtet hatten. Als er sich im Spätherbst 1926 vor einem parlamentarischen Untersuchungsausschuss verantworten sollte, weilte der ehemalige Finanzminister nicht mehr in Österreich. Er war kurzerhand

---

90 Schausberger, F., *Rudolf Ramek. Notizen zu einer politischen Biographie*, in: Krammer, R./Kühberger, C./Schausberger, F. (Hg.), *Der forschende Blick. Beiträge zur Geschichte Österreichs im 20. Jahrhundert. Festschrift für Ernst Hanisch zum 70. Geburtstag*, Wien–Köln–Weimar 2010, S. 179–227, hier S. 192–199.

91 Fritz, *Für Kaiser und Republik*, S. 178f.

nach Amerika abgereist.[92] Vielfach wurde das als Flucht interpretiert, was Ahrer in seinen Memoiren vehement bestritt. Er beharrte darauf, stets in Absprache mit Bundeskanzler Ramek gehandelt zu haben, und betrachtete sich als Sündenbock.[93] Die Optik war jedenfalls denkbar schief.

Erst 1930 kehrte Ahrer endgültig nach Österreich zurück. Bis heute wird seine „Ära" in erster Linie mit politischer Korruption assoziiert, kaum hingegen mit Errungenschaften wie der Schilling-Einführung – ein Sinnbild für das Schicksal der Währungsreform 1924/25. Sie kam aus dem Schatten der (Genfer) Sanierung, in deren Kontext sich auch innenpolitischer Zwist, ökonomische Krisen und zahlreiche Skandale bewegten, kaum heraus. Unter diesen Rahmenbedingungen konnte die neue Währung in sie gesetzte Erwartungen nur teilweise erfüllen. Die eigentliche Erfolgsgeschichte des Schillings begann erst nach 1945.

92   Ausch, Als die Banken fielen, S. 277–280; Stefan Karner, *Die Steiermark im 20. Jahrhundert. Politik - Wirtschaft - Gesellschaft - Kultur.* 2. Aufl. Graz 2005, S. 139.
93   Siehe die Autobiografie Jakob Ahrer, *Erlebte Zeitgeschichte.* Wien–Leipzig 1930.

ALEXANDER PURGER

Politischer Zehnkrampf 2015

Ein Zehnkampf, der für die Zuseher mit Zehenkrampf verbunden ist, nennt sich Zehnkrampf. Die Weltmeisterschaft in dieser relativ jungen Sportdisziplin fand 2015 unter reger Beteiligung aller Parteien in Österreich statt. Das schöne Ergebnis: Wir wurden Weltmeister.

Ein-Meter-Marathon

Der Reiz des Eröffnungsbewerbs liegt in der Verschmelzung von Lang- und Kurzstrecke. Man tut so, als würde man sich auf einen multiplen Marathon vorbereiten, absolviert dann aber lediglich einen einzigen Schritt. Die „Zehnkrämpfer" von „Rot-Schwarz Österreich" veranstalteten zu diesem Zweck das Turnier „Größte Steuerreform aller Zeiten". Mehr als ein Jahr lang bereiteten sie sich intensiv auf den Bewerb vor. Unzählige Trainingskilometer wurden abgespult, atemberaubende Kunststücke eingeübt: zum einen die Einführung von Vermögenssteuern, die Milliarden bringen, aber praktisch niemanden treffen; zum anderen eine Houdini-artige Entfesselung der Wirtschaft. Leider teilten sich die Leichtarithmeten in zwei Neigungsgruppen auf, die diese beiden Kunststücke immer nur getrennt, aber nie gemeinsam trainierten. So konnten sie am Ende leider nicht in den Lauf eingebaut werden. Der erste Bewerb bestand somit tatsächlich nur in der Absolvierung eines einzigen Schrittes, dies allerdings in Marathonzeit. Zehenkrampf garantiert.

Schwachhochsprung

Der zweite große Bewerb des Sportjahres 2015 war die Bildungsreform. Zwei entscheidende Fragen galt es für die Zehnkrämpfer zu lösen. Erstens: Soll die Schulverwaltung vom Bund oder von den Ländern erledigt werden? Zweitens: Soll es eine Gesamtschule geben oder nicht? Man sieht: Die Latte lag enorm hoch. Punkt eins wäre mit der Frage vergleichbar, ob einem Athleten in der Pause zwischen zwei Wettkämpfen ein Heiß- oder ein Kaltgetränk gereicht werden soll. Team Österreich traf eine glasklare Entscheidung: Es soll ein Heiß-Kalt-Getränk sein. Punkt zwei ließe sich mit der Alternative schwanger oder nicht schwanger vergleichen. Auch hier erfolgte seitens der Zehnkrämpfer eine Entscheidung, die an Klarheit nichts zu wünschen übrig ließ: Schwanger, aber nur bis zu einer Obergrenze von 15 Prozent! Dass einer der beteiligten „Schwachhochspringer" die Bildungsreform als geil bezeichnete, sei am Rande erwähnt.

Weitprognostizieren

Die schönste Begleiterscheinung des Sports sind Sportwetten. Der Zuseher versucht das Ergebnis des Rennens vorherzusagen und setzt sein Geld darauf, dass diese Prognose eintritt. Meinungsforscher und Demoskopen beschränken sich zum Glück für ihre Finanzen auf den ersten Teil der Übung. Denn bei der Wiener Landtagswahl veröffentlichten sie noch nach Wahlschluss Umfrageergebnisse, die ein spannendes Kopf-an-Kopf-Rennen um Platz eins voraus- (oder vielmehr hinterher) sagten. Das Kopf-an-Kopf-Rennen sah dann so aus, dass zwischen der stärksten und der zweitstärksten Partei fast neun Prozentpunkte lagen. Die Wiener Politiker haben ziemlich lange Köpfe, scheint's. Oder die Meinungsforscher sind wahre Meister im Weitprognostizieren und wollten gar nicht das Ergebnis dieser, sondern schon das der nächsten Wiener Landtagswahl prognostizieren. In fünf Jahren könnte es dann ja stimmen.

Realitäts-Wegwurf

Was tut der erwähnte Erfolgsklub „Rot-Schwarz", wenn die alten Dressen schleißig werden? Klar: Neue Leiberl besorgen. Und bei diesen neuen Leiberln war 2015 auffällig oft etwas Blaues dabei. Oder nicht? Wenn man die Realität nur weit genug weg wirft, sieht man sie nicht mehr. So erklärte der Landeshauptmann von Oberösterreich beim Abschluss seiner schwarz-blauen Koalition, es gebe gar keine schwarz-blaue Koalition. Sondern nur eine Zusammenarbeit für Oberösterreich. Na dann.

Anders der Landeshauptmann des Burgenlandes. Er erklärte beim Abschluss der rot-blauen Koalition, er habe noch nie etwas Besseres erlebt als eine rot-blaue Koalition. Statt ihm erledigte seine Bundespartei den Realitäts-Wegwurf. Sie gratulierte ihrem burgenländischen Landesparteichef zur Regierungsbildung, erklärte aber gleichzeitig, dass es niemals eine rot-blaue Koalition gegeben habe, dass es derzeit keine rot-blaue Koalition gebe und dass es auch niemals eine rot-blaue Koalition geben werde. Das war der weiteste Wurf.

4-Mal-100-Meter-Schwafel

Durchs Reden kommen d'Leut z'samm, heißt es. Wenn das stimmt, sind Österreichs Zehnkrämpfer jetzt so eng beisammen wie die Materie vor dem Urknall. Denn geredet wurde, bei Gott, genug in diesem Jahr. Allein die Vor- und Nachteile einer Pensionsreform und einer sogenannten Pensionsautomatik wurden mindestens zehn Mal durchgekaut. Die Zehnkrämpfer erlaubten sich dabei einen kleinen Abstecher in den Wintersport, und zwar zum Biathlon. Dort muss bekanntlich jeder Athlet, der am Schießstand nicht ins Schwarze trifft, eine Strafrunde drehen. So ist es auch in der Politik: Wer am Reform-Stand versagt, muss eine Runde im Kreis laufen. Und dann wieder. Und wieder. Und wieder. Und wenn sie nicht gestorben sind, dann diskutieren sie über die Pensionsreform noch heute.

Womit aber keineswegs gesagt sein soll, dass der zehnkrämpferische Fachdiskurs im Jahr 2015 sinnlos gewesen wäre. Im Gegenteil. Frank Stronach gelang es mit einem kurzen, präzisen Debattenbeitrag, eine der großen Fragen der Menschheit zu lösen: „Frauen sind Menschen wie wir", sagte er.

Distanz-Zelten

Das Unwort des Jahres war Zelt. Jeder, der es verwendete, galt als Unmensch. Kein Wunder, dass es kein gutes Jahr für Lebzelter war. Um das Wort Zelt zu vermeiden, wurden Quartiere geschaffen. Beauftragt damit wurden die Bundesländer, denen allerdings nie gesagt wurde, wie viele Quartiere zur Zelt-Vermeidung nötig sind. Sie wurden somit von ihren Ober-Zehnkrämpfern auf die Laufbahn geschickt, ohne je zu erfahren, wie viele Runden sie eigentlich absolvieren müssen. Wähnten sie sich mit hängender Zunge endlich im Ziel, hieß es regelmäßig „Noch einmal laufen!" Es war so wie im Märchen vom Hasen und vom Igel, und wie dieses Rennen ausgegangen ist, weiß man ja. Der Hase hätte am Ende ein Sauerstoffzelt gebraucht. Aber leider.

Zaunspringen

Das zweite Unwort des Jahres war Zaun. Jeder, der es verwendete, galt als Unmensch. Kein Wunder, dass es kein gutes Jahr für Zaunkönige war. Um das Wort Zaun zu vermeiden, wurden technische bauliche Maßnahmen errichtet. Es war ein bisschen wie im berühmten Lattenzaun-Gedicht von Christian Morgenstern: „Es war einmal ein Lattenzaun, mit Zwischenraum, hindurchzuschaun. Ein Architekt, der dieses sah, stand eines Abend plötzlich da und nahm den Zwischenraum heraus und baute draus ein großes Haus." Das große Haus war die Gewissheit, dass Österreich niemals einen Zaun bauen würde, womit die Zehnkrämpfer diese Hürde glänzend übersprungen hatten. „Der Zaun indessen stand ganz dumm mit Latten ohne was herum."

Wahlversprechen-Schleudern

Welch großen Stellenwert der Sport in Österreich hat, zeigte sich 2015 allein daran, dass die Baustelle auf der Wiener Mariahilfer Straße einzig und allein für den Tag des Wiener Stadtmarathonlaufs zubetoniert und danach wieder aufgerissen wurde. Sportstadt Wien. Sportlich betätigte sich auch die Wiener Vizebürgermeisterin, indem sie vor der Landtagswahl kraftvoll ein großes Wahlversprechen ausschleuderte: Falls die Grünen bei der Wahl verlieren, werde sie zurücktreten. Viele, sehr viele Wiener wählten daraufhin die Grünen nicht und warteten auf die Erfüllung des Versprechens. Allein: Die prominente Zehnkrämpferin zog ihren Schleuderwurf als ungültig zurück, und das völlig zu Recht. Die Grünen hatten die Wahl ja gar nicht verloren. Sie hatten nur ein Minus bei den Stimmen und ein Minus bei den Mandaten erzielt. Und Minus mal Minus ergibt nach den Regeln der Leichtarithmetik nun einmal ein Plus. Großer Zehenkrampf!

Partner-Ringen

Früher nannte man es Pressefoyer nach dem Ministerrat: Der Kanzler und der Vizekanzler präsentierten Woche für Woche die Erfolge ihrer gemeinsamen Arbeit. Im Zehnkrampf 2015 wurde dieser Bewerb zum verbalen Freistilringen der beiden Hauptbeteiligten umfunktioniert. Auf offener Bühne teilten sie mit, was sie voneinander halten, nämlich nichts. Auf die Frage, was er an seinem Vizekanzler am meisten schätze, antwortete der Kanzler einmal: „Dass er in der Frisur, also was die Haarfarbe anbelangt, eine ähnliche hat wie ich." Schöner kann man das Verhältnis der beiden Spitzen-Zehnkrämpfer nicht charakterisieren. Sie gleichen den Ringern der Antike, die sich einölten, damit ihre Körper glitschig und für den Gegner schwer zu fassen waren. Das Gegenmittel bestand darin, dass sich die Ringer gegenseitig mit dem Sand der Arena bewarfen. Der Sand hielt umso besser, je mehr man sich zuvor eingeölt hatte. Taktik und Gegentaktik. Die zwei Sandmännchen sind also jetzt ganz prächtig angreifbar.

110-Kilometer-Hürden

Einige Hürden, das muss man ehrlich eingestehen, erwiesen sich für unsere Zehnkrämpfer 2015 als zu hoch. Gegen die steigende Arbeitslosigkeit kann man einfach nichts machen, die ist gottgegeben. Für die ebenso steigenden Staatsschulden gilt das Nämliche. Ein neuerliches Milliarden-Defizit und der sorgsame Verzicht auf jegliche großen Reformen konnte die Schuldenlast entgegen anderslautender Erwartungen nicht nennenswert senken. Dennoch errang Österreich damit einen strukturellen Olympiasieg. („Strukturell" bedeutet, dass man die Zeit, die man hinter dem Sieger zurück liegt, einfach wegrechnet.) Mit dem gleichen sportlichen Ansatz sollte es dieses Jahr gelingen, Österreich an die Spitze der internationalen Standort-Vergleiche und Wachstums-Ranglisten zurückzukatapultieren. Strukturell, versteht sich.

BIOGRAFIEN
DER HERAUSGEBER UND AUTOREN

PERSONENREGISTER
SACHREGISTER

Doris Bures; geboren am 3. August 1962; wurde 1987 zur Bezirksrätin in ihrem Wiener Heimatbezirk Liesing gewählt; von 1990 bis Jänner 2007 und von Juni bis Dezember 2008 war sie Abgeordnete des Österreichischen Nationalrats; von Jänner 2007 bis Juni 2008 war sie Bundesministerin für Frauen, Medien und Öffentlicher Dienst; ab Dezember 2008 übte sie knappe sechs Jahre das Amt der Bundesministerin für Verkehr, Innovation und Technologie aus; am 2. September 2014 wurde Doris Bures zur Nationalratspräsidentin gewählt.

Willibald Cernko; absolvierte die Handelsakademie sowie die Exportakademie an der Wirtschaftsuniversität Wien; 2009 wurde er – nach rund 30 Jahren Berufslaufbahn im Bankwesen – zum Vorstandsvorsitzenden der Bank Austria bestellt; zuvor war er unter anderem als Vorstand für Privat- und Geschäftskunden in der Bank Austria bzw. in der HypoVereinsbank (UniCredit Bank AG) tätig; seit 2011 ist Cernko Präsident des Verbands österreichischer Banken und Bankiers, seit 2013 Vorsitzender des Aufsichtsrates der Wiener Börse AG und der CEESEG AG (CEE Stock Exchange Group).

Peter Gridling, Mag. iur.; geb. am 9. April 1957 in Lienz/Osttirol; seit 1977 ist Mag. Peter Gridling in unterschiedlichen Funktionen in Polizei und Sicherheitsverwaltung tätig; mit dem Wechsel von der Bundesgendarmerie zum staatspolizeilichen Dienst im Innenministerium beschäftigte er sich mit Verfassungs- und Staatsschutzthemen; international vertrat er Österreich in Terrorismusfragen in internationalen Foren und leitete von 2002 bis 2008 den Terrorismusbereich von Europol; seit 1.3.2008 ist er Direktor des Bundesamtes für Verfassungsschutz und Terrorismusbekämpfung.

Johann Gudenus, Mag. iur.; geboren am 20. Juli 1976 in Wien; im Jahr 1995 hat Johann Gudenus die Theresianische Akademie Wien mit der Matura abgeschlossen; daraufhin hat er die juridische Fakultät der Universität Wien besucht und diese 2002 mit dem Titel Mag. iur. verlassen; von 1995–2003 besuchte er Sommerkurse an der Lomonosov-Universität in Moskau; 2003 absolvierte er das Gerichtsjahr in Wien; 2005 schloss Gudenus die Diplomatische Akademie Wien mit der Graduierung zum Master of Advanced International Studies M.A.I.S. ab; von 2005 bis 2015 war Johann Gudenus Landtags- und Gemeinderatsabgeordneter der Wiener FPÖ, ab 2010 auch Klubobmann; im Jahr 2011 wurde Gudenus am Bundesparteitag der FPÖ zum stellvertretenden Bundesparteiobmann gewählt; seit 2015 ist Gudenus stellvertretender Vizebürgermeister und Landeshauptmann-Stellvertreter von Wien.

Dietmar Halper, Dr.; geb. 1969; Studium der Rechtswissenschaften an der Universität Wien, Mag. iur. 1993; zwischen 1994 und 1996 Rechtsanwaltsanwärter: Ausbildungsjurist in einer Rechtsanwaltskanzlei, danach neunmonatige Gerichtspraxis; Landesgericht für Strafsachen Wien, Bezirksgericht Oberwart, sowie Handelsgericht Wien; 1996 Promotion mit Auszeichnung zum Dr. iur.; 1996 bis 2000 Klubdirektor des ÖVP Landtagsklub Burgenland; 2001 bis 2008 Landesgeschäftsführer der ÖVP Burgenland; seit 1. Februar 2008 Direktor der Politischen Akademie der ÖVP.

Erwin Hameseder, Brigadier, Mag. iur.; geboren am 28. Mai 1956 in Mühldorf in Niederösterreich; Obmann der Raiffeisen-Holding NÖ – Wien reg.Gen.m.b.H; Aufsichtsratsvorsitzender der Raiffeisen Zentralbank Österreich AG; Aufsichtsratsvorsitzender der Raiffeisenlandesbank NÖ – Wien AG: Militärische Funktion: Milizbeauftragter des Bundesheeres seit April 2014; Experte im Beraterstab des Chefs des Generalstabes; vorher verschiedene Milizverwendungen, unter anderem Kommandant der schweren Kompanie des Jägerbataillons 11, stellvertretender Bataillonskommandant des Jägerbataillons 11 und S3/3. Jägerbrigade; verheiratet, 2 Söhne.

Wolfgang Hattmannsdorfer, Dr. rer. soc. oec.; 1999–2003 Studium der Wirtschaftswissenschaften in Linz und Taipeh (Mag. rer. soc. oec.), 2007 Promotion am Institut für Gesellschaftspolitik; ausgezeichnet mit dem Leopold-Kunschak-Preis; 2007 Studium Politisches Marketing und unterschiedlicher US-Kampagnen an der George Washington University, Washington, DC; 2002/03 Eintritt in die OÖVP als Assistent von LPS Mag. Michael Strugl für die Landtagswahl 2003; 11/2003–1/2009 Assistent von KO Mag. Michael Strugl und zuletzt stv. Büroleiter im OÖVP Landtagsklub; 01/2009–10/2009 Büroleiter des Landesgeschäftsführers in der OÖVP und mitverantwortlich für die strategische Vorbereitung und operative Umsetzung des Landtagswahlkampfs 2009; 10/2009–4/2013 stellvertretender Landesgeschäftsführer der OÖVP; seit 04/2013 Landesgeschäftsführer der OÖVP und Wahlkampfleiter für die Landtagswahl 2015; seit 04/2014 Obmann der oö. Hilfswerks; seit 10/2015 Abgeordneter zum oö. Landtag; nebenberuflich tätig als Trainer und Strategieberater.

Thomas Hofer, Dr., M. A.; Geschäftsführender Gesellschafter von H&P Public Affairs in Wien (www.hppa.at); arbeitet als Politikberater, Public Affairs Spezialist, Medientrainer und Politik-Analytiker; er studierte Kommunikationswissenschaft und Anglistik in Wien und als Fulbright-Stipendiat Wahlkampfmanagement an der Graduate School of Political Management in Washington, D.C; langjähriger Innenpolitik-Redakteur des Nachrichtenmagazins „profil"; unterrichtet Kampagnenmanagement an der Universität Wien und der FH Wien; jüngste Buchveröffentlichungen: „Dagegen sein ist nicht genug" (Hg.; Wien, 2015), „Wahl 2013. Macht, Medien, Milliardäre" (Hg. gem. m. B. Tóth; Wien, 2013) und „Die Tricks der Politiker" (Wien, 2010); er ist Permanent Fellow am Institut für Medienpolitik in Berlin.

Stefan Hopmann, Univ.-Prof., Dr., MA; Professor für Schul- und Bildungsforschung mit besonderer Berücksichtigung der Bildungsgeschichte und des internationalen Vergleichs am Institut für Bildungswissenschaft der Universität Wien; seit 2009 ist er General Editor des Journals of Curriculum Studies sowie seit 2010 Projektleiter des Evaluationsprojekts NOESIS; Forschungsschwerpunkte: Vergleichende Untersuchungen zur Lehrplan- und Schulentwicklung, Qualitätsentwicklung in Bildungs- und anderen sozialen Systemen, historisch vergleichende Didaktik.

Walter M. Iber, Mag. Dr.; geb; 1979, Historiker; Assistent am Institut für Wirtschafts-, Sozial- und Unternehmensgeschichte der Karl-Franzens-Universität Graz; wissenschaftlicher Mitarbeiter am Ludwig Boltzmann-Institut für Kriegsfolgen-Forschung, Graz/Wien/Raabs a. d. Thaya; zahlreiche Publikationen zur Wirtschafts- und Sozialgeschichte und zur Zeitgeschichte, darunter u. a.: Die Sowjetische Mineralölverwaltung in Österreich. Zur Vorgeschichte der OMV 1945–1955. Innsbruck/Wien/Bozen 2011; Schweres Erbe und „Wiedergutmachung". Restitution und Entschädigung in Österreich: Die Bilanz der Regierung Schüssel. Innsbruck/Wien/Bozen 2015 (Hg. gemeinsam mit Stefan Karner).

Arnold H. Kammel, MMag. Dr.; geboren 1981; ist Direktor des Austria Instituts für Europa- und Sicherheitspolitik (AIES); nach Studien der Rechts- und Politikwissenschaften sowie Europäischen Studien war er Wissenschaftlicher Mitarbeiter am Institut für Öffentliches Recht an der Universität Graz; seit 2004 Research Fellow am AIES, von 2007–2014 Generalsekretär und seit 2015 Direktor des AIES; darüber hinaus Lehrtätigkeiten an der FH Burgenland, der Theresianischen Militärakademie und im Rahmen des European Security and Defence Colleges (ESDC).

Stefan Karner, Univ.-Prof. Dr.; Vorstand des Instituts für Wirtschafts-, Sozial- und Unternehmensgeschichte, Univ. Graz; Leiter des Ludwig Boltzmann-Instituts für Kriegsfolgen-Forschung, Graz-Wien-Raabs; Leiter des Medienlehrgangs der Universität Graz; zahlreiche Funktionen in wissenschaftlichen Gremien im In- und Ausland; Vorsitzender des Wissenschaftlichen Beirates des Hauses der Geschichte Niederösterreich; Co-Vorsitzender der Russisch-Österreichischen Historikerkommission; Zahlreiche Publikationen; Universität Graz, stefan.karner@uni-graz.at

Andreas Khol, Dr. iur.; geboren 1941; Universitätsdozent (tit. ao. Professor) für Verfassungsrecht und internationale Organisationen; 1966–1969 Generalsekretär der Österreichischen Gesellschaft für Außenpolitik (seit 1975 Vorstandsmitglied); 1969–1974 internationaler Beamter im Generalsekretariat des Europarates; 1974–1992 Direktor der Politischen Akademie, 1992–1994 Vizepräsident; 1978–1996 Exekutivsekretär der Europäischen Demokratischen Union (EDU); seit 1983 Tiroler Mandatar zum Nationalrat; 1994–2002 Obmann des ÖVP-Parlamentsklubs; 2002–2006 Präsident des Nationalrates; 2005–2016 Obmann des Österreichischen Seniorenbundes.

Gerald Klug, Mag.; geboren 13.11.1968, Graz; Berufsschule (erlernter Beruf: Dreher) 1984–1987; Sozialakademie der Arbeiterkammer Mödling 1989–1990; Studium der Rechtswissenschaften an der Karl-Franzens-Universität Graz (Mag. iur.) 1992–2001; Sekretär, Gewerkschaft PRO-GE seit 1990; Kammerrat der Arbeiterkammer Steiermark seit 1995; Mitglied des Bundesrates, SPÖ, 2005–2013; Vorsitzender der Bundesratsfraktion der SPÖ 2010–2013; Mitglied des Bundesparteivorstandes der SPÖ; Abg. z. NR 2013; Bundesminister für Landesverteidigung und Sport, 2013–2016; Bundesminister für Verkehr, Innovation und Technologie ab 2016.

Mariella Knapp, Mag; Universitätsassistentin und Doktorandin der Forschungsabteilung für Schule, Bildung und Gesellschaft am Institut für Bildungswissenschaft der Universität Wien; Forschungsschwerpunkte: Quantitativ-empirische Bildungsforschung, Bildung und Region, Bildungsübertrittsforschung mit Schwerpunkt des Übergangs von der Grundschule in die Sekundarstufe I.

Christoph Konrath, Mag. iur., Dr. iur., MSc (LSE); geb. 1977, aufgewachsen in Stegersbach/Bgld.; Studien der Rechtswissenschaften, Geschichte und politischen Theorie in Wien und London; 2000–2003 Univ. Ass. am Institut für Staats- und Verwaltungsrecht der Universität Wien; seitdem Beamter in der Parlamentsdirektion; seit 2010 Leiter der Abteilung Parlamentswissenschaftliche Unterstützung und Koordination im dortigen Rechts-, Legislativ- und Wissenschaftlichen Dienst; Co-Sprecher der Sektion Politik und Verwaltung der Österreichischen Gesellschaft für Politikwissenschaft; Publikationen und Lehrtätigkeit zu Verfassungsrecht, Parlamentarismus, Demokratie und Verwaltung.

Alev Korun, Mag.ª; geboren in Ankara; aufgewachsen in Istanbul; Studium der Politikwissenschaften und Gender Studies an den Universitäten Innsbruck und Wien; Nationalratsabgeordnete, Menschenrechts-, Migrations-

und Integrationssprecherin der Grünen; Vorsitzende des Ausschusses für Menschenrechte des Österreichischen Nationalrats; Mitglied des Bundesvorstands der Grünen; Mitglied der Parlamentarischen Versammlung des Europarats.

Ulrich H. J. Körtner, Univ.-Prof. DDr.; geboren 1957; seit 1992 Ordentlicher Universitätsprofessor für Systematische Theologie an der Evangelisch-Theologischen Fakultät der Universität Wien; 1975–1980 Studium der Evangelischen Theologie in Bethel/Bielefeld, Münster und Göttingen; 1982 Promotion, 1987 Habilitation, beides an der Kirchlichen Hochschule Bethel; 1986–1990 Gemeindepfarrer in Bielefeld; 1990–1992 Studienleiter an der Evangelischen Akademie Iserlohn.

Sebastian Kurz; geboren 1986 in Wien; Juni 2004: Matura mit Auszeichnung; ab 2005: Studium der Rechtswissenschaft, Juridicum Wien; er begann sich im Jahr 2003 in der Jungen ÖVP zu engagieren; nach einigen Jahren Engagement auf Bezirksebene wurde er im Jahr 2007 zum Landesobmann der Jungen ÖVP Wien und ein Jahr später zum Bundesobmann der Jungen ÖVP gewählt; bis er im April 2011 zum Staatssekretär für Integration bestellt wurde, war er als Abgeordneter zum Wiener Landtag und Gemeinderat tätig; am 16. Dezember 2013 wurde Sebastian Kurz als Bundesminister für europäische und internationale Angelegenheiten angelobt; seit September 2015: Vorsitzender der Politischen Akademie der Österreichischen Volkspartei.

Gerhard Lehner, em. Hon.-Prof., Dkfm. Dr.; geb. 1938 in Linz; nach der Promotion an der Hochschule für Welthandel (Wirtschaftsuniversität) in Wien, Volkswirtschaftliche Abteilung des Bundesministeriums für Finanzen; von 1971 bis 2003 Referent für Budget und Steuern am Österreichischen Institut für Wirtschaftsforschung; von 1970–2010 Lehrbeauftragter an der Wirtschaftsuniversität Wien; seit 1989 Honorarprofessor an der Universität Wien; Mitglied des Fachbeirates für Steuerrecht der Kammer der Wirtschaftstreuhänder; stv. Mitglied der Kommission zur langfristigen Pensionssicherung beim Bundesministerium für Arbeit, Soziales und Konsumentenschutz.

Harald Mahrer, Dr.; ist seit 1. September 2014 Staatssekretär für Wissenschaft, Forschung und Wirtschaft; der Absolvent der Wirtschaftsuniversität Wien sammelte politische Erfahrung als Vorsitzender der Österreichischen Hochschülerschaft und schloss danach sein Doktorat der Sozial- und Wirtschaftswissenschaften ab; nach mehrjähriger Tätigkeit als Forschungsassistent startete er als Geschäftsführer die legend Consulting GmbH, leitete später Österreichs führende PR-Agentur Pleon Publico und war über 15 Jahre als Förderer von Start-ups und als Business Angel aktiv; von 2011 bis 2015 war er Präsident der Julius Raab Stiftung und beschäftigte sich intensiv mit unternehmerischer Verantwortung und der Freiheit des Bürgers sowie mit der Etablierung einer neuen Gründerzeit in Österreich; er ist Vizepräsident der Politischen Akademie.

Gernot Maier, Mag.; geboren 1981 in Salzburg; studierte Volkswirtschaft an der Wirtschaftsuniversität Wien und der Kingston University London; nach Tätigkeiten in europäischen und österreichischen Institutionen – Außenministerium während der österreichischen EU-Ratspräsidentschaft 2006, Europäisches Parlament, Europäische Kommission/Kabinett der Kommissarin für Außenbeziehungen und europäische Nachbarschaftspolitik Dr. Benita Ferrero-Waldner, ÖVP-Parlamentsklub/Parlamentarischer Mitarbeiter – wechselte er 2009 in den Österreichischen Wirtschaftsbund; ab 2012 Leiter der Politischen Abteilung im Österreichischen Wirtschaftsbund; seit 2014 ist er Politischer Direktor der ÖVP-Bundespartei, verantwortlich für die Bereiche Politik, Strategie und Interne Kommunikation, sowie Projektleiter von „Evolution Volkspartei", der Bewegung zur Weiterentwicklung der ÖVP.

Wolfgang Mazal, Univ.-Prof. Dr.; geboren 1959; ist Universitätsprofessor für Arbeits- und Sozialrecht an der Universität Wien und Leiter des Österreichischen Instituts für Familienforschung an der Universität Wien.

Manfred Matzka, Prof. Dr., Sektionschef i. R.; geboren 1950; Studium der Rechtswissenschaften in Wien, Promotion zum Dr. jur. 1975; Assistent am Institut für Staats- und Verwaltungsrecht; danach langjährig Lehrbeauftragter an der Universität Wien und an der FH Campus Wien; 1980-1987 Verfassungsdienst im Bundeskanzleramt, zuständig insbesondere für Verfassungsrecht, Verwaltungsorganisation, Menschenrechte, Datenschutz; 1987-1989 Referent im Ministerbüro; 1989 Kabinettchef des Bundesministers für Inneres. 1993 Leiter der Sektion für Flüchtlings- und Migrationswesen, Koordinator der Schengen- und EU-Angelegenheiten; 1999-2015 Leiter der Sektion I (Präsidium) des Bundeskanzleramtes: Personal, Budget, Organisation, e-Government, Ministerratsdienst, ressortübergreifende Projekte; derzeit Vorsitzender des Aufsichtsrates der Bundestheater-Holding, diverse Kontrollfunktionen in ausgegliederten Einrichtungen; Präsident der Österreichischen Verwaltungswissenschaftlichen Gesellschaft; zahlreiche juristische Publikationen, u. a. Monografien zu Datenschutzrecht, Sozialdemokratie und Verfassung, Nationalratswahlordnung, Staatsbürgerschaftsgesetz, Europäische Migrationspolitik, e-Government-Recht; Autor von Büchern über Istrien und Wiener Repräsentationsbauten.

Johanna Mikl-Leitner, Mag.a; 9. Februar 1964, Hollabrunn, Niederösterreich; 1983-1989 Studium der Wirtschaftspädagogik an der Wirtschaftsuniversität Wien, Mag. rer. soc. oec.; 1998-2003 Landesgeschäftsführerin der Volkspartei Niederösterreich; 1999-2003 ÖVP-Abgeordnete zum Nationalrat; 2003-2011 Landesrätin für Soziales, EU-Regionalpolitik, Arbeit und Familie in Niederösterreich; 2008-2011 Stv. ÖVP-Bundesparteiobfrau; 2010-2011 Vizepräsidentin der Versammlung der Regionen Europas; seit 2011 Bundesobfrau des Österreichischen Arbeitnehmerinnen- und Arbeitnehmerbundes (ÖAAB); seit 2011 Bundesministerin für Inneres; verheiratet, zwei Kinder.

Günther Ofner, Dr. iur.; geb. 1956 in Rohr (Burgenland); 1974-1976 Bundesobmann der Union Höherer Schüler; bis 1983 Studium der Rechtswissenschaften an der Universität Wien; seit 1982 wirtschaftspolitischer Referent der FCG; 1982-1984 Ausbildungsleiter einer Versicherung; 1984-1992 Studienleiter bzw. stellvertretender Direktor der Politischen Akademie mit Schwerpunkt Forschung, Publikationen und Mandatareausbildung; seit 1987 Universitätslektor am Institut für Politikwissenschaft der Universität Wien; seit 1985 Mitglied des Beirats für Wirtschafts- und Sozialfragen; 1990-1994 Vizepräsident der Bundesarbeitskammer; ab 1992 stellvertretender Abteilungsleiter im Auslandsbüro der Verbundgesellschaft; 1994 Bestellung zum Mitglied des Vorstandes der BEWAG; ab April 2004 Vorstandsvorsitzender in der UTA Telekom AG; ab März 2005 Vorstand der Burgenland Holding AG und Leiter Mergers & Aquisitions/Strategische Planung der EVN AG; Vorstandsvorsitzender von EVN Macedonia Holding und EVN Albania Holding; seit 2011 Finanzvorstand der Flughafen Wien AG.

Wolfgang Panhölzl, Mag.; geboren am 30. Jänner 1964; Studium der Rechtswissenschaften in Wien; seit 1998 in der Arbeiterkammer Wien beschäftigt; Veröffentlichungen in verschiedenen Bereichen des Sozialversicherungsrechts; Pensionsexperte der Arbeiterkammer und als solcher Mitverhandler der Pensionsreformen seit dem Jahr 2000; Mitglied der Pensionskommission und der Schwerarbeitskommission.

Alexander Purger; geb. 1965 in Wien; ab 1988 freier Mitarbeiter und später innenpolitischer Redaktuer in der Wiener Redaktion der Tiroler Tageszeitung; seit 1993 innenpolitischer Redakteur der Salzburger Nachrichten, seit 2008 stellvertretender Leiter der Wiener Redaktion; Autor der satirischen Kolumne Purgatorium; Autor der Kanzlerbiografie „Offengelegt" von Wolfgang Schüssel.

Oliver Rathkolb, Dr. iur., Dr. phil.; Univ.-Prof. am Institut für Zeitgeschichte der Universität Wien; seit 2004 Herausgeber der Fachzeitschrift „zeitgeschichte"; Forschungsschwerpunkte: Europäische Geschichte im 20. Jahrhundert, Österreichische und internationale Zeit- und Gegenwartsgeschichte im Bereich der politischen Geschichte, österreichischen Republikgeschichte im europäischen Kontext, sowie internationale Beziehungen, NS-Perzeptionsgeschichte, Kultur- und Mediengeschichte, Wirtschaftsgeschichte (Industrie- und Bankenbereich), Nationalsozialismus und Rechtsgeschichte; Ausgezeichnet mit dem Donauland-Sachbuchpreis Danubius 2005 und dem Bruno-Kreisky-Preis für das politische Buch 2005 (Die paradoxe Republik. Österreich 1945–2005, Zsolnay Verlag); 2012 Preis der Stadt Wien für Geisteswissenschaften; 2015 Goldenes Ehrenzeichen des Landes Wien; Vorsitzender der Jury des Theodor Körner Preises für Wissenschaft und Kunst; Mitglied des internationalen wissenschaftlichen Beirats des Hauses der europäischen Geschichte, Europäisches Parlament/Brüssel und des Jüdischen Museums Wien; Vorsitzender des internationalen wissenschaftlichen Beirats des Hauses der Geschichte Österreich.

Josef Redl, geb. 1978 in Innsbruck; ist Leiter des Wirtschaftsressorts in der Wiener Stadtzeitung „Falter", zuvor war er viele Jahre als Journalist für die Magazine „Format" und „profil" tätig.

Christian Rois, Mag. (FH); Organisationsentwickler und Mitgründer von EDELWEISS CONSULTING; studierte berufsbegleitend Betriebswirtschaft & Informationsmanagement an der FH Salzburg; Ausbildungen in Heidelberg und Wien als (hypno-)systemischer Coach und Organisationsentwickler; Führungskräfte-Coach und Prozessberater für Umfelder mit hohem öffentlichem Interesse; begleitete als externer Projektcoach die „Evolution Volkspartei"; Veröffentlichungen und Blogbeiträge zu Organisationsentwicklung, Management-Themen, Humor und Politik.

Hans Jörg Schelling, Dr.; der gebürtige Vorarlberger und studierte Betriebswirt begann seine berufliche Karriere Anfang der 1980er Jahre bin der Unternehmensgruppe Leiner/Kika; 1992 wechselte er zum Mitbewerber XXXLutz und war dort bis 2006 Geschäftsführer; von Februar 2007 bis Oktober 2008 gehörte er dem Nationalrat an, 2009 wurde er Chef des Hauptverbandes der Sozialversicherungsträger; seit 1. September 2014 ist Hans Jörg Schelling Bundesminister für Finanzen.

Andreas Schieder, Mag.; geb.: 16.04.1969; Studium der Volkswirtschaft an der Universität Wien, Mag. rer. soc. oec.; 1990–1991 Zivildienst; 1995–1996 Elternkarenz; 2002–2007 Wirtschaftspolitische Abteilung, Arbeiterkammer Wien; Engagement in der Sozialistischen Jugend – u. a. Vizepräsident der Sozialistischen Jugendinternationale (IUSY) und Präsident der Europäischen JungsozialistInnen (ECOSY); 1997–2006 Abgeordneter zum Wiener Landtag und Mitglied des Wiener Gemeinderats; 2002–2006 Mitglied im Ausschuss der Regionen der EU; 2006–2008 Abgeordneter zum Nationalrat; 2007 Obmann des Außenpolitischen Ausschusses der Nationalrates; 2008 Staatssekretär für öffentlichen Dienst und Verwaltungsreform im Bundeskanzleramt; 2008– 2013 Staatssekretär im Bundesministerium für Finanzen; seit 28.10.2013 Vorsitzender der Sozialdemokratischen Parlamentsfraktion; abseits der Politik: Kuratoriumsmitglied beim SK Rapid, Präsident des FV Austria XIII, Vorsitzender der Naturfreunde Österreichs.

Conrad Seidl; geboren 1958 in Wien; war seit seiner Schul-, Militär- und Studienzeit zunächst nebenberuflich journalistisch tätig; nach der Tätigkeit als Programmierer bei IBM und IAEA wurde er 1983 innenpolitischer Redakteur des Kurier; 1989 wechselte er zum Standard, wo er innenpolitische, sicherheitspolitische und sozialwissenschaftliche Themen behandelt; seit 2005 im Betriebsrat (ab 2015 wieder als Vorsitzender) und im Präsidium der Journalistengewerkschaft in der GPA/DJP; Buchveröffentlichungen zur Sozialforschung („Der Homo Austriacus an der Schwelle zum 21. Jahrhundert"), zum Militär („Wehrhaftes Österreich"), zum Marketing („Die Marke ICH") und zu kulinarischen Themen („Conrad Seidls Bier-Katechismus").

Franz Sommer, Dr.; geb. 1960 in Güssing; Mitbegründer der „ARGE WAHLEN" und des Instituts für Marktforschung und Regionalumfragen; seit 1983 als selbständiger Politikforscher tätig; Arbeitsschwerpunkte: Wahlforschung/Wahlverhalten/Wahlrecht (Track Polling, Wahltagsbefragung, Wahlhochrechnung, wahlstatistische/ wahlarithmetische Analysen, ...)

Gabriele Tamandl; geb.: 29.03.1966, Wien; Handelsakademie Wien 1980–1984; Praktikantenprüfung an der Kammer der Wirtschaftstreuhänder 1988; Diplomierte Steuersachbearbeiterin seit 1997; Dipl. Revisionsassistentin seit 4/2015; Leiterin int. Rechnungswesen und Controlling, Interfides Wirtschaftsprüfungs- und SteuerberatungsgmbH, seit 1.9.2014 Leiterin int. Rechnungswesen und Controlling, Interfides Wirtschaftsprüfungs- und SteuerberatungsgmbH, seit 1.9.2014; Abgeordnete zum Nationalrat 2003–2006, 2007–2008, seit 2008; Fraktionsführerin im Hypo-Untersuchungsausschuss, seit 20.2.2015; Bundesobfrau-Stellvertreterin des Österreichischen Arbeitnehmerinnen- und Arbeitnehmerbundes (ÖAAB) seit 2010; Landesobfrau des Österreichischen Arbeitnehmerinnen- und Arbeitnehmerbundes (ÖAAB) Wien seit 2012.

Peter A. Ulram, Univ.-Doz. Dr.; ist Geschäftsführer der ECOQUEST. Market Research & Consulting GmbH; Dozent für Politikwissenschaft an der Universität Wien; Seine Forschungsschwerpunkte sowohl im wissenschaftlichen Bereich wie in der Markt- und Meinungsforschung (bis 2011 bei GfK Austria) sind politischer und sozialer Wandel, Wahl-und Parteienforschung, europäische Integration, wirtschafts- und gesellschaftspolitische Orientierungen sowie Demokratisierung im internationalen Vergleich; Ulram ist Herausgeber und Autor zahlreicher Bücher und Fachartikel sowie von Essays und Kommentaren in österreichischen Qualitätsmedien („Die Presse", „Der Standard", „Profil").

Harald Vodosek, Brigadier, MMag.; geboren am 09.Juli 1964 in Wiener Neustadt; er ist seit 2012 Gruppenleiter der Gruppe Bereitstellungsunterstützung in der Sektion I – Präsidiale, Recht, Personal des Bundesministeriums für Landesverteidigung und Sport mit den Hauptaufgabenbereich Personalmanagement; von 1994–1997 absolvierte er erfolgreich die Generalstabsausbildung an der Landesverteidigungsakademie in Wien; 2002 schloss er erfolgreich das Studium der Politikwissenschaft und Kommunikationswissenschaft an der Universität Wien ab; 2001–2002 war er stellvertretender Abteilungsleiter der EU Abteilung der Militärvertretung in Brüssel; in den Jahren 2002 bis 2012 war er Leiter der Abteilung Rüstungspolitik im Rüstungsstab und in der Sektion III des BMLVS; in den Jahren 2006 bis 2007 war er Kommandant der Spezialeinsatzkräfte (Jagdkommando) des Österreichischen Bundesheeres; er war im Jahr 2013 im Rahmen einer interministeriellen Arbeitsgruppe Mitverfasser des „Berichtes zur Reform des Wehrdienstes"; er absolvierte im Jahr 2000 die 12. Session Européenne des Responsables d'Armement (SERA12) in Frankreich, Dänemark und Belgien; er verfasste im Zuge der 12. SERA mit einem internationalen Team eine Studie zum Thema: „Europe of Armaments and Defence at the Horizon 2010"; er absolvierte von 2011 bis 2012 die EU Sicherheitspolitikexpertenausbildung der höchsten Stufe (ESDC-High Level Course-Konrad Adenauer) Brüssel-Berlin-SofiaParis; er ist Träger des großen Ehrenzeichens für Verdienste um die Republik Österreich (26. April 2011) und er ist Officier de l'Ordre National du Merite verliehen durch den französischen Staatspräsidenten (9. Mai 2012); er ist verheiratet und hat 2 Töchter.

Bernhard Vogel, Prof. Dr. Dr. h.c. mult.; geb. 1932 in Göttingen; Studium der Politischen Wissenschaft, Geschichte, Soziologie und Volkswirtschaft in Heidelberg und München; 1965–1967 Mitglied des Bundestages; 1967–1976 Kultusminister und 1976–1988 Ministerpräsident von Rheinland-Pfalz; 1971–1988 Mitglied des Landtages Rheinland-Pfalz; 1972–1976 Präsident des Zentralkomitees der deutschen Katholiken; 1992–2003 Ministerpräsident von Thüringen; 1994–2004 Mitglied des Landtages Thüringen; 1989–1995 und 2001–2009 Vorsitzender und seit 2010 Ehrenvorsitzender der Konrad-Adenauer-Stiftung.

Mathias Vogl, Mag. Dr., Sektionschef; 1982 Eintritt in den Polizeidienst; Offiziersausbildung; kriminalpolizeiliche Ausbildung beim FBI; nebenberufliches Studium der Rechtswissenschaften an der Universität Wien; seit 1997 legistisch tätig; Politikberatung von 2000 bis 2002; ab Jänner 2003 stellvertretender Leiter, seit März 2005 Leiter der Rechtssektion im Innenministerium; Mitglied des Menschenrechtsbeirats bei der Volksanwaltschaft; zahlreiche wissenschaftliche Publikationen zum Verfassungs-, Verwaltungs- und Strafrecht; Lehrtätigkeiten; Leopold-Kunschak-Preisträger.

Susanne Walpitscheker; geb. 1978 in Villach/Ktn.; HAK-Matura 1997; McDonalds (Krämmer GmbH/Zentrale Österreich/Zentraleuropa) 1994–2001; parlamentarische Mitarbeiterin Dr. Gerhart Bruckmann 2001–2002; Karenz 2002–2004; Österreichischer Seniorenbund seit 2004, heute dessen stellvertretende Generalsekretärin (beurlaubt bis 06/2016) sowie Pressesprecherin; seit 02/2015 berufsbegleitend Studierende des Universitätslehrgangs „Gerontologie und soziale Innovation (MA)", Universität Wien.

Tanja Werkl, Mag.; Doktorandin und wissenschaftliche Projektmitarbeiterin der Forschungsabteilung für Schule, Bildung und Gesellschaft am Institut für Bildungswissenschaft der Universität Wien sowie seit 2010 Projektkoordinatorin des Evaluationsprojekts NOESIS; Forschungsschwerpunkte: International vergleichende Bildungsforschung, Hochschulforschung, Wissenschaftsorganisation und Wissenschaftsmanagement, Drittmittelforschung, Projektmanagement.

Karl von Wogau, Dr.; Studium der Rechts- und Wirtschaftswissenschaften in Freiburg, München, Bonn und Fontainebleau; 1971–1984 Manager bei der Sandoz AG in Basel; Mitglied des Europäischen Parlaments von 1979 bis 2009; 1994–1999 Vorsitzender des Ausschusses für Wirtschaft, Währung und Industriepolitik; 2004–2009 Vorsitzender des neu gegründeten Unterausschusses für Sicherheit und Verteidigung; stellvertretendes Mitglied im Ausschuss für Auswärtige Angelegenheiten; Mitglied der Delegation für die Beziehungen zur NATO; Ehrenmitglied des Europäischen Parlaments; Anwalt in der Sozietät Friedrich Graf von Westphalen & Partner in Freiburg; Generalsekretär der „Kangaroo Group".

Helmut Wohnout, Priv.-Dozent, Dr.; Studium der Geschichte an der Universität Wien und an der Georgetown-University Washington, D.C.; 2011 Habilitation für das Fach Österreichische Geschichte an der Karl-Franzens-Universität Graz; Abteilungsleiter im Bundeskanzleramt/Bundespressedienst; Geschäftsführer des Karl von Vogelsang-Instituts zur Erforschung der Geschichte der christlichen Demokratie in Österreich; zahlreiche Veröffentlichungen als Autor und Herausgeber, zuletzt: „Leopold Figl und das Jahr 1945. Von der Todeszelle auf den Ballhausplatz", St. Pölten-Salzburg-Wien 2015.

Gregor Woschnagg, Botschafter Dr.; geboren 1939 in Bern, Schweiz; Österreichischer Diplomat, dessen Karriere mit der Vorbereitung und Durchführung des österreichischen EU-Beitritts im Außenministerium eng verbunden war; von 1999 bis 2007 war er der Österreichische Ständige Vertreter bei der EU und ist seither als Berater des Vorstandes der Industriellenvereinigung tätig.

Barbara Zuliani, MEd; ist klassenführende Volksschullehrerin in Wien und arbeitet seit 2011 mit einem „1:1 iPad Concept" in ihrer Klasse; Studium: Volksschullehramt, Zusatz: Informatik, Masterstudium: Master of Education in Media – Europäisches Bildungsmanagement mit dem Schwerpunkt: Medienbildung; Beauftragte des bmbf als Bundeskoordinatorin für das „IT@VS"-Netzwerk, Apple Distinguished Educator; Forschungsarbeiten, Publikationen und Vorträge zum Thema: „Der Einsatz des iPads in der Volksschule" (Homepage: www.teachdifferent.at); Auszeichnung mit dem „Teacher of the year Award 2015".

Personenregister

Ackermann, Stephan 286
Ackermann, Ulrike 552
Adamovich, Ludwig 457
Ahrer, Jakob 579
Aigner, Bruno 506
Aigner, Carl 506
Al-Assad, Baschar Hafiz 371
Ambrozy, Peter 32
Ammann, Manuel 458
Andreotti, Giulio 557
Androsch, Hannes 504ff, 524, 563
Ardelt, Rudolf 500
Assmann, Aleida 527, 542
Assmann, Peter 506

Bailer-Galanda, Brigitte 506
Bandion, Josef 494
Bauer, Gerhard 504
Bauer, Otto 582, 572
Baudenbacher, Carl 458
Beer, Siegfried 499
Bedford-Strohm, Heinrich 285
Benthall, Jonathan 340
Bentham, Jeremy 547
Beutl, Bernd 499
Bischof, Günter 499
Blecha, Karl 252
Blümel, Gernot 99, 101, 110f
Bonaparte, Napoleon 376
Botz, Gerhard 500, 506
Boyer, John 527
Brandstaller, Traudl 504
Brauneder, Wilhelm 503, 524
Bruckmüller, Ernst 506
Bunzl, Matti 527
Burkert-Dottolo, Günther 499
Burz, Ulfried 499

Cameron, David 383f
Chaloupek, Günther 188
Cochetel, Vincent 354
Cockfield, Lord Arthur 378
Collier, Paul 283f
Contzen, Ernst Wilhelm 458

Davis, Maurice 542
Diem, Peter 503f
Dienstbier, Jiří 558
Dikowitsch, Hermann 506
Dollfuß, Engelbert 494
Dornik, Wolfram 506
Drexler, Christopher 37, 110

Drucker, Peter 97
Dusek, Peter 500, 506
Düriegl, Günter 504ff, 524

Eder, Ferdinand 167
Ederer, Brigitte 188
Ehalt, Hubert Christian 500
Eisenberg, Paul Chaim 506
Engelsman, Steven 536
Entholzer, Reinhold 34, 38f
Epstein, Gustav Ritter von 522,
  498, 502f, 504

Fabio, Udo di 281
Fasslabend, Werner 88
Faymann, Werner 5, 28, 33f, 93,
  198, 509
Figl, Leopold 494
Fischer, Heinz 504
Fraess-Ehrfeld, Claudia 499
Freud, Sigmund 38
Fritz, Peter 506
Fuchs, Sabine 500

Gauck, Joachim 370
Gehler, Michael 506
Gehrer, Elisabeth 524, 500, 502ff,
  505
Goldmann, Wilhemine 188
Grasser, Karl-Heinz 460
Grillparzer, Ferdinand 376
Griesser-Pečar, Tamara 506
Griss, Irmgard 455, 457ff, 460f
Grubner, Josef 143
Gusenbauer, Alfred 507f, 524f
Gyn, Anton van 577, 580

Haag, Sabine 522, 526f
Haas, Hanns 502
Hable, Rainer 458
Habsburg-Lothringen, Bettina 527
Haider, Jörg 564f, 26f, 32
Haider, Hans 505
Haimbuchner, Manfred 38
Halifax, Georg 143
Halper, Dietmar 99, 101, 110
Hanisch, Ernst 500, 506
Hansen, Theophil 498
Hansy, Walter 126, 130
Havel, Václav 557
Hautmann, Hans 504
Häupl, Michael 5, 19, 30, 34, 39ff,
  42, 58, 502
Heinzinger, Walter 91

Heller, André 504
Hentig, Hartmut von 141f
Hitler, Adolf 530f, 534
Hoffmann, Ernst 518
Hollein, Hans 491, 509, 512, 517
Horn, Gyula 558
Houellebecq, Michel 42
Houidi, Firas 395
Höbelt, Lothar 499
Hrdlicka, Alfred 497
Huber, Wolfgang 286
Hummer, Doris 39
Husslein, Agnes 506

Jagschitz, Gerhard 502
Jaworek, Karl 591
Jedlicka, Ludwig 497
Jochum, Manfred 505f, 524
Josef II. 264
Juncker, Jean-Claude 380, 422,
  434
Junuzović, Zlatko 363

Kampusch, Natascha 457
Kant, Immanuel 552
Karner, Stefan 502ff, 505f, 508f,
  523f
Kennedy, John F.
Kelsen, Hans 149
Keschmann, Markus 101
Kery, Theodor 5
Keynes, John Maynard 588
Khol, Andreas 98, 504
Kirchner, Christian 506
Kienböck, Viktor 578ff, 581f, 592
Kissinger, Henry 422
Klambauer, Otto 499
Klaus, Josef 557, 560
Klima, Viktor 502
Klug, Gerald 418
Kohl, Helmut 379, 499, 523
Koller Maria M. 499
Konrad, Christian 314
Konrad, Helmut 506
Krainer, Gerda 499
Krainer, Josef Jr. 34
Kraus, Karl 582
Krautz, Jochen 143, 146ff
Kreisky, Bruno 561ff
Krejci, Herbert 505, 524
Kriechbaumer, Robert
Kriesche, Richard 499
Kubinzky, Karel 499
Kurz, Sebastian 110, 366